延庆简史

上册

YANQING JIANSHI

《延庆简史》编委会 编

中国文史出版社

延庆简史

前　言

延庆区地处北京市西北部，东邻怀柔区，南接昌平区，西与河北省张家口市怀来县接壤，北与河北省张家口市赤城县相邻，延庆城区距北京德胜门 74 千米。川区平均海拔 500 米，气候独特，冬冷夏凉，素有北京“夏都”之称。区域总面积 1994.88 平方千米，其中山区面积占 72.8%，平原面积占 26.2%，水域面积占 1%。人口 34 万，辖 3 个街道、11 个镇、4 个乡。明嘉靖《隆庆志》描述延庆的形胜时认为延庆“南拱金陵，北耸冠帽，东望熊耳，有永宁为之藩，西望螺山，有怀来为之臂，又有妫水以为之带，虽非大形胜，然亦可览者也”。

距今约 18.5 亿至 8 亿年的中新元古代，延庆地区为广阔的浅海环境。距今约 8 亿年，海水大规模消退，延庆和华北地区一起隆升成为陆地。从约 1.7 亿年前开始到 8 千万年前的“燕山运动”，形成了延庆山川地貌的基本格局。大约在 1.5 亿年前的晚侏罗世，延庆东部山区的大片原始森林被大洪水所携带的沉积物质迅速掩埋压实，经过复杂的地质变化，形成了硅化木地质奇观。这一时期还在今延庆区千家店镇“延庆硅化木国家地质公园”核心区内遗留下了大量的恐龙足迹化石，使北京成为世界首都圈中唯一原地赋存恐龙足迹的首都。

到了距今五六万年前的旧石器中晚期，延庆的黑白河流域开始有古人类在此生息繁衍。距今 1 万年的新石器时代，妫河、黑河、白河流域越来越多的原始人开始在这里定居。春秋战国时期，山戎部族逐渐强大起来，成为燕、齐等国的世代边患。燕昭王二十九年（前 283 年）置上谷郡，延庆属之。上谷郡是历史上中原政权第一次在延庆设置行政管理机构。

秦汉时期，古延庆地区虽纳入中央王朝，但因其地处塞外，北方紧邻匈奴、乌丸、鲜卑等游牧民族居住地，辖地胡汉杂糅，与北方民族往来频繁，今延庆地区仍属上谷郡，设有夷舆、居庸、上兰三县。魏晋南北朝时期，延庆地区逐渐开始受到重视，曹魏时期，延庆境内设有居庸县，治所在今延庆城区，居庸县治同时又是上谷郡治，延庆在历史上第一次真正成为上谷郡治所。唐初在延庆设有儒州都督府这一具有军事性质的军民总管府，总揽一切军政要事；还设有侨置羁縻州——儒州，因是易地而设，所以也称为儒价州。

到了辽代，延庆的地位有了跨越式提升。首先是地理地位的改变。延庆从长期以来帝国的边疆地区，一跃而成王朝腹里，延庆是辽上京和南京的中间地带，地理位置的重要性超越前朝，延庆从边疆地区变为了王朝腹里，并成为了皇家巡幸重地，与皇室有关的御道、苑囿、行在广泛修建，同时又成为了辽朝的最大冶铁基地。金代继承了辽代的巡幸、御道、苑囿等，延庆成为了金帝北巡金莲川的必经之地，传闻金章宗诞生于此。因地理位置重要，金末直接在延庆设行省。元代是延庆历史上最鼎盛的时期。元代继承了辽金时期的巡幸、御道、行在、园林，并进一步发展。元朝皇帝实行两都巡幸制，延庆位于巡幸必经之地，元廷在继承辽金御道的基础上，建成了规模更大、更完善的皇家御道，供皇帝北巡。除御道，元廷还在今延庆修建了驿路、军事密道，使延庆正式成为了“两都枢纽”。因元仁宗降生在缙山县，他登基后，升缙山县为龙庆州，隶属大都路，后来又单独设立了龙庆路，这些都让延庆的政治地位获得了极大的提升。

明初，将山后居民迁往关内，延庆地区荒无人烟达 40 年之久。永乐十二年（1414 年），下诏“复建隆庆州”。为加强北方防御，明朝先后在延庆地区修筑了多道长城，使延庆成为守护陵京的前哨。清朝建立后，延庆出现了大量旗庄地，在东部千家店地区设置八旗驻防，延庆社会经济得到快速发展，文化教育事业也有了长足进步。1909 年 9 月 24 日，京张铁路全线通车，为延庆发展奠定了坚实基础。

1912 年中华民国成立后，延庆人民自发地开启了反封建、反压迫斗争，先后取得了打松山、砸旗产等斗争的胜利。1925 年，康庄火车站成立了党支部，成为了延庆红色火种最早播撒的地方。为反抗日本侵略者，延庆人民组建了“黑马队”抗日自卫军，砸了大庄科伪政府的“局子”，打击了日伪军的嚣张气焰。1937 年 7 月 7 日，抗日战争全面爆发。延庆人民在中国共产党的领导下，创建了昌延抗日根据地，开展了艰苦卓绝的斗争，取得了抗日战争的全面胜利。

1949 年 10 月 1 日，中华人民共和国成立。中共延庆县委在中共察哈尔省委和察南地委领导下，延庆县人民政权初步建立。全县人民相继开展了土地改革、镇压反革命和支援抗美援朝等运动，进一步巩固人民政权。1952 年 11 月，延庆县划归河北省管辖。1956 年，社会主义改造基本完成后，中国共产党领导全国人民开始了全面建设社会主义的探索与实践。1958 年 10 月，延庆县划归北京市管辖。1966 年至 1976 年，延庆的经济建设在重重困难中取得了一些成绩。

1982 年 9 月，中国共产党第十二次全国代表大会提出了建设有中国特色的社会主义的重大命题。延庆加快经济体制改革步伐，旅游产业发展开始提速，举办龙庆峡冰灯艺术节。1984 年，延庆积极建设淡季蔬菜基地，并开展“爱我中华、修我长城”社会赞助活动，持续推进长城的保护与利用，有力推动了延庆的经济发展和社会进步。1992 年，全县深化农村经济体制改革，农业结构调整成效显著；工业企业扩大自主权，改革开放取得明显进展；商业重组转制，市场经济体制框架初步形成；旅游业、建筑业的快速发展，成为全县经济新的增长点。1996 年，延庆县委提出“三动”发展战略，为全县经济社会发展确定了新的目标。

2002 年中共十六大以后，中国进入全面建成小康社会、加快推进社会主义现代化新的发展阶段。延庆县认真学习贯彻党的十六大精神，按照科学发展观要求，促进经济社会和人的全面发展。2005 年延庆县委首次提出立足区域功能定位，实施生态文明发展战略，涵养首都生态，造福城乡人民，走出一条延庆特色的可持续发展道路。2011 年，延庆全面建设绿色北京示范区，构筑绿色发展新格局，陆续承办了第 11 届世界葡萄大会、第 9 届世界马铃薯大会。2015 年 11 月，延庆撤县设区。延庆人民在中共北京市延庆区委带领下，解决了许多过去想解决而没有解决的难题，办成了许多大事，融入京津冀协同发展的战略格局，各项事业取得全方位、开创性的成就。

党的十九大以来，在市委、市政府的坚强领导下，全区坚持以习近平新时代中国特色社会主义思想为指导，坚持和加强党的全面领导，坚持和完善中国特色社会主义制度；深入贯彻落实习近平总书记对北京重要讲话精神，认真落实市委、市政府决策部署，坚持融入首都发展大局，坚持以冬奥为核心，坚持以人民为中心，不断努力，交出服务保障赛会和推动地区高质量绿色发展两张优异答卷，城乡建设取得巨大成就，为建设国际一流生态文明示范区和美丽延庆奠定了坚实基础。

厚重的历史文化，滋养着延庆这片沃土。艰苦的前进历程，彰显着延庆人不屈不挠、英勇顽强的斗争精神。一代代延庆人，用心血和汗水谱写着每个时代的华章。2024 年 5 月 14 日，习近平总书记给八达岭长城脚下乡亲们的回信，对乡亲们守护长城、传承长城文化，并依托长城资源走上了致富路给予了充分肯定，为我们指明了保护、传承历史文化遗产的路径和方法，鼓舞着我们今后不断地挖掘、整理、传承延庆历史文化，为延庆高质量发展注入更多文化力量。

目录

上册

第一章　沧海桑田

延庆区位于北京市辖域西北部，地理坐标东经 115° 44′ 45.40″—116° 34′ 50.68″与北纬 40° 16′ 2.82″—40° 47′ 30.09″区间，居延（庆）怀（来）盆地东部、燕山沉降带西端；地处华北平原与内蒙古高原的过渡地带，连接燕山和太行两大山脉，太行八陉之军都陉（居庸陉）沟通了京城与延庆。峰峦叠嶂、流泉飞瀑，青山远黛、碧水萦绕，大气磅礴与恬淡悠然交融，苍劲雄浑与清秀婉约相映。

延庆东邻北京怀柔区，南接北京昌平区，西与河北省怀来县接壤，北与河北省赤城县相邻；城区距北京德胜门 74 千米。延庆地域总面积 1994.88 平方千米，平均海拔 500 米以上，北、东、南三面环山，千米以上高峰 82 座，其中海陀山是北京市第二高峰；西面临官厅水库。山区面积占 72.8%，平原面积占 26.2%，水域面积占 1%。延庆地区大陆性季风气候特征明显，属温带与中温带、半干旱与半湿润的过渡地带，冬季干冷，

夏季凉爽，素有北京“夏都”之美誉。延庆区境内河道分属潮白河、永定河和北运河三大流域，其中永定河流域有 18 条河流，潮白河流域有 24 条河流，北运河流域有 4 条河流，地表水环境质量指数保持全市前列。

延庆植被类型多样，有混交次生林、灌丛等，植被类型分布广泛。延庆区森林覆盖率达 62.01%，境内有松山、大滩、玉渡山、野鸭湖等自然保护区，湿地面积近 100 平方公里，A 级以上旅游景区 14 家。延庆山嵌水抱，是典型的首都生态涵养区。

第一节　沧桑变迁

延庆历经亿万年沧海桑田的变迁，形成了丰富多彩的大地景观。作为著名的燕山运动（造山运动）命名地之一，这里重山累嶂，连波叠浪，岩石一层叠覆一层，犹如一张张书页默默向人们诉说着这里的“陈年往事”。

在延庆东部深山，有一处奇特山丘，岩层近乎直立，表面呈波状起伏

自然的万卷书——沉积岩地层

不平，栩栩如生，这就是海洋环境下形成的波痕沉积构造，因地质运动波痕形态被永久保存在了岩石之中。在一波未平一波又起中，揭开了延庆地区亿万年沧桑变迁的画卷。

距今约 18.5 亿至 8 亿年的中新元古代，延庆地区为广阔的浅海环境，海洋沉积了数千米厚的碳酸盐岩地层，为造山运动奠定了物质基础。距今约 8 亿年，海水大规模消退，延庆和华北地区一起隆升成为陆地。在之后的近 6 亿年时间里，华北地区既有大规模的海侵作用，形成了古生代的海相沉积，也有范围不等的陆相沉积。然而，唯独延庆犹如汪洋中的孤岛，不仅缺少了上述沉积物，而且此前形成的部分海相沉积岩也在这一时期被风化剥蚀殆尽。陆相砂砾岩直接覆盖在 10 亿年前形成的海相白云岩之上，这种接触关系清晰地揭示了这段漫长而独特的地质历史，形成了具有区域乃至全球对比意义的地质遗迹，成为科学家解读这段地质历史不可多得的重要证据。

进入中生代，生物异常繁盛，地壳活动极其强烈。从约 1.7 亿年前开始到 8 千万年前左右，在我国东部广大地区，地壳因为受到强有力的挤压，

沧海桑田的印记——波痕构造

近直立地层

褶皱隆起，形成绵亘的山脉，科学家把发生在这个时期的强烈的地壳运动称为“燕山运动”。延庆地区完好保留了燕山运动相关的地质记录，包括规模宏大的山前断裂、近乎直立的岩层、巨大的红石湾穹窿、六道河背斜、壮观的单斜构造等。因燕山运动而形成的多种地质遗迹，使这里成为研究燕山运动最典型的地区之一。

六道河背斜

延庆盆地（局部）

燕山运动早期，延庆盆地的西北部、东北部以及南部褶皱成山，形成一系列山间盆地，接受大量火山岩、火山碎屑岩以及陆相碎屑岩的沉积；燕山运动晚期，发生强烈的构造变形，表现形式以断裂活动为主，为山间盆地转化为如今的延庆盆地奠定了基础。延庆盆地的形成主要受两条大断裂控制，即北侧的方家冲—玉皇庙—黄柏寺断裂和南侧的施庄—康庄—八里店断裂。沿断裂面两侧地层发生显著相对位移，断裂面一侧地层拔地而起形成高山，另一侧地层则相对沉降形成低地。

第四纪时期东部黑汉岭抬升，形成分水岭，在北东南三面环山的地貌格局下，延庆的母亲河妫水河自东北向西南流过延庆盆地。妫水河从发源地之一——延庆城区东北 15 千米的黄龙潭，南流至小庄科，又有发源于黑汉岭的新华营河汇入，注入官厅水库后入永定河，河道蜿蜒曲折，延庆境内河长 18.5 千米，流域面积 1073.6 平方千米。妫水河的主要支流有古城河、佛峪口河、蔡家河、西二道河、小张家口河等。妫水河水系在漫长的地质历史时期，特别是约一万两千年前以来，频繁变迁、侵蚀、沉积，形成了宽广美丽的妫水河冲积平原，先人便在这片希望的田野上耕种、劳作、收获，生生不息，创造了光辉灿烂的妫川文明。

第二节　山川形胜

亿万年的沧桑变迁使延庆地区形成了丰富多彩的岩石和矿产，主要有白云岩、石灰岩、石英砂岩、砂砾岩、花岗岩、安山岩、大理岩、孔雀石、蓝铜矿、铅锌矿和铂钯矿等，正是这些岩石构成了山脉的物质基础。延庆境内山脉主要属于燕山山系军都山山脉，有千米以上高峰82座。在延庆西部，有一处山峰，巍然高耸，令区域内其他山峰“望尘莫及”，这就是海陀山，其最高峰海拔2241米，为延庆地区最高峰，可以称得上是延庆的“珠穆朗玛峰”。因山势高耸，每年的11月至来年的4月，山上经常是白雪皑皑，呈现“海陀戴雪”美景。

延庆不同地区地貌各有千秋。北部中山区，包括张山营镇、旧县镇北部，多巍峨陡峭高峰，山前与盆地交接处横列黄柏寺大断层，造成山峰拔地而起，陡峭险峻，山体受水流强烈切割而形成许多峡谷、嶂谷地貌，岩性变化复杂，从西到东大体为花岗岩—砾岩—白云岩，中间还夹着火山岩，

远望海陀山

受断层阻水作用，形成多处泉水。这里有古崖居、玉渡山、龙庆峡等名胜古迹。

玉渡山位于延庆区张山营镇玉皇庙村北，这里青山俊秀、奇石嶙峋、森林茂密、鸟语花香。地貌主要由沟谷、中山、谷地侵蚀阶地组成。该地区有两条河，一条经玉渡山流至三岔河；另一条经五里坡流至三岔河。两河均发源于海陀山区，并在三岔河处汇合注入龙庆峡。由于海陀山区花岗岩裂隙发育，且上游植被茂密，故山中裂隙水丰富，河水量较大，即使在枯水期也有泉水补给，终年长流。因为水文条件好，人为活动少，且具有封闭性，所以这一地区植物生长茂盛，种类繁多。

龙庆峡位于延庆区旧县镇古城村西北，被人们誉为北京的"小漓江"，是北京十六景之一。这里以十四亿年前海相沉积地层、沉积构造遗迹以及四千万年以来新生代典型的北方岩溶地貌为特征。约一亿年前的中生代燕山运动使这些海相岩层形成大量的节理和断层，新生代以来，在流水和风化作用下最终形成了现在典型的北方岩溶地貌。龙庆峡既有北方的雄浑又有南方的秀丽，可与桂林的漓江、长江的三峡相媲美。"峡江十里"是龙庆峡的重要景观。从河口大坝至三岔河近十里长的峡谷，两侧山峰高耸挺拔几乎与河水垂直，水路蜿蜒曲折，每一处曲折即为一景，如凤冠岛、孔雀开屏、镇山如来等。水上的独秀峰、金刚山、神笔峰等诸峰竞秀，各有

龙庆峡凤冠岛

千秋。

东北部中低山区，包括千家店、珍珠泉、四海等乡镇，地势西高东低，较高的山峰有照山、鸭山、南猴顶等。这一区域最大的河流是白河，如一条玉带蜿蜒向东流入怀柔境内，其干流及支流谷地发育有三级阶地，其中一、二级阶地较开阔，为主要居民点和农耕地，三级阶地为基层阶地，顶部较平坦，多为梁台耕地，山势陡峭处为泥石流多发区。这一区域有硅化木、乌龙峡谷、滴水壶等著名景观。

硅化木景区位于延庆区千家店镇下德龙湾村，是百里山水画廊的重要组成部分，也是延庆世界地质公园的核心区域，主要展示的是生长于侏罗纪时期的树木所形成的化石。在1.5亿年前的晚侏罗世，这里曾是一片茂盛的原始森林。后来，由于河流发育，树干在原地被大洪水所携带的沉积物质迅速掩埋压实，地下水中所含的二氧化硅分子开始缓慢地替换树木原有的木质成分，保留了树木形态和内部结构，经过石化作用在地下深处形成了硅化木。在之后的地壳构造运动影响下，本地区以垂直抬升为主，地

千家店硅化木

下深处的硅化木随着上覆地层被风化剥蚀，最终暴露出地表，展现在世人面前。景区内硅化木原地埋藏、原地产出，保存完整，被誉为“中国美丽化石”，对研究北京及华北地区古地理、古气候环境、古树木发育情况等，具有非常重要的科学价值。

乌龙峡谷位于延庆区千家店镇黑河下游，发育于距今 1.5 亿年前的侏罗纪火山熔岩区，全长 2 千米，是典型的山间河流深切河谷地貌景观，属河流侵蚀谷。黑河水沿粗安岩的节理和构造破碎带侵蚀，形成乌龙峡谷的雏形，后期由于缓慢的构造抬升使河谷受到河流的下蚀作用。在构造稳定时期，受到河流的侧蚀作用，河谷的崖壁两侧形成多处侧蚀凹槽。

滴水壶位于延庆区千家店镇下湾村，这里最引人入胜的是北方岩溶地貌景观。崖壁可见一个溶洞，名叫莲花洞，有清泉从中流淌而下，依山顺势，犹如水壶倾泻。洞内有大量钟乳石、石笋等化学沉积物，均为岩溶作用的产物。

南部低山区，包括八达岭镇、井庄镇、大庄科乡、永宁镇及大榆树镇一部分，总体山势不高但变化多端，绵延起伏，峰岭相间，易形成险关要隘。这里有八达岭长城、莲花山、白龙潭等名胜古迹。

八达岭长城位于延庆区军都山关沟古道北口，燕山运动多期次的岩浆侵入、构造运动产生的断裂、不同性质岩石交替混杂、后期地壳抬升及长期风化剥蚀作用，形成了这里独特的地貌现象。古人正是利用了这一险要的地势，将雄伟的长城修建于此。在修建长城的范围内，出露的岩石几乎全部由花岗杂岩体构成，有利于就地取材，因此长城的基础几乎全部由取自附近的花岗岩加工而成的石条砌成。可以说古人选择了最好的地点和最佳的地质条件来修建八达岭长城，虽然经历了几百年的风吹雨打，甚至数次战争的洗礼，这里依然是中国保存最好的长城之一，从而成为世界著名的文化遗产地和旅游目的地，也成为延庆地区地质遗迹与历史文化完美结合的典范。

乌龙峡谷

莲花山

白龙潭

黄土地貌

莲花山位于延庆区东南部大庄科乡境内，紧邻汉家川河南村，主峰海拔 1005 米。据《北京市延庆县地名志》记载：“该山因垂直节理比较发育，流水在发育的节理处侵蚀出一道道凹槽，远看像一朵巨大的染着粉红色彩晕的莲苞，故称莲花山。”这是由于这里的花岗岩在出露地表之后，节理发育的花岗岩在后期流水、风力和温差影响下，岩体发生由表及里的层层风化剥落现象，即花岗岩球形风化，这在花岗岩分布区域十分常见。莲花山花岗岩具有节理疏密适中、矿物结晶良好、岩性均一、含有捕虏体等特征，在多种地质作用的长期影响下，造就了莲花山独特的花岗岩地貌景观。

白龙潭位于北京市延庆区大庄科乡境内，是由于自然外力作用而形成的深坑，呈椭圆形桶状，直径约 10 米，水深 18 米，底部中央凸起不规则的螺旋状石柱。关于白龙潭的成因，学界主要存在两种观点，一种观点认为是沿着冰裂隙下泄的冰川融水侵蚀而成的冰川壶穴，是末次冰盛期的产物；另一种观点认为是洪水旋涡携带砂石冲蚀形成。

延庆南部丘陵区，包括南部山前八达岭镇、井庄镇一部分，主要是次生坡积黄土堆积地貌。这里黄土直立

广阔的冲积平原

陡峭、沟壑纵横，堪称延庆版的“黄土高坡”。这一地区的黄土地貌形成于第四纪时期，是大自然的杰作，在风力、水流和风化等作用下形成了颇具西北风格的黄土地貌。

延庆中西部冲积平原区，包括延庆镇、沈家营镇及刘斌堡、永宁、香营、旧县、张山营、大榆树、八达岭、康庄等乡镇的一部分，东西最长约40千米，南北最宽约16千米，地势平坦，海拔在480米至600米之间，平原区与山地相接，界线清晰，山前为冲（洪）积扇构成，以古城冲（洪）积扇为最大，其次是康庄、八达岭、大榆树、张山营和井庄等地区的冲（洪）积扇。妫水河自东北向西南贯穿平原区，百里妫川注入官厅水库，是永定河源流之一。在延庆境内官厅水库之滨，是国际重要湿地——野鸭湖，该处湿地位于东亚—澳大利西亚迁飞区，湿地生态环境具有复杂性、多样性的特点，为野生动植物提供了得天独厚的生存、

野鸭湖

栖息环境。据统计，野鸭湖湿地自然保护区累计监测记录鸟类369种，是北京市绝佳的观鸟胜地。

第三节 首都圈的恐龙足迹

2011年，中国地质大学（北京）的科研团队在延庆区千家店镇“延庆硅化木国家地质公园”核心区内发现了大量的恐龙足迹化石。研究表明，这些恐龙足迹可归属于兽脚类、鸟脚类及中小型蜥脚类恐龙足迹，其中鸟脚类恐龙足迹更是首次在土城子组地层中发现，打破了北京地区恐龙足迹化石零纪录，在世界的首都圈中，北京是唯一原地赋存恐龙足迹的首都。

延庆恐龙足迹化石保存于细砂岩和粉砂岩岩层中。最小的足迹长13.8厘米，最大的足迹长67.7厘米。恐龙足迹通常可以反映造迹者的重量、趾的多少以及趾垫的大小。

延庆恐龙足迹化石（1号点下部）

鸟脚类为广泛分布的两足或四足植食性恐龙，后足均为三趾，形态上留下类似三叶草形的足迹；蜥脚类为大型的植食性恐龙，它们的体长有可能会超过30米，脚在形态上很像大象的脚。蜥脚类恐龙的前足足印与后足足印区别很大，前者常呈半圆形或马蹄状，大小只有后者的一半。一般来说，前足足印不清晰，而后足相反；兽脚类为肉食性恐龙，通常为三趾，其足迹各趾的前端都有大而尖锐且清晰的爪痕。

晚侏罗世恐龙足迹在全球分布广泛，同美国西部地区上侏罗统莫里森组、智利卡拉马市上侏罗统圣萨尔瓦多组、中国四川岳池上侏罗统蓬莱镇

鸟脚类恐龙足迹化石

鸟脚类恐龙复原图

蜥脚类恐龙足迹化石

蜥脚类恐龙复原图

兽脚类恐龙足迹化石

兽脚类恐龙复原图

组发现的恐龙足迹相比，延庆地区的恐龙足迹以种类繁多为特征。在中国，相邻地区（河北、辽西及其他地区）同一层位地层（土城子组）中发现数千个恐龙足迹，但是这些足迹多属于兽脚类足迹，而延庆不仅保存了兽脚类恐龙足迹，还保存了鸟脚类及中小型蜥脚类恐龙足迹。

延庆恐龙足迹所在的地层以紫红色细砂岩夹粉砂岩及砂砾岩为主，中部夹极少的灰色砾岩，下部为紫灰色流纹质熔结角砾凝灰岩。出露恐龙足迹的地层主要为灰红色砂岩层，出露层面积很大，长有少量植被，层面上波痕发育，且种类较多，有干涉波痕、双脊波痕、尖顶波痕。不同方向的波痕表示古水流的方向发生了改变，有些波痕受后期风化侵蚀作用较大，比较模糊，远观更明显，在层面上还可见一些黑色的小点，为单杯迹垂直潜穴，表明这个时期沉积基底松软，为浅水环境。

中生代是恐龙的时代，恐龙这一庞大的家族基本上主宰了整个地球，侏罗纪达到了繁盛期，延庆地区的恐龙足迹产于土城子组第二段地层，归于晚侏罗世，为恐龙时代的中晚期，气候已经由湿热向干冷转变。

恐龙足迹化石（1号点上部）

不同大类的恐龙，其足部骨骼结构有着很大的差异，这些独有的特征会反映到足迹的形状上，由此判断造迹恐龙是肉食性的还是植食性的，从延庆恐龙足迹的形态特征可以分析出晚侏罗世该地区至少有兽脚类、蜥脚类和鸟脚类恐龙的生活、繁衍。这些恐龙足迹不仅能反映恐龙日常的行为习性和生活方式，还能解释其与环境的关系。一个动物一生只有一具骨架，其保存成化石需要严格的地质条件，因此，动物骨骼保存成化石的可能性就比较小。可一只恐龙一生可以留下许多脚印，尽管保存足迹化石的条件也十分苛刻，但是由于数量很大，足迹被保存成化石以及被发现的概率比骨骼被保存成化石以及被发现的概率要大一些。因此，恐龙及其他动物的足迹化石可以在很大程度上弥补恐龙骨骼化石的不足。实际上，足迹化石最大的优点就在于它们原地保存。足迹化石严格保存在它们形成的地方，不会像骨骼化石那样经常在沉积以前，甚至石化作用之后被搬运。所以，恐龙足迹对研究恐龙的生态有着不可替代的作用。足迹化石准确提供了恐龙生活环境及生态方面的信息。

经过对恐龙足迹所在地层进行分析，推演出了其形成过程。恐龙踩踏

恐龙生活场景复原图

了湖滨滩地之后，经过太阳暴晒，滩地慢慢干燥了，形成的足迹长期暴露在空气中，而变得十分坚硬。在足迹硬化过程中没有降水，使足迹得以充分固结。后来的洪水携带的泥沙把已经坚硬的足迹掩埋起来，使其得以保存成化石，所以在地质公园含恐龙足迹的砂岩层面上保存了明显的水流痕迹。其中有些足迹保存比较清晰，而有些足迹则十分模糊，说明那些模糊的足迹可能没有经过足够的时间硬化，就被后来的水流侵蚀了。

延庆恐龙足迹呈现的不是那种杂乱无章相互争夺的场面，由此可知，恐龙在此并非争夺食物。在同一地点、同一层面，如果恐龙足迹不是同时而是几次行走留下的，所形成的足迹则应比较零乱，且多有叠覆现象，种种迹象表明，这些足迹是大量个体集群的结果，是恐龙群栖息的有力证据。根据恐龙足迹赋存地区附近的地层剖面来看，含恐龙足迹层位上下都是紫红色砾岩夹粉砂岩。砾岩中水平层理和交错层理十分发育，代表着河流—湖泊相沉积，因此可以推断恐龙足迹形成前后，这一地区属于河流—湖泊环境。

第二章　文明初始

人类来自哪里？是人类对于自我问题的深追。随着考古学和人类学的发展，经过发掘发现，是劳动创造了人类。

在遥远的几万年前，远古延庆的河流两侧出现了先民活动的足迹，他们打磨石头，制作工具，并使用工具进行采集、狩猎，通过劳动从自然当中获取生存的能量，繁衍壮大，形成文明最初的力量。

我们称这一时期为石器时代，其包括旧石器和新石器两个时期。一般认为，旧石器时代是指以打制石器为主要工具的时代，新石器时代则指以磨制石器为主要工具且制作陶器的时代。考古学上，我们主要通过石器、化石等遗存探寻史前人类活动的印记。

第一节　延庆地区的旧石器遗址

北京房山周口店发现的距今50万年前到24万年前的人类化石，即“北京人”，是北京地区已知最早的古人类遗存，随后又相继在此发现了“新洞人”“山顶洞人”和“田园洞人”。周口店地区因此成为世界古人类发祥地之一。

整体来看，北京地区人类活动的遗存颇丰。其中，延庆区就已发现旧石器时代遗存8处。经初步判断，中期遗存有7处，分别分布在菜木沟、路家河、沙梁子、古家窑、辛栅子、三间房和河北村等地点；晚期遗址1处，位于张山营镇佛峪口。旧石器时代中期遗址均位于河流的二级阶地上，属旷野遗址。阶地由河漫滩演变而成，因靠近水源且动植物资源丰富，人类活动频繁。在河流下切的作用下，地势越高的阶地形成时代越早。现代村落通常位于一级阶地之上，早期遗址则多位于二级或更高级的阶地上。

延庆地区史前文化遗迹分布示意图

菜木沟旧石器遗址位于千家店镇菜木沟村南50米的黑、白两河交界处，面积约500平方米。1992年调查发现，共采集石制品387件，其中260件出土于地层，127件采集于地表。种类以石片、石核为主，此外还有刮削器、砍砸器等工具，是延庆地区出土石制品数量最多、种类最全的一处旧石器时代遗址。根据石制品的出土层位和加工技术，初步判断为旧石器时代中期（距今十万年至五万年左右）的遗存。2024年在该遗址又采集到石器800余件，极大地丰富了该遗址的文化内涵。

菜木沟旧石器遗址

菜木沟旧石器遗址出土的石核

菜木沟旧石器遗址出土的石核的四面照片

石片是旧石器时代遗址中最常见和最重要的一类石制品，从旧石器早期出现，一直延续到新石器时代或更晚时期。古人类逐渐有意识地在河滩、古砾石层、基岩内或挑选或开采，以得到质地较好的砾石和岩块，今天考古学家称之为“石料”。之后，先民通过使用石头、鹿角和硬木等工具在石料特定部位进行锤击、敲砸或挤压，剥取石片，遗留下来的“内核”部分称为“石核”。有的石核在多次剥片后趋于圆钝并废弃，有的则用作砍砸器等“石核石器”。

路家河遗址位于张山营镇路家河村东北500米处山脚下的二级台地上。遗址四面环山，东西长200米，南北宽150米，分布范围约3万平方米。文化层厚0.4米。遗址共发现石制品27件，其中11件出土于地层，16件采集于地表，均为打制的石制品。初步判断为晚更新世早期遗存。

菜木沟遗址出土的尖状器石片三面照片

莱木沟遗址出土的刮削器石片三面照片

刮削器，通常由石片加工而成，一般一面相对平坦，一面略隆起，刃口平直、凸起或凹陷。作为多功能小型工具，用途十分广泛。可通过切割、刮削、刻划等处理动植物资源，如切割根茎、剥皮、割肉、加工兽皮等。

沙梁子遗址位于千家店镇龙潭村东，1993 年发现，面积约 200 平方米，共采集石器 9 件，其中 3 件石片出土于地层，6 件采集于周围地表。初步判断为晚更新世早期遗存。

砍砸器是旧石器时代一种形体较大、形状不定的工具，器身厚重，有钝厚曲折的刃口，可起到砍劈、锤砸和挖掘等多种作用，因而多用于处理植物资源，如砍树、挖植物块根，也可用于砍砸动物骨骼等。

莱木沟遗址采集的旧石器

第二节　延庆地区的新石器遗址

一、延庆新石器时期气候状况

延庆区地处延怀盆地东部，燕山沉降带西端，属密云至宣化隆起活化构造区，地势东高西低，三面环山，中部为盆地。延庆区在地势、气候等方面具有明显的过渡性。从地势上看，延庆位于第二阶梯与第三阶梯、蒙古高原与华北平原的过渡地带。从气候上看，延庆位于温带与中温带、半干旱与半湿润的过渡地带，属大陆性季风气候，四季分明。

延庆区新石器时代的气候与整个中国新石器时代气候变化的幅度基本一致。距今13000—11500年，属于更新世末、全新世初，出现了全球性的“新仙女木事件”，温度不断降低。新仙女木事件之后，气温降低逐渐结束，普遍开始升温，整体处于由寒冷向温暖转变，但仍有波动。延庆大王庄西钻孔揭示的孢粉资料显示，距今约9500年，大王庄西一带雨量较为丰富，针叶林有所增加。距今7700年前后，针叶林减少，以蒿为主的草原再次繁盛，气候温暖偏干。距今7500年前后，延庆小王庄孢粉组合显示，由松、栎、桦等组成的暖温带落叶阔叶针叶混交林面积增加，水生植物开始丰富，进入大暖期中稳定的暖湿阶段。

到了全新世中期晚段，大暖期仍在持续，但气候开始出现波动。大王庄西和小王庄的孢粉资料显示，距今约5600年，以云杉、冷杉为代表的暗针叶林，再次繁盛在海拔约500米的山地，说明当时北京气候又有一次短期下降，似乎进入一个持续时间不长、冷而湿的小冰期。

延怀盆地南部的怀来太师庄泥炭剖面的相关研究也显示，距今5670—5400年的环境特点是凉湿，发育以针叶林为主的针阔混交林植被，长期的小幅度低温波动。距今约5400—4800年，气候又变得比较温暖湿润，发育由栎、胡桃、栗等组成的暖温带落叶阔叶林和针阔叶混交林植被，森林中还有枫杨、化香树等亚热带植物区系的成分，植物种类多，持续的温度波动上升，在晚期可能形成一个高温时段。距今约4800—4200年，气候突然发生显著变化，可能出现降温事件，发育针叶林植被，且植被显著减少，温度明显降低。距今约4200—3400年，环境温暖干燥，植被状况较好，但气候比较干旱，发育针阔混交林草原植被，温度迅速回升。

总的来说，新石器时代的延庆在全新世早期气候开始转暖，中期达到最暖，后期又转凉爽干燥，在此期间虽有多次的气温浮动变化，但整体非常适合人类生存、发展。

二、延庆新石器时期遗址状况

井庄镇柳沟地点。20世纪70年代，柳沟村西山坡曾发现石锄（或称为带肩石铲）。石锄平面形状上窄下宽，近“凸”字形，上端修出柄部，柄部之下器身很宽，刃部厚钝，弧刃，器身有打琢痕迹。此类石锄和西辽河流域的内蒙古敖汉旗兴隆洼遗址、辽宁阜新查海遗址同类器近同，在怀柔喇叭沟门、密云南石城亦有发现，是兴隆洼文化的常见器型。因此，柳沟西山坡应是一处兴隆洼文化遗址。

大榆树镇下辛庄遗址。下辛庄村原下辛庄中学及附近出土了数十件磨制石器，主要器类有斧、锛、凿、磨盘、磨棒、球等。这些石器形制规整，制作石器的打、琢、钻、磨、抛光等技术已经十分精湛。2024年调查该遗

柳沟村西山坡出土的石锄

址时发现雪山一期文化和辽金时期遗存，发现的石器应属于雪山一期文化。

大榆树镇杨户庄遗址。1958 年第一次全国文物普查时即在杨户庄村西南发现古代遗存，村民采集有疑似龙山时代的器物。2001 年，又在杨户庄村西北、妫水河的二级阶地上发现早期遗址，有石斧、石杵、骨铲、骨刀、蚌器等遗物，年代应属于雪山二期文化至夏商时期。

大榆树镇姜家台遗址。该遗址位于姜家台村北，妫水河南岸，于 1992 年发现。遗址南北长 50 米，距地表 2 米，文化层厚 0.5 米，采集到的器物有石器和陶片。

千家店镇古家窑遗址。该遗址位于古家窑村东侧 300 米处白河北岸的二级台地上，于 1991 年发现。遗址东西长 200 米，南北宽 30 米，面积约 6000 平方米。出土石制品 10 件，其中 1 件出土于地层，9 件采集于地表，多为粗加工的石刀、石斧等。

井庄镇南老君堂遗址和南老君堂北遗址。两处遗址分别位于南老君堂村西和村北。南老君堂遗址面积较大，分布有雪山一期、雪山二期、夏商、汉代和辽金时期遗存。南老君堂北遗址分布有雪山二期、夏商和汉代时期遗存。

同时，延庆还发现了散见于各地的出土石器，在永宁发现有石斧，常里营发现有石盘状器，中羊坊村挖白河干渠时发现了石钺，八达岭营城子村发现有石斧等。出土地点多位于山麓坡地和河流台地上，发现的石器以

永宁镇采集的石斧

花盆村采集的石斧

磨制加工法为主，也有打制石器。

根据以上发现可以大致勾勒出延庆新石器时代的文化轮廓：兴隆洼文化，年代为距今8000—7000年，分布在井庄镇柳沟西山坡等遗址。雪山一期文化，年代为距今5500—4500年，分布在大榆树镇下辛庄、井庄镇南老君堂等遗址。雪山二期文化，年代为距今4500—3900年，分布在大榆树镇杨户庄、井庄镇南老君堂等遗址。

上述年代和文化序列基本代表了目前已知的延庆区新石器时代文化的历史面貌。不难看出，延庆区在距今12000—9000年的新石器时代早期，和距今7000—6000年的新石器时代晚期早段存在文化空白，仍需关键性的考古发现填补空白。

三、延庆新石器时代先民的社会与生计方式

关于延庆区兴隆洼文化时期的资料十分匮乏，不过在兴隆洼文化的核心分布区——西辽河流域发现了大量定居聚落，聚落内有较规整的成排分布的方形半地穴房屋，并出现了环壕聚落。据此推测，延庆区当时的先民应该也已经过上了定居的生活。柳沟西山坡发现的石锄，刃部钝厚，虽不适合挖土或除草，但整体厚重，适合碎土、平整土地，便于农业生产。在内蒙古敖汉旗兴隆沟兴隆洼文化遗存中，除发现类似石锄，还明确发现较多碳化栽培农作物粟和黍。因此，这一时期的延庆先民很可能也已经种植粟黍，农业经济开始出现。

延庆地区雪山一期文化遗址，以下辛庄遗址为例，从发现的石器来看，当时的石器制作技术相当娴熟，工具组合中最常见的就是斧、锛、凿这样一套完整的木制品加工器物，但却缺少铲、刀、镰等与种植业相关的器物，这是雪山一期文化石质工具中的一个特点。这种情况说明雪山一期文化的先民十分重视加工木制品，且加工业应非常发达。因此，雪山一期文化的先民完全可以利用石质工具加工木质农业工具，从事粗放型农业、刀耕火种农业。且当时的气候较为温暖湿润，比较适合农业发展，而且如果没有农业生产，恐怕难以支撑精美磨制石器的制造。

延庆地区雪山二期文化遗址中的杨户庄遗址发现了骨刀、石杵等工具，其中骨刀应是收割谷物的工具，石杵与石臼则是新石器时代常见的谷物加

工的组合工具，表明当时的农业生产得到了进一步发展。但是一些遗址中仍发现有细石器，说明狩猎行为仍然存在，与农业形成互补的关系。

在杨户庄遗址、南老君堂等遗址中发现的雪山二期文化中陶器的数量与种类明显增加，器类主要有鬲、罐、斝、甗、尊、盉、壶、盆、豆、杯、碗、钵、纺轮、玩具等，每一大类下面又可分为各式各样的小类，说明当时的日常生活更加丰富多样。陶器制作技术也有明显的进步，一些泥质陶器上有明显的快轮拉坯方法制作留下的细密轮旋线，器底则有螺旋形切割线。灰陶、黑陶大量出现，说明已经使用封闭式陶窑进行烧制，有的可能还使用了渗碳工艺。

从陶器的种类和生产技术来看，陶器的专业化生产已经出现。一些遗址还发现了防御设施，可能是大型中心聚落。总的来说，这一时期的延庆地区，已经开始向社会化专业分工发展。

第三章 戎祀春秋

春秋战国时期，在今北京市域内是多民族杂居、共处的地区，北部和东北部是山戎，山戎的东北是肃慎，各族相互往来交流，经济文化双向影响。

延庆地区在以燕文化为主的中原文化和以山戎文化为主的北方游牧文化双重影响下，发展成为冀北山地一带独特的一种文化。在此期间，产生了历史上第一个行政建制，同时，也留下了少数民族生活的历史印记。

第一节 初设郡县

春秋战国时期，周武王灭商后，封召公姬奭于燕地，建立了燕国，开启了燕国八百年的历史。至战国中期，秦开作为燕国将领，成功击败东胡，向东北拓地千里，并在此基础上设置了上谷郡，标志着延庆地区迎来了历史上的第一个行政建制。

一、召公封于燕

周灭商后，为统治广阔的疆域，“故封建亲戚，以藩屏周”[1]，通过大规模的分封宗室、功臣以及圣王之后，建立众多的诸侯王国，形成“王畿—封国”的政治空间格局，以作为王朝的藩屏，巩固国家的政权。

据载，武王至成王时期，先后建立了71个诸侯国，“兼制天下，立

1 ［清］阮元校刻:《十三经注疏清嘉庆刊本·春秋左传正义·卷第五十二·二十八年》，北京：中华书局，2009年，第4601页。

七十一国，姬姓独居五十三人”[1]，即同姓宗族是周朝政治的主体，他们被分封到中原的东部、北部等具有重要军事、政治意义的地区。

召公画像（清 顾沅辑录、孔莲卿绘像《古圣贤像传略》）

《史记·燕召公世家》载：“召公奭与周同姓，姓姬氏。周武王之灭纣，封召公于北燕。”[2]姬奭因食采于召，称为召公，其辅佐武王灭商有功，封于燕（今北京房山琉璃河乡），授予羌、马、驭、微等六个氏族。史称北燕，是为与今河南延津一带的南燕区分。因召公需在周辅政，其子姬克就封主政，成为燕国的第一位国君，后世代代传继。

燕国作为同姓诸侯国，肩负镇抚边鄙、捍卫王室的重要责任。随着燕国在西周北部地区逐步发展，将周的统治区域向北进一步延伸，为周文化在北方的传播与发展做出了重要贡献。

二、昭王置上谷

哙即位燕王后，曾联合楚、韩、魏、赵四国攻打秦国，兵败未胜。后重用国相子之进行国家改革，子之逐渐获取燕王信任，专断政事。至哙年老之时，他不理政事，“禅让”君位于子之，国家大事均由子之裁决，从而引起国内贵族不满。于是，将军市被与太子平合谋讨伐子之，引发国内动乱。齐宣王乘机伐燕，攻入蓟城，燕王哙、太子平及子之均在此次祸难中死亡。

1 ［清］郝懿行著，管谨讱点校：《荀子补注》卷上《儒效篇第八》，济南：齐鲁书社，2010 年，第 4577 页。

2 ［汉］司马迁撰，［南朝宋］裴骃集解，［唐］司马贞索隐，［唐］张守节正义，中华书局编辑部点校：《史记》卷三十四《燕召公世家第四》，北京：中华书局，1982 年，第 1549 页。

职为燕王哙庶子，曾在韩流亡。父兄双亡的他被赵武灵王送归至燕，即位后为昭王。他广招天下贤士，大力改革内政。随着昭王的励精图治，燕国跻身成为战国七雄之一。

但是，此时的燕国北有东胡之患，南有齐国之威。燕昭王为全力谋齐，以燕国贵族后裔等人入质东胡以稳定北方，其中包括大将秦开。秦开在东胡生活期间，“胡甚信之”[1]，取得了东胡的完全信任，通晓了当地的风情民俗，收获了军队的重要情报。在一次贩马途中，谋划许久的秦开脱离了队伍，并巧遇巡防经过的燕国队伍。秦开返回燕国后，昭王任命其为大将。其间，“控弦之士二十万”[2]的强盛东胡多次侵略东北边境，昭王决心彻底平定北方边患。经过深思熟虑的安排，最终昭王任命秦开率军驱胡。

秦开率领燕军自西向东，由今延庆地区妫水河流域向密云地区的渔水（今白河）、鲍丘水（今潮河）流域推进。凭借秦开对于东胡的了解，队伍势如破竹，一路高歌猛进，燕军连收失地，并乘势追歼东胡。东胡军队不敌，退却逃遁，史称“东胡却千余里”，退至今辽河上游。

为了防御东胡的再次侵略，保障北部的长治久安。秦开效法赵国，动员当地军民大力修建障塞。《史记·匈奴传》载：“燕亦筑长城，自造阳至襄平。置上谷、渔阳、右北平、辽西、辽东郡，以距胡。”[3]西起造阳（今河北张家口）、东到襄平（今辽宁辽阳），在燕国北部筑建了长达两千多千米的长城。同时，陆续设立上谷、渔阳、右北平、辽西、辽东五郡。通过上述措施，更为有效地抵制北方游牧民族的入侵。通过此次秦开却胡，燕国的国土面积一跃超过赵、齐、韩三国，仅次于秦、楚两国，在列国中位居第三，极大地增强了国力。

---

1 ［汉］司马迁撰，［南朝宋］裴骃集解，［唐］司马贞索隐，［唐］张守节正义，中华书局编辑部点校：《史记》卷一一〇《匈奴列传》，北京：中华书局，1982 年，第 2886 页。

2 ［汉］司马迁撰，［南朝宋］裴骃集解，［唐］司马贞索隐，［唐］张守节正义，中华书局编辑部点校：《史记》卷一一〇《匈奴列传》，北京：中华书局，1982 年，第 2887 页。

3 ［汉］司马迁撰，［南朝宋］裴骃集解，［唐］司马贞索隐，［唐］张守节正义，中华书局编辑部点校：《史记》卷一一〇《匈奴列传》，北京：中华书局，1982 年，第 2887 页。

上谷郡是延庆地区历史上设置的第一个行政管理机构。其所辖范围大致包括今张家口市怀来县、宣化区、涿鹿县、赤城县、沽源县以及北京延庆等地，是连接北方与中原的重要地区。

第二节　玉皇庙文化

先秦以前的延庆，是山戎积极活动的地区。山戎作为一支古老的北方游牧部族，其南邻燕国、西靠赵国、东近齐国，势力范围较广。他们居于马背，拥有较强的军事实力，曾经屡犯上述三国边境，其中以燕国为甚，史籍当中多有记载，如：“当是之时，秦襄公伐戎至岐，始列为诸侯。是后六十有五年，而山戎越燕而伐齐，齐釐公与战于齐郊。其后四十四年，而山戎伐燕。燕告急于齐，齐桓公北伐山戎，山戎走。”[1] 齐釐公二十五年（前 706 年），山戎越过燕攻打齐国，齐釐公与其在郊野发生交战。燕庄公二十七年（前 664 年），山戎侵袭燕国，燕向齐告急求助，齐桓公率领军队北伐山戎，大败之，缓解了山戎对燕国的军事威胁。

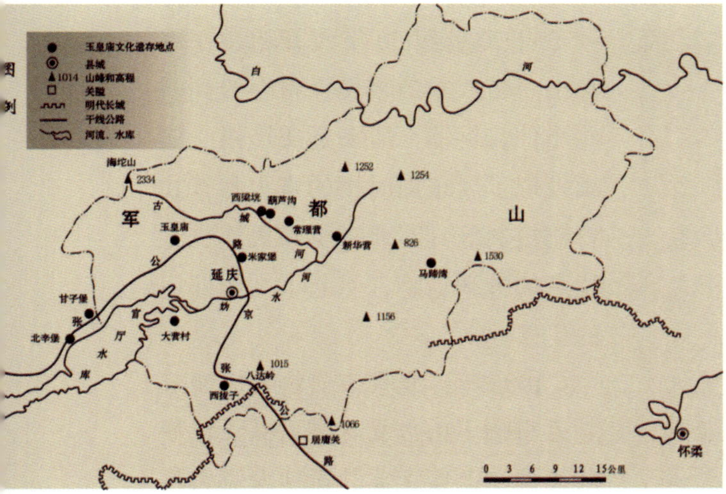

燕山地区春秋战国时期少数部族墓葬分布图

但是，对于山戎其他方面的记载史料甚少。不过 20 世纪 80 年代，在延庆北部山地发现了一批春秋战国时期墓葬 594 座。其中玉皇庙墓地规模最大，出土文物最丰富，统一命名为“玉皇庙文化”，它属于北京军都山一线一种独特的地方性北方草原少数民族文化，与周围的燕国文化和中原时期的文

1　［汉］司马迁撰，［南朝宋］裴骃集解，［唐］司马贞索隐，［唐］张守节正义，中华书局编辑部点校：《史记》卷一一〇《匈奴列传》，北京：中华书局，1982 年，第 2881 页。

玉皇庙山戎墓地

化完全不同，结合文献记载，推断可能是山戎部族墓地。

一、玉皇庙文化考古

直刃匕首式青铜短剑

自20世纪50年代开始，在军都山一带放羊的牧民经常会捡到一些小件青铜器，后来延庆境内又陆续发现了属东周时期的直刃匕首式青铜短剑等具有北方少数民族文化特点的青铜遗物，引起了文物部门的注意。

1985年，北京市文物研究所成立后组建了山戎文化考古队，以期从考古学上探索冀北山地含直刃匕首式青铜短剑文化遗存与夏家店上层文化、燕文化、匈奴文化之间的区别。同年8月，考古队会同延庆县文物管理所到军都山地带进行了为期一个月的田野考古调查。调查范围涉及军都山脉南麓及怀来——延庆盆地缘边地带的6个乡镇的沟壑河谷，包括旧县镇、永宁镇、刘斌堡乡、张山营镇、康庄镇、延庆镇等，收集了各类富有北方少数民族文化特色的东周青铜遗物200余件，包括形式多样的直刃匕首式青铜短剑、削刀、鼎、豆、舟，以及马具、各式牌饰、带饰等。明确发现了10余处含直刃匕首式青铜短剑文化遗存的地点，初步了解了此类青铜文化在分布上的地质地理特点。

发掘地点主要分为三处。第一处地点是延庆区旧县镇的古城村葫芦沟墓地，分两期发掘。共发掘古墓葬153座。第二处地点是延庆区张山营镇的玉皇庙墓地，因墓地规模较大，发掘工作共分六期进行。共发掘古墓葬400座。第三处地点是延庆区旧县镇古城村的西梁垙墓地。北京广播学院师生在此进行植树劳动的时候，发现了一座古墓，后共发掘古墓葬47座。

以上三处墓地，均分布在延庆盆地北缘、军都山脉南麓，文化性质相同，均属冀北山地含直刃匕首式青铜短剑的玉皇庙文化墓地。三处墓地共发掘此类文化墓葬594座（非属玉皇庙文化的墓葬未计），出土各类富有特色的大、小件文物6万余件。玉皇庙文化相关墓葬中出土了大量的青铜器。以玉皇庙墓地为例，共出土各类青铜器17790件，按照用途可分为礼器、兵器、工具、马具、装饰品和货币6类。兵器和工具有短剑、銎戈、刀、镞、锛、凿、斧、锥、锥管等。装饰品有带扣、带饰、各种动物纹牌饰等。生活用具的代表性器物是鍑。据此确认玉皇庙文化是中国北方先秦时期一支游牧部族创造的具有青铜文化属性的考古学文化。

考古工作历时6年，这是迄今为止中国东周时期考古发掘中规模最大、墓葬数量最多、出土遗物最丰富、所获考古资料最为系统和完整、具有重要历史价值和学术价值的北方游牧和畜牧文化的氏族部落墓地。军都山墓地的发现与发掘及其文化性质的认定，是20世纪80年代中国北方考古的一项重大成果。

二、殉牲习俗

经过对玉皇庙文化相关墓葬的考古发掘，发现玉皇庙文化的主要葬俗特点是墓葬中随葬大量的动物进行祭祀，即殉牲习俗。殉牲作为玉皇庙文化内涵的构成要素，也是今人得以窥探那个神秘部族日常生活碎片的重要角度。玉皇庙文化的殉葬种类集中于马、牛、羊、狗四种家畜，是该族群的生产生活资料，反映了当时的社会生活状况。

《史记·匈奴列传》云："唐虞以上有山戎、猃狁、荤粥，居于北蛮，随畜牧而转移。其畜之所多则马、牛、羊，其奇畜则橐驼、驴、骡、駃騠、騊駼、驒騱。逐水草迁徙，毋城郭常处耕田之业，然亦各有分地。毋文书，以言语为约束。儿能骑羊，引弓射鸟鼠；少长则射狐兔，用为食。士力能贯弓，尽为甲骑。其俗，宽则随畜，以射猎禽兽为生业，急则人习战攻以侵伐，其天性也。"[1] 根据史料记载，山戎部族普遍畜养马、牛、羊大型驯化牲畜，以畜牧业为主，并逐水草而居，属于典型的北方游牧民族。史书上的寥寥几笔不足以勾画出一个鲜活具体的形象，但玉皇庙及相关墓葬的发现使得山戎族群的历史样貌变得更加充实丰富。

玉皇庙墓葬殉牲情况

经专家学者讨论，圹内殉牲的摆放位置、组合形式、布局队形，都是以当时族群的生活场景和实际情况作为原型，进行再次的加工改造，而有意为之，这也是玉皇庙文化与其他文化在殉牲制度上的明显区别。

文献中没有记载的狗，却是玉皇庙墓地中数量最多的殉牲。狗在实际的放牧生活中的作用是替主人守卫、保护畜群，

1 ［汉］司马迁撰，［南朝宋］裴骃集解，［唐］司马贞索隐，［唐］张守节正义，中华书局编辑部点校：《史记》卷一一〇《匈奴列传》，北京：中华书局，1982 年，第 2879 页。

防止马、牛逃走或遗失，是畜牧生活中非常重要的动物。在玉皇庙墓地的殉牲墓葬中，当出现包括狗在内的两种以上殉牲组合时，狗总是首当其冲地位于圹内最东端，即整个畜群的最前沿，似在开辟道路；或位于东、西两端，前后兼顾畜群；或位于东侧及畜群外围；或位于东、西南、西北方向，呈稳定的三角形布局。总之，狗在殉葬的畜群中仍旧担任警戒守卫的角色，将牛、羊等牲畜处于相对安全的中间位置，真实生动地勾勒和再现了山戎部族以畜牧业为主的经济特点。

除此之外，玉皇庙文化相关殉牲墓葬的另一显著特点是，不采用全牲殉葬，均采用马、牛、羊、狗四种牲畜被肢解后的头和腿为牲畜代表，作象征性祭祀。并通过化整为零的拆解方式和多种多样的组合及摆放形式，如分开纵向一字排列或聚堆作上下叠压摆放等表面形式，以示祭牲之丰富，制造虚假繁荣，来掩饰其生产和生活资料还较为匮乏、生产力水平还较为低下的真实境况。

三、覆面习俗

玉皇庙文化墓地的饰品，主要集中于死者头部、颈胸部及腰腹部。其中，头部饰品包括耳饰、发饰和覆面饰。耳饰多为螺旋形金丝或铜丝耳环，

玉皇庙山戎墓葬覆面装饰

坠多为人字形铜坠饰和联珠棍形铜坠饰，覆面饰多以 1—3 枚小型铜扣连缀在麻布上而成。

玉皇庙文化墓地中面部遗有覆面铜扣饰物的死者数量着实不少，其中玉皇庙墓地约有 1/3、西梁垙墓地约有 1/4、葫芦沟墓地约有 1/5 的墓葬有用覆面巾的现象。覆面小铜扣历经岁月的洗礼之后，多已散落在死者的前额、眼窝、鼻端至上颌之间，或脱落在下颌骨附近。经过发掘工作者的清理发现，这些小铜扣的背面都带有穿鼻孔，同时许多铜扣的背面黏附一层麻布的痕迹，或在穿鼻孔内遗留了尚未腐朽的多股麻线。据此推断，在下葬的时候，原有一层麻布类的以铜扣为装饰的覆面巾轻覆盖在死者面部。

在部分女性死者的前额至眉弓之间，发现了一排呈弧线形状的小铜扣，背面也留有穿鼻孔和麻布痕迹，根据学者推测，这种精心排列的组合铜扣，应同是覆面巾上的装饰品。

这种以小铜扣连缀面巾作覆面装饰的葬俗，根据人骨鉴定的结果，除了婴儿以外，男女老少均涉及，似无关性别、身份和等级，在部族之中普遍流行。

《北方文化与匈奴文明》一书认为戴覆面饰的原因是："今内蒙古东部的锡林郭勒草原和大兴安岭以东的呼伦贝尔草原，那里水草茂盛，每逢夏天雨季，草地的蚊子长得又大又多，如果没有覆面之类装备，那是无法外出的。试想，山戎民族长年生活在山林之间，夏天雨季炎热潮湿，亦肯定会有大量蚊虫，覆面类保护用具的出现，正反映了山戎人活动地区的生态环境。"[1] 不过，靳枫毅先生根据民族志的相关资料认为，覆面是为了压住和蒙住人的七窍，让死者瞑目，与活人世界相隔绝，以免灵魂出窍以祸害生人，以保氏族后代安然无恙。

四、"灵魂不死"原始宗教观念

玉皇庙文化相关墓地的殉牲习俗与覆面习俗，与山戎部族所奉行的宗教观念密不可分。灵魂观念是人类最早关于宗教的观念。古人相信，人拥有灵魂，在承载灵魂的容器——身体逝去后，灵魂会到另一个世界或者来

1 田广金：《北方文化与匈奴文明》，南京：凤凰出版社，2005 年。

世继续生活，从而获得永生。灵魂不死的观念将生与死紧密地联系在一起，生的状态以另一种形式投射在死的仪式。

家畜是个人或家庭财富的表现和象征。以游牧和畜牧业为生的山戎部族，日常生活中最主要的生产资料和生活资料就是马、牛、羊、狗四种牲畜，他们的衣食住行与之息息相关。因此，这四种牲畜就是山戎部落财产和财富的主要来源和象征之一。

将马、牛、羊、狗四种家畜的骸骨与死者一同埋葬，既是将山戎人赖以生存的生产资料和生活资料，亦是财产和财富一起随死者入葬，以祈望“来时复生，永久享用”。

山戎部族不仅将生产生活的物质资料作为随葬品随葬，其更为注意一些细节，即殉牲在墓葬中的摆放位置及牲吻的朝向方位。

从出土资料不难发现，其中显现了一种既定的制度与规定，即大多数的殉牲位置和牲吻朝向都取决于死者的头向。如果死者的头向朝东，那么殉牲摆放在圹内东端，且牲吻朝向东。如果死者的头向朝西，那么殉牲的摆放则在圹内西段，且牲吻朝向西。部分学者认为这是山戎部族信仰“灵魂不死”原始宗教观念的进一步证明。三者之间保持着高度的方向关联性，其内在所反映出来的观念是，死者作为牲畜的主人，生前享有牲畜群所带来的财富、等级，那么死后这些家畜也要继续陪伴主人，以供随时支配和享用。且主人走到哪里，牲畜必须跟着走到哪里，具体表现就是摆放方向、牲吻方向与死者朝向一致。

五、阶层化社会形态

《韩非子·十过》载：“（戎王）见其女乐而说之，设酒张饮，日以听乐，终岁不迁，牛马半死。”[1] 可知，戎族在东周时期已经有“王”级首领，且权势强大，没有下达迁徙的命令，即使牛马因气候原因死亡，部众也不敢私自迁徙。以此推测，北方的戎族大多进入阶级社会，具有等级差别，而并非无序社会。

玉皇庙文化相关墓葬的出土发掘，通过墓葬中的陪葬物品与殉葬家畜

1　［清］王先慎撰，钟哲点校：《韩非子集解》卷三《十过第十》，北京：中华书局，1998 年，第 72 页。

的数量多寡，可以清晰认识到玉皇庙文化的社会性质，即："一个私有制特征非常明显，贫富两极分化非常悬殊，阶级对立非常突出，并有一整套森严的殉牲制度、埋葬制度和财产分配制度的、以军事奴隶主阶级掌握统治权力的野蛮的奴隶制社会。"[1]

殉牲、随葬物品的组合形式及具体数量，与墓葬的规格等级基本上呈现出正比的配套关系。如男性死者为墓主的大型墓葬，在其墓中发现了种类齐全（四种家畜）、数量众多的殉牲，同时还发现了成组成套的金器、青铜容器、兵器、马具、生产工具和各种装饰品以及陶器等随葬物品，数量达数十件或上百件，更有甚者多至数百件。而与之形成鲜明对比的小型墓葬，则浅穴土坑，内无一物。

山戎部族社会等级的形成与划分可能与游牧民族崇尚武力、信奉力量相关。墓葬中陪葬兵器的墓主，如铜戈、青铜短剑等，全部为男性，且规格普遍高于其他无兵器陪葬的死者。由此，也导致了男女地位的悬殊。男性成员的主要职责是放牧、狩猎、战争、伐木等体力劳动，这些分工内容也涉及部族得以生存的重要物质资料，这使得男性在社会中处于优势地位。女性和儿童所承担的社会职责则基本在丧葬仪式和陪葬物品中难以展现，更多以装饰品来强调女性的审美价值。总之，玉皇庙文化是一个阶序化的、男性权威占优势的山戎族群。

六、太阳崇拜

在玉皇庙墓地400座墓葬中，其中约92%的墓葬，即366座墓葬，是墓圹呈东西向、死者头朝东的墓葬。几乎所有大、中型墓葬以及早、中期墓葬，都遵循同样的墓圹东西向、死者头朝东的葬向。

同时，玉皇庙墓地中保有殉牲的254座墓葬中，有232座墓葬，将祭祀动物放在墓葬的东端。其中，又有227座墓葬，死者的头部朝东或东南。这清晰地表明，在玉皇庙墓地中，墓圹呈东西向和死者头向朝东或东南是占主导地位和统治地位的墓向和头向，即主流方向。与同时期的燕国和其他中原主要国家的墓葬进行对比发现，受中原文化影响的墓葬通常是墓圹

1 靳枫毅：《军都山玉皇庙墓地殉牲制度研究》，《北京文物与考古》第6辑，北京：民族出版社，2004年。

均呈南北向，死者作头北足南葬式。那么，玉皇庙文化墓葬这种具有鲜明、统一规律性的埋葬制度和殉牲习俗，背后必然受到了一种统一而强大的宗教意识形态的影响和指导，这极有可能是山戎部落关于太阳崇拜的原始宗教信仰。

太阳崇拜是典型的自然崇拜，或许从人类文明诞生的那一刻就开始了。太阳驱赶了黑暗，带来了光明和温暖，同时也象征着收获与生命，人们慢慢将太阳神化作为崇拜对象，逐渐形成了原始宗教的主要内容，并在早期人类社会中广泛流行。

山戎部族以畜牧和狩猎为生，人与牲畜都需要太阳的恩赐。充足的日光才能馈赠给他们丰沃的牧草、充足的食物以及适合生活的温度。对于游牧民族，漫长的冬季是生存的挑战，因此更渴求阳光与光明。崇拜太阳是山戎一种必然的社会选择，以祈祷部族人畜兴旺，终年温饱。

在“灵魂不死”的丧葬观念下，对于太阳的崇拜也延续在墓葬制度中。玉皇庙文化的相关墓地多选择在南临河滩、北靠青山的向阳坡地上，墓坑多作东西向，多头东足西埋葬，殉牲多置于圹内东端，牲吻多朝向东方，这一切都似乎是因为东方是旭日升起的地方。这不仅是期待对于灵魂的再次照耀，以取得另一种永生，同时也是对于部族的一种祝福加持，希望族群兴盛。

七、文化交流

玉皇庙文化遗址出土的各类文物非常丰富，极大程度地还原了山戎部族的历史面貌，同时也展现了北方文化与中原文化之间的交流往来。

陶器具有鲜明特点，不仅与中原地区和燕文化的陶器群不同，同时有别于东北辽西地区夏家店上层文化——东胡文化陶器群。器物多为手制，器型不大规整，制作粗糙，火候低而不均，陶质疏松，技术稍显落后。

青铜器种类繁多，涉及兵器、工具、装饰品、车马具和容器等。其中，以出土的直刃匕首式青铜短剑、青铜削刀、青铜带钩、弹簧式铜丝耳环和动物纹牌饰最富有文化特色。直刃匕首式青铜短剑，只在冀北山地一带出现，剑身与剑柄连铸，剑首花纹有盘羊角、蛇形双环孔等纹饰。铜牌饰则皆为写实动物纹浮雕图像，分别是佩胸和配腰，跟中原地区样式很不一样，

玉皇庙山戎墓葬出土的夹砂红陶罐

直刃匕首式青铜短剑

野猪形牌饰

造型有马、猪、鹿等。山戎文物采用了丰富的动物纹饰，体现了北方游牧部族的狩猎经济文化特色，展现了草原生活的艺术审美。

容器上则明显地表现出两种文化因素交流，一种是体现了山戎文化土著特色的器物，如双耳青铜鍑和兽头环耳三足杯，品质粗糙；另一种是体现燕国和中原文化因素的器物，如蟠螭纹铜罍、勾云纹铜盘等，铸工精细、纹饰精美。可以清晰地窥探到两种文化发生接触、相互交流的情况。

青铜鍑

而出土发现的青铜削刀，环省弧背凹刃，体型轻巧，与春秋战国时期燕、齐、赵地区流行的铜刀币极为相似，为进一步探索刀币起源提供了新的弥足珍贵的实物资料。

青铜削刀

金项饰

铜鎏金贝币

金器作为一种异常贵重的金属，既表现了山戎礼制，又体现了文化交流。其中佩于男性首领死者颈部下面的月牙形金璜形项饰，是标志特定身份的一种“礼制”。这种形式的金饰品，在北方先秦时代其他文化中均未曾发现。而金贝币作为非常贵重的一种仿贝，流通地域广泛，主流地区还是在中原王室政权控制范围内。在山戎部族墓葬中出土了贝币，说明他们与中原地区存在着一定的经济交流和文化影响。

1984 年，经文物普查于张山营镇胡家营村发现了东周文化遗址，后因道路工程建设进行文物保护，正式发掘。作为北京地区迄今为止发现的规模较大的村落遗址，胡家营遗址内涵丰富。

通过对出土陶器的分析比较确定了遗址的早晚关系，可分为三期。其中，一期属玉皇庙文化遗存；二期玉皇庙文化人群仍旧生存，但燕文化开始进入；三期属燕文化。从中可见，延庆地区的山戎文化曾辉煌一时，但随着中原诸国实力增强，山戎部族逐渐退出历史舞台，延庆地区成为中原文化辐射范围之地。

第四章　千年居庸

秦汉时期，延庆虽纳入中央王朝管辖，但因其地处塞外，北方紧邻匈奴、乌丸、鲜卑等游牧民族居住地，辖地胡汉杂糅，与北方民族往来频繁。战事尤多，北方民族常入境劫掠。秦朝在燕北设有上谷郡，今延庆属之，境内至少设有夷舆县，为专管山戎人所设之县。西汉时期，今延庆地区仍属上谷郡，设有夷舆、居庸、上兰三县，夷舆、上兰为管理山戎之县，居庸为汉人官吏、部属、百姓居住之县。上谷郡治所在今怀来县大古城村附近，紧邻延庆，延庆属上谷郡核心地区。新莽时期，改上谷郡为朔调郡，改夷舆县为朔调亭。夷舆城在今延庆区旧县镇古城村东北，朔调郡的治所在朔调亭，即夷舆城，新莽时期朔调郡的治所在今之延庆。延庆在新莽时期的政治、军事地位有所提高。东汉时期，建制名称复与西汉同，延庆地区建制因袭西汉，因山戎人逐渐汉化，撤销夷舆县。

自古幽燕之民乐于耕战、民风彪悍，拥有闻名天下的骑兵——幽州突骑，其中不乏北方游牧民族，征战南北，战斗力较强，是两汉时期的一支重要军事力量。目前遗留下来的延庆秦汉时期史料大部分都和战争有关。

传说变仓颉旧文为今隶书的秦汉时期伟大书法家王次仲曾仙居于今延庆西北高山之中，因其不为秦皇服务，秦始皇派人将其抓往咸阳宫中。途经高矮两座山时，化为大鸟升天，留下两片羽毛，大、小翮山即因此得名。西汉初期，燕王卢绾反，汉军北进燕地平叛，卢绾率领燕军在上兰与汉军激战，燕军败逃，上兰城很可能就在现在的东门营村附近。新莽时期，耿况被任命为朔调郡连率，与其子耿弇投靠刘秀，耿弇带上谷突骑帮助刘秀荡平河北。东汉建立后，耿况被任命为上谷郡郡守。上谷将领耿弇、景丹、寇恂均位列云台二十八将。东汉末期，蓟侯公孙瓒击败宗室、幽州牧刘虞，刘虞败逃居庸县，公孙瓒领兵攻入，将刘虞抓回蓟城斩杀。这是东汉末期

延庆西汉形势图

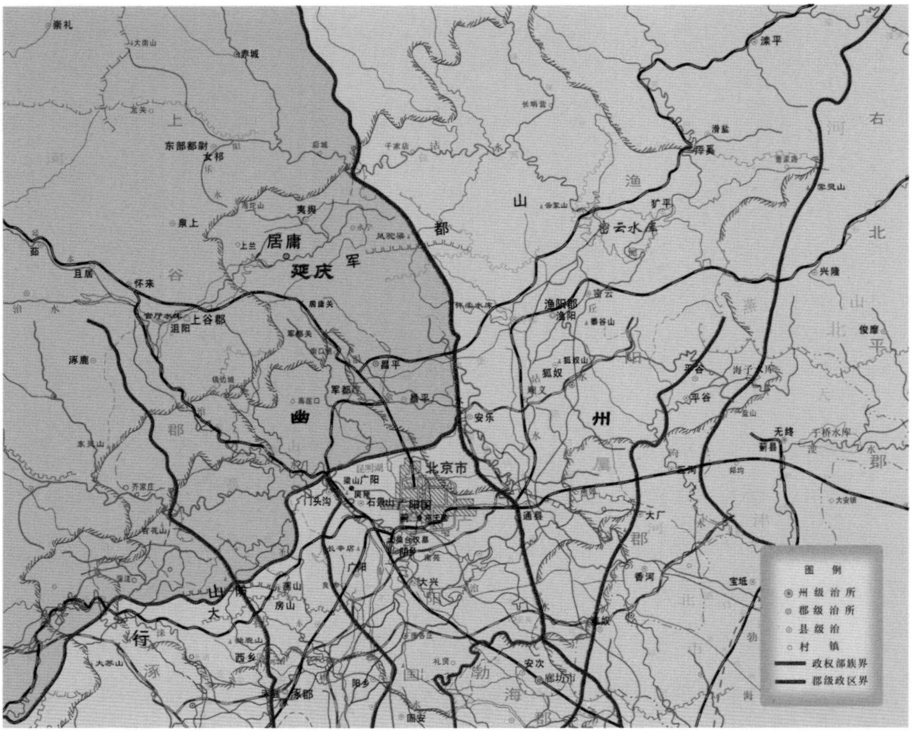

延庆东汉形势图

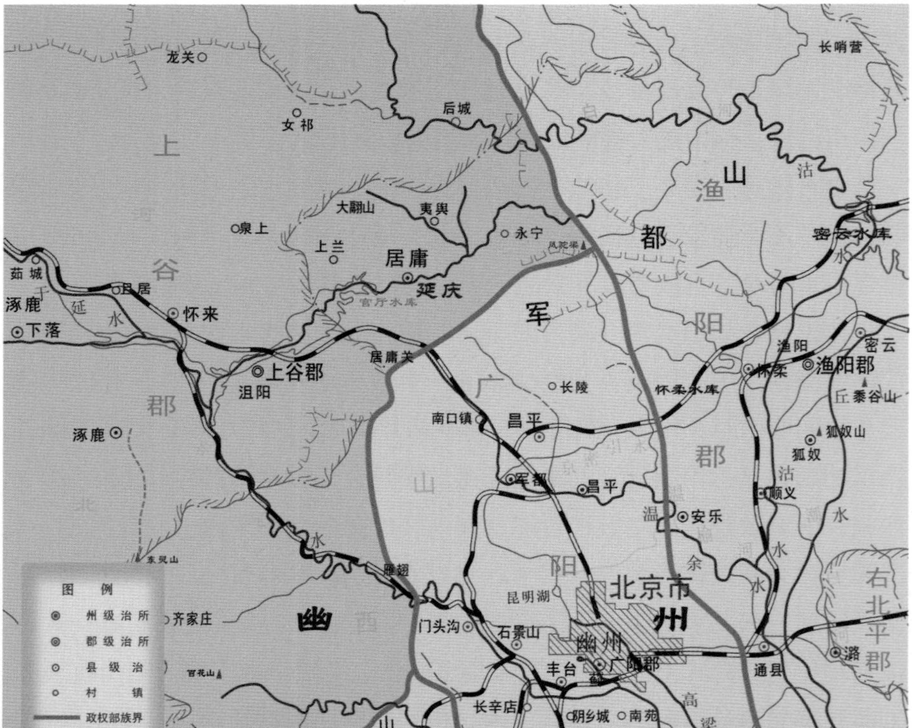

的一次重要战事。汉代居庸县在今延庆城区。“居庸之战”是延庆有史可查的第一次战事。出土文物也可补充历史。西屯西汉墓曾出土刻铭少府家青铜器，西汉早期燕国少府很可能是居庸县人。这些构成了延庆秦汉时期的历史框架。

第一节　王次仲与大小翮山

传说王次仲是秦代或东汉时期的伟大书法家，或说是伟大的文字改革家。王次仲变仓颉旧文为隶书，即汉代规范化的隶书，类似楷书。关于他还有一个著名的神话故事，就是秦始皇得知他创造了简化字以后，觉得使用起来十分方便，就下诏让他进宫。他不想为秦始皇服务，秦始皇就派兵抓他。就在士兵抓他回去的路上，王次仲变成大鸟上天成仙了，落下了大小两片羽毛，从此，人们就把落下羽毛的山头称为大、小翮山了。这大、小翮山应该就在现在海陀山南麓延庆佛峪口村北的塘子沟温泉附近。

王次仲塑像

一、王次仲的书法成就

关于王次仲书法成就有很多记载。西晋葛洪《神仙传》记："王次仲变篆为隶……"[1]北魏郦道元《水经注》记："郡人王次仲，少有异志，年及弱冠，变苍（仓）颉旧文为今隶书。"[2]唐代书法家、书法理论家张怀瓘在《书断》中对王次仲之书法"八分"做了详细阐述。

他说八分化的书体是秦代羽人、上谷郡王次仲所创。又引王愔说："次仲始以古书方广，少波势。建初中，以隶、草作楷法，字方八分，言有模楷。"萧子良云："灵帝时，王次仲饰隶为八分。"他们都认为王次仲是东汉人。但张怀瓘也说很多人认为王次仲是秦代人，不是效仿程邈的隶书。张怀瓘又说："后汉亦有王次仲，为上谷太守，非上谷人。"总之，关于王次仲是秦代人还是东汉人，在唐代已经搞不清楚了。张怀瓘又引蔡邕《劝学篇》："上谷王次仲初变古形。"张怀瓘认为八分化书体在小篆的基础上有所改进，但是还没有完全脱离小篆，算不上严格意义上的隶书，可以算作隶书的雏形，也可以称为楷书，当时人称章程书。[3]张怀瓘不仅是唐代书法家，而且还是书法理论家，他的说法应该是十分可信的。

自唐代以后，后世史书多依照前代之记载。北宋《太平广记》引唐末五代成书的《仙传拾遗》记："王次仲者，古之神仙也。……以为世之篆文功多而用寡，难以速就，四海多事，笔札所先，及变篆籀之体为隶书。"[4]北宋《太平御览》记王次仲"及年弱冠，变苍（仓）颉旧文为今隶书"[5]。北宋《宣和书谱》云："在汉建初有王次仲者，始以隶字作楷法。所谓楷法者，

1　［西晋］葛洪：《神仙传》，赵声磊：《古代趣文百篇》，杭州：浙江人民出版社，1983年，第25页。

2　［北魏］郦道元著，陈桥驿注：《水经注》卷十三《灅水》，杭州：浙江古籍出版社，2013年，第181页。

3　［唐］张怀瓘：《书断》，陈涵之主编：《中国历代书论类编》，石家庄：河北美术出版社，2016年，第7—8页。

4　［北宋］李昉等编，华飞等校点：《太平广记》卷五《神仙五》，北京：团结出版社，1994年，第20页。

5　［北宋］李昉编纂，夏剑钦、王巽斋校点：《太平御览》卷四十五《地部十》，石家庄：河北教育出版社，1994年，第403页。

今之正书是也。”[1] 明清史料也有很多相似记载。

二、王次仲落翮成仙

王次仲一生中最大的贡献是书法，最著名的故事莫过于“落翮成仙”了。前面提到的史料基本都记载了这个故事。

《太平御览》记：“《山海经》曰：大翮山小翮山，有王仲庙。”[2] 证明很可能在成书于战国至汉代初期的《山海经》中就已经有关于大、小翮山的记载。《神仙传》记：“王次仲变篆为隶，始皇召之。不至，将杀之。次仲化为大鸟，振翼而起。使者拜曰：‘无以复命！恐见诛！’乃以三大翮堕与使者。始皇因名‘落翮山’。”[3] 这是目前查到关于王次仲“落翮成仙”的最早记载，证明大、小翮山曾名落翮山。

南北朝时期广泛出现了关于王次仲的记载，南朝任昉《述异记》记：“昔有王次仲，年少入学而家远，常先到。其师怪之，谓其不归，使人候之，又实归在其家。同学者，常见仲提一小木，长三尺余，至则著屋间，欲共取之，辄寻不见。……秦始皇遣使征之不至。始皇怒，槛车囚之赴国。路次仲化为大鸟，出车而飞去。至西山，乃落二翮，一大一小，遂名其山曰大、小翮山。”[4]《述异记》的记载证明王次仲在年少时即与常人不同，秦始皇征其不至后，派人将其抓回朝廷，路上王次仲飞天成仙，丢下了两片羽毛，一大一小，落羽的山头即名大翮山和小翮山，翮就是羽毛的意思。其后史料与此记载基本相同。北魏郦道元《水经注》记：“沧河又西，右与阳沟水合……西径大翮、小翮山南，高峦截云，层陵断雾，双阜共秀，竞举群峰之上……”[5] 沧河即今妫水河，根据郦道元所记，大、小翮山附近是充满

1 ［北宋］佚名：《宣和书谱》卷三《正书叙论》，杭州：浙江人民美术出版社，2019 年，第 23 页。

2 ［北宋］李昉编纂，夏剑钦、王巽斋校点：《太平御览》卷四十五《地部十》，石家庄：河北教育出版社，1994 年，第 403 页。

3 ［西晋］葛洪：《神仙传》，赵声磊：《古代趣文百篇》，杭州：浙江人民出版社，1983 年，第 25 页。

4 ［南朝梁］任昉：《述异记》，袁珂：《中国神话史》，北京：北京联合出版公司，2015 年，第 158 页。

5 ［北魏］郦道元著，陈桥驿注：《水经注》卷十三《漯水》，杭州：浙江古籍出版社，2013 年，第 181 页。

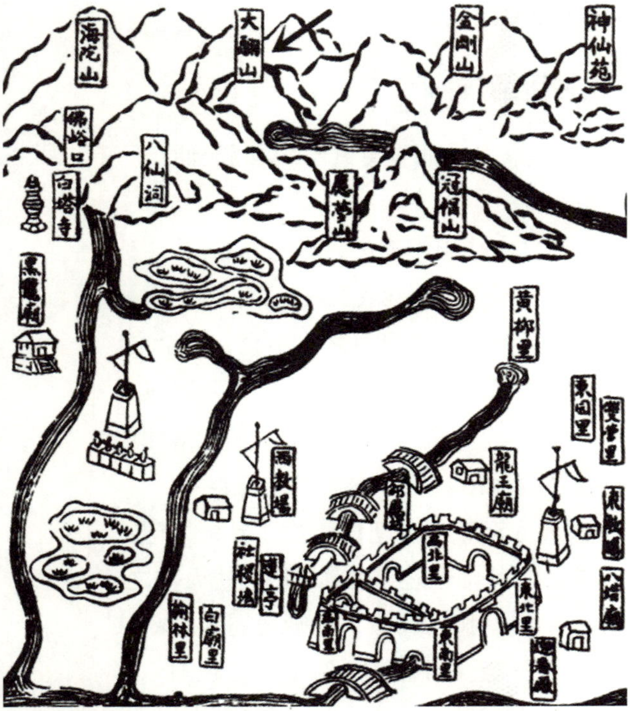

大翮山位置示意图（摘自乾隆《延庆州志》）

仙道色彩的地方。张怀瓘《书断》引用了失传的《序仙记》，记述了王次仲落翮成仙的故事。又记《魏土地记》云：“沮阳县城东北六十里，有大翮小翮山。”[1]北宋《太平广记》所引《仙传拾遗》[2]以及《太平御览》[3]也记载了王次仲落翮成仙，所记与《述异记》基本相同。

显然，落翮成仙是一个神话故事，应该不是真事，但是，大翮山和小翮山这两座山在历史上是真实存在的。

《大明一统志》记延庆有“大翮山”[4]。《宣化府志》引《明一统志》记大翮山“在延庆州北二十五里，相连者为小翮山差卑”[5]。光绪《延庆州志》引《畿辅通志》记：“大海沱（陀）山在大翮山西北。”[6]大翮山一定在今延庆地界。根据乾隆《延庆州志》地图所示，大翮山在海

1　［唐］张怀瓘：《书断》，陈涵之主编：《中国历代书论类编》，石家庄：河北美术出版社，2016 年，第 8 页。

2　［北宋］李昉等编，华飞等校点：《太平广记》卷五《神仙五》，北京：团结出版社，1994 年，第 20 页。

3　［北宋］李昉编纂，夏剑钦、王巽斋校点：《太平御览》卷四十五《地部十》，石家庄：河北教育出版社，1994 年，第 403 页。

4　［明］李贤等撰：《大明一统志》卷五《隆庆州 · 山川》，西安：三秦出版社，1990 年，第 100 页。

5　［清］王者辅修，［清］吴廷华纂，［清］张志奇续修，［清］黄可润续纂：（乾隆）《宣化府志》卷六《山川志下 · 延庆州》，第 141 页。

6　［清］何道增重修，［清］张惇德纂：（光绪）《延庆州志》卷一下《舆地志 · 山川》，台北：成文出版社，1968 年，第 30 页。

陀山之东，经佛峪口可达大翮山。光绪《延庆州志》引《畿辅旧志》记：“佛峪山，在州城西北三十里，下有温泉，盖即大翮山也。温泉流入妫水，又曰温泉河。山口有大石，上刻佛像三，故曰佛峪。”[1]今佛峪口村附近有石刻佛像三尊，佛峪口村北，沿着佛峪口沟往北，即今松山国家级自然保护区，里面有一个远近闻名的“温泉”，且附近现在仅有这一个温泉，这个温泉附近应该就是大翮山方位之所在。《水经注》引《魏土地记》云大翮山“山上神名大翮神，山屋东有温汤水口”[2]。此温汤水应该就是前面提到的温泉形成的河流。

大、小翮山即今延庆松山温泉西侧的山，在今延庆界内。明代张岱《夜航船》记王次仲“落二翮于延庆州，今有大翮山”[3]。最晚在明代，人们就知道大、小翮山在延庆。大、小翮山之名在元代仍存，全真教掌教、长春真人丘处机为创建秋阳观曾登“大翮之阳，览山川之胜，南望晋山，下瞰沃壤，极目砥平，仰见居庸”。“而东背视大翮一带诸山。”[4]《长春真人西游记》也记秋阳观在“大翮山之阳”[5]。秋阳观就是现在松山温泉附近的汤泉观。从明代延庆志书《隆庆志》开始，就少见对大、小翮山的记载了。

值得注意的是，《隋书》记涿郡怀戎县：“有乔山，历阳山，大、小翮山。有㶟水、妫水、涿水、阪泉水。”[6]隋代的怀戎县在今河北涿鹿。也有一种可能，大翮山、小翮山原在今涿鹿，后来被东移到了延庆。

---

1 ［清］何道增重修，［清］张惇德纂：（光绪）《延庆州志》卷一下《舆地志·山川》，台北：成文出版社，1968 年，第 30 页。

2 ［北魏］郦道元著，陈桥驿注：《水经注》卷十三《㶟水》，杭州：浙江古籍出版社，2013 年，第 181 页。

3 ［明］张岱撰，刘耀林校注：《夜航船》，杭州：浙江古籍出版社，1987 年，第 613 页。

4 ［元］张本：《德兴府秋阳观碑》，［元］李道谦集：《甘水仙源录》卷九，《道藏》，文物出版社、上海书店、天津古籍出版社联合出版，1988 年，第 19 册，第 801—802 页。

5 ［元］李志常述：《长春真人西游记》卷上，北京：中华书局，1985 年，第 26 页。

6 ［唐］魏征等撰：《隋书》卷三十《地理志》，长春：吉林人民出版社，2005 年，第 551 页。

三、王次仲的籍贯和祠庙

上面的很多史料都提到王次仲是上谷郡人，《水经注》记有“郡人王次仲”，意思很可能是王次仲是上谷郡城的人。秦汉时期，上谷郡治所大部分时间都在现在的怀来县大古城村附近，王莽时期，上谷郡改称朔调郡，治所在今延庆古城村附近。秦汉时期，今怀来、延庆都属上谷郡。所以，王次仲最有可能是今怀来人，也有可能是延庆人。

王次仲成仙后，人们为了纪念他，在大翮山为他修建了祠庙。《水经注》记大翮山“上庙则次仲庙也”。又记：“山上神名大翮神，山屋东有温汤水口。”[1]证明北魏时期王次仲庙仍存。《仙传拾遗》记大翮山“今谓之落翮山，在幽州界，乡里祠之不绝”[2]。《太平御览》记：“《山海经》曰：大翮山小翮山，有王仲庙。”《隆庆志》记大翮山“在州城北二十五里，上有王仲庙”[3]。又说“大翮山之王仲庙，今皆不存……”[4]。证明王次仲庙在明代前中期时已经不存。

《仙传拾遗》记：“王次仲者，古之神仙也。当周末战国之时，合纵连横之际，居大夏小夏山……”[5]似乎大、小翮山曾名大、小夏山，但目前还不能找到确切证据。

---

1 ［北魏］郦道元著，陈桥驿注：《水经注》卷十三《㶟水》，杭州：浙江古籍出版社，2013年，第181页。

2 ［北宋］李昉等编，华飞等校点：《太平广记》卷五《神仙五》，北京：团结出版社，1994年，第20页。

3 ［明］谢庭桂纂修，［明］苏乾续纂修：（嘉靖）《隆庆志》卷一《地理·山川》，中共北京市委党史研究室、北京市地方志编纂委员会办公室编：《北京旧志集成·延庆志辑一》，据天一阁博物院藏明嘉靖二十八年（1549年）刻本原大影印，北京：国家图书馆出版社，2021年。

4 ［明］谢庭桂纂修，［明］苏乾续纂修：（嘉靖）《隆庆志》卷八《祠庙》，中共北京市委党史研究室、北京市地方志编纂委员会办公室编：《北京旧志集成·延庆志辑一》，据天一阁博物院藏明嘉靖二十八年（1549年）刻本原大影印，北京：国家图书馆出版社，2021年。

5 ［北宋］李昉等编，华飞等校点：《太平广记》卷五《神仙五》，北京：团结出版社，1994年，第20页。

第二节　卢绾兵败上兰县

卢绾是刘邦的同乡和好友，都是沛县丰邑中阳里（今属江苏丰县）人。刘邦起事后，卢绾一直追随刘邦南征北战，为汉朝的建立立下了汗马功劳。汉高祖五年（前 202 年），卢绾随刘邦平定燕王臧荼之乱，随后卢绾被封为燕王，刘邦十分信任卢绾，燕王是诸王中最受宠信的。汉高祖十一年（前 196 年），代地陈豨谋反，卢绾开始时帮助刘邦平叛，后来逐渐明白唇亡齿寒的道理，与陈豨联合，密谋反汉。刘邦得知卢绾造反的消息后，以樊哙为将军，进燕平叛。后以周勃代替樊哙。根据《史记》所记，卢绾在沮阳附近的上兰被汉军击败，此地在长城附近。结合《水经注》等史料所记，基本可以确定上兰在今延庆界内。

《史记·周勃传》记："燕王卢绾反，勃以相国代樊哙将，击下蓟，得绾大将抵、丞相偃、守陉、太尉弱、御史大夫施，屠浑都。破绾军上兰，复击破绾军沮阳。追至长城，定上谷十二县，右北平十六县，辽西、辽东二十九县，渔阳二十二县。"[1] 下蓟大概在今北京城区南部，汉军在此地首先击败燕军。唐代《史记索隐》："地理志浑都县属上谷。"[2] 唐代《史记正义》记："括地志云幽州昌平县，本汉浑都县。"[3] 据此可知，浑都属上谷郡，在今昌平。有学者认为此浑都即后来设在昌平的汉代军都县。周勃挥师北上，然后汉军在上兰击败燕军。汉军是从南向北进攻，卢绾兵败的上兰在浑都附近，应该就是浑都的北侧，即今昌平以北，今昌平以北即延庆。卢绾在上兰兵败后，又在沮阳复败，并且追到了长城。史书中再无关于上兰的记载，但有关于沮阳的记载，《汉书》记沮阳县属上谷郡。[4] 今河北省怀来县在汉代属于上谷郡。目前考古发现已证实汉代沮阳县城在今怀来县大古城村北的官厅水库南岸。[5] 此地附近应该就是上兰方位之所在了。大古

1　［西汉］司马迁：《史记》卷五十七《周勃传》，北京：中华书局，2000 年，第 1649 页。

2　［西汉］司马迁：《史记》卷五十七《周勃传》，北京：中华书局，2000 年，第 1649 页。

3　［西汉］司马迁：《史记》卷五十七《周勃传》，北京：中华书局，2000 年，第 1649 页。

4　［东汉］班固：《汉书》卷二十八《地理志》，北京：中华书局，2000 年，第 1298 页。

5　安志敏：《河北怀来大古城村古城址调查记》，《考古通讯》1955 年 3 期。

城村南今仍遗有长城，与《史记》记载相符。浑都、沮阳皆属上谷郡，上兰也应该属上谷郡。

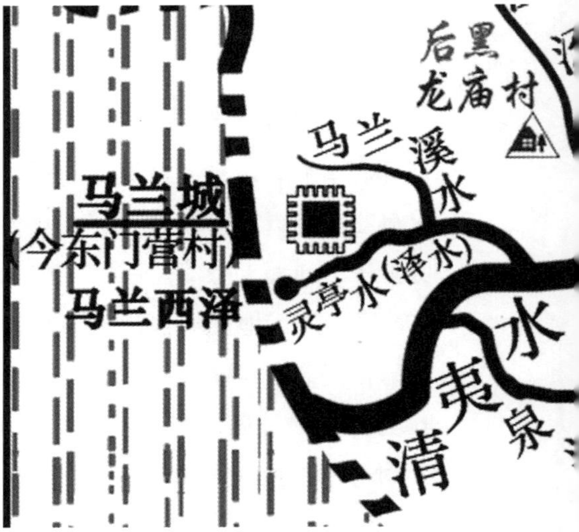

郦道元《水经注》马兰城附近山河水系

光绪《延庆州志》记："上兰即马兰。"[1]可知，卢绾兵败的上兰后来更名马兰。不知何时将上兰改成了马兰。北魏《水经注》有关于马兰的记载。《水经注·瀔水》记："清夷水又西，灵亭水注之。水出马兰西泽中，众泉泻溜归于泽，泽水所钟，以成沟渎。渎水又左与马兰溪水会，水导源马兰城，城北负山势，因阿仍溪，民居所给，维仗此水，南流出城，东南入泽水。"[2]清夷水就是今妫水河。[3]根据马兰西泽的字面意思可知，这是一个在马兰西面的沼泽。马兰"城北负山势"又有"灵亭水注之"，是为马兰溪水地理环境特征。

唐初《括地志》云："妫州怀戎县东北有马兰溪水。"[4]光绪《延庆州志》又明确说"马兰溪水即今州西黑龙河"[5]。乾隆《延庆州志》记："黑龙河在州西二十里，源出黑龙庙……"[6]今前、后黑龙庙村属官厅水库搬迁

1　［清］何道增重修，［清］张惇德纂：（光绪）《延庆州志》卷十二《杂稽志》，台北：成文出版社，1968 年，第 236 页。

2　［北魏］郦道元著，陈桥驿注：《水经注》卷十三《瀔水》，杭州：浙江古籍出版社，2013 年，第 181 页。

3　杨程斌：《〈水经注〉所记北京延庆山水地名研究》，《中国地名》2020 年第 3 期。

4　转引自于德源：《北京隋唐五代历史资料汇编》，北京：北京燕山出版社，2016 年，第 107 页。

5　［清］何道增重修，［清］张惇德纂：（光绪）《延庆州志》卷十二《杂稽志》，台北：成文出版社，1968 年，第 236 页。

6　［清］李钟俾修，［清］穆元肇、方世熙纂：（乾隆）《延庆州志》卷一《山川》，中共北京市委党史研究室、北京市地方志编纂委员会办公室编：《北京旧志集成·延庆志辑四》，据国家图书馆藏清乾隆七年（1742 年）刻本原大影印，北京：国家图书馆出版社，2021 年。

村，因老村被官厅水库淹没，所以村庄整体向北搬迁了，那么老村应在现村址的南侧，即今官厅水库淹没区。后黑龙庙村更偏南，离官厅水库更近，更有可能是马兰溪水的具体方位，马兰西泽应在马兰溪水的西侧。因修建官厅水库，以上河水已淹没于水库之中。至此可以推论，马兰西泽、大马兰沟、马兰溪水在今之后黑龙庙村东南的地方，即今官厅水库下。马兰溪水在今后黑龙庙村南，马兰城可能在这附近。

根据《水经注》所记，马兰溪水“导源马兰城，城北负山势……南流出城”。据此可知，马兰溪水由马兰城发源，并且南流出城。马兰城应该就在今后黑龙庙村附近。前面说到乾隆《延庆州志》记黑龙河（马兰溪水）“源出黑龙庙”，《水经注》记马兰溪水“导源马兰城”，似乎马兰城就在今后黑龙庙村附近。但目前在后黑龙庙村附近没有发现城址，而且也不符合《水经注》所云马兰城“北负山势”。后黑龙庙村西北侧的东门营村在明代建过城，现在仍遗有城墙，其北侧就是山，符合《水经注》所云马兰城“北负山势”。根据地理条件看，此地背靠马鞍山、城西有五道壶流沙河，依山傍水，更适合建造城池。推测明代的东门营城就是在前代的城墙基础上建造的。所以，马兰城，即卢绾兵败的上兰，很有可能在今东门营村附近。无论上兰在东门营还是黑龙庙，都在今延庆界内，卢绾兵败之上兰在今延庆无疑。

汉军是自南向北进攻，首先攻克下蓟（今北京城区），占浑都（今昌平），然后在上兰（今延庆东门营村附近）击败卢绾的燕军，又在沮阳（今怀来大古城村）再次击败卢绾的燕军，然后追到了长城。从地图中可以看出，汉军的行军路线刚开始基本是一直向北，很可能在进入今延庆地界后，转向西北，在上兰击败燕军。“上兰之战”结束后，汉军转而向南，在沮阳再次击败燕军。沮阳城所在的今怀来大古城村南有明长城，很可能是在汉代长城基础上修建的，《史记》所云汉军追燕军至长城应在这里。可以看出，自上兰之战后，汉军行军路线由北向南，并且“上兰之战”是卢绾亲率燕军的第一场败仗，上兰是整个战事的转折点，十分重要。史料除在此次战事中提及上兰，其余皆未记，不明其隶属。上兰附近的沮阳、浑都皆隶属上谷郡，推测上兰很可能也隶属上谷郡，是上谷郡的一个县。但《汉书》在《地理志・上谷郡》中未记上兰县，证明上兰是一个设置十分短暂的县。

上兰县城很可能在这次“平燕战事”中被毁，所以撤除了上兰县。今东门营地区在春秋战国时期是山戎人活动的区域，推测上兰之名应与此有关，本身应不是汉语。

另外，《史记》记汉军在沮阳击败燕军后，“追至长城”。但根据《史记·卢绾传》所记，卢绾是主动带人到长城的，其记：“樊哙击燕。燕王绾悉将其宫人家属骑数千居长城下，侯伺，幸上病愈，自入谢。”[1] 据此可知，卢绾是主动带着宫人家属和军队到长城下的，意图等刘邦病愈后，卢绾亲自入京谢罪。很可能上兰、沮阳之败，卢绾只是让燕军应付了事，并没有与刘邦彻底决裂而真正开战。

第三节　耿况父子治上谷

西汉灭亡后，掌权的外戚王莽篡权建立了新莽政权，其后王莽更改郡县名称，重新派驻官吏，将太守改为连率。王莽时期，上谷郡改名朔调郡，并将原属上谷郡的夷舆县改名为县级的朔调亭，将郡治迁移到了朔调亭。此朔调亭就在今延庆古城村附近。王莽又任命耿况为新任的朔调郡连率，此后，耿况、耿弇父子一直追随光武帝刘秀，助其平定北方，立下了赫赫战功，深受刘秀的信任，官至一品。耿况、耿弇父子曾坐镇夷舆城治理整个上谷郡，在延庆留下了很多治郡安民的史迹。

一、王莽任命耿况为朔调郡连率

耿弇父耿况曾与“王莽从弟伋共学《老子》于安丘先生，后为朔调连率”[2]。耿况曾任“朔调连率”一职。《汉书》记：“上谷郡，秦置。莽曰朔调。属幽州。……县十五：……居庸，有关。……夷舆，莽曰朔调亭。”[3] 也就是王莽将上谷郡更名为朔调郡。王莽本是西汉外戚，其本人权倾朝野后，篡夺大汉江山，自立为帝，改国号为“新”，史称新朝、新莽政权。

1　［西汉］司马迁：《史记》卷九十三《卢绾传》，北京：中华书局，2000年，第2044页。
2　［南朝宋］范晔：《后汉书》卷十九《耿弇传》，北京：中华书局，2000年，第467页。
3　［东汉］班固：《汉书》卷二十八《地理志》，北京：中华书局，2000年，第1298页。

王莽崇尚古人，他即位后，将全国各地全部改回了古名，将一郡之首太守改为连率。“连帅”本为古代十国诸侯之长，新莽时期连率就是太守的意思。所以，上谷郡被改成了“朔调郡”，上谷郡守（太守）也被改成了朔调连率。新莽政权覆灭后，耿况“自以莽之所置，怀不自安”[1]。耿况的朔调连率一职是王莽授予的，这很可能和耿况与王莽从弟王伋曾经是同学有关。

前面提到《汉书》记上谷郡所属县“夷舆，莽曰朔调亭”，也就是夷舆县在王莽时期被改成了“朔调亭”，此朔调亭与朔调郡同名，朔调郡的治所很可能就在朔调亭，即夷舆城。《水经注·瀔水》记清夷水“水出夷舆故城西南，王莽以为朔调亭也。其水俱西南流，注于沧水”。此清夷水即今延庆妫水河。《水经注》所记再次证明王莽将夷舆城设朔调亭，朔调亭就在夷舆城。

二、朔调亭是朔调郡的治所

汉时，郡下面是县，县以下的基层机构是乡、里、亭。一般情况下，郡的治所应该在“县”，而不应该在亭。按照这种官制等级，王莽时期的朔调郡治所不可能在朔调亭。但是，王莽不仅更改了郡县的名称，还把很多县改成了亭。《汉书·王莽传》记：“郡县以亭为名者三百六十，以应符命文也。”[2]也就是说，王莽时期有三百六十个叫“亭”的郡县，是“应符命文”。如改钱唐县为泉亭、襄垣县为上党亭。上谷郡所在的幽州共有7个郡，每个郡都有一个县被改为了亭，并且基本都是郡治所在。如《汉书》记代郡的治所在代县，王莽改为厌狄亭；渔阳郡治所在通路，王莽改为通路亭；右北平郡治所在北顺，王莽改徐无县为北顺亭；玄菟郡治所在西盖马，王莽改为玄菟亭；乐浪郡治所在浿水，王莽改为乐鲜亭。[3]根据《汉书》所记，除辽西、辽东郡，其余5个郡下辖都只有一个“亭”，并且这个亭都是郡治所在。《汉书》将以上7个郡所辖的7个亭均记在了“县”的后面，证明这里的“亭”和县是同一行政级别的。王莽时期朔调郡（上谷郡）所

---

1 ［南朝宋］范晔：《后汉书》卷十九《耿弇传》，北京：中华书局，2000年，第467页。

2 ［东汉］班固：《汉书》卷九十九《王莽传》，北京：中华书局，2000年，第3036页。

3 ［东汉］班固：《汉书》卷二十八《地理志》，北京：中华书局，2000年，第1298页。

属的朔调亭（夷舆县）也应该是郡治之所在。

三、汉代“亭”的功能

王莽时期“改县为亭”的“亭”显然与西汉时期不同，它不隶属于县，与县平级，甚至很多还是郡治所在，地位比一般的县还高。有学者认为王莽时期“大县为亭”，还有学者认为新莽时期基本上每个郡国有一个“改县为亭”的“亭”，[1] 这与王莽时期幽州每个郡有一个亭是一致的。王莽“改县为亭”的“亭”基本都是交通节点。《汉书》记：“大率十里一亭，亭有长。十亭一乡……”[2]《续汉书》注引《风俗通》记：“所谓亭，盖行旅宿舍之所馆也。”[3] 秦汉时，在官道上大约十里间的一段距离，要建一栋房子，称之为“亭”。这个亭既是政府派出机构的办公室，又是供行人停留食宿的处所，与后来所称的驿站意义相近。《汉旧仪》记：“亭长持三尺板以劾贼，索绳以收执盗。”[4]《急就篇》记：“变斗杀伤捕伍邻，亭长游徼共杂诊。”[5] 可见，亭长还有缉捕盗贼的职责。所以，秦汉时期“亭”主要有两种功能，其一是供人休息的驿站，位于交通节点之上；其二是维护治安，抓捕盗贼，这很可能是因为亭位于交通节点，便于抓捕盗贼。负责“亭”的工作的人叫“亭长”，例如汉高祖刘邦就当过泗水亭长。

四、朔调亭原是管理山戎的夷舆县

王莽将夷舆县改名为朔调亭，知道夷舆县的方位就能确定朔调亭的方位了。西安曾出土秦代封泥“夷舆丞印”[6]，证明最晚秦代已有夷舆县这个建制了。战国燕国时期，燕昭王曾命秦开北击东胡，拓地千里，设立了上谷、

1　苏卫国：《新莽县名改署“亭”称琐议》，《鞍山师范学院学报》2007 年第 3 期。
2　［东汉］班固：《汉书》卷十九《百官公卿表》，北京：中华书局，2000 年，第 624 页。
3　转引自［汉］严遵著，王德有译注：《老子指归译注》，北京：商务印书馆，2004 年，第 452 页。
4　转引自刘广生、赵梅庄编著：《中国古代邮驿史》，北京：人民邮电出版社，1999 年，第 117 页。
5　转引自柏桦：《中国官制史》，沈阳：万卷出版公司，2020 年，第 330 页。
6　傅嘉仪编著：《新出土秦代封泥印集》，杭州：西泠印社，2002 年，第 138 页。

古城村夷舆城墙

渔阳、右北平、辽西、辽东5郡。《汉书》记夷舆县隶属上谷郡，夷舆很可能设立于燕昭王驱赶东胡、设立五郡之后。《水经注》记："清夷水西南流，谷水与浮图沟水注之，水出夷舆故城西南，王莽以为朔调亭也。"清夷水即今延庆妫水河，谷水即今西龙湾河。浮图沟水即今古城河，又名神仙院河，流经龙庆峡，东南注入西龙湾河。古城河因修建古城水库（龙庆峡水库）而干涸。夷舆城大概在今龙庆峡南部的古城村附近。[1] 乾隆《延庆州志》记："夷舆故城：在州东北。汉县，后汉省。按《水经注》：谷水与浮图沟水出夷舆县故城西。"[2] 今古城村残有一土城，与夷舆城方位很接近，现在古城周围还能发现陶豆等大量汉代遗物，佐证此地应该就是汉代的夷舆城。此夷舆城附近曾发现玉皇庙、葫芦沟、西梁垙等几百座春秋、战国时期山戎人的墓葬，在汉代时，很可能这些山戎后裔仍然生活在延庆，夷舆城很可能就是为了管理这些山戎人而修建的。这从"夷舆"名称中可以看出。"夷"指其他部族，"舆"指车，"夷舆"直译为"其他部族的车"，意指"不同的部族""使车的部族"。总之，夷舆城及周围生活了很多不同

古城村夷舆城出土的"千秋万岁"瓦当

1　杨程斌：《〈水经注〉所记北京延庆山水地名研究》，《中国地名》2020年第3期。

2　［清］李钟俾修，［清］穆元肇、方世熙纂：（乾隆）《延庆州志》卷一《古迹》，中共北京市委党史研究室、北京市地方志编纂委员会办公室编：《北京旧志集成·延庆志辑四》，据国家图书馆藏清乾隆七年（1742年）刻本原大影印，北京：国家图书馆出版社，2021年。

于汉族的部族。那么，“亭”是有缉捕盗贼、维护治安的功能的，显然，夷舆城具有此功能。另外，夷舆城也算是一个交通节点，符合了亭的两个基本功能。除夷舆县外，延庆地区在汉代还设有居庸县，治所在今延庆城区附近。而早在春秋战国时期，延庆就是山戎人活动的地方，战国时期燕国才将此地纳入版图，所以，山戎人算是延庆的“土著”。为了管理这些土著，所以设立了夷舆县。显然夷舆县应该是延庆设立最早的县，也是最重要的县。居庸县很可能是汉人北迁后居住的地方。正是因为夷舆是今延庆地区设立最早、最重要的县，承担着管理山戎人的重要功能，所以王莽才将夷舆县改为了朔调亭，并且升格为郡的治所。

五、寇恂夺印给耿况

新莽末年，各地起义迭起，南方绿林军拥立西汉宗室后裔刘玄为更始帝。更始二年（24 年），更始帝攻入长安城，各地起义军尽归更始帝，天下已有初定之势。为尽快控制北方地方政权，更始帝派出使者前往各地郡县，因当时更始帝已入长安，所以各地郡守皆闻风投靠了更始帝，成为更始政权的一部分。

寇恂画像（清 张士保《二十八将图册》）

更始帝的使者到达朔调郡（上谷郡），因连率（郡守）耿况曾是王莽任命，且属“空降”上谷，在上谷没什么根基，更始帝的使者就想“为难”一下耿况，也有更换郡守，去除王莽势力之意。好在“本地人”寇恂仗义执言，帮助“外地人”耿况化解了难题。寇恂，字子翼，上谷昌平人，是上谷本地的世家大族。担任当时朔调郡的“功曹”，相当于人事部部长，权力很大，耿况倚靠寇恂治理上谷，对寇恂十分器重。更始帝的使者从长安出发后，更始帝昭告天下："先降者复爵位。"[1] 意思是原来王莽任命的官员，只要投靠更始帝，原来的官职保持不变。在这样"好政策"的诱惑下，河北诸郡县皆投靠更始政权。朔调郡连率耿况与连率副贰（副手）和功曹寇恂商议后，决定投靠更始帝。所以，更始帝使者到达朔调郡南部的边界后，耿况恭敬地交出了连率大印。但是使者拿到大印后，在上谷郡驿站住了一夜也没有归还。按道理，连率将印信交出，使者会将印信归还，然后宣布任命。但使者一直不归还大印、宣布任命，恐有变数。寇恂看出耿况的忧虑后，决定给使者一点压力。寇恂带着卫兵想要见使者，但使者不见，还说："天王使者，功曹欲胁之邪？"[2] 觉得自己是更始帝的使者，态度上表现得高高在上。但寇恂毕竟是上谷本地大户，而且乱世刚平、天下初定，更始帝的威名仍未远播，这个时候，更始帝也是需要地方豪强支持的，所以，寇恂并未害怕更始帝的使者。寇恂不卑不亢地说："不敢威胁使君，只是本人以为你们的计划还不够周密。现在天下初定，国家的威信仍未宣扬，使君领命宣告天下，郡国皆听命，归顺新君。现在使君刚到上谷就先夺了连率的大印，会让郡国和新君之间生出嫌隙，以后将如何号令其他郡国呢？而且耿府君在上谷非常得民心，如果现在更换郡守，恐怕会生出祸患。我是诚心为使君考虑，可让耿府君官复原职，百姓才会安定。"[3] 但是更始帝的使者仍不答应，见此情形，寇恂赶紧让侍卫召耿况过来，耿况到了后，寇恂带兵从使者那里把大印抢来，给耿况佩戴上了。使者眼见木已成舟，怕自己完成不了更始帝的使命，不得已只能宣布耿况官复原职的命令。寇恂在此次事件中显示出了过人的智慧和胆识，做事果断，耿况对他十分感激，以后更器重寇恂了。景丹曾任"朔调连率副贰。更始立，

1 ［南朝宋］范晔：《后汉书》卷十六《寇恂传》，北京：中华书局，2000 年，第 411 页。

2 ［南朝宋］范晔：《后汉书》卷十六《寇恂传》，北京：中华书局，2000 年，第 411 页。

3 ［南朝宋］范晔：《后汉书》卷十六《寇恂传》，北京：中华书局，2000 年，第 411 页。

景丹画像（清 张士保《二十八将图册》）

遣使者徇上谷，丹与连率耿况降，复为上谷长史”[1]。长史是西汉时期郡太守的副手，证明更始帝将王莽时期的官职又改回到了西汉时期的名称，所以，耿况当时应该被更始帝任命为太守，景丹被任命为长史，废弃了王莽时期的连率、连率副贰的官职名称。同时，朔调郡也被重新改回上谷郡，朔调亭被重新改回夷舆县。寇恂的功曹官职未改变。

查阅史料，当时上谷郡的南界应该在现在的八达岭附近，寇恂夺印的地方很可能在八达岭附近。

六、耿况父子的上谷突骑兵

更始政权建立后，宗室后裔刘秀逐渐与更始帝分道扬镳，耿况本来派儿子耿弇、长史景丹等到长安面见更始帝，再次表示臣服，但耿弇却拜见了刘秀。更始二年（24 年），刘秀害怕邯郸王朗的军队，准备撤退到南方，暂避王朗军队的锋芒。耿弇说：“今兵从南来，不可南行。渔阳太守彭宠，公之邑人；上谷太守，即弇父也。发此两郡，控弦万骑，邯郸不足虑也。”[2]耿弇之所以敢这么说，是因为当时的上谷郡有天下最精锐的骑兵——突骑，这些是当年抗击匈奴等北方民族的骑兵，在耿氏父子的经营下，突骑战斗力更强了，成为了北方地区不可轻视的一支重要军事力量。耿况之子耿弇

1 ［南朝宋］范晔：《后汉书》卷二十二《景丹传》，北京：中华书局，2000 年，第 514—515 页。

2 ［南朝宋］范晔：《后汉书》卷十九《耿弇传》，北京：中华书局，2000 年，第 468 页。

特别喜欢带兵打仗，“常见郡尉试骑士，建旗鼓，肄驰射，由是好将帅之事”[1]。当时上谷郡的郡治仍在夷舆城（今延庆古城村），耿氏父子就是在现在的延庆训练这些精锐骑兵的。

耿弇画像（清 张士保《二十八将图册》）

刘秀当时正苦于无兵可用，得知耿弇的天降奇兵十分高兴，对耿弇说：“是我北道主人也。”[2]对景丹说：“邯郸将帅数言我发渔阳、上谷兵，吾卿应言然，何意二郡良为吾来！方与士大夫共此功名耳。”[3]回到上谷后，耿弇对父亲耿况晓以利害，劝说耿况发兵帮助刘秀，耿况也认为刘秀能干大事，就命耿弇、景丹、寇恂带领2000突骑兵、1000名步兵，与渔阳郡兵一起南下帮助刘秀攻打王朗。突骑兵战斗力绝不是中原步兵所能比的，几个回合下来，王朗军队大败，被上谷兵斩杀无数。刘秀十分高兴，说：“吾闻突骑天下精兵，今乃见其战，乐可言邪？”[4]“当与渔阳、上谷士大夫共此大功。”[5]封上谷将领皆为偏将军。封耿况为大将军、兴义侯。拜景丹为偏将军、奉义侯。与此同时，曾有20

1　［南朝宋］范晔：《后汉书》卷十九《耿弇传》，北京：中华书局，2000年，第467页。

2　［南朝宋］范晔：《后汉书》卷十九《耿弇传》，北京：中华书局，2000年，第468页。

3　［南朝宋］范晔：《后汉书》卷二十二《景丹传》，北京：中华书局，2000年，第515页。

4　［南朝宋］范晔：《后汉书》卷二十二《景丹传》，北京：中华书局，2000年，第515页。

5　［南朝宋］范晔：《后汉书》卷十九《耿弇传》，北京：中华书局，2000年，第468页。

万敌军北击上谷，被耿况带兵击败。

更始帝看到上谷郡归附刘秀，重新任命了上谷太守。耿弇向刘秀历述更始帝失政，希望发兵攻打更始帝派到上谷等郡的下属。此想法与刘秀不谋而合，刘秀派他北上上谷。耿弇将更始帝派到上谷的太守杀死，与其他将领尽领幽州兵南下协助刘秀打天下。

耿弇还救过刘秀一命。东汉光武帝建武元年（公元 25 年），刘秀带兵北击敌军，一直追到了右北平郡，因轻敌兵败，被敌军追击。就在这关键时刻，遇到了耿弇带的上谷突骑兵。耿弇舍命多次放箭，将敌军射退，救了刘秀一命。刘秀对耿弇说："几为虏嗤。"[1] 可见当时刘秀已经命悬一线了。之后耿弇带着上谷突骑兵追击敌军到平谷，大败敌军。鉴于耿弇所带上谷突骑兵的英勇表现，刘秀封大将军耿弇为建威大将军，偏将军景丹为骠骑大将军。此后耿弇率领上谷突骑屡次为刘秀冲锋陷阵，在刘秀平定北方的战争中立下了汗马功劳。

建武二年（26 年）二月，上谷附近的渔阳太守彭宠反叛刘秀，耿弇自请北上收上谷兵攻打彭宠。当时耿况在上谷任太守，他与彭宠私交较好，早年曾一起投靠刘秀。彭宠屡次派使者到上谷，希望耿况与他一起起义，但被耿况拒绝。耿况为了表示对汉室的忠心，斩杀了彭宠的使者。耿弇怕自己去上谷带兵会引起刘秀的猜疑。耿况得知此事后，派儿子耿国入质汉廷。刘秀得知此事，十分高兴，认为耿况对自己忠心耿耿。进封耿况为隃糜侯。后来，耿况的儿子耿舒在军都县（今北京昌平）击败了彭宠的匈奴兵，斩杀了两个匈奴王，彭宠率兵败退。耿况与耿舒进占了军都县。建武五年（29 年），彭宠死，光武帝刘秀为嘉奖耿况，让光禄大夫持节将耿况迎入了都城。封耿舒为牟平侯。

建武十二年（36 年），耿况病故，谥烈侯。耿氏父子带领在夷舆城附近操练的上谷突骑兵为刘秀打江山立下了汗马功劳，光武帝刘秀给了他们作为臣子的极高礼遇。耿况的 6 个儿子"皆垂青紫，省侍医药，当代以为

---

1 ［南朝宋］范晔：《后汉书》卷一《光武帝纪》，北京：中华书局，2000 年，第 13 页。

荣”[1]。耿弇还被授予了“大将军印绶”[2]。为追感前世功臣，汉明帝命人在洛阳南宫云台绘制了东汉开国二十八将军，史称“云台二十八将”。其中，上谷的将领耿弇、景丹、寇恂均在列，耿弇、寇恂分列第四、五位，景丹位列第十位，足见他们为东汉立国立下的赫赫战功。

第四节　公孙瓒居庸抓刘虞

东汉末年，群雄纷争，汉室衰微，但在此时，刘汉宗室出现了一位可以执掌兵权的封疆大吏，这在东汉末期是十分难得的。他就是掌控燕地的幽州牧刘虞。刘虞的为人和经历与刘备十分相似。刘虞为人宽厚仁慈，十分善于管理领地，施以仁政，体恤民情，爱兵如子，在他的治理下，偏居一隅的幽州社会稳定、百姓生活富足，甚至其他州郡的老百姓都纷纷迁入幽州居住。幽州地处北边，紧邻乌丸、鲜卑等北方游牧民族，边患问题是幽州稳定的头等大事。刘虞为人谦和，力主仁政，美名远播，远近州郡都十分钦佩刘虞的为人。甚至乌丸、鲜卑等游牧民族也被刘虞的为人所折服。在对待北方游牧民族方面，刘虞坚持和睦共处，绝不轻言战事。游牧民族首领都十分钦佩刘虞的为人，还经常与刘虞把酒言欢，刘虞也经常给游牧民族首领回礼，礼尚往来，实现了东汉末年北方边境地区少有的安宁。渐渐地，乌丸、鲜卑等民族不再南下劫掠，这为幽州的稳定、发展提供了良好的外部环境。可以说，在刘虞的治理下，幽州成为了东汉末期少有的“塞北粮仓”。刘虞忠于汉室，曾拒绝地方豪强拥戴称帝，一心想要辅佐汉献帝。在刘虞的苦心支撑下，东汉仿佛又有了“中兴”的曙光。但天不遂人愿，另一个东汉末年地方豪强的出现，终结了刘虞踌躇满志的一生。

公孙瓒，字伯圭（一作伯珪），是辽西郡令支人。令支是山戎人的一支，与延庆的山戎人也算同宗同源。可能是有“胡人”血统的原因，长大后，公孙瓒身材魁梧，力大如牛，胆量过人。得到郡守赏识，派其与卢植学习。

1　［南朝宋］范晔：《后汉书》卷十九《耿弇传》，北京：中华书局，2000 年，第 474 页。

2　［南朝宋］范晔：《后汉书》卷十九《耿弇传》，北京：中华书局，2000 年，第 474 页。

学成回来后，公孙瓒开始领兵打仗，曾击退鲜卑人，率领幽州突骑协助朝廷平叛，因其作战勇猛、敢打硬仗，威名远播关内外。其士兵皆骑白马，自号“白马义从”[1]。朝廷封其为中郎将、都亭侯，受幽州牧刘虞节制。在对待北方游牧民族方面，刘虞主张以怀柔之策，与其和睦共处，但公孙瓒主张坚决击杀入犯胡兵。刘虞爱民如子，但公孙瓒经常让手下纵马劫掠，不听刘虞管制。刘虞“自是与瓒仇怨益深”[2]。刘虞不准公孙瓒带兵攻打袁绍，但公孙瓒不听。刘虞克扣公孙瓒士兵的粮饷。公孙瓒就让手下士兵劫掠百姓，还抢夺刘虞送给胡人的赏赐。刘虞便把公孙瓒的行为上报朝廷，公孙瓒也上报朝廷刘虞不发粮草，当时汉室已极度衰微，没有能力管理刘虞和公孙瓒的纷争。看到和刘虞的矛盾无法调和，为防备刘虞偷袭，公孙瓒就在蓟城筑城备战。为防止战争涂炭百姓，刘虞曾数次邀请公孙瓒谈判，但公孙瓒皆称病不往。刘虞愤恨不已，也担心公孙瓒提前兵变，终于下定决心讨伐公孙瓒。

汉献帝初平四年（193 年），刘虞“自率诸屯兵从合十万人以攻”[3]公孙瓒。刘虞部属公孙纪秘密将此次行动提前告知公孙瓒，因为事起仓促，公孙瓒想要掘城墙逃走。刘虞不想生灵涂炭，打仗前告诉士兵：“无伤余人，杀一伯珪而已。”[4]刘虞的士兵平时训练较少，又害怕伤害百姓，担心毁坏农舍，禁止火攻，放不开手脚，久攻不下。相反，公孙瓒善于用兵，他招募死士数百人，顺风纵火，乘机杀出，刘虞的军队大败。

经此一战，刘虞军队精锐损失殆尽，“与官属北奔居庸县”[5]。当时的居庸县（今延庆城区）属上谷郡，而上谷郡又属幽州，所以，居庸县也是

1 ［南朝宋］范晔：《后汉书》卷七十三《公孙瓒传》，北京：中华书局，2000 年，第 1593 页。

2 ［南朝宋］范晔：《后汉书》卷七十三《刘虞传》，北京：中华书局，2000 年，第 1591 页。

3 ［南朝宋］范晔：《后汉书》卷七十三《刘虞传》，北京：中华书局，2000 年，第 1591 页。

4 ［南朝宋］范晔：《后汉书》卷七十三《刘虞传》，北京：中华书局，2000 年，第 1591 页。

5 ［南朝宋］范晔：《后汉书》卷七十三《刘虞传》，北京：中华书局，2000 年，第 1591 页。

刘虞管辖的地界。刘虞战败北逃居庸县，证明当时的居庸县丞应该是刘虞的亲信。但让人难以置信的是，堂堂东汉幽州牧居然会兵败被擒于居庸县这个小城。刘虞率领残兵逃到居庸县后，重新整顿兵马，但公孙瓒的士兵都是训练有素、久经沙场的骑兵，马上就追到了居庸城下。居庸城只是一个小县城，比郡城还要小很多，根本抵挡不住公孙瓒军队的进攻，无法坚守，仅仅“三日城陷”[1]，公孙瓒“攻拔居庸”[2]。可想而知，居庸城的城墙当时应该是十分矮小轻薄的。攻入城后，公孙瓒毫不手软，抓住了刘虞和他的妻子、儿子，回到了蓟城。当时董卓刚死，汉献帝刘协大封天下，派使者段训到幽州为刘虞增食邑，“督六州”[3]。公孙瓒趁机说刘虞想要谋反当皇帝，胁迫段训斩杀了刘虞。然后给朝廷上书，让段训当幽州刺史。当时人们知道刘虞被害，都感念刘虞的恩情，“莫不痛惜焉”[4]。从此，再也没有人可以在幽州节制公孙瓒，其“尽有幽州之地”[5]，当时有童谣说：“燕南垂，赵北际，中央不合大如砺，唯有此中可避世。”[6]这也是刘虞苦心经营幽州多年的功劳。此后，公孙瓒志得意满，“盛修营垒，楼观数十，临易河，通辽海”[7]。不把其他豪强放在眼里，终于落得个身败名裂的下场。

刘虞被害后，他的部下阎柔、鲜于辅等立志为刘虞报仇，袁绍也派兵出击，刘虞的儿子刘和跟随，一起攻打公孙瓒。后来公孙瓒兵败自杀。

刘虞是东汉末期仅有的宽政于民的宗室封疆大吏，且其坚决拒绝拥立称帝，可以说是一位有能力、有气节的历史人物，值得为其著书立传。攻

1　［南朝宋］范晔：《后汉书》卷七十三《刘虞传》，北京：中华书局，2000 年，第 1591 页。

2　［晋］陈寿：《三国志》卷八《公孙瓒传》，北京：中华书局，2000 年，第 182 页。

3　［晋］陈寿：《三国志》卷八《公孙瓒传》，北京：中华书局，2000 年，第 182 页。

4　［南朝宋］范晔：《后汉书》卷七十三《刘虞传》，北京：中华书局，2000 年，第 1591 页。

5　［南朝宋］范晔：《后汉书》卷七十三《公孙瓒传》，北京：中华书局，2000 年，第 1595 页。

6　［南朝宋］范晔：《后汉书》卷七十三《公孙瓒传》，北京：中华书局，2000 年，第 1595 页。

7　［南朝宋］范晔：《后汉书》卷七十三《公孙瓒传》，北京：中华书局，2000 年，第 1595 页。

打公孙瓒是其一生的转折点，而“居庸被擒”是其一生的终点。他在居庸城被对手公孙瓒擒获的时候，已经表明刘虞不会善终了。所以，刘虞和公孙瓒的“居庸之战”是东汉末期幽州地区的一次重要战事。因刘虞和公孙瓒都是东汉末期的著名历史人物，所以，“居庸之战”也称得上是东汉历史中的一个重要历史事件。

《水经注·㶟水》记：“沧河又西径居庸县故城南，魏上谷郡治。昔刘虞攻公孙瓒不克，北保此城，为瓒所擒。有粟水入焉，水出县下，城西枕水，又屈径其县南，南注沧河。”[1] 沧河即今妫水河，粟水即今延庆城北三里河之水。《水经注》所记居庸县故城就是东汉时期的居庸城，在今延庆城区。[2] 可以说，“居庸之战”是今延庆城区有史可载的最早的一次战事，在延庆城区的发展历史上十分重要。刘虞是东汉末期的宗室封疆大吏，公孙瓒是东汉末期的地方豪强，二者在今延庆城区的战事，特别是此次战事让公孙瓒彻底击败刘虞，并将其擒获，无疑是发生在延庆城区的一个重要历史事件，构成了延庆汉代历史的重要组成部分。

第五节　西屯汉墓出重器

现在遗存下来的史料，记载的延庆秦汉时期历史凤毛麟角，好在出土文物可以补充一下这段时期的历史。因秦朝立国时间短，目前为止，延庆未明确发现秦代墓葬，但发现了大量汉代遗存。主要包括古城村的秦汉夷舆城遗址，在南菜园发现了大量汉代墓葬，在世界园艺博览会园区发现了大量东汉多室砖室墓。但是，因为汉代有“厚葬”的习俗，随葬品珍贵，所以，大多被盗掘，“十室九空”。这些汉代遗址和墓葬只能证明汉代延庆已经有人类生活、居住，但无法补充历史细节。

新中国成立以后，延庆也零散发现了带有文字的汉代出土文物，例如，2007 年在南菜园北二区三期建设用地东汉墓出土了写有“上谷王文胜铭”

1　[北魏]郦道元著，陈桥驿注：《水经注》卷十三《㶟水》，杭州：浙江古籍出版社，2013 年，第 181 页。

2　杨程斌：《〈水经注〉所记北京延庆山水地名研究》，《中国地名》2020 年第 3 期。

的墓砖，实证延庆在汉代属于幽州上谷郡。2023年，在对夷舆城遗址进行试掘的过程中，出土了“千秋万岁”“长乐无极”等铭文的汉代瓦当，结合地表散落的大量汉代陶器残片，再次证实了夷舆城的方位，但是这些带有文字的文物都无法补充延庆汉代历史细节。未被盗掘的墓葬会出土完整的随葬品，随葬品上带有的“文字”是填补历史的重要资料。庆幸的是，延庆西屯曾发现了大量未被盗掘的西汉墓，有的器物上带有文字，这些资料极大丰富了延庆汉代的历史。

延庆南菜园汉墓中出土的刻有『上谷王文胜铭』的铭文砖

一、西汉燕国少府墓

1996年7月29日，西屯砖厂在施工过程中挖出一座墓葬，里面有大量青铜器，施工的工人都知道青铜器值钱，有胆儿大的就下去抢文物，当时墓葬已经被破坏了一部分，眼见现场已经无法控制，西屯砖厂就把这个事上报给了当时的县文物管理所。得知墓葬里出土了青铜器，工作人员都觉得这是一座大墓，事态严重，时不我待，文物管理所工作人员立即来到现场，一边找工人索要文物，一边提取墓葬内剩余文物。随后，对现场墓葬进行了抢救性考古发掘、保护，初步推测这是一座西汉墓葬。在文物管理所工作人员的不懈努力下，丢失的文物基本找回。

8月2日，为更好保护历史文化遗产，当时的市文物局、市文物研究所相关领导与县政府、文化局、文物管理所相关领导及工作人员在西屯砖厂墓葬出土现场召开了一次联席会议，大家紧张、热烈地讨论西屯汉墓的后续处理问题。会上大家一致认为，这座西汉墓葬具有高度的历史文化价值。会后，县政府勒令砖厂立即停工，市文物研究所立即开展全面、科学的考古勘探、发掘工作。

西屯砖厂西汉墓 96XTM1 出土青铜熏炉

8 月 21 日至 26 日，市文物研究所工作人员对现场进行科学考古勘探和发掘，县文物管理所范学新同志配合相关工作。对砖厂将要使用的 2000 多平方米土地进行了考古勘探，算上已经被破坏的西汉墓，共发现了 3 座汉代墓葬，另外两座是东汉砖室墓，均被盗掘，损毁严重，出土物极少。经过现场紧张的抢救性考古发掘，确定编号 96XTM1 的西汉墓是一座单棺长方形竖穴土坑墓，有漆木棺。墓主人为男性，身上和周围散落 200 多块玛瑙石，脚箱出土了 1400 块玛瑙石。头箱共有一组 18 件套青铜器、1 件铁灯台。青铜器主要有鼎、壶、盆、钫、熏炉等。编号 96XTM1 的西汉墓是目前延庆地区出土青铜器最多、最珍贵的汉墓，也是出土玛瑙最多的墓葬。根据当年参加发掘工作的范学新研究员讲述，当时现场专家通过墓葬形制判断，此墓应为一座西汉早期的贵族墓。

青铜器是出土文物中的重器，而带有铭文的青铜器又是重中之重，铭文越多的青铜器历史价值越高。让人庆幸的是，编号 96XTM1 西汉墓出土了目前延庆地区唯一的一件刻铭青铜器。在墓葬头箱出土的一组 18 件套青铜器中，有一件青铜钫（酒器）带有铭文，经辨识，其铭文为：“燕大官，容四斗，重十九斤八两，少府家。”西汉早期各诸侯国有权力设置本国官员，“大官”又叫太官，是宫廷专管饮膳的官员，隶属少府，少府就相当于内务府，体系庞大、人员众多，管理王族的饮食起居等各种杂事。这个铭文的意思就是这个青铜钫原来是归属燕国大官管理的，大官平时需要用这个青铜钫给燕国王室打酒，后来不知道什么原因，这个青铜钫就归属到燕国的“少府家”了。“少府”是汉朝的“三公九卿”之一，可以说权倾朝野，各诸侯国的少府也算是高级官员了。汉代流行厚葬，墓主人下葬后，其生前用品会作为随葬品下葬，希望墓主人在阴间也可以继续使用。结合“少府家”“燕大官”青铜钫，这个墓葬的墓主人应该就是燕国少府，这个墓葬是燕国少府的墓，是目前延庆地区发现等级最高的汉代墓葬。

西屯砖厂西汉墓 96XTM1 出土的青铜钫

二、西屯汉墓群

西屯砖厂汉墓虽然重要，但只是冰山一角。汉代流行家族墓地制，都是一片片的墓葬群，很少零星埋葬。果然，经过北京市文物研究所的考古勘探，在西屯砖厂附近又发现了几百座汉代墓葬。

2009 年，经过前期的考古勘探，北京市文物研究所开始正式对西屯墓地进行发掘，共发现 354 座汉代墓葬，是延庆目前为止最大的汉代墓葬群。其中有 71 座西汉木椁墓，这种木椁墓整体可分为单人的单棺和双人的双棺两种，有的墓是长方形，有的是刀把形。长方形单棺木椁墓和 1996 年挖掘的西汉燕国少府墓形制基本一致。这批汉墓出土了大量文物，从器型

延庆西屯墓地高空气球照

来看，与中原汉墓出土物基本相同。出土了彩绘陶壶、彩绘陶鼎、彩绘陶盒、陶罐、陶盘、陶灯、陶汲水罐、陶奁盖、陶灶、陶案、陶仓、陶厕、陶屋顶及构件、陶柱础、陶楼（房）构件、胡人俑、陶马、陶羊、陶棋子、铜镜、铜熏炉、铜带钩、铜勺、铜戒指、铜簪、铜刷、五铢钱、半两、铁斧、石料珠等。出土陶器基本是随葬的“明器”，不是实用器，但这些具有强烈生活气息的陶器证明墓葬附近应有一处生产生活技术较为先进、居民较多的大型聚落或城镇。再结合西屯发现的300余座汉代墓葬，佐证附近应有一处居民至少生活了几百年的城镇。汉代今延庆地区设有两个县，分别是居庸县和夷舆县，隶属上谷郡，夷舆县城已确定在古城村，所以，西屯墓地附近的城镇不可能是夷舆县，只能是居庸县。西屯发现的大量汉墓和出土文物证实汉代居庸县城就在今延庆城区西南。燕国的都城在蓟，就是今北京城区，前面提到的燕国少府理应埋葬于今北京城区附近，目前发现的汉代燕国王级大墓都在今北京城区附近。那么，只有一种可能，燕国少府本就是居庸县人，所以他死后才会埋葬于居庸城西南。

延庆西屯西汉墓 M381 全景

延庆西屯西汉墓 M381:4 彩陶壶

延庆西屯西汉墓 M41:8 陶棋子

延庆西屯西汉墓 M13 出土器物局部

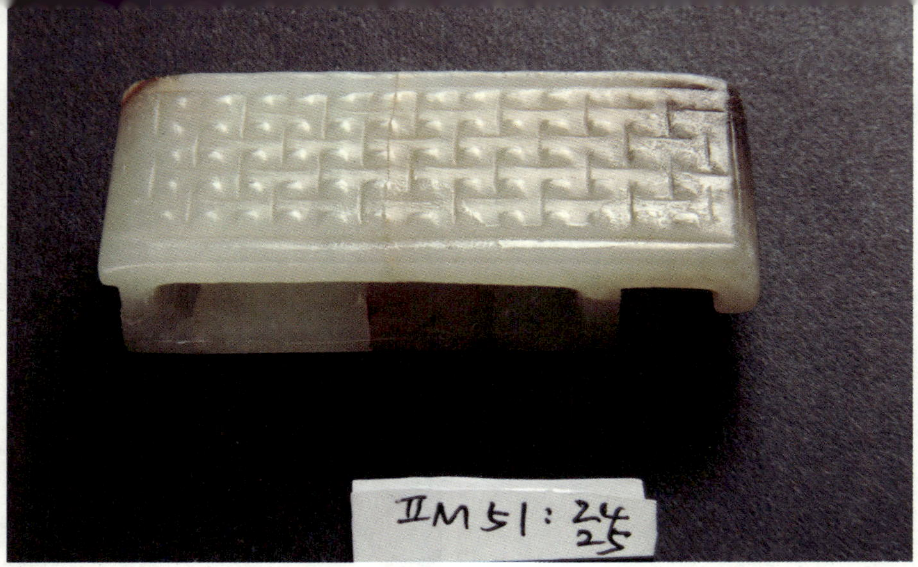

延庆西屯西汉墓 M51：1 玉剑璏

西屯汉墓中有几座出土大量珍贵文物的墓葬。编号 M51 的西汉墓是一座带墓道竖穴土圹、一棺一椁无头箱的大型墓葬。墓葬整体呈球拍状，东西总长 10.38 米，墓道有 11 级台阶。木椁顶盖共发现 15 块木板，在椁盖板上西南角发现 11 枚铜柿蒂花装饰。出土了玉剑璏、铜洗、铜熏炉、铜提梁卣、铜器盖、铜鼎、陶罐，以及数枚铜钱。是除“燕国少府”墓，西屯汉墓中出土青铜器最多、最珍贵，也是等级最高的墓葬。墓葬随葬一整套青铜器，墓主人腰间还佩戴有玉剑璏，这在其他墓葬中没有出土。墓主人应该是一位西汉时期

延庆西屯西汉墓 M51：8 铜提梁卣

延庆西屯西汉墓 M51：9 铜鼎

的贵族，极有可能是西汉燕国居庸县的官吏。此墓出土的铜熏炉与“燕国少府”墓形制基本相同，均为博山炉，这两个墓葬下葬时间应该相近。从出土文物来看，这座墓的下葬时间可能略比“燕国少府”墓晚，两座墓的等级相当，“燕国少府”墓的等级略高。

编号 M366 的西汉墓出土了铜环、铜珠、玉珠等高级随葬品，还出土了多枚小型青铜印章。其中有一枚印章印文是“宋强”。战国楚墓出土的简上记了《宋强“法（废）其官事”案》：“蔡遗受铸剑之官宋强，宋强废其官事，命受正以出之，中酚许适纳之。”[1] 意思是蔡遗授予宋强铸剑作坊内的职务，但是宋强没有管理好铸剑作坊，于是命令受正将他撤职除名了，中酚许适将他接收了下来。“中酚”是楚国的官名。铸剑师宋强虽然因为工作失误被革职，但是仍然被其他官员接收，足见他铸剑手艺应该是十分高超。古代铜器很少，战场兵器、宫廷礼器都需要铸铜，掌握铸铜技艺的人也不多，所以，铸铜是一项十分重要的工作。宋强虽然工作“失误”，但仍未被革职。写有“宋强案”的“简”的年代应为战国中晚期，记载的

1　陈伟著：《楚简册概论》，武汉：湖北教育出版社，2012 年，第 173 页。

是战国中晚期楚国的事情。这个铸剑师宋强很可能在战国晚期的楚国当铸剑师，秦朝灭亡后，他北上汉朝的燕国，这个时候宋强很可能年事已高，他更可能是在燕国的铸铜作坊里为官、收徒，应该不会再亲自铸铜了。根据出土的“宋强”印章，推测 M366 的墓主人就是宋强。

安徽寿县出土的一件楚国“王后少府升鼎”刻铭“铸客为王后少府为之”，这个青铜鼎是“王后少府”里的铸剑师生产制作的。宋强很可能当时就在哪个王后或王的少府里任职。西汉早期各诸侯国都有铸铜的权力，有自己的铸铜作坊。宋强到了燕国后，继续在铸铜作坊负责铸造青铜器，这些铸铜事务很可能属燕国少府管理，所以，宋强到了燕国后，是在隶属燕国少府的铸铜作坊工作。宋强墓距燕国少府墓较近，宋强很可能和燕国少府为同一家族，所以他们的墓才会埋在同一墓区。

西汉墓中还发现了带有铭文的铜镜，编号 M67 的西汉墓中发现的 2 件铜镜均带有“见日之光，天下大明”8 字铭文。编号 M59 的西汉墓中也发现了 1 件“见日之光，天下大明”的铜镜，这应该是汉代的一种吉祥用语。这些文物的出土，表明汉代的中原文化已经逐渐传播到北疆燕国的上谷郡地区了。

延庆西屯西汉墓 M59：3 铜镜

西屯地区西汉贵族墓的发现，以及墓中出土的珍贵文物，表明西汉时期上谷郡居庸县经济、社会、文化已经得到了较为充分的发展，中原文化和生产生活方式已在居庸县扎根并持续发展，居庸县有在燕国为官的世家大族。

除西汉墓，西屯墓地还发现了大量东汉墓葬，与西汉竖穴土坑墓不同的是，东汉墓均为砖室墓，很多是多室大型砖室墓，这和东汉时期盛行的厚葬习俗以及视死如生的思想观念有关。佐证到了东汉时期，今延庆地区所在的北疆居庸县已经更加充分地吸收了汉文化。西屯东汉墓中，有一座编号 M100 占地面积庞大的东汉晚期砖室墓尤为引人注意，拥有双墓道九室，应该是目前延庆地区发现的最大的汉墓。根据出土的胡人俑等文物推测，墓主人很可能是一位与胡人有关联的贵族。这座墓葬出土了很多具有浓重生活气息的陶器。这体现出了中原生产技术、生活方式在居庸县的持续发展，反映出了土地兼并严重的东汉晚期地主庄园经济在居庸县的出现

延庆西屯东汉墓 M100 全景

与发展，展现出了与西汉时期相比经济、社会的巨大进步，全面再现了东汉末期居庸县大户人家安居乐业的社会面貌。

西屯汉墓对于确定汉代居庸县方位，研究延庆汉代社会生活、农业生产等具有重要意义，出土文物中的文字为补写延庆汉代历史提供了重要资料。

第五章　燕州将侯

魏晋南北朝时期，延庆地区逐渐开始受到重视，曹魏时期，延庆境内设有居庸县，治所在今延庆城区，居庸县治同时又是上谷郡治，延庆在历史上第一次真正成为上谷郡治所。世界园艺博览会园区内曾发现两座西晋时期的贵族墓，一座出土了关中侯印，另一座出土了偏将军印，这两座墓佐证今延庆城区在西晋时期发展较为繁荣，西晋时期在居庸县驻有高级官员。

北魏时期，延庆的地位取得了跨越式的提升。自汉代至北魏，延庆地区一直是匈奴、鲜卑、乌桓南迁居住之地，境内生活了大量鲜卑或鲜卑化的北方民族。北魏建立后，十分重视上谷郡居庸县。将今延庆地区纳入畿辅重地。政治地位获得了空前的提升。因上谷郡居庸县是鲜卑人南迁后居住的重要地区，北魏的很多侯姓大臣贵族都以上谷郡居庸县为自己的郡望。再次提升了上谷郡居庸县的地位，延庆地区得到了北魏朝廷的重视。

第一节　两魏郡治与京畿

东汉末期，今延庆地区属幽州上谷郡，设有居庸县，县治在今延庆城区。到了曹魏时期，建制基本没变。北魏郦道元《水经注·㶟水》记："沧河又西径居庸县故城南，魏上谷郡治。昔刘虞攻公孙瓒不克，北保此城，为瓒所擒。有粟水入焉，水出县下，城西枕水，又屈径其堥南，南注沧河。"沧河即今延庆妫水河。"居庸县故城"就是汉代的居庸县域，在今延庆城区。北魏郦道元云"居庸县故城南，魏上谷郡治"，此处"魏"肯定是指时间上早于北魏的曹魏。也就证明曹魏时期（220 年—265 年）的居庸县仍然在今延庆城区，并且还是上谷郡的治所，这是今延庆城区历史上第一次成为"郡"的治所。世界园艺博览会魏晋家族墓出土了写有"上谷"二字的封门砖，实证今延庆城区在魏晋时期属上谷郡。曹魏时期仍设有幽州。延庆在曹魏时期属幽州上谷郡，设有居庸县，今延庆城区不仅是居庸县治所，还是上谷郡治所。

《晋书》记幽州上谷郡属有沮阳、居庸二县。[1] 沮阳即今河北怀来。张山营西晋墓出土的砖墓志刻有“居庸……泰始二年……”，“泰始”是晋武帝司马炎的年号。证明延庆在西晋时期仍属幽州上谷郡居庸县，居庸县治所仍在今延庆城区。

西晋灭亡后，进入连年兵燹、更迭频繁的“十六国”时期，此时期建制变化较快，暂未查到有关延庆建制沿革的史料和文物。

进入北魏时期，延庆的建制逐渐稳定下来。《魏书》记孝文帝“太和

延庆世园会魏晋墓出土的写有『上谷』二字的封门砖

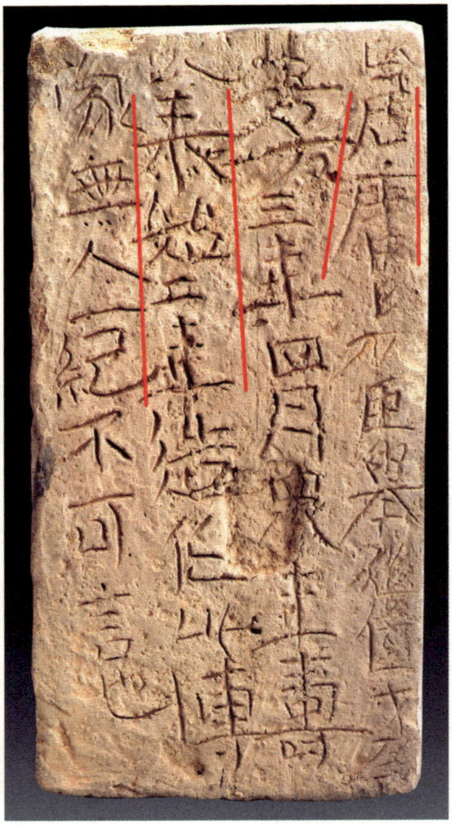

延庆西晋墓出土的刻有『居庸』二字的砖志

1 ［唐］房玄龄等著：《晋书》卷十四《地理志上》，北京：中华书局，2000年，第274页。

中分恒州东部置燕州，孝昌中陷，天平中领流民置。……领郡三……上谷郡天增中置。领县二……平舒孝昌中陷，天平中置。居庸孝昌中陷，天平中置”[1]。北魏孝昌年（525年—527年），因杜洛周起义，燕州、居庸县等均为起义军占领，北魏朝廷失去了对这些地方的控制，就是《魏书》所记“孝昌中陷”。东魏孝静帝天平年间（534年—537年），燕州复设后，治所搬移到了东南的幽州军都县（今北京昌平），称为“东燕州”。如《隋书》记昌平县“旧置东燕州……”。以上证明北魏时期仍有上谷郡居庸县，但隶属“燕州”，是分恒州而置，延庆在归属燕州前曾归属恒州。

汉魏时期均设有“司隶校尉”管理京畿之地，负责京畿附近的行政监察事务，西晋曾改司隶校尉为司州，这种制度也被北魏继承下来。北魏道武帝天兴二年（399年）“制三驾卤簿”，大驾“平城令、代尹、司隶校尉、丞相奉引，太尉陪乘，太仆御从”。北魏初期延续汉魏制度设有司隶校尉管理京畿地区。孝文帝时期，改司隶校尉为“司州牧，置代尹”，司州正式设立。《魏书》记孝文帝太和八年（484年）“司州万年、雁门、上谷、灵丘、广宁、平凉郡”[2]。证明上谷郡曾隶属司州。迁都洛阳后，因首都迁移，京畿之地改变，孝文帝把“司州”改为“恒州”，这就是恒州的来历。恒州继承了司州的管辖面积，为京畿之地，面积较大。

孝文帝在迁都洛阳前后（494年），将司州更名恒州的同时，因恒州面积太大，又在恒州东部设立“燕州”。正始三年（506年）《寇猛墓志》记：“燕州上谷郡沮阳县都乡孝里人也。”[3]《魏书》记孝明帝神龟元年（518年）“八月，燕州上言上谷郡木连理”。墓志记孝昌三年（527年）去世的侯愔是“燕州上谷人”[4]。这些佐证北魏中期后确实设有燕州，属有上谷郡。孝庄帝永安元年（528年）“以……燕州之上谷、幽州之渔阳七郡各万户，增封太

1　[北朝]魏收：《魏书》卷一〇六上《地形志二上》，北京：中华书局，2000年，第1681页。

2　[北朝]魏收：《魏书》卷一一〇《食货志》，北京：中华书局，2000年，第1905页。

3　《魏故步兵校尉千牛备身武卫将军燕州大中正平北将军燕州刺史寇君墓志铭》，韩理洲等辑校编年：《全北魏东魏西魏文补遗》，西安：三秦出版社，2010年，第98页。

4　《大魏车骑秘书郎侯君墓志铭》，赵超：《汉魏南北朝墓志汇编》，天津：天津古籍出版社，1992年，第210页。

延庆北魏墓出土的刻有『居庸县』的砖志

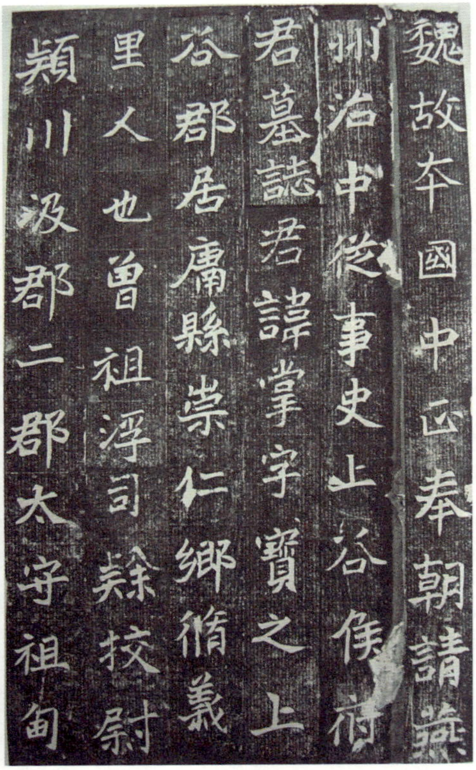

《侯掌墓志》拓片局部

原王尔朱荣为太原国”。证明直到北魏末期，上谷郡依然归属燕州。延庆西屯北魏墓曾出土一方砖志，刻有“神龟元年……燕州上谷郡居庸县……”，实证北魏后期的神龟元年（518 年），延庆属燕州上谷郡，设有居庸县。

北魏《侯掌墓志》记其去世于正光五年（524 年），“上谷郡居庸县崇仁乡修义里人”[1]，这是目前所见唯一记有北魏居庸县管辖乡、里的资料。

综上，北魏前中期，今延庆属京畿地区，隶属司隶校尉上谷郡，设有居庸县，治所在今延庆城区。北魏中期，今延庆地区属司州上谷郡，其余不变。孝文帝太和十七年（493 年）左右，司州改为恒州。太和十七年（493 年）后，今延庆地区属燕州上谷郡，设居庸县，县治在今延庆城区。北魏时期居庸县属有崇仁乡，崇仁乡下有修义里。东魏孝静帝天平年间（534 年—537 年）后，今延庆地区属东燕州上谷郡，设居庸县，县治未变。

1　余扶危、张剑主编:《洛阳出土墓志卒葬地资料汇编》，北京：北京图书馆出版社，2002 年，第 11 页。

到了北齐时期，建制再有调整。《隋书》记怀戎县“后齐置北燕州，领长宁、永丰二郡。后周去北字”。怀戎县即在今河北涿鹿，是原东魏东燕州的地方，证明东燕州在北齐已经变为北燕州，北周改回燕州。但北齐北燕州又不包括上谷郡。暂时不能确定延庆在北齐、北周时期的隶属。

第二节　妫水河南关中侯

为配合北京世界园艺博览会建设，自 2016 年开始，对延庆谷家营、李四官庄等村庄进行考古勘探、发掘。在妫水河南岸、世界园艺博览会北侧发现了两处保存完整的魏晋家族墓地，基本未被盗掘，出土了大量重要文物，为研究魏晋时期延庆地区的历史提供了重要资料。这些魏晋家族墓地的发现，证明延庆在魏晋时期存在较大的家族，这些反映出门阀士族在延庆的发展，佐证魏晋时期今延庆地区社会经济发展是较为充分的，这与延庆曾为曹魏上谷郡治的地位是相符的。

延庆城区在曹魏时期曾为上谷郡、居庸县治所，包括上谷太守、居庸

北京世界园艺博览会魏晋家族墓地航拍图

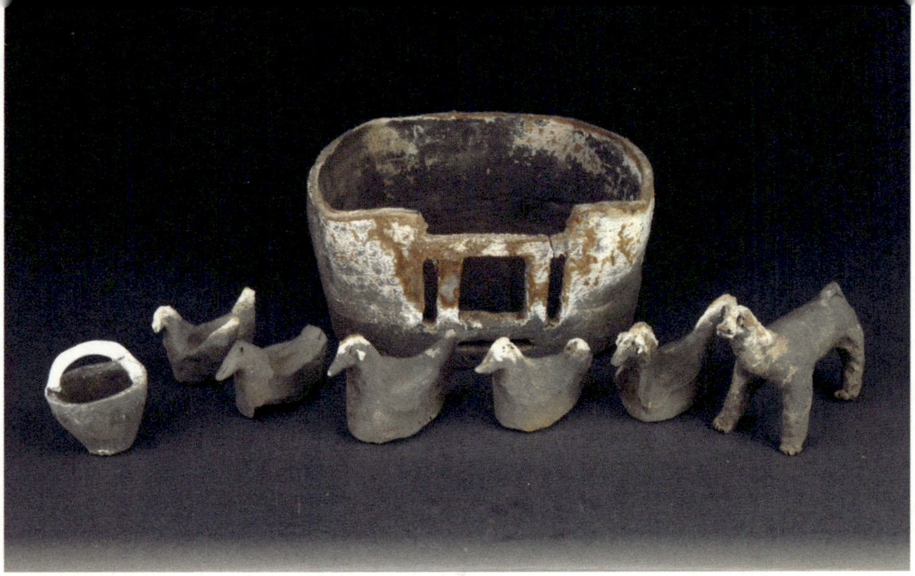

北京世界园艺博览会魏晋家族墓出土的陶圈

北京世界园艺博览会魏晋家族墓出土的铜镜

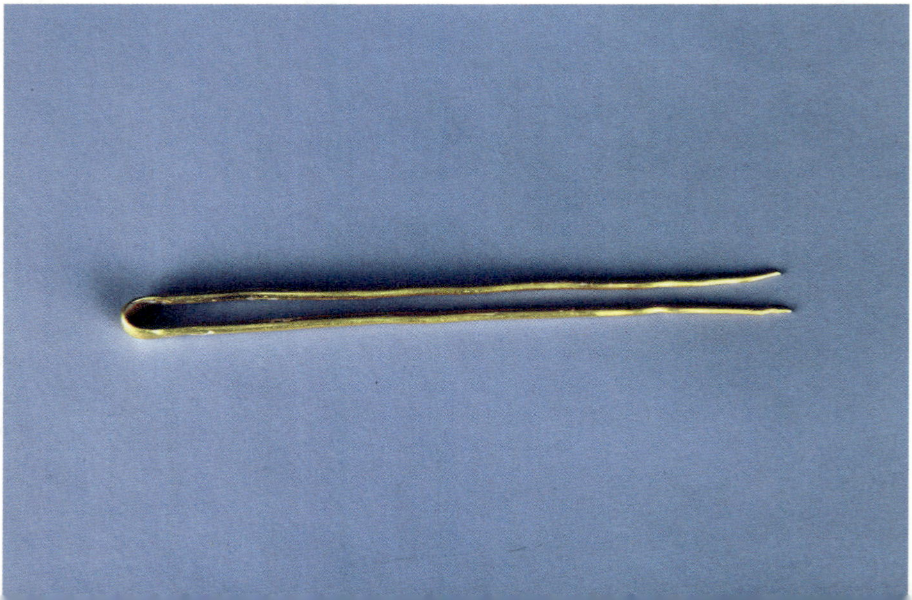

北京世界园艺博览会魏晋家族墓出土的金发钗

县令等官员皆住于此，古人讲究在临近城镇的河水南岸选坟茔，而世界园艺博览会正在此地，所以，在世界园艺博览会内发现高等级的魏晋墓也是比较正常的。2018 年，考古队在谷家营村东发现了一座魏晋砖室墓，出土了一件珍贵的“关中侯金印”，证明墓主人曾是关中侯，这是目前所见延庆地区魏晋时期等级较高的墓葬。

北京世界园艺博览会魏晋家族墓出土的金戒指

南京六朝博物馆收藏的关中侯金印

一、关中侯金印

“关中侯金印”为金质龟形，通高 1.8 厘米，印面呈正方形，边长 2.4 厘米，金板厚约 0.1 厘米，重 24.04 克。“关中侯金印”为龟纽一体，用厚约 0.1 毫米的金板制成，金板被切割出缝隙，折制成龟形，印台与印纽合围一体。四条腿位于印台的四边，龟首尾相对位于两侧合围于印纽处，印台中空，印面阴刻两列篆书“关中侯印”。也就是说，整个印章是用一个金皮拼折而成的，中间镂空，很可能下葬时金印里面有一个方形木块，

北京世界园艺博览会出土的“关中侯金印”

用于支撑，千百年后木块已经腐朽消失，只剩下了金皮。古代的印章材质分为金、银、玉等几大类，基本都是实心的，很少有中间镂空而用金皮拼折的印章。这种印章更多的只是一种象征意义，证明主人曾经的官职，而不具有实用性。“关中侯印”四字并非传统意义上的阴刻印文，而是用尖锐的器物在印面上刻画出来的文字，因此，字体不甚工整，而且字口很浅，并无实用功能。“关中侯金印”的出土，证明墓主人生前曾任关中侯，很可能是原来的印章遗失，或者是什么其他原因，所以，墓主人下葬前，家人临时制作了一个金皮印章，这也可证明墓主人家族在当时的地位是较高的。

《三国志·魏书·武帝纪》注解记《魏书》曰关中侯爵十七级，皆“金印紫绶”[1]。证明关中侯印皆为金制。查找国内现存的关中侯印章，全部都是金制。

国内出土关中侯金印信息列表

序号	纽形	边长（厘米）	通高（厘米）	重量（克）	字体	年代	出土时间和地点	收藏地	照片
1	龟	2.4	2.1	118	篆书	东晋	1985年南京直渎山	南京六朝博物馆	 

1 ［晋］陈寿：《三国志》卷一《武帝纪》，北京：中华书局，2000年，第33页。

续表

序号	纽形	边长（厘米）	通高（厘米）	重量（克）	字体	年代	出土时间和地点	收藏地	照片
2	龟	2.4	2.1	125	篆书	西晋	1957 年长沙陈家大山 20 号墓	湖南省博物馆	
3	龟	2.4	2.1	125	篆书	曹魏	1970 年河南邓州冠军村	邓州市博物馆	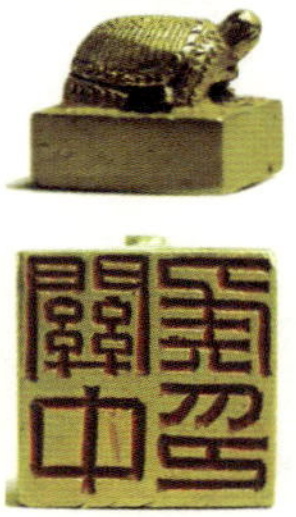
4	龟	2.4	2.2	128	篆书	东汉	1951 年河南南阳石桥镇	河南博物院	
5	龟	2.45	2.3	125.2	篆书	魏晋	1976 年河北邯郸三堤村	邯郸博物馆	
6	龟	2.5	2.3		篆书	东汉	1981 年河南温县赵堡村采集	河南博物院	

国内早年还出土了多枚关中侯金印，以上关中侯金印边长基本为 2.4 厘米，其余 2.45、2.5 厘米各一枚，除去测量造成的误差，这些印章边长基本一致。通高 2.1—2.3 厘米，基本一致。重量 118—128 克，因年代久远，以及保存环境的不同，会产生化学反应，导致金器重量的增加或减少，当时刚生产出来的时候，重量很可能近似。印文全部是篆书。年代基本是魏晋。除以上印章，上海博物馆、镇江博物馆等地也藏有关中侯金印。但是这些金印都是实心，证明魏晋时期是允许陪葬墓主人生前使用的实心金印的。目前为止，延庆关中侯墓出土的“关中侯金印”是全国唯一一枚镂空、金皮关中侯印。

二、关中侯官职等级

“侯”是古代排第二位的爵位。关中，泛指函谷关以西广大区域。关中侯并不是封地在关中的侯，仅是一种“虚衔”，是皇上赐予的一种荣誉。曹魏时期，正式开始设置“关中侯”这一爵位。《三国志 · 魏书 · 武帝纪》记：“置名号侯爵十八级，关中侯爵十七级，皆金印紫绶；又置关内外侯十六级，铜印龟纽墨绶；五大夫十五级，铜印环纽，亦墨绶，皆不食租，与旧列侯关内侯凡六等。”[1] 又记建安二十年“冬十月，始置名号侯至五大夫，与旧列侯、关内侯凡六等，以赏军功”[2]。关中侯为曹操在建安二十年（215 年）始置，十七级，官在关内、外侯之上。裴松之认为：“今之虚封盖自此始。”[3] 证明关中侯仅为虚职。至西晋武帝时期，曹魏时虚封的职位又开始食租。据《晋书 · 武帝纪》记载泰始二年（266 年）：“诏曰：‘五等之封，皆录旧勋。本为县侯者封次子为亭侯，乡侯为关内侯，亭侯为关中侯，皆食十户十分之一。’”证明西晋时期关中侯地位可能低于关内侯。《晋书 · 惠帝纪》记：“两千石以上皆封关中侯。”西晋时期关中侯应该比较多，地位远不如曹魏时期。关中侯在晋朝以后被废除。

1 ［晋］陈寿：《三国志》卷一《武帝纪》，北京：中华书局，2000 年，第 33 页。
2 ［晋］陈寿：《三国志》卷一《武帝纪》，北京：中华书局，2000 年，第 33 页。
3 ［晋］陈寿：《三国志》卷一《武帝纪》，北京：中华书局，2000 年，第 33 页。

三、墓葬年代

根据“关中侯”这一爵位设立的时间，以及关中侯金印的制作年代，可以判定关中侯墓墓主人生活于魏晋时期。墓葬中还出土了“神人抱鱼错金银嵌绿松石铜带钩”“位至三公铜镜”“三叉形器”三种具有时代特色的文物，这也为墓葬的年代提供了参考。“神人抱鱼错金银嵌绿松石铜带钩”近年来在国内陆续出土，大多制造和使用年代为三国至西晋时期，应为有一定级别的武将的配用之物。墓葬中还出土了环手铁刀，证明墓主人应该是一名武将。“位至三公铜镜”是曹魏时期新出现的一种铜镜类型，到西晋时期特别流行。“三叉形器”又称叉形器、叉形饰等，主要见于东汉末年至两晋时期的墓葬中，少数可至南北朝时期。这三件出土文物再次佐证关中侯墓的年代不早于建安二十年（215 年），不晚于西晋。

四、墓主人身份

《魏书·高闾传》记：“高闾，字阎士，渔阳雍奴人。五世祖原，晋安北军司、上谷太守、关中侯，有碑在蓟中。”[1]证明高原曾被授予关中侯，他还曾任上谷太守，这是实职。延庆在曹魏时期属上谷郡居庸县，延庆城区一度成为了上谷郡治所，而上谷郡的最高官职就是“太守”。而且高原曾任“安北”军司，延庆正好地处西晋王朝的北疆。关中侯墓出土的“铁削刀”与高原武将的身份也是相符的。种种迹象表明，关中侯墓的墓主人就是西晋安北军司、上谷太守高原，他曾被授予关中侯。高原所任上谷太守的上谷郡治所就在今延庆城区。所以，高原去世后，是很有可能埋葬在今妫水河南岸的。这应该是目前所见唯一埋葬在延庆地区的上谷郡太守。

关中侯墓的发现，佐证今延庆城区在魏晋时期应有较为繁华的城镇，在当时很可能有很多世家大族，关中侯墓出土了很多高等级文物，这些都昭示着延庆城区在魏晋时期社会较为发达，人口稠密。

1　［北齐］魏收：《魏书》卷五十四《高闾传》，北京：中华书局，2000 年，第 805 页。

第三节 西晋上谷偏将军

2017 年 7 月，北京世园会园区考古工作进入后期，很少再发掘未被盗掘的大墓，技工们按部就班地发掘谷家营村北、魏晋家族墓地东北侧的一座前期勘探发现的砖室墓。在墓顶取土过程中，发现了一个圆形的洞，墓顶部分砖块已经坍塌，大家都觉得这座墓肯定也难逃盗掘的命运。让人没想到的是，随葬品完好无损，墓顶的洞可能是之前村民盖房挖坏的。这个墓的出土文物比之前的魏晋家族墓还要精美，这算是北京世园会园区考古工作后期的一个意外收获。

一、墓葬出土情况

这个墓是砖室墓，有一个墓道，朝北，墓葬主体分为前后两部分，就是前后两室，相当于两个房间的意思。整体形制属典型魏晋砖室墓。前室共有两个木棺，埋葬男女各一人，后室无木棺，有一具女人遗骨。三人很

偏将军墓葬发掘现场

可能是一夫一妻一妾。证明男墓主人在当时很可能是贵族。前室出土了印章、金臂钏、银臂钏、银发钗、铜镜、陶楼、陶罐、陶碗、铜钱等重要文物。后室出土了弩机、金环、金珠饰件、银臂钏、银环、铜掏耳勺、玛瑙石、半圆形透明体等珍贵文物。这些珍贵文物的出土，再次证明墓主人在当时肯定是贵族。

偏将军墓出土的青铜弩机

二、偏将军银质官印

这些文物中最珍贵、最有历史价值的无疑就是那枚银印章。印章是纯银制成，通高 2 厘米，边长 2.3 厘米，见方，重约 80 克。印面阴刻篆书“偏将军印章”5 字。这枚印章的出土证明墓主人曾任偏将军，印章还是纯银制成，偏将军的级别应该不低。西汉武帝之前，官印多为四字印文，武帝以后，多为五字，魏晋因之。偏将军印章很可能是西汉到魏晋时期的。

银质偏将军印

目前国内出土了很多偏将军印章，基本是东汉到魏晋时期的，尺寸、形制与延庆出土的官印基本相同。但材质除银质，还有金、铜制成的。如重庆中国三峡博物馆收藏的偏将军金印、溧阳市博物馆收藏的偏将军铜印。《汉旧仪》云：“丞相、太尉与三公、前后左右将军，金印龟纽；二千石，银印龟纽；千石以下，铜印鼻纽。”看来偏将军印章的材质并没有完全按照汉制制作。但是根据汉制，延庆发现的偏将军墓男墓主人应该是“二千石”的官员，俸禄也是很高了。

三、何谓偏将军

“偏将军”一词最初见于《道德经》：“偏将军居左，上将军居右，言以丧礼处之。”[1]偏将军官名始于春秋时期，是将军的辅佐。东汉时期多见于史册，东汉光武帝刘秀曾任太常，兼偏将军，此时偏将军仍为兼任的虚职。东汉时期偏将军的广泛设置应和战争有关，作战主持军务的大将军可“自置偏裨”。史料记载偏将军正式大量设置于新莽时期。新莽地皇元年（20年），新朝王莽“置前后左右中大司马之位，赐诸州牧号为大将军，郡卒正、连帅、大尹为偏将军，属令长裨将军，县宰为校尉”[2]。于此可见，新莽时期偏将军也并非单独设立的官职，而是在已有实际职务上加上偏将军这一称号，用以抵御四方盗贼。偏将军的实际职权并不大。偏将军皆为武将兼任，前面提到偏将军墓中出土了一件弩机，这也可证明男墓主人武将的身份。魏晋时期，偏将军为八品官级。后面的王朝一直设有偏将军一职，直到隋代撤罢。三国时期的很多名将都曾任过偏将军，如关羽、马超、赵云、吕蒙等。那么，男墓主人所任的偏将军官职虽然不算高，但也证明了他本身肯定还有其他职务，偏将军只是“兼职”，其本身的官职可能更高。

四、墓葬年代和男墓主人姓名

在拆除墓砖的过程中，发现了刻字“太康六年”“侯君阿秋”的墓砖，太康是晋武帝的年号，证明墓主人埋葬于西晋太康六年（285年），男墓

1 靳永、胡晓锐译注：《道德经》，武汉：长江出版传媒崇文书局，2023年，第61页。

2 ［汉］班固：《汉书》卷九十九《王莽传》，北京：中华书局，2000年，第3051页。

“侯君阿秋”铭文砖

主人很可能生活于曹魏到西晋早期。墓志始于秦汉，魏晋时期提倡薄葬，严禁在墓前立碑，生者多将墓主人姓名、官职等刻画于砌筑墓室的墓砖之上，这就是早期的墓志雏形。“侯君阿秋”相当于墓主人的墓志。

汉晋时期，墓志上基本尊称墓主人为“君”，如东汉《金乡守长侯君碑》《晋故金城长河东侯君之神道》，以及唐代《故处士侯君墓志》等，即墓主人姓侯，所以称为“侯君”。证明延庆偏将军墓男墓主人姓“侯”。而“阿秋”更像是墓主人的“小名”。如北京大兴出土的一块墓砖记“燕郡……阿佑妻徐”，曹魏时期的“……河南洛阳民奚阿成……”，北魏时期的“大魏故臣武威太守章仪卓吴仁妻武功苏阿女墓志铭”等。再比如曹操的小名叫“阿瞒”。所以，偏将军墓的墓主人姓侯，名阿秋，叫侯阿秋。

另外，墓志四个字也能读为“侯阿秋君”。对比早前出土同时期前后的其他墓志，如太康三年（282 年）的“晋故使持节都督青徐诸军事征东将军军司关中侯刘府君之墓”，东晋霍承嗣墓墓主像上方墨书题记：“晋故使持节都督江南交宁二州诸军事建宁越嶲兴古三郡太守南夷校尉交宁二州刺史成都县侯霍使君之像”，北魏时期的“魏故辅国将军徐州刺史昌国县开国侯王使君墓志序”“魏故威远将军凉州长史长乐侯王君墓志铭”“魏故博陵太守邢府君墓志”等，皆为“……侯……君……”。侯阿秋君四个字刻在一块墓砖上，左侧二字上下为侯一君，右侧二字上下为阿一秋，依照西晋、北魏书写墓志的体例，此四字应顺时针读为“……侯阿秋君……”。由于是早期墓志，并未写在一块墓砖之上，四字前后应还有其他字。也有可能是“……侯”“阿秋君”。

偏将军墓是目前所见延庆西晋时期等级最高的墓葬，和关中侯墓一样，它们的发现都昭示着魏晋时期延庆城区世家大族的发展和社会经济的发达。偏将军银印是目前延庆地区发现的唯一一枚银质官印，也是北京市发现的唯一一枚西晋偏将军印，具有重要的文物和历史价值。

第四节　上谷侯氏出将相

北魏时期，涌现出大量侯姓名臣良将，这些人皆以上谷郡作为自己的郡望，证明在北魏以前，上谷郡曾经居住了大量的侯姓族人，侯氏是当时上谷郡的名门望族。

一、侯氏郡望在上谷

侯姓主要有出自姬姓、姒姓、仓颉、晋侯缗，以及鲜卑族几种说法。上谷郡和上谷堂是侯姓最重要的郡望和堂号。上谷侯氏向上可追溯至汉代，郦道元《水经注》收录部分《汉上谷长史侯相碑》碑文，其记：“侯氏出自仓颉之后，逾殷历周，各以氏分，或著楚、魏，或显齐、秦。”[1]

侯植（506年—563年）是北魏人，历北魏、西魏、北周三朝，在北魏任河阳郡守、义州刺史，西魏时任骠骑大将军、开府仪同三司、司仓下大夫，北周时封肥城郡公。根据《晋书》所记，侯植的八世祖侯龛在后赵石虎（季龙）征伐辽西鲜卑段辽的时候，“上谷相侯龛等四十余城并率众降于季龙”[2]。也就是侯龛曾被石虎任命为“上谷相”。侯植的四世祖是侯宣多，“生晋，汉末徙上谷”[3]，证明侯植祖上曾短暂迁出上谷，随后又迁

1 《全上古三代秦汉三国六朝文 第二册 后汉》，石家庄：河北教育出版社，1997年，第988页。

2 ［唐］房玄龄：《晋书》卷一六〇《石季龙传》，北京：中华书局，2000年，第274页。

3 ［宋］欧阳修、宋祁：《新唐书》卷七十二《宰相世系》，北京：中华书局，2000年，第2046页。

回。这是史料记载最早生活在上谷的北魏侯姓大族祖先。

史料中记载了很多北魏上谷侯氏。记载北魏历史的《魏书》记："上谷侯岌、张衮，代郡许谦等有名于时，学博今古，初来入国，闻仪待士，先就仪。"[1]张衮是上谷沮阳县（老怀来城官厅水库附近）人，其子张太曾被封为"沮阳侯"，证明北魏时期侯爵名称是根据籍贯所在地确定的。

《魏书》又记"大司马从事中郎上谷侯辩"[2]。又记有上谷侯天护、上谷侯法俊。北魏孝昌三年（527 年）《侯愔墓志》记其"字景明，燕州上谷人也"[3]，曾祖为龙骧将军、代郡太守，祖为冠军将军、谏议大夫，父为车骑都尉、济安太守。《北史》记侯植去世于北周保定三年（563 年），"字仁干，其先上谷人也"[4]。记载北周历史的《周书》明确记："侯植字仁干，上谷人也。"[5]这些史料证明北魏时期很多侯姓贵族将自己的籍贯定为上谷郡。北魏时期世家大族众多，十分重视门第出身，人们都将自己的祖先攀附于同姓名人。如果自己的祖籍是历史上出同姓名人之地，人们都会说自己的籍贯，而不说出生地。侯岌、侯辩、侯天护、侯法俊、侯愔、侯植本人未必出生在上谷郡，但其祖籍在上谷，所以，在当时也自称上谷人。上谷是北魏侯氏的重要郡望。

另外，历史上有名的"侯景之乱"制造者侯景在西魏大统十三年（547 年）被授予"上谷郡公"，似乎可以佐证侯景的郡望也在上谷。

隋唐时期，上谷仍是侯氏的重要郡望。如隋梁安郡守侯肇墓志记其"字永先，上谷人"[6]。唐《侯忠墓志》记："文疏上谷，嬴派大梁。"唐《侯仁恺墓志》记其"上谷人也"。

1　［北齐］魏收：《魏书》卷十五《秦王翰传》，北京：中华书局，第 248 页。

2　［北齐］魏收：《魏书》卷四十八《高允传》，北京：中华书局，第 730 页。

3　《大魏车骑秘书郎侯君墓志铭》，赵超：《汉魏南北朝墓志汇编》，天津：天津古籍出版社，1992 年，第 210 页。

4　［唐］李延寿：《北史》卷六十六《侯植传》，北京：中华书局，2000 年，第 1540 页。

5　［唐］令狐德棻：《周书》卷二十九《侯植传》，北京：中华书局，2000 年，第 341 页。

6　郭培育、郭培智主编：《洛阳出土石刻时地记》，郑州：大象出版社，2005 年，第 52 页。

二、世家侯植家族

上谷侯氏属侯植家族香火最旺，从十六国时期一直延续到唐代，多为朝廷重臣，是名副其实的世家大族。

前面提到的后赵上谷相侯龛在冉魏时期任中山太守，在慕容鲜卑建立的前燕任散骑常侍。除前面提到的侯龛、侯植，侯植祖父侯恕曾任北魏北地郡守，侯植之父侯欣曾任北魏泰州刺史，封奉义县公。侯植从兄侯龙恩曾任北周柱国，侯龙恩之弟侯万寿曾任大将军，封武平公。侯植之孙侯君集入唐以后任右卫大将军，封潞国公，又任兵部尚书，封陈国公，后任吏部尚书、交河道行军大总管，曾参与“玄武门之变”，名列凌烟阁二十四功臣，功绩比肩侯植。侯君集后因谋反之罪处斩，从此，侯植家族开始走向没落。

侯君集画像（清 沈源《凌烟阁二十四功臣像》）

侯植的高祖侯恕曾任北魏北地郡（治今陕西耀县东南）郡守，所以全家迁居北地郡三水。从此这支侯氏家族就定居在了北地郡。所以，侯植不是出生在上谷郡，史料才会记“其先上谷人”。

三、居庸县的侯氏家族

北魏中后期，居庸县隶属燕州上谷郡，居庸县的辖境相当于今延庆区西部，治所在今延庆城区。有很多史料直接记北魏侯姓贵族为上谷郡居庸县人。

侯刚（465年—526年）是北魏重臣，历经朝廷两都、三位皇帝、两位太后执政，将近三十年，加封为散骑常侍，后任为车骑将军，兼任御史中尉，官至侍中、左卫将军，曾统领军队，其子侯详娶掌权宗室元义之女，一时侯刚一族权倾朝野。《侯刚墓志》记其“字乾之，上谷居庸人也”[1]。侯刚是籍贯居庸县侯氏族人中官职最高的。北魏正光五年（524年）《侯掌墓志》记其是“上谷郡居庸县崇仁乡修义里人”[2]，曾任上谷郡大中正、燕州治中从事史。北魏普泰二年（532年）《侯忻墓志》记其是“上谷居庸人”，曾任龙骧将军、中散大夫，死后赠平北将军、燕州刺史。[3]东魏武定二年（544年）《侯海墓志》记其“字景海，上谷居肩人也”，曾任威烈将军、诸治令、伏波将军。[4]西魏大统十年（544年）侯刚之孙《侯僧伽墓志》记其是“燕州上谷郡居庸县人也”，曾任太师开府参军事。[5]侯刚及其孙侯义（字僧伽），以及侯掌、侯忻、侯海郡望皆在上谷郡居庸县，证明居庸县是上谷郡侯氏的一个重要祖籍地。

侯氏家族中，只明确记载侯掌是居庸县崇仁乡修义里人，这也是目前关于居庸县乡、里的唯一记载。北魏正始三年（506年）《寇猛墓志》记

1　《魏故侍中使持节都督冀州诸军事车骑大将军仪同三司冀州刺史武阳县开国公/侯君之墓志》，赵超：《汉魏南北朝墓志汇编》，天津：天津古籍出版社，1992年，第188页。

2　佘扶危、张剑主编：《洛阳出土墓志卒葬地资料汇编》，北京：北京图书馆出版社，2002年，第11页。

3　《魏故平北将军燕州刺史侯君墓志铭》，韩理洲等辑校编年：《全北魏东魏西魏文补遗》，西安：三秦出版社，2010年，第317—318页。

4　《魏故伏波将军诸治令侯君墓志铭》，韩理洲等辑校编年：《全北魏东魏西魏文补遗》，西安：三秦出版社，2010年，第383页。

5　《魏故侍中司徒武阳公之孙燕州刺史之子太师开府参军事墓志》，张鸿杰主编：《咸阳碑石》，西安：三秦出版社，1990年，第2页。

其是“燕州上谷郡沮阳县都乡孝里人也”[1]。居庸县和沮阳县同属上谷郡，侯掌是居庸县崇仁乡修义里人，寇猛是沮阳县都乡孝里人，“修义”和“孝”发音相同，很难不让人怀疑二者为一地。

再看看《侯僧伽墓志》记其葬于“石安县孝义乡崇仁里”[2]，不同的是，《侯僧伽墓志》将崇仁乡改为了崇仁里，孝义乡的“孝义”与“修义里”“孝里”的“修义”“孝”发音十分接近，这很难说是一种巧合。但是，侯僧伽埋葬的“石安县”在今陕西咸阳，肯定不在上谷郡。当时的石安县与上谷郡有相同乡、里的可能性不大。北魏孝文帝“汉化”改革以后，不允许迁居洛阳、关中一带的贵族回原籍埋葬，所以只能埋在都城洛阳附近，侯僧伽墓也不例外。很可能是侯僧伽的家人仍想把侯义埋葬在上谷郡居庸县原籍，所以才把居庸县的乡、里写在了墓志之中。有可能是距离太远不了解当时居庸县的乡里名称等情况，所以才把崇仁乡写成了崇仁里，修义（孝）里写成了孝义乡。侯僧伽墓志有叠刻痕迹，“讳”字下原刻“义”字，改刻成“刚”字，改刻时原字未磨掉，“刚”字模糊不清。“乾之”二字抹去，刻“僧伽”。“渊”字也似磨掉原字叠刻。“刚”“乾之”正是侯僧伽爷爷侯刚的名和字。证明《侯僧伽墓志》修改过很多地方，其所记侯僧伽葬于“石安县孝义乡崇仁里”极有可能是“崇仁乡修义里”之误。

那么，侯阿秋的墓在妫水河南岸，在西晋时期就位于居庸县南侧，其本人肯定是西晋时期居庸县人。侯阿秋曾任西晋偏将军，肯定也是上谷居庸的大族了，很可能是侯刚、侯掌、侯海等人的祖先，或许有亲属关系。

目前所见，能查明籍贯为具体“县”的侯氏皆为上谷郡居庸县人，未查到出于居庸县以外其他上谷郡的侯氏，基本可以确定，所谓郡望在上谷的侯氏，具体来说是“上谷郡居庸县”。也就是说，“上谷侯氏”其实是上谷郡居庸县侯氏。

---

1 《魏故步兵校尉千牛备身武卫将军燕州大中正平北将军燕州刺史寇君墓志铭》，韩理洲等辑校编年：《全北魏东魏西魏文补遗》，西安：三秦出版社，2010年，第98页。

2 《魏故侍中司徒武阳公之孙燕州刺史之子太师开府参军事墓志》，张鸿杰主编：《咸阳碑石》，西安：三秦出版社，1990年，第2页。

四、侯刚家族的祖籍

侯刚家族是上谷侯氏仅次于侯植家族的另一个世家大族，和侯植一样，侯刚也是勋贵。其曾祖是江阳侯、并州刺史，祖为镇南平原镇将，父为内小，但到侯刚时才算真正发迹。侯刚长子侯详任通直散骑侍郎、冠军将军、主衣都统、燕州刺史、后将军、司徒左长史、尝药典御、燕州大中正、骠骑将军、殷州刺史，另外一个儿子侯渊也曾担任燕州刺史。侯刚家族延续比较短，随着侯刚在朝廷斗争中的失败，到孙辈侯僧伽时，已经彻底没落。但侯刚家族却是明确记载郡望在居庸县的最大侯氏家族。与侯植祖上几代均在上谷不同，侯刚所谓的郡望上谷居庸县更多的是一种“托附”。

《侯刚墓志》记侯刚“字乾之，上谷居庸人也。其旡大司徒霸，出屏桐川，入厘百揆，开谋世祖，道被东汉”[1]。北魏时期十分讲究门第出身，人们多附会为前代同姓名人之后，体现在墓志之中。侯霸是东汉初期大司徒，河南郡密县（今河南新密东南）人。《魏书》记侯刚“其先代人也”[2]。鲜卑族的一支拓跋鲜卑曾建立代国，是北魏的前身，范围在今内蒙古中部、山西北部，所以，包括拓跋鲜卑人在内的代国人也被称为代人，而侯霸不是鲜卑人，侯刚肯定不是侯霸之后，是有意攀附的。

《魏书》记侯刚让其长子侯详“以上谷先有侯氏，于是始家焉”[3]。证明侯刚的祖上很可能不在上谷，就是听闻侯氏是上谷名门望族，所以，才让他的儿子在上谷安家，以证实侯刚家族出身名门的家族地位。侯刚在北魏正光中期，又请朝廷封侯详为“燕州刺史”[4]，正光五年（524年），侯详任“燕州大中正”[5]。侯刚伪托郡望是上谷郡居庸县，而上谷郡在北魏中后期属燕州，侯刚特意请求朝廷让其长子侯详担任燕州刺史、大中正，证明侯刚对其“郡望之事”是十分重视的。让其长子到郡望地任最高官职，“坐

1　《魏故侍中使持节都督冀州诸军事车骑大将军仪同三司冀州刺史武阳县开国公 / 侯君之墓志》，赵超：《汉魏南北朝墓志汇编》，天津：天津古籍出版社，1992年，第188页。

2　［北齐］魏收：《魏书》卷九十三《侯刚传》，北京：中华书局，2000年，第1358页。

3　［北齐］魏收：《魏书》卷九十三《侯刚传》，北京：中华书局，2000年，第1359页。

4　［北齐］魏收：《魏书》卷九十三《侯刚传》，北京：中华书局，2000年，第1359页。

5　［北齐］魏收：《魏书》卷九十三《侯刚传》，北京：中华书局，2000年，第1359页。

实”其祖籍地在上谷居庸，攀附上北魏时期侯氏最高郡望上谷，在重视门第出身的北魏，对其仕途显然是有帮助的。

侯详到了上谷郡后，认识了“真正”的上谷郡居庸县人——侯掌。侯掌是目前所见墓志写出其所在乡、里的唯一居庸侯氏，是“土生土长”的上谷郡居庸县人。侯掌曾任上谷郡中正，是纠察群臣过失的官员。侯掌去世于正光五年（524 年），去世前他担任燕州治中，掌管文书等，是地位仅次于刺史的属官。而侯掌担任燕州治中的时候，侯刚之子侯详正好担任燕州实际最高长官——刺史。“治中”一职多由刺史任命，应该是侯详任命侯掌为燕州治中的，侯详和侯掌是上下级的关系。侯刚让侯详去燕州为官，就是为了“坐实”自己这支侯氏家族出自上谷居庸，而侯掌就是土生土长的上谷居庸人，侯详提拔侯掌，可以借此机会与侯掌相识，让侯掌认可自己上谷居庸人的身份，把自己的族出上谷居庸彻底“坐实”。

正光五年（524 年），侯掌去世后，侯刚的另外一个儿子侯渊接替侯详任燕州刺史，继续“坐实”侯刚家族出自上谷之事。侯渊任燕州刺史后，侯详升任燕州大中正。北魏时期，郡有中正，州有大中正。大中正负责评价所在州郡士族的品行，并有推举和罢免郡中正的权力。后来发展成了有名的“九品中正制”。当时上谷郡侯氏士族的升迁，都要经过侯详的评定。大中正的设立是当时地方士族势力扩大的结果，出任者皆为乡品二品的士族高门，大族世代相袭。“乡品”就是乡里人的评价，是选官的重要标准。例如北魏时期出身上谷世家的寇猛就曾担任燕州大中正，证明大中正多由本地士族担任，并且乡品要高于二品。那么，侯详担任燕州大中正，就证明当时的上谷已经认可他本地士族的身份，乡品肯定也比较高。侯刚家族在此时“正式”成为了郡望在上谷居庸的世家大族。

另外，北魏上谷世家大族侯忻、寇猛死后，朝廷都赠平北将军、燕州刺史，而上谷就在北疆，看来为燕州上谷士族死后赠平北将军、燕州刺史应该是一种惯例。而自认郡望在燕州上谷居庸的侯详、侯渊都曾担任燕州刺史。这些都反映出北魏时期门阀的固化和士族阶层的强大，以至于只有本地强大的士族才能担任本地官员，死后还要赠本地官职，这也可以理解为什么侯刚“费尽心思”想要“攀附”上谷居庸侯氏了。再次证明侯刚家族郡望本身并不在上谷居庸。

五、上谷侯氏的族属

查阅史料，上谷侯氏的祖上大部分都曾居住在拓跋鲜卑曾经建立的代国境内。

南北朝时期，侯景在南梁制造“侯景之乱”，在南梁建立大汉国，自立为帝。《南史》记侯景曾说：“前世吾不复忆，唯阿爷名摽，且在朔州。”[1]又记侯景为“魏之怀朔镇人也”[2]，《梁书》其为“朔方人，或云雁门人”[3]。北齐天保六年（555年）置朔州，并将治所由盛乐（今内蒙古和林格尔土城子）迁到马邑城南的新城（今山西朔州城南梵王寺村），后来又迁到了马邑（今山西朔州老城及其外垣）。怀朔镇在今内蒙古固阳县，朔方郡在今内蒙古磴口县，雁门郡即今山西省右玉县。这些地方都在原来拓跋鲜卑建立的代国。朔州之前的治所盛乐还是代国的都城。杜洛周是北魏柔玄镇人，孝昌元年（525年）“反于上谷”，并“南围燕州”。[4]侯渊（？—535年，非侯刚子）在北魏时曾任骠骑大将军、仪同三司、定州刺史、渔阳郡公，《魏书》记侯渊“神武尖山人……随杜洛周南寇”[5]。杜洛周在上谷起义，当时侯渊也在上谷追随，侯渊后来还担任燕州刺史，种种迹象表明，侯渊也应出自上谷侯氏。但《魏书》却记其是“神武尖山人”。神武尖山即在今山西朔州，也是代国范围内。证明侯景、侯渊的祖上生活于代国境内，他们的祖上很可能和鲜卑人有关。侯渊家族早期可能生活在代国，后来迁居到了上谷。《侯愔墓志》记其曾祖是“代郡太守”[6]，祖上也可能是鲜卑人。

侯刚自认祖上是上谷郡居庸县人，但是《魏书》却记其是“河南洛阳人，其先代人也”[7]。孝文帝迁都洛阳后，下诏“迁洛之民，死葬河南，不得还

1　［唐］李延寿：《南史》卷八十《侯景传》，北京：中华书局，2000年，第1342页。
2　［唐］李延寿：《南史》卷八十《侯景传》，北京：中华书局，2000年，第1329页。
3　［唐］姚思廉：《梁书》卷五十六《侯景传》，北京：中华书局，第575页。
4　［北齐］魏收：《魏书》卷九《肃宗纪》，北京：中华书局，2000年，第162页。
5　［北齐］魏收：《魏书》卷八十《侯渊传》，北京：中华书局，2000年，第1206页。
6　《大魏车骑秘书郎侯君墓志铭》，《汉魏南北朝墓志汇编》，北京：中华书局，2000年，第210页。
7　［北齐］魏收：《魏书》卷九十三《侯刚传》，北京：中华书局，2000年，第1358页。

北。于是代人南迁者，悉为河南洛阳人”[1]，所以，侯刚成为了洛阳人。“代人”就是指包括鲜卑人在内的代国人，侯刚祖上是由代地南迁到洛阳的，所以侯刚很可能是鲜卑人。

鲜卑人其实很早就在上谷郡生活了。鲜卑人在两汉时期逐渐自东北大鲜卑山（今大兴安岭）内迁，居住在上谷、渔阳、右北平、辽西、辽东五郡外。经常侵扰汉朝北部边塞。元初五年（118 年）“鲜卑入上谷，攻居庸关”[2]。156 年，檀石槐统一鲜卑各部，将鲜卑分为中、东、西三部，“从右北平以西至上谷为中部，十余邑，其大人曰柯最、阙居、慕容等，为大帅”[3]，可世袭。证明此时上谷可能为鲜卑所控。此后，鲜卑屡次侵扰汉朝北部边疆。曹魏时期，上谷为鲜卑轲比能部所控制。西晋时期，鲜卑继续南迁汉地。此时，晋朝的东北和北部边境已经分布了大量鲜卑人。十六国时期，后赵政权建立者石虎曾攻打辽西鲜卑段辽，侯植的八世祖上谷相侯龛投降了石虎，证明当时上谷被辽西鲜卑控制。这些证明鲜卑人自汉代开始南迁，十六国时期已经定居在了上谷郡。北魏是拓跋鲜卑建立的王朝，当时上谷郡肯定还生活了很多鲜卑人。这些鲜卑人有一部分是从代国迁居而来，还有一部分就是本地鲜卑人，他们世代繁衍，最终形成了上谷鲜卑侯氏。包括北魏时期在内的以上谷、居庸为郡望的侯氏家族，可能大部分是鲜卑人，或者说拥有鲜卑血统，或者是鲜卑化了的其他民族。

侯刚、侯景、侯植都以侯霸作为自己的祖先，显然都是伪造的。侯霸是汉人，东汉初年大司徒，在看重出身的北魏时期，显然有攀附之意。与孝文帝汉化改革有关。

六、上谷侯姓的由来

北魏献文皇帝嫔侯夫人墓志记其“本姓侯骨，其先朔州人，世酋部落”[4]。

1 ［北齐］魏收：《魏书》卷七《高祖纪》，北京：中华书局，2000 年，第 120 页。

2 ［南朝宋］范晔：《后汉书》卷九十《鲜卑传》，北京：中华书局，2000 年，第 2020 页。

3 ［晋］陈寿：《三国志·魏书》卷三十《鲜卑传》，北京：中华书局，2000 年，第 622 页。

4 《显祖献文皇帝第一品嫔侯夫人墓志铭》，赵超：《汉魏南北朝墓志汇编》，天津：天津古籍出版社，1992 年，第 42 页。

也就是侯夫人和侯景、侯渊一样都是朔州人，包括侯刚在内，他们祖上都是代人。侯夫人的祖上很可能是部落酋长。墓志又记侯夫人之父叫“伊莫汗”，“世祖之世，为散骑常侍，封安平侯，又迁侍中尚书，寻出镇临济，封日南郡公”[1]。《文成帝南巡碑》记有“宁南将军、殿中尚书、日南公斛骨乙莫干……”[2]。侯骨与斛骨发音相近，伊莫汗与乙莫干发音相近，日南公就是日南郡公，二者为同一人。根据现存史料所记，用汉字记录的鲜卑语，往往有多种汉字写法，因为是用汉字表音，所以汉字会有不同，但发音基本相同。侯骨、斛骨应该是同一鲜卑语，或其他胡语。侯骨就是斛骨。侯夫人墓志又记“孝文皇帝徙县伊京，夫人始赐为侯氏焉”[3]，证明孝文帝迁都洛阳以后，侯骨（斛骨）正式改为了单字侯姓。

《魏书·官氏志》记北魏开国皇帝献帝拓跋珪“七分国人，使诸兄弟各摄领之，乃分其氏。……以兄为纥骨氏……凡与帝室为十姓，百世不通婚。太和以前，国之丧葬祠礼，非十族不得与也”[4]。此十姓是魏室之宗族。纥骨氏是北魏早期七个部落中较为重要的一个，还是十个宗族姓氏之一，是北魏的统治阶层。纥骨氏是北魏初期七部之一，那时北魏的控制范围和之前的代国差不多，纥骨氏原来是生活在代国境内的部落，而侯骨生活在代国朔州境内，二者生活区域相近。并且纥骨发音与侯骨（斛骨）接近，应该同一发音的不同汉字写法。《隋书》记铁勒有纥骨部。[5]铁勒就是高车，证明纥骨氏不是纯鲜卑人，而是鲜卑化的高车人，因为他们早期也生活在代国，所以，可以称为代人，但严格来说，不能称为鲜卑人。

---

1 《显祖献文皇帝第一品嫔侯夫人墓志铭》，赵超：《汉魏南北朝墓志汇编》，天津：天津古籍出版社，1992 年，第 42 页。

2 《文成帝南巡碑》，韩理洲等辑校编年：《全北魏东魏西魏文补遗》，西安：三秦出版社，2010 年，第 47 页。

3 《显祖献文皇帝第一品嫔侯夫人墓志铭》，赵超：《汉魏南北朝墓志汇编》，天津：天津古籍出版社，1992 年，第 42 页。

4 ［北齐］魏收：《魏书》卷一一三《官氏志》，北京：中华书局，2000 年，第 1999—2000 页。

5 ［唐］魏征等：《隋书》卷八十四《铁勒传》，北京：中华书局，2000 年，第 1260 页。

《隋书》记铁勒有纥骨部。《魏书·高车传》记其种有护骨氏。[1]高车即铁勒，从发音来看，护骨应该就是纥骨。

《魏书·官氏志》又记："胡古口引氏，后改为侯氏。"[2]胡古口引又写作古口引、古引、胡引。胡古口与侯骨、斛骨、纥骨、护骨发音基本一致，都是同一鲜卑等胡语姓氏的不同汉字表音写法。

另外，北魏还有姓侯伏侯、护佛侯。侯植就被赐"侯伏侯氏"，从兄赐名为侯伏侯龙恩，龙恩的弟弟叫侯伏侯万寿。《周书》记有侯伏侯元进。史料中还记有俟伏侯，应该就是侯伏侯。《魏书》记："护佛侯部帅侯辰、乙弗部帅代题叛走。"[3]此护佛侯应该就是侯伏侯。证明侯伏侯（俟伏侯、护佛侯）原本是归属于拓跋鲜卑的一个部落，后来叛逃，证明他们肯定不是鲜卑人。侯伏与侯骨发音相同，护佛与护骨发音相同，而且侯伏侯（俟伏侯、护佛侯）不是鲜卑人，符合纥骨氏高车人的身份。侯伏侯（俟伏侯、护佛侯）就是纥骨氏。

孝文帝迁都洛阳后，命侯伏侯可悉陵将《孝经》翻译成鲜卑语，教给鲜卑人，侯伏侯可悉陵会鲜卑语，佐证此时的纥骨氏高车人已经被彻底鲜卑化了。

侯骨、斛骨、纥骨、护骨、胡古口引、古口引、古引、胡引、侯伏侯、俟伏侯、护佛侯均为一个鲜卑化高车部姓氏的不同汉字表音写法，表示同一个高车部的姓氏。高车侯骨氏在北魏前中期完成了鲜卑化，孝文帝汉化改革后，又完成了汉化。将姓氏改为单字侯，逐渐构成了汉族的一部分。前面提到的上谷侯氏，大部分是祖上应为高车人，少部分为汉人等其他民族，但随着鲜卑控制北方，这些人都不可避免地在生活习惯、语言等方面完成了鲜卑化，随着孝文帝的改革，又完成了汉化。唐代以后，上谷侯氏家族基本融入汉族的历史长河中了。

侯阿秋生活在西晋时期，此时的上谷郡仍然有大量鲜卑人，西晋王朝需要鲜卑贵族管理鲜卑、乌桓等部落，侯阿秋很可能就是居住在上谷居庸

---

1 ［北齐］魏收：《魏书》卷一〇三《高车传》，北京：中华书局，2000年，第1561页。
2 ［北齐］魏收：《魏书》卷一一三《官氏志》，北京：中华书局，2000年，第2001页。
3 ［北齐］魏收：《魏书》卷二《太祖纪》，北京：中华书局，2000年，第14页。

鲜卑化的高车人。

七、居庸侯氏的延续

暂未查到延庆唐辽时期侯氏的情况，元代《侯府君夫人李氏祠堂碑》记载了金朝末年缙山（今延庆）李氏的生平。其记李氏早年嫁给了乡人侯士温，“侯氏大姓，世雄乡里”，证明一直到金末元初，延庆地区仍有侯氏大族，唐辽时期，延庆基本未有人口迁徙，所以，延庆金代的侯氏家族应该就是上谷居庸侯氏的延续了。碑刻记辽金以来侯姓名宦不绝，证明上谷侯氏一直都是比较有地位的。

侯士温去世后，李氏携二子侯进和侯庆南渡，住在宿州，长子侯进为金国完颜宗室赏识，任下邳元帅府经历官，后升为保静军节度副使。次子侯庆任万夫长，驻守蜀地。后蒙古南侵过程中，侯进、侯庆皆战死。他们的儿子后来任职元廷。

元代以后，再未发现关于延庆侯氏的记载。

第五节　郦道元游古居庸

郦道元是我国历史上有名的地理学家、文学家、政治家、教育家，他写的《水经注》流芳百世，是我国上古时期一部重要的历史地理巨著，是研究古代山水地理的“宝典”。

郦道元生活在北魏时期，是青州刺史郦范之子，曾任颍川太守、鲁阳太守、河南尹等职。其撰写的《水经注》是在参考《水经》的基础上，详细记载了一千多条大小河流及有关的历史遗迹、人物掌故、神话传说等，是中国古代最全面、最系统的综合性地理著作。是北魏时期流传至今十分难得的历史地理著作，也是目前所见记录北魏时期延庆地区山川地理、城池村镇的唯一史料，具有重要的历史价值。

一、郦道元实地勘察

《水经注·㶟水》部分自东向西详细记载了延庆地区几乎所有的河流，还记述了城池、村镇等，可以还原出一幅北魏时期延庆地区的地图。如此详尽的记述，应当是郦道元参考《水经》并且到实地勘察完成的。郦道元是范阳涿县人，就是现在河北涿州附近，离延庆也不算太远，这么近的距离，郦道元是很有可能到今延庆地区走访调查的。郦道元为官时执法严峻，曾被老百姓告发其苛刻残酷。这证明郦道元是一个十分“较真儿”，甚至苛刻的人，按照这种态度，他编写《水经注》大概率也是要去现场调查的。郦道元的勘察路线是从今妫水河上游一直走到下游，延庆的妫水河在历史上称为妫川，延庆也被叫作妫川大地。让我们跟着郦道元的《水经注》看看延庆北魏时期的山川地理吧。

二、清夷水、沧河

《水经注·㶟水》记：“㶟水又东南，左会清夷水，亦谓之沧河也。”[1]㶟水即今桑干河、永定河，发源山西，流经河北、北京、天津。㶟水向东南流，东部有清夷水（沧河）注入。为抵御突厥入侵，唐朝曾在北疆妫州（今河北怀来）驻有一支重要军队——清夷军，意即清剿突厥人。军队驻扎在清夷军城，在今怀来县卧牛山附近（官厅水库淹没区）。清夷军是目前找到唯一和清夷水有关的名称。郦道元所说的清夷水应该就在今官厅水库附近，官厅水库原为妫水下游，水量充沛，新中国成立后修建官厅水库，妫水下游才“扩张”成了官厅水库。可以确定，现在的妫水河在北魏时期叫清夷水，也叫沧河。

北魏为抵御柔然等游牧民族南侵，在北部边疆设有很多军镇，最著名的就是“北魏六镇”，除此以外，在今河北赤城设有御夷镇。御夷和清夷是一个意思。北魏很可能也设有清夷镇，清夷水名就是由此而来。河原名沧河，后来改为清夷水。

三、平乡川水、平乡川、平乡、平乡亭、长亭、北城村故城

郦道元从清夷水上游开始写起，“水出长亭南，西径北城村故城北，

1 ［北魏］郦道元著，陈桥驿注：《水经注》卷十三《㶟水》，杭州：浙江古籍出版社，2013 年，第 180 页。

又西北，平乡川水注之，水出平乡亭西，西北流注清夷水”[1]。这是一条清夷水的上游支流，河流和村镇名称现在已经完全消失。现在妫水河最远的上游发源于延庆与怀柔交界的凤驼梁一带，此地早年曾有季节河，经水口子、王家堡西流，现已干涸。此河道走向大概和今延庆“永偏路”一致。郦道元所说的长亭应该就在凤驼梁附近。秦、汉时在乡村每十里设一亭。亭有亭长，掌治安警卫，兼管停留旅客，治理民事。长亭应该就是这种亭。

这支清夷水的上游向西流经北城村故城，证明在郦道元写《水经注》之前，这里有一个叫北城村的村庄，后来废弃了。既然叫北城村，在当时附近应该有古城。北城村故城有可能在今清泉铺村附近。

河水又向西北流，有一名为平乡川水注入。平乡川水可能就是清代的闵河，自头司、彭家窑、王家山向西流，现已干涸。平川乡水最后也汇入了清夷水，大概相会于今盛世营。平乡川水暗示附近有“平乡”，北魏时期地方设置郡（州）、县，县之下设置乡、里。平乡在当时还设有亭，称平乡亭。平乡亭西面肯定有一山谷，水自山沟中流淌，所以河称平乡川水。

四、阴莫亭、居庸县

《水经注》接着记：“清夷水又西北径阴莫亭，在居庸县南十里。”[2]这是继长亭、平乡亭后，郦道元记载的第三个亭。居庸县是北魏时期在今延庆地区设置的唯一的一个县，与汉代居庸县治所不同，北魏居庸县治所在今旧县村，

旧县村内残存的城墙遗址

1　［北魏］郦道元著，陈桥驿注：《水经注》卷十三《㶟水》，杭州：浙江古籍出版社，2013 年，第 180 页。

2　［北魏］郦道元著，陈桥驿注：《水经注》卷十三《㶟水》，杭州：浙江古籍出版社，2013 年，第 180 页。

汉代居庸县治所在今延庆城区。根据距离推测，阴莫亭方位大概在今旲坊营村一带。“阴漠”是阴暗之意，以此解释阴莫亭好像说不通。

五、牧牛山、牧牛山水、九十九泉

《水经注》又记：“清夷水又西会牧牛山水。《魏土地记》曰：沮阳城东八十里有牧牛山，下有九十九泉，即沧河之上源也。山在县东北三十里，山上有道武皇帝庙。耆旧云，山下亦有百泉竞发，有一神牛驳身，自山而降，下饮泉竭，故山得其名。今山下导九十九泉，积以成川……”[1] 清夷水再向西流和牧牛山水相会。郦道元又引用了曹魏时期成书的《魏土地记》对牧牛山水做了解释。根据《魏土地记》所记，牧牛山下有九十九处泉水，是清夷水（沧河）的上游源头。《魏土地记》具体说牧牛山在“县”东北三十里，此县即曹魏时期的居庸县，县治在今延庆城区。又说山上有道武皇帝庙。光绪《延庆州志》明确记述了牧牛山的方位，其载：“独山在州城东三十里……一名团山，溪河出此。按《水经注》《魏土地记》曰：沮阳城东八十里有牧牛山，在居庸县东北三十里，耆旧云，山下旧有百泉竞发，有一神牛驳身，自山而降，下饮泉竭，故名。疑即此山。”[2] 按《延庆州志》所云，《水经注》所云牧牛山就在现在的团山，团山山顶曾考古发现了建筑基址，有可能就是道武皇帝庙。团山脚下算是历史上延庆地区泉水最多的地方了，元代仍名“九十九泉”，蒙古大汗窝阔台曾驻跸于此。明清时期有黄龙潭，被认为是妫水的源头，这与郦道元所记相同。郦道元所云九十九泉即在今上磨村黄龙潭附近，牧牛山水即黄龙潭附近之泉水汇集而成。现

民国时期黄龙潭及周边老照片
（民国二十七年《延庆县志》）

1 ［北魏］郦道元著，陈桥驿注：《水经注》卷十三《㶟水》，杭州：浙江古籍出版社，2013 年，第 180 页。

2 ［清］何道增重修，［清］张惇德纂：光绪《延庆州志》卷一下《舆地志》，台北：成文出版社，1968 年，第 29 页。

在附近已基本无泉水。今龙湾河下游有一名金牛湖的湖（因拦河闸拦水现已干涸），名字应当是和牧牛山有关。

六、谷水、浮图沟水、夷舆故城

《水经注》又记清夷水“西南流，谷水与浮图沟水注之。水出夷舆故城西南，王莽以为朔调亭也。其水俱西南流，注于沧水”[1]。浮图沟水在夷舆故城西南，此夷舆故城就是秦汉时期的夷舆县城，东汉时期撤废，治所在今古城村，城址尚存。古城村西南原有古城河，得名古城，即夷舆故城。古城河发源玉渡山，自西向东流，流经龙庆峡景区，然后南向注入妫水河。可以确定，今古城河就是浮图沟水。浮图是对佛或佛教徒的称呼，也专指和尚、佛塔，证明今古城河流经区域有佛教遗迹，暂时还未发现北魏时期遗存。查看地图，古城河东侧有龙湾河，与古城河并行南流，汇合后形成金牛湖，然后注入妫水河。此龙湾河应该就是谷水，谷水流经地在北魏时期可能有稻田，产稻谷，所以称为谷水。今古城河和龙湾河汇集后基本上是西南流，与郦道元所记相同。西汉覆灭，王莽建立新朝后，修改天下郡县名称，将夷舆县改为朔调亭，并将其作为上谷郡的治所，这是夷舆城历史上地位最高的时候。

七、地裂沟、分界水

《水经注》又记：“沧水又西南，右合地裂沟，古老云，晋世地裂，分此界间成沟壑。有小水，俗谓之分界水，南流入沧河。”[2]清夷水（沧水）继续西南流，与今妫水河流向相同。西晋时期，上谷郡曾发生两次地震，《晋书》记晋惠帝元康四年（294年）“二月，上谷、上庸、辽东地震。……八月，上谷地震，水出，杀百余人”[3]，记载南朝刘宋历史的《宋书》明确记载当年八月的地震发生在居庸县，其记：“八月，上谷地震，水出，杀百余人。

1　［北魏］郦道元著，陈桥驿注：《水经注》卷十三《㶟水》，杭州：浙江古籍出版社，2013年，第180页。

2　［北魏］郦道元著，陈桥驿注：《水经注》卷十三《㶟水》，杭州：浙江古籍出版社，2013年，第180—181页。

3　［唐］房玄龄：《晋书》卷二十九《五行志》，北京：中华书局，2000年，第581页。

居庸地裂，广三十六丈，长八十四丈，水出，大饥。”[1] 证明延庆在西晋时期地震，大地出现裂缝，并有水出，形成河流，与郦道元所记相同，此地裂形成的河流，就是郦道元所说分界水。地裂沟可能在今王泉营、临河之间，临河村东北原有一片乱苇塘，塘中有水，西南流，汇入妫水河，可能就是分界水。

八、阳沟水、阳沟、居庸县故城、大翮山、小翮山、次仲庙

“沧河又西，右与阳沟水合，水出县东北，西南流径居庸县故城北，西径大翮、小翮山南，高峦截云，层陵断雾，双阜共秀，竞举群峰之上。郡人王次仲，少有异志，年及弱冠，变苍（仓）颉旧文为今隶书。秦始皇时，官务繁多，以次仲所易文简，便于事要，奇而召之，三征而辄不至。次仲履真怀道，穷数术之美。始皇怒其不恭，令槛车送之。次仲首发于道，化为大鸟，出在车外，翻飞而去，落二翮于斯山，故其峰峦有大翮小翮之名矣。《魏土地记》曰：沮阳城东北六十里有大翮小翮山，山上神名大翮神，山屋东有温汤水口。其山在县西北二十里，峰举四十里，上庙则次仲庙也。”[2] 清夷水（沧水）继续西流，有阳沟水汇入。阳沟水西南流，与居庸县故城较近，此居庸县故城是秦、汉、曹魏时期的居庸县城，治所在今延庆城区。又向西流经大翮、小翮山，在今松山汤泉观附近。目前来看，今蔡家河和阳沟水河流走向较为接近。其源出鲁庄，西流经靳家堡、下阪泉，西南经马庄村东侧入妫水河。河流走向与阳沟水有出入，可能是经过千年以后，河流走向有变化，要等以后有新资料后再确定了。大翮山、小翮山位置前文已叙，此不赘述。

九、温汤水、温汤、土亭山、土亭

《水经注》又记：“右出温汤，疗治万病，泉所发之麓，俗谓之土亭山。此水炎热倍甚诸汤，下足便烂人体。疗疾者，要须别引消息用之耳，不得言。

1 ［梁］沈约：《宋书》卷三十四《五行志》，北京：中华书局，2000 年，第 659 页。

2 ［北魏］郦道元著，陈桥驿注：《水经注》卷十三《漯水》，杭州：浙江古籍出版社，2013 年，第 181 页。

大翮山东，其水东南流，左会阳沟水，乱流南注沧河。”[1]

前面提到《魏土地记》云大翮山“山屋东有温汤水口”，此山屋应该就是王次仲庙。王次仲庙现在早已消失，大翮山就是现在松山汤泉观附近。郦道元说大翮山“右出温汤”，就是温汤从大翮山东侧流出，与“山屋东有温汤水口”相符。郦道元又云“大翮山东，其水东南流”，再次证明温汤水是从大翮山东部流出的。因这里有温泉，比较方便生活，元代这里建过秋阳观，清代直接以汤泉为名，修建了汤泉观。《汤泉观碑》记“中有温泉，源出东山。”[2]，与郦道元所云温汤出自大翮山以东相同。郦道元又说温汤泉水出的地方具体叫土亭山，今名已失，但证明北魏时期，这里设过土亭。郦道元说“此水炎热倍甚诸汤，下足便烂人体”。与《秋阳观碑》“山半一泉……市朝腾沸而莫能干……”[3]意思相同，就是温汤（温泉）水是十分热的，甚至能把人的脚烫掉了，郦道元此说可能有点夸张，但也不都是假的。汤泉观西侧今仍有一名为“兰角沟”的地方，与“烂脚”谐音，可能与郦道元所云“下足便烂”有关。温汤水（温泉）东南流后汇入阳沟水，最后注入了清夷水。

兰角沟方位图

1　［北魏］郦道元著，陈桥驿注：《水经注》卷13《㶟水》，杭州：浙江古籍出版社，2013年，第181页。

2　［清］于锡福：《重修佛峪口汤泉观碑记》，［清］何道增重修，［清］张惇德纂：光绪《延庆州志》卷11《古迹·寺观》，台北：成文出版社，1968年，第232页。

3　［元］张本：《德兴府秋阳观碑》，［元］李道谦集：《甘水仙源录》卷9，《道藏》，文物出版社、上海书店、天津古籍出版社联合出版，1988年，第19册，第801—802页。

十、清夷水与沧河似乎不是同一条河流

《水经注》又记："沧河又左得清夷水口。《魏土地记》曰：牧牛泉西流，与清夷水合者也。自下二水互受通称矣。"[1] 按郦道元此处所云，清夷水和沧河（沧水）还不是一条河流。按《魏土地记》所云，牧牛泉应该是前述九十九泉中较大的泉，汇合而成牧牛山水，牧牛山水与清夷水汇合后，河流的下半部分称清夷水，也称沧河。郦道元的意思是牧牛山水是沧河的源头，平乡川水是清夷水的源头，牧牛山水注入清夷水后的河流后半部分，既叫清夷水，也叫沧水。也就是从现在的上磨村以下，清夷水和沧河互称。但这与郦道元前面说的清夷水和沧河为同一河流似乎矛盾，暂时不明其所以。

据宋国熹研究，延庆下屯河就是清夷水上游，与金牛山流来的沧河会于清夷水口，清夷水口即原谷家营村北之沙河口，早年是个很大的河口，民人多在此取沙。下屯河由东桑园河湾、小呼滹河湾、东红寺河湾等汇成，穿下屯而过，流经岳家营、兴宝庄、大路、原谷家营村，在沙河口注入妫水河。下屯河今已干涸。此说值得商榷。

十一、灵亭、灵亭水、马兰西泽、泽水、渎水、马兰溪水、马兰溪、马兰城

《水经注》又记："清夷水又西，灵亭水注之。水出马兰西泽中，众泉泻溜归于泽，泽水所钟，以成沟渎。渎水又左与马兰溪水会，水导源马兰城，城北负山势，因阿仍溪，民居所给，维仗此水，南流出城，东南入泽水。泽水又南径灵亭北，又屈径灵亭东，次仲落鸟翮于此，故是亭有灵亭之称矣。其水又南流，注于清夷水。"[2]

前面《卢绾兵败上兰县》部分已经确定马兰西泽、大马兰沟、马兰溪水在今后黑龙庙村东南的地方，即今官厅水库水下。马兰溪水在今后黑龙

1 ［北魏］郦道元著，陈桥驿注：《水经注》卷十三《㶟水》，杭州：浙江古籍出版社，2013年，第181页。

2 ［北魏］郦道元著，陈桥驿注：《水经注》卷十三《㶟水》，杭州：浙江古籍出版社，2013年，第181页。

庙村南。马兰城就是上兰城，在黑龙庙村附近，很可能就是东门营村的土城。此不赘述。

泽水就是马兰西泽中的水，渎水就是马兰西泽流出的水，“渎”本身就是沟渠的意思，渎水就是沟水。渎水随后与马兰溪水相汇南流，注入泽水。因为泽水流经灵亭，所以，灵亭以南又称为灵亭水，灵亭水最后注入妫水河。这些河流应该都在后黑龙庙村东南官厅水库内。郦道元说灵亭水出马兰西泽，又说灵亭是王次仲落翮成仙的地方，可是前文已述王次仲升仙地大翮山在温汤水口，这是两个不同的地方，不知是郦道元记述有矛盾还是什么其他原因。

十二、泉沟水、泉沟

《水经注》有关延庆的部分最后记：“清夷水又西与泉沟水会，水导源川南平地，北注清夷水。”[1] 泉沟水即延庆大柳树河，源在延庆城西南养鹅池，西经刘浩营入妫水河。现已干涸。

综合以上，郦道元在《水经注》中记今延庆妫水河在北魏时期叫清夷水，又叫沧河、沧水，其支流从东向西有平乡川水、牧牛泉、九十九泉、牧牛山水、谷水、浮图沟水、分界水、阳沟水、温汤水、温汤、马兰西泽、泽水、渎水、马兰溪水、马兰溪、灵亭水。提到的山自东向西有牧牛山、大翮山、小翮山、土亭山。提到的川沟自东向西有平乡川、浮图沟、地裂沟、阳沟、泉沟。提到的县、乡、亭自东向西有居庸县、平乡、平乡亭、长亭、阴莫亭、土亭、灵亭。提到的城池自东向西有北城村故城、夷舆故域、居庸县故城、马兰城。提到的庙宇有次仲庙。

郦道元所记山水建制足以勾勒出延庆北魏时期的历史地图，通过这幅地图可以看出，郦道元没有记述今延庆行政区域内的千家店、珍珠泉、四海等东部地区以及南部地区，这很可能意味着这些地区不属于当时的居庸县。通过《水经注》可以补充北魏居庸县的行政建制，北魏《侯掌墓志》记其是“居庸县崇仁乡修义里”人，再加上《水经注》提到的居庸县乡、亭，北魏居庸县下有崇仁乡、平乡，还有平乡亭、长亭、阴莫亭、土亭、灵亭

1　[北魏] 郦道元著，陈桥驿注：《水经注》卷十三《㶟水》，杭州：浙江古籍出版社，2013年，第181页。

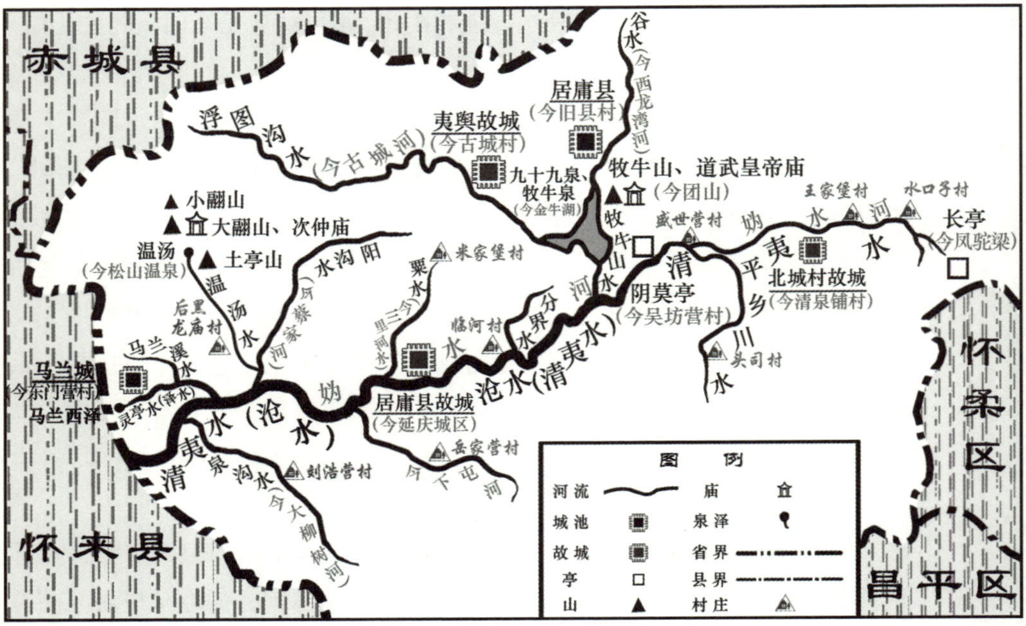

郦道元《水经注》记延庆山水城池地图

五个亭，崇仁乡下有修义里，平乡下有平乡亭。这些证明北魏时期居庸县是人丁兴旺的地区。

延庆在北魏以前就居住了大量鲜卑人或鲜卑化的其他民族，北魏建立以后，作为“国人”居住的重要地区，成为了北魏王朝的京畿重地，孝文帝汉化改革后，侯姓贵族都把上谷居庸作为他们的郡望，很多侯氏贵族担任上谷地区官员，这些都会间接促进居庸县的发展。延庆西屯发现的大量北魏时期墓葬，就是居庸县社会经济快速发展的反映。根据郦道元所记，北魏居庸县设有大量行政建制，与北魏时期居庸县的快速发展是相吻合的。

第六章　幽北要塞

唐代，今延庆地区地处中原王朝和游牧民族的交界地，胡汉杂居，战争频仍，建制更迭频繁。唐朝多在边疆重要地区设都督府，管理胡汉百姓。唐初在延庆设有儒州都督府这一具有军事性质的军民总管府，总揽一切军政要事，但儒州都督（从三品）更多只是一个虚职。唐朝常将归附胡人内迁，设置羁縻州管理，州名依旧，称为侨置羁縻州。唐初在今延庆地区设有侨置羁縻州——儒州，因是易地而设，所以也称为儒价州，州民多为胡人。儒州是唐代延庆地区最重要的行政机构，长官为刺史。儒州都督府治儒州城内。为抗击突厥，唐朝在儒州设有上折冲府，统一管理军队，由级别较高的长上折冲都尉（正四品上）统领，驻守在儒州城附近的北郡城，所以也称为北郡上折冲府、北郡长上折冲都尉。儒州城、北郡城均在今延庆城区。唐朝前中期，儒州都督、刺史和北郡长上折冲都尉均由一人担任。

“安史之乱”以后，折冲府逐渐撤废。儒州的军队主要是团练军，驻扎北郡城，长官为北郡团练守捉使，同时兼任儒州刺史。北郡城演变为守捉城。武则天时期，抗击突厥的重要军镇——清夷军迁驻今延庆城区，与北郡军合二为一，称为防御军，也叫清夷军，驻守在原来的北郡城，后改为防御军城。防御军的最高长官是防御使，防御使同时兼任儒州刺史，军政合一。边塞诗人高适曾给清夷军送兵，用诗歌描写了当时儒州地区的自然景象。清夷军作为范阳镇的重要军镇，是史思明的心腹部队，南下参加了对唐作战的“太原之战”等重要战役。

因战争频繁，有唐一代，儒州有时独立为一刺史州，有时隶属妫州，反复多次。儒州属有一县——缙阳县，得名于缙阳山。缙阳县治所很可能在今旧县村古城。位于缙阳山下，延庆最古老的缙阳寺就始创于唐代。儒州还属有西横渠村（白马村），方位在原谷家营村。西横渠有可能就是指现在的妫水河。

为建设北京世界园艺博览会，曾在原谷家营村发掘了目前所见延庆地区规模最大的唐代墓葬，根据墓志所记，男墓主人白贵曾任陕州刺史，后被贬官。这是目前所见延庆地区唐代等级最高的贵族墓葬。白贵出身名门，是白居易的宗侄，其父白旻是当时有名的画家。

总体来说，因地理位置重要，唐朝十分重视对今延庆地区的管理。设都督府，并设有上折冲府（团练），后设有防御军（清夷军），是唐朝北部边疆地区抗击突厥侵扰的一支重要军事力量，直接面对突厥，堪称幽北军事要塞。唐朝是有史可载的第一次在延庆地区驻守正规军队的朝代，并设有都督府，军事、政治地位都有了显著提高。

第一节　都督府与儒价州

唐代，今延庆地区军政建制错综复杂，到目前为止仍无法梳理出完整的建制沿革。近年来，随着世界园艺博览会的建设，延庆开展了大规模的考古发掘工作。发现了多座唐墓和墓志，这些为解开延庆唐代军政建制之谜提供了重要资料。

唐朝的府制分为府、都督府、都护府。在“缘边镇守及襟带之地”[1]，即地势险要的边疆地区设有都督府，以应对北方民族的侵犯。因都督府所辖地界有胡人居住，所以在都督府内“别置经略使”，以处理该府所辖羁縻府州的民族事务。

延庆地处幽州北部，西北直接面对突厥的南犯，境内胡汉杂居，所以唐朝在延庆设有都督府，又设有儒州。唐朝在都督府设有都督，下面各个州设有刺史，都督的官职比刺史更高。唐高祖李渊“改郡为州、太守为刺史，又置都督府以治之”[2]。“都督掌督诸州兵马、甲械、城隍、镇戍、粮禀，

1　［后晋］刘昫：《旧唐书》卷三十八《地理一》，北京：中华书局，2000 年，第 960 页。

2　［宋］欧阳修、宋祁：《新唐书》卷三十七《地理志》，北京：中华书局，2000 年，第 631 页。

总判府事。”[1] 儒州都督的官职是高于儒州刺史的。唐代都督一般兼任所在州的刺史，即都督、刺史两个长官合一。唐代中期，平卢军将乌知义之子、曾为唐肃宗刺杀史思明的乌承恩曾任儒州都督兼刺史。[2] 唐朝的都督府最初分为两类，管理十州以上的为大都督府，不满十州的称为都督府，到唐玄宗开元年间进一步细分，户满两万以上的为中都督府，不满两万的为下都督府。都督府设都督 1 人，其中大都督府为从二品，中都督府为正三品，下都督府为从三品。儒州都督府应为下都督府，乌承恩的都督一职应为从三品官。

安史之乱后，边关要地的都督府虽然并未明令废除，但大多已成空名，都督逐渐成了闲散官员。出土于延庆南菜园的唐代刘日用墓志记其弟刘日政在永泰二年（766 年）任“儒价州刺史”[3]，此儒价州就是儒州，此时儒州都督府已经撤废，只留有刺史一职。儒州都督府很可能在“安史之乱”中受到巨大破坏，随后撤废，仅留有儒州刺史。

刘日用墓志

2007 年，在延庆南菜园二区建设工地北侧，发现的唐代逯运墓出土墓志记：“大

1　［宋］欧阳修、宋祁：《新唐书》卷四十九《百官志》，北京：中华书局，2000 年，第 861 页。

2　［唐］樊衡：《为幽州长史薛楚玉破契丹露布》，周绍良：《全唐文新编》，长春：吉林文史出版社，2000 年，第 4025 页。

3　杨程斌、戢征：《新出土唐代白贵夫妇墓志考疏》，《文物鉴定与鉴赏》2018 年第 3 期。

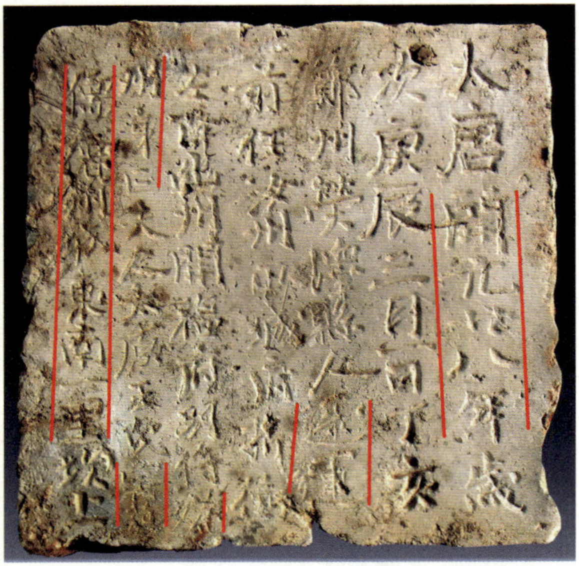
逯运砖志

唐开元廿八年……郑州荥泽县人逯运……寄葬儒价州城东南一里坎上。”[1]最晚到唐玄宗开元二十八年（740年），儒州改为了儒价州。南菜园出土的逯运墓志记其“寄葬儒价州城东南一里坎上”，佐证儒价城就在今延庆城区西南。儒州都督府、儒州（儒价州）的治所均在儒价城。

唐代多在战事繁多、胡汉杂居的边疆地区设都督府，佐证延庆在唐代应为胡汉杂居之地。唐代为管理少数民族，设有羁縻州。延庆所设的儒州应该就是羁縻州，州内有大量少数民族。儒州很可能是从其他地方移治于延庆的羁縻州，即侨置羁縻州。唐代在延庆所设都督府、儒州，构成了一套严密的军政系统，军政合一，也体现出了唐代边疆地区的特殊性，延庆在唐代是抗击突厥南犯的军事要塞。

第二节　北郡上折冲府军

唐代中前期，唐朝在今延庆地区设有都督府，总揽军政要务，也设有与内地类似的州级行政机构——儒州，除此之外，还设有独立、完整的军事建置——北郡折冲府，后来很可能演变成了著名的防御军。

乌承恩曾任“北郡长上折冲兼儒州都督”[2]，也就是儒州的官员要同时兼任北郡的官员。唐代规定设置都督的州，都督多兼任州刺史，并对折冲

1　杨程斌、戢征：《新出土唐代白贵夫妇墓志考疏》，《文物鉴定与鉴赏》2018年第3期。

2　［唐］樊衡：《为幽州长史薛楚玉破契丹露布》，周绍良：《全唐文新编》，长春：吉林文史出版社，2000年，第4025页。

府应该具有一定的权力。折冲府是唐代府兵制基层组织军府的名称，唐朝多在关中和边疆紧要之地设折冲府，每府置折冲都尉一人统领。全国共设600余个折冲府，分上、中、下三个等级。乌承恩所任“长上折冲”是长上折冲都尉的简称，又简称“长上冲”，比折冲都尉的官职还要高。其所在折冲府应为“上折冲府”，乌承恩所任“北郡长上折冲”，全称应该是北郡上折冲府长上折冲都尉，唐朝在今延庆地区设有高级别的北郡上折冲府。唐朝上折冲府是上府，领兵1200人，官职为正四品上。北郡上折冲府共有兵1200人，乌承恩的长上折冲的官职是正四品上，是等级较高的唐代武官。史料记乌承恩是“北郡长上折冲兼儒州都督”，北郡长上折冲在前，儒州都督在后，这证明北郡长上折冲更重要，应该是唐代中期延庆地区最重要的军事机构。

乌承恩不仅是儒州都督府的都督，同时还是北郡上折冲府的折冲都尉，可以说是当时儒州的最高军政长官。这与唐代官制也是相符合的。《唐六典》记河北道军屯有“北郡六屯”[1]，唐代军屯每屯50顷，北郡共有屯田300顷，这些屯田都是为军人服务的。佐证北郡是一个驻扎军队的军镇。

史料记载，唐玄宗时期，折冲府逐渐成为空壳，番上宿卫由兵员寡弱而至于无兵可交。天宝八载（749年），诏停折冲府上下鱼书，标志着府兵制的彻底破坏。以后，折冲府只有兵额，没有军士、武器、马匹，折冲、果毅等官员虽时见记载，但只是一种军官的虚衔而已。“安史之乱”以后，折冲府制度逐渐解体，北郡上折冲府很可能在此时撤销，不再设北郡长上折冲都尉这一官职。《唐开府仪同三司行太子宾客国君（希仙）墓志铭并序》记希仙“祖守乙，金紫光禄大夫、太常卿、北郡守捉使、上柱国。入侬南面，出镇北郡”[2]。佐证安史之乱后北郡折冲都尉演变成了守捉使。唐朝规定军队戍守之地，大称军，小守捉、城、镇。北郡算是一个相对较大的军

1　［唐］张九龄等原著，袁文兴、潘寅生主编：《唐六典全译》，兰州：甘肃人民出版社，1997年，第238页。

2　《唐开府仪同三司行太子宾客国君（希仙）墓志铭并序》，吴钢：《全唐文补遗》第7辑，西安：三秦出版社，2000年，第399页。

镇。刘日政在永泰二年（766 年）曾任“北郡使”[1]，是北郡守捉使的简称。唐代设有防御守捉使和团练守捉使，防御守捉使简称防御使，首设于武周时期。安史之乱后，在军事要地置防御守捉使，专治军事，由刺史兼任。代宗时，诸防御使并停，而令刺史兼团练使，但防御使之名未废。后时停时设。与防御使同等地位的是团练使，但两官不并置，或名团练，或名防御，视地而异。《新唐书》记：“及安禄山反，诸郡当贼冲者，皆置防御守捉使。……元载秉政，思结人心，刺史皆得兼团练守捉使。”[2]元载在唐代宗时期为相，这与刘日政任北郡使的唐代宗永泰二年（766 年）是相符的。北郡守捉使的全称应该是北郡团练守捉使。守捉使一般驻守捉城，所以北郡城在此时称为北郡守捉城。

北郡守捉城很可能是一个单独的城。《新唐书》记安禄山“起军击契丹，还奏：‘梦李靖、李勣求食于臣，乃祠北郡，芝生于梁。’”[3]。此北郡有可能就是指北郡上折冲府，很可能是一个单独的军城。刘日用墓志记：“迁厝于北郡城南三里。”[4]证明北郡在今延庆城区附近，并且单独有一个城，很可能就是军城。唐白贵和夫人的《合祔墓志》记他们“合葬于所居郡之西南七里白马村之原”[5]，此处“郡”很可能就是指北郡城。白贵墓在延庆老谷家营村，其东北七里就是今延庆城区附近。《合祔墓志》铭曰：“大郡之郊，南山之麓。”此大郡应该也是指北郡城。

综上，唐代在今延庆城区设有北郡上折冲府，设有北郡长上折冲都尉，有兵 1200 左右。唐代中期以后，撤销北郡上折冲府，改为北郡守捉城，设北郡团练守捉使。

1　杨程斌、戢征：《新出土唐代白贵夫妇墓志考疏》，《文物鉴定与鉴赏》2018 年第 3 期。

2　［宋］欧阳修、宋祁：《新唐书》卷四十九《百官志》，北京：中华书局，2000 年，第 862 页。

3　［宋］欧阳修、宋祁：《新唐书》卷二二五《安禄山传》，北京：中华书局，2000 年，第 4854 页。

4　杨程斌、戢征：《新出土唐代白贵夫妇墓志考疏》，《文物鉴定与鉴赏》2018 年第 3 期。

5　杨程斌、戢征：《新出土唐代白贵夫妇墓志考疏》，《文物鉴定与鉴赏》2018 年第 3 期。

唐代中前期，今延庆地区设有儒州都督府，总揽军政，但只是虚职；军事上设有北郡上折冲府，实职长上折冲都尉管理，撤销折冲府后，改为北郡守捉城，实职北郡团练守捉使管理；行政上设有儒州（儒价州），实职刺史管理。一般情况下，儒州都督、北郡上折冲府长上折冲都尉（北郡团练守捉使）、儒州刺史均为一人兼任。乌承恩在任儒州都督的同时任北郡折冲府折冲都尉，刘日政在任儒价州刺史的同时任北郡团练守捉使，[1]这是唐代儒州地区为官的一个定制。唐代儒州地区更像一个军政合一的地区，这应该是为方便战争而设置的。唐代中期，突厥屡次南犯，迫使唐朝只能将妫州自今河北涿鹿东移到旧清夷军城，即老怀来城（今河北怀来卧牛山官厅水库淹没区）。唐朝的战略纵深向东南移动了很多，儒州一下成为了抗击突厥的前沿，这也是北郡上折冲府设置的原因。北郡军与唐朝北边抗击突厥的重要边军——清夷军互为犄角、互相策应，共同抗击突厥的进犯。北郡军是唐朝抗击突厥的一支重要军事力量。

第三节　新清夷与防御军

一、旧清夷军

唐高宗后期到武周时期，突厥屡次南侵，幽州北部是其侵扰的主要对象，唐高宗永淳二年（683 年），突厥几次攻掠妫州。当时幽州治所在今北京城区，为防范突厥骑兵自居庸关南下攻击幽州城，垂拱二年（686 年），妫州刺史郑崇古“奏置”清夷军，按唐朝官制，郑崇古很可能兼管清夷军。清夷军设立的主要任务就是抗击突厥南侵。驻地在当时的清夷水下游，即老怀来城附近。

《旧唐书》记：“清夷军，在妫州城内，管兵万人，马三百匹。”[2]《旧

1　杨程斌、戢征：《新出土唐代白贵夫妇墓志考疏》，《文物鉴定与鉴赏》2018 年第 3 期。

2　［后晋］刘昫：《旧唐书》卷三十八《地理志》，北京：中华书局，2000 年，第 961—962 页。

唐书·地理志》妫州条下记武则天“长安二年，移治旧清夷军城”[1]。唐初妫州治所原在今河北涿鹿，后因突厥屡次侵扰，不得不东迁到清夷军城，即今被官厅水库淹没的老怀来城附近。所以，武周时期，清夷军与妫州治所曾在同一城内。清夷军是唐朝东北幽州范阳节度使管辖的十几支重要军队之一，而范阳又是唐朝几个军事实力最强的藩镇之一，有军队 9 万人，战斗力极强，清夷军有兵一万人，在范阳军镇中排名第三，仅少于经略军和静塞军。根据《唐六典》所记，唐朝幽州有屯田共 55 屯，清夷军就占了 15 屯，[2] 唐代军屯每屯 50 顷，清夷军有屯田 750 顷。也可佐证其军队规模之大。所以，清夷军是唐朝东北边疆地区一支重要的军事力量，主要用于抗击突厥南侵。

“清夷”一词本意就是“清除夷人”之意。至少在北魏时期已经出现“清夷”一词，《水经注》记载了清夷水，就是现在的妫水河。北魏时期今延庆北部赤城地区设有御夷镇，很可能在今怀来地区设有类似清夷镇的军镇，清夷军之名最早很可能源于此。

二、突厥入犯与防御军的设立

清夷军刚设立没几年，就与突厥骑兵展开了一次真正的较量。武周圣历元年（698 年），突厥默啜可汗“率众十余万，袭我静难及平狄、清夷等军。静难军使左正锋卫将军慕容玄崱以兵五千人降之。俄进寇妫、檀等州”[3]，这年的战斗中，唐军基本完败。此时的清夷军刚刚建立，很可能遭受了重大破坏。长安二年（702 年），突厥又对唐朝北部边境进行大规模劫掠，“突厥寇盐、夏二州。三月，庚寅，突厥破石岭，寇并州。以雍州长史薛季昶摄右台大夫，充山东防御军大使，沧、瀛、幽、易、恒、定等州诸军皆受季昶节度。夏，四月，以幽州刺史张仁愿专知幽、平、妫、檀防御，仍与

1 ［后晋］刘昫：《旧唐书》卷三十九《地理志》，北京：中华书局，2000 年，第 1047 页。

2 ［唐］张九龄等原著，袁文兴、潘寅生主编：《唐六典全译》，兰州：甘肃人民出版社，1997 年，第 238 页。

3 ［后晋］刘昫：《旧唐书》卷一九四《突厥传》，北京：中华书局，2000 年，第 3515 页。

季昶相知，以拒突厥”[1]。薛季昶任防御军大使，节制沧、瀛、幽、易、恒、定等州诸军，那么，沧、瀛等州防御军长官应该就是防御军使。唐朝防御军使基本为刺史兼任，“幽州刺史张仁愿专知幽、平、妫、檀防御”，意思就是张仁愿兼任幽、平、妫、檀四州防御使。妫州应该设有防御军，张仁愿兼任防御军使。防御军实际上是军队的泛指，驻防在幽州北部的军队都有防御突厥的任务，这些军镇都可以称为防御军。当时妫州境内至少有清夷军、宁武军、广边军三军，皆可称为防御军。

《资治通鉴》记唐朝灭亡后的后梁贞明三年（917 年）：“初，幽州北七百里有渝关，下有渝水通海。自关东北循海有道，道狭处才数尺，旁皆乱山，高峻不可越。比至进牛口，旧置八防御军，募士兵守之。”[2]此“旧置八防御军”很可能就是指唐朝在幽州北部设置的八个防御军。《辽史·兵卫志》记辽神册元年（916 年）耶律阿保机“攻蔚、新、武、妫、儒五州，俘获不可胜纪，斩不从命者万四千七百级。尽有代北、河曲、阴山之众，遂取山北八军”。山北即军都山北，这个“山北八军”可能就是指“八防御军”，耶律阿保机攻击的蔚、新、武、妫、儒都是唐朝曾经设立军镇的地方。

三、防御军就是清夷军

张仁愿管理妫州防御军（清夷军）后，有时候还叫清夷军，防御军和清夷军是可以互用的。如《旧唐书》记开元十八年（730 年），东北奚族反叛，“幽州长史赵含章发清夷军兵击奚”[3]，《新唐书》记开元二十二年（734 年）“清夷军黄帝祠古井涌浪”[4]。唐《刘铨墓志》记其去世于文德元年（888 年），享年 52 岁，曾任“清夷军营田等使”[5]。佐证直到唐代中晚期，防御军仍

1 ［宋］司马光：《资治通鉴》第 10 卷，长春：吉林摄影出版社，2004 年，第 3033 页。

2 ［宋］司马光编纂：《资治通鉴》，长沙：岳麓书社，2016 年，第 616 页。

3 ［后晋］刘昫：《旧唐书》卷一九九《奚传》，北京：中华书局，2000 年，第 3643 页。

4 ［宋］欧阳修、宋祁：《新唐书》卷三十六《五行志》，北京：中华书局，2000 年，第 623 页。

5 《唐故妫州刺史充清夷军营田等使朝散大夫检校尚书司封郎中摄御史中丞上柱国赐紫金鱼袋彭城刘公墓志铭并序》，吴钢主编，王京阳等点校，陕西省古籍整理办公室编：《全唐文补遗 第 4 辑》，西安：三秦出版社，1997 年，第 268 页。

可叫作清夷军，但这应该是新清夷军了，防御军是清夷军的别称。但是唐代晚期，清夷军更多被叫作防御军，唐代妫州刺史一般都兼任清夷军使，如唐《王诜墓志》记其在圣历二年（699 年）曾任“妫州刺史清夷军经略大使”[1]，《刘铨墓志》记其曾任“妫州刺史，充清夷军营田等使”[2]。唐《高霞寓墓志》记其于大和七年（833 年）去世，时年 66 岁，曾任“妫州刺史”“防御使”。[3] 唐大中六年（852 年）上石的唐《王公淑墓志》记其曾任“平妫等州刺史”“防御军使”。这些墓志证明清夷军就是防御军，唐代晚期基本叫清夷军为防御军。

四、新清夷军

《旧唐书·地理志》妫州条下记：“长安二年，移治旧清夷军城。”证明后来清夷军搬移到了别的地方。延庆曾出土一方建中四年（783 年）的唐代墓志，其记墓主人生前曾任“防御军衙前判官、忠武将军、守右武卫大将军”，葬于“防御军城东南三里平原”。1975 年，在老谷家营村白贵墓东侧几百米的地方发现唐代张乾曜墓，出土《墓志》记张乾曜去世于“元和八

2002 年延庆公安小区出土唐防御军衙前判官墓志

1　余扶危等主编，洛阳市文物事业管理局、洛阳市文物工作队编：《刺史行事录》，北京：北京图书馆出版社，2006 年，第 238 页。

2　《唐故妫州刺史充清夷军营田等使朝散大夫检校尚书司封郎中摄御史中丞上柱国赐紫金鱼袋彭城刘公墓志铭并序》，吴钢主编，王京阳等点校，陕西省古籍整理办公室编：《全唐文补遗　第 4 辑》，西安：三秦出版社，1997 年，第 268 页。

3　《唐故幽州节度使押衙金紫光禄大夫检校太子宾客摄妫檀等州刺史（后无法辨识）等使兼御史中丞东海郡高公玄堂铭并序》，周绍良主编：《全唐文新编》，长春：吉林文史出版社，2000 年，第 8643 页。

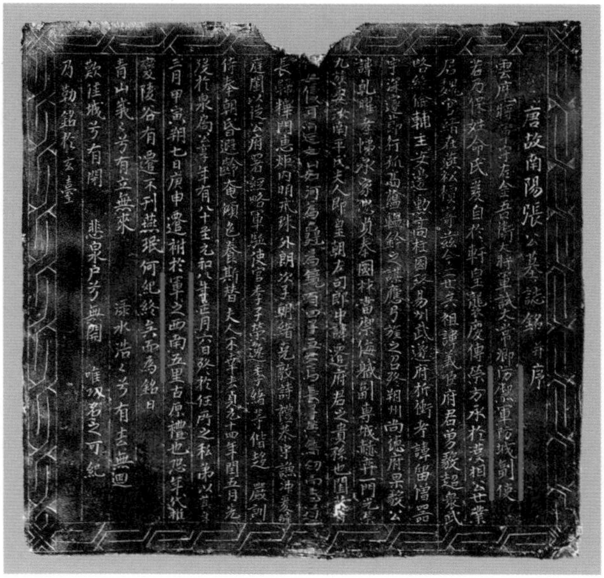

延庆原谷家营村出土的唐张乾曜墓志拓片

年”，即813年，生前曾任“云麾将军、守右金吾卫大将军、试太常卿、防御军防城副使”“迁祔初会于军之西南五里古原”。证明防御军就在今延庆城区西南，此时的防御军专指唐朝驻今延庆城区的军队。防御军使在此时还兼管儒伱州，唐《高霞寓墓志》记其去世于大和七年（833年），生前曾任“防御使兼知儒等州事”[1]，此防御使即防御军的最高指挥官，儒州即儒伱州的简称。当时的防御军和儒伱州仍是军政一体建制，防御军使还有管理儒伱州的职责。按照唐朝的定制，州刺史也要兼管任防御军使。《白贵夫人墓志》记其在中和二年（882年）“终于防御军阛阓之东南私第”。证明至少在建中四年（783年）到中和二年（882年）防御军是存在的。这些证明清夷军（防御军）在唐代中期后东迁到了儒州。儒州原有军队1200人左右驻扎在北郡守捉城，就是原来的北郡上折冲府，清夷军很可能东迁至此与北郡军队合并。相对于原来的清夷军，这算是新清夷军，北郡城是新清夷军城，但是，唐晚期后，不再称清夷军，而只称防御军，这很可能和清夷军参加了“安史之乱”有关。

《旧唐书·李光弼传》记至德二年（757年）李光弼“转检校司徒，收清夷、横野等军，擒贼将李弘义以归”[2]。《旧唐书·李光进传》记“至

1　《唐故幽州节度使押衙金紫光禄大夫检校太子宾客摄妫檀等州刺史（后无法辨识）等使兼御史中丞东海郡高公玄堂铭并序》，周绍良主编：《全唐文新编》，长春：吉林文史出版社，2000年，第8643页。

2　［后晋］刘昫：《旧唐书》卷十《李光弼传》，北京：中华书局，2000年，第2242页。

德中，授代州刺史，封范阳郡公，食邑二百户。上元初，郭子仪为朔方节度，以军讨大同、横野、清夷、范阳及河北残寇，用光进为都知兵马使”[1]。清夷军很可能在安史之乱中遭到重创，原有军事建制已遭到破坏，这应该是它东迁儒州的原因。

张乾曜曾任“防御军防城副使”，证明防御军有自己的城，就是原来的北郡守捉城。推测防御军城应为儒价城外单独的一个军城。防御军的防御面积东到今永宁城附近，出土于永宁城西的唐《刘海云墓志》记其在“防御军城东石堆栅”。

综上，唐代前中期，延庆先后设有北郡上折冲府、儒州都督府、儒州（儒价州）三个高级军政建置，官员依次为长上折冲都尉（正四品上）、都督（从三品）、刺史，北郡上折冲府城后来成为了北郡守捉城，北郡上折冲府折冲都尉后来演变成了北郡团练守捉使。妫州的清夷军后来搬入了北郡城，北郡城的军队与清夷军合二为一，可算作新清夷军，也称防御军，北郡城改称防御军城，张仁愿曾任防御军使。儒州都督府和儒州治所在儒价城，北郡城（防御军城）可能在儒价城西，均在今延庆城区西南。儒州是唐代边疆地区较为特殊的军政合一的州。唐代前中期，儒州都督名义上是唐代延庆地区最高的官员，位至从三品，统管儒州地区一切军政事务。儒州都督还兼任北郡长上折冲都尉。长上折冲都尉、团练守捉使，以及后来的防御军使是管理军队的官员，刺史为管理民事的官员，唐代儒州地区的官员往往身兼军、政二职，类似于军民总管府。所以，唐代儒州地区既有名义上的都督府，又有军事机构北郡折冲府（守捉城、防御军城）和行政机构儒州（儒价城），是一个军政二合一的特殊军事要塞。唐代儒州是幽州北部地区的重要军事节点，如果儒州被攻破，突厥、契丹人就可以沿居庸关直抵幽州。儒州是唐代抗击突厥、契丹南侵的一支重要军事力量。唐代儒州是胡汉杂居、直面突厥的重要边疆地区，所以，唐朝才会在此地设北郡上折冲府、守捉城、防御军和儒州都督府，体现出了唐朝对今延庆地区的重视。

今延庆唐代军事建置演变如下：北郡上折冲府（长上折冲都尉）—北郡守捉城（北郡团练守捉使）—新清夷军 / 防御军（防御军使）。

1 ［后晋］刘昫：《旧唐书》卷一六一《李光进传》，北京：中华书局，2000 年，第 2873 页。

第四节　儒妫二州分与合

一、唐代前期儒州属于妫州

乌承恩在开元二十一年（733 年）担任“儒州都督”，这是史料中第一次记载唐代儒州，但史料或出土文物却未记这之前唐朝设有儒州，记载儒州附近的战事中，反复提到妫州、檀州，唯独没有提到儒州。例如，唐高宗永淳二年（683 年）突厥劫掠唐朝东北边境，提到了妫州，但没有提到儒州。武周圣历元年（698 年），突厥再次劫掠，“进寇妫、檀等州”，依然没有提到儒州。妫州在今延庆以西，檀州在今延庆以东密云地区，延庆被夹在两个州之间，突厥不可能在进攻妫、檀二州的时候不途经儒州或者不进攻儒州。

长安二年（702 年），突厥再次对唐朝北部边境进行大规模劫掠，为防范突厥再次劫掠妫州，武则天亲自任命张仁愿“专知幽、平、妫、檀防御……以拒突厥”，证明直到长安二年（702 年），儒州仍未单独成一州。有一种可能，就是在唐朝前期，儒州地界很可能归属妫州，当时仍未设儒州。

二、儒州的设立和儒价州隶属妫州

乌承恩担任“儒州都督”的开元二十一年（733 年）前，儒州才正式设立。这也是史料中未记儒州的原因。但是根据逯运墓志所记，开元二十八年（740 年），其“寄葬儒价州城……”，其后，刘日用墓志记其弟刘日政在永泰二年（766 年）任“儒价州刺史”。儒州和儒价州仅一字之差，但里面却隐晦表达了不同的含义。

逯运墓志所刻“儒价州”三字，在“价”字上面又画了“×”，应该是写错删除的意思。墓志都能写错，这证明当时人们也不能确定叫“儒州”还是“儒价州”，儒州之名正向“儒价州”激烈转变。而到了永泰二年（766 年）就正式改为“儒价州”了。这里面一定有历史原因。开元二十八年（740 年）到永泰二年（766 年）期间，发生了历史上著名的“安史之乱”，儒州改为儒价州很可能与此有关。显然，儒州曾设有都督府，设有都督府的州是高于一般的“刺史”级别的州的，儒州的级别已经很高。改为儒价州，有一种可能，就是它的地位降低了，很可能再次归属妫州，成为上刺史州妫州的下辖州。

值得注意的是，妫州在“安史之乱”前后有十几年的时间改称“妫川郡”。如《旧唐书》记妫州在“天宝元年，改名妫川郡。乾元元年，复为妫州”。也就是妫州在天宝元年（742 年）到乾元元年（758 年）改称妫川郡，这期间儒价州归属妫川郡。为方便记述，文中仍用妫州代指妫川郡。妫川郡散见于史料之中，“安史之乱”（755 年）爆发后，实际上妫川郡地区属安禄山管理，脱离了唐朝，至德二年（757 年）叛军首领史思明曾被封为“妫川郡王”。《清边郡王杨燕奇碑文》记杨燕奇于贞元十四年（798 年）去世，享年 61 岁，“夫人清夷郡太守祐之孙，渔阳郡长史献之女”[1]。唐代妫州刺史一般兼任清夷军使，史元建曾任“守妫州刺史充清夷军使”，《房山·佛说弥勒下生经》题记载：“守妫州刺史、充清夷军使、兼侍御史史元建会昌元年四月八日造。”[2]唐《王诜墓志》记其在圣历二年（699 年）曾任“妫州刺史清夷军经略大使”，唐《刘铨墓志》记其曾任“妫州刺史，充清夷军营田等使”，因身兼妫州和清夷军二建置官员，所以，人们也用清夷指代妫州，妫州改为妫川郡后，也称妫川郡为清夷郡。

唐代妫州本在今河北涿鹿，后在突厥的攻掠下，不得不东迁。《旧唐书》记唐高宗永淳二年（683 年）二月庚午，“突厥寇定州、妫州之境”，三月庚寅，“突厥阿史那骨笃禄、阿史德元珍等围单于都护府”。[3]《新唐书》记突厥骨咄禄“又攻妫州，围单于都护府，杀司马张行师，攻蔚州；杀刺史李思俭，执丰州都督崔知辩”[4]。《资治通鉴》记弘道元年（683 年）“二月，

1 《清边郡王杨燕奇碑文》，周绍良主编：《全唐文新编》卷五六二，长春：吉林文史出版社，2000 年，第 3 部第 2 册，第 6464 页。

2 陈燕珠：《新编补正房山石经题记汇编》第三部分《唐代刻经题记》，台北县：觉苑出版社，1995 年，第 98 页。

3 ［后晋］刘昫：《旧唐书》卷五《高宗纪》，北京：中华书局，2000 年，第 74—75 页。

4 ［宋］欧阳修、宋祁：《新唐书》卷二一五《突厥传》，北京：中华书局，2000 年，第 4601 页。

庚午，突厥寇定州，刺史霍王元轨击却之。乙亥，复寇妫州”[1]。于此可见，唐高宗永淳二年（683 年）突厥南侵破坏极大，唐军在这年对突厥的战斗中惨败，边疆地区的妫州更是被反复攻掠过，很可能在永淳二年（683 年）前后，妫州城被突厥残破严重，甚至妫州的地界也被突厥占领。武周圣历元年（698 年），突厥又对妫州进行大规模进攻，《旧唐书》记默啜可汗在当年“率众十余万，袭我静难及平狄、清夷等军。静难军使左正锋卫将军慕容玄崱以兵五千人降之。俄进寇妫、檀等州……”。经过这次破坏，妫州城已经十分残破，不能坚守。长安二年（702 年），突厥再次入犯。

为防范突厥侵犯，张仁愿于长安二年（702 年）将妫州治所东迁到“旧清夷军城”，即在被官厅水库淹没的老怀来城。治所东迁到老怀来城的妫州距离儒州一步之遥，均位于“延怀盆地”内，有妫水相连，唐朝不可能在一个区域同时设立两个州。妫州治所东迁到老怀来城后，随着突厥的侵略，其西部地界全部被突厥占领。唐朝收复后，在此地新建武、新二州，这样妫州失去了西部很多土地，地界缩减了很多，迫切需要补充土地和人口。而儒州就在妫州治所东侧，所以儒州就成为并入妫州的“首选”，这应该是儒州在“安史之乱”前后再次归属妫州并改名儒价州的原因。儒价州很可能就是低级州的意思，所以它隶属于上刺史州妫州。

唐《大德惠空和尚墓志》记其去世于大历二年（767 年），享年 64 岁，他的曾祖马遇曾任“妫、檀二州刺史”[2]，也就是一人兼任两州刺史，而延庆正在妫、檀二州之间，证明到此时作为上州的儒州已经撤废。所以，开元二十八年（740 年）左右，儒州正式降为儒价州，归属妫州。根据《新唐书》所记，檀州地界也曾归属妫州，《新唐书》记：“妫州妫川郡……县一，有府二，曰密云、白檀。”[3]密云、白檀为檀州地界，《新唐书》所记证明檀州也曾归属过妫州，而儒州正位于二者之间，所以，儒州肯定也归属了妫州。但是此时还称儒价州，保留了州的建制。妫州是上州，刺史为从三品，

1　［宋］司马光：《资治通鉴》，北京：长城出版社，2002 年，第 2571 页。

2　《〈唐刺史考全编〉补遗》，郁贤皓：《李白与唐代文史考论 第 3 卷 唐代文史考论》，南京：南京师范大学出版社，2008 年，第 979 页。

3　［宋］欧阳修、宋祁：《新唐书》卷三十九《地理志》，北京：中华书局，2000 年，第 672 页。

儒价州是下州，正四品下，儒价州是归属于妫州的下等州。

儒价州虽然地界归属妫州，但妫州官员却不直接管理儒价州。最晚开元二十八年（740年）以后，儒价州归属妫州（妫川郡），但更多只是名义上的，妫州官员不会直接参与到儒价州的治理中。唐《高霞愚墓志》记其于大和七年（833年）去世，曾任“妫州刺史”“防御使兼知儒等州事”，证明防御军是唐代晚期延庆的最高机构，防御军的最高指挥官防御使兼管儒价州，这也延续了唐朝在儒州地区军政合一的制度。大约大和七年（833年）后，儒价州正式撤销了。

三、儒价州的撤废

《白贵夫人墓志》记其去世于中和二年（882年），“悲风傍□于儒城……中和三年……遂迁葬于儒价城西南七里西横渠村”。只提儒价城，未记儒价州，证明最晚中和二年（882年）前，儒价州已经撤销，仅剩儒价州原来的治所儒价城，原来儒州地界正式全部并入到了妫州。白贵与夫人《合袝墓志》记白贵去世于光启三年（887年），“七代祖通，驾部员外，谪官于蓟，因为妫州缙阳人”，“属纩于新妫州之私弟”。[1]这个新妫州很可能就是指撤销儒价州后，儒州地界正式并入妫州后的妫州。

白贵夫人墓志

1　杨程斌、戢征：《新出土唐代白贵夫妇墓志考疏》，《文物鉴定与鉴赏》2018年第3期。

四、唐末儒州的再次设立

唐末，延庆重新单独设立儒州。乾隆《延庆州志》记：“韩梦殷，幽州安次人……乾宁元年，李克用即陷武、新。又使李嗣源、嗣昭等并出飞狐、定山。后取妫、儒州。遂以梦殷为妫、儒州刺史。”[1]《辽史·韩延徽传》记：“韩延徽，字藏明，幽州安次人。父梦殷，累官蓟、儒、顺三州刺史。”[2]此时的儒州不再称儒价州，证明儒州又单独称为了刺史州，与妫州平级，儒州的称谓一直延续到了辽代。

第五节　缙阳县与缙阳山

延庆除设有儒州这一行政建制外，还设有缙阳县。出土于原谷家营村（现世园公园）的唐白贵墓夫妇二人《合祔墓志》记白贵是“妫州缙阳人”，这是目前所有资料中对“缙阳”最早的记录。白贵去世于光启三年（887年），证明延庆在唐代中晚期设有缙阳县，隶属妫州。缙阳县的治所就在原来的儒价城，即今延庆城区。

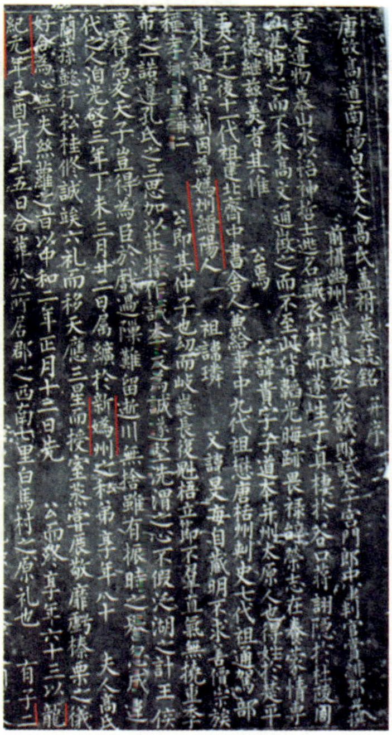

白贵和夫人合祔墓志局部拓片

辽代继承了唐代的山北八防御军，仍在山北置有很多军镇，如奉圣州武定军、归化州雄武军、可汗州清平军、儒州缙阳军等，儒州缙阳军很可能就由唐代防御军演变而来，缙阳军之名应来自唐代的缙阳县。

1　［清］李钟俾修，［清］穆元肇、方世熙纂：（乾隆）《延庆州志》卷一《名宦》，中共北京市委党史研究室、北京市地方志编纂委员会办公室编：《北京旧志集成·延庆志辑四》，据国家图书馆藏清乾隆七年（1742年）刻本原大影印，北京：国家图书馆出版社，2021年。

2　［元］脱脱：《辽史》卷七十四《韩延徽传》，北京：中华书局，2000年，第838页。

缙阳山全景

缙阳县之名应源自缙阳山。《大明一统志》记：“缙阳山，在永宁县北一十三里……”[1]“缙”就是赤色、红色的意思，“阳”就是南面的意思，缙阳就是缙山的南面，不是缙山。《大明一统志》记：“赤城山，在赤城堡东五里，山石多赤，故名。”[2]在今河北赤城，即今延庆北部，这是今延庆北部唯一能找到的赤山，缙山很可能就是指赤城山。光绪《延庆州志》引《郡国利病书》记：“罢州为缙山县，取县北缙山为名。”[3]缙山应该就在今赤城地界。史料多记缙山在今延庆以北，如《两镇三关通志》记：“缙山在今永宁县西北，即光头岭。”[4]所以，缙阳山在现在赤城的南边，肯定不是缙山。一般情况下，建制名称源于山水之名，缙阳县之名应源于缙阳山。缙阳山北侧就是今赤城县，符合缙（赤）山之阳（南）的方位。

缙阳寺功德碑拓片

1 ［明］李贤、彭时等纂修：《大明一统志》卷五《隆庆州》，西安：三秦出版社，1990 年影印本，上册，第 100 页。

2 ［明］李贤、彭时等纂修：《大明一统志》卷五《万全都指挥使司》，西安：三秦出版社，1990 年影印本，上册，第 104 页。

3 ［清］何道增重修，［清］张惇德纂：（光绪）《延庆州志》卷一《舆地志·沿革表》，台北：成文出版社，1968 年影印本，第 18 页。

4 ［明］尹耕纂修：（嘉靖）《两镇三关通志》卷二《宣府纪》，第 25 页，美国国会图书馆藏本。

唐代建有缙阳寺，这为缙阳山的方位提供了证据。出土于今延庆缙阳寺附近的辽《缙阳寺功德碑》记："缙阳寺者，古之禅房院也。光启二年为创制之始。"碑阴《缙阳寺庄账记》记："粤光启二年孟春首旬，先师师间门人惠真振锡携瓶，始届兹地。"又记缙阳寺之名为辽兴宗所赐。光启二年即白贵去世的前一年——886 年，其去世时仍有缙阳县之名，缙阳寺之名在唐代已存。此缙阳寺建在今名佛爷顶之山下，此山应该就是缙阳山。

《缙阳寺庄账记》还记载了唐代的功德主，有随使押衙、□散骑常侍、上柱国刘守约再为兴修，有检校司空刘守韬施财，还有功德主慧省添修功德堂钟楼三间。证明在唐代，刘守约、刘守韬、慧省曾来到延庆界内的缙阳寺。

史料有关于缙阳寺的创建者"先师师间门人惠真"的记载。惠真曾为怡山寺僧，"先师"即唐代高僧"大安禅师"。《唐福州延寿禅院故延圣大师塔内真身记》记："癸巳年，门人惠真奏其继祖之德，蒙敕封所居为延寿禅院，度三十僧。"[1] 癸巳年即咸通十四年（873 年），继祖即大安禅师。引文意思是咸通十四年（873 年），大安禅师的徒弟、怡山寺僧惠真将大安在闽弘法的盛德上奏，朝廷敕赐怡山禅宫为"延寿禅院"。这些证明惠真和尚在当时也是有一定影响力的。

第六节　边塞诗人到边塞

高适是盛唐时期的著名诗人，因其诗多写边塞，所以被称为"边塞诗人"。唐代的延庆是北边的重要边塞、军塞，朝廷在此设有北郡上折冲府，后来又设有北郡守捉城，是抗击突厥南侵的重要军塞。唐玄宗天宝九载（750 年）冬，因安禄山征讨契丹、奚人失败，时任封丘县尉的高适给清夷军送兵，将路途见闻写成很多诗歌。

高适《酬秘书弟兼寄幕下诸公序》记"今年适自封丘尉统吏卒于青夷"[2]，

1　《唐福州延寿禅院故延圣大师塔内真身记》，黄荣春编著：《福州市郊区文物志》，福州：福建人民出版社，2009 年，第 379 页。

2　李丹编著：《高适诗全集》，武汉：崇文书局，2020 年，第 256 页。

此处青夷即清夷军。高适送兵时途经居庸，写有三首《使青夷军入居庸》，其一："匹马行将久，征途去转难。不知边地别，只讶客衣单。溪冷泉声苦，山空木叶干。莫言关塞极，云雪尚漫漫。古镇青山口，寒风落日时。岩峦鸟不过，冰雪马堪迟。出塞应无策，还家赖有期。东山足松桂，归去结茅茨。登顿驱征骑，栖迟愧宝刀。远行今若此，微禄果徒劳。"[1]部分与今延庆关沟古道两侧风景一致。

"不知边地别，只讶客衣单。"意指高适不知道边地与内地温差如此之大，来不及思索，只能惊讶自己衣服太单薄了，这些可反映唐代居庸关的冬天也是十分寒冷的。"溪冷泉声苦，山空木叶干。"意指居庸关关沟两旁有很多寒冷的山泉，两侧的山很空，树木很少，树叶都干了。这和延庆现在关沟两侧冬季的风景是很像的。"莫言关塞极，云雪尚漫漫。"意指不要说居庸关寒冷至极，前面还有很多雪路要走，反映了居庸关的寒冷。"古镇青山口，寒风落日时。"意指在寒风中前进，快要落日的时候，到

延庆长城雪景

1 ［唐］高适原著，何怀远、贾歆、孙梦魁主编：《四库精华 高适诗集 41》，呼和浩特：远方出版社，2006 年，第 186—187 页。

延庆雪景

达了古镇的青山口，这个古镇很可能指汉代的军都县。高适的诗歌虽然仅是对居庸关关沟两侧风景进行了“意象化”的描述，但仍能想象到一些当时的景象，这些诗歌仍是很难得的。

高适还写有《送兵到蓟北》，描写了塞外的景象：“积雪与天迥，屯军连塞愁。谁知此行迈，不为觅封侯。”[1] 意思是积雪连天，仿佛天地融为一体，显得十分远阔。塞外有很多像清夷军这样的屯军，远离家人，到处弥漫着一种对亲人的思念与乡愁。这次送兵的路途十分遥远，但是我不是为了封侯而来的。高适去蓟北送兵回到蓟中写了一首《蓟中作》：“策马自沙漠，长驱登塞垣。边城何萧条，白日黄云昏。”[2] 意思是策马自沙漠而归，长途行走登上了长城，边城是十分萧条的，白天像黄昏一样。通过这些诗可以想见一下唐代延庆冬天的景象。开元二十一年（733 年），高适写有《自蓟北归》，可与以上诗歌一起想见唐代延庆的景象。其云：“驱马蓟门北，北风边马哀。苍茫远山口，豁达胡天开。五将已深入，前军止半回。谁怜

1 ［唐］高适原著，何怀远、贾歆、孙梦魁主编：《四库精华 高适诗集 41》，呼和浩特：远方出版社，2006 年，第 163 页。

2 ［唐］高适原著，何怀远、贾歆、孙梦魁主编：《四库精华 高适诗集 41》，呼和浩特：远方出版社，2006 年，第 130 页。

1903 年英国摄影师赫伯特·庞定拍摄的水关段长城及关沟古道

不得意，长剑独归来。”[1]

高适有的诗歌描写了边关战事和将士的生活。《蓟中作》又云：“一到征战处，每愁胡虏翻。岂无安边书，诸将已承恩。惆怅孙吴事，归来独闭门。”[2]意思是每次走到了曾经的战场，就会发愁胡人是否会反叛，不是众将军没有让边境安宁的办法，而是大多数将领已经追求享乐，失去了进取之心。高适写于开元二十年（732 年）第一次出游蓟门的《蓟门五首》提到了边塞军士的生活，可以从中想象下清夷军的景象。其一云：“蓟门逢古老，独立思氛氲，一身既零丁，头鬓白纷纷，勋庸今已矣，不识霍将军。”[3]意思是守卫边关的将士们很多身着朴素，头发都快花白了，想建立

1 李丹编著：《高适诗全集》，武汉：崇文书局，2020 年，第 48 页。

2 ［唐］高适原著，何怀远、贾歆、孙梦魁主编：《四库精华 高适诗集 41》，呼和浩特：远方出版社，2006 年，第 130 页。

3 ［唐］高适著，刘开扬选注：《高适诗选》，成都：四川人民出版社，1983 年，第 18 页。

功勋已没什么指望，有的甚至不知道霍去病将军。其二云：“汉家能用武，开拓穷异域，戍卒厌糠核，降胡饱衣食，关亭试一望，吾欲泪沾臆。”[1]意思是戍卫边关的将士们吃够了不好的饭菜，但是投降的胡人却可以吃饱饭，有衣服穿，向戍楼望了一下，眼泪不禁流了下来。其三云：“边城十一月，雨雪乱霏霏，元戎号令严，人马亦轻肥，羌胡无尽日，征战几时归。”[2]意思是塞外边城的十一月雨雪纷飞，将军号令严格，人和马都长得比较健壮，征讨胡兵是没有尽头的，每次征战都不知道什么时候回来。其四云：“幽州多骑射，结发重横行，一朝事将军，出入有声名，纷纷猎秋草，相向角弓鸣。”[3]意思是幽州自古以来就多骑兵，男子从年少时就崇尚纵马驰骋、征战沙场，只要开始为将军做事，一般都会有很好的功名，秋天都去打猎，能听到弓箭的声音。其五云：“黯黯长城外，日没更烟尘，胡骑虽凭陵，汉兵不顾身，古树满空塞，黄云愁杀人。”[4]意思是太阳落下后，长城之外一片阴暗，空中烟雾飘浮，尘土飞扬。胡兵侵略的时候，汉兵奋不顾身守卫，古树没有了枝叶，透过树木看到了黄云，让人极度忧愁。开元二十六年（738年），高适写有《燕歌行》，与上述景象较为相似。

高适的《酬秘书弟兼寄幕下诸公》写于天宝九载（750年），体现了高适本人对当时拥兵范阳、平卢，深得唐玄宗信任，权倾朝野的安禄山等人的态度。其记：“亚相膺时杰，群才遇良工。翩翩幕下来，拜赐甘泉宫。信知命世奇，适会非常功。侍御执邦宪，清词焕春丛。天路望绣衣，他时常发蒙。孰云三军壮？惧我弹射雄。谁谓万里遥？在我樽俎中。光禄经济器，精微自深衷。前席屡荣问，长城兼在躬。高纵激颓波，逸翮驰苍穹。将副节制筹，欲令沙漠空。”前六句皆为颂美安禄山，“亚相”即秦汉时副丞相，与“良工”皆为高适对安禄山的美称。当时安禄山深得唐玄宗信任，权倾

---

1 ［唐］高适著，刘开扬选注：《高适诗选》，成都：四川人民出版社，1983年，第18页。

2 ［唐］高适著，刘开扬选注：《高适诗选》，成都：四川人民出版社，1983年，第18页。

3 ［唐］高适著，刘开扬选注：《高适诗选》，成都：四川人民出版社，1983年，第18页。

4 ［唐］高适著，刘开扬选注：《高适诗选》，成都：四川人民出版社，1983年，第18页。

朝野，高适对其极尽溢美之词，一方面可能是惧怕安禄山的权势，另一方面可能也有让其“提携”的考虑。“侍御”之后八句是对杨侍御史的恭维之词。“光禄”以下八句为赞美平卢节度副使贾循之词。证明当时包括清夷军在内的范阳、平卢军是较为强盛的，唐朝官员皆恭维安禄山。此时距“安史之乱”不过6年，充分反映了“安史之乱”前幽州军队的强盛和安禄山等人的骄横，这些都可以看作是“安史之乱”的苗头。清夷军属安禄山担任的范阳节度使管辖，“安史之乱”中，唐廷曾经倚仗抗击突厥的清夷军最终将矛头指向了长安城。

第七节　史思明的先锋军

唐玄宗时期，经过太宗、高宗、武则天时期的长期积累，领土达到极盛，边疆日益稳固，制度日益完善，加上刚即位的唐玄宗李隆基勤于政事，均田法、府兵制日渐成熟，社会经济发展达到了鼎盛，开创了“开元盛世”。但往往盛世中也会有很多问题，如果执政者不及时处理，会引起很大祸患，王朝最后由盛转衰。开元后期，土地兼并日益严重，均田法受到了破坏，贫民增多，人口迁徙频繁，造成了社会的不稳定。开元后期，府兵制逐渐崩溃，为了增加兵员，不得不实行募兵制，朝廷对官兵的控制力逐渐下降，边镇将领长期掌控军队，边镇军队逐渐成为了边镇将领的私兵，只知藩将，不知朝廷。开元十年（722年），为防止突厥、契丹南犯，唐玄宗李隆基在北部边疆设立了10个军镇，并设立9个节度使和一个经略使管理，节度使逐渐成为了边镇军政最高长官，管理一切事务。边镇士兵全部听命于节度使，东北、西北等军力较强的军镇，实际上成为了国中之国，军队数量和质量已经完全超过久疏战阵的中央军。

一、安禄山起兵

出身东北胡人的安禄山坐镇东北，深得唐玄宗信任，唐玄宗让其身兼范阳、平卢、河东三镇节度使，掌控军队近20万，成为了当时唐王朝最大的一股军事力量。当时中央军仅8万，驻扎长安周围，养尊处优，无论在数量和质量上都远逊于安禄山的东北边军。安禄山的反叛只是时间问题。

反观唐朝，唐玄宗整日纵情酒色、不理朝政，杨贵妃姐妹挥霍无度，宰相李林甫、杨国忠皆为徇私误国之人，朝纲日下。李林甫劝唐玄宗禁止藩镇节度使进京任宰相，杨国忠和安禄山争权夺利，这些都加剧了安禄山的反叛。天宝十三载（754 年），安禄山奉命入长安，玄宗由是更信任安禄山。唐玄宗对高力士说："朕今老矣，朝事付之宰相，边事付之诸将，夫复何忧！"高力士答曰："边将拥兵太重，陛下将何以制之，臣恐一旦祸发，不可复救，何得谓无忧也。"只可惜唐玄宗失去了最后一次阻止安禄山反叛的机会，第二年，也就是天宝十四载（755 年），安禄山打着奉密诏讨伐杨国忠的旗号正式在范阳（治今北京）起兵反唐。

二、安禄山的军队

安禄山当时控制范阳、平卢、河东三镇，这三个镇又是唐朝边镇中军力最强大的，共有军队近 20 万，且长期与突厥、契丹交战，久经沙场，加上军队中有很多投降的胡人士兵，战斗力极高。范阳是安禄山的老巢，共驻有经略军（30000 人）、静塞军（16000 人）、清夷军（10000 人）、威武军（10000 人）、北平军（6000 人）、恒阳军（3500 人）、高阳军（6000 人）、唐兴军（6000 人）、横海军（6000 人）等十几支军队，共计 9 万余人，是当时唐朝最强大的藩镇。驻扎在妫川郡（妫州）的清夷军有一万人，军队人数在当时的范阳镇中排第三，是范阳镇的一支重要军队，也是唐朝藩镇中一支军力十分强大的军队。延庆在当时虽属儒价州，但儒价州地界在当时隶属妫川郡（妫州），清夷军是当时妫川郡最强大的一支军队，其活动范围很可能涉及今延庆地区。因为清夷军在妫川郡，当时妫川郡还别称清夷郡，足见清夷军在妫川郡和儒价州的影响力。

清夷军属范阳节度使管辖的军队，当时安禄山是范阳节度使，他应该到过妫川郡"视察"清夷军。安禄山去世后，史思明控制幽州地区，被封为范阳节度使，还被封为"妫川郡王"[1]，于此可见，史思明应该与妫川郡有着千丝万缕的联系。当时妫川郡境内的清夷军就归史思明统领，"安史之乱"初期，史思明曾带领清夷军与李光弼的唐军进行了著名的"太原之

1 ［宋］欧阳修、宋祁：《新唐书》卷二二五《史思明传》，北京：中华书局，2000 年，第 4864 页。

战”，也曾与郭子仪的唐军激战，堪称是叛军中的先锋部队。

三、李光弼收降史思明的清夷军

史书中记载清夷军在“安史之乱”中的史事较少。至德二年（757年），唐朝反击安史叛军的名将李光弼奉唐肃宗李亨之命赴太原剿灭叛军，当时李光弼刚在河北击败叛军，精兵都在朔方，麾下士兵不满万人。刚到太原，就得知叛军史思明、蔡希德已率10万军队开赴太原，叛军皆为河北藩镇精兵，包括妫川郡清夷军、宁武军、广边军等。看到数倍于自己的敌军，李光弼的军队有点害怕了，纷纷建议加筑城池。李光弼决心固守太原城，他和将士们说：“太原城方圆四十里，叛军快到了才修墙，只能空耗人力。”他一方面让士兵向城外史思明军营挖地道，一面在城中架起抛石机，史思明的攻城部队损失惨重，地道挖好后，突袭叛军大营，斩杀叛军一万多人。就在两军鏖战的关键时刻，安禄山之子安庆绪在洛阳杀死了安禄山，自立为帝。史思明得知消息后，带领一部分军队撤回了范阳老巢，命蔡希德继续攻打太原城。李光弼看到敌军人心涣散，抓住机会，出其不意，亲率敢死队杀出城外，叛军猝不及防，顿时大乱，被斩杀7万余人。随后，李光弼收降“清夷、横野等军，擒贼将李弘义以归”[1]。此战是李光弼一生中最辉煌的一次战役，李光弼利用守城优势，坚守10个月之久，是一次以少胜多的典范。“太原之战”也是妫川郡清夷军在“安史之乱”中第一次参与的大规模战役。

四、郭子仪计划收降清夷军

“太原之战”后，只是一部分清夷军被李光弼收降，还有一部分撤回了妫川郡。“太原之战”后没几年，另一位在“安史之乱”中拯救唐朝的大将郭子仪也与清夷军正面交锋了。上元元年（760年）九月唐肃宗《命郭子仪充诸道兵马都统诏》：“宜令子仪都统诸道兵马使，取邠庆朔方路

1　［后晋］刘昫：《旧唐书》卷一一〇《李光弼传》，北京：中华书局，2000年，第2242页。

过往，收大同、横野、清夷，便收范阳及河北……”[1] 唐肃宗的进军路线是从现在的山西省北部，东进至河北省张家口地区，然后走居庸关南下攻入幽州城，这条进军路线可以绕开叛军设置重兵的河北地区南部，出其不意地绕道居庸关由北向南攻打幽州城，是一个十分完美的作战计划。上元元年（760 年），朔方节度使郭子仪“以军讨大同、横野、清夷、范阳及河北残寇”[2]。可以看出，清夷军是镇守居庸关北的重要军镇，清夷军一旦溃败，居庸关将直面敌军，幽州城就十分危险了。经过了李光弼“太原之战”和郭子仪的征讨后，清夷军很可能损失很大，但作为军镇的建制一直存在。但根据《旧唐书》《新唐书》所记，这次进军计划因鱼朝恩的从中作梗，“事竟不行”，很可能这是一次未能实施或实施不彻底的军事计划。

五、儒州都督乌承恩刺杀妫川郡王史思明

至德二年（757 年），安禄山之子安庆绪在洛阳杀死了自立为大燕皇帝的安禄山，继皇帝位。安庆绪命史思明从太原前线撤回范阳老巢。安庆绪为笼络人心，让史思明担任范阳节度使，范阳是安禄山的老巢，仍有很多精兵强将，还有无数从唐朝两都劫掠的金银财宝，皆入史思明私囊。安庆绪还封史思明为“妫川郡王”，这证明妫川郡的清夷、宁武、广边等军仍归史思明统领。后来，史思明与安庆绪决裂，以“十三郡兵八万”投降了唐朝，这十三郡就包括妫川郡。史思明表面上投降了唐朝，但暗地里还在招兵买马，唐肃宗想提前下手除掉史思明。让人感到有趣的是，原儒州都督乌承恩曾奉唐肃宗命到幽州刺杀史思明。乌承恩的父亲乌知义曾是史思明的上级，提携过史思明，乌承恩与史思明早就相识，所以，唐肃宗才会派他去刺杀史思明。唐肃宗将乌承恩升为河北节度副大使，前往幽州，但因事情败露，乌承恩最终被史思明杀死于幽州。

1　文怀沙主编：《四部文明 隋唐文明》卷五十四，西安：陕西人民出版社，2007 年，第 53 页。

2　［后晋］刘昫：《旧唐书》卷一六一《李光进传》，北京：中华书局，2000 年，第 2873 页。

第八节　陕州刺史落延庆

2016 年 12 月，在北京世园公园园区北侧，即原谷家营村发掘出土了一座大型唐代墓葬，墓葬早年被盗掘，破坏明显，出土物较少，但出土了两合十分珍贵的墓志。两合墓志详细记载了男、女墓主人生平和后人生平事迹，这对于了解延庆唐代白氏家族历史和社会生活有重要意义。

一、白贵夫妇合葬墓情况

根据《南阳郡白氏夫人墓志》（《高氏墓志》）所记，女墓主人高氏去世于中和二年（882 年），中和三年（883 年）迁葬到了“儒价城西南七里西横渠村”[1]，西横渠村大概就在原谷家营村东北门牌坊附近，此地地势较高，《张乾曜墓志》称此地为“古原”。《唐故高道南阳白公夫人高

白贵夫妇墓航拍图

1　杨程斌、戢征：《新出土唐代白贵夫妇墓志考疏》，《文物鉴定与鉴赏》2018 年第 3 期。

白贵墓出土塔式罐（局部）

氏盖祔墓志》(《合祔墓志》)记男墓主人白贵去世于光启三年(887年),龙纪元年(889年)与夫人高氏合葬在一起。《合祔墓志》记合葬处为“白马村”[1]，应该就在高氏埋葬的西横渠村附近，即原谷家营村。男墓主人白贵去世两年后才合葬，很可能是将高氏的墓扩建后将白贵尸骨放入，或者在附近重新选地建墓后合葬。

二、白贵的家世

《合祔墓志》记男墓主人白贵字思崇，又字子道，祖上原本是并州（今山西）太原人，郡望在南阳，姓名得于春秋时期楚平王太子熊建。熊建是芈姓，熊氏，名建，字子木，楚平王的嫡长子。熊建的儿子芈姓，熊氏，名胜，号白公，人称白公胜，后来被楚国封为白县县尹。白公胜后人皆姓白，白贵的姓即来源于此。白贵不仅是王族之后，祖上还世代为官。白贵的十一代祖白建是太原人，北齐重臣，曾任大丞相（高欢）府骑兵曹，中书舍人、大丞相（高演）骑兵参军，北齐后主高纬时任骠骑大将军、检校中书令、吏部尚书、并州大中正，册封南昌郡公。白贵的九代祖白懋是唐朝栝州刺史。七代祖白通是驾部员外郎，官职从六品上。白贵本人曾任唐朝陕州刺史，后因犯罪，被贬官流放到了燕蓟之地，所以成为了妫州缙阳人（今延庆）。[2]白贵被贬官后，无意仕途，寄情于山水之间。

1　杨程斌、戢征：《新出土唐代白贵夫妇墓志考疏》，《文物鉴定与鉴赏》2018年第3期。

2　杨程斌、戢征：《新出土唐代白贵夫妇墓志考疏》，《文物鉴定与鉴赏》2018年第3期。

三、白贵父白旻是白居易宗兄、画家

白贵的祖父叫白璘，无史可查。但是白贵的父亲可是当时的一位名人。白贵的父亲叫白旻，官职不高，仅当过寿安令、同州澄城令，只是七品芝麻县官，但他却是当时有名的画家，还是唐代伟大诗人白居易的宗兄。他们的祖籍都在太原，都是北齐中书舍人白建的后代。白旻是当时以画鹰闻名的画家，长庆元年（821 年），白旻画雕赠予白居易，白居易写有《画雕赞》。其记白旻“予宗兄也。得丹青之妙，传写之要；毛群羽族，尤是所长。长庆元年，以画雕贶予。予爱之，因题赞云：鸷禽之英，黑雕丁丁。钩缀八爪，剑插六翎。想人心匠，写从笔精。不卵不雏，一日而成。轩然将飞，戛然欲鸣。毛动骨活，神来著形。始知造物，不必杳冥。但获天机，则与化争。韩干之马，籍籍知名；薛稷之鹤，翩翩有声。研工核能，较真斗灵。岂无他人，不知我兄”[1]。白居易对白旻所画之雕评价很高，他十分喜爱。对白旻画画的技法给予了高度评价，说白旻一天就画完了一只雕，就像真的大雕一样，好像要飞起来了。活灵活现、形神兼备。韩干是唐朝画马的名

清 舒穆禄阿尔粺《画狗头雕图》

1 ［唐］白居易著，朱金城笺校：《白居易集笺校》，上海：上海古籍出版社，2023 年，第 2552 页。

家，薛稷是画鹤的名家，但白居易认为白旻足以和这两位画家比肩。白居易在《画雕赞》中自然流露出一种对宗兄白旻的真挚情感，这也体现出兄弟二人的情谊是十分深厚的。

唐代的很多绘画史料都记载了白旻，《历代名画记》记："白旻，官至同州澄城令。工花鸟鹰鹘，嘴爪纤利，甚得意趣。旻善歌，常醉酣歌阕，便画自娱。"[1]《唐朝名画录》记能品下二十八人，其中包括白旻鹰鸽。[2]证明白旻是一个善画鹰、鸽的工笔花鸟画家，在唐朝时就已十分知名。性格随性洒脱，好饮酒歌舞，以绘画自娱自乐。这可能也和白旻仕途上的不得志有关。白旻在五代十国时期仍有声誉，后蜀宰相徐光溥《题黄居寀秋山图》云："白旻鹰逞凌风势，薛稷鹤夸警露姿。"[3]再次证明白旻是可以比肩薛稷的唐代伟大工笔花鸟画家。

《合袝墓志》中对白旻只有简短一句话："每自藏明，不求善价，宗族称孝，乡党称仁。"这与《历代名画记》所记其随性洒脱的性格是相符的，白旻是一个十分低调，并且作画不为钱财的纯粹"文人画家"。《合袝墓志》说白贵是一个重承诺，不求功名的人，这与其父白旻很相似。

四、白贵被贬官及其后人

墓志记白贵"天子岂得为臣"。白贵生活的时代，唐朝中央政府日渐衰落，对边镇控制力日益下降，造成了政令不通的境况。唐僖宗期间，相继发生了王仙芝、黄巢起义，以及盐池之争和襄王之乱。藩镇割据形成，国家彻底分裂，各自为政，皇帝名誉扫地。加上白贵因事被贬官，心存记恨，对官场十分失望、厌恶，墓志中才出现"天子岂得为臣"这种对皇帝十分无礼之话。

白贵在光启三年（887年）去世于新妫州的私宅，享年80岁，这在当时算是高寿了。

1　［唐］张彦远撰：《历代名画记》，杭州：浙江人民美术出版社，2019年，第158页。

2　［唐］朱景玄：《唐朝名画录》，于安澜：《画品丛书》，郑州：河南大学出版社，2009年，第120—121页。

3　黄勇主编：《唐诗宋词全集》，北京：北京燕山出版社，2007年，第2405页。

白贵墓出土的白瓷执壶

白贵墓出土的陶簸箕砚

白贵夫人高氏也是名门之后，是隋朝齐国公高颖的后代，是能遵守礼数、相夫教子的贤惠妇人。高氏于中和二年（882 年）去世于防御军街市东南儒价城的私宅。

白贵和高氏有两个儿子，虽官职未超白贵，但也都身居高位。长子叫白从殷，字子厚，是幽州节度衙前将、蓟门都亭馆使、银青光禄大夫、检校国子祭酒兼殿中侍御史。次子白从章，字子儒，是北门亲事、银青光禄大夫、检校太子宾客兼监察御史。两个儿子的官职都很高，这也可以印证白贵墓为什么规模如此之大。白贵的长子白从殷娶了防御知军副使郭殷之女。白贵家族本来就住儒价州，娶了儒价州防御知军副使之女，显然对于其仕途是有益的。也可以让外来的白贵家族在儒价州更有地位。

综上，白贵本是唐代名门望族白氏之后，官至陕州刺史，后被贬官到妫州缙阳，住儒价城内。所以，他的墓在今延庆。白贵的父亲白旻是白居易的宗兄，白贵就是白居易的宗侄。白贵的父亲白旻在唐代是一位知名画家。白贵的两个儿子分别官至高位，长子还与防御知军副使之女联姻。白贵虽被贬官至缙阳，但其毕竟出身大家族，其父是当时的著名画家，家产丰厚，他的两个儿子都官至高位，联姻防御军官，白贵家族是唐代延庆地区一个较为富贵的大家族。

第九节　千古之谜古崖居

从 20 世纪 80 年代开始，在延庆西北部的海陀山麓发现了许多古人洞窟遗址，内有石屋、石炕、石槽，宛若一个个自然村落，其中以位于延庆区西北的古崖居遗址规模最大，规格最高。以古崖居为中心，往东还有姚

延怀地区古人洞窟聚落遗址分布图

古崖居遗址

家营洞窟、狐狈沟洞、七孔洞、富裕洞、焦家洞、朝阳洞等八处洞窟遗址；往西在河北省怀来县北部山区还发现了五道壶、马鞍山等六七处洞窟遗址。其中古崖居遗址是目前华北地区规模最大、最具特色的古人洞窟遗址，于2013年被公布为全国重点文物保护单位。

古崖居遗址位于延庆区张山营镇东门营村西北2.4千米处，遗址区占地近10万平方米，前后沟共分三区，据不完全统计有洞窟130余座。山体为砂砾花岗岩，易于人工开凿。洞室错落分布，散布在山涧绝壁之上，大致分为前中后三个部分，以窄陡的石阶、石蹬、栈桥相连。

崖居形式多样，有单室、两室、三室与多室。在数量关系上，单室、双室、三室与多室洞窟数量递次减少；在布局结构上，多室洞窟与单室洞窟之间呈中心辐射状分布。其中，当地称为“官堂子”的复式崖居，分上下两层，上层3室、下层6室，是古崖居遗址中规模最大的洞窟，位于整个遗址的中心。根据洞室数量、分布情况，可推断崖居存在着森严的等级差别。

洞壁大多整齐，四角平直。洞内设有灯台、灶台、石炕、石槽等，排烟道、通气孔、户枢、门框等痕迹仍旧清晰可见。石室具有明确的功能分区，其中卧室用于休息，起居室用于做饭，底层洞室多带有石槽洞窟和仓库，屋室多以石墙分开。

遗址出土物以灰陶器为主，并有少量的绿釉陶罐、酱釉陶罐、黑釉陶罐和绳纹砖、沟纹砖等。洞窟内没有留下任何的文字或图画，零星的陶器，不便移动的石质家具，尚不足以勾画出当时的历史画面。同时，开凿时间、居住群体、用途都暂无足够的证据而难成定论，所以称古崖居为“千古之谜”。

不过，居室形制可能是破解谜题的密钥。崖居整体与北方民居颇为相似，比如平顶（较圆顶而言更难以开凿，且不利于受力）、炕的构造、三室主次间分配和堂屋的处理都具有明显的仿北方传统民居的手法。

遗址的族属是北方民族吗？根据专家学者的讨论，古崖居可能是一支曾经强大、生活在我国东北地区的古老民族——奚族的居住地。

奚，本是匈奴的别种，始见于北魏，称库莫奚，后简称为奚，为我国古代的游牧民族，一直在东北地区饶乐水一带活动。唐代，奚与契丹并强于东北地区，称为“两蕃”。开元以后，奚域南界扩进至长城以北。唐末，契丹逐日强盛，不断对外扩张，征服相邻各族，渐衰的奚族最终为契丹所并。

古崖居遗址中心洞窟官堂子遗址

根据《新唐书》《新五代史》等传世史籍记载，契丹部族在阿保机的统领之下，实力逐步壮大，奚族无力反抗，成为被降服者，为其役使从征，并为契丹守界且受到严厉苛虐。于是，酋长去诸率领部族西迁到妫州北山一带，依托山林射猎。

但是，史料中载西奚“其族至数千帐”，按照每帐3—4人计算，总人数少则六七千、多则两三万，而古崖居遗址的规模难以承载这么多人。在《新唐书》中，游牧在西辽河流域的奚人，与突厥习俗相同，逐水草畜牧，居毡帐，奚王派五百士兵护卫牙帐，其余部众散落山谷之间。“官堂子”似是奚王居所，其他洞室似是护卫牙帐。除古崖居外，在延庆区张山营、密云区和河北怀来县境内的山谷间，分布着大大小小规模不一的洞室群，可能是其他族人的居住之所。

古代先民的生活习惯，多选择平川近水处定居。那西奚为什么选择临近河谷平原的深山幽谷中居住呢？五代十国时期，中国再次进入到割据时期，群雄鼎立，征战频发。刘仁恭、刘守光父子割据幽州，成为独霸一方的势力。西奚常采北山的麝香、人参贿赂刘守光以求自保。同时，根据《辽史》记载，契丹人曾多次跟踪征讨西奚。面临着强大的军事威胁，西迁的奚族处境仍旧十分危险，所以险峭的北山就成为了奚族的避乱休息之地。

他们藏匿于山谷之中，利用隐蔽的谷口和崎岖的山道作为天然屏障，打造颇具防御性质的驻地，建立易守难攻的入口、前后夹击的通道，隐蔽难寻的洞口，形成层层安全防线。

936年，辽太宗耶律德光立石敬瑭为晋皇帝，收占包括妫州在内的燕云十六州。次年，遣西奚回归本土，编入部伍，再度置于契丹严密控制之下，任其调遣、从征、守界等，从此，“西奚”或“西部奚”之名在历史上消失了，古崖居也成了无人居住的洞室而逐渐荒废。

第七章 王朝腹里

延庆自古就是北方山戎等部族生活的区域，自战国燕国以后逐渐接受中原文化，自秦代以后，正式纳入中央王朝，属中原文明和北方文明、中原民族和北方民族的交错地区。秦代到魏晋时期，延庆作为中央王朝的北疆，一直属于边缘地带，经济文化发展较为滞后，地位较低。自北方民族建立北魏开始，延庆的地位逐渐提升，成为了北魏王朝的畿辅地区，还是世代为官世家大族侯氏的郡望，政治、军事地位首次开始升高。隋唐时期，

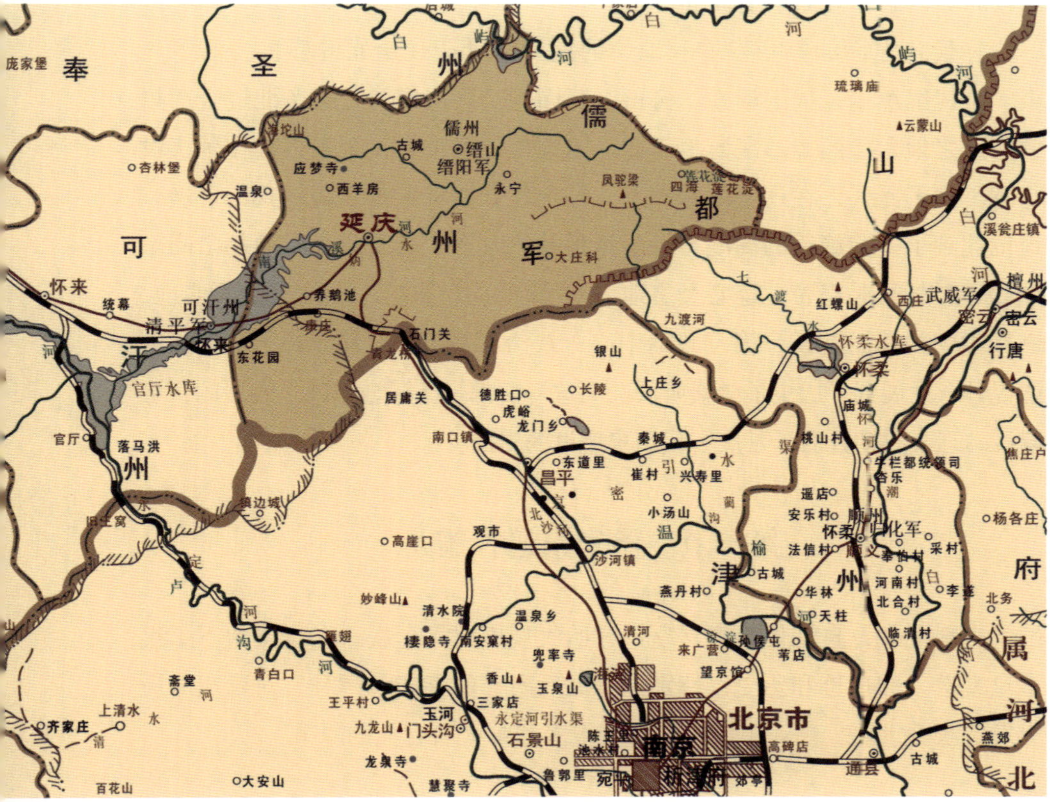

辽代延庆形势图

延庆是中央王朝的塞北重镇，特别是唐代，作为安禄山政治集团的核心地区，因其民风彪悍、果于耕战，是范阳的重要兵源地，军事地位再次提升。

到了辽代，延庆的地位有了跨越式的提升。首先是地理地位的改变。延庆从长期以来帝国的边疆地区，一跃而成王朝腹里。延庆是辽上京和南京的中间地带，地理位置的重要性超越前朝，从边疆一跃而成帝国腹里。其次是皇家御道的修建。因延庆位于辽上京和南京之间，同时扼守居庸关、八达岭等孔道、险塞，是上京、南京之间的必经之地。有辽一代，皇室多次巡幸延庆，在延庆修建了南巡御道，让延庆的交通地位获得了史无前例的提升。再次，延庆是辽代皇家巡幸重地，皇室的巡幸、驻跸无疑提升了延庆的政治地位。最后，因巡幸，萧太后、辽圣宗等在延庆修建了大量的苑囿、行在、寺观，开启了延庆古代皇家苑囿、寺庙发展的先河。另外，延庆还有辽代最大的冶铁中心，为兵器的制造源源不断提供原料，在辽代冶铁和兵器制作方面举足轻重。

辽代各方面的繁荣发展和地位的提升为延庆辽金元的盛世开启了先声。金代继承了辽代的巡幸、御道、苑囿等，延庆成为了金帝北巡金莲川的必经之地，传闻金章宗诞生于此。因地理位置重要，金末直接在延庆设行省。到了元代，在辽金的基础上，延庆各方面又取得了跨越式的发展，地位达到了空前绝后的高度，发展到了鼎盛时期。延庆成为了两都之间重地，辇路贯通，是皇帝北巡必经之地，也是重要的皇家巡幸、驻跸、游玩之地，堪称王朝的移动朝廷、第三政治中心，政治、军事地位均获得了史无前例的提升，发展到了历史最鼎盛阶段。而这一切都是在辽金基础上发展的，可以说，辽金时期开启了延庆古代历史盛世的先河。

第一节　圣宗南巡古儒州

史料记载，自辽代以来，皇室开始大规模巡幸延庆。在延庆留下了很多皇室巡幸的遗迹和历史，特别是萧太后所建的寺庙和园林，对延庆的历史发展至关重要。现在延庆还流传着很多和萧太后有关的故事。

一、皇帝驻跸缙阳寺

延庆在辽代属儒州缙山县。辽朝有多位皇帝曾巡幸、驻跸儒州。辽圣宗（982 年—1031 年）是辽朝在位时间最长的皇帝，他在位时期多次南下攻打宋朝，著名的“澶渊之盟”就发生在这一时期，辽圣宗时期辽朝发展到了极盛。辽圣宗在即位初期就来到儒州缙阳寺巡幸、驻跸。《添修缙阳寺功德碑记》记：“缙阳寺者，古之禅房院也。光启二年为创置之始。虽年代浸远，而壮丽（以下残缺）我大辽国先朝圣宗皇帝初，以銮舆南幸，驻跸于此。”[1] 缙阳寺位置没变，在今延庆香营乡小堡村缙阳寺。根据《功德碑记》所记，缙阳寺始建于唐代光启二年（886 年），辽圣宗刚即位的时候就来到缙阳寺驻跸，是第一位驻跸儒州、缙阳寺的皇帝。从此，辽圣宗就和儒州缙山有了不解之缘。辽圣宗驻跸缙阳寺的时候，看寺残僧少，曾命人在墙壁上题字，这是目前能查到的唯一一件圣宗在缙阳寺活动的史事。辽圣宗即位时尚年幼，时年 12 岁，他第一次到缙阳寺的时候也就十几岁。辽圣宗即位时，因

民国时期的缙阳寺（民国二十七年《延庆县志》）

1　《添修缙阳寺功德碑记》，佟洵主编：《北京佛教石刻》，北京：宗教文化出版社，2012 年，第 56 页。

其年幼，母承天皇太后萧绰奉遗诏摄政，这就是历史上著名的萧太后。辽圣宗南巡时，萧太后应随行，所以，萧太后也驻跸过缙阳寺。

除辽圣宗、萧太后，还有两位辽朝皇帝也曾驻跸缙阳寺。辽圣宗的长子辽兴宗也曾南巡儒州缙山，并且也来到缙阳寺驻跸。《添修缙阳寺功德碑记》记："兴宗皇帝偶因巡幸事亦稽，先太平间，赐号曰缙阳。"[1] 太平是辽圣宗最后一个年号（1021 年—1031 年），意思是辽兴宗在未即位之前曾驻跸缙阳寺，当时有可能是随行辽圣宗南巡的。缙阳寺之名就是辽兴宗赐予的。继辽兴宗后，辽兴宗长子辽道宗也驻跸缙阳寺，辽道宗寿昌元年（1095 年）的《添修缙阳寺功德碑记》又记："次至今上睿孝皇帝于清宁年，追思往事，驾幸于……"[2] 睿孝皇帝即辽道宗，清宁年即辽道宗清宁年间（1055 年—1064 年）。即辽道宗在清宁年间（1055 年—1064 年）又想起了皇祖和先皇巡幸儒州、驻跸缙阳寺的事情，沿着祖辈的足迹，驻跸在了缙阳寺。连续三位皇帝驻跸缙阳寺，证明缙阳寺应该有皇帝居住的行在。

辽圣宗、兴宗、道宗祖孙三代，三位皇帝接续巡幸儒州、驻跸缙阳寺，足见辽朝皇室对缙阳寺的重视。缙阳寺是今延庆地区修建最早的寺院，因辽朝"三帝一后"的驻跸，又增添了皇家气象，堪称是一座名副其实的辽代皇家寺院。缙阳寺是辽代一座十分重要的寺院，皇帝曾派帝师住持。辽代以后，缙阳寺香火不断，是延庆历史上持续时间最长、影响力最大，也是最重要的一座寺院。

二、圣宗巡幸儒州

辽朝是契丹人所建，契丹人有"四季捺钵"的传统。捺钵是契丹语，意为行帐、营盘，是契丹国君主出行时的行宫，即临时居住处。契丹旧俗，随水草，逐寒暑，往来游牧渔猎。辽朝建立后，皇帝四季外出游猎，朝官随行，

---

1 《添修缙阳寺功德碑记》，佟洵主编：《北京佛教石刻》，北京：宗教文化出版社，2012 年，第 56 页。

2 《添修缙阳寺功德碑记》，佟洵主编：《北京佛教石刻》，北京：宗教文化出版社，2012 年，第 56 页。

辽 胡虔《番部雪围图》卷

设行帐称“捺钵”。大约到辽圣宗时，四季捺钵才有固定的地点和制度，成为辽帝定期会见南北面官，决定军国大事的中心。

根据《辽史》所记，辽代四季捺钵时间基本固定，自辽圣宗后，四季捺钵有了几个固定的地点。每年正月上旬，契丹君主的“牙帐”从冬捺钵营地启行，到达春捺钵地居住约 60 日。四月中旬“春尽”，牙帐再向夏捺钵地转移，在五月下旬或六月上旬到达目的地后，居住约 50 天，大约在七月上旬或中旬，又转向秋捺钵地。当天气转寒时，则转徒到气温较暖的冬捺钵地“坐冬”。契丹君主“每岁四时，周而复始”，巡守于捺钵。春捺钵地主要在长春州的鱼儿泺（今洮儿河下游之月亮泡）、混同江（指今松花江鸭子河一段），有时在鸳鸯泺（今内蒙古自治区乌兰察布东南黄旗海）；夏捺钵地在永安山（在今内蒙古乌珠穆沁旗东境）或炭山（今河北省沽源县黑龙山之支脉西端）；秋捺钵在庆州伏虎林（在今内蒙古巴林左旗西北察哈木伦河源白塔子西北）；冬捺钵在广平淀（今西拉木伦河与老哈河合流处）。春捺钵为捕天鹅钓鱼及接受女真“千里之内”诸酋长等的朝贺；夏捺钵是避暑，与北、南面大臣议国政，遐日游猎；秋捺钵主要是入山射鹿、虎；冬捺钵是避寒，与北、南面臣僚议论国事，时出校猎讲武，并接受北宋及诸属国的“礼贡”。

根据辽史所记，辽圣宗曾多次巡幸儒州，在儒州进行皇家祭祀活动。《辽史》记统和七年（989 年）四月辽圣宗“驻跸儒州龙泉”[1]。延庆早年出土

1　［元］脱脱：《辽史》卷十二《圣宗纪》，北京：中华书局，2000 年，第 95 页。

的一口元代早期铁钟铸文有“缙山花园村水碾龙泉观”[1]之语，证明龙泉观有龙泉。此龙泉观在今古城村，光绪《延庆州志》曾记古城村西北有小泉水，辽圣宗驻跸的龙泉很可能就在今古城村。统和七年（989年）辽圣宗17岁，萧太后应该随行。

同年五月辽圣宗“祭风伯于儒州白马村”[2]。四月驻跸儒州龙泉，五月祭风伯于儒州白马村，证明龙泉和白马村位置较为接近。原谷家营村（今世园公园）曾出土唐代白贵夫妇墓志，其记龙纪元年（889年）“合葬于所居郡之西南七里白马村之原”[3]，此时距圣宗在白马村祭风伯才100年，辽圣宗祭风伯的白马村应在原谷家营村。另外，光绪《延庆州志》引《大清一统志》记：“白马村在州城北三里，辽统和二年祭风伯于白马村。”[4]又记其地有白马泉。[5]查阅史料，统和二年（984年）辽圣宗没有在白马村祭风伯。原谷家营村位于高岗之上，北侧就是妫水河，是风比较大的地方。辽圣宗祭风伯的儒州白马村应该就是原谷家营村。风伯是古代汉族神话传说中的神怪。风伯的主要职责就是掌管八面来风的消息，运通四时的节日气候。辽圣宗祭风伯应该有祈祷风调雨顺之意。

除统和七年（989年），统和十年（992年）辽圣宗再次巡幸儒州。《辽史》记统和十年（992年）十二月辽圣宗猎“儒州东川。拜天”[6]，“川”就是河流的意思，东川就是儒州东部的河流。“拜天”是契丹民族的重要习俗，也是“四季捺钵”的重要活动之一，契丹皇室四时捺钵可不只是游猎，还包括拜天射柳、祭山祀祖、商讨国事、处理政务、接见外国使臣、接纳附属国和附属部族（落）的贡品等政治内容。辽代每逢国家有重大事件时，

---

1 《延庆文化文物志》编委会、延庆县文化委员会编：《延庆文化文物志·文物卷》，北京：北京出版社，2010年，第182页。

2 ［元］脱脱：《辽史》卷十二《圣宗纪》，北京：中华书局，2000年，第95页。

3 杨程斌、戢征：《新出土唐代白贵夫妇墓志考疏》，《文物鉴定与鉴赏》2018年第3期。

4 ［清］何道增重修，［清］张惇德纂：（光绪）《延庆州志》卷十一《古迹志·废城堡》，台北：成文出版社，1968年，第226页。

5 ［清］何道增重修，［清］张惇德纂：（光绪）《延庆州志》卷一《舆地志·山川》，台北：成文出版社，1968年，第37页。

6 ［元］脱脱：《辽史》卷十三《圣宗纪》，北京：中华书局，2000年，第99页。

辽胡瓌《出猎图》

无不举行拜天之礼。如部族酋长、皇帝即大位，或者向四方邻国出兵打仗，均有隆重的拜天典礼。即大位称为“柴册仪”，即位筑神坛、杀祭牲，以册立部族酋长或皇帝时向天行祭礼。多“以青牛白马祭天地”[1]，“用白黑羊、玄酒祭天，岁以为常”[2]。出兵打仗前也要祭天，“凡举兵，帝率蕃汉文武臣僚，以青牛白马祭告天地、日神，惟不拜月，分命近臣告太祖以下诸陵及木叶山神，乃诏诸道征兵”[3]。女真人继承了契丹人“拜天”的传统。《金史》有关于金代拜天的详细记载，从中可窥见契丹人“拜天”之习俗。其记：“金因辽旧俗，以重五、中元、重九日行拜天之礼。重五于鞠场，中元于内殿，重九于都城外。其制，刳木为盘，如舟状，赤为质，画云鹤文。为架高五六尺，置盘其上，荐食物其中，聚宗族拜之。若至尊则于常武殿筑台为拜天所。重五日质明，陈设毕，百官班俟于球场乐亭南。皇帝靴袍乘辇，宣徽使前导，自球场南门入，至拜天台，降辇至褥位。皇太子

1 ［元］脱脱：《辽史》卷十《圣宗纪》，北京：中华书局，2000 年，第 77 页。
2 ［元］脱脱：《辽史》卷十《穆宗纪》，北京：中华书局，2000 年，第 50 页。
3 ［元］脱脱：《辽史》卷三十四《兵卫志》，北京：中华书局，2000 年，第 274 页。

以下百官皆诣褥位，宣徽赞：‘拜。’皇帝再拜。上香，又再拜。排食抛盏毕，又再拜。饮福酒，跪饮毕，又再拜。百官陪拜，引皇太子以下先出，皆如前导引。皇帝回辇至幄次，更衣，行射柳、击球之戏，亦辽俗也，金因尚之。凡重五日拜天礼毕，插柳球场为两行，当射者以尊卑序，各以帕识其枝，去地约数寸，削其皮而白之。先以一人驰马前导，后驰马以无羽横镞箭射之，既断柳，又以手接而驰去者，为上。断而不能接去者，次之。或断其青处，及中而不能断，与不能中者，为负。每射，必伐鼓以助其气。已而击球，各乘所常习马，持鞠杖。杖长数尺，其端如偃月。分其众为两队，共争击一球。先于球场南立双桓，置板，下开一孔为门，而加网为囊，能夺得鞠击入网囊者为胜。或曰：‘两端对立二门，互相排击，各以出门为胜。’球状小如拳，以轻韧木枵其中而硃之。皆所以习蹻捷也。既毕赐宴，岁以为常。”[1] 在辽代“拜天习俗”的基础上，金代拜天形成了完整的制度。辽代拜天仪式多在狩猎之后，所以，辽圣宗才会猎“儒州东川。拜天”。辽代在今大观头村建有天成观[2]，《天成观碑》记述了天成观的创建：“古之道院，名天成观也。兴于辽圣宗……”[3] 证明天成观创建于辽圣宗时期，而天成观就在儒州东部。很可能是辽圣宗在儒州东川狩猎的时候，进行“拜天”的皇家祭祀活动，活动后，辽圣宗下诏修建天成观。天成观所在的大观头村就是现在的妫水河上游，所以，儒州东川就是现在刘斌堡乡大观头附近的妫水河上游一带。

综上，现存史料共有四条关于辽圣宗巡幸儒州的记载，辽圣宗先后到过缙阳寺、龙泉、白马村和东川，其中，缙阳寺和龙泉是驻跸。白马村是祭风伯。东川是狩猎、拜天。辽圣宗四月驻跸龙泉，五月白马村祭风伯，十二月东川狩猎。证明儒州龙泉等地曾是辽圣宗夏季驻跸之地，很可能也是其夏捺钵地之一。儒州东川是辽圣宗冬猎地之一。儒州在辽上京（今内

---

1 ［元］脱脱：《金史》卷三十五《礼志》，中华书局，2000 年，第 540 页。

2 杨程斌：《元代真大道教天成观碑考释》，《中国道教》，2019 年第 1 期。

3 ［元］胡庆云：《天成观碑》，［明］谢庭桂纂修，［明］苏乾续纂修：（嘉靖）《隆庆志》卷十《艺文·碑》，中共北京市委党史研究室、北京市地方志编纂委员会办公室编：《北京旧志集成·延庆志辑一》，据天一阁博物院藏明嘉靖二十八年（1549 年）刻本原大影印，北京：国家图书馆出版社，2021 年。

蒙古巴林左旗）南部，冬季温度比辽上京更高，很可能是辽圣宗的冬捺钵、狩猎地之一。辽圣宗在儒州的巡幸都发生在其在位初期。辽圣宗中期以后，四季捺钵地点基本固定，史料再未有辽圣宗巡幸儒州的记载。证明儒州应是辽圣宗初期的捺钵地，有夏捺钵龙泉和冬捺钵东川。辽圣宗中期以后，四季捺钵地点固定，儒州不再是捺钵之地。除此之外，儒州在辽圣宗初期很可能还是皇家祭祀场所，是“祭风伯、礼天地”的重要地方。这些都证明，在辽圣宗初期，儒州是皇家巡幸的重要地方，在辽王朝占有重要地位。

第二节　萧后缙山建花园

辽圣宗巡幸儒州的时候，萧太后曾随行，也曾驻跸儒州。萧太后在巡幸儒州缙山期间曾修建了很多花园，供其驻跸时游玩。这些花园为缙山元代园林发展高峰奠定了基础。

一、龙泉花园

统和七年（989年），辽圣宗和萧太后驻跸儒州龙泉。此龙泉就在古城村。《宣府镇志》记萧太后曾在今古城村附近建有古城，这个古城应该指现在古城村东北的夷舆城。夷舆城建于汉代，不可能是萧太后修建。延庆现在广泛流传萧太后花园的故事，萧太后不可能修建古城，她在龙泉驻跸是有可能修建花园的。古城村在金代建有明昌苑。萧太后在龙泉很可能修建了花园，金代演变为明昌苑。龙泉花园很可能就是现在延庆广泛流传的萧太后花园。

萧太后在龙泉修建的花园在金代演变为明昌苑，元代初期渐渐荒废，慢慢有人在此定居，称为花园村。花园村后来修建了真大道教龙泉观，龙泉观园林就是在原来辽金苑囿基础上修建的。龙泉观园林后来演变为缙山县两都之间著名的花园行宫香水园，元仁宗诞生于此。萧太后修建的龙泉观园林对后世产生了深远影响。

除了龙泉花园，辽代缙山县很可能还有一个花园。延庆在明代前中期叫隆庆州，明代《隆庆志》记：“花园，在州城南三十里。相传，辽萧后置，遗址尚存。”[1]州城即在今延庆城区。根据距离推测，此花园方位很可能在八达岭附近，暂不明具体方位。

二、植物与动物园

《隆庆志》记：“莲花池，在州城东三里。相传，辽萧后植莲之所。殿宇废，址犹存。”[2]此莲花池遗迹尚存，只遗有一个类似大水井的深坑，边缘用石块包砌。

莲花池村莲花池遗址

辽代缙山不只有萧太后养莲的莲花池，还有养羊的羊坊，《隆庆志》记：“东羊房，在州城北十里。西羊房，在州城西北十五里。相传辽萧后养羊之所。”[3]东羊房、西羊房即在延庆东羊坊、西羊坊村。东羊房、西羊房应该都是萧太后养羊的地方。

1 ［明］谢庭桂纂修，［明］苏乾续纂修：（嘉靖）《隆庆志》卷一《地理·山川·园》，中共北京市委党史研究室、北京市地方志编纂委员会办公室编：《北京旧志集成·延庆志辑一》，据天一阁博物院藏明嘉靖二十八年（1549 年）刻本原大影印，北京：国家图书馆出版社，2021 年。

2 ［明］谢庭桂纂修，［明］苏乾续纂修：（嘉靖）《隆庆志》卷一《地理·山川·池》，中共北京市委党史研究室、北京市地方志编纂委员会办公室编：《北京旧志集成·延庆志辑一》，据天一阁博物院藏明嘉靖二十八年（1549 年）刻本原大影印，北京：国家图书馆出版社，2021 年。

3 ［明］谢庭桂纂修，［明］苏乾续纂修：（嘉靖）《隆庆志》卷八《古迹》，中共北京市委党史研究室、北京市地方志编纂委员会办公室编：《北京旧志集成·延庆志辑一》，据天一阁博物院藏明嘉靖二十八年（1549 年）刻本原大影印，北京：国家图书馆出版社，2021 年。

另外，《隆庆志》记萧太后在今松山温泉“建殿宇，废址尚存”[1]，暂未发现此遗存。

《隆庆志》记萧太后在缙山建有养鹅池，“养鹅池，在州城西南二十里。周围二里许，悉用石扣甃，外辟四门，中建殿宇，其中作九曲，沿流俱有石坐台。前有石华表，制极工巧，今皆不存。其水四时不竭。相传，辽萧后所凿，呼养鹅池。近得石碣于土中，云影鹅池，此或是也”[2]。又记大柳树河在州城西南二十里，源自养鹅池。养鹅池有殿宇、石坐台、石华表，还有不竭之水。证明规模应该不小，是萧太后南巡驻跸、游玩的花园。但未找到《隆庆志》所记石碣。

综上，辽代缙山不只有萧太后花园，还有萧太后种植莲花的莲花池，养羊的羊房，这些都证明萧太后在缙山活动广泛。萧太后很可能是将缙山作为她的后花园或者私人田园。因史料较少，现在能查到的缙山萧太后花园很有限。除史料记载的园林外，辽代缙山很可能还有很多萧太后修建的园林。

第三节　皇室建寺院道观

今延庆地区很多古老的寺院、道观都可以追溯到辽代，这些寺院道观皆为辽代皇室巡幸儒州缙山时所建，是皇室修建的皇家寺观。

一、皇帝修建缙阳寺

根据《缙阳寺庄帐记》（缙阳寺功德碑背面）所记，辽兴宗为缙阳寺赐名，并且大规模重建。共修建了 380 间僧房，有 110 多僧人，能同时容

1　［明］谢庭桂纂修，［明］苏乾续纂修：（嘉靖）《隆庆志》卷一《地理·山川·泉》，中共北京市委党史研究室、北京市地方志编纂委员会办公室编：《北京旧志集成·延庆志辑一》，据天一阁博物院藏明嘉靖二十八年（1549 年）刻本原大影印，北京：国家图书馆出版社，2021 年。

2　［明］谢庭桂纂修，［明］苏乾续纂修：（嘉靖）《隆庆志》卷一《地理·山川·池》，中共北京市委党史研究室、北京市地方志编纂委员会办公室编：《北京旧志集成·延庆志辑一》，据天一阁博物院藏明嘉靖二十八年（1549 年）刻本原大影印，北京：国家图书馆出版社，2021 年。

纳 500 名香客，还有很多附属园林。[1] 在辽兴宗的大规模修建下，缙阳寺从唐代禅房院一跃成为辽代最大的几座寺院之一，缙阳寺之名从此远播天下。可以说，缙阳寺实际上正式创建于辽兴宗时期，因为辽兴宗为其赐名缙阳寺，并进行了大规模扩建，改变了原有建筑布局，形成了新的寺院布局，最终成为了规模宏大的皇家寺院。辽兴宗是缙阳寺的实际缔造者。辽兴宗对缙阳寺的重建应该和其早年在缙阳寺驻跸有关。

继辽兴宗之后，其子辽道宗也驻跸缙阳寺，进行了小规模扩建。根据《缙阳寺庄帐记》所记，清宁年间（1055 年—1064 年），辽道宗来到缙阳寺驻跸。他追忆起父亲当年驻跸的情景，感慨尤多，当即赐给寺院 10 两白银和 11 匹绢布，这些钱很可能用来修缮寺院。[2]

二、萧后创建应梦寺

《隆庆志》记："应梦寺，在州城北二十里，应梦山上，相传萧后应梦建。元末兵燹，基址及凿石、辇道、烧造琉璃砖窑厂俱存。"[3]

证明应梦寺是萧太后应梦而建。应梦寺在辽代御道旁，辽朝皇帝和萧太后很可能曾在应梦寺附近驻跸，这里应该有行在。应梦寺在元朝末年被毁，到了明代，基址尚存，还遗有烧造琉璃砖窑厂。《隆庆志》又记有古窑，"在应梦寺之阴。相传辽萧后应梦建寺时烧造琉璃砖瓦、石灰之所。俱见存"[4]。此古窑遗迹明代尚存。古窑所烧造的琉璃砖瓦，有可能为修建应梦寺所用，

---

1 《缙阳寺庄帐记》，佟洵主编：《北京佛教石刻》，北京：宗教文化出版社，2012 年，第 57 页。

2 《缙阳寺庄帐记》，佟洵主编：《北京佛教石刻》，北京：宗教文化出版社，2012 年，第 57 页。

3 ［明］谢庭桂纂修，［明］苏乾续纂修：（嘉靖）《隆庆志》卷八《寺观 · 本州》，中共北京市委党史研究室、北京市地方志编纂委员会办公室编：《北京旧志集成 · 延庆志辑一》，据天一阁博物院藏明嘉靖二十八年（1549 年）刻本原大影印，北京：国家图书馆出版社，2021 年。

4 ［明］谢庭桂纂修，［明］苏乾续纂修：（嘉靖）《隆庆志》卷八《古迹》，中共北京市委党史研究室、北京市地方志编纂委员会办公室编：《北京旧志集成 · 延庆志辑一》，据天一阁博物院藏明嘉靖二十八年（1549 年）刻本原大影印，北京：国家图书馆出版社，2021 年。

修复后的应梦寺正殿

这证明应梦寺应该是一座规格较高的皇家寺院。

因应梦寺规模庞大，遗址一直存在，在今靳家堡村北山山顶，地表随处可见柱础石等建筑构件。应梦寺为倚山建寺，其正殿区、一重院落区呈北高南低状。为弄清遗址年代，2009 年，北京市文物研究所和延庆区文物管理所对应梦寺遗址进行了大规模考古发掘。清理的范围东西长约 51 米，南北宽 41 米（正殿区宽 21 米，一重院落区宽 20 米），总发掘面积约 2100 平方米。其中发掘的正殿部分约 1070 平方米，一重院落部分约 950 平方米，台阶清理面积约 80 平方米。

此次发掘共清理出建筑遗址 9 处，其中正殿区有大殿三座、鼓楼一座、房址四座，一重院落有天王殿一座。另有钟楼等遗迹，已破坏殆尽。在发掘过程中，出土了大量的砖、瓦等各类建筑构件。其中天王殿正殿南墙出土了一排柱础石，共四块。主殿佛座的南部发现一石质佛像。西殿发现了很多雕刻砖，图案有“富贵牡丹”“多子孙”“麒麟送子”“禄禄封侯”等。

其他出土重要文物有：铜勺、铁剪刀、铁叉、铁镰头、铁锅、铁熨斗、铁铲头、铁灯、陶香炉等，均为生活器具。

以上出土文物皆无法体现确切年代。庆幸的是，出土的一些残碑上有“纪年”。碑头上有“正德七年”“崇祯元年”“康熙五十一年”等，这证明应梦寺在明清时期仍有寺庙。

三、萧太后与夜月寺

清末《延庆州乡土志要略》记:“夜月寺,又名泰山顶,在旧县南一里许。孤峰挺秀，有老松十余株，大皆数围，辽时建寺于其巅。今殿宇澌灭已尽，旧迹犹存焉。”[1]光绪《延庆州志》记团山村“东北至泰山顶半里”[2]，此泰山顶就是现在的小孤山。笔者曾在团山村委会发现了一通明代碑刻，刻文有“本山夜月寺修造”，村委会工作人员说，石碑早年在小孤山上，后来运到了下面。可以断定，夜月寺就在今团山村小孤山，明代仍存。

团山村委会刻有夜月寺的残碑

根据《延庆州乡土志要略》所记，夜月寺始建于辽代，这极有可能和萧太后南巡有关。萧太后曾和辽圣宗多次南巡儒州缙山，她很可能登上过小孤山，中秋时节欣赏夜月，决定创建寺庙，故名夜月寺。后来夜月寺几经破败、修建，最后延续到了明代。

到了明代夜月赏景还成为了“妫

1 ［清］佚名：《延庆州乡土志要略·地理·东区·本区古迹》，中共北京市委党史研究室、北京市地方志编纂委员会办公室编：《北京旧志集成·延庆志辑七》，据国家图书馆藏清末稿本原大影印，北京：国家图书馆出版社，2021年。

2 ［清］何道增重修，［清］张惇德纂：（光绪）《延庆州志》卷二《舆地志·村镇表》，台北：成文出版社，1968年影印本，第63页。

小孤山建筑基址航拍图

川八景”之一，明代今小孤山叫独山，也叫团山，“独山夜月”就是妫川八景之一。万历《永宁县志》载独山夜月：“不待有月而旷野流辉，盖山岚夜朗，无论四时，晦朔常若，中秋望魂焉。莱子有不夜城，殆其近之。”山下还有“双月泉”“双影名泉印月”。[1]“独山夜月”很可能就是源自萧太后山顶赏月。

2017 年，文物部门在小孤山上进行了大规模考古发掘，发现了很多建筑基址，夜月寺很可能就在其中。

小孤山建筑基址出土的建筑构件

1 ［明］李体严修，［明］张士科纂：（万历）《永宁县志》卷一《舆地志·八景》，中共北京市委党史研究室、北京市地方志编纂委员会办公室编：《北京旧志集成·延庆志辑二》，据国家图书馆藏明万历三十年（1602 年）刻本影印，北京：国家图书馆出版社，2021 年。

四、辽圣宗与天成观

《辽史》记统和十年（992 年）十二月辽圣宗“猎儒州东川”，然后“拜天”。“东川”就是指今妫水河上游的刘斌堡乡大观头村（天成观）一带。《天成观碑》记其“兴于辽圣宗朝，废于烽火”[1]。极有可能是辽圣宗在东川“拜天”的时候，有什么“灵异”之事，让其突然想要“遵从天命”修建道观，因为是拜天时上天的旨意，所以，辽圣宗下诏修建“天成观”。

综上，缙阳寺、应梦寺、夜月寺、天成观皆是辽代帝、后南巡儒州缙山时决定创建或扩建的寺观，算是辽代的皇家寺观。这些寺观都是现在延庆有史可查最早的寺观，为延庆皇家寺观的修建奠定了基础。这些寺观大部分延续到明清时期，特别是缙阳寺，至今仍存，在延庆寺观发展史上占有重要地位。

第四节　帝师住持缙阳寺

有辽一代，佛教发展极为兴盛，皇室笃信佛学，支持寺院建造，请高僧入宫讲学，至辽圣宗、兴宗、道宗时期，佛教发展至极盛，出现了佛宫寺（应县木塔）、独乐寺、观音寺、天宁寺、云居寺、戒台寺等重要寺院，产生了海山、非浊、法均、弘觉等许多德高望重的高僧，海山大师郎思孝是其中最为知名者，是辽兴宗最为敬仰的高僧。辽圣宗、兴宗、道宗连续三位帝王皆曾驻跸缙阳寺，兴宗为缙阳寺赐名，重建了寺院。辽兴宗十分重视缙阳寺，重建完成后，马上派自己的老师郎思孝前往缙阳寺住持。郎思孝驻跸缙阳寺期间，兴宗曾遣人至缙阳寺为郎思孝送御寒衣物，成就了一段天子与僧人情深谊厚的历史佳话。

1　[元]胡庆云:《天成观碑》,[明]谢庭桂纂修,[明]苏乾续纂修:(嘉靖)《隆庆志》卷十《艺文·碑》，中共北京市委党史研究室、北京市地方志编纂委员会办公室编:《北京旧志集成·延庆志辑一》,据天一阁博物院藏明嘉靖二十八年(1549 年)刻本原大影印，北京：国家图书馆出版社，2021 年。

一、兴宗帝师郎思孝

金章宗明昌元年（1190年），任职提点辽东刑狱的王寂在辽东偶得《海山文集》一部，他在《辽东行部志》中记述了此事。其记，《海山文集》是辽代司空大师在觉华岛海云寺所作，作者名叫郎思孝。郎思孝早年中进士，曾在多个郡县为官，之后厌弃尘俗，皈依佛教，成为了名满天下的高僧。辽兴宗时，尊崇佛教，自国主以下，亲王贵胄，皆郎思孝事之。郎思孝是辽兴宗和当时很多贵族佛学方面的老师。兴宗十分敬重郎思孝，郎思孝给兴宗上奏不用称臣。兴宗在繁忙的政务之余，常常与郎思孝卧榻对吟诗歌。有一次兴宗先吟诗："为避绮吟不肯吟，既吟何必昧真心，吾师如此过形外，弟子争能识浅深。"郎思孝对之曰："为愧荒疏不敢吟，不吟恐忤帝王心。本吟出世不吟意，以此来批见过深。""天子天才已善吟，那堪二相更同心。直饶万国犹难敌，一智宁当三智深。"兴宗在郎思孝面前自称弟子，看来郎思孝是名副其实的"帝师"。有一次兴宗过天安节（生日），郎思孝送《松鹤图》给兴宗，并在画上题诗云："千载鹤栖万岁松，霜翎一点碧枝中。四时有变此无变，愿与吾皇圣寿同。"体现了郎思孝和兴宗的深厚情谊。[1]

据仅有的一些史料记载，郎思孝曾为《华严经》《涅槃经》《法华经》《宝积经》《般若理趣经》《观无量寿经》《报恩奉盆经》《八大菩萨曼陀罗经》等诸经注疏科文，但多佚失。现流传于世、署名郎思孝的著作，只有发现于北京房山云居寺、撰于重熙二十二年（1053年）的《大藏教诸佛菩萨名号集序》，山西应县木塔中发现的《毗奈耶藏近事优婆塞五戒本》，以及内蒙古额济纳旗黑水城遗址出土的《往生净土偈》《人生未悟歌》《未悟歌》。郎思孝是辽代的一位得道高僧。

二、郎思孝住持缙阳寺

根据《缙阳寺庄帐记》所记，辽兴宗于"丙戌"年重建缙阳寺，"丙戌"

1　以上关于郎思孝生平事迹的记述皆参考金代王寂撰写的《辽东行部志》，见［金］王寂：《辽东行部志》，贾敬颜：《五代宋金元人边疆行记十三种疏证稿》，中华书局，2004年，第264—265页。

修缮后的缙阳寺

即辽兴宗重熙十五年（1046 年），还为其亲自赐名。[1] 根据《辽东行部志》所记，郎思孝在重熙十七年（1048 年）住持缙云山，[2] 此缙云山就是缙阳山，郎思孝开始住持缙阳寺。重熙十七年（1048 年），缙阳寺很可能刚刚重建完，郎思孝是重建后缙阳寺的住持，也就是缙阳寺真正意义上的第一任住持。辽兴宗将自己修建的缙阳寺交由老师郎思孝住持，足见对郎思孝的信任，同时，让帝师住持，也体现出辽兴宗对自己修建的缙阳寺的重视。缙阳寺在辽兴宗心里的地位是很高的。暂未在史料中查到郎思孝在缙阳寺住持几年。

缙云山十分寒冷，郎思孝到达缙阳寺以后，辽兴宗十分担心老师在冬天受寒。根据《辽东行部志》所记，辽兴宗派内官张世英带着亲笔御书和香、磨丝等物到缙阳寺看望老师郎思孝。御书中说："冬寒，司空大师法候安乐。

1 《缙阳寺庄帐记》，《妫川碑石录》，北京：北京美术摄影出版社，2014 年，第 107 页。

2 ［金］王寂：《辽东行部志》，贾敬颜：《五代宋金元人边疆行记十三种疏证稿》，中华书局，2004 年，第 265—266 页。

比及来冬，差人请去，幸望不赐违阻。”文末云：“方属祁寒，顺时善加保摄。”[1]字里行间流露出对老师的惦念，担心老师冬天受寒，丝毫看不出任何天子威仪。这已经超越了师生关系，更不是天子与臣子的关系，而像是两个互相敬重、惦念的“老友”“知己”，体现出了深厚的友谊。终辽一朝，帝王能如此礼贤下士对待僧侣，仅此一例。正如《辽东行部志》作者王寂所说：“非当时道行有大过人者，安能使时君推慕如此？然亦千载一遇，岂偶然哉。”郎思孝是有辽一代最受皇室推崇、地位最高的僧人之一。

辽兴宗是历史上和缙阳寺关系最紧密的皇帝。他于重熙十五年（1046年）重建缙阳寺，奠定了寺院的布局、规模，并为其赐名。重熙十七年（1048年），缙阳寺正式建成，辽兴宗是缙阳寺的真正缔造者、创建者。缙阳寺建成的同年，辽兴宗派其最敬重的老师司空大师郎思孝任缙阳寺第一任住持，足见他对缙阳寺的重视。

第五节　最大生铁供应地

铁器是我国古代十分重要的工具，至今使用几千年，对我国社会经济发展产生过重要作用。无论是生活器具还是战争兵器，都离不开铁，在古代谁掌握了铁矿资源，冶铁、铸造技术，谁就拥有了至高无上的权力。辽朝由契丹人建立，契丹就是镔铁（古代的一种钢）的意思，契丹人常年与周围部族征战，掠夺资源、人口，而兵器是战争的必需品，所以，契丹人特别重视控制铁矿，及冶铁和铸造技术。渤海国位于今东北地区，“渤海人长于炼铁”，以冶铁闻名天下，契丹人灭亡渤海国以后，将大量渤海国铁匠南迁，为契丹人冶炼生铁，铸造兵器。如宋朝人王曾出使辽朝路过柳河馆（今河北滦平），曾亲眼看到那里“西北有铁冶，多渤海人所居”。上京道饶州长乐县居住的渤海人有“户四千，内一千户纳铁”。东京道同州所属东平县为产铁之地，居住在那里的渤海人被统治者“拨户三百采炼，随征赋输”。早在唐代，就将很多渤海人迁到现在的怀柔渤海镇附近采矿、冶炼，渤海镇铁矿峪、南冶村附近就是他们当年采矿、冶铁的地方。渤海

1　［金］王寂：《辽东行部志》，贾敬颜：《五代宋金元人边疆行记十三种疏证稿》，中华书局，2004年，第267页。

镇附近的四海、大庄科也有铁矿。辽代继承唐代的这些矿山和冶炼作坊，在现在的大庄科进行了大规模采矿和冶铁，以供应前方战争所需兵器。今大庄科乡发现了目前为止辽代最大采矿、冶铁遗址群。大庄科应该是辽代铸造兵器的生铁供应地。

一、大庄科矿冶遗址的发掘

2006年，延庆文物工作者在大庄科乡水泉沟发现了冶铁遗迹，并对附近进行了考古调查，在当地村民的带领下，发现了七座窑。最高的“窑”两米多高，只剩剖面，和汉代、唐代、明代的砖窑明显不同，虽有烧土，但窑壁坚硬如石。

2011年10月至2014年11月，北京市文物研究所联合北京科技大学冶金与材料史研究所、北京大学考古文博学院，对北京延庆大庄科矿冶遗址进行了大规模的考古发掘，共发现了慈母川矿山、榆木沟矿山、香屯村矿山、东王庄矿山、东三岔矿山，以及铁炉村遗址、慈母川遗址、汉家川遗址、水泉沟遗址、东王庄遗址，还有霹破石烧窑遗址、董家沟烧窑遗址。共有5处矿山，4处冶炼遗址以及3处居住及作坊遗址。共发现保存相对完整的冶铁炉10座。水泉沟冶铁遗址相对较大，占地面积约20000平方米。出土文物主要有辽代瓷片、瓷器残件、陶质板瓦、北宋钱币等。在辽代地层下，还发现了房址、灶坑、道路、灰坑、炒钢炉遗址等，此外还有一些瓷碗、酱釉罐、陶罐、砚台、铜钱、耳坠、纺轮等生活用品。

经专家和技术人员对冶铁遗址进行测绘和对碳-14测年，铁炉距今已有940余年，属辽代早期。辽朝获得幽云十六州很可能也是想得到铁矿山和冶铁作坊。

大庄科辽代矿冶遗址只发现了采矿和冶铁遗迹，未发现铸造遗址，证明大庄科只负责生铁生产制造，而不负责铸造兵器等铁器。

大庄科辽代矿冶遗址规模宏大，是目前所见最大的辽代矿冶遗址群。2015年，大庄科辽代矿冶遗址群被国家文物局评选为2014年度中国十大考古新发现。2021年，大庄科辽代矿冶遗址群被北京市人民政府公布为北京市第九批市级文物保护单位。

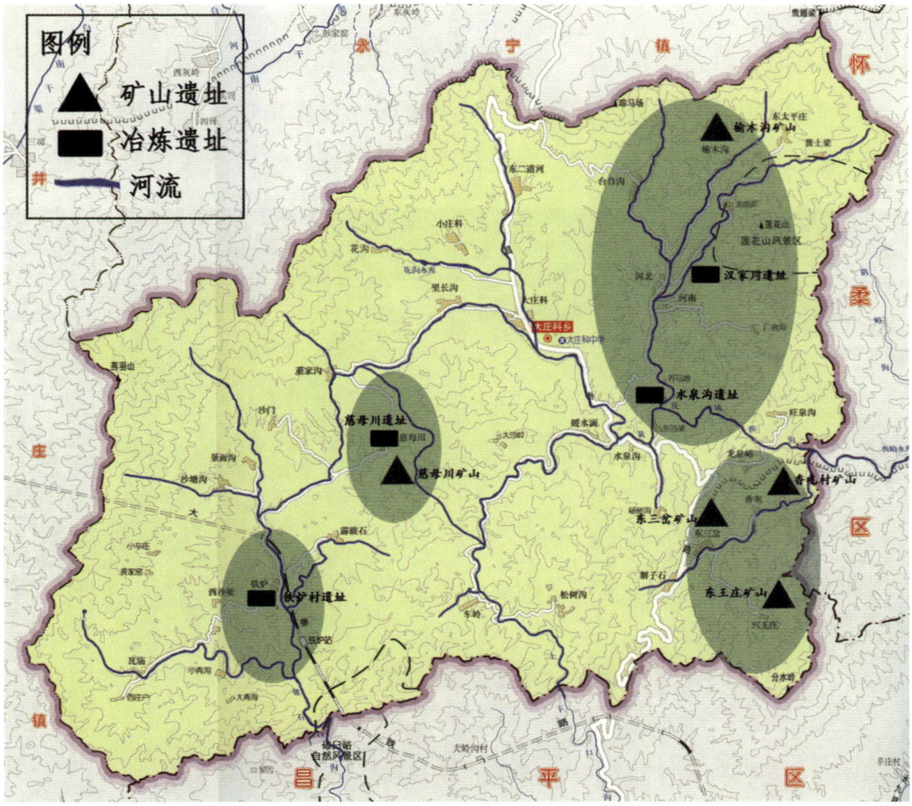

大庄科矿冶遗址群位置示意图

大庄科乡水泉沟村发现的冶铁炉遗址

二、生活遗址的发现

大庄科辽代矿冶遗址群还发现了少量居住及作坊遗址，这证明当时有很多铁匠是居住在大庄科的。冶铁作坊区房屋破坏较为严重，没有一处十

大庄科乡水泉沟村辽代矿冶遗址群中的居住遗址

分完整的房址，但残存着用石块砌成的部分房基以及部分柱础石等。房屋均为地面起墙的建筑，房址平面形状一般呈方形或长方形。其中比较典型的一处房屋坐北朝南，由院门、院墙、正房、东西厢房组成。院落平面呈长方形，院墙东西长 24.3 米，南北宽 10.6 米，墙体残高 0.18—0.6 米。房屋基础的构筑方法是平地起建。正房位于院内中部，房屋面宽 5.2 米，进深 4.8 米。墙基用石块砌成。房屋上部原覆盖有灰陶板瓦，现已塌落。房屋南侧设门，门前安放长方形过门石。正房内西北侧有长 3.3 米、宽 1.5 米、残高 0.2 米的火炕，石板上部用泥土抹平。炕内设三条宽 0.2—0.3 米、深 0.2 米东西走向的烟道，上有小块花岗岩石板作为炕面。房址西北角有一排烟口。房内东南角有一灶，平面呈弧形，灶壁四周有一层烧结面，遭到不同程度破坏。灶门开于灶南偏西处。灶膛西北角与炕内烟道相通。

作坊遗址区发现了 10 条辽代车辙，还有很多道路遗迹。道路呈南北走向，向南可抵达水泉沟冶炼炉遗址，向北可抵达汉家川冶炼区。有一条道路宽 15.8 米，路上车辙宽 0.25—0.3 米，辙沟深 0.15—0.19 米，两辙中心间距约 2.4 米。这应该就是辽代运生铁车的轴距。

三、大庄科辽代采矿、冶铁作坊的作用

根据学者研究，辽朝有三大冶铁中心，一处在今辽宁辽阳、鞍山一带，“契丹把大批渤海户迁到辽阳冶铁，被称为曷术部或曷术馆”[1]。一处在今河北省滦平、隆化到平泉一带，即“七十里至柳河馆（今河北省滦平县红旗镇），河在馆旁。西北有铁冶，多渤海人所居，就河漉沙石，炼得成铁……七十里至打造部落馆（今河北省隆化县韩麻营乡），惟有番户百余，编荆为篱，煅铁为军器……九十里至铁浆馆（今河北省平泉县洼子店）”[2]。三在内蒙古巴林右旗，“太祖伐渤海，迁其民，建县居之。户四千，内一千户纳铁”[3]。算上大庄科，辽朝至少有四个冶铁中心。前三个冶铁中心的铁匠基本都是渤海人。

---

1 张博泉：《东北地方史稿》，长春：吉林大学出版社，1985 年，第 235 页。

2 ［宋］王曾：《行程录》，曾枣庄、刘琳主编；四川大学古籍整理研究所编：《全宋文》，成都：巴蜀书社，1990 年，第 8 册，第 363 页。

3 ［元］脱脱：《辽史》卷三十七《地理志》，北京：中华书局，2000 年，第 306 页。

目前所见史料未记大庄科矿冶遗址，也未记其铁匠是渤海人。但是，渤海人是辽朝冶铁技术最好的，而且今大庄科东部的渤海镇是唐代从渤海国南迁的渤海人，在周围采矿、冶炼。所以，大庄科的冶铁工匠很可能是从渤海镇征调过去的，或者说，至少核心铁匠是渤海人。和辽代其他冶铁中心渤海铁匠不同的是，其他冶铁中心铁匠是契丹人灭掉渤海国后的渤海遗民。而大庄科冶铁中心的铁匠是唐代从渤海国南迁的渤海人后代。

辽朝常与宋朝开战，需要大量的兵器。大庄科地处辽南京北侧，而辽南京（今北京城区）算是对宋作战的前沿，大庄科冶铁中心生产的生铁主要运送至辽南京，然后铸造成兵器，供应前线。辽代大量吸纳汉人文化、制度，幽云十六州等地居住了大量汉人，汉人可以任职高官，这大大促进了辽朝社会经济的发展。而农业等社会经济的发展都需要大量的铁器，包括大庄科等冶铁中心都需要为铸造生活、生产所需的铁器提供生铁。

大庄科是目前发现辽代最大的矿冶遗址群，是辽朝最大的冶铁中心之一，是战争兵器和生活、生产器具所需生铁的重要供应地，也是最大供应地。大庄科冶铁中心的主要铁匠是唐朝南迁内地的渤海铁匠后代。

第六节　县城破格设行省

延庆在辽代为儒州缙山县，属西京道奉圣州。金熙宗皇统元年（1141年），撤儒州，只保留缙山县，仍属西京道奉圣州。金大安元年（1209年）升奉圣州为德兴府，缙山县属之。金卫绍王大安三年（1211年），蒙古人在成吉思汗的率领下正式攻打金朝。经过野狐岭（今河北万全西北）之战和会河堡（今河北怀安柴沟堡镇第十屯村）会战，金军主力尽失。妫川（今河北怀来及延庆部分地区）、缙山（今延庆）成为了“抗蒙”前线。为抵御蒙古南侵，卫绍王完颜永济派大将术虎高琪前往缙山布防。随着蒙古军队的南下，金朝尚书左丞完颜纲亲自坐镇缙山，行尚书省事，也就是尚书省大臣出镇地方时的临时机构，掌一方军政。

一、镇　州

术虎高琪是金末名将，早年曾数次击败宋朝。大安三年（1211年），为抵御蒙古军，率领战斗力较强的乣军驻扎于金中都（今北京城区）通玄门外。不久，金朝为防止蒙古军队再次进攻，就准备在居庸关、八达岭以北的妫川、缙山县布置重兵，希望能够保住居庸关，以险塞拒蒙古人南侵。

大安三年（1211 年）蒙古第一次攻金之后，金朝于崇庆元年（1212 年）升缙山县为镇州，意喻震慑蒙古、永远安定，任命术虎高琪为镇州防御使，代理元帅右都监（从三品）。镇州下设一永安镇。《隆庆志》在记载“镇”的部分云：“岔道，旧名三叉口，又名永安甸，为口外入居庸关之要道。”[1]永安镇应该就在现在的岔道。

延庆在唐代正式设立儒州，辽代延续，自金初撤废后，延庆就只设有缙山县。一直持续到金末，才又一次恢复“州”这一建制。镇州是朝廷为抵御蒙古入侵而建，以大将术虎高琪为镇州防御使，虽然设置时间很短，但军事、政治地位明显高于延庆地区唐辽所设儒州。镇州是延庆地区地位较高的“州”级建制。

至宁元年（1213 年）八月，蒙古军在缙山击败金军。贞祐元年（1213 年），术虎高琪自镇州移兵金中都南部，拱卫京师。随着蒙古人占领镇州，镇州随之撤废，术虎高琪的镇州防御使之职务也随之撤销。镇州大约在崇庆元年（1212 年）到贞祐元年（1213 年）设立一年左右。

二、缙山元帅府

贞祐元年（1213 年），术虎高琪升任元帅右监军（正三品）。术虎高琪在缙山设有“元帅府”。那么，什么是元帅府？金代初期设有都元帅府，置都元帅一员，为最高军政军令长官，从一品。金太宗时以都勃极烈兼领都元帅，金熙宗朝常以三公兼领都元帅。都元帅府高于六部，仅次于尚书令。下设左副元帅、右副元帅、元帅左监军、元帅右监军、左都监、右都监等。元帅府掌征讨之事，兵罢则省。在边疆地区设有元帅府。术虎高琪是以元帅右监军的身份在镇州开设元帅府的。贞祐元年（1213 年），随着蒙古兵攻占缙山，缙山元帅府随之撤废。

1　［明］谢庭桂纂修，［明］苏乾续纂修：（嘉靖）《隆庆志》卷一《地理·镇》，中共北京市委党史研究室、北京市地方志编纂委员会办公室编：《北京旧志集成·延庆志辑一》，据天一阁博物院藏明嘉靖二十八年（1549 年）刻本原大影印，北京：国家图书馆出版社，2021 年。

术虎高琪在镇州设元帅府，广纳人才。他招揽缙山勇士，让缙山人毕资伦任防城军千户。任命王楫为副统军，守卫涿鹿。这些军士后来皆奋勇杀敌，紧随术虎高琪，以“抗蒙”为己任。如果说镇州是当时延庆的最高行政机构，那么，缙山元帅府就是当时的最高军事机构，目的就是抗击蒙古。

缙山元帅府除了宁死不辱的“缙山战神”毕资伦，最有名的就是王楫，他先供职于缙山元帅府，后得到术虎高琪的赏识，经术虎高琪的引荐，特赐进士出身，授副统军，守卫涿鹿。至宁元年（1213年），成吉思汗率兵南下进攻金国。一路势如破竹，但被小城涿鹿阻挡，王楫以少量兵力与蒙古大军鏖战了三天，最后战败被捕。准备处死时，面对死亡，王楫神色不变。成吉思汗问他：“你怎敢抗拒我军，难道不怕死吗？”王楫回答：“我以一介布衣受皇上恩惠，发誓要以死报效国家，如今既然已经战败，为国而死是我的荣幸！”成吉思汗觉得王楫很有气节就放了他，还任命王楫为都统，佩戴金符，命令他召集山西溃散的兵士。之后跟随成吉思汗南下攻破了很多金国的城池。后来，王楫当上了宣抚使，兼管行尚书省六部事务，封为银青荣禄大夫，兼任御史大夫，世代承袭千户。王楫是缙山元帅府走出来的级别最高的官员。

根据史料所记，掌缙山元帅府的元帅右监军、镇州防御使术虎高琪任命王楫为副统军，守卫涿鹿，涿鹿直线距离今延庆66千米，中间还隔着妫川县（怀来县）。这证明缙山元帅府不仅管着现在的延庆，而且还能统辖涿鹿、怀来。缙山元帅府很可能是当时居庸关以北的最高军事机构，统一管理一切军队抗击蒙古南侵。今延庆及张家口东南部是缙山元帅府管理、戍防的地区。

三、缙山行省

金朝晚期，多在边疆紧要地方设立元帅府的同时设立行尚书省，如《金史》记“行尚书省、元帅府于婆速路”“行尚书省、元帅府于上京”。

蒙古人两次攻打金朝成功后，随时准备第三次进攻金朝。朝廷派术虎高琪任镇州防御使，术虎高琪在镇州整军备战，军士们每日操练、斗志昂扬，金军的战斗力一点点又回来了，都希望与蒙古人决一死战，士兵们都十分钦佩术虎高琪。

至宁元年（1213 年），蒙古人即将攻打妫川、缙山，尚书左丞完颜纲想带兵“十万行省于缙山”[1]，尚书右丞徒单镒认为术虎高琪已经把镇州防御做得很好，劝完颜纲只在缙山设行省就好，不必亲自前往，又说术虎高琪的军功以后可以被当作您设缙山行省的功劳，但完颜纲不听，执意前往缙山。完颜纲到缙山设行省后，蒙古人就打进来了，完颜纲的士兵仓促布防，又不了解地形，被打得大败，几乎全军覆没。后来朝廷为防止蒙古人攻打金中都，急调镇州防御使术虎高琪回防中都。随后，蒙古兵包围金中都。缙山行省设置没几个月就撤废了。

关于金尚书左丞完颜纲在缙山设立行尚书省，《金史》多有记载。《金史・完颜纲传》记：“至宁元年，纲行省事于缙山。”[2]《金史・术虎高琪传》记：“至宁元年八月，尚书左丞完颜纲将兵十万行省于缙山，败绩。”[3]《金史・徒单镒传》记：“至宁元年，尚书左丞完颜纲将行省于缙山……”[4]行尚书省简称为行省。可以确定，金尚书左丞完颜纲于至宁元年（1213 年）在缙山设置了行尚书省，随即撤废。是金代设置时间最短的行省。缙山行省是今延庆发展历史上等级最高的建制。

四、金朝的行省制度

中国的行省制度起源于金朝，元朝正式确立。金朝的行省制度直接促成了元朝行省制度的建立。但不同的是，金朝的是行尚书省，而元朝是行中书省。行省就是行尚书省和行中书省的简称，就是尚书省或中书省宰执受派遣到地方或临时在外设置的分支机构。

“省”这个字最开始源于“三省六部制”。最早在东汉就形成了尚书省，时称“尚书台”，三国时期为了分割和限制尚书省，又分设了中书省和门下省。隋朝之后逐步完善和确立了“三省六部制”，三省为：中书省、门下省、尚书省。三省是除皇帝以外的最高权力机构。

金太宗天会四年（1126 年），始设尚书省总揽政务，有“三省”之制，

1　［元］脱脱：《金史》卷一六〇《术虎高琪传》，中华书局，2000 年，第 1562 页。
2　［元］脱脱：《金史》卷九十八《完颜纲传》，中华书局，2000 年，第 1449 页。
3　［元］脱脱：《金史》卷一六〇《术虎高琪传》，中华书局，2000 年，第 1562 页。
4　［元］脱脱：《金史》卷九十九《徒单镒传》，中华书局，2000 年，第 1456 页。

金代“缙山县”铭文铜镜（拍摄于国家博物馆展览）

至海陵王正隆元年（1156年），罢中书、门下二省，只置尚书省。于此可见，尚书省堪称金代的最高行政机构，权力是非常大的。

金代尚书省下设有尚书令一员，正一品，总领纪纲。有左丞相、右丞相各一员，从一品。平章政事二员，从一品，为宰相，掌丞天子，平章万机。左丞、右丞各一员，正二品。参知政事二员，从二品。为执政官，辅佐宰相。完颜纲所任尚书左丞是正二品官员。

金朝早期曾设有“行台尚书省”，是尚书省的派出机构，后来简称“行尚书省”，再简称“行省”，由尚书省的主要官员在“京外”地区担任行省最高官员，主管地方军政，是地方临时最高行政机构。行尚书省中的“行”字，大约有“行走”的尚书省、代尚书省行使权力等方面的意思。“行省”一般是地方出现重大问题等特殊时期设立的机构，行省官员由尚书省直接委派，可以直接听取朝廷政令而处理军国大事，方便中央直接管理地方，有利于维持地方稳定、加强中央集权。有金一代，共设立过几十个行省。金朝晚期，随着蒙古人的入侵，王朝统治风雨飘摇，不得不在各地广泛设立行省，以直接管理、快速解决军国要事。

卫绍王时期（1209年—1213年），蒙古数次南侵，为抵御蒙古入侵，先后设有宣德行省、西京行省、缙山行省，皆是特殊时期为战争而设。缙山以一县之弹丸之地设立行省，在金代是十分少见的，这也可以看出缙山在“蒙金战争”时的重要性。

综上，缙山县地处居庸关、八达岭之北，地理位置十分重要，金朝在野狐岭和会河堡之战失败后，决定以重兵镇守缙山县，保护天险居庸关，用居庸关作为抵御蒙古最后的屏障。金朝在崇庆元年（1212年）升缙山县为镇州，下设永安镇，有“镇守”“永远安定”之意。同时派大将术虎高琪任镇州防御使，设缙山元帅府，统一管理“山后”地区，招揽人才，抵御入侵。至宁元年（1213年），尚书左丞完颜纲到缙山设立行尚书省，即行省。此行省虽不及元代行省权力之大，与现代“省”也不是同一概念，但却是延庆历史上第一次设立“省”级建制。缙山行省是延庆迄今为止等级最高的建制。

第七节　完颜纲败走缙山

至宁元年（1213年），蒙古人第三次攻打金国，在缙山与完颜纲的十万金军激战，结果金军惨败，从此，金国再也无力组织大规模军队抵御蒙古入侵了。

蒙古人进攻缙山前，术虎高琪已在缙山经营一年，他任镇州防御使，在险要关隘布置兵力，又设缙山元帅府，广纳贤才。他知道居庸关是抵御蒙古的最后一条防线，在八达岭到南口的关沟中驻以重兵。在居庸关冶铁铸关门，战时关闭，在关周围百余里内撒布铁蒺藜，这种铁蒺藜是用生铁铸成，直径大概二三寸，形似蒺藜，使战马不能驰骋。缙山在术虎高琪的经营下，布置得宛如铁桶山河。

完颜纲到来后，在八达岭西北缙山至怀来一线又布置了大量精兵，正在他们忙于布防，迎接蒙古人进攻的时候，中都发生了政变，皇帝完颜永济被杀死，叛军迎章宗的哥哥完颜珣即位，是为金宣宗。蒙古人得知消息后，立即发兵缙山，想趁金朝政局未稳之际突袭居庸关，攻入金中都。

至宁元年（1213年）八月，成吉思汗率领人马，沿着上一次进攻的路线杀来。蒙古人先后攻下宣德州（今张家口宣化）、德兴府（今张家口涿鹿），直抵缙山。完颜纲立即组织人马，在通往八达岭的孔道两旁布以重兵，准备在妫水南岸与蒙古军会战。经过野狐岭之战后，金军在蒙古骑兵的打击下早已成为惊弓之鸟，未战先怯，再加上完颜纲初到缙山，布置仓促，不了解地形，朝廷又发生了政变大事，兵无斗志。相反，蒙古骑兵乘胜进攻，在成吉思汗的率领下，斗志昂扬，他们身经百战，以一当十。两军刚一接触，金军便开始溃败，十万大军霎时间就土崩瓦解，像一群麻雀听到炮响一样四散奔逃。蒙古铁骑挥刀射箭，大砍大杀，金军就像待宰的羔羊，慌不择路地向南逃窜，从缙山到八达岭的道路中，到处都是金兵的尸体，绵延几十里。完颜纲将行省大印扔掉，领着残兵逃回中都去了。

成吉思汗追杀到八达岭。术虎高琪在居庸关一带填塞了所有的通行隘口，冶铁铸关门，布铁蒺藜百余里，蒙古骑兵难以通过。金主闻听完颜纲失败的消息，也不管居庸关的防御，急调术虎高琪回守中都。蒙古大军饱掠缙山之后，兵临八达岭。见防守严密，成吉思汗问计于诸将，曾出使过金国的札八儿说：“八达岭黑树林中有一条小道，仅可容一骑通过，我曾经走过那里，如果率领军队悄悄行走，一个晚上的时间就可以到达居庸关南口。”于是成吉思汗派大将哲别率精锐骑兵“勒兵衔枚”，日暮入谷，一夜急行军，悄无声息地从后方包抄了居庸关，睡梦中的金军被杀得大败，士兵争相逃命，血流成河，声如山崩。驻守在八达岭（居庸关北口）的契丹人讹鲁不儿眼见大势已去，只得放弃抵抗，向蒙古人投降，居庸关失守。缙山之战以金兵的完败告终。

居庸关形势图（明代《九边图屏》）

完颜纲回到金中都后，被发动政变的胡杀虎杀害，罪名之一就是兵败缙山。当年十月，术虎高琪杀死胡沙虎，中都政局渐渐稳定。

据《永宁县志》记载，万历二十八年（1600年）延庆州永宁县人在筑墙的土中发现了完颜纲的官印，贮存县库。[1] 此印就是完颜纲兵败缙山遗失的。

第八节　金代的名门望族

延庆之地，古韵悠长，金代风华，犹存史章。毕、侯两家，一文一武，以傲骨贤良共绘延庆金代辉煌篇章，二者精神风尚后世永留。

一、忠义烈士毕资伦

据《金史》记载，毕资伦，缙山（今延庆）人。出身微贫，本来以编制柳器为生。泰和年间，金举天下之全力，南征宋。毕资伦受雇佣从军，开启了戎马生涯。南征回朝之后，按例授予进义副尉。崇庆元年（1212 年），缙山升为镇州，防御使术虎高琪选任毕资伦为防城军千户。第二年，蒙古大军攻打镇州，高琪兵败弃城而逃，毕资伦撤退至昌平，沿路收留了避战百姓和散兵游勇数千人，因为连续转战有功，擢授为都统军，与军中将领沉思忠等屯兵郑州和卫州，当时名号为“沉、毕军”。逐渐积累军功，官至都总领。

毕资伦英勇善战，曾两次攻克梅林关。金宣宗派仆散阿海南征，军队在梅林关受到阻碍。阿海询问诸位将领谁能攻陷此关，毕资伦首当其冲领此军命。第二日黎明，趁宋军不备，毕资伦仅率领本军攻击宋军营寨，使宋军万余人溃散，金军得以向南继续征伐。金提控王禄带领万人守梅林关，没过多久，宋军再次夺回关口。阿海班师回朝，复经梅林关。毕资伦再次领命，仍旧以自己所率领的本军再次夺得梅林关。阿海南征之战，毕资伦战果赫赫，论功第一，授封为昌武军节度使、宣差总领都提控。

兴定五年（1221 年）正月，提控王禄在军中举办宴饮，宋朝龟山守将时青得信此时泗州空虚，乘势袭取西城（泗州共东西两城），斩杀王禄。毕资伦明晰大势已去，欲要跳城寻死，却被宋军擒获。宋将时青游说道：“我

1　［明］李体严修，［明］张士科纂：（万历）《永宁县志》卷一《舆地志·古迹》，中共北京市委党史研究室、北京市地方志编纂委员会办公室编：《北京旧志集成·延庆志辑二》，据国家图书馆藏明万历三十年（1602 年）刻本影印，北京：国家图书馆出版社，2021 年。

知晓你是一位好男儿，应该认清形势，通权达变。金国势衰弱，如若你肯投降，宋一定不辜负你。如若不遵从，见到刘大帅便死”。毕资伦大骂：“不幸失守城池，甘愿一死尚且不能报国，怎肯听从你以求生呢。”时青知道他没有投降的意愿，于是将他关进盱眙牢狱。

当时临淮县令李某也被宋军抓捕，后来放归，向移剌羊哥讲述了这件事。羊哥认为毕资伦因为恶语相骂一定会被时青杀害，所以通过羊哥的宣扬，毕资伦凭借誓死不屈的气节在朝廷当中闻名，他的儿子也因此成为皇后身边的閤舍人。

宋国人也欣赏毕资伦忠诚不屈，想要保全他的性命，便以铁绳枷锁将他囚禁在镇江的监狱中，日常仅提供一些饮食、衣物勉强维生，并时常进行审讯，问他是否投降。毕资伦有时破口咒骂有时沉默不语，如此十四年。

宋国攻破盱眙，让金国总帅纳合买住向北方叩拜，以辞别原来的君主，并令毕资伦在旁边观看整个仪式。毕资伦见状大骂，“纳合买住，国家没有辜负你，为什么不求死，做这副模样呢？”买住惭愧地低头不敢仰视。

蔡州城破，金哀宗上吊自杀，金国亡。宋人将这个消息告诉毕资伦，资伦惋叹道：“我的心中已经没有任何望念，希望可以容许祭拜我的国君之后再投降。”宋人为他准备牛羊等祭品，在镇江南岸举行了祭祀仪式。毕资伦完成祭祀后，伏在地上悲痛大哭，趁宋人不备之际投江而死，慷慨殉国。宋人以其为忠义的榜样，为他修建祠堂，以宣示天下。

二、贤良善导侯李氏

李氏，缙山县人，她体貌优美、性格温和，从小便备受父母宠爱。长大之后，经父母之命，嫁给了当地的望族——侯氏——侯士温。在李氏二十四岁时，士温早亡，留下了侯进与侯庆两个幼子。丧夫初期，李氏甚是忧虑，极其难过以至身心交瘁。待丧事解除后，她逐渐振作，勤恳顾家从不懈怠，尽心尽力照顾长子抚育幼儿。

贞祐二年（1214 年），金宣宗遣使向蒙古军求和。成吉思汗得到金朝优厚奉金之后，退驻鱼儿泊（今内蒙古克什克腾旗达来诺尔）。宣宗不顾臣子力谏，执意迁都南京（今河南开封）。

李氏随身携二子、带着干粮，追随金政权。渡过黄河后，他们暂时居住在安徽宿州。即使政局动荡不安，母子三人颠沛流离，但是李氏仍然坚持聘请优秀的老师教导两个孩子。李氏重视学习的事迹被完颜皇室知晓后，举荐二子入仕。侯进在元帅府当差，后来多次迁升至保宁军节度副使；次子侯庆为万夫长。

天兴二年（1233 年），侯进带领军队在淮南与蒙古军交战，最终战死沙场。侯庆骁勇善战，长于骑射，奉命带领本部军队守卫蜀汉地区，与宋兵发生冲突战死。

二子死后，李氏与孤孙玠（进子）、瑛（庆子）相依为命，即使年事已高，她仍旧悉心教导。1234 年，金朝灭亡后，宿州曾发生严重饥荒，李氏在艰难的情况下照顾孙子，最终渡过难关。

归顺元朝后，侯玠，凭借渊源的学识成为归德府（今河南商丘）丞，侯瑛成为元帅府长史。李氏也因为子孙兴旺而安享晚年，衣食丰足，直至九十岁去世，埋葬在缙山。中书省听闻此事后，在家设立了祠堂，令学士郭松年为她撰写碑铭，记录她的一生。

第八章 两都枢纽

元代是延庆历史上最鼎盛的时期。辽金为延庆元代历史的辉煌奠定了基础。元代继承了辽金时期的巡幸、御道、行在、园林，并进一步发展。延庆在元代各方面的发展与出生在缙山县的元仁宗有着紧密联系。

首先，延庆在元代地理位置变得更加重要。辽金时期，延庆地处辽上京与辽南京、金中都与金莲川之间的腹里地区，与前朝边陲地带相比，地理地位有了显著提升。但到了元代，延庆地处元大都和上都之间，南部是大都，北部是上都，和辽上京相比，延庆与元上都的位置更近，是名副其实的“两都要地”。其次，元朝行两都巡幸制，延庆位于巡幸必经之地，元廷在继承辽金御道的基础上，建成了规模更大、更完善的皇家御道，供皇帝北巡。除御道，元廷还在今延庆修建了驿路、军事密道，延庆在元代正式成为了“两都枢纽”。元廷又在延庆修建了很多皇家园林和行在，供皇帝北巡的时候驻跸、游玩。因皇家巡幸，极大提升了延庆的政治地位。皇帝每年都会在延庆驻跸、游玩很多天，延庆堪称是元廷的“第三政治中心”。因元仁宗出生在延庆，元仁宗登基后，升缙山县为龙庆州，隶属大都路，后来又单独设立了龙庆路，这些都让延庆的政治地位获得了巨大的提升。再次，因元仁宗出生于缙山香水园，其即位后，广修缙山的香水园、流杯园，其子元英宗续修流杯池行殿，仁英二帝将缙山打造成为了皇家后花园。同时，缙山也是元代两都之间皇家园林最多、规模最大的地方，堪称“两都花园”。最后，元仁宗在缙山设隆镇卫亲军都指挥使司，戍防面积跨越今河北、山西、北京，是有史以来延庆等级最高的军事机构，让延庆的军事地位获得了空前的提升。另外，元代延庆还是真大道教、全真教的重要传播地。

有元一代，在继承辽金巡幸、御道、园林、行在的基础上，在各个方面都有了广泛的发展，设有前朝未有的综合立体、等级较高、时间较长的行政机构，建有等级最高的军事机构，修有大型皇家园林和道观寺庙，还诞生了恢复科举制的一代明君元仁宗，在整个元代都有着举足轻重的地位，政治、军事、宗教地位都达到了历史最顶点，元代是延庆历史上最鼎盛、最辉煌的时期。

第一节　元代建制等级高

延庆在元初属缙山县。如果不算金代在延庆短暂设立的缙山行省，元代今延庆地区出现了历史上等级最高的行政、军事建制，这一切都因为元仁宗出生于缙山县的香水园。

一、龙 庆 州

金贞祐三年（1215 年）蒙古人彻底占领缙山，到元世祖忽必烈至元三年（1266 年），缙山县属上都路德兴府。至元三年（1266 年）到元仁宗延祐三年（1316 年），缙山属上都路宣德府奉圣州。上都（今内蒙古正蓝旗）是元代两都之一，缙山地属上都路，证明缙山在元代前中期的地位也不算低。

元仁宗出生于缙山县香水园，他即位后，于延祐三年（1316 年）升缙山县为龙庆州，[1] 意喻天子降生的地方，又以怀来县隶属龙庆州，将龙庆州划入大都路，[2] 而大都（今北京城区）是元朝的都城。大都路龙庆州的设立，让今延庆地区在元代政治地位获得了巨大的提升。20 世纪 80 年代，延庆南菜园一座元代墓葬中出土了一块覆面瓦，上刻有“大元国至元二十二年二月廿八日，故缙山县杨祐之，延祐四年二月”等字。“故缙山县”就证明在延祐四年（1317 年）已经不叫缙山县。这是延祐三年（1316 年）缙山县升为龙庆州的实物证据。

元仁宗在缙山有其出生地香水园，其即位后，马上在香水园修建凉

1　［明］宋濂：《元史》卷二十五《仁宗纪二》，北京：中华书局，2000 年，第 388 页。
2　［明］宋濂：《元史》卷五十八《地理志》，北京：中华书局，2000 年，第 906 页。

南菜园元代墓葬出土的覆面瓦

殿。元仁宗出生于三月初三日，而缙山原有流杯池，人们每年三月初三日在流杯池举行祓禊仪式，人们坐在流杯池旁，在上流放置酒杯，酒杯顺流而下，停在谁的面前，谁就取杯饮酒，意为除去灾祸不吉。为庆祝自己的生日，元仁宗在流杯池的基础上，将其扩建为大型皇家园林——流杯园。元仁宗儿子英宗即位后，又在流杯池修建行殿，以纪念自己父亲的生日。为了报答父母在缙山的生育之恩，元仁宗在今团山山顶建有圣母庙，在佛爷顶建有龙安寺，分别纪念母亲和父亲。元朝行两都巡幸制，每年春天从大都（今北京城区）北巡上都（今内蒙古正蓝旗）避暑，秋天从上都返回大都过冬，缙山是必经之地。元仁宗每年北巡途经缙山，都要在流杯池纪念自己的生日，到龙安寺和圣母庙祭拜自己的父母，以感谢他们的生育之恩。

龙庆州除属有怀来县，在原缙山县界内设有神峰乡、花园村、荆子村等乡村行政机构。神峰乡即今延庆东部永宁一带，花园村在今古城村，荆子村在今黑峪口村北。

二、龙庆路

泰定帝时期（1324 年—1328 年），在龙庆州的基础上设立了龙庆路，[1]“路”是元代行中书省下地方最高行政机构，龙庆路的设立，让今延

---

1 ［明］宋濂：《元史》卷二十九《泰定帝纪一》，北京：中华书局，2000 年，第 438 页。

庆地区在元代的政治地位达到了顶点。金代在延庆设有缙山行省，省的级别高于路，所以金代的缙山行省高于龙庆路。但是缙山行省只设置了短短几个月，并且金代的行省还不是真正意义的“省”，没有完整的省级建制和权力。所以，从某种意义上说，龙庆路才是今延庆地区历史上等级最高的行政机构。龙庆路与龙庆州构成了一套长期稳定、等级较高的行政机构，无论是从时间长短还是从机构完整上看，都是高于设置时间极为短暂的金代缙山行省、镇州的。

龙庆路的管辖范围很可能会比龙庆州大一点，也就是今延庆和河北省怀来县，以及怀来县周边地区。今延庆地区是元朝皇帝北巡、南归的必经之地，修建了大量供皇帝休憩、游玩的行在、花园，每年皇帝北巡都会在缙山县皇家苑囿香水园、流杯园驻跸、游玩很久，无形增强了缙山县的政治地位，让缙山成为了元代两都之间的移动朝廷。缙山土地肥沃，盛产谷物、水果，元廷在缙山设有车坊官园，[1] 为北巡的皇室贵族大臣进贡瓜果桃梨，解暑以缓解疲惫。元廷在缙山设有栽种提举司管理栽种和官园等。[2] 缙山地形复杂，山水纵横，有很多细窄的山谷和关口，较为适合埋伏或者守卫。缙山是元代两都之间一个较为特殊的地区。龙庆路很可能就是为管理皇家苑囿、田产、官园、稻谷以及皇帝北巡人身安全而设立的一个特殊的路，统一管理、调度缙山的苑囿、官园、稻谷和军队。龙庆路是元代两都之间最重要的一个路，与大都路、上都路一起，构成了元廷的“政治枢纽”。

随着元朝“两都之战”（1328 年）的爆发，缙山皇家苑囿、官园尽遭兵燹。元文宗即位后，“仁宗系”彻底退出政治舞台，仁宗哥哥海山的“武宗系”开始把持政局，缙山的发展由盛转衰，龙庆路可能在此时撤废。

三、隆镇卫

元仁宗即位后，为保证自己北巡途中的安全，也为了拱卫大都，防止敌人从北方来犯，在拖雷早年于居庸关南、北口设立千户所的基础上，升其为隆镇上万户府，[3] 地位获得了空前的提升。皇庆元年（1312 年）又将

1　［明］宋濂：《元史》卷三十六《文宗纪五》，北京：中华书局，2000 年，第 545 页。
2　［明］宋濂：《元史》卷八十七《百官志三》，北京：中华书局，2000 年，第 1465 页。
3　［明］宋濂：《元史》卷九十九《兵志二》，北京：中华书局，2000 年，第 1678 页。

隆镇上万户府升为隆镇卫亲军都指挥使司，[1]治所就在缙山。隆镇卫军队分布区域很广，今华北地区的险塞隆镇卫都负责戍防，地跨今北京、河北、山西等地。山海关、居庸关、紫荆关等天下险塞都由其驻守。[2]其军队主要由钦察、唐兀、贵赤、西域、阿速、哈儿鲁、蒙古、汉军构成，[3]是战斗力较强的“探马赤军”，探马赤就是由许多异族人构成的军队。可以说，隆镇卫是元代两都之间最重要的军事机构，军事地位十分重要，在争夺皇位的“两都之战”（1328 年）期间，扼守居庸关、山海关、古北口的隆镇卫发挥了重要作用，甚至左右了元廷的政局。隆镇卫是延庆历史上等级最高、最重要的军事机构。

第二节　仁宗降生香水园

元仁宗是史料明确记载今延庆地区诞生的唯一一位皇帝，正是因为元仁宗在缙山县（今延庆）降生，缙山的政治、军事地位才得到了史无前例的提升。元仁宗出生在了缙山县花园村，这里在辽金时期曾是皇家苑囿。因为元仁宗在这里出生，所以，升其为香水园。香水园后来发展成为了元代两都御道上最大的皇家苑囿。

一、降生北巡途中

至元二十二年（1285 年）春天，按照惯例，忽必烈从大都（今北京城区）出发北巡上都（今内蒙古正蓝旗），太子真金，以及忽必烈最喜欢的嫡孙、真金的第二个儿子答剌麻八剌等皇亲国戚随行。答剌麻八剌是忽必烈最喜欢的皇孙，每次北巡都必须让答剌麻八剌随行左右。当时答剌麻八剌的妻子答己已有身孕，但为了“不违皇命”，让爷爷忽必烈开心，所以，冒险带着妻子答己一起随行北巡了。

当年二月底，忽必烈的北巡车队进入了缙山县地界，此时，答己的腹

1　[明]宋濂：《元史》卷二十四《仁宗纪一》，北京：中华书局，2000 年，第 372 页。

2　[明]宋濂：《元史》卷八十六《百官志二》，北京：中华书局，2000 年，第 1438—1439 页。

3　[明]宋濂：《元史》卷九十九《兵志二》，北京：中华书局，2000 年，第 1678 页。

部渐渐疼痛，但车驾还在向北行进，眼看答己疼痛加重，答剌麻八剌不得不将答己快要生产的事情告诉了父亲太子真金和爷爷忽必烈。当时，北巡的车队行进到了真大道教龙泉观原来的附属园林（今古城村），因为答己无法走动，只能让车队在此休整。龙泉观园林风景优美，有泉水外溢，北边有高山，河水从山谷中流出，十分凉爽，很适合避暑。当年三月初三日，元仁宗就降生在了龙泉观的附属园林。元仁宗是元朝唯一一个出生在两都巡幸路上的皇帝，也是唯一一个出生在道观园林的皇帝。

元仁宗画像（明 佚名《元代帝半身像》册）

二、真大道教龙泉观园林

龙泉观附属园林十分有历史，早在辽代，辽圣宗和萧太后就在这里的龙泉驻跸，萧太后还修建了花园，金代，这里建成“明昌苑”，到了元代初期，因为屡遭战火，辽金时期的皇家苑囿才慢慢废弃了。周围慢慢有人居住，形成了花园村。

金末元初时期，道教发展迅速，道教的一个分支“大道教”在缙山和西侧的怀来县开始传播。大道教五祖郦希诚就出生在紧邻缙山的妫川水峪（今河北怀来瑞云观村）。郦希诚任掌教后，大力传播大道教，将大道教发展成为华北地区与全真教并行的重要宗教派别。当时的蒙元帝国控制北方地区没多久，南面还要与南宋作战，想利用宗教加强自己在华北地区的统治。蒙古宪宗四年（1254 年），当时的蒙古大汗蒙哥汗授郦希诚太玄真人，

铸文花园村、龙泉观的元代铁钟

赐教名为“真大道教”，[1]真大道教成为蒙元朝廷官方认可的宗教。

蒙古太祖十九年（1224年），郦希诚任掌教后，为更好传播、修行，在老家水峪（今怀来瑞云观村）修建了真大道教祖庭太玄道宫，[2]随后又修建了几座真大道教的下院，龙泉观就是太玄道宫的下院，[3]在真大道教的地位很高。郦希诚亲自主持了龙泉观的修建，龙泉观建在萧太后驻跸的龙泉附近，囊括了很多辽金时期的苑囿，在此基

1 ［元］刘赓：《龙山水谷太玄道宫真大道五祖太玄真人郦君本行碑》，［明］谢庭桂纂修，［明］苏乾续纂修：（嘉靖）《隆庆志》卷十《艺文·碑记》，中共北京市委党史研究室、北京市地方志编纂委员会办公室编：《北京旧志集成·延庆志辑一》，据天一阁博物院藏明嘉靖二十八年（1549年）刻本原大影印，北京：国家图书馆出版社，2021年。另见［明］宋濂：《元史》卷八十九《释老传》，北京：中华书局，2000年，第3029页。

2 ［元］刘赓：《龙山水谷太玄道宫真大道五祖太玄真人郦君本行碑》，［明］谢庭桂纂修，［明］苏乾续纂修：（嘉靖）《隆庆志》卷十《艺文·碑记》，中共北京市委党史研究室、北京市地方志编纂委员会办公室编：《北京旧志集成·延庆志辑一》，据天一阁博物院藏明嘉靖二十八年（1549年）刻本原大影印，北京：国家图书馆出版社，2021年。

3 延庆早年出土一口铁钟，铸文：“怀来县龙山水峪真大道太玄宫下院缗山花园村水碾龙泉观谨记。”见《延庆文化文物志》编委会、延庆县文化委员会编：《延庆文化文物志·文物卷》，北京：北京出版社，2010年，第182页。

础上，建成了包含土田、水碾的大型园林。蒙古宪宗四年（1254 年）到宪宗八年（1258 年），在蒙哥汗的亲自主持下，佛教和道教进行了多次大型辩论，道教均败北。结果就是道教要将很多道观的土田、园林等交归寺院。龙泉观的园林就在这时候被交出了。而元仁宗就出生在原来的龙泉观园林中。元仁宗出生在真大道教龙泉观园林，让他和真大道教产生了很多关联。

三、真大道教五祖郦希诚和元仁宗

郦希诚生活于金末元初，和元仁宗（1285 年—1320 年）在现实生活中没有任何交集，但有很多事情可以把二人联系在一起。首先，元仁宗出生的龙泉观园林是郦希诚主持修建的。其次，根据郦希诚在缙山创建的另一座道观天成观（今大观头村）的碑刻所记，郦希诚曾预言元仁宗会出生在此地，“将生圣人，为皇元瑞”“真人之语验矣”。[1] 郦希诚在修建龙泉观时就曾预言到未来或有帝王出生在此地，虽然有神话色彩，但也佐证了元仁宗和真大道教、郦希诚的紧密联系。再次，有可能是元仁宗出生于龙泉观园林的缘故，北巡途中元仁宗对于真大道教格外“关照”。根据《天成观碑》所记，元仁宗北巡时，会到天成观驻跸。[2] 而天成观也是郦希诚创建，这些都证明元仁宗和郦希诚有着千丝万缕的联系。

四、香水园的创建

查阅史料，元仁宗出生前从未有过关于香水园的记载，证明元仁宗出生以后才有了香水园这一名称，香水园应正式创建于元仁宗出生的 1285 年。

元仁宗出生在原龙泉观园林后，忽必烈十分高兴，他得知缙山县土地肥沃、盛产稻谷和香草，香味随着河流飘散，西侧的河流就叫香水河。忽

1　[元]胡庆云：《天成观碑》，[明]谢庭桂纂修，[明]苏乾续纂修：（嘉靖）《隆庆志》卷十《艺文・碑》，中共北京市委党史研究室、北京市地方志编纂委员会办公室编：《北京旧志集成・延庆志辑一》，据天一阁博物院藏明嘉靖二十八年（1549 年）刻本原大影印，北京：国家图书馆出版社，2021 年。

2　[元]胡庆云：《天成观碑》，[明]谢庭桂纂修，[明]苏乾续纂修：（嘉靖）《隆庆志》卷十《艺文・碑》，中共北京市委党史研究室、北京市地方志编纂委员会办公室编：《北京旧志集成・延庆志辑一》，据天一阁博物院藏明嘉靖二十八年（1549 年）刻本原大影印，北京：国家图书馆出版社，2021 年。

必烈认为皇室出生在都城外已经降低身份，而出生地是一片旧园林更加降低身份。他就将元仁宗出生的龙泉观园林起名为香水园（今古城村），其后，元廷对香水园进行了大规模的扩建，以彰显元仁宗尊贵的地位。

在几代皇帝的经营下，香水园逐渐建成两都之间最大的皇家苑囿，皇帝每年北巡都要在这里游玩儿很久。元仁宗即位后，继续扩建香水园，在香水园修建凉殿，供其北巡驻跸。[1] 香水园被建成为元代两都御道最大的花囿行宫。

元仁宗每年北巡都要在香水园驻跸很多天，到香水园时，真大道教掌教都要送上“仙原之果，嘉禾之饭”[2]，元仁宗特别喜欢吃。

五、香水园的附属设施

元仁宗驻跸香水园时，会在花园游玩，在香水河划船赏景，和王公大臣外出春猎。元朝皇帝都笃信佛教，为了方便祭拜、祈祷，元仁宗自己捐资在香水园附近的山上修建了一座寺院，因是皇上出钱修建，所以取名“圣集寺”，因为在香水河旁边，所以俗称香水院（今龙庆峡神

南宋 陈居中《鞑靼狩猎图》卷局部

1 ［明］宋濂：《元史》卷二十四《仁宗纪一》，北京：中华书局，2000 年，第 374 页。

2 ［元］胡庆云：《天成观碑》，［明］谢庭桂纂修，［明］苏乾续纂修：（嘉靖）《隆庆志》卷十《艺文·碑》，中共北京市委党史研究室、北京市地方志编纂委员会办公室编：《北京旧志集成·延庆志辑一》，据天一阁博物院藏明嘉靖二十八年（1549 年）刻本原大影印，北京：国家图书馆出版社，2021 年。

仙院）。[1] 元仁宗每年驻跸香水园都会到香水院进行祈祷，保佑父母身体健康，祈求天下太平。元仁宗北巡时只带有少量护卫，所以，北巡途中是最容易被敌人偷袭的，为了防止意外，元廷禁止闲杂人等接近御道，但仍不能完全杜绝，需要增派军队戍防。为了保证自己驻跸香水园的人身安全，元仁宗在香水院所在山上设有军寨，一方面可以瞭望敌人，另一方面也可以保护皇上。

六、高丽忠宣王香水园遇刺

目前所见，只有一则史料明确记载了发生在香水园的历史事件。元朝时期，高丽国（今朝鲜半岛）受其遥控，国王的任命也要由元朝皇帝决定。元朝为了更好地控制高丽，采取与高丽王室联姻的政策，逐渐将高丽王室“蒙古化”。高丽忠宣王王璋是忠烈王的儿子，母亲是忽必烈女儿忽都鲁揭里迷失，一生两次被封高丽国王，留居元朝达 30 年之久。忠宣王在元朝的时候和元仁宗关系特别好，“同卧起，昼夜不相离”[2]。他们还是坚定的政治盟友，元成宗去世后，元仁宗和忠宣王在大都发动政变，迎立元仁宗哥哥海山即皇帝位，即元武宗。因此“定策”之功，元武宗封忠宣王为沈阳王、驸马都尉、征东行中书省左丞相、高丽国王，成为了元朝最有权势的高丽人。

因为忠宣王有蒙古血统，而且与其父忠烈王政见长期不同，双方视同水火，渐渐在高丽王廷和元廷中形成了两个敌对的政治派系。《高丽史》载忠宣王后来回忆说：“大德七年春，奸臣佞竖至行在香水园，谋为不利于孤。朴景亮、刘福和等奋义忘生，力沮奸谋。”[3] 大德是元成宗年号，元朝皇帝在每年春天从大都出发北行上都，大德七年（1303 年）春，元成宗应该正在北巡的路上，忠宣王随行。“奸臣佞竖”应该就是忠烈王派系派出的刺客，他们在皇帝车队驻跸的香水园刺杀忠宣王，幸亏忠宣王贴身高

1　［明］谢庭桂纂修，［明］苏乾续纂修：（嘉靖）《隆庆志》卷八《寺观》，中共北京市委党史研究室、北京市地方志编纂委员会办公室编：《北京旧志集成·延庆志辑一》，据天一阁博物院藏明嘉靖二十八年（1549 年）刻本原大影印，北京：国家图书馆出版社，2021 年。

2　《高丽史》卷三十三，平壤，1957 年，第 515 页。

3　《高丽史》卷三十三《忠宣王世家一》，首尔大学奎章阁藏本，第 25 页 a；卷一二四《朴景亮传》，第 10 页 b。

丽侍卫朴景亮、刘福和等以死相搏，忠宣王才死里逃生。

香水园刺杀事件发生后，忠宣王决定对元廷和高丽的忠烈王派系的人进行彻底清洗，但当时皇后卜鲁罕支持忠烈王一系，所以，忠宣王只能等待机会。大德十一年（1307 年），元成宗驾崩，没有子嗣。皇后卜鲁罕密谋除掉元仁宗，让安西王阿难答即位。忠宣王协助元仁宗在大都发动政变，提前剪灭了卜鲁罕皇后、安西王阿难答、左丞相阿忽台等人。迎立元仁宗哥哥海山即位。其后，在元仁宗的支持下，忠宣王彻底清除了忠烈王一派的势力。于此可见，香水园在元朝具有特殊的政治地位，甚至左右了元廷和高丽王廷的政局。

第三节 辇路与苑囿行在

元朝的统治者是蒙古人，他们与契丹、女真人一样都来自东北，都有逐水草而居的生活传统，没有固定居住地。蒙古人与契丹人同源，都属“东胡”族群。契丹旧俗，随水草，逐寒暑，往来游牧渔猎，朝官随行，设行帐称“捺钵”，形成了“春水秋山”“四季捺钵”的制度。女真人建立的金朝延续了这一制度，金世宗、金章宗常于夏季到金莲川（今内蒙古正蓝旗）避暑、狩猎、游玩。元朝继承了辽金的“捺钵”制度，因忽必烈发迹于“金莲川”，对金莲川十分重视，在金朝巡幸金莲川的基础上形成了固定的两都巡幸制度。每年春季从大都出发，北巡上都；秋季从上都出发，南归大都过冬。元朝皇帝会在途中狩猎、游玩。

早在辽代，萧太后和辽圣宗就经常从辽上京（今内蒙古赤峰）南下辽南京（今北京城区）巡幸，在途中驻跸、游玩、狩猎，逐渐在上京和南京之间形成了官道。金代继承了辽代的官道，因为金世宗、章宗的北巡，逐渐在金中都（今北京城区）和金莲川之间形成了固定的御道。元朝在今北京城区建大都，在金莲川建上都，继承了金代的御道，形成了两都巡幸制度。同时，元朝也继承了两都之间辽金时期的苑囿、行在，并将其建成两都御道上的行宫、皇家园林，供皇帝北巡驻跸、游玩等。

一、两都官道

根据至正十二年（1352 年）曾随行元顺帝北巡的周伯琦《扈从诗前序》所记，两都之间共有四条官道，除古北口路外，西路、驿路、辇路（御道）都行经缙山（今延庆），并且官道在缙山南部叉分，缙山算是两都官道的一个枢纽，十分重要。

自大都出发，除古北口路东行，其余三条路合为一路向西北行，直到缙山县八达岭南部才分为两路，一路向东北行，即皇帝北巡的御道，一路向西行，到统墓店（今河北怀来土木堡村）又分为两路，一路向北，就是驿路，一路向西就是西路。皇帝自上都南归走的就是西路，所以，西路在元朝也算御道。

西路在元朝是皇帝南归的御道，辇路是皇帝北巡的御道，这两条路平时闲杂人等不能接近，属于皇帝巡幸的专用御道。驿路是元代两都之间专门运输货物的道路，有很多驿站。这三条路在元朝建立前的蒙古帝国时期（1206 年—1259 年）分别有着不同的功能。西路曾经是运送货物的道路，是最早的驿路，也叫孛老站道。而驿路原来是传递军情的军情密道，设有望云驿（今河北赤城县云州）等海青驿站。海青即海东青，是一种迅捷、凶猛的鹰隼，海青驿意为快速的驿站。忽必烈中统年间（1260 年—1264 年），为争夺皇位，忽必烈和弟弟阿里不哥之间爆发了战争。当时阿里不哥坐镇漠北，忽必烈当时定都开平府（今内蒙古正蓝旗元上都遗址），总领中原汉地，当时汉地最大的城市是燕京（原金中都，

元代两都宫道示意图

今北京城区），燕京有大量的人口和军队，忽必烈要经常在开平府和燕京之间传递军情。为了快速传递军情，中统元年（1260 年），忽必烈下令，在缙山和望云之间速开直道，并在缙山到望云之间设立海青驿站，只有持海青牌传递紧急军情的人才能通过，其他人不能走这条军情密道。望云站是比较大的海青驿站，所以这条路在当时也被称为望云道。随着阿里不哥的战败，望云道渐渐成为了元朝的驿路，而原来的驿路（孛老站道）渐渐成为了皇帝巡幸南归的御道。缙山县除了在望云道有海青驿，在其他道路上还有海青驿。元朝皇帝的北巡御道在缙山县境内途经黑峪（谷），所以这条路也称为黑谷辇路、黑峪道，元廷曾在黑峪道上建海青驿。元代初期缙山县境内的多个海青驿佐证了其重要的地理位置，在元初开平府和燕京的道路交通中占有一席之地。

元代北巡御道在缙山县的部分是最重要的，这都是因为缙山特殊的地形地貌。缙山县南有居庸关、八达岭等天下险塞，北有黑谷关，这两个关都有几十里羊肠小道，一夫当关万夫莫开，军事地位重要。居庸关和黑谷关就像一南一北两个紧箍咒将缙山锁起来，将缙山腹地保护起来，是真正易守难攻的地方。而北巡御道正好穿行这两个关隘。进入居庸关，走出黑谷关，路上即为缙山县。元代辇路又叫黑谷辇路、黑峪道，而黑谷（黑峪）正在缙山，足见辇路缙山段的重要性。元廷特别重视对缙山县御道的修建，每年北巡都要在缙山待很久，随行文人墨客留下了大量关于缙山的诗歌。辇路缙山段的线路大致为石佛寺—龙潭沟—小张家口村—古城村—车坊村—黑峪口村—白河堡水库。

元帝南归的御道有一段也行经缙山。西路和驿路在统墓店合为一路。缙山段南归御道线路大致就是今京藏高速（G6）。

丁香谷三世佛摩崖佛像

元朝皇帝笃信佛教，常在御道两侧崖壁上雕刻佛像和佛教用语，今延庆八达岭附近留下了很多遗迹。自南向北有五郎像摩崖造像、五桂头弹琴峡摩崖石刻、六郎影造像、听琴弥勒、丁香谷观音摩崖石刻、丁香谷三世佛摩崖石刻、八达岭摩崖石刻。八达岭摩崖石刻为完整的藏文六字真言石刻，五桂头弹琴峡摩崖石刻刻有4则佛教咒语，可能也是六字真言。这些佛像和六字真言均有保佑皇帝路途平安的寓意。

二、行在和皇家苑囿

缙山早在辽金时期就是皇家巡幸游玩的地方，在御道旁修建了很多行在和花园，供皇帝休憩、游玩，这些都被元朝继承下来了。早在蒙古国初期，窝阔台汗和他的弟弟拖雷就曾在缙山县的官山（今南红门村南）避暑，这个捺钵（行在）在元朝中后期叫瓮山。北巡御道缙山段行在自南向北有：瓮山（官山）—香水园（今古城村）—车坊（今车坊村）—黑谷。有的时候还会从瓮山去流杯园（今上磨村），然后再去香水园。

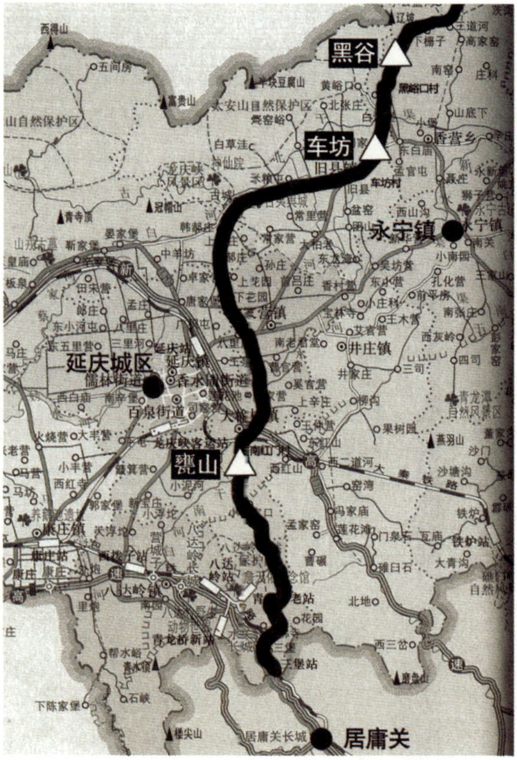

缙山御道示意图

缙山县行在有个特殊的地方，就是有两个行在同时还是皇家苑囿。香水园前面说过了，曾经是真大道教龙泉观园林，后来被建成一座花园行宫，是元代两都御道上最大的苑囿行宫，诞生了元仁宗。缙山县除了香水园外，还有一座大型皇家园林——流杯园。流杯园是围绕流杯池而建的，辽金时期已经存在。每年的三月初三上巳节，人们都会在流杯池附近泼水，将酒放在池水中，酒杯停在谁面前，谁就喝下去，可以驱除灾祸。元朝建立后，在流杯池附近又修建了园池、水硙，[1] 元英宗在流杯池修建了行殿，[2] 供其

1　《元史·文宗纪》载："以龙庆州之流杯园池、水硙、土田赐燕铁木儿。"［明］宋濂：《元史》卷三十五《文宗纪四》，北京：中华书局，2000年，第527页。

2　［明］宋濂：《元史》卷二十七《英宗纪》，北京：中华书局，2000年，第415页。

北巡驻跸、游玩，将流杯池建成了一座大型皇家园林。“两都之战”（1328年）后，缙山的香水园、流杯园等皇家园林皆被破坏，彻底衰败，无法再作为北巡行宫。至顺二年（1331年），元文宗将流杯园赐给帮其夺取皇位的功臣——燕铁木儿，[1]又在至顺三年（1332年）“赐燕铁木儿宴于流杯池”[2]，当时燕铁木儿在元廷权倾朝野，地位仅次于元文宗，这也可证明流杯园地位不低。

缙山的皇家苑囿都和元仁宗有关。首先，因为元仁宗出生于真大道教龙泉观园林，所以将此园林升为香水园，其后大肆修建。元仁宗即位后，又在香水园修凉殿，最后将香水园建成为两都御道上最大的一座皇家苑囿行在。其次，因元仁宗出生于三月初三，而每年三月初三都会在流杯池举行驱除灾祸的仪式，所以元仁宗比较重视流杯池的建设，逐渐将其建成为两都御道上仅次于香水园的大型皇家园林。元仁宗子英宗即位后，又在流杯池修建行殿。在仁宗父子的经营下，缙山香水园、流杯园两座皇家苑囿逐渐建立起来。再次，因元仁宗出生在缙山县，为报父母生育之恩，他分别修建了圣母庙和龙安寺，元仁宗每年北巡在香水园、流杯园驻跸、游玩，

敕建团山圣母庙残碑及碑额

1 ［明］宋濂：《元史》卷三十五《文宗纪四》，北京：中华书局，2000年，第527页。
2 ［明］宋濂：《元史》卷三十六《文宗纪五》，北京：中华书局，2000年，第544页。

在流杯池庆祝自己的生日，然后去圣母庙祭拜母亲，到龙安寺祭拜父亲。元英宗北巡时也会在流杯池纪念父亲的生日。缙山县堪称是仁宗父子的后花园。

车坊行在也比较重要，它是北巡车队修车、换马的地方，同时，皇帝也会在此休憩。为缓解北巡路途的辛苦和口渴，元廷在车坊建有车坊官园，种植瓜果桃梨，供皇室食用解渴。“两都之战”后，缙山苑囿逐渐衰败，元文宗把车坊官园送给了权臣伯颜。[1]

目前所见，皇帝南归的御道在缙山县的行在有棒搥店、妫头等，仅供皇帝休憩、居住，地位不高，也没有皇家花园。

第四节 王朝铜铁供应地

今延庆地区除西部沿妫水河有延怀盆地，北、东、西三面环山，特别是东边，群山连绵，千家店、珍珠泉、四海大部分都是山区，有山的地方就可能有矿产。今千家店、四海发现了大量采矿、冶炼、铸造遗址，根据出土文物，千家店有可能是元朝最后一个铸铜地。

一、铜矿的开采、冶炼和铸造

今千家店地区发现了完整的铜矿采矿、冶炼、铸造遗址，可完成铜矿从开采到铸造的一整套流程。根据《口北三厅志》所记，石槽村附近山上在清代就遗有大量矿洞，称为石青洞，石青就是蓝铜矿，证明这些矿洞是开采铜矿遗留下来的。明代千家店地区是蒙古人居住地，蒙古人没有掌握铜矿开采技术，所以，石槽的铜矿矿洞最晚开采于元代。

现在石槽村山上有几个铜矿洞，新中国成立以后，地质调查队曾多次在石槽山上进行调查，证实石槽山体中还有铜矿。开了那么多矿洞还有铜矿，证明石槽是一个大型铜矿储藏区。笔者在石槽村山沟中调查时发现了红烧土、炼渣等冶炼遗存，证明石槽山沟中曾有冶炼遗址。如果矿洞是元代开采，那么，冶炼遗迹也应该是元代的。元代石槽是可以完成铜矿的开

1 ［明］宋濂：《元史》卷三十六《文宗纪五》，北京：中华书局，2000 年，第 545 页。

河南村铸铜遗址出土的铜犁铧范

采和冶炼的。

巧合的是，在石槽村北的河南村发现了元代铸造遗址。1984 年 4 月，在河南村东南地表发现了四个炼炉灶坑遗迹，附近还发现了铜矿石、铜炼渣、铁残片等遗物，证明这是一处炼铜遗址。遗址面积南北长 150 米，东西宽 50 米，是现在整个延庆地区发现的规模最大的炼铜遗址。最为重要的是，遗址出土了 3 件铜犁铧范（母范），上范 2 件，下范 1 件。[1] 石槽村的铜矿或者冶炼完的铜锭极有可能带到此地进行铸造，这样，元代的千家店地区就可以完成采矿、冶炼、铸造的一整套流程了，让矿石变成青铜器。

河南村出土的两件铜范上铸有文字，一件为“至正十九年造”，另一件为“至正二十七年月五造”，至正是元朝最后一位皇帝元顺帝的最后一个年号，证明河南村的铸铜遗址延续到了元末。元朝灭亡于 1368 年，一件铜范是至正二十七年（1367 年）造，证明在元朝即将灭亡的前夕，河南村的铸铜作坊仍在使用，持续到元朝灭亡的前一年。河南村铸铜作坊极有可能是元朝最后一个铸铜作坊。

至正二十七年（1367 年）铜范上还铸有“任造”两个字。证明这个铜范是一个任姓工匠铸造的。这个任姓工匠很有可能就是元代的千家店人。

1 赵光林：《北京市发现一批古遗址和窖藏文物》，《考古》1989 年第 2 期。

二、铁矿的开采和冶炼

延庆东部山区位于一个大型的铁矿带内，大庄科就曾发现辽代大型冶铁遗址，证明附近是有铁矿的。大庄科东部的怀柔渤海镇有铁矿峪和南冶两个村庄。铁矿峪早年就有铁矿，南冶村曾发现大型炼渣，证明南冶曾经有冶炼作坊，铁矿峪的铁矿运到南冶冶炼。南冶很可能在元代就开始炼铁了。南冶的北面在元代还有一个大型冶铁基地——四海冶（今四海村），也叫北冶。这里有四条河相汇，炼铁需要大量的水，这里是十分适合炼铁的。四海冶就是四条河流交汇的冶铁作坊。四海村早年曾发现冶铁高炉，是这里有冶铁作坊的证明。早年地质调查队还在四海山里发现铁矿，证明四海可独立完成铁矿的开采、冶炼。

铜铁伴生，石槽村不仅产铜，而且还产铁，有大量铁矿山。石槽的铁

四海村南发现的冶铁高炉遗址

矿很可能就是运输到四海冶炼的。

三、四海冶路

那么，千家店和四海的铜铁是需要运输的，就需要一条较好的运输通道。根据史料记载，今四海镇有一条连接元代两都的通道。明代许论《九边图论・宣府》记：“东路永宁、四海冶及龙门所。则三卫窥伺之地。而四海冶上通开平大路。下连横岭儿。又要地矣。”[1]开平就是元上都，证明从今四海有到元上都的官道。明代《宣大山西三镇图说・宣镇图说》记四海冶堡是“胜国时入上都通衢也”[2]。胜国即亡国，意指元朝，通衢即四通八达之地。《读史方舆纪要》记“四海冶堡，县（永宁县，驻地在今永宁镇中心）东百里。元时往来上都，恒取道于此”[3]，即元代到上都一直要走四海这条路。《读史方舆纪要》可能有点夸张。但这些史料都证明元代有从今四海到元上都的官道。

四海向北有山沟可行进到石槽，石槽村北曾发现元代六字真言石刻，证明石槽村有元代道路。石槽村北山沟中有一条“河石路”可连接到河口村，这应该就是在元代道路上修建的。河口村曾发现一口元代铜锅，上面铸有藏文六字真言，也可佐证河口村在元代有官道。自河口村向北到红旗甸村早年有红旗甸河，古代道路都是沿河而建，而且中间还有一个叫车道沟的村庄，这应该是元代古道。自红旗甸村向

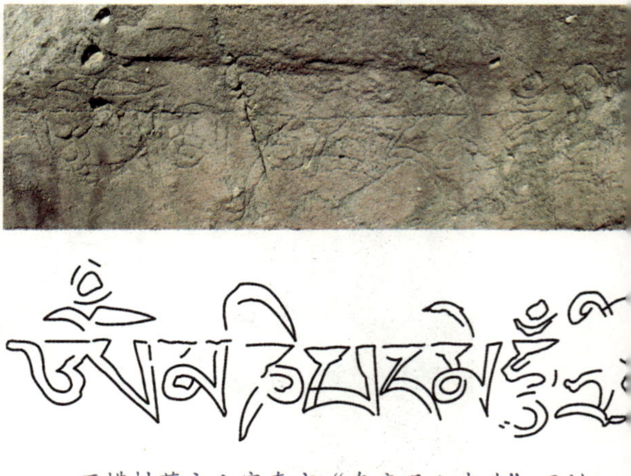

石槽村藏文六字真言“唵嘛呢叭咪吽”石刻

1 ［明］许论：《九边图论・宣府》，薄音湖编辑点校：《明代蒙古汉籍史料汇编》第 12 辑，呼和浩特：内蒙古大学出版社，2015 年，第 13 页。

2 ［明］杨时宁：《宣大山西三镇图说・宣府镇图说》，台北“国立中央图书馆”辑：《玄览堂丛书初辑》，台北：正中书局重印本，1981 年，第 4 册，第 162 页。

3 ［清］顾祖禹撰：《读史方舆纪要》卷十七《北直八 延庆州》，北京：团结出版社，2022 年，第 742 页。

北，有山沟连接到原下马鹿沟村，下马鹿沟村东侧台地曾发现元代聚落遗址，也可佐证下马鹿沟附近有古道。自今红旗甸村到下马鹿沟村有“河东路”，很可能就是在元代古道上修建的。这些考古发现证明元代四海冶路延庆段的走向为：四海—天门关—大胜岭—下花楼—河山沟—上花楼—石槽（元代六字真言石刻）—河口（元代六字真言铜锅）—车道沟—红旗甸—大石窑—老下马鹿沟村（元代聚落遗址）。

四海冶路延庆段部分示意图

综上，四海冶路连接产铁又能冶炼的四海和能完成铜矿开采、冶炼的石槽，显然四海冶路具有运输铜铁的功能。翻阅元代史料，没有发现关于四海冶路的任何记载，如果四海冶路是元代的一条重要通道，史料不可能不记。四海冶路极为隐蔽，而且是元代两都之间距离较短的通道，有一种可能，四海冶路在元朝初期很可能是传递军情的秘密通道，到了元朝中期才演变为运输铜铁的专用道路。

第五节　道教的传播发展

金末元初之际，中国北方地区道教发展迅速，全真教成为北方地区影响最大的道教派别，当时的金朝、南宋、蒙古政权都想拉拢全真教以巩固自己的统治。最终全真教掌教丘处机选择了新生的蒙古政权，并且面见成吉思汗，留下了“一言止杀”的历史典故。丘处机曾在宣德州、德兴府地区长期传教，当时延庆为德兴府缙山县，丘处机曾在缙山秋阳观打醮、传教，并令道士在缙山建设秋阳观。全真教于金末元初之际在缙山得到了快速传播。除全真教，当时北方地区另一个影响较大的道教派别真大道教也在缙山广泛传播。其五祖郦希诚就出生在紧邻缙山的妫川县水峪，在此修建真大道教祖庭太玄道宫，又在缙山创建太玄道宫下院龙泉观，重建天成观，极大地增强了真大道教在缙山的传播发展。金末元初是道教在缙山发展最快的时期。

一、真大道教龙泉观

金代，大道教在中国北方地区传播发展，影响逐渐增大。到五祖郦希诚时期，大道教获得了快速发展，成为了中国北方地区仅次于全真教的最大道教派别。

郦希诚于金末时期出生于奉圣州妫川县水峪，即今河北省怀来县瑞云观村。蒙古太祖十九年（1224 年），郦希诚正式担任大道教第五任掌教。[1]蒙古国蒙哥汗时期（1251 年—1259 年），加强了对南宋的进攻，在北方希望继续依靠宗教巩固统治。蒙古宪宗四年（1254 年），蒙哥汗授予郦希诚“太玄真人”的称号，赐大道教为“真大道教”，命郦希诚掌教事，[2]从此以后，真大道教成为了官方认可的道教，影响力逐渐增强，发展传播进入了鼎盛时期。

郦希诚任掌教后，为加强真大道教的传播，在其家乡水峪修建了真大道教的祖庭“太玄道宫”，从此，“天下名道”皆来此地修行，妫川水峪发展成为了天下真大道教的中心。而妫川水峪的东侧紧邻缙山县，这无疑促进了真大道教在缙山的传播发展。郦希诚修建完太玄道宫后，又修建了几个下院，其中就有缙山龙泉观（今古城村）。

龙泉观方位所在地曾有辽代萧太后花园，金代有“明昌苑”，还有萧

1 ［元］刘赓：《龙山水谷太玄道宫真大道五祖太玄真人郦君本行碑》，［明］谢庭桂纂修，［明］苏乾续纂修：（嘉靖）《隆庆志》卷十《艺文·碑记》，中共北京市委党史研究室、北京市地方志编纂委员会办公室编：《北京旧志集成·延庆志辑一》，据天一阁博物院藏明嘉靖二十八年（1549 年）刻本原大影印，北京：国家图书馆出版社，2021 年。

2 ［明］宋濂：《元史》卷八十九《释老传》，北京：中华书局，2000 年，第 3029 页。

太后驻跸的龙泉，龙泉观就是以龙泉为中心修建，囊括了辽金花园。龙泉观直线距离真大道教祖庭太玄道宫 33 千米，距离较近，当时真大道教的高道很可能也会去龙泉观修行、传教。龙泉观是当时缙山县真大道教的中心。

延庆早年出土的一件铁钟铸文为："怀来县龙山水峪真大道太玄宫下院缙山花园村水碾龙泉观谨记。"[1] 这是缙山龙泉观是太玄道宫下院的实物证据，也证实龙泉观在缙山花园村，周围有水碾。

修建龙泉观前，经过金末元初的战火，辽金苑囿已基本破败，附近人口逐渐增多，形成了一个村庄——花园村，是在辽金苑囿遗址上建的村庄。龙泉观修建后，又重新修整了原来的辽金花园，并将其建成为龙泉观的附属园林。但是，随着蒙哥汗时期（1251 年—1259 年）"佛道辩论"道教的失败，道观园林悉数交出，龙泉观园林的土田、水碾等也被收了回去。

前面提到，蒙哥汗给真大道教赐名，这是和真大道教紧密联系的第一位帝王。除蒙哥汗，还有一位帝王和真大道教产生了更紧密的联系，这就是元仁宗。忽必烈至元二十二年（1285 年），元仁宗出生于原龙泉观园林内，元廷升其为"香水园"，香水园后来成为元朝皇帝北巡的行宫，是元代两都之间最大的皇家苑囿，这无疑提升了龙泉观和真大道教的地位。龙泉观是郦希诚所建，从某种意义上说，元仁宗出生的龙泉观园林就是郦希诚所建。这些都让真大道教和元廷、元仁宗产生了千丝万缕的联系。

因为元仁宗出生在原来的龙泉观园林，他即位后格外"关照"真大道教，每年北巡都要到缙山的真大道教道观咸瞻、祈福。元仁宗驻跸香水园时，真大道教真人还会前去面见，送缙山仙原之果，嘉禾之饭，元仁宗很喜欢吃。这些都证明元仁宗和缙山真大道教关系非同寻常。

目前除前面提到的铁钟，再未发现关于龙泉观的任何记载，听闻铁钟是被龙庆峡的河水冲到了石河营的，在石河营出土。元朝中后期，延庆曾发生多次水患，龙泉观就位于龙庆峡河口东侧，很可能就是被大水冲毁的。

龙泉观作为真大道教太玄道宫的下院，是缙山地位最高的真大道道观，

1　《延庆文化文物志》编委会、延庆县文化委员会编：《延庆文化文物志·文物卷》，北京：北京出版社，2010 年，第 182 页。

也是缙山真大道教的修行、传播中心。因其园林曾诞生元仁宗，升为香水园，让其又增添了很多传奇色彩。龙泉观是缙山历史上最重要的真大道教道观。

二、真大道教天成观

除龙泉观，真大道教在缙山还有一座道观——天成观，这是缙山历史上最悠久的道观，是真大道教五祖郦希诚亲自选定方位，委托道士修建的。

根据《天成观碑》所记，蒙哥汗授郦希诚太玄真人，赐大道教为真大道教的当年（1254 年），郦希诚从燕京（今北京城区）天宝宫返回缙山，与道士一起来到缙山神峰乡的仙髻山（今大观头村的抓髻山），郦希诚说："此虽古圣人之所居，然自今有大圣人降生于斯贵地也。""将生圣人，为皇元瑞"，预言元仁宗会出生于缙山县。认为这里是祥瑞之地，所以，郦希诚带着道士赵希松等，在附近选定方位，准备修建道观。当地老百姓对郦希诚说："此古之道院，名天成观也。兴于辽圣宗朝，废于烽火；复成于金世宗代，又毁于兵革。"意思是这里曾经有道观天成观，辽圣宗时期创建，后来毁于战火，金世宗时期又重建，后来又被战火毁坏。郦希诚听后十分高兴，他命道士赵希松等人在原来基础上重建道观，仍叫原来的名字——天成观。天成观是郦希诚被授为太玄真人后修建的第一座道观，也是严格意义上真大道教的第一座道观，在真大道教发展历史上具有开创性意义。

根据《辽史》所记，辽统和十年（992 年）十二月庚辰，辽圣宗"猎儒州东川"，辽代儒州属有缙山县，儒州即今延庆，东川就是儒州东部的河水。而天成观所在的大观头村就在儒州东边，很可能是辽圣宗在儒州东部狩猎的时候，下诏创建的天成观。另外，龙泉观之名得自于辽圣宗、萧太后驻跸的龙泉，在萧太后花园上修建。缙山两座真大道教的道观都和辽圣宗、萧太后有关。

龙泉观很可能毁于元代中期的洪水，自元代中期以后，天成观成为了缙山县境内的唯一道观，也是影响最大的道观。元廷十分重视天成观，"车驾岁幸上都，咸瞻敬之"，皇帝每年北巡都会到此咸瞻、祈福。

《天成观碑》还提到了元仁宗出生的龙泉观园林。其记天成观"西有香水园，为花囿，即纳钵之所止也。当乙酉上巳，电绕斗枢之时，仁宗皇帝诞祥于此。朝廷嘉之，升其邑为龙庆州，真人之语验矣。及龙飞九五，驻跸于香水园也”。意思是郦希诚在修建天成观时就预言元仁宗会诞生于缙山县，而元仁宗出生的龙泉观园林正是郦希诚所修建，可以说，在元仁宗出生的几十年前，郦希诚提前为他做好了“潜龙邸”。郦希诚预言元仁宗出生缙山县虽有神话色彩，但也可以从侧面证实真大道教和元仁宗的紧密联系。《天成观碑》只提到香水园，而没提及龙泉观园林，应是为了避免有损皇室威严。毕竟皇帝出生在一处破败的园林不是光彩的事情。

根据《天成观碑》所记，蒙古宪宗四年（1254 年），郦希诚命道士创建天成观，“宫、室、堂、厨及墙垣，地土各有攸归”，70 多年后的元文宗天历元年（1328 年），又进行了修缮，“遂修宫殿于中央，光彩明目；建三门于午位，势高侵汉。整方丈以待师骑，葺堂以安羽二，及庖、庾、廊室数十间，俨然一新”。证明天成观应该是一座规模庞大的道观，可能比修建更早的龙泉观规模还大。天成观还有自己的下院——荆子村（今黑峪口村附近）泰庙。[1] 天成观是元代缙山县最大的真大道教道观。

综上，如果说龙泉观是元代前期缙山县影响最大的真大道教道观，那么，天成观就是元代中后期缙山县影响最大的真大道教道观。二者的地位都不低，龙泉观是真大道教太玄道宫的下院，是五祖郦希诚所建。天成观是大道教赐名为真大道教、郦希诚被授“太玄真人”的当年，郦希诚亲自选定方位，命道士所建，是元代缙山县规模最大的真大道教道观，有自己的下院。龙泉观是元代前期缙山县真大道教发展传播的中心，天成观是元代中后期发展传播的中心。因地处皇帝北巡的缙山县，让这两座道观与元朝皇室产生了千丝万缕的联系，无疑提升了这两座道观的地位。元仁宗出生在原龙泉观园林，后升为皇家苑囿香水园，元仁宗驻跸香水园时，真大道教掌教会前去进献缙山仙果、贡米。而皇帝每年北巡时都会到天成观咸

1　关于天成观碑文，均见［元］胡庆云：《天成观碑》，［明］谢庭桂纂修，［明］苏乾续纂修：（嘉靖）《隆庆志》卷十《艺文・碑》，中共北京市委党史研究室、北京市地方志编纂委员会办公室编：《北京旧志集成・延庆志辑一》，据天一阁博物院藏明嘉靖二十八年（1549 年）刻本原大影印，北京：国家图书馆出版社，2021 年。

瞻、祈福。让这两座道观增添了很多皇家色彩。缙山县龙泉观和天成观是真大道教发展历史上的两座重要道观，在真大道教中占有一席之地。

三、全真教秋阳观

清《丘真人本像》

丘处机（1148年—1227年）是金末元初全真教著名的“全真七子”之一，号长春真人，是全真教第五任掌教。在丘处机掌教期间，全真教发展到了极盛，成为了蒙元帝国的“国教”。

丘处机曾多次在宣德州（今河北张家口宣化）、德兴府（延庆及河北省怀来、涿鹿、赤城等地）的道观传教、修行。金朝大安三年（1211年），应卫绍王所请，丘处机曾到金中都（今北京城区）、德兴府琅山（今河北怀来狼山）游玩，而从金中都到德兴府琅山必然要走居庸关、八达岭，然后西行至琅山，也就是肯定要行经缙山县。这应该是丘处机第一次到访缙山。根据《德兴府秋阳观碑》所记，丘处机来到怀来，怀来、缙山当年是蒙古和金朝的主战场，尸骨遍地，大翩山（今松山温泉附近）道士韩志久将尸骨收殓埋葬，布置道场，想请丘处机来为他们超度。丘处机登上大翩山南边，望周围群山环绕，山中又有一温泉涌出，就像东晋道士抱朴子葛洪所住仙居一般。当即决定在大翩山创建道观，命道士韩志久负责修建。当时缙山正值初秋，初秋时节，怀来、缙山阳光十分充足，丘处机就取“秋阳杲杲”之意，为道观取名秋阳观。

［元］王蒙《葛稚川移居图》

韩志久领命后，用了10年时间，在大翩山修建一座规模庞大的全真教道观——秋阳观。有“三清正殿、七真殿，两庑，东西方丈，中外二门”，还有供访者居住的“宾馆、云庵”，以及种菜做饭的“泉厨蔬圃”，能容纳70余位道士，[1]是金元时期今延庆地区最大的全真教道观。根据史料所记，秋阳观是今延庆地区金元时期唯一一座全真教道观，而且是全真教掌教丘处机亲自选定方位命道士创建的，规模较大，可以说，秋

1　［元］张本：《德兴府秋阳观碑》，［元］李道谦集：《甘水仙源录》卷九，《道藏》，文物出版社、上海书店、天津古籍出版社联合出版，1988年，第19册第801—802页。

阳观是今延庆地区元代全真教发展传播的中心。

秋阳观建成后，创建者韩志久任第一任道观主事，后因修建通真观被授“通真大师”，韩志久是潞州长子（今山西长子县）人，常年在大翮山传教布道，是现在有史可查缙山县地区最早、最著名的全真道士、主事。可以说，韩志久是元代缙山县全真教传播发展的鼻祖，对缙山地区全真教的传播发展起到了重要作用。

秋阳观最著名的是丘处机、尹志平这对师徒在此的居住、修行。蒙古太祖十七年（1222 年），丘处机在大雪山（今阿富汗兴都库什山）面见成吉思汗后，返回东土。据《长春真人西游记》所记，蒙古太祖十九年（1224 年），77 岁的丘处机携高徒们来到缙山秋阳观，并亲自“打醮”[1]，即一种由道士设坛念经做法事的法事活动。丘处机在秋阳观居住了很多天，被大翮山的美景所吸引，写下了两首诗：“秋阳观后碧岩深，万顷烟霞插翠岑。一径桃花春水急，弯环流出洞天心。”“群山一带碧嵯峨，上有群仙日夜过。洞府深沈人不到，时闻岩壁洞仙歌。”[2]根据丘处机所记，秋阳观附近有很多山洞，今松山温泉附近仍有很多山洞，后有八仙洞，外有七孔洞。

延庆佛峪口七孔洞遗址

继丘处机后，他的高徒，全真教第六任掌教尹志平也来到秋阳观居住、修行。蒙古太祖十九年（1224

1 ［元］李志常述：《长春真人西游记》卷下，北京：中华书局，1985 年，第 26 页。
2 丘处机在秋阳观诗歌见［元］李志常述：《长春真人西游记》卷下，北京：中华书局，1985 年，第 26—27 页。

年）底，即将任掌教的尹志平从燕京北上缙山秋阳观修行。[1]尹志平有诗《苦辞真人往缙山》《甲申年十一月二十四日辞师，会刘便宜留数日，以数骑送之缙山道院三首》，[2]证明尹志平是婉拒丘处机的挽留北上缙山秋阳观的。尹志平北上时正赶上"三九天"，居庸关飞雪，异常寒冷。其诗云："三九严凝雪满山，东风送我过庸关。"[3]

蒙古太祖二十年（1225年）初，尹志平到达秋阳观，尹志平在缙山居住长达三个月，是全真教历史上在缙山居住时间最长的掌教。尹志平在秋阳观居住、修行期间身心是较为愉悦、放松的，共写40余首和秋阳观有关的诗。如《秋阳观作答宣德州道友请》："深谢将书来请，才到西岩春令。"[4]《春日》："秋阳地僻远皇州，未觉东君造化幽。莫讶春光来觉晚，和风咫尺到岩头。"[5]描写了秋阳观春天的景色。

从尹志平的诗作中能感觉到他对秋阳观的喜爱，如其《秋阳观作》："名山曾度无穷数，不似秋阳一景幽。去岁真仙曾此过，今冬闲客也来游。"[6]证明尹志平是十分喜欢秋阳观附近的山景的。"去岁真仙"就是指蒙古太祖十九年（1224年）丘处机在此打醮之事。又有诗云："我爱秋阳地僻，松岩来往人稀。不劳打坐自忘机，兀兀陶陶似醉。坐上有山有水，心间无是无非。朝朝常见白云飞，可以留连适意。"[7]又云："我爱秋阳道众，人人谦让温和。终朝豁畅恣高歌，日用不分彼我。福地安居自在，松间闲步烟萝。先人后己行功多，永没非灾横祸。"[8]又云："我爱秋阳天气，一指

1　杨程斌：《全真教秋阳观史实考略》，《宗教学研究》2023年第4期。
2　薛瑞兆、郭明志编：《全金诗》卷八十一《尹志平一》，天津：南开大学出版社，1995年，第3册，第85—86页。
3　薛瑞兆、郭明志编：《全金诗》卷八十一《尹志平一》，天津：南开大学出版社，1995年，第3册，第86页。
4　唐圭璋编：《全金元词》，中华书局，1979年，下册，第1181页。
5　薛瑞兆、郭明志编：《全金诗》卷八十一《尹志平一》，天津：南开大学出版社，1995年，第3册，第86页。
6　薛瑞兆、郭明志编：《全金诗》卷八十一《尹志平一》，天津：南开大学出版社，1995年，第3册，第86页。
7　唐圭璋编：《全金元词》，中华书局，1979年，下册，第1157—1168页。
8　唐圭璋编：《全金元词》，中华书局，1979年，下册，第1158页。

清代汤泉观

云路无迷。何劳身外觅曹溪，了见三身四智。莫问天机深远，休寻大道无为。目前认得这些儿，便是全真苗裔。”[1]在秋阳观居住、修行的三个月，是尹志平一生中乐以忘忧、悠然自得的一段时期，让秋阳观和全真道掌教尹志平有了很深的“缘分”。

秋阳观和龙泉观一样，在元代初期以后就不见史册，应该也是和“佛道辩论”后全真教的失败有关。随着全真道观退出田产、产房给寺院，秋阳观彻底消失在历史长河。值得一提的是，今松山汤泉观就是在秋阳观遗址上修建的，这也算是对全真教秋阳观的一种传承。

秋阳观是目前史料所记缙山金元时期唯一一座全真教道观，是缙山县全真教传播发展的中心，在金元时期缙山县道教传播发展中起到了重要作用。韩志久是秋阳观的创建者和第一任主事，他以缙山秋阳观为中心，大力传播发展全真教，是金元时期缙山县最重要也是最著名的道士，对缙山全真教的发展传播起到了重要作用。缙山是金元时期全真教的一个重要传播地。丘处机亲自登临大翮山命韩志久创建秋阳观，并在秋阳观打醮，尹志平在秋阳观的居住、修行，这些无疑提升了秋阳观在全真教中的地位，秋阳观是金元时期全真教在燕京北部地区的一座重要道观。

1　唐圭璋编：《全金元词》，中华书局，1979 年，下册，第 1168 页。

第九章　陵京后扆

明王朝建立后，为了防御北元的残余势力和其他游牧民族的侵扰，先后在明朝的北部防线设置了甘肃镇、宁夏镇、宣府镇、大同镇、辽东镇、延绥镇（榆林镇）、固原镇（陕西镇）、蓟镇、山西镇等九个军事重镇，将明朝北部边境划分为九个防区进行防御，称为“九边”或“九镇”，“边”即指边墙、长城。明嘉靖年间，为加强京城的防务和保护帝陵（明十三

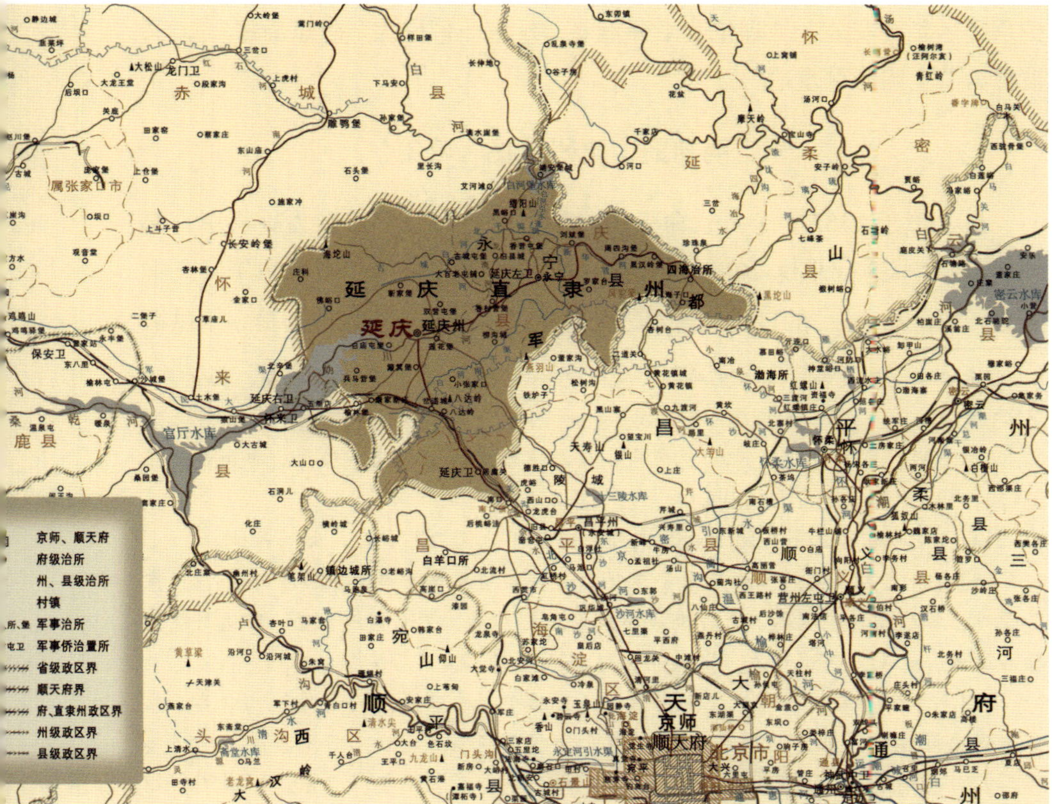

明代延庆形势图

陵）的需要，又在北京西北增设了昌镇、在北京西南增设了真保镇，共计为十一镇，合称为“九边十一镇”。延庆地处明代九边中的宣府镇、昌镇、蓟镇的接合部，是守卫陵京的前哨。

第一节 隆庆州与永宁县

元代的延庆形胜有称“南挹居庸之翠，北距龙门之险”[1]，是连接元大都与元上都的枢纽，也是后期“两都之间”[2]的缓冲地带。明初，因山后[3]诸州“密迩虏境”，明朝将山后居民迁往关内，荒无人烟达40年之久。永乐十二年（1414年），下诏“复建隆庆州”。永乐十八年（1420年）九月，朱棣下诏从次年正月起称北京为京师，不再称呼“行在”，而隆庆州为京师直隶州。明代，延庆州、永宁县皆为边防要地，外拒也先瓦剌寇掠，内护京师、陵寝安危，地理位置十分重要，延庆一带成为“陵京后扆”[4]，又被誉为“上国藩篱重地”[5]。

一、明初的“废州徙民”政策

朱元璋于1367年十月，命徐达为征虏大将军，常遇春为副将军，率领25万大军进行北伐。在北伐檄文中提出“驱逐胡虏，恢复中华，立纲陈纪，救济斯民”[6]的口号，所到之处百姓响应，北伐军连战连捷，于洪武

1 ［元］孛兰肹等撰，赵万里校辑：《大元一统志》，北京：中华书局，1966年，第65页。

2 两都之战：1328年，大都的元武宗一系与上都的泰定帝两系势力为争夺帝位而进行的内战，最后武宗系获胜。

3 山后：明代指今山西、河北两省内外长城之间地区，即宣化、大同等地。

4 《明实录大明熹宗悊皇帝实录》卷十六《巡按直隶御史李九官疏》言：“自东夷发难，各边虏在在生心。上谷南扆陵京，北控大漠。岔道南三十里，即进居庸；独石边外，六七日可达辽左。”故而，延庆地区有“陵京后扆”之称谓。

5 ［明］李体严修，［明］张士科纂：（万历）《永宁县志·自序》，中共北京市委党史研究室、北京市地方志编纂委员会办公室编：《北京旧志集成·延庆志辑二》，据国家图书馆藏明万历三十年（1602年）刻本影印，北京：国家图书馆出版社，2021年。

6 《明实录北京史料》（一），北京：北京古籍出版社，1995年，第1页。

元年（1368 年）七月占领了元大都的东大门通州。元顺帝得知通州被占领后，十分恐慌，带领后妃、太子等人，悄悄地命人打开健德门，逃出京城，通过居庸关和龙庆州，一路向北，直奔元上都而去。元朝灭亡。

八月，徐达、常遇春攻占元大都，改名北平，置北平府。随后，朱元璋就命徐达、常遇春在居庸关地区上关城之南重建关城，加强防御。洪武三年（1370 年），在居庸关设置守御千户所，继续加强防御力量。接着，改革北边州县建制。三月，将原属永平府的龙庆州、宜兴州（今河北滦平县西北小兴州）和怀来县改属北平府。

洪武四年（1371 年）三月，驻守在北平的魏国公徐达上奏说：山后顺州、宁州之民，密迩虏境，虽已招集来归，但未见其安土乐生。徐达为防止他们久而离散，命令将顺州、宁州、宜兴州沿边之民迁徙到北平的州县，让他们屯田戍边，仍然用原来的将校管理他们。此次迁徙达 17274 户，共计 93878 口。[1] 朱元璋对徐达的安排非常满意，同时也坚定了他的安民防卫策略。于是，朱元璋废北边州县，开始了迁民行动。

最大规模的迁徙发生在洪武四年（1371 年）六月，执行者依然是魏国公徐达。“魏国公徐达驻师北平。以沙漠既平，将北平山后[2]之民 35800 户、197027 口，散处卫府。”[3] 迁徙到北平附近的卫所和州县，迁到卫所中的人，定籍为军，给以粮食。迁到州县中的人，定籍为民，给田耕种。

洪武五年（1372 年）七月，朱元璋下令：“革妫川、宜兴、兴、云四州，徙其民于北平附近州县屯田。”[4] 这样，龙庆州被废，居民多被迁往固安县、三河县、昌平县等地。自此之后，山后州县的建制被废，变成了荆棘遍野、荒无人烟的荒凉之地。

二、赵玶督建隆庆州与永宁县

永乐八年（1410 年），明成祖朱棣第一次北伐蒙古，未能给明朝北方边境带来安全。西北的蒙古人瓦剌部在此时对明朝构成了新的威胁。永乐

1　《明实录北京史料》（一），北京：北京古籍出版社，1995 年，第 27 页。

2　山后：明代指今山西、河北两省内外长城之间地区，即宣化、大同等地。

3　《明实录北京史料》（一），北京：北京古籍出版社，1995 年，第 28 页。

4　《明实录北京史料》（一），北京：北京古籍出版社，1995 年，第 36 页。

十一年（1413 年）末，朱棣决定第二次北伐。

《明史·成祖本纪》记载："十二年（1414 年）春正月辛丑，发山东、山西、河南及凤阳、淮安、徐、邳民十五万，运粮赴宣府。二月己西，大阅。（三月）庚戌，亲征瓦剌……庚寅，发北京，皇太孙（即宣德帝朱瞻基）从。"[1]

大明军队沿元朝御路出京北伐，在今延庆区旧县镇团山脚下的永宁卫驻跸。"（永乐十二年）三月丁丑，设隆庆州并永宁县，隶北京行部。隆庆古缙云氏所都之地，金置缙山县，元仁宗生于县东，改为龙庆州。国初移其民入关内，州遂废。至是，上以其当要冲而土宜稼穑，改为隆庆州。又于州东团山下设永宁县隶焉，而以有罪当迁谪者实之。"[2]另据乾隆《延庆州志》记载："明洪武初，属永平府。三年，改属北平府。后徙民于关内，州遂废。城郭榛芜者四十余年。十二年，置永宁卫。永乐十二年，车驾北巡，驻州东团山。西望沃野，复置州，迁民以实之。改龙庆为隆庆，属北京行部。十二年，置永宁县于永宁卫城。"

明代妫川八景之独山夜月

1 ［清］张廷玉：《明史·成祖本纪》，北京：中华书局，1974 年，第 93 页。

2 《明实录北京史料》（一），北京：北京古籍出版社，1995 年，第 303 页。

在团山稍事停留后，朱棣率领明军继续北伐。“夏四月甲辰朔，次兴和，大阅。……六月甲辰，刘江遇瓦剌兵，战于康哈里孩，败之。戊申，次忽兰忽失温，马哈木率众来犯，大败之，追至土剌河，马哈木宵遁。庚戌，班师，宣捷于阿鲁台。……八月辛丑朔，至北京，御奉天殿受朝贺。”[1]可见，永乐帝携皇太孙二次北伐蒙古的时间为永乐十二年（1414年）三月，八月份胜利返回北京。

嘉靖《隆庆志·隆庆州城记》记载：“永乐甲午，太宗皇帝巡狩北边，驻跸团山。以斯地厥土旷沃，群山环峙，遂创州治，迁民以实地，命官以莅民，几四十余年矣。”

重大决策，涉及国家安全，况且朱棣“尤虑民不率教”，必须寻找一位得力干将，才能把决策落实到位。朱棣想到了永乐“九年秋，朝鲜使臣将归，例有赐赉，羾不以奏”[2]而被下狱的原礼部尚书赵羾，打算再次起用他。永乐十二年（1414年）冬天，年满50岁的赵羾被任命为经略，督建保安州、隆庆州及永宁县。过完年，在凛冽的寒风中，赵羾从南京北上，偕同新任隆庆州知州陆震[3]以及所属官员和一批被谪官吏，前往妫川大地，重新整治那片荒凉的土地。

永乐十三年（1415年）春暖花开，复建隆庆州的工作正式开始。这不是美差，条件艰苦，环境又差，他们却又只能听天由命。赵羾诗曰：“钦承上命不蹉跎，待罪蒿垣奈若何？”他心中的不安可想而知。山西等地的移民尚在途中，皇帝的差事却不能耽搁。赵羾首先把谪官安排在近处。

赵羾以元代故城为依托，分出隅屯，“在城者为隅，在乡者为屯”，统称为里。州城分出东南、西南、东北、西北四隅，乡间辟出红门、黄柏、白庙、版桥、富峪、红寺六屯，称为前十里。远道而来的“山西等处流民”，则陆陆续续地安置在榆林、双营、西桑园、泥河、岔道、新庄、东园、宝林、阜民九屯及关厢，被称为后十里。据嘉靖《隆庆志》记载：“本州因元之旧，周围四里零一百三十步。”可见，隆庆城是在元代龙庆州治废墟上重建。

《明史稿》记载：“（龙庆州）洪武初废，永乐十三年复置，以缙山

1　［清］张廷玉：《明史·成祖本纪》，北京：中华书局，1974年，第93—94页。
2　［清］张廷玉：《明史·赵羾传》，北京：中华书局，1974年，第4158页。
3　陆震：江南吴县人，隆庆州第一任知州。见（光绪）《延庆州志》卷六《职官志》。

县并入，领县一：永宁。”[1] 另据万历《永宁县志》记载：永宁县第一任县尹为史从政，“史从政，湖北沔阳（今湖北仙桃）人。永乐十三年，始分州地置县，公首事县尹也”[2]。《明史稿》明确指出永乐十三年（1415 年）复置隆庆州，而建县的时间是永乐十三年。这说明，复建隆庆州和新建永宁县的时间同在永乐十三年，即 1415 年。

永乐十三年，即 1415 年，赵羾和陆震带领所属官员督导迁徙而来的“谪者”和移民开始了轰轰烈烈的隆庆州复建工作。对于今日的延庆人来说，明朝是一切的开始。今日延庆已有 600 余年的历史。

三、隆庆州城和永宁城

永乐十三年（1415 年），“正月壬戌设保安州，隶北京行部。保安在居庸关外，汉涿鹿县地，元为奉圣州，后以地震改为保安。国初移其民入关内，州废。至是上以其关塞要冲，且壤饶沃，命复设州，以有罪当迁谪者实之”[3]。可知，赵羾于永乐十三年（1415 年）到达塞外，督建隆庆州的同时，又接受了督建保安州的重任。

嘉靖《隆庆志》和乾隆《延庆州志》记载了隆庆城的修筑过程：隆庆州州城是在元代龙庆州的废墟上修建的，是个土城，周长四里零一百三十步。

宣德五年（1430 年），阳武侯薛禄奉命补修，但在正统十四年（1449 年）瓦剌军的践踏下损毁严重，城墙多处坍塌。

景泰二年（1451 年），镇朔大将军昌平侯杨洪、副总兵都督纪广、户部左侍郎刘琏、参将都督同知杨能、都督佥事杨信、巡按御史郑韶佥等上奏朝廷，认为隆庆州是拱卫京师、控制朔漠的战略要地，但是现在却无城池可守。知州胡琏也向朝廷请命修葺。于是，皇上命副总兵都督纪广率军

1　《明史稿》。

2　［明］李体严修，［明］张士科纂：（万历）《永宁县志》，中共北京市委党史研究室、北京市地方志编纂委员会办公室编：《北京旧志集成·延庆志辑二》，据国家图书馆藏明万历三十年（1602 年）刻本影印，北京：国家图书馆出版社，2021 年。

3　《明实录北京史料》（一），北京：北京古籍出版社，1995 年，第 308 页。

士 8000 人修筑隆庆城。城高二丈二尺，雉堞七尺，垛口三尺五寸，厚四丈三尺。池阔二丈，深一丈。并修建三座城门，南门曰“奉宣”，北门曰“靖远”，东门曰“致和”，没有西门。“谪者”林廷举[1]写有《隆庆州城记》记其事，称隆庆州城为“屹然金汤之固，诚北门之屏翰也”[2]。

景泰三年（1452 年），副千户刘政将沽河疏导州城外，绕州城的西南二面，然后东流入妫水河，成为百姓饮水的重要来源。

天顺七年（1463 年），知州师宗文、守备指挥佥事汪溶试图用砖石甃砌隆庆城，但不久因故停止，成为烂尾工程。

成化三年（1467 年），知州李鼐、守备千户刘政通力合作，继续用砖石甃砌隆庆城，几乎修筑完毕，却又因故停止。

嘉靖年间，巡按御史李宗枢曾奏请继续完成甃砌工作，但仍然没有成功。嘉靖二十七年（1548 年）秋至二十八年（1549 年）春，瓦剌兵连续入侵隆庆州，城池被毁严重。不得已，征集民夫加高加固，又增高七尺。

万历八年（1580 年）知州师嘉言奉命扩修隆庆城北城五十步，使隆庆城周长变为四里三百四十六步。万历三十六年（1608 年），连日大雨，致使州城坍塌七处。知州杨惟相督令士民包修，并开辟西水门，曰“西成”。万历四十四年（1616 年），州守宋云霄、吏目夏诏功奉怀隆兵备道胡思伸之命修筑南关和新堡。该项工程由操守桂逢春、把总田济世督修，砖墙长二百二十七丈七尺，并修角台一座、敌台两座，关门两座、水门两座。

一座州城，承载着一个州的管理、防御、文教、祭祀等职能，十分重要。尽管隆庆州城的城墙经过了多次修葺，才算完成，但是州城内部的街道和建筑布局却沿袭了赵玨在永乐时期的规划。四条大街贯穿城中，交叉于城中心，称为“十字街”，将州城划分为四大部分，布局规整，层次分明。

1　林廷举（1417 年—？）：子云鹏，广东潮州府海阳县人。明正统十年（1445 年）进士，授监察御史。景泰二年（1451 年）因多给同乡盐运司同知郑崇多支官盐，被东厂举报，“诏法司杖廷举一百，发戍边卫（贬谪于永宁县）”。见《明英宗实录》卷二〇〇。

2　［明］林廷举：《隆庆州城记》，［明］谢庭桂纂修，［明］苏乾续纂修：（嘉靖）《隆庆志》卷十《艺文·碑》，中共北京市委党史研究室、北京市地方志编纂委员会办公室编：《北京旧志集成·延庆志辑一》，据天一阁博物院藏明嘉靖二十八年（1549 年）刻本原大影印，北京：国家图书馆出版社，2021 年。

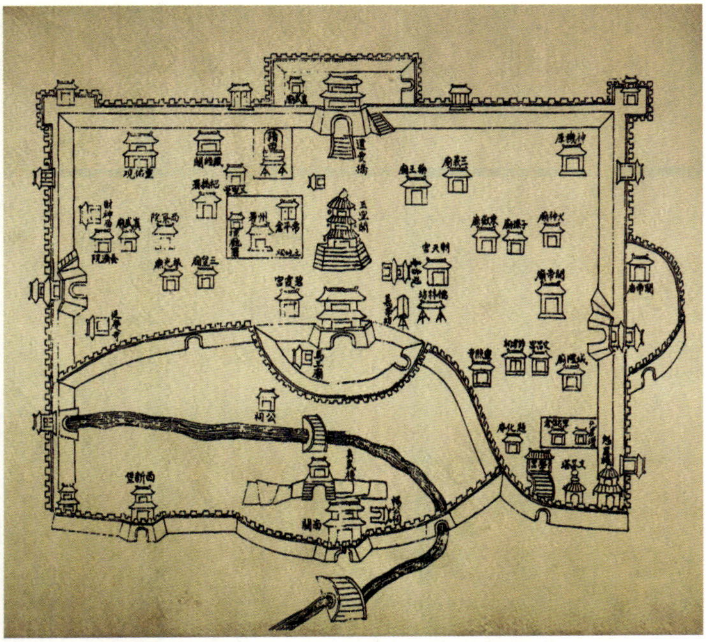

明代延庆州城图

嘉靖《隆庆志》中画有“州城之图”可以了解当时隆庆州城的布局和重要建筑。

只是，十字大街上的标志性建筑——玉皇阁，直到崇祯年间才开始建造。其修建原因是：十字大街处地势低洼。据风水先生们讲，这种形制，不利于科举事业发展，影响隆庆州学子们金榜题名。玉皇阁于崇祯六年(1633年)开始动工，在永宁县人贾章和州绅蒋有进等州人的鼎力帮助下，历时九年，于崇祯十五年(1642年)竣工。

永乐十三年（1415年），第一任知县史从政在经略赵玨和知州陆震的率领下，在团山脚下的永宁卫处建永宁县，取《尚书》“其宁惟永”之意，因客观条件不具备而没有修建城池。永乐十五年（1417年），在团山脚下再设永宁卫。

宣德五年（1430年）“三月丙寅，宣府总兵官都督谭广等奏：永宁县皆在平川，又有隆庆卫军相杂屯住，旧无城垣可依。县北有地，若筑城，缓急可保。计当工用一万人，今止有五千人，请发顺天府及关内诸卫军民协助。上谓行在工部尚书吴中等曰：边城当筑，但时当耕种，未可妨也。”“四月丙子，阳武侯薛禄奏：永宁卫团山及雕鹗、赤城、云州、独石四站最为紧要，应筑城堡。当用夫匠五万人，人赍两月粮，防护官军用万人，医者二十人。上命所司悉如敷给之。”六月戊子，修筑直隶隆庆州城。时阳武侯薛禄言：“隆庆城周四里，年久颓坏，用人四万，五日可完，请就以官军修理。上从之。”阳武侯薛禄奉命统兵来到隆庆州，在修建隆庆州的同时，兼修永宁县。薛禄将永宁卫和永宁县从团山脚下迁至终食屯，命“丰城侯李贤方修永宁城”。永宁城周围六里十三步，城高三丈五尺。护城河池深水阔。建有四门，东曰“迎晖”，西曰“镇宁”，南曰“宣恩”，北曰“威远”。正统年间，用砖石甃砌完固。四座城门都建有瓮城，明万历十七年（1589 年），参将张国柱将永宁城原有的 4 门重修，又在 4 门之上修筑了巍峨耸立的城楼。迎晖门上为文昌楼、镇宁门上为义勇楼、宣恩门上为朝阳楼、威远门上为玄武楼，而且城的四角还分别建有两层的瞭望楼。

万历《永宁县志》记载了永宁城在明后期的修复工作：嘉靖二十二年（1543 年），因大雨连绵，城墙多处坍塌。嘉靖四十二年（1563 年），参将方振重新修葺，城墙增高四尺有奇。万历二十七年（1599 年），永宁城四座城门坍塌，参将张国柱重新修葺。

宣府东路参将长驻永宁。永宁参将是当时镇守宣府总兵的下属官员，属于“行武官”系统。由于嘉靖二十七年（1548 年）、二十八年（1549 年），鞑靼俺答部连续两次进犯，宣府曾派副总兵移驻永宁。

永宁卫和隆庆左卫是区别于“行武官”系统的另一个系统的军队，属于五军都督府下设的基本军事单位，在地方屯田、驻防。每卫大抵有 5600 人，下设前、后、左、右、中 5 个千户所。明嘉靖年间，永宁两卫军人虽有逃亡，但仍有官兵 8000 人。

永宁县城内主要街道有四条，东为善政街，通东门；南为阜民街，通南门；西为广武街，通西门；北为拱辰街，通北门。一座城池，驻守两个系统四个军事机关，而且还有演武厅、校场、仓库、草场、急递铺、更铺等多种与军事防务相关的设施和建筑。四个军事机关有着明确的防区：四座城门，均属参将府守卫管理；四条大街将永宁城分为四大部分，其中以南北大街为界东半部分，大小胡同 15 道，属隆庆左卫；西半部分，大小胡同 17 道，属永

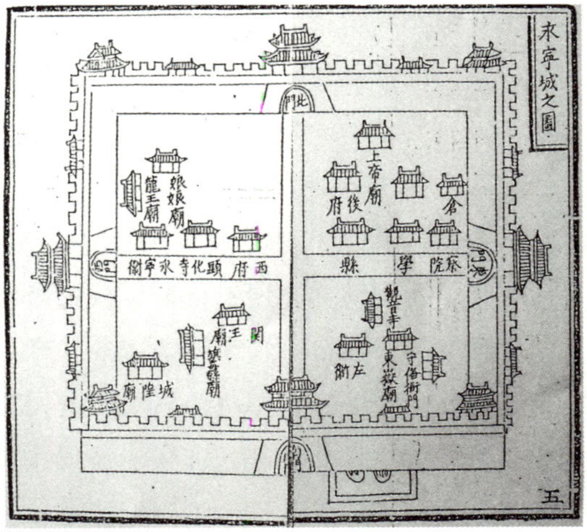

明代永宁城图

宁卫。城内只有城西北的终食屯胡同，属永宁县管辖。

永宁县虽隶属隆庆州，但其军事地位要高于隆庆州，是宣府东路的军事中心，城内有参将带兵驻守，永宁卫和隆庆左卫也驻于城内，因此，其军事功能远远超过了民政功能。从宣府东路设防的军事意义上讲，永宁城可以说是座军城，因而作为行政机构的永宁县则显得不那么重要了。

第二节　汉蒙冲突与交融

洪熙、宣德两朝（1425 年—1435 年）时期，宣府镇初步形成完备的军事防御体系。但是，宣德六年（1431 年）撤守开平卫，放弃兴和所，“弃地三百里”。边境向南移动 300 里，宣府镇地区军事压力陡然增强，特别是宣府东路对保卫北京和捍卫长城安全有特殊的价值。

一、瓦剌部称霸蒙古草原

针对瓦剌势力的强大，巡抚宣大佥都御史罗亨信曾提出在北京北部的要害之地增置城堡，以防不测。当时朝中太监王振专权，罗亨信的建议没有引起重视。“（正统）十四年（己巳，1449 年）春二月，也先遣使二千余人马，诈称三千人。王振怒其诈，减去马价，使回报，遂失和好。……也先求结婚，通事私许之，朝廷不知也。至是，贡马，曰：‘此聘礼也。’答诏无许姻意，也先益愧忿，谋寇大同。”[1] 七月八日，瓦剌分三路进攻明朝，也先犯大同，脱脱不花寇辽东，知院阿剌寇宣府，围赤城。

七月十一日，知院阿剌率军进攻独石、马营。独石、马营都是宣府防线的前沿阵地，也是隆庆州和永宁卫北部的防御重地。早在正统十二年（1447 年）八月，朝廷任命总督独石等处守备左都督杨洪佩镇朔将军印，充总兵官镇守宣府；同时，任命都指挥佥事赵玟、杨洪之子署都指挥佥事杨俊总督独石、永宁等处守备。

杨俊见瓦剌军气势汹汹，弃马营而逃。瓦剌军切断了马营的水源，围困马营三日，城破。守备赤城堡指挥郑谦徐福、雕鹗堡指挥姚瑄等亦携带

1　《明史纪事本末》，北京：中华书局，2015 年，第 471 页。

家口，弃城而逃，独石、赤城、雕鹗诸堡相继陷落。瓦剌军又进攻云州，守将田坤率军拼死抵抗，无奈寡不敌众，英勇战死。

就在敌军攻打独石等地时，宣府总兵官杨洪紧急调遣永宁卫和隆庆左、右卫的官军前去增援。当增援部队行进到云州时，瓦剌军正进攻云州，永宁守备孙刚带兵冲入敌军阵营，挥刀杀敌，力竭而亡。永宁卫指挥同知王敬也奋勇杀敌，最后阵亡。指挥张澄见孙刚、王敬皆战死，誓要为二人报仇，结果也力竭身亡。永宁镇守太监谷春在孙刚等人战死后，对大家说："人孰无死，死沙场乃为忠义鬼，吾从刚地下矣！"于是自缢身亡。

瓦剌部大约 10 万大军兵分三路突然对明王朝发动大规模的进攻。"秋七月，也先图犯边，其势甚张。"[1]明英宗在准备不足的情况下，仓促率师亲征。结果返京途中，明朝 50 万大军在隆庆州西南 80 里的土木堡被也先打败，明英宗被俘，史称"土木之变"。

土木之变，亲征大军死伤过半。英宗皇帝被俘，京城空虚，明朝陷入严重危机。京城上下惊慌，出现退避南迁之议。郕王朱祁钰即皇帝位，遥尊英宗为太上皇。于谦、陈循、王直等文武官员及官兵、百姓同仇敌忾，拼死守京才遏制瓦剌军队的进攻，稳定了局势，取得北京保卫战的胜利。

战后，也先势力迅猛发展，基本统一蒙古各部。景泰五年（1454 年）也先被部下阿剌知院所杀，瓦剌部逐渐走向衰落，蒙古草原再次走向分裂。

二、鞑靼雄起，战争升级

北元汗位争夺的斗争异常激烈，在"只有成吉思汗黄金家族后裔才有资格当汗"的传统观念驱使下，满都鲁成功登上了汗位，在恢复蒙古汗权方面取得了很大进展。成化十五年（1479 年），满都鲁汗去世，他的妻子满都海哈屯[2]军权在握，成为东部蒙古的新首领。次年，满都海哈屯扶立自

1　《明史纪事本末》卷三十二《土木之变》，北京：中华书局，2015 年，第 472 页。

2　满都海哈屯（1448 年—1510 年）：又称贤者满都海、满都海皇后，出身绰罗斯氏，为满都鲁的妻子，后又嫁给巴图鲁克。她是蒙古汗国复兴的核心人物，盟旗制度的建立者。

己的新郎君——时年 7 岁的巴图蒙克[1]继承汗位，称达延汗。

达延汗巴图蒙克稍长大，开始亲自主政。达延就是大元，明朝称达延汗为小王子，也称东部蒙古鞑靼为小王子。达延汗在妻子满海都哈屯的辅佐下，进一步完成蒙古族的统一大业。弘治十四年（1501 年），达延汗率 10 万骑兵出击固原、宁夏等地，深入内地骚扰抢掠，给明朝造成巨大损失，双方贡市关系中断，从此战争替代了和平。

正德十二年（1517 年），蒙古族首领达延汗去世。达延汗的儿孙们个个强悍有力，延续着黄金家族对蒙古草原的统治。达延汗的三子巴尔斯博罗统领右翼各部，兵强马壮。巴尔斯博罗的二儿子俺答，最为勇猛而多智谋，他就是后来称雄草原的俺答汗。

像其他蒙古男孩一样，俺答（1507 年—1582 年）在游牧与战斗中成长，从马背上认识世界。嘉靖二年（1523 年），16 岁的少年俺答在部族战争中初露头角，被冠以“索多”称号，意思是英明。俺答随从长兄吉囊多次征讨北方兀良哈和青海的瓦剌等部，建立功勋，扩大势力，逐步取得多伦和土默特领地的继承权。

嘉靖初年，大明王朝的外部环境异常紧张，既有“北虏入寇”，又有“倭寇之患”，即所谓的“北虏南倭”。

嘉靖十三年（1534 年），俺答“挟众欲入贡”，提出用和解方式解决民族间的矛盾与冲突，表达了停止战争建立和平的民族关系的愿望。此后，俺答汗一再提出“求贡”，而军事上却从来没有停止过对明朝边地的骚扰。明朝也不敢相信求贡的诚意，双方的战争不断升级。

三、求贡不成，一扰妫川

嘉靖二十七年（1548 年）八月十五，俺答汗进犯大同，指挥顾相等战死疆场。大同左都督周尚文率军猛追，在次野口大败鞑靼军队。

九月初十，鞑靼再次进犯宣府。当谍报报告敌进犯镇安堡时，驻守云州城（离镇安堡 30 里）的总兵官赵卿并未引起重视；不久，谍报又告知

1　巴图蒙克（1473 年—1517 年）：成吉思汗的第十五世孙，也先外曾孙，《明史》称之为小王子。统一漠南蒙古。后人称其为蒙古的“中兴之主”。1517 年去世，终年四十四岁。

敌攻独石口，总兵官赵卿率军亲赴独石口，而敌遂由镇安斜坡岭南下。

九月十三，鞑靼进犯隆庆州、永宁县和怀来县，守备鲁承恩战死。隆庆州“久不被兵，至是遭荼毒特甚，一百三十余堡，十破其七八，州县之民被杀掳，惨弗忍言，盖自设州以来，所无之祸也”。谓：“见之者堕泪，闻之者寒心。”当此之时，赵卿的兵马尚未赶到。

鞑靼兵到达隆庆州时，辖区内的守备、把总等带兵去红门（今属延庆，陵后边垣上大门）进行防御，城中没有防守士兵，百姓人心惶恐。州吏目迟谅和他的两个儿子迟梃、迟楷带领全城丁壮一起登城巡守，用神枪打击敌人。州学正宋绍美对训导苏琢、黄经、武德彰等人说：“吾辈虽身为教员，然而敌人围城，全城百姓危在旦夕，大家何不同仇敌忾奋勇杀敌！”于是登上城墙与迟谅一起拒守城池。永宁后所屯千户李梦淞及四周百姓手持棍棒纷纷赶来支援，敌人见势不妙纷纷退去。

宣大总督翁万达得到战报，带领“麾下诸老弱留城者疾驰而东”。接近敌营时，“噪而鼓行”，敌人不知援兵多寡，于九月十五，从滴水崖（赤城县后城镇）撤出，隆庆州敌情解除。嘉靖《隆庆志》对本次灾难的记述如下：

八里店村秀才孟周和叔伯兄弟孟言都在州城读书。二人得知鞑靼围攻八里店堡，二人回村救人时和敌人相遇，徒手和敌人相斗，后双双被杀。学官诸弟子列状闻，监司叹曰：“此一死也，于国为忠，于家为孝，可以风世矣。”

八里庄人孟旸、孟时在敌人围攻本村时，本来可以逃避敌人的抓捕，但担心父母被敌人杀害，毅然回家救人，结果双双被敌人杀害。

岔道人曹铨在得知其父曹二被敌人抓获后，曹铨回村救人，父亲得救，曹铨却被敌人杀害。

小店屯人段伯奎、段老哥子，在父亲段志卿被敌人抓获时，哥俩拼死救父，父亲得救，而二人均被敌人杀害。

红门屯迟文卿妻李氏、北山脚下吕清妻苏氏和白庙屯黄明妻张氏，面对鞑靼兵的侮辱，骂敌而死。省祭段愚妻曹氏和弟媳鲁氏各抱子投井而死。

《明史·翁万达传》记载：“逾月，犯宣府，大掠永宁、隆庆、怀来，军民死者数万。”可知鞑靼本次入侵，造成隆庆州人员大量伤亡。

四、俺答再次南下，二扰妫川

嘉靖二十八年（1549年）二月十二，俺答再次南下，率数万铁骑进犯宣府滴水崖（今赤城县后城）。把总指挥董旸、江瀚、唐臣、张淮等战死，全军覆没。俺答遂经黑峪口、黄峪口一带山口南下，驻扎在隆庆州石河营一带，并派游骑东掠永宁，居庸关南大震。

游击王钥、大同游击袁正率军迎敌，鞑靼拔营向南迁移。翁万达命令大同总兵周尚文前来助阵。十四日，周尚文率领一万铁骑到达隆庆。参将田琦也率千余步骑与周尚文部会合，在曹家庄与鞑靼骑兵多次交战，将鞑靼四个头目斩落马下并夺取鞑靼的军旗，但鞑靼据险而守。周尚文迂回鞑靼身后发起进攻，鞑靼大败，向岔道一带退却。此时正赶上翁万达率领西路参将姜应熊等自怀来驰援。十五日，宣府总兵官赵国忠得到报告，也率领千骑赶来驰援，命参将夏勇率精卒在大浮沱从鞑靼背后发起进攻。鞑靼闻听翁万达大兵赶到，惊曰："翁太师至矣！"当天夜里，疯狂掠夺一番后向东逃窜。诸将背后追击，鞑靼大败而去。

嘉靖帝得知翁万达督战大胜，非常高兴，立即加封翁万达为兵部尚书，兼右副都御史。不久，翁万达回到兵部处理军务，后来因父亲病故返乡丁忧。

此次虏寇复来，隆庆州130个屯堡，未被毁坏者只有10余屯堡。死伤人数虽少于去年，但城乡被抢劫一空。多亏分巡佥事河间景州人冯时雨恰好来到隆庆州，昼夜在城上巡视；以及吏目迟谅带领自己的两个儿子往来巡视，全城百姓同仇敌忾，迫使鞑靼退去，城中生灵得以保全。但要恢复家园，需要风调雨顺和当地父母官施行仁政达五十年之久，否则是不可能完成这项任务的。

五、"庚戌之变"

嘉靖二十九年（1550年），翁万达奉旨督率军民修筑宣府北路、东路二路边垣八百余里。东路边垣全在延庆境内，东南起四海冶，东北至靖安堡，长143里34步，边墩122座，大路边墩25座，设口十一，当地人称之"大边"。边外，即怀柔县宝山寺、天仡力等地为朵颜驻地。

鞑靼眼见宣府边备完固，无隙可乘，无奈掉转马头，一路向东，东犯蓟镇。八月，俺答大举入犯京师。十六日，攻打古北口，蓟镇兵败，鞑靼掠怀柔，围顺义。十七日，大掠通州。而宣大总兵仇鸾镇大同，为了避战自保，暗中和俺答义子脱脱勾结，鞑靼不犯大同，而明朝允许通市，纵敌深入。不久，仇鸾率兵入援，抵通州，遇敌而溃，听任所部肆虐，甚于俺答兵。仇鸾冒功加太子太保衔，总督京营军政。

俺答在白河岸边驻扎，派出几路精兵到北京周围烧杀抢掠，京师戒严。此时正值奸臣严嵩当权，边帅纷纷向严嵩行贿，致使边疆危机此起彼伏。俺答逼迫都城，嘉靖帝为自保而命令周边将帅勤王救驾。但兵部尚书丁汝夔、希嵩旨等不敢出战，紧闭门守。俺答疯狂抢掠京畿地区八日后，于二十三日主动撤退。二十五日，京师解严。二十六日，俺答取道古北口，原路返回草原。俺答退回草原以后，丁汝夔以“坐守备不设”罪，斩于市。嘉靖二十九年（1550 年）为庚戌年，史称：“庚戌之变。”

同年，为加强隆庆州北部地区的防御，署守备刘偕在滴水崖以东 10 里处筑靖安堡土城。与周四沟、四海冶首尾相望，声息相通，宿以精兵，严其烽堠，则东北可无烦顾虑。隆庆元年（1567 年）参将罗某甃以砖石，城高三丈五尺，周长二里十三步，门二座。

六、妫川地区再遭兵燹

“庚戌之变”给嘉靖皇帝和整个明王朝的打击无疑是沉重的，在震惊之余，感觉有必要对北京城的防御体系进行重新规划。嘉靖三十二年（1553 年）闰三月，开始修筑北京外城。因资金困难，十月提前完工，使北京城的形状呈“凸”字形状。

嘉靖三十三年（1554 年）五月，鞑靼骑兵由马营盘道墩入塞，寇云州、赤城等处，摧毁屯堡二十余座。八月，复由云州两河口、静宁墩入寇雕鹗、永宁、怀来，毁坏的城乡建筑以及人员损失比 5 月份还要惨烈。明军因年景不好，吃饭都成了问题，有将近半数的士兵逃亡，而有些将领亦畏敌不敢冲锋陷阵。面对鞑靼的疯狂劫掠，明军驻足观望了好几天，最终还是不敢出兵，遥望数日后返回卫所，鞑靼亦志得意满，扬长而去，返回蒙古草原。

万历《永宁县志》记载了鞑靼入侵永宁县时的情景。永宁县阎庄村民阎澄的妻子李氏，在二十八岁时，阎澄因病去世，李氏为其守节，抚养三个儿子阎俸、阎仁、阎雄长大成人，都给他们娶上媳妇。阎家妻贤子孝，和睦相处，祖孙五世同堂，共享天伦之乐。嘉靖三十四年（1555年），李氏时年一百零四岁，她把三个儿子找来，对他们说："如果蒙古骑兵来了而大家无处藏身，将会遭到灭顶之灾。你们三人共同出资修建一个大一点儿的砖楼，怎么样？"三个儿子表示谨遵母命。砖楼刚修建完毕，鞑靼骑兵果然蜂拥而至，阎庄村的众乡亲纷纷登上砖楼。因为有了这座坚固的砖楼，全村百姓赖以度过这场灾难。监司知道这件事后，上报官府，对李氏进行了表彰，名曰"节义"。

乾隆《延庆州志》还记载了隆庆州庠生曹銧的事情。曹銧，年二十，是个大孝子，而且少有大志。嘉靖三十七年（1558年）三月，鞑靼围攻曹官营。当时，曹銧正在学校学习，知道鞑靼攻打曹官营后，立即冲出教室回村救母，结果被鞑靼骑兵抓住。鞑靼强令曹銧投降，曹銧嚼舌怒骂说："我读书学忠孝，怎么能投降你们，苟且偷生呢！"鞑靼兵被骂急了，抽出佩刀把曹銧给杀了。鞑靼兵退却后，家人收殓了曹銧的尸体，当时的曹銧还满脸怒色。

七、妫川动荡，鞑靼二犯京师

嘉靖三十八年（1559年）三月，俺答派自己的儿子辛爱（锡林阿）与俺答的弟弟老把都儿（委巴图尔）等再次南下，侵掠蓟州、玉田，并在内地驻扎五天，京师大震。《明史·许论传》记载："（嘉靖）三十八年复起故官，督蓟、辽、保定军务。把都儿犯蓟西，论厚集精锐以待。至则为游击胡镇所破。"[1]

嘉靖三十八年（1559年），连续降雨三个月之久，庄稼颗粒无收。此时，鞑靼再次入寇永宁地区，造成了更大的饥荒，出现了人吃人的动荡局面。

嘉靖三十九年（1560年）秋，鞑靼南下宣府，越过保安州和隆庆州，兵锋到达居庸关。

嘉靖四十年（1561年）九月十三。鞑靼六万余人从保安州而来，从西

1 ［清］张廷玉：《明史》卷一八六《徐进传·附徐伦传》，北京：中华书局，1974年，第4930页。

边进犯居庸岔道口，强攻八达岭。当时宁夏总兵右都督姜应熊[1]停职查办，充为事官，赴塞上立功，被敌围于南沟（现名南东沟，在八达岭西南4里），中五枪堕马，参将胡镇杀死几名鞑靼骑兵夺回姜应熊的尸体，将其击退。鞑靼转而进犯石佛寺口、青龙桥，官军又将其击退。

乾隆《延庆州志》记载了嘉靖年间发生在泥河堡村的事情。泥河堡人赵资的妻子段氏，生子国廉，刚满周岁，赵资就死了。当时段氏年仅十八岁，想以死殉夫。公婆苦口婆心地开导段氏，让其抚养幼子国廉以传宗接代，段氏听从了公婆的劝告，遂以“未亡人”自居，一边孝敬公婆，一边抚育幼子。国廉长大后，娶吴氏为妻。鞑靼兵进犯隆庆州，国廉遇害，吴氏引刀自杀，婆婆段氏一把夺过吴氏的刀，吴氏自杀未遂。后来，吴氏生遗腹子赵愚。嘉靖四十年（1561年），鞑靼兵再次进犯隆庆州，将段氏逮捕，愤怒的段氏用手猛抓鞑靼兵的面部，破口大骂鞑靼兵的残暴行径。鞑靼兵大怒，将段氏给肢解了。段氏的惨死，让吴氏痛不欲生，绝食几日，几乎气绝，儿子赵愚也在这次变故中死去。吴氏痛定思痛之后，全心全意地教育孙子廷麟、廷豸，使两个孙子都进入州学，食廪禄。吴氏七十四岁时，地方官向按院申报，吴氏被奉旨旌表为“一门双节”。

八、八寇妫川，三犯京师

嘉靖四十二年（1563年）正月二十九，俺答再次进犯宣府镇，并南下抢掠隆庆州。

十月二十二日，朵颜酋长影克引导辛爱、老把都儿等东西数万骑大举进犯，自墙子岭[2]、磨刀峪边墙塌陷处进入内地，大掠顺义、三河等地，京师震惊，宣布戒严。鞑靼兵包围通州，侵入内地达八天之久。

王时举《延庆辞文庙别生徒记》说：“吾州自己酉[3]以来，被敌者八。野无青草，室如悬磬，调遣繁而闾里绎骚，招买多而盖藏悉匮，吾辈救死

1 姜应熊：榆林卫人，祖父姜汉，父亲姜奭，累官为都督佥事，充任总兵官，镇守宁夏。

2 墙子岭：在密云东北90里，有城，设参将。

3 己酉：当是戊申，嘉靖二十七年，己酉是二十八年。

不赡，奚暇治礼义哉！”[1] 嘉靖年间，鞑靼骑兵八次入侵隆庆州，三次进入京畿地区，京师震动。文武大臣轮番勤王御敌，总督和巡抚总三镇（宣大、山西、保定）之兵，抚镇倾整个宣镇之力，用计策保护东路的安全。怀来则总督主持并移镇驻节，驻扎重兵于其间；延庆则怀隆兵备道管理；永宁、岔道则归总兵、副总兵出任将帅。

第三节　依山涉险筑长城

洪武三年（1370 年），山后居民被迁徙于关内，在居庸关设隆庆卫，屯守驻军。洪武十二年（1379 年）在团山脚下增设永宁卫，属后军都督府。永乐十二年（1414 年）设隆庆州，为直隶州，辖永宁一县，属北京行部。

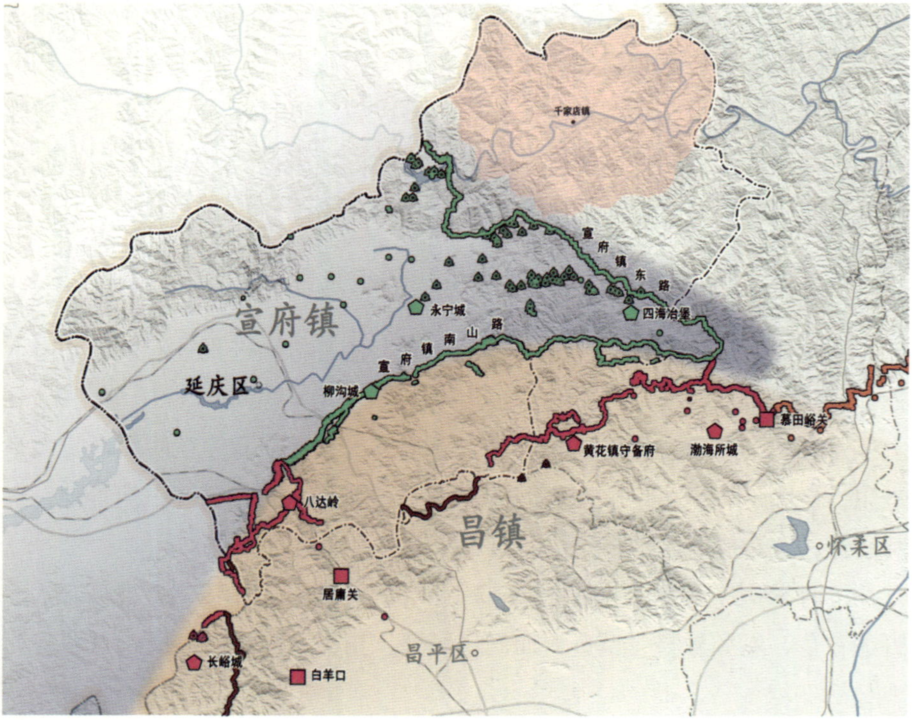

延庆明长城分布示意图

1　［清］李钟俾修，［清］穆元肇、方世熙纂：（乾隆）《延庆州志·艺文一》，中共北京市委党史研究室、北京市地方志编纂委员会办公室编：《北京旧志集成·延庆志辑四》，据国家图书馆藏清乾隆七年（1742 年）刻本原大影印，北京：国家图书馆出版社，2021 年。

隆庆元年（1567年）为避穆宗年号，改为延庆州。延庆地区长城修筑有明确记载、规模最为宏大、时间延续最长的当数明代。明代，延庆处于宣府镇、昌镇、蓟镇的结合部，境内长城防线主要隶属于昌镇和宣府镇。延庆地区修筑长城，大致经过四个主要阶段。

一、明初修筑长城

洪武元年（1368年）明军占领元大都不久，徐达就奉命修筑长城、部署防线。洪武三年（1370年），淮安侯华云龙建议："北平边塞，东自永平、蓟州，西至灰岭下，隘口一百二十一，相去可二千二百里。其王平口至官坐岭，隘口九，相去五百余里。俱冲要，宜设兵。紫荆关及芦花山岭尤要害，宜设千户守御所。"[1]长城的防务由此得到加强，灰岭、王平口分别在今北京昌平、门头沟境内。洪武十五年（1382年）九月，根据北平都司的提议，以各卫所属的校卒，加强戍守所辖自山海关至居庸关、紫荆关沿线的二百处关隘。

20世纪初的上关城

1　［清］张廷玉：《明史·华云龙传》，北京：中华书局，1974年，第3825页。

洪武二十年（1387 年），李文忠、冯胜等分别率兵占领今内蒙古境内的元上都开平（今内蒙古正蓝旗东）、大宁（今内蒙古宁城县大明镇）、东胜（今内蒙古托克托县西）等塞外战略要地，大宁都指挥司及其左、中、右诸卫所辖地域与宣府、辽东连成一片，其北部界线接近秦汉、北朝时期的旧长城，幽燕地区由此具备了内外两条防线，燕山一线长城就变成了有“外边”保护的“内边”。朱元璋把朱棣等诸子封为镇守边塞的藩王，驻守在全长一万两千多里的长城沿线。从这时到嘉靖年间，逐渐形成了九个军事重镇，称为“九镇”或“九边”。[1]

明永乐二年（1404 年）重建上关城[2]，其城上跨东、西两山，下当两山之冲，城堡周围二百八十五丈，南北二门。为隆庆卫紧要里口，名之曰上关门。

洪熙、宣德年间，明朝撤守开平卫、放弃兴和所。明朝逐渐放弃内蒙古至辽东的外围战略要地，燕山一线的长城上升为北京抵挡蒙古诸部与东北满洲的最后一道屏障。清初顾祖禹指出：宣化“南屏京师，后控沙漠，左挹居庸之险，右拥云中之固，弹压上游，居然都会。……居庸者，京师之门户，宣府又居庸之藩卫也。其地山川纠纷，号为险塞，且分屯置军，倍于他镇，气势完固，庶几易守”[3]。

二、“土木之变”后修筑长城

正统十四年（1449 年），明军在土木堡惨败。明朝不仅精兵劲旅折损殆尽，边境防御设施也遭到严重破坏，元气大伤，成为明朝由“洪永熙宣盛世”走向衰落的标志。此役之后，明朝已无力出塞讨伐蒙古，防御上的固守政策逐渐占据上风，转入全面防御。

---

1 九镇：自东向西，分别是辽东镇（总兵官驻今辽宁北镇，后移辽阳）、蓟州镇（亦称蓟镇，驻今河北迁西三屯营）、宣府镇（驻今河北宣化）、大同镇（驻今山西大同）、太原镇（一名三关镇，驻今山西偏关县偏头关，后移宁武县宁武关）、榆林镇（即延绥镇，驻今陕西绥德，成化七年移至榆林卫，即今陕西榆林，遂称榆林镇）、宁夏镇（驻今宁夏银川）、固原镇（驻今宁夏固原）、甘肃镇（驻今甘肃张掖）。今北京地区大部分处在昌镇范围内，延庆一带属于宣府镇。

2 上关：今昌平区南口镇四桥子村，南距居庸关 4 千米。

3 ［清］顾祖禹撰：《读史方舆纪要》卷十八《北直九》，北京：团结出版社，2022 年，第 750 页。

宣府东路防务图（乾隆《延庆州志》）

学士陈循请求将擅守的居庸副都御史罗通召回京师，将此时正在京师的宣府总兵杨洪父子也留在京师，加强京师防御。而少保于谦则提出了不同的意见，他指出："宣府，京师之藩篱；居庸，京师之门户。边备既虚，万一也先乘虚据宣府为巢窟，京师能安枕乎！"[1] 这样便形成了"固守边疆"的全面防御政策。在这一政策指引下，明朝开始大规模修建、整饬长城防

1 《明史纪事本末》卷三十三《景帝登极守御》，北京：中华书局，2015 年，第 484 页。

御工事，开始以边墙作为防御蒙古的主要手段。

景泰元年（1450 年），修筑居庸关之上关。

弘治七年（1494 年），建四海冶城，万历三十三年（1605 年）续修。

弘治十七年（1504 年）建八达岭关城，嘉靖十八年（1539 年）继续修筑八达岭关城，隆庆四年（1570 年）、五年（1571 年）八达岭始建空心敌楼，万历十年（1582 年）、十二年（1584 年）继续修缮八达岭段长城。

嘉靖十九年（1540 年）修筑周四沟城。

嘉靖二十二年（1543 年）修筑南山路边垣。

三、“庚戌之变”后修筑长城

嘉靖二十八年（1549 年）翁万达在《请修北东二路边垣疏》中说：“边镇，京师屏蔽，涉险守要，惟在审形势、酌便宜而已。盖天下形势重北方，以临敌也。……我朝重东北，何者，都邑所在也。……今时急隆永，则皇陵之后，神京之外，其所以锁钥。……昨岁豕突于镇安，今岁窥伺于滴水，得志以归，连兵不解，安得不为之寒心哉！夫往年修边之役，宣府始西、中路者，先所急也。北、东二路限于财力，间多未举。又以独石、马营、永宁、四海冶之间，素称险峻，朵颜支部巢处其外，尚能为我藩篱。今西、中路边垣足恃，敌不可犯，其势必不肯以险远者自阻。而朵颜支部复为所逼，徙避他所。北、东二路之急，视前盖数倍。以二路边计之，东路起四海冶镇南墩，而西至永宁，尽界为边（至靖安堡）。北路起滴水崖而北，而东而南[1]，至龙门城尽界，为边凡七百余里。而二路马步官军、防秋、摆边者，仅得二万有奇。乃复守南山三百四十里之边，兵分备踈，敌溃外防，则隆庆永宁之间，仓皇骚动，南山诸口山梁多可漫走，我力不御，则畿辅内地不免震惊，又安得不为之寒心也！”[2]翁万达的忧心，不幸被来年庚戌之变残酷现实所验证。

嘉靖二十九年（1550 年）修筑北、东路边垣 700 余里。

嘉靖二十九年（1550 年）修筑靖安堡城；隆庆元年（1567 年）砌以砖石。

1 而东而南：按上下文意，应为“（经独石口）而西而南”。

2 张志军主编：《明实录长城资料辑录》，银川：宁夏人民出版社，2013 年，第 244 页。

嘉靖三十年（1551年）修筑柳沟城；万历二十四年（1596年）复增南关。

嘉靖三十年（1551年）修筑岔道城；隆庆五年（1571年）加固并包砖。

嘉靖三十一年（1552年）修筑黑汉岭城；隆庆四年（1570年）砌砖。

四、谭伦主持修建空心敌台

嘉靖帝死后，其子朱载垕即位，改元隆庆。隆庆州因避讳而改为延庆州。当时明朝面对着东南沿海的倭寇和北部边防线上蒙古部族的双重侵扰。尤其是嘉靖年间，由于边备空虚，蓟镇受到蒙古鞑靼和兀良哈部的双重威胁，蒙古骑兵多次攻破蓟镇，曾经八寇妫川，嘉靖二十九年（1550年）八月鞑靼土默特部领袖俺答率军攻破古北口，长驱入内地，围困京师达八日之久，在城外烧杀掳掠，发生了震惊朝野的“庚戌之变”。同时，在辽东地区，建州女真部落不断崛起，军事形势不断恶化。在此危急情况下，谭纶于隆庆元年（1567年）十一月被召入京，任兵部左侍郎兼都察院右佥都御史、蓟辽总督。

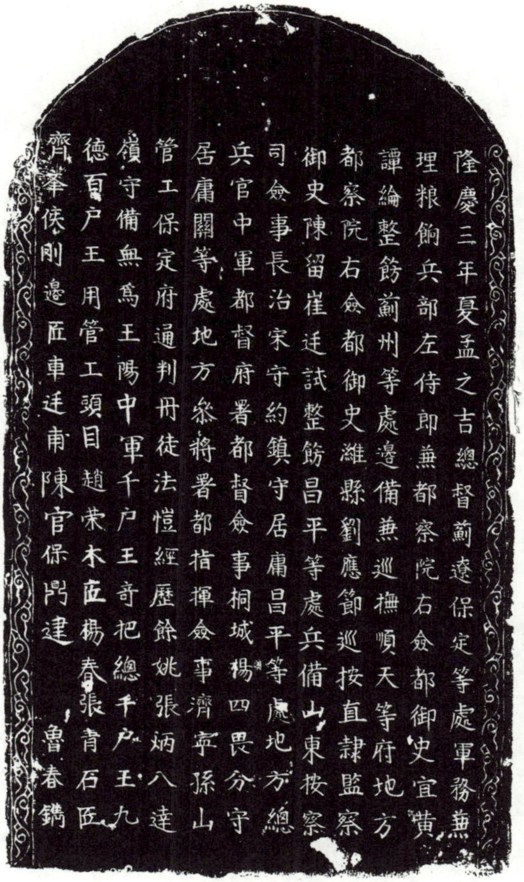

隆庆三年阅视题名鼎建碑拓片

谭纶上任之后，首先开始调整兵力部署。隆庆二年（1568年）六月将蓟昌二镇划分为四区十四路。隆庆三年（1569年）又把蓟昌二镇调整为十二路。延庆境内的八达岭段长城属居庸路管辖，由镇守总兵官杨四畏统领。另据万历年间的《重修居庸关志》记载，后来又把居庸关划分为中路、北路、南路、东路、西路，把长城防线进一步细化，其中八达岭段长

八达岭北十楼空心敌台

城属北路管辖。

隆庆二年（1568 年）四月谭纶在标兵、游兵及各路民兵之中，挑选十支兵马，每支三千人，合计三万人，列为三营，一营驻扎密云，一营驻扎遵化，一营驻扎三屯营，作为固定的应援之兵。同时，他又举荐名将戚继光总理练兵之事，但练兵节制之法皆由谭纶制定。此外，谭纶又在十路主客官军之中，各选精锐三千人，作为本路和周边中路的应援部队。这些调整，大大提高了部队的机动作战能力，在不大量增加军队的条件下，提高了蓟、昌二镇的防御能力。谭纶同时还创立车营，推广使用火器。

当时士兵都是依墙而守，不蔽风雨，条件十分艰苦。敌人往往趁着黑夜从悬崖峭壁间攀缘而入，乘暗杀人，使明军惊慌失措，以为敌人已经破边，皆四散奔溃，使敌人得以从容拆墙而入。面对此种情况，谭纶采纳戚继光的建议，于隆庆三年（1569 年）正月上《请建空心台疏》，借鉴沿海抗击倭寇的经验，仿照民间看家楼的式样，在长城上创建了既能驻兵，又能防御的空心敌台，并加厚墙体，在城墙上两面设垛口。敌台高低大小不等，各个敌台之间互为掎角，相互呼应，敌台里都配备有火炮，敌人的弓箭无法射到敌台里的士兵，骑兵在火炮的攻击下也不敢靠近长城。每个空心敌台置有百总一名，士兵五十名。空心敌台由上、中、下三部分组成。下部为基座，用大条石砌成，高与城墙相同，中部为空心部分，一般用砖墙和砖砌筒拱承重，构筑成相互连通的券室，以供士兵驻守，存放粮秣和兵器。上部为台顶，多数敌台台顶中央筑有楼橹，也有的台顶铺墁成平台，无楼橹，四周筑有垛口，用于防守和举烽火报警。

谭纶最初计划蓟昌二镇修筑空心敌台三千座，后考虑到明朝的财政状况，亲自勘察，根据地形地势，减为一千五百座。他最初提出每座空心敌台给官银五十两，但实际支出远大于这个数。为了提高工效，谭纶因地分工，划分等差，以筑台数量、质量作为将官举劾升赏的标准。每筑一墩台，亲自检查，质量高者分别给予犒赏。2015 年延庆区在八达岭镇石峡至帮水峪长城修缮过程中又发现两块隆庆三年夏和孟秋字样的长城分修题名碑。也就是说谭纶隆庆三年（1569 年）正月提出修筑空心敌台，当年夏天、秋天和冬天，在延庆区八达岭至石峡关一带的长城空心敌楼就相继竣工。此后，隆庆四年（1570 年）、五年（1571 年），八达岭段长城的空心敌台陆续竣工。

八达岭长城

经过谭纶大规模地整顿蓟、昌二镇兵备、修筑长城，明军的战力有了很大提升，防御条件得到了极大的改善。隆庆四年（1570 年）、五年（1571 年）鞑靼几次大军压境，当得知明军有了很好的防备后，不得不悻悻离去。其间，还发生著名的“隆庆和议”事件，明朝和蒙古鞑靼部结束军事冲突，建立了封贡关系，每年在大同关外开市贸易。此后的一段时期，延庆地区得到了休养生息、社会经济得到了一定的发展。

此外，万历元年（1573 年），修筑小张家口段长城；万历四年（1576 年），修筑石峡峪堡；万历十七年（1589 年），修筑石峡段长城；万历二十二年（1594 年），修筑刘斌堡城；天启三年至天启五年（1623 年—1625 年），修筑大庄科香屯段长城；崇祯十三年（1640 年），修筑石峡段长城。

从以上记载我们可以看出，自明代建国之初修筑长城开始，至崇祯年间，延庆地区的明长城或重修，或新建，达二十余次之多，持续时间之长，兴修工程之大，实为其他地区所罕见。之所以明王朝如此重视延庆地区长城的修筑情况，皆因“隆庆虽边小，山川险固，厥土惟沃，慎地土壤圻，为国之屏，亦要地也”[1]。特别是明成祖在昌平天寿山建皇陵以及宣德年间撤守开平卫、放弃兴和所后，边境向南移动 300 里，延庆所起的军事防御作用则更为凸显，它在御北之敌的基础上又增添了护卫皇陵的重任，成为居南北喉吭要冲之重地。

1　［明］谢庭桂纂修，［明］苏乾续纂修：（嘉靖）《隆庆志》，中共北京市委党史研究室、北京市地方志编纂委员会办公室编：《北京旧志集成·延庆志辑一》，据天一阁博物院藏明嘉靖二十八年（1549 年）刻本原大影印，北京：国家图书馆出版社，2021 年。

明成祖像

总之，成化年以后由于蒙古鞑靼部的频繁入侵，隆庆州界官军建制又有升级。成化五年（1469 年）宣镇置东路参将于永宁城。嘉靖二十八年（1549 年）宣镇副总兵移驻永宁。嘉靖三十年（1551 年）昌镇置居庸关参将。嘉靖三十六年（1557 年）置怀隆兵备道于怀来城。嘉靖四十五年（1566 年）宣镇置南山路参将于柳沟城。隆庆州驻兵备道副使一员，副总兵一员，参将三员。最后，崇祯九年（1636 年）七月，在陵后柳沟置总兵。诚如万历年间永宁知县李体严在万历《永宁县志·自序》中所言：“（延庆）屏翰京师，外以捍御骄虏，实上国藩篱重地也。”

第四节　朵颜驻牧千家店

元朝灭亡后，蒙古分为鞑靼、瓦剌和兀良哈三部。兀良哈在今兴安岭以东，松花江以西，原来属于元朝的大宁路北境，负责看守成吉思汗家族起辇谷[1]的部落，后归顺明朝。洪武二十二年（1389 年），朱元璋设立了泰宁、朵颜和福余三卫，称为兀良哈三卫，或朵颜三卫，隶属于大宁都司。大

1　起辇谷：是《元史·本纪》所记载的成吉思汗及其汗位继承者们灵柩的元代诸帝陵所在地。由于《元史》中没有透露“起辇谷”在哪里，其他有关史料中也没有讲或者没有讲清楚元代诸帝陵在何地，因而“起辇谷”是始终解不开的历史之谜。

宁都司由朱元璋的第十七子宁王朱权镇守。据学者考证，封设之初，泰宁卫地域在今洮尔河畔的洮南附近。

燕王朱棣靖难之役时，曾得到朵颜三卫的支持。朱棣夺取帝位之后，徙宁王于南昌，大宁都司迁往保定，并与三卫约定，脱离宁王而自为藩部，每年发给耕牛、农具、种子等从事农耕，在广宁等地互市。成祖放弃大宁，旨在使三卫为北边屏障，解除南下夺位的后顾之忧，由此三卫成为半独立的藩部。有明一代，三卫处于明朝与鞑靼之间，时叛时服。所以，兀良哈三卫“对明朝的主要作用则不仅是被羁縻，更多是藩篱和屏障，成为明和东蒙古之间的缓冲”[1]。同时，兀良哈三卫对于明朝控扼辽东也有着重要意义。正是鉴于兀良哈三卫所处的战略位置，明廷意识到三卫“善抚之则为我藩篱之用，不善抚之则为我门庭之寇”[2]，遂对三卫倍加重视。为了羁縻三卫和安定北疆，明廷允许兀良哈三卫依时朝贡和在边境互市。

靖胡堡北侧的安兔部落（《九边圣迹图》）

土木之变后，朵颜三卫更是直接活动于明朝的长城沿线以外，朵颜部

1 李艳洁：《明代泰宁卫的经济生活及与明朝的关系》，内蒙古师范大学学报，2007 年第 2 期。

2 《明世宗实录》卷一二二，嘉靖十年二月丙子条，台湾“中央研究院”历史语言研究所影印校勘本，1962 年，第 2926 页。

在大宁至喜峰口，靠近宣府一带；泰宁在锦义、广宁至辽河一带；福余则在沈阳铁岭至开原一带，逐水草而居。兀良哈三卫部落数以千计。

兀良哈三卫中朵颜部落实力最强。还有一些朵颜的零散部族也归顺明朝，如嘉靖三十一年（1552年），“归降者千百余口”[1]，朝廷让他们在四海冶、周四沟、永宁卫、靖安堡临边隙地内驻牧，每月给粮，每年给赏，半岁给赏，为明朝外藩。

这些部族虽归顺明廷，但有时一些小股势力也会骚扰明朝边界。明朝守将一面加紧防御，一面采用怀柔政策，使他们顺服。如沿边的四海冶堡多次受到朵颜支部的入侵骚扰，四海冶守备汤勇命令旗牌官陈大龄去见部落头目，对其晓以利害，言辞恳切，他们诚心归降。万历初年，耿继武担任延庆知州，他治军有方，守城士兵皆枕戈待旦，严守城池，辛爱黄台吉等人忌惮耿继武之威严和州民之英勇，坚守不出，不敢窃延庆一瓜一果，而京陵之地安然如堵。

明朝四海冶边外及毛哈气部落(《九边圣迹图》)

永宁参将黄明臣[2]是另一位更为杰出的将领。他才智过人，性秉忠义。

---

1 ［清］李钟俾修，［清］穆元肇、方世熙纂：（乾隆）《延庆州志》卷八《纪事》，中共北京市委党史研究室、北京市地方志编纂委员会办公室编：《北京旧志集成·延庆志辑四》，据国家图书馆藏清乾隆七年（1742年）刻本原大影印，北京：国家图书馆出版社，2021年。

2 黄明臣，字翊运，彭泽人，万历十一年（1583年），以兴和千户充任永宁城参将。

延庆地方为宣府东路，绵延 500 里，是敌军出入的通道，黄明臣到任后，看到此地军民杂居，如果有警，不便入城避难。于是便自己到前线实地查看，修筑城堡、墩台，设置狼烟，若敌军来袭军民一起守御，使得敌军无处立足。城东面的黄土坡，为打樵放牧之所，敌军经常潜伏在那里，伺机出兵骚扰，成为一大祸患。黄明臣精选有才能的军官扼守要道，并令骑兵和步兵往来巡视，四周之敌因此不敢再入犯。“车史二酋，狡黠称最，阳名内附，阴实外诱，坐分其劫而莫之察。都督则宣明上旨，风示国威，令自输服，愿受罚牛羊诸畜，皆以九数。敌以九数，九九八十一则罚之大者也。而后与之赏，约之罚，由由然得酋和而奸绝，三美也。”[1] 史车两个部落最为狡黠，名义上内附，但暗地里为敌军做向导，坐分其利。黄明臣向他们宣明朝廷的旨意，示以国威，他们自愿受罚，结果受罚牛羊等牲畜各 81 头。此后，黄明臣又和他们约定赏罚规则，两个部落和平解决。另有部落大安比妓，世代为蓟镇统属，因为朝廷没有赏赐，他们从四海冶城入犯。一时间，宣镇东路震惊，黄明臣侦察得知他们有可能入侵天寿山皇陵，于是亲自策马行边，重挫敌军前锋，抓获敌军哨探五骑。黄明臣扣押其中的三骑、释放了两骑，向他们晓喻义利祸福，他们咬破手指，誓约不再犯边生事，获得了一方安定。

永宁地区经常匪盗猖獗，有时在一夜之间出现数倍的强盗，国门之内变成了强盗聚集之地。一天夜里，黄明臣得知有盗贼在城西龙湾，于是率领兵卒跟随盗贼的足迹，将他们全部抓获，从此城内安宁下来，百姓也敢于在夜里行路。永宁地方文教不兴，赵尔守任永宁知县，一心想发展教育，但是苦于没有资金。黄明臣认为此事自己责无旁贷，捐出俸禄修建学校，聘请教师，所有费用全部由自己负责。他还摆设小宴，宴请考中的举子，以此激励他们奋发有为。黄明臣于万历十八年（1590 年）春升任昌镇总兵，离开延庆，在他任职的 8 年时间内，永宁境内烽火无烟，粮食丰收，人皆说这是黄明臣所赐。

黄明臣离开永宁时，永宁百姓无论男女老幼都来送行，人数之多使人

1　温廷军、郗志群点校：《延庆州乡土志要略》之《黄公生祠碑》，北京：北京出版社，2023 年，第 397 页。按明徐申《黄公生祠碑》记明参将黄明臣生平事迹，永宁城西门外有黄公祠。

寸步难行，他们皆泪流满面，不忍离去。黄明臣下马告慰众人，亦感动流涕，泪落沾衣。为了纪念黄明臣，众人捐资在永宁城西门外龙王庙右边为他建立生祠，塑其肖像供奉于内，并招募僧侣守护其中，以为日常供奉洒扫。

万历二十年（1592 年），史车二部酋长被顺义王奇渥温扯力克擒获，献给明廷，后辛爱黄台吉之子安兔亦归顺。明朝又将他们安置在原来驻牧的地方，男女 170 多人在永宁城西北黄家口、烧窑峪、白草洼、古城等处寓居，其余在延庆沿边附近驻留，四海冶堡边外的芍药湾、宝山寺，黑汉岭堡边外的白塔儿、牛心山等处，刘斌堡边外 150 里地方，靖胡堡边外的黑牛山、乱泉寺、许家冲等处，都是安兔部落和朵颜支部的驻牧之地，他们逐渐熟悉和接受了中原的语言、风俗。“与中华语言俗尚，略相仿佛。”[1]

第五节　兴修水利重文教

经过几代人的筚路蓝缕，艰苦创业，延庆在农业、商业、文化等领域都获得了巨大的发展。明代，延庆虽然经常遭受战争的摧残，大量百姓被掠走、杀害或逃亡，土地几度荒芜。但时局平稳后，勤劳的延庆人民又重新收拾河山，辛苦劳作，生产逐渐恢复，人口增加，社会经济繁荣起来，随之而来的是文化教育的进步。延庆的很多地方官员颇具循吏之风，轻徭薄赋、热心公益，造福一方，形成了政通人和的良好局面。

一、经济繁荣

永乐时期，在赵玨等人的带领下，隆庆州大量荒废的土地被开发出来。永乐二十年（1422 年）实在地有 823 顷 50 亩，随着人口的增加，土地的数量也不断增长，到宣德七年（1432 年）有 835 顷 38 亩。土木之变以后，土地荒芜，但是在战乱过去后不久，土地的数量迅速增长，到景泰七年（1456 年）已经达到 931 顷 53 亩。到了万历四十六年（1618 年），达到了 1624

1　［清］李钟俾修，［清］穆元肇、方世熙纂：（乾隆）《延庆州志》卷八《纪事》，中共北京市委党史研究室、北京市地方志编纂委员会办公室编：《北京旧志集成·延庆志辑四》，据国家图书馆藏清乾隆七年（1742 年）刻本原大影印，北京：国家图书馆出版社，2021 年。

顷 13 亩 3 分。

永乐二十年（1422 年），永宁县实在民地 345 顷 50 亩。土木之变对永宁的影响巨大，很长一段时间都没有恢复过来，到景泰七年（1456 年）仅有土地 83 顷 89 亩，仅为原来的四分之一。万历时 388 顷 66 亩。

延庆地区驻守大量兵丁，粮食消耗很大，明初时就实行屯田。延庆地区水资源丰富，但因战乱，地方官员无暇兴修水利，故而只种植小麦和五谷杂粮，而不种水稻。“稻粮，五谷之一，民间大利也。延境止种麦粟。”[1] 万历四十一年（1613 年）和四十二年（1614 年），在怀隆兵备道山东按察司按察使胡思伸的支持下，开凿了古城渠、东羊房渠、下板桥渠、张山营渠、常里营渠、黑龙庙渠 6 条沟渠。沟渠的开凿为开辟水田创造了条件，但过程却异常艰辛。

据胡思伸《新垦水田碑记》记载：“三令五申，而民坚不愿，拂众难行，已无措手矣！”[2] 开辟水田，造福桑梓，但一开始州民毫无响应。原来，延庆州以前也曾号召开垦水田，但是随之而来的是增加赋税，结果是水田没有增加，赋税反而增多了，所以这次州民害怕和以前一样，故而沉默不语。胡思伸得知此情况后，为了让州民消除后顾之忧，“立石竖碑，永垂定则，以藏富闾阎”[3]。于是百姓争相开垦水田。当时由署州事卫幕魏三顾负责该项工程，他带领乡约刘视远、屈尚仁等走遍了延庆州的田地屯堡，勘察地形，修建水渠用于开垦水田。

1　［清］迟日豫修，［清］程光祖纂，［清］于嘉桢等续补：（顺治）《延庆州志》卷九《艺文·碑记》，中共北京市委党史研究室、北京市地方志编纂委员会办公室编：《北京旧志集成·延庆志辑三》，据国家图书馆藏清顺治十年（1653 年）刻清康熙十九年（1680 年）增刻本原大影印，北京：国家图书馆出版社，2021 年。

2　［清］李钟俾修，［清］穆元肇、方世熙纂：（乾隆）《延庆州志》卷九《艺文一·新垦水田碑记》，中共北京市委党史研究室、北京市地方志编纂委员会办公室编：《北京旧志集成·延庆志辑四》，据国家图书馆藏清乾隆七年（1742 年）刻本原大影印，北京：国家图书馆出版社，2021 年。

3　［清］李钟俾修，［清］穆元肇、方世熙纂：（乾隆）《延庆州志》卷九《艺文一·新垦水田碑记》，中共北京市委党史研究室、北京市地方志编纂委员会办公室编：《北京旧志集成·延庆志辑四》，据国家图书馆藏清乾隆七年（1742 年）刻本原大影印，北京：国家图书馆出版社，2021 年。

水田的大量开垦直接增加了隆庆州的稻米产量，年产达数十万石。尽管当时全国米价高昂，但是隆庆由于产量大，却一直没有涨价，官府粮库充盈，百姓家中亦很丰足，即使遇到旱灾，有水渠的灌溉，人心也十分安定。“逞时米价涌沸，自稻田开而斗斛平，家给户足，人心安堵。”[1]一时间，隆庆之地成为塞上水乡，俨然有江南之景象。

另外，大量水渠和水田的建设，还有利地阻止了蒙古军的进攻。“其于御敌尤善，敌故利骑不利步，今尽地而沟洫之，敌不得长驱。”[2]蒙古军多是骑兵，原来隆庆界内多是旱地原野，利于骑射，蒙古骑兵可以呼啸而来，掠夺后即呼啸而去，而大量的水渠和水田使得延庆境内沟壑密布，不利于蒙古骑兵得长驱直入，容易陷入泥沼。因此，此项工程既能生产大量的粮食，补充军资储备，满足百姓生活，又能限制敌军的骚扰和侵袭，可谓是一举两得。

二、商贸的繁荣

元代，龙庆州是大都与塞外商贸往来的重要中转站。隆庆州创建之后，经过赵豇等地方官员的艰苦创业，隆庆州社会经济发展走上正轨，经济迅速恢复，“岂意二三年间，民益日广，相与披荆棘，除草莱，立成街市，人烟繁伙，家有余粮，民无菜色”[3]。

土木之变之后，随着战事减少和边疆稳定，隆庆州的商贸活动又开始

1 ［清］李钟俾修，［清］穆元肇、方世熙纂：（乾隆）《延庆州志》卷九《艺文一·新垦水田碑记》，中共北京市委党史研究室、北京市地方志编纂委员会办公室编：《北京旧志集成·延庆志辑四》，据国家图书馆藏清乾隆七年（1742年）刻本原大影印，北京：国家图书馆出版社，2021年。

2 ［清］李钟俾修，［清］穆元肇、方世熙纂：（乾隆）《延庆州志》卷九《艺文一·新垦水田碑记》，中共北京市委党史研究室、北京市地方志编纂委员会办公室编：《北京旧志集成·延庆志辑四》，据国家图书馆藏清乾隆七年（1742年）刻本原大影印，北京：国家图书馆出版社，2021年。

3 ［明］谢庭桂纂修，［明］苏乾续纂修：（嘉靖）《隆庆志》卷十《艺文》，中共北京市委党史研究室、北京市地方志编纂委员会办公室编：《北京旧志集成·延庆志辑一》，据天一阁博物院藏明嘉靖二十八年（1549年）刻本原大影印，北京：国家图书馆出版社，2021年。

发展起来。州城之中有十分成熟的集市，这些集市都集中在州城内的重要街道上，当时有五条街道为集市。

嘉靖《隆庆志》记载：昌平街，每逢二日、十二日和二十二日；南关厢，四日、十四日和二十四日；澄清街，六日、十六日和二十六日；宣化街，八日、十八日和二十八日；和睦街，十日、二十日和三十日。这样一个月之中，有集市的日子有15天。永宁县城内也有集市，在四牌楼，一月有六集，三、八日为市。

集市上的商品种类多样，本地的稻粟麦菽、瓜果蔬菜、山货药材，塞外的牛羊毛毡，内地的布匹绸缎等都出现在集市上。延庆商业贸易的繁荣，促进了延庆经济的发展，也丰富了延庆百姓的日常生活。

三、文教进步

隆庆州创建之初，文化落后。正统之后逐渐兴盛起来，举人、进士相继出现，并开始入仕为官，高中进士举人者在宣府地区名列前茅。但到了明末，延庆州科举了了，文脉不兴，为此而在十字大街修建玉皇阁，以振兴文脉。明洪熙元年（1425年），隆庆州知州杨宾在州治东南建儒学；正统元年（1436年），永宁县知县张宣在永宁城东北隅建儒学；另外还建有10所义学和6所社学。

甲乙登科

学校的创办，为培育人才奠定了基础，隆庆州的学子开始在科举考试中崭露头角。明代的科举考试分为乡试、会试和殿试三级。

延庆钟毓贤才，代不乏人。隆庆州最早的举人是黄宁，[1]他于宣德十年（1435年）中举，后任河南考城县教谕。永宁县最早的举人是王惠，他于成化十三年（1477年）中举，任山西盐运司副使。而最早中进士的是李瑶，字冲玉，正统六年（1441年）乡试中举，七年（1442年）中进士，任南京户部主事。现就光绪《延庆州志》所载明代隆庆州、永宁县的进士、举人列表于下。

1 （嘉靖）《宣府镇志》卷三十二《选举表》作“董宁”，嘉靖四十年刻本，第373页。

明代延庆进士表[1]

姓　名	籍　贯	考中时间
罗　通	永宁卫	永乐十年（1412 年）
李　瑶	隆庆州	正统七年（1442 年）
陈　咏	永宁县	正统十年（1445 年）
李　衍	隆庆州	景泰二年（1451 年）
聂友良	隆庆州	天顺八年（1464 年）
辛　礼	隆庆州	成化二十三年（1487 年）
范　庆	隆庆州	成化二十三年（1487 年）
刘　章	隆庆州	成化二十三年（1487 年）
苏　乾	隆庆州	弘治十五年（1502 年）
苏　明	隆庆州	弘治十八年（1505 年）
黄　钟	隆庆州	正德六年（1511 年）
刘继禄	永宁卫	嘉靖十一年（1532 年）
刘九泽	延庆州	万历五年（1577 年）

从上表中可以看出，明代 200 多年间延庆的进士有 13 名，这个数量显然并不多，但如果考虑到整个宣府镇一共考中 52 人，那么，延庆州的 13 人，占 25%，还是相当不错的。主要是由于延庆地处边境，地狭人稀，文教不发达造成的。但也有可观者，如在成化二十三年（1487 年）就有辛礼、范庆和刘章三人考中同科进士，而苏明、苏乾更是父子进士，传为美谈。

明代延庆的举人有 23 名，数量也不算很多，但也出现了吕为雄、吕为龙弟兄举人和吴士宏、吴之裔这样的父子举人。

除了文科取士，明代还实行了武科取士，即武举。明初并未实行武举，宣德五年（1430 年），朝廷曾令天下都司卫所每年选取智勇廉能者，送京试用，称为“举用将才”。从天顺年间开始，朝廷逐渐形成了武举制度，选拔军事人才。据光绪《延庆州志》记载，永宁卫的魏延臣、杨洪化、张国相、马如麒、高迈、朱家栋、刘承德、孙镐、侯铭印、张名臣等 10 人考中武举；张杰、钱济民、徐经、刘聪、刘观旗、刘应祺、杨大宝、郜应

1　据（嘉靖）《宣府镇志·选举表》制表，嘉靖四十年刻本，第 439—441 页。

武等 8 人考中武进士。

入监贡生

明代，府、州、县学中的生员入国子监读书者称为“贡生”，别称为“明经”，有岁贡、选贡、恩贡、纳贡等种类。各学校每岁择优者入监，称岁贡，岁贡最重，又称为“岁进士”。府、州、县学中的廪膳生员年满无过，试中得以入贡，一般由入学年长、曾经科举者应充，尤其讲究资格，获取甚难，一般生需要 20 年或三四十年才能得以入贡。据光绪《延庆州志》记载，明代延庆州入监读书的贡生共有范宣、安靖等 138 人，永宁县则有罗谕、宗鬲等 95 人，共 233 人。

由于岁贡很难获得，朝廷有时又会遇到财政困难，从景泰元年（1450 年）开始，允许生员或一般子弟通过纳粟、纳马、纳银等进入国子监。通过捐纳入监的生员称为纳贡，而通过捐纳入监的平民为援例监生，简称为例监，或谓之俊秀、民生。延庆州中的例监有钟谦、贺诚等 32 人，永宁县的例监则有耿洪、张睿等 25 人，共 57 人。

地方翘楚

明代延庆为官的人数虽然不多，但在职期间或执掌部院，筹划国事，或条陈建议能以善政，或牧民州县，造福一方。举例如下：

李衍，字文盛，祖籍山东历城（今山东济南）。永乐初年，其先祖李义因事谪戍广西南丹，后因隆庆州新创，改编隆庆州民，于是为隆庆籍。李衍自幼聪颖，入隆庆州学读书，颇有盛誉。景泰二年（1451 年）考中进士，授兵部主事，后升任员外郎、郎中等职。成化二年（1466 年），李衍出任河南布政司右参议。成化六年（1470 年），服除，改任四川，提督松潘等处粮食储备事务；征集了 4 万人修复都江堰，得到了百姓的认可和爱戴。成化七年（1471 年），李衍升任河南布政司右参政。成化十二年（1476 年），升江西右布政使，第二年又升都察院右副都御史，巡抚河南，并兼理郧阳地方。到任之后，李衍铲除宿弊，清理冤狱，罢黜贪官，治理黄河水患。成化十六年（1480 年），升户部右侍郎，他奉敕巡视山海边关。成化二十年（1484 年），李衍转为户部左侍郎，掌户部尚书权。成化二十一年（1485 年），李衍升任户部尚书，总督京、通二仓。京仓号称天子之内仓，通仓号称天子之外仓，关系着国计民生。李衍性格耿直，好面指人过，虽遇权贵亦不委曲求全，所以多被人压制，李衍遂有去意。成化二十三年（1487 年），上疏乞休。回到家乡后，在隆庆州城西北买园筑室，与亲朋故旧畅咏其中，而不问政事。弘治五年（1492 年），以立太子，恩进一品职，弘治七年（1494 年），卒于家，年 74 岁。

苏乾，字体健，苏明之子，少年成名。弘治十五年（1502 年）先于其父考中进士，任兵部武库司主事，迁职方司员外郎、郎中。当时刘大夏、许进在内阁，每次朝会即询问苏乾兵备之事，苏乾对答如流，且切中时务，所陈建议，多可实行。太监刘瑾专权，其党徒孙司务势倾公卿，多次诱劝苏乾归顺刘瑾，苏乾却不为所动。正德七年（1512 年），苏乾任陕西布政司右参议。陕西流寇猖獗，苏亲自披戴铠甲，带领官兵擒捕，流寇散去。其时正值饥荒，苏乾设法多方赈济灾民。苏无意仕途，年 43 岁即弃官还乡。苏乾博学多才，除了经史、诗赋之外，还擅长书法，篆隶楷草无不精通，对阴阳星历亦无不精妙，乡人呼其为“小东坡”。嘉靖二十七年（1548 年），苏乾受邀续修《隆庆志》，其序文和手迹存于志书中，至今保存。

第六节　闯王进京亡明朝

崇祯十七年（1644 年）是中国历史上改朝换代的一年。这一年春节，农民起义领袖李自成在西安建立大顺国，并且亲自率领大军东征。二月渡过黄河，进入山西，出宁武关，经大同，三月进攻宣府，明镇守宣府太监杜勋绯袍八驺郊迎 30 里，将起义军迎接进宣府镇城。起义军从宣府长驱东下，克怀来，大军直达八达岭下。

明朝的皇帝朱由检，封蓟镇西协总兵官唐通为定西伯，让他与太监杜之秩一起镇守居庸关。唐通“口辩无勇略”（《明史》），多次与满洲人作战，没有取得过胜利。此次奉旨镇守居庸关，一筹莫展。镇守八达岭的守备余希祖，是一个铁杆保皇派，他见起义军前锋到达永长峪河，便命令发炮轰击，起义军不得不退至岔道扎营。李自成派出一支军队东进，占领柳沟，从柳沟南下得胜口，包抄居庸关的后路。又派人秘密打入明军内部，找到和余希祖一起守八达岭的姓游的通判，让他做内应。游通判劝余希祖投降，余希祖见大势已去，遂假意打开八达岭关门，迎接李闯王进关。当

柳沟城北瓮城

李自成骑着战马进入八达岭城门洞时，余希祖突然冲出，企图刺杀闯王。螳臂当车，当即被闯王左右的义军战士砍杀，起义军长驱度过八达岭。唐通与杜之秩前后受敌，连忙献关投降。起义军浩浩荡荡地开过关沟，三月十九日进入北京城，明朝最后一个皇帝朱由检吊死在煤山，统治中国276年的明朝灭亡了。

第十章 八旗庄园

到了清代，延庆不再具有唐代的那种军事地位，也没有了辽金元时期的政治地位，也不再是明代那样重要的边陲重镇，随着天下一统，延庆“引以为傲”的天下险塞——居庸关、八达岭失去了作用，长城防御体系也彻底成为了摆设。几千年来，延庆因地理位置形成的重要政治、军事地位随之消失，和大清庞大版图内的“芸芸众州”一样，延庆成为了“普通”的一州，地位下降了很多。和京师周围其他州县一样，延庆也是“圈地”的重要地区，和“八旗”有着千丝万缕的联系。

延庆在清代有大量“旗庄地”，有些旗庄地还是“亲王”的地，还有“皇庄地”，地位相对较高。因为大量土地归属“旗人”，有清一代，延庆迁入了大量旗人，并且还有很多汉人“携地入旗”，让延庆拥有了大量旗人人口，现在延庆的14个满族村就和这些有关。更为重要的是，延庆千家店地区在清朝还设有八旗兵驻防，全部为满洲八旗，千家店驻防也是现在北京地区除城区外仅有的几个八旗驻防点，这是延庆清代历史一个比较独特的地方。

有清一代，延庆旗人汇集，出现了很多直通中枢的朝廷命官，走出了于成龙、王秉韬两位河道总督。慈禧和光绪帝西逃时，延庆是路上最艰苦的地方。这些也是延庆清代的重要历史。

第一节 延庆州与千家店

延庆州之建制自明代已有之，北界、西界与赤城、怀来接壤，和现在的边界基本一致，南界隔居庸关与昌平相望，唯独东部边界变化最大。明朝在延庆州东部修有宣府镇东路边墙，以防御蒙古人的进犯，东路边墙修建了多座隶属于宣府镇东路的城堡，自西北向东南依次为靖胡堡、刘斌堡、周四沟堡、黑汉岭堡、四海冶堡，这些边堡的东部属长城以外，是蒙古人驻牧的地方，也就不是延庆州的地盘了。这样的行政区划一直延续到了清朝，但在清朝，延庆东部长城以外的千家店、珍珠泉等地与延庆州的关系更加“亲密”了。

以永宁为中心构建的宣府镇东路防线（明代《九边圣迹图》）

一、千家店短暂隶属延庆州

千家店地图（乾隆《延庆州志》）

清代延庆州属宣化府。乾隆《延庆州志》记康熙五十九年（1720 年）“边外千家店地方并归州管理”[1]。也就是从清朝建立一直到康熙五十九年（1720 年），千家店依然不隶属延庆州，自康熙五十九年（1720 年）以后，千家店开始正式隶属于延庆州，这也是千家店历史上第一次隶属延庆州。《八旗通志》记雍正十年（1732 年）延庆州曾为千家店盖章京（满语，即将军的意思）

1　［清］李钟俾修，［清］穆元肇、方世熙纂：（乾隆）《延庆州志》卷一《建置》，中共北京市委党史研究室、北京市地方志编纂委员会办公室编：《北京旧志集成·延庆志辑四》，据国家图书馆藏清乾隆七年（1742 年）刻本原大影印，北京：国家图书馆出版社，2021 年。

衙署一所[1]，证明千家店至少在康熙五十九年（1720年）到雍正十年（1732年）这期间是隶属延庆州的。但千家店只隶属延庆州十几年，时间十分短暂，这与千家店、珍珠泉、四海等地的民族构成情况有关。

二、千家店长期隶属独石口

蒙古包

有明一代，千家店、珍珠泉、四海等地都是蒙古人驻牧的地方，汉人极少，这样的情况一直持续到了清代。原蒙古察哈尔部林丹汗后裔布尔尼发动反清叛乱失败后，康熙帝将原居东北的察哈尔人单独编成八旗，让其迁徙到现在的张家口地区进行驻牧，千家店也是察哈尔人的驻牧地之一。清朝实行旗人与民人分治的政策，在蒙古族、满族分布较多的冀北地区设立了隶属直隶省口北道的张家口厅、多轮诺尔厅，自雍正十年（1732年）以后，千家店、珍珠泉等地极有可能隶属于专管察哈尔左翼旗民的张家口厅独石口管站。雍正十二年（1734年），清廷设立"独石口厅"，"口北三厅"正式形成。光绪《畿辅通志》载独石口厅辖丁庄湾、黑河川、东卯镇、千家店四处地方。[2]查看光绪《延庆州志》延庆州东部疆域图，长城以外的千家店、珍珠泉和部分四海地方明确归属独石口厅。另外，清代《口北三厅志》记独石口厅山川包括花盆岭、菜树岭、仓米道岭，[3]以及白河、黑河、[4]珍珠泉、滴水壶、龙潭[5]等，皆在今千家店、珍珠泉界内，又记独石口厅"南三百七十里至珍

---

1 ［清］鄂尔泰等修，李洵、赵德贵主点校：《八旗通志》卷二十四，长春：东北师范大学出版社，1985年，第448—449页。

2 ［清］黄彭年等撰：（光绪）《畿辅通志》卷六十九《舆地志24 关隘3》，石家庄：河北人民出版社，1989年，第9册，第176页。

3 ［清］金志节原本，［清］黄可润增修：《口北三厅志》卷二《山川》，台北：成文出版社，1968年，第34页。

4 ［清］金志节原本，［清］黄可润增修：《口北三厅志》卷二《山川》，台北：成文出版社，1968年，第36页。

5 ［清］金志节原本，［清］黄可润增修：《口北三厅志》卷二《山川》，台北：成文出版社，1968年，第37—38页。

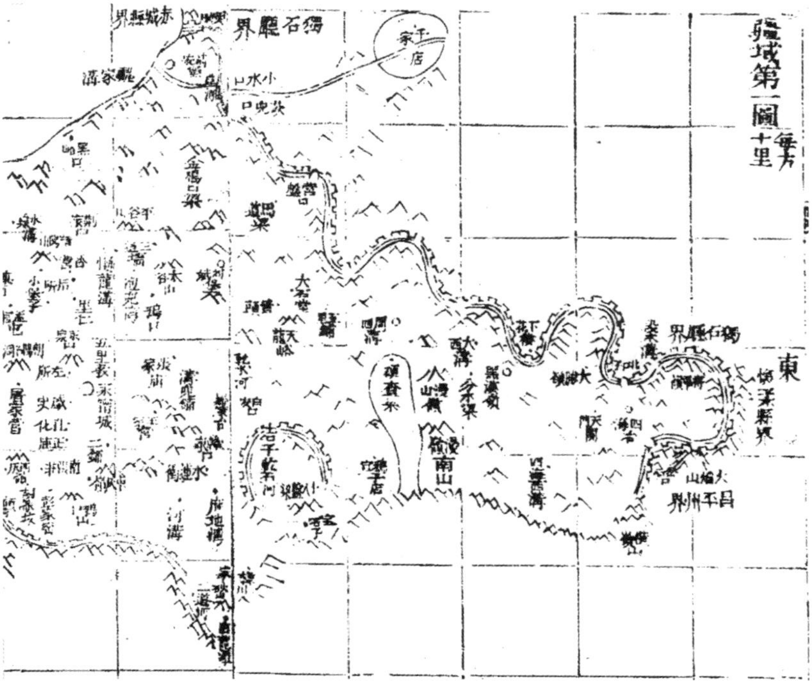

延庆州东部疆域图（光绪《延庆州志》）

珠泉与延庆州交界”[1]。千家店、珍珠泉及部分四海地区隶属独石口厅直到清朝结束。

三、千家店在清代早期的隶属

自康熙五十九年（1720 年）以后，千家店的隶属已能梳理清晰。那么，自清朝建立到康熙五十九年（1720 年）千家店隶属哪儿呢？

千家店、珍珠泉原归属张家口厅独石口管站，由此推测，千家店在清代初期也应该归属独石口。明代，独石口为开平卫治所，属宣府镇上北路。清朝初期，依然沿袭明代的建制，康熙三十二年（1693 年），开平卫地并入宣化府赤城县，也称独石路。那么，千家店在清初至康熙三十二年（1693 年）属宣府镇上北路、开平卫，康熙三十二年（1693 年）到康熙五十九年（1720 年）属宣化府赤城县，《钦定八旗通志》记：“千家店驻防。康熙三十二年，赤城县拨给正白、镶红两旗下披甲地共四顷。在样田堡、镇安堡。（本县来册）。”[2] 也可佐证康熙三十二年（1693 年）千家店属赤城县。

综上，今延庆千家店、珍珠泉及四海部分地区在清初至康熙三十二年（1693 年）属宣府镇上北路、开平卫，康熙三十二年（1693 年）到康熙

1　［清］金志节原本，［清］黄可润增修：《口北三厅志》卷一《疆域》，台北：成文出版社，1968 年，第 24 页。

2　［清］铁保等续纂，李洵、赵德贵、周毓方等校点：《钦定八旗通志》卷七十三《土田志 12》，长春：吉林文史出版社，2002 年，第 2 册，第 1286 页。

五十九年（1720 年）属宣化府赤城县，康熙五十九年（1720 年）到雍正十二年（1734 年）短暂隶属过延庆州，雍正十二年（1734 年）以后，隶属直隶省口北道独石口厅。千家店、珍珠泉及四海部分地区和现在的延庆川区在历史上一直归属不同的行政建制，直到清代，千家店等地才第一次隶属延庆州。虽然时间很短暂，但为以后正式隶属延庆打下了基础。清代延庆州曾为千家店驻防八旗军官盖衙署，并且为千家店八旗兵提供口粮，这些都证明清代延庆州和千家店等地的关系越来越“亲密”，清代是延庆州和千家店等地交往最频繁的时期。随着千家店等地曾隶属延庆州，并且两地交往频繁，使清代成为延庆行政区划变化的重要时期。在东部千家店、珍珠泉及四海部分地区短暂隶属延庆州时，延庆管辖的区域一下大了很多，清代是历史上延庆版图变化最大的时期。现在延庆行政区域范围内的千家店、珍珠泉及部分四海地区在清代基本隶属于专管旗人事务的独石口厅，这都是因为这些地方在有清一代驻防了满洲八旗兵，居住了大量蒙古察哈尔八旗、汉族旗人庄头等。

第二节　清兵攻入延庆州

明朝末期，蒙古不再是明朝的最大威胁，东北的女真人成了明朝的心腹大患，对明朝的统治构成了严重威胁。在辽东地区经过萨尔浒等多次战役，明朝精锐损失殆尽，辽东属地几近丢失，后金女真兵进关攻占北京指日可待。皇太极继承汗位后，励精图治，联合科尔沁等蒙古部落，降服土默特等蒙古部落，屡次击败蒙古宗主大汗林丹汗的察哈尔部，关外再无对手，皇太极开始将目光放到了关内。皇太极在位时期，女真兵曾五次入关，明崇祯二年（后金天聪三年，1629 年）第一次进关就兵临北京城下，明廷震动。因明廷在居庸关、八达岭防御坚固，女真兵多绕开居庸关进攻北京，鲜少进攻居庸关北的延庆州，只有第二、三次入关攻打了延庆州。

一、兵败永宁

明代的延庆州永宁城是一座极为重要的边塞，是明朝北边第一重镇宣府镇东路最大的城。明朝对永宁城极为重视，驻有一名宣府镇副总兵。永宁城在明朝北部军事防御体系中是极为重要的一环，其与所属的靖胡堡、刘斌堡、周四沟堡、黑汉岭堡、四海冶堡互为犄角，构成了一套坚固的长城防御体系，是明朝的“陵京屏障”，永宁城失，则皇陵不可保，皇陵失，则京师危矣。永宁城东隔山川与蓟镇相连接，是连接宣镇与蓟镇的重要通道，永宁城失，则宣镇、蓟镇将被分割，军队战力将大打折扣。永宁城在明朝北部边疆是一座极为重要的城池，不能失守。也许皇太极正是看到了永宁城的重要军事战略地位，所以后金军队曾尝试进攻永宁。

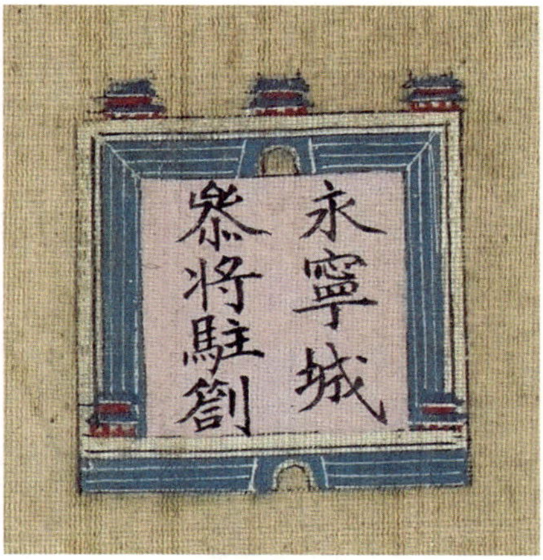

永宁城（《九边圣迹图》）

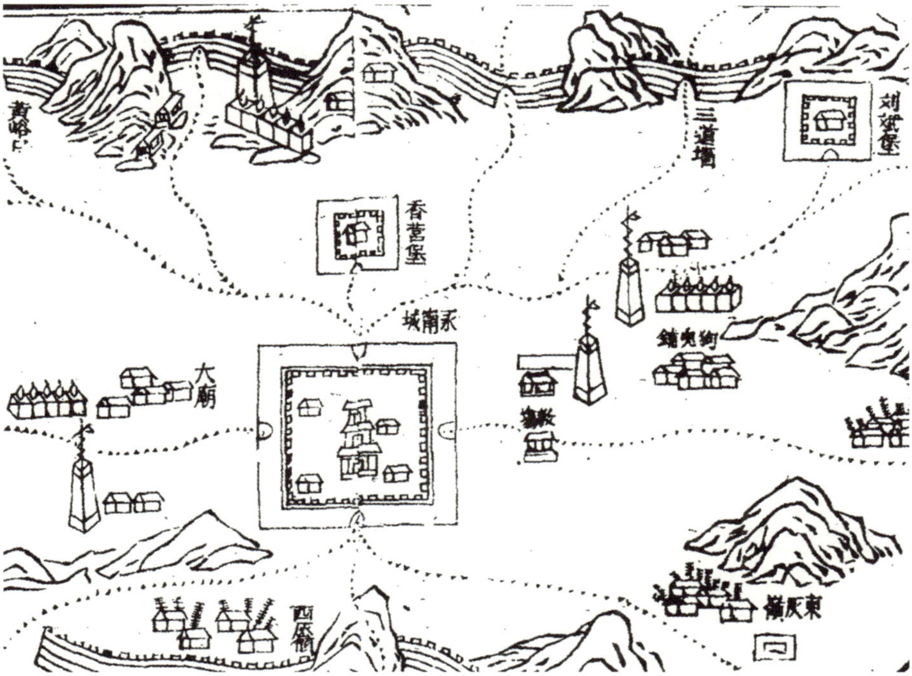

永宁城及周边形势图（光绪《延庆州志》）

《明史纪事本末补遗》卷六《东兵入口》详细记载了后金军队第二次入关后进攻永宁城的史事。其记明崇祯七年（后金天聪八年，1634 年）七月，后金兵攻入张家口，然后东进攻入膳房堡，烧龙门关，再破怀来、保安，

永宁火神庙壁画明军用三眼铳击退敌军

“永宁边兵遇之，败绩”[1]，明廷急令总兵陈洪范移驻居庸关，这是后金兵和永宁兵的第一次交手。《明实录·崇祯实录》也记载了这次战事，其记女真兵围“宣府，遇炮击”，然后“四略永宁”后，永宁军“大捷”。《明季北略》记当年七月十四日清兵“驰入永宁”[2]。也就是崇祯七年（1634年），后金军队第一次进入延庆州永宁城，女真兵击败永宁兵，这是女真军队第一次涉足延庆。

二、合兵延庆州

崇祯九年（清崇德元年，1636年），皇太极命异母弟武英郡王阿济格等率兵进攻明朝，这也是女真兵第三次入关。根据《内阁藏本满文老档太宗朝　汉文译文》收录的阿济格等为汇报战功写给皇太极的信可知，在这次战役中，阿济格等率领清兵会师于延庆州。此信尤为重要，录文如下：“六月二十七日入边……入边之第八日，会于延庆州。……巴萨哈入边之次日，有赤城马步兵二百出，巴萨哈率军迎击，掩杀至敌城，斩杀近二十

1　转引自中国中共文献研究会编：《毛泽东读书集成》第113卷，北京：中央文献出版社，2013年，第80954页。

2　转引自胡建林主编：《太原历史文献辑要 第4册 明代卷》，太原：山西人民出版社，2013年，第79页。

人，获马四。……哈喇尔岱、阿玉希入边之第六日，击败开往怀来之马步兵五十余人，斩杀二，获马七。右翼噶布什贤超哈入边之次日，击败宣府兵四百人，斩杀三十余人，获马二十三。白河兵近五十人出，苏纳额附自所伏地出击，败之，斩杀十二人，生擒二人。……阿山取二城，一名雕鹗，有防守官一员；一名长安岭，有守备一员。入边第七日，有明宣府镇李总兵率兵五千出，击败之，斩杀四百二十六人，获马一百。拟于七月初七日入长城。”[1] 也就是清兵在当年六月二十七日入边，二十八日击败赤城明朝守军，此后先后击败怀来、宣府、白河守军，攻下雕鹗和长安岭城，在“入边之第八日，会于延庆州”，清军在击溃赤城、怀来等地守军后，最后选择在延庆州会师，证明延庆在此次清军南下的战役中是一个极为重要的地方。《东华录》记“会师出延庆州，俘人畜一万五千有奇”[2]，也就是清兵是从延庆出发的，延庆不仅是清兵的会师地，也是补给、出发地，也可算为其第二次“誓师地”。此后清兵势如破竹，“克十二城，五十六战皆捷”，“获人畜十八万有奇”[3]，一直打到北京城下。延庆作为整个战役的“出发地”，是此次战役的转折点，其重要性不言而喻。

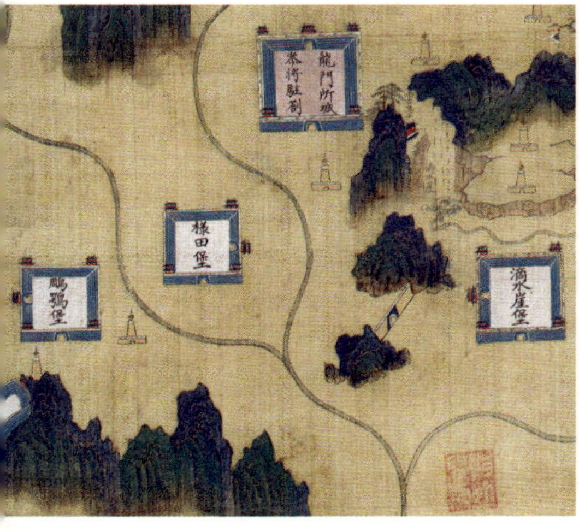

明代延庆州北部城堡形势图(《九边圣迹图》)

明代的延庆州城（《九边圣迹图》）

1　中国第一历史档案馆整理编译：《内阁藏本满文老档　太宗朝　汉文译文》，沈阳：辽宁民族出版社，2009 年，第 735—736 页。

2　［清］蒋良骐：《东华录》，南宁：广西人民出版社，2005 年，第 29 页。

3　［清］蒋良骐：《东华录》，南宁：广西人民出版社，2005 年，第 29 页。

三、皇子驻足延庆州

《内阁藏本满文老档　太宗朝　汉文译文》记清崇德元年（1636年）十一月初三日，皇太极送清军攻打明朝，其祭文云："我命多罗武英郡王阿济格为首，偕多罗饶余贝勒阿巴泰、超品一等公杨古利……"[1]这次战役的指挥官是武英郡王阿济格，其余将领有多罗饶余贝勒阿巴泰、超品一等公杨古利。阿济格是努尔哈赤第十二子，皇太极异母弟、多尔衮胞兄，曾先后领八旗之正黄、镶白旗，是后金时期的权臣。此后他进封和硕英亲王，与多尔衮一起平定关内，为清朝的建立立下了汗马功劳。如果其早期不是获罪被贬，地位由多尔衮取代，他有可能成为清朝第一位摄政王，地位与后来的摄政王多尔衮相同。阿巴泰是努尔哈赤第七子。杨古利是努尔哈赤女婿，征伐朝鲜时战死，清朝开国元勋之一。他们在崇德元年（1636年）七月初会师于延庆，这是有史可载清朝的皇族大臣第一次涉足延庆。也是满洲兵第二次进入延庆地区。另外，史料记录他们会师延庆，证明当时的延庆城应该是被清军攻克了。

《满文老档》还记崇德元年（1636年）九月初六，拜塞从宣府的东土默特鄂木布（敖目）处回来，带来了鄂木布的情报，说阿济格的军队已经过了居庸关，攻克了北京周围十城。鄂木布是蒙古土默特部俺答汗的曾孙，当时极有可能驻牧在现在延庆的千家店周围。

第三节　亲王皇庄旗庄地

现在的延庆西部盆地地区（川区），土地较为肥沃，在清代属延庆州，东部地区（山区）在清代属独石口厅。这两个地方在清代都有旗人的土地。延庆在清代虽然不属京师顺天府，但距离北京较近，也是广义上的京畿地区。清兵入关后，在北京周围大规模圈占土地，供旗人使用，称为"圈地"，延庆也是其中之一。

1　中国第一历史档案馆整理编译：《内阁藏本满文老档　太宗朝　汉文译文》，沈阳：辽宁民族出版社，2009年，第773页。

一、珍珠泉皇庄地

根据乾隆《延庆州志》所记，“皇庄地，在永宁东珍珠泉”[1]。此珍珠泉就在现在延庆的珍珠泉乡，因有泉水珍珠泉而得名。《口北三厅志》记：“珍珠泉。四海冶口东十里，源出平地方，广可半亩许，深六尺余，澄澈见底，清冷异常。其泉□沸，盘旋自下而上，如珍珠万琲喷散，水面源源不绝，池侧有小渠分流四注，左右田数百亩皆借以灌溉焉。”[2]也就是说，珍珠泉是一处十分清澈干净的泉水，常年灌溉着附近的田地，用天然的泉水浇灌

珍珠泉

1　［清］李钟俾修，［清］穆元肇、方世熙纂：（乾隆）《延庆州志》卷三《旗庄附》，中共北京市委党史研究室、北京市地方志编纂委员会办公室编：《北京旧志集成·延庆志辑四》，据国家图书馆藏清乾隆七年（1742 年）刻本原大影印，北京：国家图书馆出版社，2021 年。

2　［清］金志节原本，［清］黄可润增修：《口北三厅志》卷二《山川》，台北：成文出版社，1968 年，第 37 页。

珍珠泉村

出来的土地想必是非常肥沃的。《延庆州志》所记“皇庄地”应该就是珍珠泉附近的土地。皇庄地比旗庄地的地位要高。皇庄地是指皇室内廷管理的土地。但皇庄地也不是皇帝直接管理，而是指归内务府、皇族、八旗武官管理的田庄。清代的皇庄主要分布于京畿、盛京地区，设庄头管理壮丁进行生产，所获交广储等库，是皇室开支的主要来源。如果是汉人佃户种地还要交租金，皇帝有时将部分租入用于国事，如救灾、军费等。

二、延庆川区亲王旗庄地

延庆的旗庄地大部分分布在西部川区，此地也是土地较为肥沃的地方，等级最高的是归属于亲王的几处旗庄地。光绪《延庆州志》记：“镶红旗庄亲王地，在东关、小营等处。平郡王地，在南新堡。惠郡王地，在刘家堡。”[1] 这些村名和现在能完全对应。庄亲王是清代铁帽子王之一，始祖为皇太极第五子硕塞，后代世袭。平郡王属多罗克勤郡王，是清朝八大铁帽子王之一，始祖是代善长子岳托，一共传了13代17人，有6位平郡王。硕塞嫡次子爱新觉罗·博翁果诺被封为多罗惠郡王，后代世袭。因为史料记载太少，关于这些土地具体是哪位亲王的，现在已经不得而知了。除了亲王土地，延庆西部川区还有很多属于旗人的土地，光绪《延庆州志》记：“镶红旗满洲地，在米家堡、双营、大泥河等处。镶红旗蒙古地，在东新庄等处。镶红旗汉军地，在东关、老人庄、大泥河等处。正白旗蒙古地，在西河屯等处。镶白旗蒙古地，在西关等处。镶黄旗蒙古地，在白龙庙、五里营、小桥等处。镶红旗汉军地，在大营、丰家营、白龙庙等处。”[2] 以上地名和方位基本和现在相符，东新庄即下辛庄，小桥即张山营镇小河屯村，老人庄即老银庄，西河屯即西屯，白龙庙即原西白庙村，丰家营即今大、小丰营，其余和现在的地名、方位皆能对应。延庆除亲王土地外，还有镶红旗满洲地、镶红旗蒙古地、镶红旗汉军地、正白旗蒙古地、镶白旗蒙古地、镶黄旗蒙古地，也就是满八旗、蒙古八旗、汉八旗都在延庆有地，其中蒙古八旗有

1 ［清］何道增重修，［清］张惇德纂：（光绪）《延庆州志》卷三《赋役志·附旧志旗地坐落》，台北：成文出版社，1968年，第108页。

2 ［清］何道增重修，［清］张惇德纂：（光绪）《延庆州志》卷三《赋役志·附旧志旗地坐落》，台北：成文出版社，1968年，第108页。

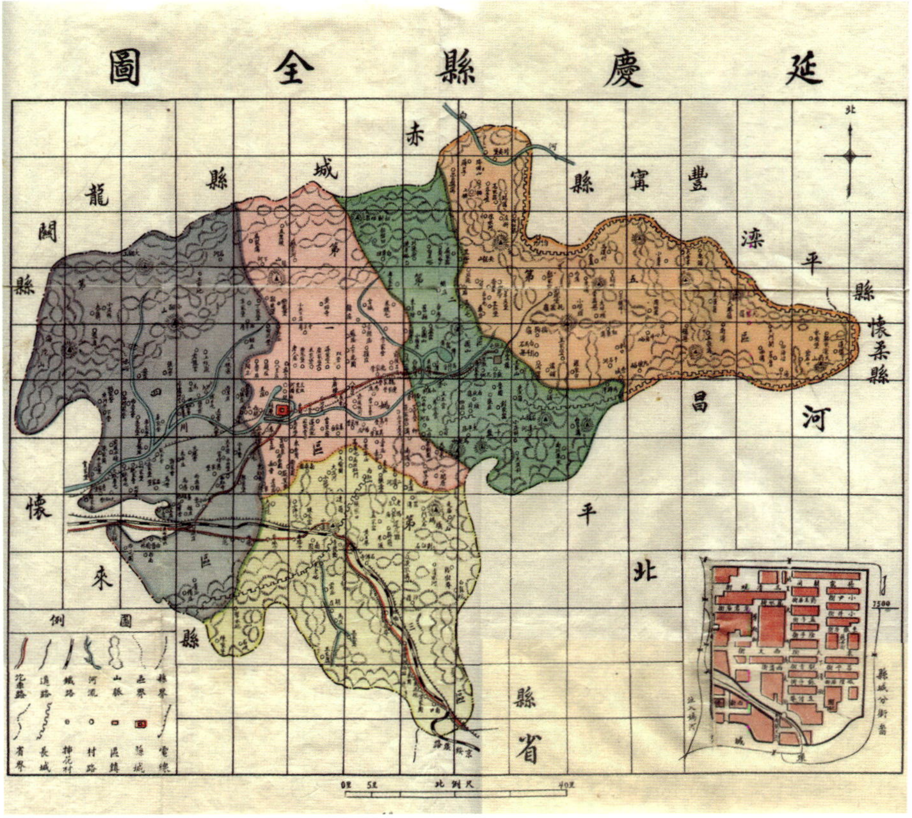

1938年延庆县地图（民国二十七年《延庆县志》）

四处土地，是最多的，汉军八旗有两处土地，而这其中算上两处镶红旗汉军地和镶红旗庄亲王地，共有五处镶红旗土地，按照旗籍来看，是最多的，证明延庆应该生活了很多镶红旗的人。另外，这些旗庄地中，只有一处是满洲八旗土地，这也佐证了延庆的旗庄地地位不高。关于这些旗庄地的亩数，在清代就已不可考，光绪《延庆州志》记："旗地历年久远，亩无从稽查，不能悉考。"[1]

三、千家店和珍珠泉的旗庄地与旗人

除了珍珠泉的皇庄地和延庆川区的旗庄地，在千家店和珍珠泉还有很多旗庄地。前面已经提到，清代千家店和珍珠泉基本隶属专管旗人事务的独石口厅，千家店和珍珠泉肯定生活了很多旗人，有很多旗庄地。清代《口北三厅志》记载了分管千家店、延庆州巡检管辖的47个村窑。[2] 在今延庆

1　［清］何道增重修，［清］张惇德纂：（光绪）《延庆州志》卷三《赋役志·附旧志旗地坐落》，台北：成文出版社，1968年，第108页。

2　［清］金志节原本，［清］黄可润增修：《口北三厅志》卷五《村窑户口》，台北：成文出版社，1968年，第91页。

千家店向日葵田地

界内的有“小川、下马路沟、大石窑、熊洞沟、八道河、六道河、白河口、九岭梁、石槽、石槽梁、黄石寨、上花楼、下花楼、珍珠泉、庙儿梁、杏叶沟、山神庙、前仓米道、后仓米道、东南天门、红石湾、西千家店、东千家店、白塔儿、多罗湾、奶子山、菜木沟、滴水壶、四潭沟、平台子、首领沟、转山子、花盆镇、牤牛沟、忽拉岭、哈拉魁、黄土梁”。这些村庄与今名基本对应，大部分属于千家店，少部分属于珍珠泉、刘斌堡、四海。《口北三厅志》又记以上村庄“系左翼镶黄旗”[1]，即这些村庄土地属于察哈尔左翼镶黄旗，也就是现在千家店大部分平坦的地方都是旗庄地。《钦定八旗通志》记千家店“俱镶黄旗各佐领家人庄头地”[2]。佐领是满语“牛录”的汉语意译，是清代八旗组织基本单位名称，隶属“防守尉”。清朝早期称牛录章京，入关后，改为汉语佐领，正四品。掌管所属户口、田宅、兵籍、诉讼等。初时一佐领统辖 300 人，后改定为 200 人。庄头是旗人所设管理田庄的人。成书于乾隆二十三年（1758 年）的《口北三厅志》记当时千家店、珍珠泉等地有 32 旗户，644 民户，共有 1283 人。[3] 按一户 5 人算，共有 160 名镶黄旗庄头旗人，其余为 1100 余名民人。根据史料所记，明末清初时期，千家店荒无人烟，那么，《口北三厅志》所记的 1100 余名民人极有可能是从附近地区招募的农夫。也就是为了管理千家店和珍珠泉的土地，察哈尔左翼镶黄旗的佐领派少数本部旗人到千家店和珍珠泉当庄头管理土地，雇佣农夫种地。但是一般情况下，庄头由汉族地主担任。

明末清初时期，和荒无人烟的千家店不同，珍珠泉很可能生活了汉族大户。乾隆十年（1745 年）的《恩准四海口外民人出入碑》后面记有“珍珠泉镶黄旗……于明宝；珍珠泉镶黄旗……于大焕”。“于”是汉人姓，

1　[清]金志节原本，[清]黄可润增修：《口北三厅志》卷五《村窑户口》，台北：成文出版社，1968 年，第 91 页。

2　[清]铁保等续纂，李洵、赵德贵、周毓方等校点：《钦定八旗通志》卷七十三《土田志 12》，长春：吉林文史出版社，2002 年，第 2 册，第 1286 页。

3　[清]金志节原本，[清]黄可润增修：《口北三厅志》卷五《村窑户口》，台北：成文出版社，1968 年，第 91 页。

也就是珍珠泉有汉人加入了镶黄旗，应该就是察哈尔左翼镶黄旗。清朝前中期，为了获得旗人的身份地位，很多汉族地主主动“携地入旗”，成为了地位较为低下的“投充旗人”，有些担任庄头，帮助旗人地主管理土地。于氏家族有可能在清代早期就是珍珠泉的地主，后来为了土地被圈占的同时能获得旗人身份地位，所以携地入旗，这样珍珠泉的于姓人就加入了察哈尔左翼镶黄旗。现在于姓仍是珍珠泉的大姓。

千家店、珍珠泉和延庆川区虽然同属旗庄地，但旗籍不同。延庆川区属满、汉、蒙古旗庄地，而千家店、珍珠泉属察哈尔八旗左翼镶黄旗土地。

四、延庆川区满族村的来源

清代延庆川区的旗庄地最多，也生活了大量旗人，但真正生活在延庆川区的满洲、蒙古、汉军旗人并不多。延庆川区土地面积较大，十分肥沃，而且明末清初时期生活了很多汉族人，必然会有很多汉族地主。这些汉族地主极有可能“携地入旗”，还有很多“个人投充者”，这样就形成了很多汉族旗人。汉族旗人与汉军旗人不同，所谓汉族旗人实际上是“投充旗下”之人，算是那些真正旗人的“奴才”，“个人投充者”地位就更低了。而汉军旗人是在关外就投靠满洲的汉族人，基本是辽东（今辽宁）人，满洲人十分信任他们，汉军旗人也是清朝的统治阶层之一，地位比那些汉族旗人要高很多。清末《延庆州乡土志要略》记延庆川区旗户男 2556 人，女 1163 人，[1] 和延庆的总人口比不多，而这些旗人应该还有很大一部分是“投充旗下”的汉族旗人。延庆现在有 14 个满族村，其中只有小营村、南辛堡村、大营村三个村庄与“旗庄地”方位完全吻合，应该是真正的旗人后裔，其余村庄应该都是“投充旗下”的汉族后代。

第四节　八旗驻兵千家店

清代延庆州和千家店、珍珠泉因有旗庄、皇庄地，所以生活了大量旗人，如雍正六年（1728 年）直隶总督宜兆熊上奏：“宣化府属之保安、延庆二

1　[清]佚名：《延庆州乡土志要略·户口》，中共北京市委党史研究室、北京市地方志编纂委员会办公室编：《北京旧志集成·延庆志辑七》，据国家图书馆藏清末稿本原大影印，北京：国家图书馆出版社，2021 年。

州旗民杂处，向无武弁防御。”[1]不仅如此，清朝前中期，延庆知州也基本是旗人。清朝实行旗人、民人分治政策，旗人的人命诉讼等事只能由专管旗人事务的衙门办理，延庆的旗人案件由独石口厅办理，延庆州官无权审理旗人案件。不仅延庆旗人多，延庆附近的龙门、怀来、赤城因为旗庄地多，旗人也很多。延、怀、龙、赤四个地方的旗人案件都归独石口厅审理。延庆州虽然旗人多，但是“向无武弁防御”，延庆州没有驻扎八旗兵。

一、八旗驻防在千家店的设立

《千家店文昌宫碑记》正面拓片局部

清代千家店、珍珠泉有很多察哈尔左翼镶黄旗的土地，有很多旗人，清廷没在延庆州驻防八旗兵，反而在人烟相对稀少的千家店驻扎了八旗兵，证明清廷是十分重视千家店的。明末清初时期，因蒙古土默特人北迁，千家店成为了荒无人烟的地区。正如《千家店文昌宫碑记》所记：“独石口之南有千家店者，僻处山谷之间，素为官吏足迹所不及。”有清一代，白莲教、天地会等反清复明运动此起彼伏，清廷虽全力镇压，但是毕竟大清领土幅员辽阔，很多“教徒”被打散后就藏匿于深山老林，清廷也无可奈何。《千家店文昌宫碑记》记：“我朝康熙年间剿灭教匪，设立驻防。”这个“教匪”很可能就是在清前中期发展较为迅速的白莲教。据千家店关姓和龙姓人讲述，康熙年间，他们的祖上是独石口的八旗兵，为了剿灭千家店的教匪，朝廷派关姓、龙姓等八户旗兵前往千家店，经过激战，全部歼灭千家店教匪。朝廷为了奖赏八旗兵，就将千家店的土地赏赐给这八户八旗兵，从此，八旗兵就永远驻扎在了千家店。《八旗通志》载：“千家店驻防：康熙五十年，奉旨设立。”[2]千家店的八旗驻防正式设立于康熙五十年（1711年），兵源全部来自独石口。

1 ［清］清国史馆辑：《满汉名臣传》卷三十三《宜兆熊列传》，黑龙江人民出版社，1991年，第964页。

2 ［清］鄂尔泰等修，李洵、赵德贵主点校：《八旗通志》卷二十四，东北师范大学出版社，1985年，第448—449页。

二、八旗兵常驻千家店的原因

千家店地区满目是山，平地很少，而且荒无人烟，朝廷在千家店驻防八旗兵，除了“剿匪”以外，其实还有一个重要原因，就是防范“反复无常”的察哈尔部。早在皇太极时期，联合其他蒙古部，反复交战多年，才彻底击败了蒙古察哈尔部林丹汗，剩余察哈尔部臣服于清朝，清朝将其迁徙到东北。康熙年间为“平定三藩”，京师八旗精锐悉数南下，林丹汗之孙布尔尼趁京师空虚，率部分察哈尔部起事，直奔京师，清廷震动，最后恩威并施才勉强平定了这次叛乱。“布尔尼之乱”结束后，康熙帝决定彻底解决察哈尔部的问题。将察哈尔部单独编成八旗，南迁到张家口附近驻牧，由满洲人担任都统管理，这样就将察哈尔部牢牢掌控了。那么，虽然察哈尔就在清廷“眼皮子”底下，但是也有个问题，就是察哈尔部离京师比之前更近了，万一偷袭京师将造成严重后果。而千家店正好在察哈尔部的南缘，扼守通往京师的山路，在千家店驻兵，一可以随时监控察哈尔部的动向，二还可以守卫隘口、山路。这应该是“剿匪”后八旗兵常驻千家店的重要原因。

千家店八旗驻防的地位比较高，全部都是满洲兵，没有蒙古、汉军旗兵，这应该和盯防察哈尔部有关。因察哈尔也属于蒙古人，肯定不能用蒙古八旗盯防。只有满洲兵对朝廷才是最忠诚的，才能确保完成盯防察哈尔的任务，所以，清廷在千家店驻防了地位最高的满洲八旗兵。

三、千家店驻防满洲官兵情况

千家店八旗驻防刚设立时，共有40名甲兵和一名防御官，全部由独石口派驻。“防御”是清朝驻防八旗的基层军官，位在佐领之下，骁骑校之上，正五品。凡驻防之处丁少而不足治以佐领者，皆置防御管理，掌所辖驻防户籍，以时颁其教戒。也就是千家店的防御官和延庆州知州平级。清代是千家店地区等级最高的时期。雍正七年（1729年），独石口又派驻了一名防御官驻千家店，一直到清末，千家店都是两名防御官，[1]他们的衔

1　［清］鄂尔泰等修，李洵、赵德贵主点校：《八旗通志》卷二十四，东北师范大学出版社，1985年，第448—449页。

署就在现在千家店镇中心。当时的延庆州只有一名五品知州，而千家店有两名五品武官，千家店的地位比延庆州都高。乾隆元年（1736 年），千家店又添加了一名骁骑校。[1] 骁骑校是八旗组织中基层编制单位的副长官，位在佐领之下，也是骁骑营的下级武官，协助佐领管理所属户口、田宅、兵籍，以及骁骑营操练、守卫等事务，正六品官。千家店两名防御官、一名骁骑校和 40 名甲兵的兵额配置一直延续到了清朝结束。

四、千家店八旗的隶属和管辖

千家店的八旗官兵从独石口调入，也隶属独石口八旗，千家店的防御官直接听命于独石口防守尉。防守尉是清朝驻防八旗中的专城将领，设于直隶及盛京地区的一些城镇、关口，额定 18 人，正四品，俱满缺。辖兵 50 名至数百名不等，总掌本城镇旗籍和防守事务。下设佐领、防御、骁骑校等官。分别由驻防将军、都统、副都统等兼辖。而独石口八旗驻防又隶属于察哈尔，独石口防守尉听命于察哈尔都统、副都统。所以，千家店驻防八旗应该是隶属于察哈尔都统独石口防守尉。从行政区划上来讲，独石口厅辖丁庄湾、黑河川、东卯镇、千家店四处地方，千家店是其中之一。千家店从行政上隶属直隶省口北道独石口厅。另外，前面讲到，珍珠泉土地也属于察哈尔左翼镶黄旗，旗人旗籍也是察哈尔镶黄旗，和千家店一样隶属于独石口厅。但是珍珠泉未有八旗兵驻防，而珍珠泉在千家店之南，与独石口中间隔着千家店，所以，千家店的八旗兵应该也兼管珍珠泉，珍珠泉的行政事务可能也由千家店管理。

五、八旗官兵在千家店的布防

关于千家店八旗官兵的驻地，史料也有详细记载。两名防御官驻东、西千家店村，[2] 有自己的衙署，俗称“东衙门”“西衙门”。其中一名防御

1 ［清］金志节原本，［清］黄可润增修：《口北三厅志》卷四《职官》，台北：成文出版社，1968 年，第 74 页。

2 ［清］金志节原本，［清］黄可润增修：《口北三厅志》卷四《职官》，台北：成文出版社，1968 年，第 74 页。

千家店地图

官衙署有 8 间房，另一名有 16 间房，[1] 这种规格应该是高于延庆州衙署的。驻西千家店防御官领 10 名甲兵，驻东千家店防御官领 15 名甲兵，[2] 驻东千家店防御官地位更高。每名甲兵有两间房。[3] 骁骑校驻扎在花盆，领 10 名

1　［清］鄂尔泰等修，李洵、赵德贵主点校：《八旗通志》卷二十四，东北师范大学出版社，1985 年，第 448—449 页。

2　［清］金志节原本，［清］黄可润增修：《口北三厅志》卷五《经费》，台北：成文出版社，1968 年，第 84 页。

3　葛全胜主编，中国科学院地理科学与资源研究所、中国第一历史档案馆编：《清代奏折汇编 农业·环境》，北京：商务印书馆，2005 年，第 56 页。

甲兵。白塔儿驻有 5 名甲兵。[1] 证明清代千家店地区除东、西千家店村，花盆和白塔儿也是比较重要的地方。白塔儿历史悠久，曾建有藏传佛教白塔，明代就称白塔儿，是当时蒙古人的重要驻牧地。方位大概在现在千家店老白塔南沟村北。

六、千家店八旗的训练和武器

千家店驻防八旗的教场在西千家店村南，这也是他们平时操练的地方。千家店驻防八旗极少使用火器，这可能和清代千家店地区未有战事有关，满洲八旗兵也一直保持着“弓马骑射”的传统。光绪《延庆州志》记载了千家店八旗兵的兵器：“盔甲四十三顶副，腰刀四十三口，弓四十七张，箭八百六十支。”[2] 道光十九年（1839 年），道光帝谕：“所有张家口驻防满洲、蒙古十旗，及独石口、千家店二处，每旗、每处准其添制六力官弓各二张。”[3] 千家店八旗增加了“六力官弓”。

清兵射箭照片

1 ［清］金志节原本，［清］黄可润增修：《口北三厅志》卷五《经费》，台北：成文出版社，1968 年，第 84 页。

2 ［清］何道增重修，［清］张惇德纂：（光绪）《延庆州志》卷五《经政志·兵防》，台北：成文出版社，1968 年，第 144 页。

3 转引自邢亦尘：《清季蒙古实录》，呼和浩特：内蒙古社会科学院蒙古史研究所，1981 年，第 283 页。

七、千家店八旗的待遇

因为千家店驻防的都是满洲八旗，工资待遇在旗人里面是最高的，在当时也比延庆州官的工资要高许多。《口北三厅志》记直隶省口北道每年给千家店八旗防御官饷银 80 两，骁骑校饷银 60 两。朝廷每年共计给千家店八旗官兵官俸、兵饷、马粮等银 1240 两。延庆州每年给米 880 石，等于 105600 斤。[1] 除饷银和口粮外，八旗官兵的红白喜事朝廷也会“拨钱”，“一骁骑校红事赏银四两，白事赏银八两。领催前锋马甲红事各赏银三两，白事各赏银六两。匠役红事赏银二两，白事赏银四两。孀嫦孤子红事各赏银三两，白事赏银六两”。领催就相当于甲兵。

八、千家店和珍珠泉旗人、旗地统计情况

有清一代，千家店常驻 43 名满洲八旗官兵，算上家属，按每户 5 人算，共有 215 人。加上 160 名千家店、珍珠泉汉军镶黄旗庄头和家人，清代千家店、珍珠泉共有约 375 名旗人。远低于清末延庆州的 3719 名旗人。千家店旗人数量少，也就意味着人均土地会更多。千家店每名官兵有 60 亩地，43 名官兵就是 2580 亩地，人均土地应比当时的延庆州要多。除官兵占有的土地外，剩下的土地基本是察哈尔镶黄旗佐领家人的。

千家店是今延庆地区唯一有八旗驻防的地方，十分重要。长期以来，人们认为怀柔、密云是北京城区外满族人生活较为聚集的地方，其实延庆（包括千家店、珍珠泉）也是清代旗人相对较为集中的地方。而延庆千家店是这三个地方中最早设立八旗驻防的，同时，也是今北京地区除城区外 5 个清代八旗驻防点（昌平、顺义、古北口、千家店、密云）之一，又都是满洲八旗，在八旗驻防史上占有重要地位，是延庆清代历史浓墨重彩的一笔。

1　［清］金志节原本，［清］黄可润增修：《口北三厅志》卷五《经费》，台北：成文出版社，1968 年，第 84 页。

第五节　一州走出两河督

清代的延庆州虽然政治、军事地位较前朝降低，但是因为有大量旗庄、皇庄地和旗人，也出现了几个有名的朝廷重臣。出生于辽东盖州的汉军旗人、一代廉吏于成龙年少时曾在延庆州就学、娶妻，最后官至直隶巡抚、河道总督，成为了康熙朝的肱骨重臣。没有延庆州的培养，就不会有于成龙之后的成功。于成龙虽然不是在延庆出生，但他是清代延庆州走出来官职最高、最为廉洁、最有声望的人。除了于成龙，还有一位土生土长的延庆汉军旗人，最后也官至河道总督，他就是嘉庆朝初期重臣——王秉韬。于成龙和王秉韬都是延庆州培养出来的，一州走出两河督，对于弹丸地的延庆州来说，实在难得，堪称是清代历史的一段佳话。

一、于成龙的汉军旗人世家

清代康熙朝能臣廉吏辈出，而两个于成龙都是康熙帝十分器重的廉吏能臣，一个是出生于山西的汉人于成龙，另一个是出生于辽东盖州（今辽宁盖州）的汉军旗人于成龙。旗人于成龙曾在延庆州生活长大。于成龙（1638年—1700年），字振甲，汉军镶红旗人，因父辈战功而获得“荫生”，即由于上代有功勋被特别恩赏具有任官资格的人。在关外时期，由于满洲兵较少，努尔哈赤就通过联姻的方式与科尔沁等部落结盟，皇太极时期大量接纳辽东汉人，最终形成了满洲、蒙古、汉人联盟，并各自设立八旗。汉军八旗和满洲、蒙古八旗一样，在入关作战、统一中国的过程当中发挥了重要作用。因投靠满洲较早，又是关外汉人，和满洲人一起生活很多年，生活习俗与关内汉人迥异，再加上后来立下的赫赫战功，满洲统治者对其十分信任。汉军旗人是除蒙古八旗，满洲统治者最信任的政治群体。在清兵入关以后，很多汉军旗人官居要职。于成龙生父本是汉军镶红旗人于国安，因于国安兄于得水无子，于国安就把于成龙过继给了于得水。于得水世居辽左，跟随清兵在关内外屡次作战，随征湖广，取云南，立下赫赫战功，被授予三等阿达哈哈番，也就是三等轻车都尉，相当于三品官。可以说，于成龙本身就出生在汉军旗人的官宦世家，这是其日后平步青云的基础。

二、于成龙在延庆就学、娶妻

《于成龙年谱》记顺治“七年……公十三岁，移居延庆州，治举子业。九年……公十五岁，李恭人来归。十年……公十六岁，移居固安县南房村……”[1]。也就是顺治七年（1650 年）于成龙 13 岁时到延庆州定居，顺治九年（1652 年）15 岁时娶了李夫人。按清朝旗人通婚的传统，此李恭人很可能就是延庆本地的旗人，顺治十年（1653 年）16 岁时离开了延庆。于成龙 13 岁到 16 岁期间在延庆生活，这是其成长最关键的时期。在延庆期间，于成龙首先“治举子业”，然后“娶李恭人”，完成了这两件大事。延庆州为于成龙的学业、仕途、家庭打下了坚实的基础。在延庆州生活的几年，对于成龙的一生影响很大。

延庆州有很多镶红旗旗庄地，生活了大量镶红旗人，清代实行旗人、

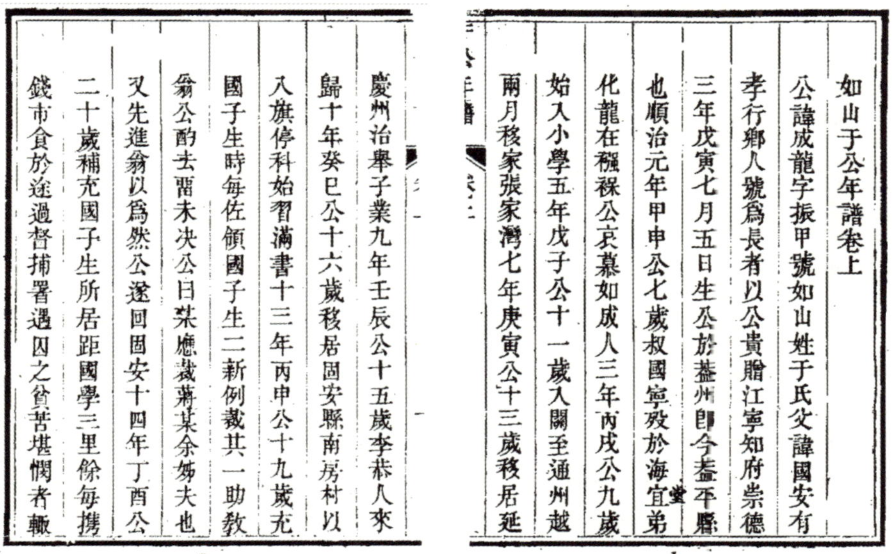
如山于公年譜卷上
公諱成龍字振甲號如山姓于氏父諱國安有
孝行鄉人號爲長者以公貴贈江寧知府崇德
三年戊寅七月五日生公於蓋州卽今蓋平縣
也順治元年甲申公七歲叔國寧歿於海宜弟
化龍在襁褓公哀慕如成人三年丙戌公九歲
始入小學五年戊子公十一歲入關至通州越
兩月移家張家灣七年庚寅公十三歲移居延

1

慶州治舉子業九年壬辰公十五歲李恭人來
歸十年癸巳公十六歲移居固安縣南房村以
八旗停科始習滿書十三年丙申公十九歲充
國子生時每佐領國子生二新例裁其一助教
翁公酌去留未决公曰某應裁蔣某余姊夫也
又先進翁以爲然公遂回固安十四年丁酉公
二十歲補充國子生所居距國學三里餘每携
錢市食於途過督捕署遇囚之貧苦堪憫者輒

2

《于襄勤公（成龙）年谱》内页

1　［清］宋荦、李树德：《于襄勤公（成龙）年谱》卷上，沈云龙主编，金鼎雯著：《近代中国史料丛刊 第 30 辑 清朝翰詹源流编年》，台北：文海出版社，1968 年，第 1—2 页。

民人分开就学的政策，在旗人聚居的地方会设有“旗学”，专供旗人上学。旗人与民人的科举也是分开的。于成龙的父亲于得水是汉军镶红旗军官，延庆有很多镶红旗旗庄地，又有很多镶红旗人，很可能是于得水带领镶红旗兵暂时驻扎在延庆州，所以也把于成龙带到了延庆。延庆有旗人学校，于成龙就在延庆旗学上学了。

三、于成龙治理永定河

延庆州的几年，为于成龙奠定了良好的学业基础，同时建立了家庭，这些都是他为官的前提。拥有了良好的学业基础，于成龙终于自“荫生”步入了仕途，从知县做起，一路做到了直隶巡抚、镶红旗汉军都统、河道总督，官至一品，[1] 展现出了过人的才干，同时廉洁奉公，康熙帝“嘉成龙廉洁，亲书手卷赐之”。于成龙在直隶巡抚任上曾“疏言运河自通州至峄县……堤卑薄者皆宜加筑高厚”[2]，展现了其在治理水患上的才能，后升任为河道总督。康熙年间，永定河经常发生水患，康熙三十七年（1698 年）再次发生水患，此次水患较为严重，京师周围州县悉数被淹。康熙帝决定彻底治理水患，让于成龙全权负责永定河的水患问题。于成龙上任后，“奔驰胼胝”[3]，修改河道、修建沙堤，自当年三月至五月，[4] 用了不到两个月就治理了水患，此后，永定河再没发生过大的水患。永定河原名浑河，因其经常泛滥、河道无常，所以又称为无定河。于成龙治理后，请康熙帝为浑河赐新名，并建河神庙，[5] 康熙帝赐名“永定河”，并亲自撰写了《永定河神庙碑》碑文，立碑于卢沟桥。可以说，没有于成龙的治理，就没有现

1 ［清］赵尔巽等：《清史稿》卷二七九《于成龙传》，长春：吉林人民出版社，1995 年，第 7972—7974 页。

2 ［清］赵尔巽等：《清史稿》卷二七九《于成龙传》，长春：吉林人民出版社，1995 年，第 7974 页。

3 《襄勤于成龙墓志并铭》，沙迹、李建华、杨庆昌：《营口碑志辑注》，沈阳：辽宁大学出版社，2012 年，第 424 页。

4 ［清］李逢亨：《门头沟地方志丛书·永定河志》卷首《宸章》，北京：北京燕山出版社，2007 年，第 47 页。

5 《清圣祖实录》卷一八七，康熙三十七年七月己亥条，北京：中华书局，1985 年，第 1007 页。

《永定河神庙碑》拓片

在北京的母亲河——永定河，于成龙堪称是永定河之父。

四、于成龙是康熙朝的肱骨重臣

治理完永定河后，黄、淮二河又泛滥，康熙帝急令河道总督于成龙前去治理。于成龙当时身体已经抱恙，但他感念康熙帝对他的器重，抱病前往淮安（今江苏淮安），因积劳成疾，卧病不起，于康熙三十九年（1700 年）死于淮安河道总督署。于成龙的一生堪称是一代廉吏、治水能臣，虽出身汉军旗人世家，但不是纨绔子弟，勤于政事，从县官、州官做起，一点点做到总督，堪称是汉军旗人的典范。康熙皇帝对于成龙评价很高，寄予了很高的期望："朕在京师，即闻尔居官廉洁。今临幸此地，确加咨访，与前所闻无异。是用赐尔朕亲书手卷一轴。嘉尔清操，以示旌扬。但人靡不有初，鲜克有终。尔必自始至终，毋有改操。务效前总督于成龙正直洁清，乃无负朕优眷之意。"[1] 又说："果有洁己爱民如于成龙者，朕立行擢用。"[2] 康熙皇帝尤其欣赏于成龙的为官清廉，他说："居官清廉如于成龙者甚少，世间全才未易得。"[3] 又说："如直隶巡抚于成龙之真实清廉者甚少。观其为人，天性忠直，并无交游，惟知爱民。即伊本旗王等门上，亦不行走。直隶地方百姓旗人，无不感戴称颂。"[4] 于成龙生病期间，康熙帝十分惦念，曾派人专门将"禁中良药"送给于成龙。于成龙去世后，康熙皇帝仍给其极高的优待。《于成龙年谱》记康熙四十二年（1703 年），康熙帝驾幸潭柘寺行经杨家庄时看到一处坟茔，问侍卫是谁的坟茔，奏是原任河道总督于成龙的坟，康熙皇帝立即让"镶红旗宗室公普济头等侍卫马武奠酒"于成龙坟旁。多年以后，康熙帝仍念念不忘于成龙这个清正廉洁的治水能臣，说："于成龙操守且不必论，其办事之才，汉军内诚无有及者。朕北征时，

1 《清圣祖实录》卷一一七，康熙二十三年十一月乙丑条，北京：中华书局，1985 年，第 228 页。

2 《清圣祖实录》卷一一八，康熙二十三年十二月庚子条，北京：中华书局，1985 年，第 238 页。

3 《清圣祖实录》卷一二六，康熙二十五年润四月戊午条，北京：中华书局，1985 年，第 336 页。

4 《清圣祖实录》卷一三〇，康熙二十六年四月乙卯条，北京：中华书局，1985 年，第 392 页。

于成龙总理粮饷，凡事调度得宜，不惮劳苦，真为国出力。今汉军内还有如此人否？”[1] 康熙皇帝对于成龙的最后评价是：“才品优长，服官勤慎，宣力有年，历著成效。”[2] 放眼望去，有清一代，从延庆州走出去的官员中，能获如此殊荣，仅于成龙一人。延庆州的百姓也十分敬重于成龙，曾在州城三清庙东修建于公祠。

五、河东河道总督王秉韬

与于成龙不同，王秉韬（1730 年—1802 年）是土生土长的延庆旗人。相同的是，王秉韬也是祖籍辽东（今辽宁），而且也是镶红旗汉军人，于成龙因父为官而成为荫生。王秉韬是因为其父王国泰受难而成为荫生，他们都出身于辽东汉军旗人世家，最后，他们两个人又都有延庆州的生活经历，更为重要的是，王秉韬最后也担任河道总督，并且也死在了总督任上。纵览清代历史，两个人有如此相似的经历，应该仅此一例。

六、延庆王秉韬墓

20 世纪 80 年代，在延庆大丰营村发现了《王秉韬墓志》。根据墓志所记，王秉韬墓在大营村。20 世纪 50 年代，因修建官厅水库，村庄都整体向南搬迁，在此过程中，原来一块大营村的土地被划给了大丰营村，王秉韬墓就在其中，所以，王秉韬墓志是在大丰营发现的。王秉韬墓是延庆等级最高的清代墓葬，王秉韬官至正二品的河东河道总督，是清代土生土长延庆人中官职最高的。

从延庆州走出于成龙、王秉韬两位八旗汉军治水能臣，最后都官至河道总督，“一州走出两河督”，不仅佐证了清代延庆州旗人教育水平之高，而且也是整个清代历史中少有的一段佳话。

1　中国第一历史档案馆整理：《康熙起居注》，北京：中华书局，1984 年，第 2 册，第 1170 页。

2　［清］宋荦、李树德：《于襄勤公（成龙）年谱》卷下，沈云龙主编，金鼎雯著：《近代中国史料丛刊 第 30 辑 清朝翰詹源流编年》，台北：文海出版社，1968 年，第 172 页。

第六节　慈禧西狩住岔道

明代，为防御蒙古南犯，在前朝基础上大规模修建长城防御工事，居庸关是天下险塞，也是北京北部的天然屏障，明朝在居庸关附近历经数年，修建了规模庞大的长城工事。自南向北有南口城、居庸关城、上关城、八达岭城、岔道城等多座城堡，加上长城城墙，使居庸关关道犹如铜墙铁壁、铁通山河，一夫当关万夫莫开，蒙古人想要跨过居庸关比“登天”都难。再加上长城外有明代北边第一重镇——宣府镇的精锐镇守，还有宣府镇东路第一城——永宁城，这套防御体系几乎完美得无懈可击。

一、明代岔道城的重要军事地位

在居庸关长城防御工事中，有一座城堡尤为重要，它就是整个防御体系中最北边的一座城——岔道。岔道城南可经居庸关到北京，北可经延庆州到永宁、四海治，西可经怀来到大同，所以俗名三叉口。明朝十分重视对岔道城的经营。明朝巡按西关御史王士翘在巡查居庸关后云：“居庸之险，不在关城，而在八达岭。是岭，关山最高者。凭高以拒下，其险在我，失此不能守，是无关矣。逾岭数百步，即岔道堡，实关北藩篱。守岔道所以守八达岭，守八达岭所以守关也。”[1]于此可见，岔道城在整个居庸关防御体系中是十分重要的。明人曾佩有云：“如欲虏之绝意于居庸，必先使之无垂涎于岔道。未有岔道危而八达无事、居庸不震惊者也。居庸震惊则京师、畿辅又可知矣。”[2]《昌平山水记》云：“岔道又八达岭之藩篱。”如果敌人想要穿过居庸关大道，首先就要攻下岔道城，岔道是防御蒙古南侵的桥头堡，如果岔道失守，则八达岭必不可保，八达岭失守，则居庸关危矣，居庸关失守，则皇陵必不可保，京师也将戒严。岔道城位于关沟古道的沟口，为居庸关门户，宣府镇管辖的南山路边垣经清水顶、西拨子、岔道西北，然后经程家窑向西折向小张家口方向。岔道城两侧的边墙、联墩、壕堑、烽燧，构成了一个严密的防御体系。通往南山的各个隘口都被层层设防，而岔道城防守的则是这些通道中最重要的一条，即居庸关大道。因此，

1　转引自王岩：《京华通览 长城艺文录》，北京：北京出版社，2018 年，第 153 页。
2　转引自刘珊珊编著：《居庸关》，北京：北京出版社，2018 年，第 183 页。

岔道城在明代居庸关南北防御体系示意图（明代《九边图屏》）

明代岔道城（《九边圣迹图》）

明代十分重视岔道城的防守，设重兵守卫，反复加固城墙。

因岔道城的重要位置，金元时期就已在此地修城，建设重要军镇。明朝因定都北京，为北防蒙古，又大规模修建了岔道城。嘉靖三十年（1551年），明朝对岔道城进行了最大的一次扩建，城堡的规模基本确定下来。由于城墙坚厚，岔道城虽在清朝未有修整，但直到清末都屹立不倒，完好如初。现在的岔道城有东西二门，东西长510米，南北宽120米至180米不等，全城占地面积8.3万平方米，城墙高8.5米。西门外有一座瓮城，东门外有一座石桥。与明代形制基本相同。岔道城是三路交会之地，明朝修建完城堡后，正式将原名三叉口、永安甸改为岔道城。从此，岔道城成为了居庸关北第一城，也是军事、商业的交通枢纽。

因岔道城的重要位置，明代是皇帝大臣、文人墨客经常途经的地方，留下了很多称颂岔道城的诗歌。永乐皇帝朱棣曾行经岔道城，宣德皇帝曾多次在岔道城驻跸、狩猎，明代文豪徐渭途经岔道城时写有《自岔道走居庸》诗。清代，南北一统，居庸关失去了其军事防御作用，岔道城也逐渐荒废，但作为交通要塞，依然迎来了很多重要历史人物。康熙和乾隆帝曾途经驻跸于此。在清朝鼎盛时期，岔道城迎接了康乾盛世的两位皇帝，但到了清朝末期，残破的岔道城迎来了比它更加衣衫褴褛的慈禧太后和光绪皇帝，见证了慈禧和光绪一生中最艰难的一次逃难景象，也见证了大清朝的日薄西山。

二、八国联军攻进北京城

1894年，随着甲午战争的惨败，也标志着洋务运动的彻底失败。《马关条约》的签订令国人义愤填膺，人们意识到，如果再不进行改革，救亡图存，中国有可能会被列强瓜分。在这种情况下，由光绪帝支持的“戊戌变法”、“百日维新”运动，轰轰烈烈展开，最终在与以慈禧为首的旧势力斗争中落败。慈禧将光绪帝囚禁起来，也想废黜光绪帝，但各国列强不同意，慈禧开始与列强产生了矛盾。此时，义和团运动在山东兴起，他们打着“消灭洋人”的旗号，迅速发展到了直隶、河南、天津等地。清廷对其“剿抚不定”，后来在亲王和大臣的支持下，慈禧决定利用义和团铲除洋人在中国的势力。义和团也打出了“扶清灭洋”的口号，他们焚烧教堂，杀洋教士。1900年，英法等八国列强为保护本国人，向北京、天津派驻了很多军队，同时，董福祥等甘军也外调入京津，战争一触即发。

八旗军官恩海行刑前的照片

1900年6月，在“大沽之役”“廊坊之役”中，清军和义和团重创“联军”，联军军舰被击伤击沉6艘，损失惨重。

同时，董福祥的甘军在北京永定门斩杀日本外交官杉山彬，京师八旗神机营军官恩海在东单枪杀德国公使克林德。全面战争已经到了不可避免的地步。7月，在守卫天津的战役中，双方互有胜负。守将聂士成战死后，清军在“北仓之战”中再次重创联军。联军在付出惨痛代价后占领了天津。直隶总督裕禄、李秉衡等自杀殉国。8月，两万联军自天津向北京进发。8月14日，联军攻破北京城，皇城八旗护军誓死守卫紫禁城，老舍的爸爸舒永寿当时就是护军，战死在了此次战役中。

三、慈禧逃出北京城

8月15日清晨，眼见守不住紫禁城的情况下，慈禧率光绪帝等少数皇亲贵族出逃，只带了少量军队护卫。经颐和园，途经昌平西贯市，过居庸关，于8月16日到达岔道城，8月17日到达怀来榆林堡（今河北怀来西榆林村），此后经大同到太原，又由太原到达西安。史称“慈禧西狩”。因是仓皇出逃，所带食物等物品极少，在昌平西贯市当地人仍能少量补给，但过了居庸关以后，北部的延庆州因遭义和团破坏，州府瘫痪，老百姓都逃跑了，很难找到食物。从居庸关到岔道城，再到怀来榆林堡，也就是延庆州的这段路，是慈禧此行最为艰苦的一段路，他们缺衣少粮、颠沛流离，又害怕后面有联军追赶，可以说是狼狈不堪，皇室威严扫地。到了怀来后，终于有当地县官接驾，衣食也逐渐好了起来。延庆州的这段路，是慈禧西狩过程中最艰难的一段路。他们于8月16日在残破的岔道城住了一晚。

清　董邦达《居庸叠翠图轴》

四、慈禧与光绪帝夜宿岔道城

慈禧一行经昌平西贯市过居庸关后，因担心联军追赶，已如惊弓之鸟，狼狈不堪。因义和团的破坏，“连日历行数百里。竟不见一百姓，官吏更绝迹无睹”。8 月 16 日，出居庸关后，到达了岔道城，看此城墙厚城高，万一有追兵赶来，也可抵御，加上天色渐暗，决定在岔道城夜宿一晚。岔道是延庆州地界，当时的延庆州是义和团的主要据点，到处都是义和团，州城衙署已经彻底瘫痪。当时的怀来县县令吴永说：“自延庆州突来拳民长幼约两千余人，强在西关外西园子地方设立拳坛。”[1] 可见延庆州“拳民”之多。得知皇太后慈禧、光绪帝即将到达岔道城，当时的延庆州知州秦奎良特意赶着为慈禧做了蓝呢大轿。因为义和团的破坏，食物匮乏，所以秦奎良只找到了一点食物送给慈禧。慈禧一行到达岔道城后，当时的岔道城

现在的岔道城

1 ［清］吴永口述，［清］刘治襄记：《近世文史资料 庚子西狩丛谈》，长沙：岳麓书社，1985 年，第 29 页。

本因年久失修破败不堪，再因义和团破坏，城里几乎无人，也没有食物，“无供给，苦甚”[1]。慈禧一行一直赶路，“饥寒已两日夜，情状极困苦”[2]，“太后出京二日，仅食鸡蛋三枚也”[3]，饥饿难耐，分食了秦奎良送的食物，但仍不足。随行的甘肃布政使岑春煊后来回忆说：“肆中米麦皆具。惟无菜蔬。所赖以佐餐者。只鸡及鸡子耳。……虽芫荽豆粥。蜀道艰难。视此无复有加。”[4]随行人员为慈禧煮了鸡蛋，还搜集了一些小米，“现煮小米粥充饥”[5]，又吃了三枚鸡蛋。当时的岔道城不仅没有食物，而且也没有睡觉的被褥。当天晚上，慈禧和光绪等“睡砖炕、无被褥”，[6]其余人皆“随地露宿，忍饥挨冻，情形相当凄惨”[7]。当时的慈禧“御蓝布衫。以红棉帯约发”[8]，“无替换衣服”[9]，俨然一乡下妇人，光绪帝“仅穿黑纱长衫及黑布战裙两条”[10]，狼狈不堪。晚上的岔道城十分寒冷，慈禧、光绪只着单衣，无法御寒。常居宫中的慈禧和光绪睡砖炕，还没有被褥，仅着单衣，寒冷异常，闻所未闻，这应该是他们一生中仅有的一次“落魄”经历。岔道城是慈禧整个西逃过

1　［清］佚名著，王独清辑录：《西巡回銮始末记》卷三，李季榒：《中国内乱外祸历史丛书》，上海：神州国光社，1936年，第180—181页。

2　［清］吴永口述，［清］刘治襄笔记：《庚子西狩丛谈》，沈云龙主编：《近代中国史料丛刊·第1辑》，台北：文海出版社，1973年，第80页。

3　［清］佚名著，王独清辑录：《西巡回銮始末记》卷三，李季榒：《中国内乱外祸历史丛书》，上海：神州国光社，1936年，第180—181页。

4　［清］岑春煊：《乐斋漫笔》，沈云龙主编：《近代中国史料丛刊·第六十六辑》，台北：文海出版社，1973年，第6页。

5　岳超：《庚子—辛丑随銮纪实》，全国政协文史和学习委员会编：《回忆晚清宫廷生活》，北京：中国文史出版社，2016年，第79页。

6　［英］濮兰德、白克好司著，陈冷汰译：《慈禧外纪》卷下，上海：中华书局，1916年，第252页。

7　岳超：《庚子—辛丑随銮纪实》，全国政协文史和学习委员会编：《回忆晚清宫廷生活》，北京：中国文史出版社，2016年，第79页。

8　［清］岑春煊：《乐斋漫笔》，沈云龙主编：《近代中国史料丛刊·第六十六辑》，台北：文海出版社，1973年，第6页。

9　［清］佚名著，王独清辑录：《西巡回銮始末记》卷三，李季榒：《中国内乱外祸历史丛书》，上海：神州国光社，1936年，第179页。

10　［清］佚名著，王独清辑录：《西巡回銮始末记》卷三，李季榒：《中国内乱外祸历史丛书》，上海：神州国光社，1936年，第179页。

程中住宿条件最差的地方。

五、从岔道经康庄到怀来榆林堡

8月17日，慈禧一行从岔道向怀来进发，所行路线与现在的京藏高速公路（G6）基本一致，这段路也是慈禧西逃过程中最艰难的一段路。当天“黎明即起，向西续进。经康庄，略事休息，吃小米粥”[1]，随后继续向西行进。8月正是冀北地区的雨季，行进途中，突然“大雨如注，淋漓遍体”[2]，“道路泥泞，跋涉维艰”[3]，“道本沮洳，至是益泥泞不可放马足；又风吹湿衣，寒冷彻骨髓；颠簸瑟缩，困顿殆不可言状”[4]，勉强到达怀来县榆林堡（今河北怀来西榆林村）。等到怀来县令吴永接驾时，光绪帝“宽襟大袖，上无外褂，腰无束带，发长至逾寸，蓬首垢面，憔悴已极”[5]，慈禧接见吴永时向其哭诉延庆州路途的艰难：“连日奔走，又不得饮食，即冷且饿。途中口渴，命太监取水，有井矣而无汲器，或井内浮有人头，不得已，

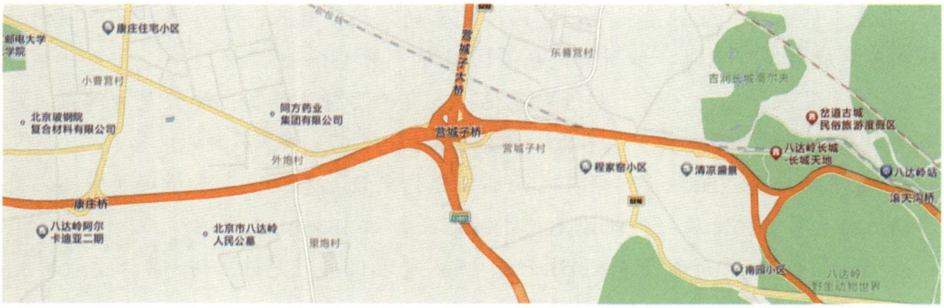

从岔道到康庄线路图

1　岳超：《庚子—辛丑随銮纪实》，全国政协文史和学习委员会编：《回忆晚清宫廷生活》，北京：中国文史出版社，2016年，第79页。

2　［清］吴永口述，［清］刘治襄笔记：《庚子西狩丛谈》，沈云龙主编：《近代中国史料丛刊·第1辑》，台北：文海出版社，1973年，第79页。

3　岳超：《庚子—辛丑随銮纪实》，全国政协文史和学习委员会编：《回忆晚清宫廷生活》，北京：中国文史出版社，2016年，第79页。

4　［清］吴永口述，［清］刘治襄笔记：《庚子西狩丛谈》，沈云龙主编：《近代中国史料丛刊·第1辑》，台北：文海出版社，1973年，第79页。

5　［清］吴永口述，［清］刘治襄笔记：《庚子西狩丛谈》，沈云龙主编：《近代中国史料丛刊·第1辑》，台北：文海出版社，1973年，第82页。

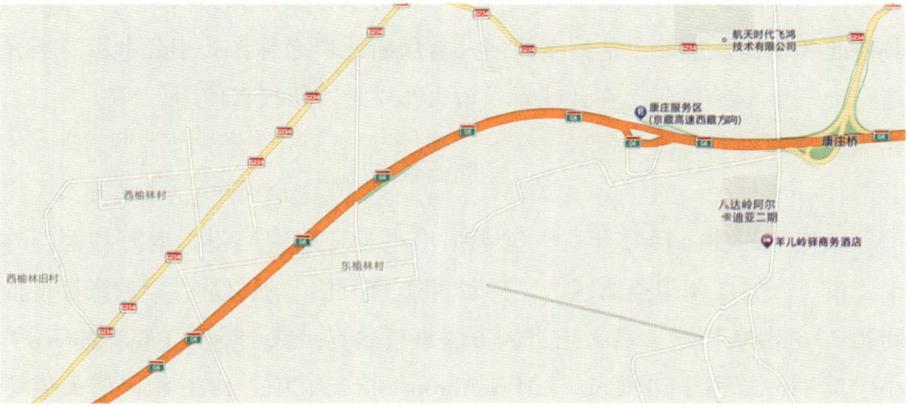

从康庄到榆林堡（今怀来县西榆林村）线路图

采秫秸秆与皇帝共嚼，略得浆汁，即以解渴。”[1] 可以想见慈禧一行自岔道到怀来榆林堡路程之艰苦。到达怀来榆林堡后，衣食补给逐渐增加，延庆州路段是“慈禧西狩”过程中最艰难的一段路。

“慈禧西狩”是清朝末期一段十分重要的历史。纵观整个“西狩”，延庆州是慈禧、光绪西行过程中最艰难的地方。他们在岔道城缺衣少粮、食不果腹，无被褥，仅着单衣，夜宿土炕，寒冷异常，岔道城是慈禧、光绪西行过程中最艰苦的一个夜宿地。自岔道西行怀来榆林堡，暴雨如注，道路泥泞难行，慈禧和光绪的坐轿均被雨水浇湿，破烂的单衣也被淋湿，境况异常凄惨。这些事情都发生在延庆境内，延庆州在整个“慈禧西狩”历史事件中占有重要地位。慈禧西狩夜宿岔道，自岔道经康庄艰难到达怀来榆林堡，是清朝末期“慈禧西狩”历史事件中一段非常重要的历史。

第七节　詹公天佑修京张

青龙桥火车站是詹天佑负责修建的京张铁路的“人”字形爬坡铁路重要关口。青龙桥火车站，在今延庆区东南30余里处。桥跨涧水，四壁悬

1　［清］吴永口述，［清］刘治襄笔记：《庚子西狩丛谈》，沈云龙主编：《近代中国史料丛刊·第1辑》，台北：文海出版社，1973年，第82页。

崖，下临深涧，为居庸路重要隘口之一。桥东有堡，为明永乐年间所筑。其西北 3 里为八达岭，岔道城西门外有居庸北口之称，元于此屯军。清光绪三十三年（1907 年）在此建青龙桥火车站，次年投入使用。

一、首批留美幼童

咸丰十一年（1861 年），詹天佑出生于广东省广州府南海县西门外十二甫（今属广州市荔湾区）。1872 年，詹天佑、蔡绍基、梁敦彦等首批幼童 30 人赴美留学。詹天佑进入美国康奈狄克州威士哈芬（WestHaven）小学读书，寄宿于诺索布（L.H.Northrop）校长家中。1876 年，詹天佑考入纽芬兰希尔豪斯中学，学习刻苦，成绩优异。1878 年，以全校第二名的成绩毕业。

1878 年，考入耶鲁大学谢菲尔德理工学院土木工程系铁路工程专业。1881 年，以“码头起重机研究”为题通过学士论文答辩，毕业于耶鲁大学，毕业后立即回归祖国。

二、回国效力、供职中国铁路公司

詹天佑像

1882 年，詹天佑在福州船政局后学堂以一等第一名的成绩毕业，作为实习船员被派往扬武号兵舰操练。1884 年 2 月至 10 月，任福州船政局后学堂教习，因教学成绩优异，获得清政府五品军功奖。

1890 年，参与修建唐山至古冶铁路，因资金不足，改任自古冶至山海关铁路的帮工程师。1893 年，因参与修建津榆铁路，顺利修建滦河大桥，詹天佑被选入英国土木工程师学会，为加入此学会的第一名中国工程师。

1903 年，詹天佑只用了 4 个月的时间就修好了 43 千米的西陵铁路，保证了光绪春季谒陵。

詹天佑从事铁路修筑以后，在关内外铁路工作了近 17 年，经历了中华民族饱受列强侵略的历史动荡。他经过滦河大桥、锦州铁路、新易铁路等工程的艰苦磨炼，脱颖而出，被认为是中国少有的杰出工程人才。

三、修建京张铁路关沟段

1903 年，关内外铁路督办袁世凯、会办胡燏棻认为张家口是北京通往内蒙古的要冲，修建京张铁路具有重要的军事、经济和政治价值。京张铁路为商业发展之亟需，打算提拨关内外铁路余利修筑京张铁路。但因英俄两国在由谁担任总工程师问题上争执不下，经过一年多的争论，清政府始与英国中英公司商定，按年提拨余利，并由清政府声明，不用外国工程师，以示与他国无关。

1905 年 5 月 3 日，袁世凯、胡燏棻奏请詹天佑勘测京张铁路路线。不久，由袁世凯、胡燏棻奏请正式开办修路，并设局于天津，派陈昭常为总办，詹天佑为总工程师兼会办局务。詹天佑怀着强烈的事业心和自信心承担修建此路之重任。他认为："我国地大物博，而于一路之工，必须借重外人，引以为耻！"当时，英国有人在报纸上撰文讽刺说，能修建此路的中国工程师尚未诞生。面对外人的讥笑讽刺，詹天佑表示：我们要让他们知道，能修此路的中国工程师不但已经诞生，而且就在他们眼前！他认为：这条铁路的建成，对中国人来说，是一次考验；如果中途而废，不能建成，必将"贻笑于邻国"。

5 月 8 日，詹天佑率领勘测队，由天津到达丰台。5 月 10 日，由丰台开始路线勘测，经过西直门、沙河镇、南口镇，进入居庸关关沟山区。5 月 21 日，经过八达岭长城"北门锁钥"城关，过八达岭后，经过怀来县、沙城、鸡鸣驿、宣化城。5 月 31 日，到达张家口。从丰台至张家口路线距离为 639694 英尺，折合清制里为 355.385 里。在张家口测量拟定张家口车站及站场位置后，自 6 月 3 日，离张家口回测。6 月 17 日，回到北京。6 月 18 日，返回天津京张铁路总局。

詹天佑经过反复勘测与仔细比较后，最终认定，"南口关沟段是最好

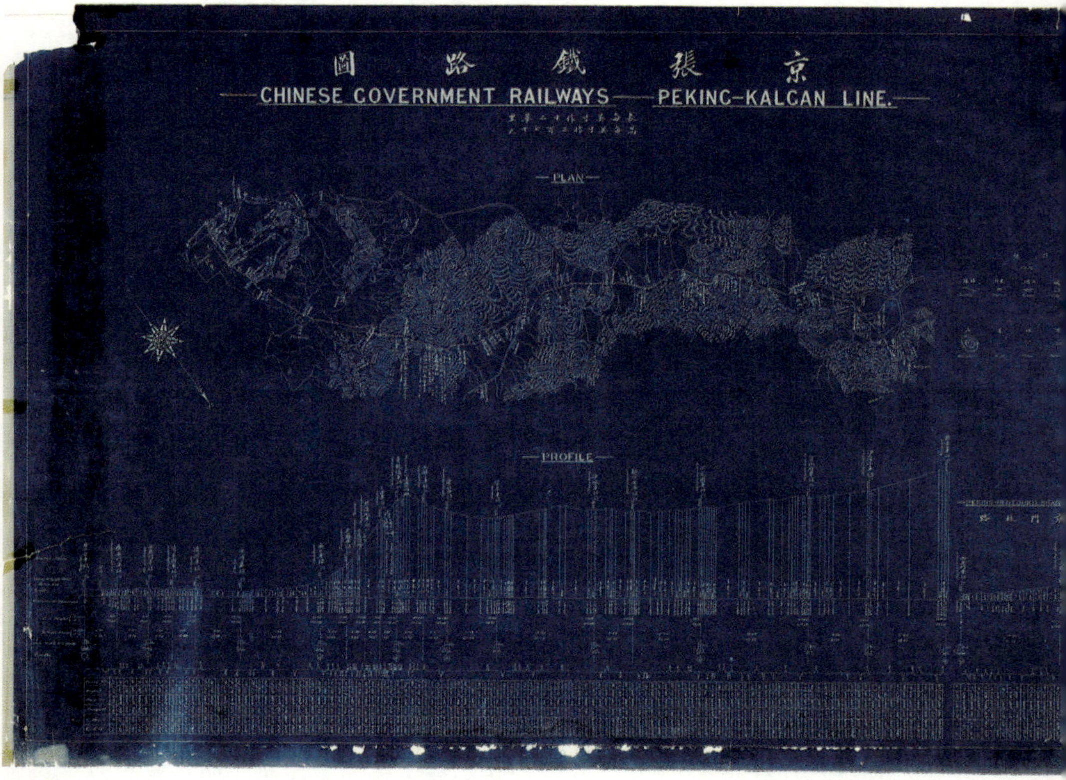

京张铁路线路图

的路线”[1]。而京张铁路真正的困难是在八达岭，那里需要开凿一座山洞，技术难度非常大。

1905 年 10 月 2 日，京张铁路一期工程丰台至南口段插标动工。1906 年 9 月 30 日，完工通车，工期不足一年。首段工程通车后，即开办运输营业。

1906 年秋，詹天佑率领上万筑路大军，开始进行京张铁路第二段工程建设。该段铁路线路虽长仅约 17 千米，但自南口起，地势急剧升高，山势陡峻，地形复杂。由南口入山后，经过关沟——南口河谷两侧内的峡谷而修筑。线路路基逐渐升高，坡道长达 8 英里，约 12.87 千米，路基每 30 尺内必须升高一尺。坡度大，地势陡，而且要穿越居庸关、五桂头、石佛寺、八达岭几座高峻的山峰，因而筑路施工十分艰巨，不仅要开山炸石，填壑

1　詹同济：《詹天佑日记书信文章选》，北京：北京燕山出版社，1989 年，第 38 页。

铺路，而且要设法减小坡度，保障列车的牵引能力与安全等，尤其要开挖四条横穿大山巨岭的隧道。

詹天佑首先将他的总工程师办事处移设到南口，拨开一切烦冗，专心主持工程。在巨大的艰险困难面前，詹天佑清醒地认识到，关沟段工程是制约京张全路能否如期顺利建成、建好的关键所在，可以说，全路成败在此一段。关沟段施工中，最艰险、最困难的，无疑是开挖四条隧道，即居庸关、五桂头、石佛寺、八达岭这四条隧道。詹天佑在勘测选定关沟段线路时，为节省经费与减少工程困难，想方设法减少隧道工程。在詹天佑的精心设计下，以上四条隧道的长度分别为：

居庸关隧道：长 1204 英尺，合 366.98 米；

五桂头隧道：长 150 英尺，合 45.72 米；

石佛寺隧道：长 463 英尺，合 141.12 米；

八达岭隧道：长 3580 英尺，合 1091.18 米。

以上四条隧道共长 1645 米，其中以八达岭隧道最长，当时不仅为国内铁路建筑中仅见，即使在世界铁路建筑史上也罕见。居庸关隧道长度居次，但地质复杂，工程也极为艰巨。

1906 年秋，詹天佑督率员工首先开通了两条比较短的隧道——45 米长的五桂头隧道与 141 米长的石佛寺隧道，鼓舞了全路员工的士气，积累了宝贵的技术与经验。

1906 年（光绪三十二年）年底，詹天佑率领员工，开始向最为艰巨的居庸关隧道与八达岭隧道进击。

居庸关隧道开凿时，隧道两端同时开工，向中点凿进。詹天佑部署每端各配备 60 名工人。60 人中，凿工 40 名，土石运输工 20 名。凿工以两人为一排，一人拿钢钎，另一人拿铁锤，轮流

石佛寺隧道北口照片

用钢钎在岩石上打出两米深的炮眼，再装上炸药爆破岩石。土石运输工将爆破后的碎石泥土运走清理后，凿工再向前凿进。[1]居庸关隧道工程进至中间核心部位时，困难更大。因此段约 200 米的工程适值居庸关关城之下，土石松脆，又值雨季，泥水交下，土石滑落，炸药也不能使用。詹天佑想出新法，“乃以大方木节节支柱，且用小钢轨穿错其间，渐次进攻，始克蒇事。其倾落之石块，大都杂以土屑，且有植物根株积压于内，以洞口两端之石纹证之，似是处古时为一山峡，或为前代凿险设关时所填塞，亦未可知”[2]。经过约一年的时间，居庸关隧道于 1908 年 5 月 13 日完竣。

八达岭是关沟段最大的一处天险。詹天佑在勘测设计京张线路时，曾有两个选择：或者将岭上长城截去一段，让铁路从中通过；或者在岭下开挖一条隧道，让火车经洞中穿行。詹天佑经详细测算，最后确定了开挖八达岭隧道的方案。

由于八达岭更为高峻陡险，因而其隧道工程更为艰难，詹天佑在设计八达岭隧道时，尽管自青龙桥起采用“之”字线路，以减缓八达岭山峰的坡度，缩短八达岭隧道的长度，最后定线时，八达岭隧道长度仍达 1091 米。

1907 年年初，正当詹天佑组织发起对居庸关和八达岭隧道的最艰巨的攻坚战时，他手下两名重要的建筑监工黄桂祥和张成海却突然借口回家离开了京张工地，事后詹天佑得知二人是在 1906 年被英籍工程师高薪挖了“墙角”。詹天佑对英籍工程师的卑鄙行径非常气愤，也对黄、张二人的行径表示不齿。但困难没有

“之”字形上下行列车同时开行

1 经盛鸿：《詹天佑评传》，南京：南京大学出版社，2001 年，第 174—175 页。

2 詹天佑：《京张铁路工程纪略》，中华工程师学会 1915 年版。

吓倒詹天佑，居庸关隧道与八达岭隧道先后建成后，詹天佑更加坚定中国人独立自办铁路的信心和决心。这一年，也有一件令詹天佑兴奋和高兴的事情发生，由当时的直隶总督袁世凯奏请赐予詹天佑进士出身，荐语为“科学精深，闻名中外，请给以进士出身”[1]。

1909 年 9 月 24 日，京张铁路全线通车。10 月 2 日，在南口举行盛大典礼，欢庆京张铁路通车。中外来宾云集山谷，机车长鸣，声震中国大地。中国人以其在铁路建设上的成就，向全世界展示其创造才能。1910 年 1 月，清政府又授予詹天佑工科进士第一名，以表彰他在京张铁路修建中的丰功伟绩。

此后，詹天佑又主持修建了张绥铁路、粤汉铁路等铁路，任学部一等谘议官和考试回国留学生主试官；广东中华工程师会首任会长；任交通部交通会议副议长等职务。辛亥革命期间，在广东粤汉铁路总公司迎接孙中山先生视察，积极支持国家的经济建设。

1919 年 4 月 21 日，詹天佑因疲劳过度，心力交瘁，旧日腹疾复发，入汉口仁济医院治疗，三天后，即 4 月 24 日病逝，终年五十九岁。詹天佑在祖国饱受西方列强欺压，社会变动错综复杂的历史条件下，为建设祖国呕心沥血，奋斗终生，他的丰功伟业彪炳史册。

青龙桥火车站

詹天佑开凿的五桂头、石佛寺、八达岭隧道均在今延庆界内，京张铁路最难修的八达岭段以及“之”字形铁路也在今延庆界内，还有古老的青龙桥火车站，现在已经全部列为全国重点文物保护单位。詹天佑修建京张

1　沈祖宪等：《容庵弟子记》卷四，1913 年刊行，第 18 页。

铁路是清末历史的一件大事。而京张铁路最重要的一段就在延庆。詹天佑在延庆八达岭附近开凿隧道、修建京张铁路，是延庆清末时期最重要的历史事件之一。

第八节 州学书院兴教育

清代延庆州教育较前朝又有了更快的发展，重修学宫，先后有多人中举为官，还修建了冠山、缙山两座书院，培养了大批人才。

一、学宫修建和中举情况

明末清初，社会动荡，学宫长达 40 年没有修葺，社学也已停办多年。顺治九年（1652 年），迟日豫任知州时重修了学宫。顺治十四年（1657 年）秋闱，州人刘汉杰首辟天荒，考中举人。这是科举断档四十年后，延庆州又有人中举。接着谢孟灿于三年后也蟾宫折桂，似乎延庆文运要复兴。但好景不长，圈地、地震使人民生活又陷于动荡之中。直到康熙三十二年（1693 年），才又有饶有斐中举。康熙三十六年（1697 年）知州武登科在上次重修 65 年后，又重修了学宫。两年后，吕济远、赵继汴、吕成法三人同科中举。康熙四十八年（1709 年）吕滉中了进士，这是继明末潘必镜以后 72 年才又出了一名进士，也是清朝延庆州的第一位进士。吕滉，字培斋，州学生，康熙三十五年（1696 年）中举，初授保定府教授，此人的行状不见诸史籍。康熙五十六年（1717 年）涂延年中举。延年，字增川，任长沙府攸县知县。

清朝规定延庆州学每年岁试取文童 18 名，武童 15 名，科试取文童 18 名，廪膳生 30 名，增广生 30 名。三年两贡，总计 116 名。学生享受廪膳待遇，并可免除赋役。雍正六年（1728 年）李百奎任知州，在延庆城和岔道建义学两处，并延师教授。乾隆十四年（1749 年）冬，赵屏晋来任知州，时州学又已 50 余年未修，破败不堪。他召集绅士 130 余人至州署，共议兴修。大家捐银 1800 余两，并推举崔尔琳、解元吉为经理，于乾隆十五年（1750 年）三月三日动工，次年春竣工。就在动工这一年，胡宗舜中举，使士绅们看见修学的好处。但此时“学校渐废，教泽就湮，州郡虽置之学官，而与博士弟子员往往终岁不一接见”[1]。

二、冠山书院

书院，最早出现于唐代。不过，那时的书院主要还只是编书、藏书以及读书的场所。作为具有一定规模的教育场所的书院，是到宋代才出现的。书院教育，是宋元明时期最具特色的教育组织形式。

乾隆十九年（1754 年），芮泰元来任知州，次年，建立冠山书院[2]。“冠山书院，在州治东北崇文街，旧在学宫后。乾隆二十年（1755 年），知州芮泰元因旧斋房改建，后移建今地。道光六年（1826 年），知州周启瑶进

冠山书院旧址

1　梅曾亮：《缙山书院碑记》，见《妫川碑石录》，北京：北京美术摄影出版社，2014 年，第 81 页。

2　冠山书院，今为延庆区第一小学。

行修葺；道光九年（1829年），知州吴增嘉再次进行修葺。添置地亩，劝捐钱文，发商生息，以资膏火经费。”[1]书院与学宫不同之处在于：学宫是由朝廷设立的地方教化机关，由学正主持，学正为现职官吏，学生主要是经过科考录取的生员，但名额限制甚严。书院由聘任的山长主持，教师由山长聘任，可以自由讲学，学生名额也无限制。山长及教师由书院发给脩脯（工资），学生享受膏火。芮知州自捐俸钱，并劝募于乡绅，得500金，付之商人权其利息，以为脩脯膏火之资。这是当时宣化府地区建立的第一个书院。

在冠山书院的启发下，宣化建立了柳川书院。这一改革对延庆教育事业影响很大，为20世纪初办洋学堂奠定了基础。学院成立后，延庆的教育事业出现了复兴的势头。《冠山书院章程》规定：“书院每月初三日，官课一次。十三、二十三两日，由山长斋课二次。每年于二月甄别起，十一月底止，凡十阅月。无论官斋各课，必须扃门考试，不准领题外作。届期，董事二名轮流经管，每次由官送四四便饭二桌与董事，以免远离。其生童每名由官酌给点心一分，以昭体恤。……延请山长必须外州县及外省甲榜、乙榜出身，品学优长者。不准官亲、募友兼充，亦不准本籍绅士主讲。”[2]芮泰元《重修延庆州冠山书院碑》、周启瑶《重修冠山书院并原设经费记》、吴增嘉《冠山书院续立经费碑》、李葆贞《重修延庆州冠山书院碑记》四座碑记，现在保存在延庆区第一小学校内，它们详细记述了冠山书院的修建缘起和经费来源。

光绪二十九年（1903年），在冠山书院旧址上办起了延庆第一所从事现代教育的小学校——延庆高等小学堂，学制为三年，课程以国文为主。1905年，延庆高等小学堂创办师范传习所。1908年，学部要求各县编修乡土志，作为教材。延庆州高等小学堂堂长（校长）袁华林组织教师编写了《延庆州乡土志要略》。

1 温廷军、郗志群点校：《延庆州乡土志要略》，北京：北京出版社，2023年，第338页。

2 温廷军、郗志群点校：《延庆州乡土志要略》，北京：北京出版社，2023年，第339—340页。

三、缙山书院

18 世纪，永宁的教育事业再次得到很大的发展，嘉庆年间名师辈出，影响深远。

王履谦，号鸣六，人称王六先生，岁贡生。光绪《延庆州志》说他“诗文杰出冠时”，他的学生李廷辅，于嘉庆二十二年（1817 年）中进士。廷辅，号左襄，家甚寒微，读书善记咏。选广西永福县知县。后改任教职，受奉天府学，以疾卒于官。乡居时，凡有义举无不极力赞成，如文庙、义仓，都尽心筹划，人民至今称道不忘。王六先生的又一名学生吕全，“经易疑难一见即解，善书画，通算法”，曾任广平训导，年老回永宁协助胡先达创建缙山书院。

胡先达，号彝轩，永宁人，道光二年（1822 年）中进士，任江苏溧阳、武进知县，听断明决，案无留牍，补吴江两月，引疾归。又捐升知府，分

缙山书院

发贵州，署松桃同知，再引疾归。于 1834 年，购置永宁镇巡按废署，创立缙山书院。他又捐置义冢，以待外来之无葬地者。他出其绪余惠乡里，以供草差车差之用。年六旬卒，著有《缙山草堂制艺试帖》刊刻行世。永宁自清初撤县后，县学改为乡学。学额岁试取文童 10 名，武童 8 名，科试取文童 8 名，廪膳生 20 名，增广生 20 名，人数大大减少了。缙山书院的建立，为永宁学子提供了便利。胡先达的儿子胡镛、胡焘分别于 1846 年和 1851 年中了举人。他们继承父志，继续完善缙山书院。

缙山书院对山长的要求要高于冠山书院，这在《缙山书院章程》中得到反映，“山长为一邑教化所关，必得品学兼优，不愧经师、人师者，方可延请。当初禀定章程，由董事采访京都名儒，公同聘请，不得听人滥荐。原恐日后延师者潦草塞责，或视此事为酬应人情之举，以致教学有名无实。每遇山长年终解馆，必先期说明，预定来年掌教。倘有不终局而去者，随时接请主讲，不可使书院一日无师，致误诸生肄业”[1]。将“储为国器”作为自己的办学宗旨。清苑进士（同治十年）孙万春曾任缙山书院山长，教学之余，曾编纂《缙山书院文话》，指导学生写作八股文，参加科举考试。山东福山举人刘凤镳于光绪二十九年（1903 年）任延庆知州，他称赞永宁为“文献名邦”，并镌刻成匾额高悬于永宁玉皇阁。

缙山书院曾因道光皇帝御批，又被称为“御学”。一百八十多年来，缙山书院也是几易其名，在坎坷中不断发展。光绪三十三年（1907 年），缙山书院也改修为单级学堂，名为永宁高等小学堂。

1 温廷军、郗志群点校：《延庆州乡土志要略》，北京：北京出版社，2023 年，第 352 页。

延庆简史

下册

YANQING
JIANSHI

《延庆简史》编委会　编

中国文史出版社

第十一章　民众自发反抗与革命火种的播撒

延庆人民自古有着英勇不屈的抗争精神。20 世纪初，在延庆这片土地上曾爆发了“护松山”“砸旗产”等自发的反压迫、反剥削斗争。早在 1922 年初，北方劳动组合书记部临时负责人、中共北京地方执行委员会书记何孟雄以“京绥路”密查员的身份，到康庄火车站铁路工人中开展工作，并发展了周振声、刘树深加入中国共产党。1925 年，康庄火车站成立了延庆地区第一个党支部。从此，革命的火种开始在京绥铁路上播撒。20 世纪 30 年代，延庆人民自发地与日本帝国主义进行斗争。1932 年，延庆县教育界自发组织了抵制日货的“提灯大会”，唤起了群众的反日意识和民族情怀；远在延庆东南部深山区的大庄科也爆发了捣毁伪警察分驻所的“砸局子”事件；而活跃在延庆康庄地区孙元洪的黑马队则打得日寇伪警闻风丧胆，这种斗争精神鼓舞着延庆人不断前行。

第一节　延庆人民的反压迫抗争

延庆地处居庸关外五十里，属于古幽燕之地，延庆三面环山，一面临水，环境优美；北、东、南三面群峰巍峨，延绵起伏，属于横卧在华北平原北端的燕山山脉军都山系。韩愈说：“燕赵多慷慨悲歌之士。”《大明一统志》记载：“人性鸷悍，不惮战阵，喜立功业，勤俭务农，无浮末之习。”[1] 延庆人民自古以来就淳朴善良、坚持正义、不畏强暴、勇于斗争，具有强烈的反抗剥削压迫的优良传统。

1　方志远等《大明一统志》（点校本），巴蜀书社，2010 年版，第 270 页。

一、护松山

1912年1月，中华民国建立。次年，全国废州改县，延庆州改为延庆县，隶属于察哈尔特别区[1]。县知事由上边任命，州衙门改称县政府，其他一切照旧。民国三年（1914年），直隶都督冯国璋亲信李金刚任延庆县知事。大多数农民照常拖着一条辫子，日出而作，日落而息，与平常无异。

袁世凯北洋政府在征收苛捐杂税上，比之清政府有过之而无不及。他除了原封不动地恢复清政府的一切税收外，1914年还开办验契税，规定无论卖契、典契，每张缴纳查验费一元，注册费一角，预计一年之内便可从全县搜刮2000万元。1914年底又下令清丈全国土地，扩大田赋收入，打算从1915年起，每年增加3000万元收入。此外，还加征货税，发行公债，强取“爱国储金”。但是自验契税公布后，人民拒绝呈验，县知事大张旗鼓派差勒收，以致逼死人命。人民反对清丈地亩的斗争比抗验契税更为激烈。

民国三年（1914年）夏，有些绅商勾结官府，假托松山火柴公司的名义，企图砍伐松山林木。下营村农民袁湛恩和马庄村农民王珍二人得知此消息，连夜组织海陀山前主要村落群众商议，大家决定发动群众阻止砍伐。

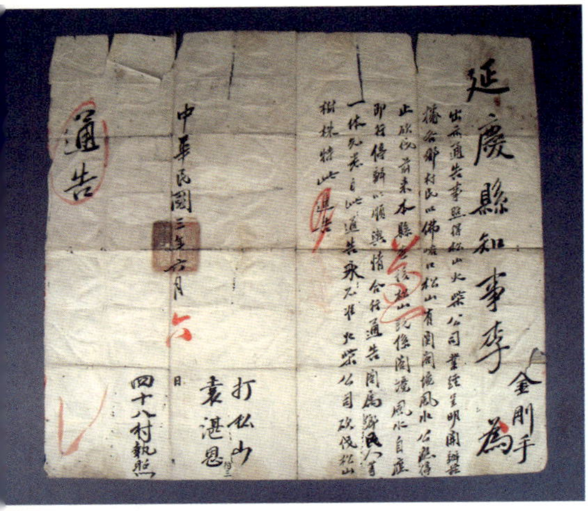
延慶縣知事李金剛手為
中華民國三年六月 日
打松山
袁湛恩
四十八村執照
通告

永不砍伐松山树株通告

绅商们带着雇佣来的工人，拿着工具，到松山来砍伐树木，当地农民奋力阻止。县政府以“聚众滋事”的罪名，将袁、王二人投入延庆监狱。农历六月初六（7月28日）清晨，有一人骑着枣红快马，跑遍延庆城西48村，他一边跑一边喊：“今天要处死袁湛恩和王珍，大家赶快去县城救人啊！”各村群众数千人，手执各种长短农具，一齐拥入县城，包围了县衙门。县知事李金刚在群众压力下，将袁、王二人释放，并亲自签发了一纸

1　民国二年(1913年)，以直隶省口北道和绥远都统、察哈尔部、锡林郭勒盟设置察哈尔特别区。民国十七年(1928年)改置为察哈尔省，辖境相当今河北省张家口市，北京市延庆县，内蒙古自治区锡林郭勒盟大部，乌兰察布市东境。

通告，全文如下：

> 延庆县知事李金刚（手）为出示通告事：照得松山火柴公司业经呈明开办，兹据各乡村民以佛峪口松山有关阖境风水，公恳停止砍伐前来本县查；该松山既系阖境风水，自应即行停办，以顺舆情合行。通告阖属乡民人等一体知悉：自此通告永不准火柴公司砍伐松山树株，特此通告。中华民国三年六月六日。打松山、袁湛恩。四十八村执照。通告

袁湛恩被释放后，通告由他保管。群众把这张通告称之为“打松山老红契”。袁湛恩去世时将通告交给自己的儿子。延庆人民对这一次斗争的胜利，广为传颂。早在“七七事变”前，就有人编成戏剧——《打松山》，在延庆城乡上演。后来他儿子外出谋生，将此通告交由袁湛恩的侄儿保存。1983年，延庆县委党史办征集革命史资料，袁湛恩的侄儿媳妇刘金平将《打松山老红契》上交，之后辗转保存到县文物部门。

打松山是延庆人民自发地保护公共财产的斗争，既保卫了延庆的生态环境，也成为激发延庆人民团结起来与封建势力斗争的启蒙教育事例，是延庆人民反帝反封建斗争的前奏曲。

二、砸 旗 产

清军入关后，满族人大量涌入北京及其附近地区，疯狂进行圈地。圈地令说得冠冕堂皇，表面上要求圈占的须是战争留下的无主空地，而实际被圈占的都是有人耕种的良田沃土。

延庆地处京畿附近，自然难逃八旗的圈地之害。圈地极大地破坏了满汉团结，激化了社会矛盾，是清初一大弊政。虽然朝中一些大臣也认识到圈地运动的危害，曾上书要求废止圈地，也得到了顺治帝的支持，但由于圈地涉及八旗子弟的生存，涉及清朝统治阶级利益，稍有不慎就会动摇统治阶层内部的稳定。因此，废除圈地非常艰难。清朝灭亡后，仍有清朝的遗老遗少靠旗产过着养尊处优的生活。

旗产，指清朝时期属于旗人的旗地。据光绪《延庆州志》记载，从顺

治四年至雍正元年（1647 年—1723 年）延庆州共拨给正白、镶白、正黄、镶黄、镶红、镶蓝旗地 1302 顷，占顺治元年延庆州在册土地[1]的 47.5%。旗地另一来源是清宫太监用银子在延庆购买土地，收取地租。李莲英买的地叫李家圈，地边上栽着“一善堂”的堂名石桩，由州城北街郭盐店代为收租。姓宋太监的地叫宋家圈。旗地也可以自由买卖，但必须交旗租。旗租数额不大，有专人征收。老百姓说“种旗地，交小租”。每亩地交豆三升或小米三升，都是按价折交现金，另外还不交地方附加捐税。

1926 年，奉系军阀成立了旗产、官产清理处，借此欺诈百姓，广大农民苦不堪言。1927 年 5 月 3 日，在中共北方区军事特派员辛璞田的领导下，延庆县 32 个村 6000 名贫苦农民举行集体请愿。辛璞田趁着天黑行动方便，先指挥 3000 人到距延庆县城一两千米的地方设下埋伏，随后又指挥另外 3000 人在城外向城内县署官方示威，示威队伍高呼“打倒军阀”“打倒土豪劣绅”“实行土地革命”等口号。但是，狡猾的县知事唐玉书无论城外的队伍怎样呼喊，就是不让保安队出城，在对峙中过了一天一夜，仍没有结果。第二天清晨，辛璞田不得不改变了计划，将担任埋伏任务的一半人马也调到城下，率全体请愿农民将县城团团围住。得到消息的农民们也纷纷赶来支援，参加请愿的农民越来越多，口号声连成一片。这时，县知事唐玉书被迫出城声明：“凡未征款的旗地一律缓登缓办。除口头答复外，并张贴布告。”农民请愿获得了胜利。[2]

通訊，縣署自成立
官旗產處以來，進
稱順利，境內各村
旗地畝，已清理三
一，餘亦正在趕速
中，第以去年歉串
民損失過鉅，貧寒
、多※力繳納地價
縣署因籌款孔急，
催繳，忽於本月三
縣屬三十二村，每
家各出人一名，共
衆四千餘人，將齊
署請願，串前被縣
安隊查覺，立將城
閉，民衆即在城外
喊嚷，一時秩序大亂，
後經縣知事唐玉書派
員婉詢，民衆要求非
到停止辦理旗產目的
止，當日亦無結果，
夜深民衆尚未散去，
日（四日）縣知事已
允民衆之要求，惟不
立即停辦，凡屬極貧
家各由中人担保，可
立案緩期，其有力繳
者尚須進繳，民衆始
是日午後散去，而城
亦于是晚開啓云，（
月六日）

1927 年 5 月 9 日北京《益世报》关于延庆农民请愿的报道

1928 年 12 月 9 日，延庆

1 据《乾隆延庆州志·田赋》记载：顺治元年（1644 年），原额本折赡军共地二千七百四十四顷五十七亩。

2 马景文：《雄安“水木匠”白洋淀边造船人》中的《马家寨的革命传统》。

东北两区的代表赵士明等30余人到县城旗产登记处请愿，登记处人员将其带至县政府，县长袁骥接见了他们。民众百般苦求缓办旗产，而袁骥多方推诿，经过数小时的恳求，袁骥才答应向上级汇报，请求缓办。民众以为达到目的了，都鼓着掌离开了。可是

舉辦旗產
敲詐百姓

延慶

延慶通訊：延慶縣頻年以來，即兵匪交加，屢經騷擾，而以今歲爲尤甚。春旱秋凍，收成甚少。更加十二軍雲集各地，土匪千百成羣，出沒無常，殺人綁票，日有所聞。人民已筋疲力竭，奄奄待斃。不料霹雷一聲，又辦旗產，故民衆聞命之下，不勝惶恐！於十七年十二月九日，東北兩區民衆代表趙士明等三十餘人，到縣中登記處請願。旋由登記處領導至縣政府，由縣長袁驥接見，民衆百般苦求，緩辦旗產，而袁驥多方推委，相延有數小時之久。袁驥始允具情呈報，請求緩辦。民衆以爲達到目的，乃皆鼓掌而散。不意近

1929年1月14日河北《民国日报》刊发《延庆举办旗产敲诈百姓》

县长袁骥变本加厉，在请求缓办期间，迅速催办。如果说没钱上交就立即扣押。甚至连重病在床的15岁病人都不放过，硬是把病人从家里拖出来自行私自关押。

1930年10月，阎锡山、冯玉祥联合反蒋失败，晋军、西北军为蒋介石、张学良改编，奉系军队再次进入北京和察哈尔省。12月，刘翼飞任察哈尔省主席，唐玉书再次出任延庆县长。刘翼飞认为旗产应该归公，于是令各县成立旗产处，登记旗产，要农民再出一笔地价，重新税契，否则就是官产。延庆县旗产处位于县城北街殷子街西头路北。

1931年延庆还爆发了一起官逼民反、农民怒砸旗产处的事件。延庆县旗产处想从中多捞取一笔钱，办理登记手续非常苛刻。香营乡后所屯村李书田[1]和他弟弟李毓田[2]，从日本东京留学回来，此时正在家中。哥俩联络侯昆仑等人暗中策划，准备砸旗产处。

这一行动计划很快传遍全县农村，原来种有旗地的人纷纷响应，没种旗地的人也参加进来，从东山的沙梁子一直到县城，群众都发动起来了。城东南柳沟、岔道一带的召集人是邢士英、温克明；城北召集人是八里庄王秉文和姓史的；孟庄是姓王的，人称老五爷子；傅余屯是姓程的；沙梁子召集人是甲长刘福祥；永宁一带也有召集人。召集人规定10月20日（农历八月二十九）全县一致行动，天亮以前必须齐集县城，在东门外天然寺集合。沙梁子甲长刘福祥组织了四五十人头一天就启程了。

那天，县城东城门刚一开，农民先拥到北街殷子街旗产处，砸了旗产

1　李书田：字新农，曾任永宁小学校长，排行第三，人称李三先生。

2　李毓田：字馨晚，人称李四先生。

处的门窗文柜，烧了地册，把旗产处几名官员都捉住了，还对其中两个人进行了殴打。县长唐玉书发电报将这一情况报告张家口，省主席刘翼飞得到延庆民变消息，立即派一营士兵前来镇压，因军队乘坐的火车途中发生故障，太阳快落山才抵达延庆城。农民听说张家口派兵来了，就有组织地撤离了延庆城。这次参加砸旗产的农民有数千人。

延庆县农民砸旗产这一事件轰动了整个华北，震惊了察哈尔省。省里立即派人来调查，逮捕了一些人，送交省地方法院审讯。不久，宋哲元任察哈尔省主席，旗产处撤销，温克明、侯昆仓等人被放出，此事也就不了了之。

第二节　康庄火车站党组织的建立

清光绪三十一年 (1905 年) 京张铁路开工，总工程师詹天佑从广东招来百余名筑路工人。此外，天津、唐山等地的工人也陆续落户康庄，延庆

康庄火车站停车场

地区出现了最早的产业工人。1909 年，京张铁路修通后，康庄铁路段的工人大多留下来在此落户，人口逐渐增多。康庄火车站是京绥铁路[1]的大站，当时康庄铁路有机务、车务、工务、警务和检务五个段，火车头一百多台，各段工人共一千多人。

1921 年 8 月，中国共产党成立了领导全国工人运动的中国劳动组合书记部，作为共产党领导工人运动合法的公开组织。之后，又设北京、长沙、广州分部。从此，广大工人就在共产党的领导下，进行经济斗争和政治斗争。12 月下旬，共产党员何孟雄[2]受中共北京地委委派，先后到京绥铁路沿线的主要车站进行实地考察，了解京绥铁路工人运动的开展情况。何孟雄深入到工人当中，宣讲国内外形势，传播马克思主义思想，开办工人文化补习班、工人夜校和读报组，建立车务工人同人会等早期工会组织。康庄铁路工人受到深刻教育和启发，积极投身到工人运动的浪潮中。

1922 年初，何孟雄以党和北方劳动组合书记部京绥铁路特派员身份，到张家口、南口、康庄一带铁路工人中开展工作。和工人谈心、讲故事、读报、论时事，传播马克思主义。香港海员大罢工后，觉悟后的康庄铁路工人积极声援大罢工，每人捐献了 1 日工资，总计一千多元现大洋，派人送到了长辛店，后长辛店铁路派工人送到了香港海员工会。

何孟雄（右一）与妻子缪伯英（右二）

1 京绥铁路：1916 年京张、张绥（张家口至绥远）两路合并，改称京绥铁路。1921 年通车至绥远（今呼和浩特）。1923 年 1 月通车至包头，全长 817.9 公里，新中国成立后改名京包铁路。

2 何孟雄（1898 年—1931 年），原名定礼，字国正，号孟雄，湖南酃县人，中国共产党早期创始人之一，北方工人运动领袖，曾任中国共产党第三次全国代表大会代表。

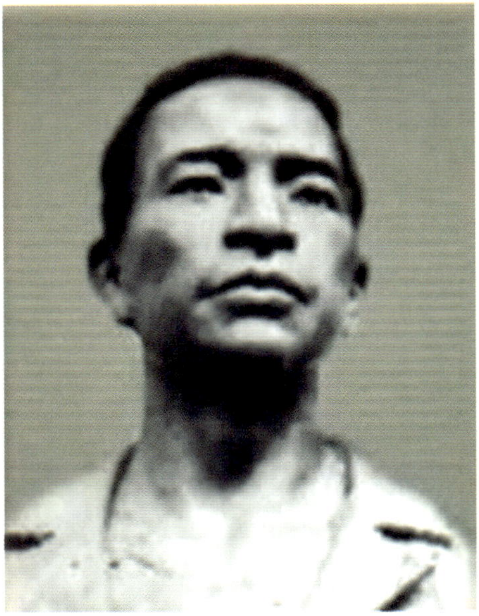
周振声

1922年4月9日，长辛店铁路工会在上坡店召开工人俱乐部成立大会，康庄站派周振声参加了大会。会后，中国劳动组合书记部北京分部号召北方各地工人以长辛店的工人俱乐部为榜样，发展工人组织，发动工人运动。周振声从长辛店回到康庄后，就在五段工人中传达了会议精神，没过多久，康庄站也建立起工人俱乐部。

1922年5月，中国劳动组合书记部由上海迁到北京，北方工人受到了很大鼓舞。为促进中国工人运动罢工高潮的到来，李大钊通过与直系上层人物的联系，选派了张昆弟、安体城、陈为人、包惠僧、何孟雄等六名党员，以交通部密查员的公开身份为掩护，活动在京汉、京奉、京绥、京浦、陇海、正太六条铁路线上。何孟雄来到了京绥线，并在康庄铁路工人中发展了周振声、刘树深入党。从此，党在康庄铁路工人中扎下了根基，康庄铁路工人的斗争就在党的直接领导下进行。

10月27日，康庄铁路五段一千多工人全体罢工，工人集中到康庄芦子店后边会馆开会，罢工3天，最后取得了每人每月增加工资1元现洋的胜利。

1923年初，全国工人运动的高潮即将到来。为配合“二七”京汉铁路大罢工，康庄铁路一方面选派周振声等人到长辛店开会，后又去郑州参加大会；另一方面，2月6日全站七八百工人带上长矛、大刀和镐耙，都武装好了，十几辆机车从库房开出，随时准备到长辛店支援大罢工。2月7日长辛店工人罢工遭到了反动军阀残酷镇压，北京党组织为减少损失，来电通知康庄铁路工人不要去了。为声援京汉铁路工人的斗争，康庄站募集款项，派人送到长辛店，并对受害家属进行慰问。二七大罢工被镇压后，工人运动暂时转入低潮。

3月，周振声等人辗转回到康庄火车站。根据上级指示，采取“隐蔽斗争、秘密联络”的方针，康庄铁路工人斗争转入秘密活动。

1924年2月7日，在“二七”惨案一周年时，全国铁路总工会在北京成立。6月，以张家口为中心成立了京绥铁路支部委员会，隶属中共北京区委，何孟雄任书记，领导京绥地区党组织的发展、加强对工人运动的领导、促进京绥铁路总工会的建立。随后，何孟雄在康庄发展多名工人入党。国共合作统一战线建立后，康庄铁路工会组织得到进一步发展，主要工作是领导工人建立和发展工会组织，宣传马克思列宁主义，开展革命斗争。

年底，中共北方区委成立，并派人来京绥线领导工人运动，在铁路工人中发展党员、建立党组织。

1925年初，康庄铁路又发展了黄振武、沈德存等入党。不久，康庄火车站建立了党支部，周振声为支部书记。

5月1日，全国铁路总工会又派何孟雄来京绥铁路开展工作。何孟雄亲任京绥铁路总工会成立大会秘书长。大会正式成立了京绥铁路总工会，何孟雄被聘为总工会秘书。为掀起京绥铁路工人反帝罢工的高潮，全国铁路总工会又派俞和乡、丁大奎等来到京绥线，协助何孟雄工作。这时，京绥铁路工人运动得到了迅速发展，各站工会得到恢复。

5月1日至9日，全国第二次劳动大会在广州召开，周振声前往参加。回来后在京绥沿站工人中秘密宣传，这为以后京绥铁路工人运动起到了推动作用。

10月，北方区委派萧子璋（萧三）来京绥线建立党的领导机构。10月，张家口地委正式成立。此后，康庄铁路党支部就转入张家口地委的直接领导。11月，康庄铁路党支部派黄振武、杨忠义去张家口地委参加了一个月的党员训练班。

年底，由于铁路工人已经两个多月没有领到工资，中共张家口地方执行委员会和京绥铁路总工会发动铁路工人开展索薪运动，提出按时发放工资、保障工人工作安全、改善福利待遇、不得随意开除工人等要求。在周振声领导下，康庄铁路党支部在康庄铁路系统和社会上广泛宣传索薪运动的理由和目的，组织和训练纠察队维护秩序，在铁路行经的各次列车上张贴标语，索薪运动最终取得胜利。

1926 年 2 月 7 日，周振声代表京绥线前往天津出席铁路总工会第三次代表大会。大会选举周振声为正式执行委员。会议结束后，周振声立即回到了康庄，向工人传达了会议精神。之后康庄铁路工人的斗争不断发展，形势很好。

8 月，直奉晋军阀联合伏击冯玉祥的国民军，驻延庆的国民军空虚，被奉军暗袭，康庄铁路党组织和工人积极分子四十几人随国民军撤离。接着奉军在康庄铁路大清洗，工人运动遭到了残酷的镇压。虽然留下了个别党员，但无法开展活动，只得隐蔽起来。这样，康庄铁路工人中党的活动暂告一个阶段。

1935 年 6 月 27 日，日军代表土肥原贤二、察哈尔省民政厅厅长秦德纯签订《秦土协定》。日本向察哈尔当局提出：平绥路中日合办，延庆地区撤退后的治安由保安队负责。康庄火车站开始有日本势力渗透。

扶轮学校旧址

同年秋，北平市委又派张文海、董昆一、周致远等五名共产党员到康庄火车站扶轮学校当教员，重建党的秘密支部，由张文海任支部书记。党组织建立后，在工人和学生中宣传党的政策、共产主义思想和抗日救国的道理，领导学生和教职工闹学潮，把参加“蓝衣社”的校长孟召全吓跑了，由董昆一担任校长。康庄铁路扶轮学校，成为共产党领导康庄地区进行革命运动的重要基地。党支部利用学校教室办起工人识字班和平民夜校，号召康庄铁路工人团结起来抗日救国。

1937 年 7 月，卢沟桥事变爆发，秘密党支部组织起抗战后援会，开展募捐活动，买回钢盔、日用品等送往南口等抗战前线。8 月，日军占领延庆。按照上级党组织指示，康庄铁路扶轮学校的党员教师被秘密派往抗日部队，或到其他地区继续工作。由新发展的学生党员侯如萍任临时党支部书记，在康庄火车站继续坚持革命斗争。

中共康庄铁路党支部是中国共产党在延庆地区建立的最早组织。虽然当时党的活动只限于铁路车站，还没有向广大农村发展，但由于康庄火车站是京绥铁路进入北平的重要交通枢纽，因而对北京地区中国共产党的早期发展及敌后抗日根据地的创建具有重要意义。2013 年康庄铁路党支部旧址被命名为“北京市爱国主义教育纪念地”。

第三节　延庆人民自发抗日

抗日战争时期，延庆地处平津、察哈尔的战略要冲，北通张家口、南通北平、西入山西，成为兵家必争之地。当时延庆处于伪满、伪蒙疆和伪华北三个不同政治、军事集团统治的接合部。由于地理位置的特殊性，也决定了延庆在抗日战争中的重要地位。三个伪政权虽然相互之间也有矛盾，但因为都是一个日本帝国主义主子，所以在镇压抗日民众方面是可以合作并互相协调的，其政治统治、经济掠夺和奴化教育方面也大同小异。哪里有压迫，哪里就有反抗。在八路军挺进平北以前，延庆人民自发地反抗日本侵略者的残暴统治，最典型的是孙元洪领导的黑马队和董学升、赵起领导的“砸局子”事件。

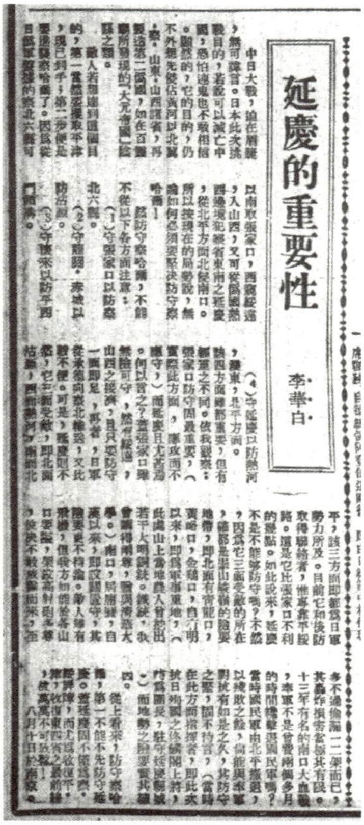
延慶的重要性

李華白

1937 年 8 月 11 日《大公报》发表《延庆的重要性》

一、孙元洪和黑马队

1922年，20岁的孙元洪离开了家乡马坊营（今延庆区康庄镇马坊村），来到大同铁路，当了一名火车司炉，时间一长，学会了开火车。“七七事变”时，孙元洪成为一名火车司机，驰骋在平绥线上。日军侵占南口以后，孙元洪离开了自己心爱的火车，回到家乡。

1938年初，孙元洪与单成元、王老五等人在延庆川自发联合40余名长工组织了一支抗日自卫军。后发展到400多人，他们每人都骑一匹黑马，由此得了一个外号“黑马队”。自卫军打出“打富人，救穷人”的旗号，经常活跃在延庆川和怀来县交界地带，袭击日伪军车，抓捕伪警察。黑马队的抗日行动引起日伪军的注意，多次派兵对其围攻，妄图消灭这股抗日新生力量。

1938年10月，孙元洪率自卫军在耿家营村设伏。战斗在下午4点左右打响。日军扇面似的攻到村边，自卫军奋勇杀敌。战斗至傍晚，虽然打退日军多次进攻，但敌人仍然负隅顽抗。此时，孙元洪迅速改变战术，将队伍兵分三路，以散兵的方式快速猛攻，把日军腰断三节，四面开花，打得日伪军退回延庆老窝。这是日军侵占延庆后，孙元洪与日军首次交战，沉重打击了日军的嚣张气焰。日伪军多次围攻孙元洪均未得手，羞怒之下，心生一计，闯入孙元洪家中，抓走了他的老父亲，企图以此要挟孙元洪，逼其就范。孙元洪乔装打扮，深入敌营，救出父亲。

孙元洪的黑马队虽有豪杰义气，但毕竟没有经过严格整训，面对日伪军越来越紧密的围攻，孙元洪感到处境越来越困难了。就在孙元洪窘迫之时，共产党向他伸出了援助之手。

平西根据地党组织一直密切注视着黑马队的行动，看到了孙元洪的困难，平西根据地的蔡平同志便写信与他取得联系，诚邀他加入八路军。1939年4月，孙元洪带着“黑马队”30人来到平西蔚县桃花堡村加入了八路军。经过整训，黑马队编入了晋察冀边区延怀游击支队，孙元洪任司令，刘国梁任政委，蔡平任政治部主任，其中刘、蔡都是共产党干部。在共产党的帮助教育下，孙元洪和他的黑马队成员逐步改掉了恶习，真正成为了抗日的武装力量。

二、大庄科砸局子事件

民国年间，延庆地区土匪、大帮横行，延庆南山一带更是盗贼遍地，或入户明火，或绑票勒索。小庄科村地主曹腾甲富甲一方，家中有良田5顷，骡马成群，是大庄科一带有名的地主，雇着一些长工看家护院。

东二道河村民董学升[1]十二三岁就和大哥一起给人扛长活、打短工，艰难度日，维系着全家老小的生活。1925年，董学升娶延庆县大观头村于氏为妻。结婚不久，于氏娘家举家迁往河北赤城县龙门所。1927年，董学升和里长沟村赵起[2]等人结拜为异姓兄弟，团结起来一起抵御土匪、大帮的暴行，保护乡里乡亲。

1933年5月，国民政府与日本侵略军签订《塘沽协定》，规定察哈尔东部为非军事区，国民党军队换穿黑衣，成为维持地方治安的警察，而伪满洲军却乘机进驻四海。1936年初，日本人在四海修建滦平县第五国防警察分署，在大庄科设立了分驻所，老百姓管它叫“局子”。同年9月，大庄科局子设在大庄科村地主沈凯家的四合院内，有警长1人，警察12人。警长姓王，是密云县有名的“白花儿”，抽大烟抽得骨瘦如柴，再加上其尖嘴猴腮，被称为“王小猴”。这伙伪警察横行霸道，欺压百姓，搜刮民财，侮辱妇女，无恶不作。

1936年，董学升到小庄科曹腾甲家扛长工。董学升和妻子及两个幼子住在曹腾甲家后院偏房里。妻子于氏和曹腾甲的儿媳妇，负责给长工们烧水做饭、喂鸡喂猪、收拾院落、打扫卫生。

1937年4月下旬，王小猴和伪警察趁长工们外出种地，欺辱了董学升的妻子于氏和曹腾甲的儿媳妇。董学升咽不下这口气，就去里长沟找他的

1　董学升（1907年—1941年？）：1907年出生于延庆县大庄科乡董家沟村（时属昌平县九区）一个贫苦人家里，属羊，兄弟排行第二，三岁时，父亲病故。1911年，董学升和大哥董学善（时年八岁）随母亲陈春英改嫁到大庄科乡东二道河村，嫁给瓮旺春。1941年，昌延抗日联合县敌工部干部将董学升绑到铁炉村旁的“万人坑”，秘密杀害。因主要当事人后来或牺牲、或调动，董学升之死，至今未做结论。

2　赵起（1898年—1941年）：原名赵奇，延庆里长沟村人。1939年加入中国共产党。1940年5月，任挺进军游击大队三中队队长。1941年7月，为掩护战友拉响手榴弹与敌同归于尽，时年43岁。

把兄弟赵起商量对策。会木匠手艺的赵起，被局子拉去干了 20 多天活，一个工钱也没给，也正在气头上。他们找来汉家川河南村的卫兴顺、刘茂宣等人，决定砸了这个欺男霸女的“局子”。

1937 年 5 月 1 日（农历三月二十一日），在曹腾甲的帮助下（提供了几杆火枪），董学升、赵起、马成俊、卫兴顺、刘茂宣、杜茂全、温德瑞等 40 多名附近村民，分三路包围了大庄科局子。村民们和警察们交上了火，最后放火点了伪警局，将王小猴等 13 名警察全部打死（其中一名伪警察逃脱，被逮住后处死）。砸了大庄科伪警察“局子”后，伪警察在大庄科一带重金悬赏缉拿董学升、赵起、曹腾甲、卫兴顺等人。董学升被迫带着妻儿老小，一家四口到于氏的娘家龙门所避难；赵起跑到柳沟村给人家扛长活去了；曹腾甲一家则辗转逃到北平牛街投亲靠友；而卫兴顺等另外七八个参与者则被抓到，关进热河省监狱。卫兴顺遭到严刑拷打，吃尽苦头，但他发誓绝不当亡国奴。由于敌人没有抓到卫兴顺等人什么把柄，两个月后被保释出狱。

大庄科警察分驻所被砸后，只能另辟新址，最后又强迫大庄科附近村民在三里庄南、大庄科村北重新修建了新的警察分驻所。

1937 年 5 月，大庄科“砸局子”事件，是在共产党八路军来平北前的一次群众自发地反抗日本侵略者的斗争，它充分反映出该地区具有反压迫、争自由的淳朴民风。经过“砸局子”的淬炼，1938 年 5 月，八路军第四纵队途经大庄科挺进冀东，留下的地方干部，在该地发动群众，宣传抗日，使得以赵起、卫兴顺为代表的抗日骨干迅速成长，成为昌延抗日根据地早期的核心成员，极大地促进了昌延抗日根据地的发展壮大。

第十二章　延庆在抗战时期的重要贡献

全国全面抗战爆发后，中国共产党领导的抗日武装开赴敌后，发动群众，创建抗日根据地，积极开展游击战争。1938 年，八路军第四纵队经平北地区挺进冀东，策应武装暴动，在平北地区播下抗日火种。1939 年，中共冀热察区党委和八路军挺进军军政委员会根据上级指示，提出了“巩固平西、坚持冀东、开辟平北”三位一体的战略任务。

平北地区自古便是兵家必争之地。平北抗日根据地横跨长城内外，地处伪满洲、伪蒙疆、伪华北接合部，具有十分重要的战略意义。八路军在平北站住脚，就能够使冀东抗日根据地、平西抗日根据地连成一片，如同在敌人心脏插上一把尖刀；平北抗日根据地的创建和巩固，在华北北部建成一道新的抗日长城。

1940 年昌延联合县形势图

第一节　日军全面侵占延庆

1931 年，九一八事变爆发，不到半年东北三省沦陷，中国开始局部抗战。1932 年，四海、小川、沙梁子、千家店、花盆等地划归热河省丰宁县。1933 年秋，伪满洲国在花盆、千家店地区建立保甲制度，在千家店设警察分所，加强对人民的统治。从此，延庆刘斌堡以东的四海、珍珠泉、小川、花盆等地皆属伪满洲国统治，归热河省丰宁县管辖。1936 年 9 月初，伪满洲国在四海设警察署，在今大庄科乡大庄科村（借伪华北地）设警察分驻所。1938 年 8 月 25 日，南口弃守，延庆在内的察南十县沦入敌手。延庆地区成为日伪的势力范围。

一、日军占领延庆

1937 年 7 月 7 日，日本帝国主义蓄意制造卢沟桥事变，发动全面侵华战争，中国全国性抗战开始。7 月 28 日，日军在南口与中国军队展开激烈的争夺战。7 月 29 日，北平沦陷；次日，天津失守。随后，日军向北平以北的沙河、昌平一带集结，准备夺取平绥线的重镇南口。在此期间，日军对驻扎中国军队的延庆地区进行了战略轰炸。8 月 3 日清晨，日军 3 架飞机在延庆城投弹 6 枚，7 架飞机轰炸下花园，平绥路铁轨有数节被毁。5 日，日机飞往康庄一带侦察。

我兩軍事要員
分駐南口延慶督師
南口我軍仍積極開昌平反攻
延慶我軍移永寧向長城推進

1937 年 8 月 16 日《新蜀报》《我两军事要员分驻南口延庆督师》

8 月 8 日，中国守军在南口地区与日军激战，南口战役开始。11 日，南口、岔道之间的铁路有 3 处被炸坏、有多处起火。20 日，永宁遭日军进攻。24 日，日军 3 架轰炸机在延庆城投数颗炸弹，然后用机关炮进行扫射。延庆城南关、苏子街、北街、东街，多处铺面房被炸毁，多人被炸死。

日军对延庆地区的轰炸，给人民的生命财产造成巨大损失。南口战役历时半个月，在使日军付出巨大代价后，中国军队于26日撤出南口。

8月26日，日军侵占延庆，日本军队有上千人，仅延庆城就有两个宪兵队；且于京绥铁路沿线设“守备队”。当时，延庆属察哈尔省察南行政厅管辖，国民政府中央系县长跑了，延庆地方商会的程芳辰，纠集石河营王玺庭等30多人，成立维持会，在南门外迎接日军入城；吉田宪兵队10余人驻东街吕祖庙，安藤部队50余人驻东南隅圣人庙。7日后，日军大部开往包头，留下日本宪兵队队长松夏及宪兵、特务60余人，开始对延庆进行残暴统治。

二、日伪的军事统治

抗日战争时期，延庆地区被伪满洲、伪蒙疆、伪华北三个伪政权分割统治。各伪政权之间虽然矛盾重重，但都是日本帝国主义的傀儡，在统治百姓和镇压抗日军民方面，常有相互合作和协调，其军事统治、政治统治、经济掠夺、奴化教育等方面亦有很多相似之处。

伪满洲国在延庆驻扎“边防军”第35团，团部驻四海，永宁和大庄科各驻一个营部。四海、永宁、大庄科、周四沟、刘斌堡等地建有据点，各据点均有一个连以上的驻兵，还有特务1人，专门刺探消息，并修筑工事及碉堡。其中，永宁和大庄科两据点，是伪满洲从伪蒙疆和伪华北借驻，企图填充伪政权接合部地区的真空状态，确保伪满洲国边境安全。第35团武器配备精良，一律配三八步枪，每连有轻机枪3挺，据点内配备重机枪和炮。军官是中国人，但每连配日本指导官、团部配日本副官掌握实权。日本宪兵分布在各据点，大佐长谷川驻永宁，专门负责特务工作。伪满洲国还在四海设警察署，在花盆、大庄科设警察分所，每个分所设警长1人，警察二三十人，加强对地方群众的统治。

伪蒙疆吸收地方伙会武装，建立伪自卫团、伪警察及讨伐队，后来统一整编成伪警备队，共200余人，受伪县公署警备科指挥。分驻柳沟、高山寺、古城、白草洼、佛峪口、西拨子、小庄科、下屯等据点，因其组成人员多是地方流氓地痞和伙会人员，武器装备简陋，战斗力较差。伪骑兵队则是日军在蒙古草原收编的土匪，约120人，专门在延庆川区活动，抓捕抗日人员、破坏抗日组织。其战斗力差，纪律极坏，到处抢掠奸淫。延庆城驻日本正规军40多人，不经常出来活动。此外，伪蒙疆还在重要村镇修建炮楼、碉堡，驻扎日伪军和伪警察数十人，以加强军事控制。延庆伪县公署成立“灭共司令部”，伪县长谢玉辉、丁健壮先后出任司令，各村成立“灭共支部”。汉奸特务遍布各地监视群众言行，进行说降诱降，打击瓦解抗日组织。

1937年12月14日，伪中华民国临时政府成立，驻地北平，王克敏任行政委员会委员长，董家沟、沙塘沟一带归其管辖。日军驻南口、昌平、九渡河三大据点，在南山边形成一道防线，大小汤山是日军后方医院。伪讨伐队及伪警察驻泰陵、景陵等据点，其中景陵设税卡。另有日伪军收编的土匪武装，在十三陵一带活动。

日军沿平绥路从南口到康庄，在大崖头、居庸关、八达岭、三堡、青龙桥、西拨子等据点，各自驻扎着铁路守备队，另加铁路警察10余人。其中康庄驻有铁路守备队一二百人，专门保护铁路安全，并有日本宪兵来往南口和康庄之间。铁路守备队和铁路警察，一方面以武力相威胁，一方面又以假“亲善”的面目出现，经常到距离铁路10公里范围内的“爱路村”活动，营造日军与村民融洽和谐的假象，笼络村民为巡查铁路服务，保障铁路运行畅通，为日伪运送军事物资，在中国获得更大利益。

三、日伪的政治统治

延庆刘斌堡以东的四海、珍珠泉、小川、千家店、花盆等地属伪满洲国热河省丰宁县管辖。县设县长，由中国人充任，日本人任副县长，实际独揽大权。县下直属大村设村公所，村下设甲，甲下设牌。村长、甲长、牌长由地痞流氓或地方士绅担任，或以土地多少轮流担任。这些人中有的依仗日伪势力横行乡里、欺压百姓，充当日军忠实的走狗，成为民族败类；有的属于被迫无奈，应付而已；有的不满日伪统治，暗中参加抗日活动。人民群众对日本帝国主义的统治稍有不满，即遭逮捕、毒打、监禁、杀头。

1937年9月4日，伪察南自治政府成立，于品卿任主席。9月24日，延庆成立伪县公署，属伪察南自治政府管辖，程芳辰任县长，伪县署内安插日本指导官，首席指挥官为日本少佐真边。伪县公署设参政官，设民政科、警务科、实业科、总务科。民政科设日本参事官，下设行政股、财政

伪延庆县公署

股、经济股、建设股、民政股、文教股、劳务股、弘报股、卫生股等 9 股。警务科设日本指导官，有警察 200 余人，特务数十人，下设警务股、警备股、保安股、司法股、特务股等。特务股下设特务班，有特务三四人，雇有汉奸数人。此外，伪警察局在延庆县城设警察署，含 2 个分驻所，1 个派出所；永宁设警察署，含 1 个分驻所；西二道河设警察署，含 5 个分驻所；康庄设警察署，含 2 个分驻所。伪县公署在政情报告中评价伪警察工作：“因特务警察之活动，社会秩序较旧政权时代日益向上。”“事变后一度有土匪骚扰，有日本皇军及满军、治安、警察队、公安局、自卫团讨伐，故现在颇为安靖。”实业科下设农业股、农林股、工商股。总务科设科长 1 人，日本指导官 1 人，下设行政股、庶务股、会计股、弘报股，各股设股长。

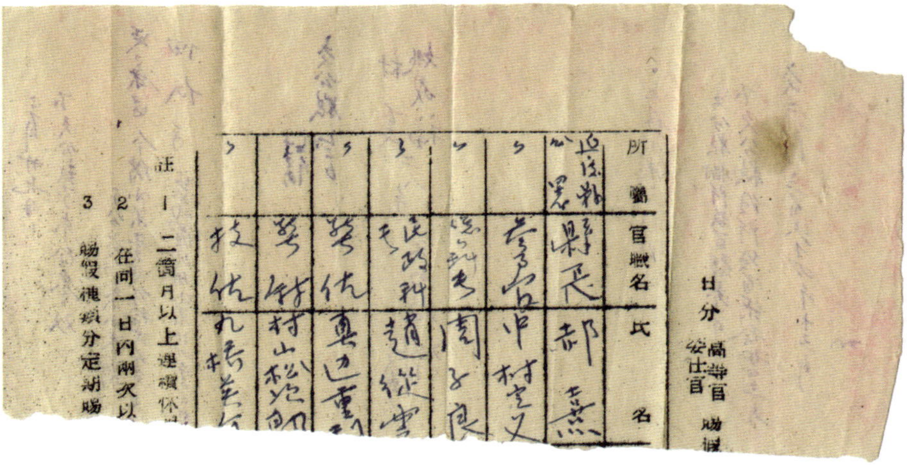

抗战时期伪延庆县公署“赐假表”

1938年12月，汪精卫公开投降日本。1939年9月1日，在日本帝国主义扶植下伪蒙疆自治政府成立，德穆楚克栋鲁普（德王）出任主席，于品卿、夏恭任副主席，延庆大部地区归伪蒙疆自治政府察南政厅管辖。伪县公署还设立社会兴亚院，伪县长郝熏任院长，日本人专当龙一任副院长。刘冠生任福祉部部长，刘振宇任教化部部长。伪县公署还成立青年训练所，伪县长郝熏任所长，丁傅任主任，日本人浅川熊次郎任副主任，教员5人。伪县公署地方委员6人，由地方士绅组成。该伪政权辖5个区、2镇，29个联乡公所，212个主村和副村。镇公所和联乡公所设镇长、联乡长、书记多人。联乡公所内分总务系和安全系，设有主任、书记、管理、会计等人。联乡下设甲，有甲长。伪联乡长、镇长和伪甲长多是地方上层或地痞流氓，采用薪金制，联乡长月薪26元。他们依靠日伪势力敲诈勒索、大发横财，百姓称其“托天雷”。

1940年3月30日，汪精卫在南京成立伪中华民国国民政府，原“华北临时政府”的名称废止，改称“华北政务委员会”。原昌平“后七村”及东三岔、松树沟一带皆归其管辖。伪华北在昌平设县，县下设区，区下设乡，乡下设保，保下有甲。各区设警察分局或派出所，除统辖当地居民，还负有讨伐任务。汪精卫降日后，曾派陈公博登门拜请永宁中所屯的李卓云，但被李卓云严词拒绝，显示其坚贞的民族气节。

伪满洲、伪蒙疆、伪华北的统治系统，由军、政、警、宪、特逐步建立和完善，并互相配合。在统治区内均实行保甲制，十户连坐法。建立户口登记制度，发放良民证，进行指纹鉴定。群众出门如果忘记携带良民证，轻则罚款、毒打，重则以匪论罪逮捕下狱。日伪统治下的延庆人民，失去人身自由，过着暗无天日的生活。

四、日伪的经济掠夺

日伪统治时期，延庆人民的各种负担加重，大部分富农和富裕中农下降为中农和贫农，因此，地主富农把一部分负担转嫁给了贫苦农民。“七七事变”前，延庆、永宁、康庄是商业发达地区，各类商铺齐全、商贸繁华。资本充实的商店，在永宁流通铺钞。日军占领延庆后，实行经济封锁政策，进口各种军需品、粮食、日用品等，要经过伪政权的“组合”和“合作社”。

伪政府在交通要道建立关卡，收取重税。各种货物经过伪据点，均被截留，必须贿赂才能放行。因此，在伪政权统治区走私商人增加，走私商品都高价出售。

伪蒙疆在延庆县组织工商同业分会 7 处，成立蒙疆银行，实行经济一元化，对百姓进行金融掠夺。伪县公署实行财政统收统支政策。伪满洲实行所谓“配给”政策，规定粮食、布匹、食盐、火柴等日用品，都要经过定量配给供应，或高价购买，或粮食交换。但配给物品大都落入伪保长、伪甲长和有权势的大户手中，到百姓手里所剩无几。配给物品必须到大镇驮运，经沿途伪军敲诈勒索，甚至收不抵支。例如 1941 年春，百姓到四海领取配给，等候数天每户只配给四两盐、半尺布，百姓苦不堪言。

伪政府的苛捐杂税繁多。伪满洲有户别捐、地捐、身份证费、照相费等。户别捐，平均每户 10 元；牲畜税，猪在集市上以 15 元到 30 元估价上税，自家屠宰必须报告，以 30 元估价上税；保卫团款每年缴纳两季，每季 4 元，后涨到 47 元。田赋附加税各村不一，没有固定数额。伪蒙疆有地亩捐，每亩 10 元到 20 元，田赋从 1930 年起收。其他有户口捐、人口捐、房捐、屠宰税、斗税、营业税、禁烟特别税、“灭共”费、水灾款等。这些所谓的正式捐税，实际占农民总负担的 1/6；伪乡公所职员的薪俸、办公费、支应费都摊派给百姓，占总负担的 2/6；军需费、人情费、招待费、临时费和其他巧立名目的勒索诈取等，占农民总负担的 3/6。日伪人员为捞钱肥己，常任意抓走百姓，扣上通匪的帽子，为求人保释，被抓者往往弄得倾家荡产。百姓为求平安无事，每逢节日还要向大小汉奸送礼。穷人订婚、结婚，汉奸则乘机盘剥。例如，康庄三街徐某订婚，凌晨 4 点伪警察送来龙凤帖，要用四斗小米换，名为喜钱，徐家只得借米上交。农民种的粮食除向地主、富农缴纳租税，还要向日伪缴纳，最后所剩无几，仅能维持数月，半年以上的时间要靠吃野菜和树叶度日。城镇商户则因日伪经济封锁和物资管控，无法运营而倒闭。

百姓的劳役负担沉重，日伪修公路、筑碉堡、修炮楼、挖封锁沟，都要各村出夫，需自带粮食且没有工资。伪警、政、宪、特人员送信、打柴、挑水、烧饭、扫地乃至家务，都要百姓无偿劳动。日伪横征暴敛、巧取豪夺，压得百姓无法承受，只能流落他乡、逃荒要饭。有的沦落为匪，啸聚山林，或拦路抢劫，或进村抢掠，或绑票诈财，搅得地方不安，人人恐慌，也成为百姓无法承受的沉重负担。在日伪残酷的经济掠夺下，延庆社会经济濒于崩溃，贫苦百姓食不果腹、衣不蔽体、流离失所，生活质量日益下降，只能苦苦挣扎在死亡线上。伪延庆特务班长苏雨田，到延庆只有一两年，便诈款勒索 10 万元以上。

五、日伪的奴化教育

九一八事变后，侵华日军占领中国大片领土，在武力征服的同时，还通过奴化教育来控制中国人的精神，对中国学生的奴化教育最为严重。日伪宣扬“大东亚共荣圈”“王道乐土”“日察如一”“日满一体”“民族协和”“铲除共党”“民生向上”等口号，污蔑共产党八路军是“青面獠牙的魔鬼”“杀人放火的强盗”。通过各种渠道向百姓灌输反动思想，企图消除延庆百姓的民族意识。有少数青年被蒙蔽，称中日战争是“皇军”来“剿共讨蒋”。人民的言论自由被剥夺殆尽，若对“皇军”稍有不满，则严加镇压。日伪还实行小恩小惠“怀柔”政策，企图麻痹百姓，特别是麻痹青少年儿童，如送给孩子糖块等。日伪在学校大力推行奴化教育，每年暑假把小学教员集中到延庆城训练，每次十天半月，由日本人授课，灌输反动思想。教育股长王子修和王翻译向教师说：“日本人是咱的亲爹娘，是我们学习的榜样……”强迫教员学习日语，要求教员对学生进行奴化教育。日伪鼓吹“学好日本话，共建大东亚”，教材均由伪政府编印，以适应奴化教育。课堂上不讲中国历史地理，却讲日本明治维新。学校开设日本史、日语等课程，教员必须具有日语三等的翻译水平。早晨出操，师生面向东方唱日本国歌，喊日语口令，上课用日语喊起立、敬礼、坐下等。日常生活集会等，必须使用日语喊口令、向老师问好。伪政府官员和日本人到校“视察”时，师生们需举日本旗和伪蒙疆旗迎接。教室布置紧贴奴化教育内容，悬挂日本旗帜，贴“王道乐土”等标语。伪察南自治政府提出的四项反动纲领制作漫画，在学校的教室和墙上广泛张贴，比如“铲除共党”是一个红脸巨齿的小人，“民族协和”是日本和蒙古人紧紧握手。反动纲领要求学生每天喊几遍，“牢记心上、不可忘记”。

杨家胡同“马四先生”的私塾馆，使用伪政权改编后的“新三字经”。

“新三字经”在“清太祖，膺景命，靖四方，克大定”后，增加“‘九一八’，满洲兴，康德帝，都新京”。延庆高级小学堂校长吴堃因抵制开设日语课，受到日本督学打压。伪县公署组织南北两校会操，北学因敷衍受到制裁。学生池宝玉等不堪忍受奴化教育，参加平北根据地的八路军。日本军警闻讯，封锁了学校。日伪政权推行的奴化教育，致使学生大批流散。

日伪对成人也进行奴化教育，在延庆开办2处民众教育馆，2处日语学校，13处民众夜校。成立“兴亚院”，欺骗百姓拥护日本人和伪政府。

日伪以“大东亚共荣”奴化和蒙蔽延庆百姓，在延庆县城举办活动，营造“中日亲善”的假象。又在统治区大的乡镇组织青训队，培训青训队员。每人发一根木棍进行军事训练，被百姓称作“棍儿兵”，主要负责站岗、放哨等。青训队员多为青年男女，生活在社会最底层，经常被日伪虐待，抗日情绪较高，很多人都参加了抗日队伍。日伪在延庆和永宁建立“协和会”，吸收地主、绅商、地痞加入，经延庆协和会训练所培训，充当汉奸。

延庆地区知识分子及半知识分子本来就是少数，而且多集中在延庆城和永宁城。日军占领延庆后大量搜拢知识分子，这些人大都参加了日伪的政权、教育，特别是警察等工作。当八路军到达延庆，已基本没有在家的知识分子。后来参加昌延抗日民主联合县工作的延庆本地知识分子只有3人，还是从日伪政权那边争取来的。

但日本帝国主义的奴化教育没能完全奏效，民族意识强烈的教员暗中抵制，不堪忍受奴化教育的学生纷纷逃离。永宁和延庆的学校都有高年级学生秘密接受共产党教育，参加了抗日工作。日伪黑暗的政治统治、残酷的经济掠夺、野蛮的奴化教育，激起延庆人民的愤怒和反抗。但是这些反抗和斗争多为人民群众自发进行的，缺乏正确而有力的领导，一直到抗日民主政权在延庆建立，人民的斗争才在中国共产党的领导下，有了崭新的局面。

第二节　昌延抗日根据地的创建与发展

1937年，“七七事变”爆发，中国开始全国抗战。8月22日，党中央在陕北洛川召开了政治局扩大会议。在会上，毛泽东同志明确地提出:“红军可出一部于敌后的冀东，以雾灵山为根据地进行游击战争。”会议根据毛泽东同志的建议，决定八路军挺进华北，开展敌后游击战争，建立以雾灵山为中心的抗日根据地，在翼热边开展游击战争，声援东北抗联的抗日斗争。为实现这一战略构想，党中央、八路军总部和晋察冀军区多次下达指示，促成了八路军第四纵队的成立和挺进冀东的战略实施。

一、一进平北

1938 年 5 月 25 日，经过周密的准备，宋时轮支队在平西与邓华支队会合，两部合编为八路军第四纵队。第四纵队的具体任务是挺进冀东，协同当地党的组织，领导人民举行抗日武装暴动，开展游击战争，创建冀热察边区抗日根据地。

1938 年 6 月 4 日宋时轮支队攻打昌平县城

5 月 31 日，宋、邓支队分南北两路，经昌平、延庆、怀柔地区向冀东挺进。6 月 4 日，宋时轮支队攻打昌平县城；6 月 5 日，在途经延庆时，宋时轮支队对大庄科伪警察发起了猛攻，同时发动政治攻势，晓以民族大义，使三十几名伪警察阵前起义，成为八路军战士，俗称“第二次砸局子”；与此同时，地方工作队在东三岔建立昌（平）滦（平）密（云）临时联合县政府。6 月 7 日在花盆和伪满洲军 35 团 2 营遭遇，经

1938 年 6 月 7 日四纵挺进大队花盆战斗遗址

过激烈战斗，歼敌一个营300余人。同年10月，第四纵队做出了大规模西撤的决定并陆续撤离，是为一进平北。

一进平北，尽管是途经延庆，但也对平北抗战产生了深远影响。第一，在沙塘沟村建立了平北地区第一个农村党支部。第二，地方工作队、四纵挺进大队和第三十六大队在延庆、怀柔、密云一带组织群众、宣传抗日，为后期建立平北抗日根据地打下了坚实的群众基础。第三，建立了“平西—平北—冀东”抗日通道。

二、二进平北

1938年10月，广州、武汉相继失守，抗日战争进入相持阶段，日军将注意力转向其后方统治区。

1939年5月，中共北方分局认真研究了冀热察边区的形势后，“决定在冀热察采取巩固的向前发展的方针，主力不去冀东”。平北方面，在青纱帐季节“先派一支小队伍到十三陵后七村站住脚。不久又派了一些部队和党政干部到延庆、赤城一带去发展革命力量”。

6月，冀热察区党委和挺进军派遣第34大队和游击一支队再次挺进平北，执行开辟平北任务。由于对土匪政策的错误及连绵大雨[1]，只坚持大约两个月即退回平西。

9月，平北游击一支队护送地方干部挺进平北，在赤城山区转了20多天，无法立足，转到昌平“后七村”去休整。后因无法解决粮食给养问题，部队先后撤离平北，返回平西，是为二进平北。

二进平北尽管也没能在平北立足，但为平北地区，特别是十三陵以北、延庆南山地区的群众工作埋下了伏笔。

三、“三位一体”战略任务的提出

1939年11月中旬，萧克在冀热察区党委和挺进军军政委员会联席会议上正式提出“以巩固平西抗日根据地，坚持冀东游击战争，开展平北

1　1939年，昌延地区自5月16日降雨至7月9日放晴，连续49天大雨不停，间有大暴雨。妫水河上下汪洋一片，延庆盆地顿成泽国，城乡房屋被水冲淹毁坏近2000间之多，卷走人、畜财物无可计数；农田无收、略收、半收各占三分之一。桥梁道路大半被毁，青龙桥火车站被淹没，山洪冲毁青龙桥至南口段50%铁路道轨，京绥铁路停车27天。

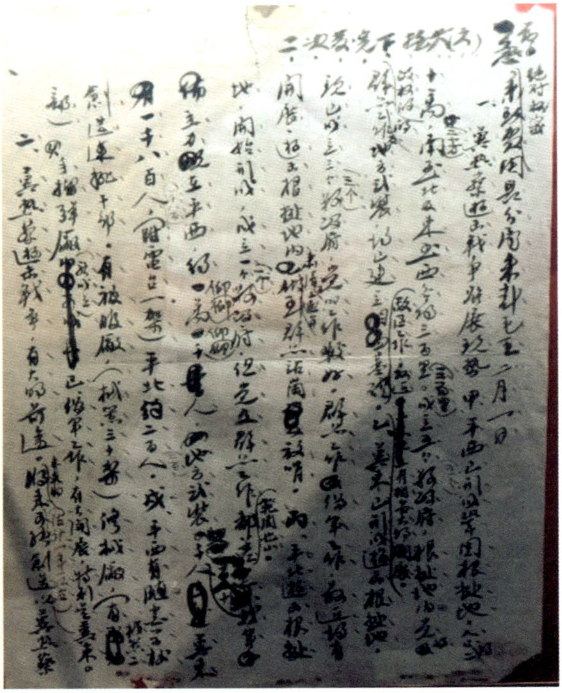

萧克将军『三位一体』原件照片（现藏中国抗日战争纪念馆）

新的游击根据地”的战略方针，即“挺进军在坚持华北抗战总的政治任务下的单独任务，是巩固平西，坚持冀东游击战争，开辟平北新的游击根据地”。

“巩固平西，坚持冀东，开辟平北”三位一体，相互关联。特别是平北抗日根据地的开辟，在初始阶段是沟通平西与冀东之间的桥梁，而平北抗日根据地发展巩固起来之后，则成为冀东的“战略依托点”或“战略回旋地”。可以看出冀热察区党委和挺进军对平北寄予厚望，平北的地位十分重要。

“三位一体”方针的提出，从政治思想上、军事战略上统一了三个地区广大军民的思想，明确了创建冀热察大块革命根据地，坚持抗日游击战争的方向。

四、三进平北——昌延抗日根据地的建立与发展

根据中共中央晋察冀分局和冀热察区党委的指示，挺进军确定“波浪式发展”[1]开辟平北的方针：“以小股部队梯次进入，在敌人点线间进行游击活动，从小到大、从少到多、从隐蔽到公开，在获得立脚点的基础上，逐步前进。先建立小块游击根据地，再逐步连成大块根据地。”

1　波浪式发展：是毛泽东主席总结的创建根据地的基本经验。20世纪50年代初，聂荣臻将其概括为“建立根据地、巩固根据地、依靠根据地、扩大根据地，既要反对右倾保守主义，又要反对‘左’倾冒险主义”。见《聂荣臻回忆录》第578页。

1939 年底，昌（平）延（庆）联合县政府领导班子在平西组建，首任县委书记徐智甫（1940 年 4 月到任）、县长胡瑛、民政科长张子丰、财政科长杨俊廷。

1940 年 1 月 3 日，平北工委带领地方干部 20 余人及钟辉琨和刘汉才率领的 9 团 8 连和在沙塘沟发展的 30 多名游击队员，第三次挺进平北。1 月 5 日，到昌平后七村之霹破石，建立昌（平）延（庆）联合县政府。

4 月 20 日，苏梅率挺进军军部特务连以及平北工委委员、昌延联合县工委书记徐智甫等地方干部进入昌延联合县后七村。苏梅接替王伍任平北工委代书记。

4 月 25 日，冀热察挺进军 10 团参谋长才山、政治部主任吴涛率 3 营和团直一部从平西出发，途经后七村，于 4 月底到达密云县的小梁、化石峪一带。

5 月 28 日，白乙化团长率 10 团 1 营和团直属队到达沙塘沟。日伪纠集 3000 余人向后七村进犯，伪 35 团 2 营最先做出反应。次日上午，经过激战，歼灭驻大庄科的伪满洲国军 200 余人，其中击毙 40 余人，并于当天夜里率 10 团主力经延庆川转道白河堡，挺进密云。

八路军挺进军挺进平北

6月，平北军分区司令部在平西成立，由程世才担任司令员，段苏权任政治部主任。23日，段苏权、七团参谋长彭寿生率七团二营（营长熊尚林）的4个连及军分区警卫排挺进平北。27日早晨，在延庆佛峪口与水峪之间同驻怀来的日军木和田部队60多人遭遇，歼敌一部后，八路军主动撤出战斗，进入海陀山区。后辗转向东，挺进滦平、丰宁地区和10团会合。

7月，司令员程世才、7团团长陈坊仁、政治部主任李水清率7团直属队及第1、第3营进入平北，在滦平五道营子与2营会合。

8月20日，平北军分区司令部迁至海陀山东侧的南、北碾沟。后来，南碾沟被称为平北抗日根据地的“小延安”。平北抗日根据地进入迅速发展期。不久，平北行政公署专员张致详调回平西，由刘介愚继任。地委常驻地在西坡村，专署驻朱家沟。

至此，昌延抗日根据地得以建立和发展，即将迎来昌延地区长达五年的抗日历程。

抗日战争时期，中国共产党在关涉今日延庆地域内相继建立了五个抗日联合县政权，即昌（平）延（庆）联合县、龙（关）延（庆）怀（来）联合县、龙（关）赤（城）联合县、丰（宁）滦（平）密（云）联合县和昌（平）宛（平）怀（来）联合县。其中，张山营地区属于龙延怀一区，后河、五里坡一带属于龙赤五区，帮水峪一带属于昌宛怀四区，刘斌堡以东属于丰滦密。1941年初，昌延县实辖13个区，有抗日工作的行政村329个，人口6万余。其中9个区，即：一区（后七村）、二区（台自沟）、四区（马场川）、五区（柳沟）、六区（古城）、七区（小鲁庄）、八区（康庄）、九区（马场川—果庄）、十区（佛爷顶），属今日延庆区。

昌延县形势示意图

第三节　延庆抗日根据地的艰苦斗争

1938 年 5 月底 6 月初，宋邓支队从平西出发越过平绥线，挺进冀东，途经平北，对延庆人民的抗日活动产生了巨大影响。共产党在延庆地区建立政权，发展党员，为 1940 年昌延抗日根据地的建立打下了坚实的基础。

一、昌延联合县历任县委和县政府

1938 年 6 月，宋时轮留下部分干部和武装力量与以刘国梁为首的地方委员会一起，在东三岔村建立了滦（平）昌（平）密（云）临时联合县政府，张书彦任县长，刘国梁为工委书记。7 月初，在头道梁子正式建立中共滦昌密联合县工作委员会。

刘国梁

9 月上旬，伪满洲军集中了 6 个团兵力对昌滦密联合县政权及三十六大队进行“围剿”。联合县政府在极其困难的条件下，坚持三个月的斗争之后，伍晋南率领部队和联合县人员突破敌人包围，跟随从冀东撤出的四纵返回平西。

1940 年初，钟辉琨、刘汉才率平北游击大队及在后七村发展的 30 余人的游击队，加上以县长胡瑛为首的 23 名地方干部第三次挺进平北。1 月 5 日，到达霹破石，即宣告昌延联合县政府成立，胡瑛任县长，张子丰任民政科长，杨俊庭任财粮科长。昌延县的成立，为创建平北抗日根据地提供了有利条件。当时昌延县委还没成立，由平北工委代行县委职能。

4 月，昌延县委书记徐智甫来到昌延地区，对外称抗联主任。当时，县委称县工委，只有书记一人，没有县委领导班子，县委连一般的工作干部也没有；但县委的成立，使昌延地区党的领导得到进一步加强。徐智甫到任后，联合县党政机关驻地暂不固定；在平北工委直接领导下，他同县长胡瑛和县委其他同志一起，健全了昌延联合县县委和县政府机构，紧紧依靠当地群众，以后七村为基地，逐步向十三陵地区和龙（关）赤（城）方向开辟根据地，组织各界救国会，发动群众抗日，建立区、村政权，培养抗日积极分子，开办党员训练班，并发展了百余名党员，抗日烽火终于在八达岭周围地区点燃。

8 月 27 日傍晚，胡瑛和徐智甫在窑湾黄土岭王金喜家研究工作时，被敌人发现，县长胡瑛、县委书记徐智甫及通讯员程永忠壮烈牺牲。

为了尽快恢复昌延工作，中共平北地委立即决定组织部部长史克宁任代理县委书记，高镇平任代理县长，苏建国任代理县游击大队长，迅速恢复昌延工作。9 月 16 日，7 团供给处主任郝沛霖调任昌延县长，高镇平为教育科长，张子丰任县政府秘书。9 月下旬，组成新县委领导班子，史克宁任县委书记，徐亮任组织部部长，王毅任宣传部部长。

为了巩固昌延中心区，县委主要抓了两项工作：一是扩大根据地；二是主动对敌斗争。由于县委的坚强领导，昌延各区的工作得到迅速恢复和

昌延联合县第一任县委书记徐智甫照片

昌延联合县第一任县长胡瑛画像

史克宁

发展，形势开始好转。

1942年6月，平北地委与军政委员会召开联席会议，检查了工作中存在的缺点错误，做出了反右倾的决定。中共中央北方分局也明确指出："在目前形势下，右倾已成为平北的主要危险。"

1943年2月，平北地委对昌延县委领导做了调整，史克宁同志调分区学习，郝沛霖调专署工作。昌延县委书记由10团政委吴涛兼任，因吴涛尚在丰滦密地区，后改10团副政委曾威兼任昌延县委书记，郭韫任县长，葛震为副书记，方明任组织部部长，李庚尧为宣传部部长，姚秦城（即秦城）为敌工部部长，靳子川为秘书。这次调整，对加强党政军民的统一领导，更加有效地打击敌人，发挥了决定性作用。

4月，昌延联合县设公安科，王维任科长；两个月后，王维调离，由张俊英接任。公安科下设看守所、警卫班，监管犯人，司法工作逐步健全起来，对政权建设和镇压敌特起到了应有的作用。

1945年1月，平北地委扩大会议决定，撤销平北地区六个抗日联合县，恢复八个县，昌延联合县分治。延庆县县委书记为葛震，副书记为姜国亭，组织部部长为刘文科，宣传部部长为李庚尧，敌工部部长为周宏道代理，社会部部长为张俊英（兼公安科长），县委秘书为靳子川。延庆县政府县长为郭韫，民政科长为李德清，财粮科长为苏允明，实业科长为陈实，县政府秘书为赵宗一。

二、昌延联合县根据地建设

党的建设

1938年10月，四纵撤回平西，留下刘国梁、张书彦、陶元庆、史克宁等在沙塘沟一带活动，开始发展党的组织工作。12月12日，由刘国梁、陶元庆介绍沙塘沟的张福和张朴加入中国共产党；随后，张福和张朴又介绍张瑞、张银、张殿、胡殿鳌入党，并成立了平北地区第一个农村党支部。

1939年秋，王伍、史克宁等在南山活动时，又发展了几个党员，并培养了一批积极分子，为后来党的发展打下一定的基础。

1940年1月，昌延联合县委尚未成立，由工委代行县委职权，组织部部长史克宁等在南山办了四期积极分子训练班。经过十几天的学习，将其

西坡会议遗址平北地委书记苏梅居住的大圐圙西坡村现状（2023 年 10 月）

中表现好的吸收入党。当时用“东南”代表支部，发展党员时说“东南不错，你参加吧！”就这样完成了入党程序。为提高党员责任感，加强党组织的核心作用，昌延县委、区委对巩固区的基层支部书记、组长、党员分别举办了党训班。到 1941 年 6 月，平北地区“党员共一千八百人，其中昌延一千人”[1]。

1942 年，平北斗争形势的不断恶化，平北地区党政军中产生了悲观的右倾情绪，不敢放手发动群众开展对敌斗争，导致军事上的被动，昌延地区的抗战形势异常严峻。

1943 年 5 月 5 日，平北地分委在龙赤联合县西坡村召开扩大的干部会议，认为“扭转根据地困难局面的关键在于加强党的领导，认真贯彻党的一元化领导原则”。

西坡会议后，昌延县委在三区果庄村北沟召开扩大会议（即果庄会议），解决加强党的统一领导问题，加强了党的一元化领导，既统一了军队、地方党的思想和行动，克服了各自为政的现象；也保证了部队、地方根据政权、群众团体在党的一元化领导下的工作独立性，对根据地的政权巩固与发展起了重要作用。昌延县委在极为残酷的斗争中，领导全县军民克服重重困难，取得一个又一个胜利。

1 《北京地区抗日运动史料汇编》，中国文史出版社，2000 年版，第 27 页。

政权建设

《昌延县第一届铁炉村各界抗日救国联合会》印章

1938 年 7 月，地方工作委员会和昌滦密临时县政府由工委书记刘国梁、县长张书彦率领，辗转进入怀柔并在头道梁子扎营，成立正式的昌滦密联合县政府。地方政府、三十六大队和挺进大队在秋场、大地一带活动，他们相互配合、并肩作战，宣传抗日、发动群众。年底，昌滦密临时县政府随四纵撤回平西后自动解散。

昌延县政府的成立，为创建平北根据地提供了有利条件。平北工委首先决定党政军干部都深入到后七村及马场川一带，在群众中大力宣传开辟平北根据地的重要意义，表明部队和干部在此扎根的决心，消除群众心理上存在的“八路军好是真好，就是光打游击、敌人来了就走”的顾虑。

昌延县当时的主要工作是宣传、组织群众共同抗日，建立抗日救国会等群众组织和区、村政权，提出“有钱出钱，有粮出粮，有力出力，有枪出枪”，号召群众在共产党领导下，团结抗日，开创根据地。为了尽快培养地方干部、发展党的组织，工委先后举办了几期短期培训班，吸收各村积极分子参加。一些在 1938 年和 1939 年间培养的积极分子被吸收到党内来，并在 40 多个村建立了党支部，有党员 330 余人，培养、提拔了一批当地干部。

王毅受县长胡瑛委托组织起一支 30 多人的县游击队，队长由胡瑛兼任，指导员由王毅和张斌担任。游击队的主要任务是站岗、放哨、送信、查路条、锄奸，并配合主力部队开展游击斗争。但由于是初建，缺乏训练、教育，战斗力不强。

4 月，中共昌延联合县工委书记徐智甫到任，对外称抗联主任。县委的成立，使昌延地区党的领导得到进一步加强。昌延联合县军民，执行抗日民族统一战线政策，在当地团结知名人士，广泛开展游击战，巩固了平北根据地中心区抗日斗争成果。昌延联合县的建立，及其随后卓有成效的抗日活动，引起日本侵略者和伪满“军、警、协”的恐慌。

8 月 28 日，县长胡瑛和县委书记徐智甫牺牲后，平北地委很快组成昌延县新的领导班子，高镇平代理县长，苏建国代理县游击大队长，迅速恢复昌延工作。新的领导班子迅速恢复了中心区的工作，并向延庆北山及川地开辟新区。改中心区为一区，台自沟区为二区，十三陵区为三区，马场川区为四区，柳沟以东为五区；开辟古城一带为六区，小鲁庄一带为七区，康庄一带为八区。不久，四、八区合并，又在九渡河一带开辟新八区，马场到果庄一带划为九区。

9 月 16 日，7 团供给处主任郝沛霖调任昌延县长，高镇平为教育科长，张子丰任县政府秘书。

昌延联合县政府成立之初，根据地工作进展比较顺利。在八路军英勇斗争、地方干部努力工作及昌延人民积极支持下，昌延这块小型山地游击根据地已初步形成。这块根据地，不仅是整个平北根据地的落脚点，也是发展平北根据地的出发点和后方，成为平西、冀东和平北来往联系要道，也为平西、平北、冀东三个根据地发展巩固创造了极为有利的条件。

1941 年 1 月，昌延县恢复原八区，将新八区扩大为十三区、十四区和十五区（通称“东三区”），又在佛爷顶山前后开辟十区。原计划开辟的十一区、十二区没有实现，故昌延县实辖十三个行政区，有抗日工作的行政村 329 个，人口 6 万余人。

1942 年，伪满、伪蒙疆和伪华北实行协调行动，对平北根据地进行了

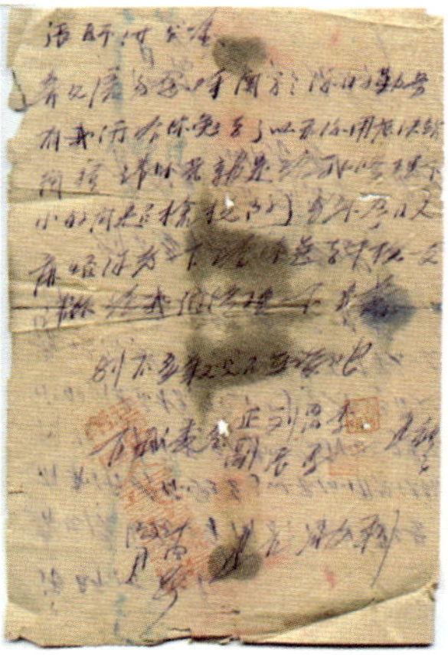

抗战时期八路军修枪介绍信（左），给八路军修枪的张荣全和他的修枪工具（右）

时间最长、次数最多、手段最野蛮的扫荡，并提出所谓“七分政治、三分军事”的“蚕食”计划，企图将整块根据地分割成小块，然后各个击破，彻底摧毁，昌延根据地遭到了严重破坏。年底粗略统计，牺牲、病故或被捕的县区干部有 30 多人，投敌自首的 7 人，损失的一般干部更多。1942 年和 1943 年上级派来两批干部，充实区里领导，才使各区的工作能够坚持下来，发展巩固，直至胜利。

1943 年 2 月，郝沛霖调专署，郭韫任县长，张子丰任县政府秘书，陈实任民政科长，高镇平任实业科长；新成立公安科，王维任科长。公安科下设看守所、警卫班，监管犯人，加强了对敌斗争和反特锄奸工作。

1943 年 5 月，在西坡会议上，平北办事处颁布《租佃债息条例》，明确规定了二五减租和一五减息的原则。根据《条例》的规定，昌延县委和县政府即决定在抗日一面政权和抗日两面政权及部分中间两面政权的村庄进行减租减息。经过减租减息，减轻了广大贫苦农民的负担，也维护了地主、债主的利益，对支持战争起到了积极作用。

1945 年 1 月，平北地委扩大会议决定，撤销六个抗日联合县，恢复八个县，昌延联合县分治。延庆县政府县长为郭韫，民政科长为李德清，财粮科长为苏允明，实业科长为陈实，县政府秘书为赵宗一。

统一战线建设

统一战线是我党战胜敌人的三大法宝之一，是政权建设的重要内容之一。共产党领导的八路军及地方干部刚到昌延，就很注意对上层的统战工作。每到一村，先和地方上层取得联系，向他们宣传共产党抗日救国的主张和政策，动员他们参加抗日工作，参加救国会。

温克明画像

1941 年 3 月，为加强统一战线工作，更广泛地团结地方上层人士，昌延县委、县政府聘请沙塘沟的王明德，柳沟的温克明、胡成，彭家窑的彭子明，韩郝庄的张泰等，共27名县议员在景儿沟召开临时县议会，其中二分之一是地方上层人士，温克明被选为县议会议长。

1943年初，将县议会改为县参政会，并清洗了不称职和投敌叛变分子，较广泛地吸收工农分子参加，重新聘请一些赞助抗日的地方绅士，扩大了统一战线的范围，巩固了统一战线的营垒。

村政权的建设

村政权的建设是在改造两面政权和双重政权的斗争中进行的。平北游击根据地的村政权有多种形式，即：抗日一面政权，一心抗日，不事敌；亲日一面政权，敌人严密控制的村镇；双重政权，一个行政村有两套政权机构，一套是抗日的，一套是应付敌人的。实际上我们的政权推出几个人去应付敌人，表面是支敌的，一区多有这种情况；一种是在敌人伪政府的基础上建立两面政权，再发展为双重政权，二区、九区此种情况较多。双重政权多在山区，我们的优势较大，比较容易掌握。两面政权，即一个行政村只有一套政权机构，既支应我们又事敌，具体又可分为三种情况，即抗日两面政权、中间两面政权和亲日两面政权。

昌延县委、县政府对村政权的改造，根据不同情况，采取不同办法。1942年开始，在工作基础较好的村，实行群众民主选举村干部。大部分群众对选举很重视，能把积极抗日、办事公道的人选出来主持村政权的工作。到1943年已有117个村经过选举，村政权发生明显变化。

1943年，敌人对村政权加强控制，县委决定针锋相对地在不同的村中发动“脱敌”斗争，取得显著成绩。最典型例子是：马场东沟、八家等六村，是靠近根据地的抗日两面政权，距敌高山寺据点较近，后逐步转变为抗日一面政权。五区王木营是中间两面政权的村，村民有矛盾。村中上层人士在抗日政府教育下逐步转变，最后转变为抗日两面政权。四区王泉营，因斗争环境恶化，由最初的亲日两面政权成为中间两面政权，经过多次反复争取，王泉营最后又转变为抗日两面政权。

经过一年多的斗争，村政权的情况发生显著变化，据九个区的统计，抗日一面政权已发展到36个，抗日两面政权68个，中间两面政权113个，亲日一面政权只剩下24个村。到1944年底，昌延县242个行政村，已建立党的支部的有107个村，占总村数的44%。1945年底，延庆县246个行政村，已建党的支部有 138 个，占总村数的 56%，党员人数已有 2165 人。

反“围子”斗争

1942 年春，伪满洲国为推行“固边政策”，开展“集家并村”。推行“部落化”，制造“无人区”是伪满洲国推行其“固边政策”的重要内容之一。伪满西南边境的边缘，正是昌延二区一带。为此，敌人加派大批警察监督催促强迫群众修筑“围子”。由于二区工作还较薄弱，干部很少，突然遭到敌人的威胁，群众一时不知所措，情绪非常惊慌。根据当时的情况，县委提出“搞合法斗争、公开抗修、消极怠工、突击拆毁”等抗修“围子”的措施。一些村子一直拖到秋后，实在顶不住，才开始修。

1942 年冬，县委派刘凤鸣（化名刘文科）秘密进入二区，由傅德玉带领，天天转山头，摸情况。经过一个多月的调查，终于摸清了敌我双方的情况。后在二区游击队长卫兴顺（汉家川人）的带领下，趁着夜色摸进汉家川“围子”。在镇压了几个汉奸后，发动群众拆毁了“围子”。

抗战时期延庆的“围子”

县委根据拆毁汉家川“围子”的有利时机，组织游击队，与主力部队配合，突然将台自沟五个敌炮楼烧毁，同时发动群众拆毁“围子”，不到半个月的时间，鸽子岭、王家堡、杏树台、二道关的“围子”全部被拆毁，取得了反“围子”斗争的第一个胜利。但敌人并不甘心失败，仍不断地强迫群众修围子，反“围子”斗争在二区坚持了两年之久。

破交及抗拉夫斗争

1942 年 8 月，日伪为了割断南北山的联系，要在延庆、岔道至永宁的南山边挖一条封锁沟，从各地抓来许多人，派伪警察监督挖沟；另外，敌人为加固康庄据点，要修筑康庄城墙及护城沟，向各村要夫 3000 余人。

封锁沟全长 60 余里，二丈五尺宽，两丈深，每二里设一个炮楼，驻伪警察二三十人监视来往行人。这是敌人“蚕食”进攻根据地的一个恶毒阴谋，如果让其得逞，必将给南山及平川抗战造成严重威胁。为此，县委、县政府采取三种措施进行斗争。第一，开展宣传瓦解工作，党政军干部和县区游击队员深入到民夫中，揭露敌人的阴谋，不到一个月，民夫就跑掉 2000 余人。第二，敌人强迫民夫白天挖沟，我们动员群众晚上填沟。第三，将沿封锁沟沿线村庄和康庄、下屯一带的伪保甲长集中到南山受训，向他们进行教育，发动抗拉夫斗争。

8 月，县委决定发动群众填沟。这次填沟人数多，规模大，党政军民齐上阵，一夜之间，差不多把封锁沟全部填平。封锁沟被毁坏，敌人再也没有能力恢复，南山根据地得到进一步巩固。

三、昌延联合县境内发生的主要战斗

1940 年 2 月，平北游击大队一中队在钟辉琨率领下夜袭大观头敌据点，一枪未发，全歼伪警察 30 余人，缴步枪 20 余支。这次战斗的胜利，对开辟根据地意义重大。

5 月 28 日，10 团团长白乙化率第一营和团直属队到达沙塘沟，敌人立即纠集昌平、黄花城、大庄科、永宁等据点 3000 多日伪军将 10 团包围。第二天，伪满洲军 35 团率先来犯，经一天激战，歼敌两个连 200 余人，毙敌 2 营长苏庆生以下 40 余人，并缴获了部分枪支弹药。之后，白团长率主力东进，钟辉琨率队到大海陀一带活动，留赵立业率部在原地坚持斗争。

1943年10月10日，伪满洲国军35团在伪团长王景南的带领下窜到果庄，企图袭击八路军和昌延县委机关。伪35团2营在汉奸赵海臣的带领下，从大庄科溜出向果庄一带进发，妄图继续寻袭八路军供给处。八路军10团在团长王亢的指挥下，在太子沟经过几个小时的激战，消灭伪满洲国军35团2营两个连200余人。俘虏赵海臣及日本指导官田代等七八十人，缴获机枪三挺，步枪100多支。太子沟战斗整营地歼灭敌人，是反“蚕食”斗争的一个重大的胜利，打击了敌人的嚣张气焰，增强了人民的抗战信心。昌延南山地区的形势开始向好的方向转化。

太子沟战斗遗址

1944年3月2日，10团主力进驻双营村。伪警察队100余人，由汉奸王成起带领，日本指导官参事官监督，从延庆县城出发，向双营进犯。八路军给来犯之敌以猛烈反击，伪警察队百余人被歼，只有王成起数人逃走。

第四节　延庆抗战最后的胜利

在抗战期间，八路军等抗日武装力量在延庆地区展开了艰苦卓绝的斗争，最终实现了对延庆的控制，使延庆回到了人民手中。抗日战争在延庆的最后胜利，是中国军民共同奋斗的结果。

一、八路军控制延庆川

1945年，中国抗日战争由局部反攻开始进入全面反攻阶段。1月，恢复平北地委，书记段苏权，副书记陆平。平北地委扩大会议决定，撤销6个联合县，恢复8个县；昌延联合县分治，延庆县委书记葛震，县长王华。

4月，中共中央在延安召开第七次全国代表大会，制定了“放手发动群众，壮大人民力量，在我党的领导下，打败日本侵略者，解放全国人民，建立一个新民主主义的中国”的政治路线。

日伪控制下的延庆城南城门

5月8日，德国法西斯战败投降，盟国调集重兵对付日本，加快了日本的战败。

5月至7月，平北抗日军民连续发动南梁战斗、龙门所战斗等几次大的战役，攻克日伪军大量据点，扩大了解放区，缩小了敌占区。延庆城内日军已逃窜，伪军只能龟缩在延庆、永宁、康庄三个孤立的据点里坐以待毙。至此，平北根据地被分割的形势基本结束。北部赤城、沽源、崇礼与张北地区连成一片，北部与中部龙关、赤城地区基本打通，龙关县境内日伪军全部撤出，宣怀地区日伪军的威胁大大减弱，延庆川被八路军控制。

二、延庆大地回到人民手中

8月8日，苏联对日宣战。9日，苏联出兵中国东北，加速了日本帝国主义的失败。同日，毛泽东向解放区军民发出号召："中国人民的一切抗日力量应举行全国规模的反攻……应在一切可能条件下，对于一切不愿投降的侵略者及其走狗实行广泛的进攻，歼灭这些敌人的力量，夺取其武器和资财，猛烈地扩大解放区，缩小沦陷区。"[1] 根据党的策略方针，平北地委结合具体情况提出扩大与巩固解放区，缩小敌占区，大力贯彻政策，

1 《毛泽东选集》（第三卷），人民出版社，1991年版，第1119页。

发动群众，发展党的队伍，加强新解放区工作的任务。

抗战时期的延庆城玉皇阁

1945 年 8 月 10 日，日本政府发出乞降照会。15 日，日本天皇裕仁宣布接受无条件投降。此时，国民党军开始抢夺胜利果实。8 月 11 日，蒋介石发出三道命令：命令其嫡系部队加紧作战、积极推进、勿稍松懈；命令解放区八路军部队应就原地驻防待命，不得向日伪擅自行动；命令伪军负责维持地方治安，等待国民党军队前去受降。[1] 并命令傅作义率军由绥远东进，企图抢占张家口。在这个关键时刻，毛泽东向全党及时指出："目前这个斗争表现为蒋介石要篡夺抗战胜利果实和我们反对他的篡夺的斗争。"[2] 并提出针锋相对、寸土必争的方针。同时，党中央做出决策，命令晋察冀军区八路军分兵北进，一面歼灭傅作义东进部队，一面配合苏蒙联军作战。正在延安的聂荣臻、萧克、刘澜涛立即打电报给代司令员兼政委程子华和副参谋长耿飙，命令冀察军区[3] 首先攻占张家口。张家口遂成为平北军分区的重要作战地区。

8 月 15 日，冀察军区司令员郭天民电令平北军分区司令员詹大南和政委段苏权，命令第 10 团、第 40 团停止围攻赤城，率主力逼近张家口；副司令员钟辉琨和平北地委副书记陆平，指挥各县支队围攻各县城，敦促日伪军投降。不久，又接到命令：切断日军退路，迫使日军迅速投降，要求钟辉琨率领新 6 团在宣化至南口之间破坏铁路。8 月 21 日，钟辉琨和陆平率领新 6 团，在葛震率领的延庆县游击支队配合下，攻占康庄火车站，铁

1　《毛泽东选集》（第四卷），人民出版社，1991 年版，第 1137 页。

2　《毛泽东选集》（第四卷），人民出版社，1991 年版，第 1130 页。

3　冀察军区：晋察冀军区所辖的二级军区，1944 年 9 月成立，包括平西、平北、察南及原北岳一部分，共四个军分区，郭天明为司令员。

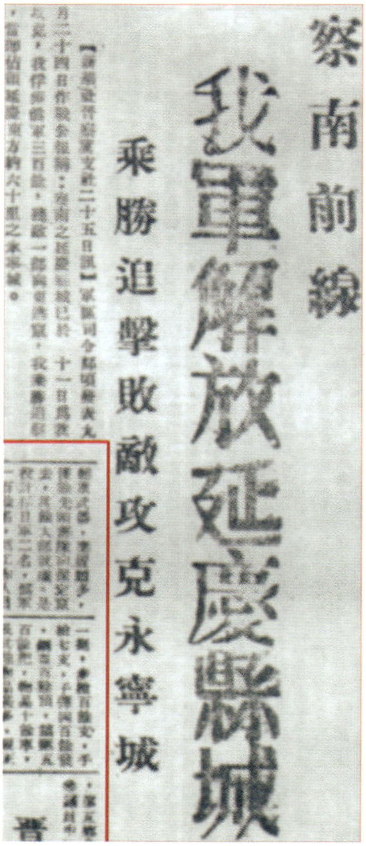
察南前線
我軍解放延慶縣城
乘勝追擊敗敵攻克永寧城

1945年9月26日阜平《抗敌报》报道《我军解放延庆县城》

路警察10多人投诚，并破坏怀来到康庄的铁路大桥，阻止日军南逃。经过紧张的准备和激烈的战斗，8月23日晨，八路军平北部队攻占伪蒙疆首府张家口。这是抗日战争中，八路军收复的第一个中等城市，具有重要战略意义。收复张家口一役毙伤、俘虏日军200余人，打死、打伤、俘虏伪军2000余人，活捉伪蒙疆副主席于品卿和张家口市长秦清川，并缴获大批武器弹药、军用物资和战马万余匹。

收复张家口之后，八路军回师，于9月19日攻克新保安，20日收复怀来县城。詹大南、钟辉琨、陆平立即率领部队准备收复延庆县城。20日傍晚，八路军前卫部队到达延庆城下，由西、南两面向城里打炮。伪军和伪县公署职员乱作一团，一面派人敲打锣鼓虚张声势，一面慌张逃窜。激战3个小时，八路军攻进城内，逃到延庆的300余名怀来县伪警察缴械投降。伪县长谢玉辉带领随从混杂在人群中逃走，伪警察头目张凤元带领伪军逃往永宁。21日八路军追至永宁，伪军弃城逃至永宁城南。八路军派张华亭去做政治工作促其投降。张凤元见大势已去，同100余名伪警察放下武器，接受改编。同日，《晋察冀日报》发布新华社电讯："察南之延庆县城已于二十一日为我攻克，我俘虏伪军三百余。残敌一部向东逃窜，我乘胜追击，复占领延庆东60里之永宁城。"至此，被日军占领的延庆土地，回到了中国人民手中。

10月3日，延庆县委和县政府在延庆城召开群众大会。10月6日，在永宁城召开群众大会，庆祝抗日战争的伟大胜利。之后，中共延庆县委和县政府又召开群众大会，悼念在抗日战争中牺牲的革命烈士，慰问抗日烈军属，激励全县军民继续战斗。

1945 年，延庆人民庆祝抗日战争胜利集会

1945 年 10 月 6 日，永宁城举行庆祝抗战胜利大会

第十三章 解放战争时期延庆的艰苦斗争

抗日战争胜利后，为保卫抗战胜利果实，十二地委（平北地委）召开各县委书记会议，布置针对敌伪军政人员清算复仇斗争。1946 年 6 月，国民党撕毁停战协定和政协决议，对解放区发动全面进攻。中国共产党领导解放区军民英勇自卫，开始了人民解放战争。1946 年 8 月，延庆县委又按照中共中央《关于清算减租和土地问题的指示》，决定以二区的柳沟、延庆区的下屯、五区的黑龙庙、七区的小川、八区的珍珠泉为土改试点。试点工作结束后，县境内土改工作开始。土改还未结束，国民党军队开始进攻解放区，延庆军民又全力投入到反对国民党军队进攻的斗争中。1948 年

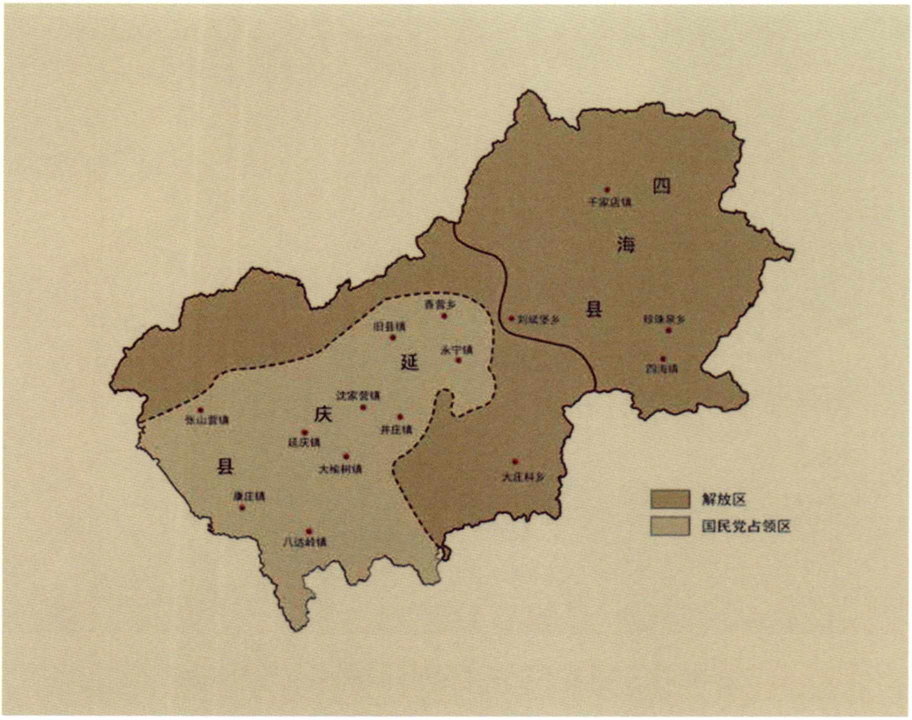

解放战争时期延庆形势图

4月23日晚，解放军26团向永宁城守敌发起攻击。次日凌晨，永宁城解放。1948年5月18日晚9时，解放军独7师扫清延庆城周围各敌据点后，于次日清晨2时对延庆城发起总攻。摧毁东门工事，主力部队分4路冲进县城，在炮兵配合下，经过激烈战斗，于19日早8时10分解放延庆县城。

第一节　保卫抗战胜利果实

1945年8月13日，毛泽东同志在延安干部会议上，发表题为《抗战胜利后的时局和我们的方针》的讲演，深刻地分析了抗战胜利后的基本形势，提出了无产阶级革命的策略，指出：对于帝国主义和反动派不抱什么幻想，不怕威吓，坚决保卫人民的斗争果实，努力建立无产阶级领导的、人民大众的、新民主主义的新中国。

一、进行复仇清算，贯彻《五四指示》

1945年秋末，为保卫抗战胜利成果，冀察第十二地委（平北地委）在怀来县北辛堡召开县委书记会议，布置清算复仇斗争，斗争的主要对象是汉奸、敌特及伪军政人员。延庆县委就此开会讨论，并召开区干部会议进行部署，清算复仇斗争在全县范围内迅速展开。

10月至12月，在群众清算斗争的基础上，延庆县委、县政府先后在延庆、永宁召开群众大会，宣判并处决了40余名为日本侵略者效劳、残害百姓、罪大恶极的伪军政人员，同时没收其全部财产归贫雇农所有。一批汉奸敌特跑到北平、南口等国民党占领区，参加了所谓“难民收容所”，并成为“还乡团”的骨干力量。

1946年5月4日，中共中央发出《关于清算减租和土地问题的指示》(简称《五四指示》)。根据国内矛盾已上升为主要矛盾，农民群众迫切要求清除封建剥削势力，将党在抗战时期实行的减租减息政策改变为没收地主土地分配给农民的政策。指示要求：“各地党委必须明确认识解放区的土地问题是我党目前最基本的历史任务，是目前一切工作的最基本环节。必须以最大的决心和努力，放手发动与领导群众来完成这一历史任务。”指示还规定“不可侵犯中农利益，对富农和地主、地主中的大中小、恶霸非恶霸应有所区别。要保护工商业，对开明绅士应适当照顾”等正确的政策。

根据中共中央《五四指示》，延庆县委决定在清算减租斗争的同时，开展土地改革运动(简称“土改”)，没收地主土地无偿分给广大贫苦农民。为了搞好这次土改工作，县委决定先搞试点。试点村有城关区的司家营、二区的柳沟、延庆区的下屯、五区的黑龙庙村、七区的小川、八区的珍珠泉等。因六区(大庄科一带)是老根据地，土改与试点村同时进行。县区干部组成5—7人的工作组深入到试点村，领导群众进行土改，总结经验后再全面铺开。

为此，延庆县采取以下两个办法：一是把有变天想法的村干部撤下去，不让他们挡道；二是工作组深入群众，了解情况，摸清思想，然后召开农会、工会、妇女会、群众会等各种会议，讲形势，讲封建地主的剥削罪恶，发动群众进行斗争。群众发动起来后，地主的威风立刻扫地，很好地解决了这类思想问题。罪大恶极者枪决，土地财产一律没收；逃亡在外的地主富农的土地财产也一律没收。分配的原则是先照顾烈军属、抗属，然后再分给一般贫雇农；若烈属抗属为富农者不分地。

1946年8月，试点工作结束后，全县土改工作开始。10月，国民党军进攻解放区。土改还未全部结束，党政军民便全力投入到反对国民党军队进攻的斗争中去了。

二、延庆保卫战

1946年6月26日，蒋介石撕毁《停战协定》，发动全面内战，国民党军队大举进攻解放区。7月20日，中共中央发出指示，从本质上分析了敌我形势，得出的结论是：我们是能够打败蒋介石的。

从7月28日开始，驻关沟国民党22师65团对延庆一区北地村、四道岭村、麻地村、三道岭村等地不断进行骚扰性进攻，延庆县游击队和民兵遵照党中央的指示，有力地阻击了敌人的进攻。

驻南口、关沟的国民党军不断侵犯延庆解放区，其目的是要占领平绥线，北上进攻张家口。蒋军的阴谋被我军识破，党中央立即进行部署阻击。8月30日，毛主席为中共中央拟电，指示聂荣臻同志：“(一)杨、苏纵

延庆保卫战

队[1]已到延庆整训甚好，该部队需补充新兵，每团充实至2500人作为突击力量；(二)平北、平西各地构筑碉堡，以地方兵团加强守备，如敌进攻，坚决歼灭之，决不轻易放弃地方。”

9月2日，中共中央再次发电指示：“张家口沿线至延庆、龙关、怀来、涿鹿各县须择要点建立堡垒，划定范围，指定地方兵团屯集粮草，准备固守。”10日，地方首长复电中央军委：“康庄、怀来线将完成第一线筑堡，并开始策划构筑下花园、延庆、龙关地带，准备在要口择重点筑堡。”

9月29日，国民党以16军一个军的兵力向延庆地区疯狂进攻，企图通过延庆攻占张家口。晋察冀独立第5旅在旅长詹大南率领下，奉命顽强阻击敌人前进，拖住敌人，为掩护地方政府和重要物资的转移，赢得了时间。蒋军16军由昌平、南口、八达岭沿平绥线迅速北进。我军独5旅24团奉命由副团长梁岐率第3营星夜赶至延庆，在大泥河与敌接火。战斗打了2天，3营边打边退，最后撤到延庆城外。这时24团已全部赶到。

9月30日，敌16军之94师侵犯康庄，发炮千余枚，掩护冲锋10多次，均被我军阻截，不得前进。我军毙伤敌400余人后，于6时主动撤出战斗。于是，敌集中兵力专攻延庆城。

由于敌人火力过强，我军向延庆城紧缩。团长吴迪率2营担任守城任务，

1　杨、苏纵队：指杨得志、苏振华率领的晋冀鲁豫第一纵队。

副团长梁岐率3营在城东，营长周德礼率1营在城西，摆开阵势，阻敌前进。22团在黄花城经四天激烈阻击战，给东路敌人53军一个师以重创后，立即以2、3营赶至延庆城北至曹官营一带阻击敌人。1营仍在黄花城截敌。

10月1日，我军先以一个团的兵力，向城南百眼泉国民党第24团2营9连阵地连续猛烈攻击三昼夜。打垮敌人数十次的冲锋，毙伤敌70余人，我军无一伤亡。22团在东翼不断给敌以反击，有力地配合了24团的正面阻击。

10月11日，张家口被国民党军占领。次日，延庆的阻击任务结束，解放军主动撤出延庆县城。

延庆保卫战，我军一个旅阻击蒋军一个军，而且是第一次与"飞机加大炮"的强敌作战。我军指战员不畏强敌，苦战13天，寸土不让，歼敌800余人，胜利地完成阻击任务，受到萧克司令员的嘉奖。延庆保卫战给进犯解放区的蒋军以迎头痛击，极大地打击了蒋军的嚣张气焰。

三、国民党占领延庆川

1946年10月12日（农历九月十八日），根据党中央新的战略部署，我军完成阻击任务后，即奉命主动撤出战斗，转往赤城一带作战。延庆县党政领导机关有计划地撤往延庆北山，从黄柏寺经白草洼、烧窑峪、白塔、西嶂、北小川，最后到达大边[1]。

撤出前，县委做了两件事：一是向群众宣传党的战略方针，不在一城一地的得失，而在于消灭敌人的有生力量。二是做好撤离的"善后"工作，在党政机关原办公房内埋下许多大大小小的地雷，使进占县城的国民党官员几个月内寝食难安。

国民党占领县城后，将延庆四街群众赶到西街衙门口开大会，叫嚣要查清共产党，还把许多群众关进大狱。第二天，像过筛子一样一个一个审问，有嫌疑者关监，无嫌疑者放回。当群众回到家时，家里已被蒋军抢劫一空，柜底朝天，值钱的东西全被抢走。蒋军团长江望山叫嚣："八路军破坏和平，

1 白塔和大边今属河北省赤城县。

不按军调处规定履行任务。”煽动群众对共产党产生不满。

10月13日，国民党县党部书记长丁健壮、县长陈伯敏及警察局长等率队进城。他们建立延庆、永宁、康庄三个镇和十三个大乡统治人民。十三个大乡的名字均以“庆”字为首，标榜“和平”“仁义”，分别为庆安、庆靖、庆善、庆宁、庆和、庆平、庆仁、庆义、庆兴、庆隆、庆乐、庆礼、庆丰。

1947年春，国民党在马厂川修筑高山寺、孟家窑两个据点，控制南山根据地；在晏家堡一带组织“关山队”，封锁北山根据地；又在北山白塔、野猪窝、五里坡一带，南山门坎石、北地一带制造“无人区”[1]，把群众驱赶到敌占区，企图使共产党及其军队、政府失去群众，无处立足。

四、国民党的疯狂报复

逃亡的地主富农组成的“还乡团”杀回延庆，横行各地，残酷报复，大肆夺地夺粮，枪杀干部，欺压百姓，延庆川充满血腥气息。

1946年8月15日，日本汉奸李殿士和刘士路策反花盆[2]区小队叛变，打死区委书记顾朋和区长刘永年。

1947年至1948年，大乡队和还乡团大肆屠杀区村干部和革命群众，抢夺群众土改分得的土地、农具、牲畜和粮食等土改成果。这些被杀害的区村干部誓死不屈，表现出了大无畏的英勇气概和高尚的革命气节，贾桂珍和韩桂芝便是他们中的代表人物。

1948年2月6日，柳沟村妇联会主任、共产党员贾桂珍被延庆县保安警察队抓捕，关进延庆城大狱。敌人天天审问，日日拷打，打得贾桂珍遍体鳞伤，浑身是血。打昏过去了，用冷水浇醒再打……她始终坚贞不屈，没有泄露党的机密。敌人硬的不行来软的，企图用丈夫、孩子、家庭软化她，用金钱利诱她。阴谋破产后，敌人把贾桂珍带到石河营村南妫水河南岸，用几道麻绳把她捆在大柳树上，一刀一刀地扎向贾桂珍。贾桂珍疼得满脸淌汗，也没有喊叫一声。扎了几十刀后，贾桂珍已气息奄奄，敌人又

1　这个企图国民党始终没有完全实现。

2　花盆：时属热河省承德市丰宁县。1947年初，划归四海县。1957年，花盆复归延庆县。

井庄镇柳沟村巾帼英雄纪念碑

把她的肚子挑开，在未出世的孩子身上也扎了几刀。贾桂珍和孩子一块躺在血泊之中，时年 32 岁。

2 月 11 日（正月初二），贾桂珍的战友——柳沟村妇联会委员、共产党员韩桂芝也遭到敌人抓捕。韩桂芝因家境贫寒，在 15 岁时嫁到柳沟村，丈夫司文清家也很穷。司文清是村武委会主任，因工作需要，司文清带她走上革命道路。司文清被国民党军杀害后，她没有被吓倒，仍在村里坚持斗争。敌人对韩桂芝软硬兼施，要她说出村里谁是共产党员，她闭口不言。正月初八，延庆城东门外广场上戒备森严，敌人荷枪实弹，广场中放着几口血淋淋的铡刀，刽子手像恶狼似的捋着袖子站在旁边，把韩桂芝带到铡刀边，几个刽子手来拉韩桂芝，她愤怒地甩开敌人的手，毅然躺在铡刀上，时年 29 岁。

延庆阴云密布，血雨腥风，但敌人的残酷镇压，并没有消弭延庆人民对胜利的向往。延庆人民在中国共产党的领导下，同国民党反动派进行了艰苦卓绝的斗争。

第二节　坚持斗争寻机歼敌

我军在南北山坚持斗争，不畏强敌，展现出坚韧不拔的革命精神。同时，四海县的建立，巩固了后方根据地，为歼敌创造了有利条件。

一、南北山坚持斗争

国民党军队进入延庆后，占据了川区和半山区。当时，延庆县川区、半山区总共 7 个区 241 个村，国民党占领了 5 个区的 198 个村，只有 2 个区的 43 个村，即南山的六区和北山的五区及四区的后河、五里坡、海沟、五间房 4 个村没被敌人占领，是根据地的巩固区。

1946 年 10 月，延庆县委撤退到白塔后，为坚持南北山的斗争，增强坚持斗争的信心，立即召开会议，分析当时的紧张形势，决定今后斗争的方针，将干部分为两部分：县委副书记郑英年、县委民运部部长崔明、敌工部部长唐思源、组织部副部长兼县委秘书靳子川和县委委员徐泽清率一部分干部到南山[1]，领导群众坚持斗争；县委书记姜国亭、县长张浩昌、宣传部部长王志宏、公安局局长丁一农等留在北山一带打游击。

蒋军占领川区后，常到根据地扫荡，特别是一些游击区更成为敌我争夺的地方。敌人大扫荡后，一、二、六及延康区干部与领导机关一度失掉联系。这两个区的领导人刘广义、吴国柱、王志英等主动召开区委书记和各区武装干部联席会议，估计形势，提出区不离区，反对右倾退缩思想，稳定群众情绪，坚持斗争并决定组织联防，加强武装斗争，组织民兵爆炸组，配合内线打击敌人，保护群众利益。

1947 年 4 月，蒋军两个连 200 多人，被平北独立团一个营和昌平、顺义、怀柔、延庆县大队 1000 余人追至东三岔，将敌包围，激战一天，毙伤敌 30 余人，俘虏 20 多人，缴获机枪 1 挺、冲锋枪 4 支、步枪 10 余支，残敌溃逃。我军营长曾哲负伤。

10 月初，活跃在平北的独立第五旅奉命改编为冀察军区独立第 2 师，下辖 4、5、6 三个团，师长詹大南，政委李光辉，参谋长吴迪。部队在四海一带开展“双查”[2]整党运动，进一步提高了政治素质和战斗意志，为配合地方土地改革，到延庆川寻机歼敌。8 日，部队到达旧县附近。旧县守军敌暂 3 军一个营误以为是县大队，企图在后所屯地区伏击。我前卫营进至后所屯，迅速向敌左翼迂回，6 团 2 营迅速向敌右翼和侧后迂回，将敌

1　住地在今大庄科乡松树沟等处。

2　双查：指查阶级、查思想。

四面包围，变被动为主动，激战约一小时，除跑掉十几个，敌军一个营全部被歼。这是国民党军占领延庆后，遭受我军主力部队的第一个歼灭性打击。

后所屯反伏击战后，估计敌人会来报复，独 2 师转移到旧县以南的南老君堂、东龙湾、石河一带，待机歼灭来犯之敌。第二天（即 10 月 9 日），敌暂 3 军 11 师一个团从怀来经土木赶来进击我军。中午，我 6 团警戒营利用有利地形，在阜高营打响了同敌人的战斗。6 团另两个营很快迂回到敌右翼，4 团迂回到敌左翼和侧后，在曹官营和阜高营之间，将敌包围，经四小时激战，敌逃掉一个营，被歼两个营。歼敌后，我军立即返回四海休整。

12 月上旬，为配合东北我军和平津地区冬季攻势，独 2 师又奉命挥师延庆川作战。

高山寺地处长城隘口，是南北交通要地，有敌地方武装 90 余人驻守。独 2 师决定拔除这个据点，打通南北山根据地的交通，歼灭敌人有生力量，扩大战果。8 日，6 团以一个营围攻高山寺。4、5 团和 6 团两个营分别部署在永宁以西和旧县以南的老君堂及二司一带，全歼高山寺守敌。原计划 9 日还将攻取魏家营，适逢敌暂 3 军 11 师 (缺一个营) 乘百多辆汽车从下花园方向赶来增援。敌进至老君堂时，即被我前卫营顶住。5 团迂回到敌侧后，断敌退路。4 团同时迂回到敌左翼，6 团两个营迂回至敌右翼，将敌分割包围。激战四小时，除看守汽车的敌人逃跑，歼敌两个营，缴获轻重机枪 4 挺，迫击炮 2 门，步枪 100 余支。

独 2 师在延庆川沉重地打击了敌人的嚣张气焰，有力地配合了地方土改工作，鼓舞了人民群众的斗争情绪。歼敌有生力量后，大批蒋军赶来增援，为避免与敌硬拼。我军再次返回四海，以保存实力，更有效地歼灭敌人。

二、建立四海县

1946 年 8 月，国民党军队疯狂进攻冀热察解放区，斗争形势复杂，环境恶劣。1946 年 12 月，中共冀热察党委根据军事斗争需要，决定在延庆、赤城、滦平、怀柔、密云等县的边缘地区新建一个县，作为后方根据地。新建县以延庆的四海为中心，名为四海县。从设立到撤销，分为两个阶段：

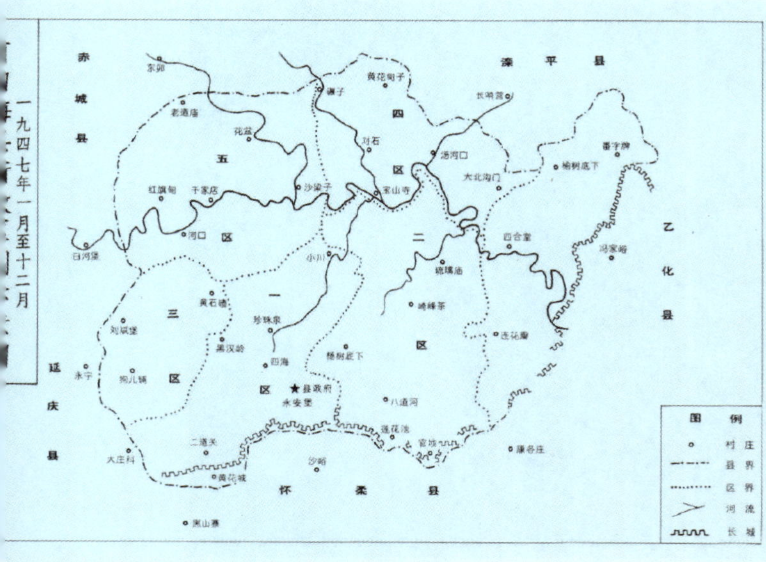

前四海县行政区划示意图

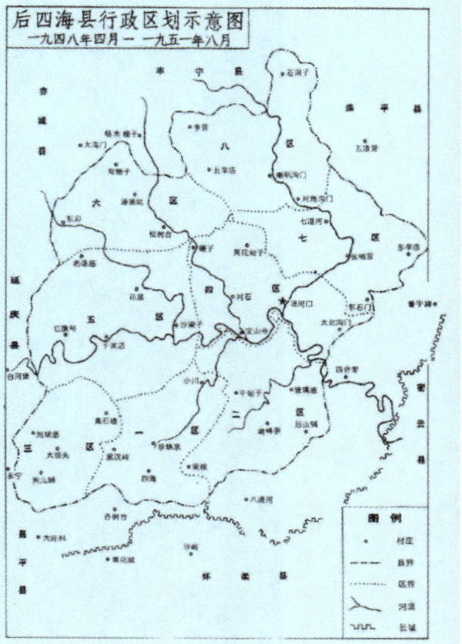

后四海县行政区划示意图

（一）1947 年 1 月 3 日在永安堡宣布成立；同年 12 月上旬撤销，原在四海地区组成土改工作团，隶属怀柔县；（二）1948 年 4 月又恢复四海县建制。由于两度建立四海县，故有前后四海县之称。

1947 年 1 月 3 日，四海县在永安堡正式宣布成立，黄代芳[1]担任县委书记兼县大队政委，王维任县长。首先，建立健全了党、政、军、群众团体及区级领导机构。随后发动群众，开展生产自救和贯彻党中央《五四指示》进行了土地改革。通过培养和教育发展了一批党员。全县下设 6 个行政区：一区四海冶、二区琉璃庙、三区大观头、四区汤河口、五区花盆和密云特区。

为方便对敌斗争，四海县曾将办公地址选在永安堡村山洞内。3 月，四海县建立县游击队，到 4 月底已有约 300 人，郑明旺任大队长，黄代芳兼政委，后又调杨平任副政委。4 月，四海县在五区 (花盆) 剿匪取得胜利，多数土匪被争取瓦解，少数顽固头子被镇压。

在不到一年的时间内，四海县就完成了建立武装、剿匪、组织生产度荒、

1　黄代芳 (1909—2004 年)：原名蹇先任，女，湖南省慈利县人。1926 年加入中国共产主义青年团。1927 年加入中国共产党。1935 年 11 月，随红二军团参加二万五千里长征。曾任中共中央组织部副秘书长、中央纪律检查委员会委员。

20 世纪 80 年代，黄代芳（左二）看望四海乡亲

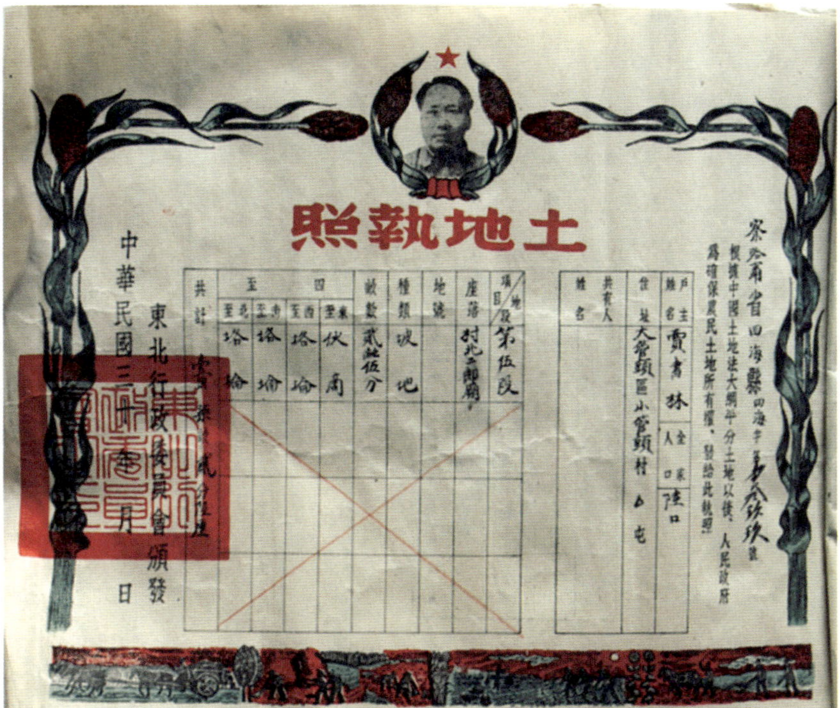

土地執照

察哈爾省四海縣

根據中國土地法大綱平分土地以後，人民政府為確保農民土地所有權，發給此執照

戶主姓名	全家人口	住址	共有人姓名
賈書林	陸口	大營頭區小營頭村 屯	

項目/地段	座落	地號	種類	畝數	四至 東至	四至 西至	四至 南至	四至 北至	共計
第伍段	村北二郎廟		坡地	貳畝伍分	伙両	塔峪	塔峪	塔峪	

東北行政委員會頒發

中華民國三十 年 月 日

四海县颁发的土地执照

土地改革试点等任务。

1947 年冬，在土地改革过程中，停止了各区所属支部活动，执行“左”的政策，扩大打击面，伤害了基层干部，影响了党内团结，党群关系受到破坏。加之国民党军队对解放区的猖狂进攻，四海地区党组织遭受严重挫折。1947 年 12 月上旬，中共平北地委以县委领导犯“右倾”错误为由，决定撤销四海县，将四海地区并入怀柔管辖。

1948 年 4 月，根据冀热察区行政督察专员署第 1 号通知，恢复四海县建制。四海县存续期间，县委带领全县人民进行解放战争、土地改革以及中华人民共和国成立初期的革命和建设，为党的事业做出贡献。1951 年 8 月，四海县再次撤销。原四海县的宝山南部地区划入热河省滦平县，汤河口、长哨营等区域于 1952 年 7 月 1 日划归怀柔县，汤河口列为怀柔第六区，长哨营列为第七区。原四海县的部分区域划归延庆县，其中原四海县三区变为延庆县八区（驻大观头），一区变为延庆县九区（驻四海）。

第三节　延庆的土地改革

1947 年，我军在延庆川取得胜利，稳定了民心，扩大了解放区。随后，延庆县委响应中共平北地委土改号召，在山区推进分浮财运动，培训贫雇农积极分子，领导土改工作。1948 年，延庆根据地春耕生产蓬勃展开。县委在土改中分两期推进，首批迅速完成土改任务，第二批紧随其后。通过合理斗争，纠正“左”倾，合理分配地主财产，彻底摧毁封建剥削，实现“耕者有其田”，贫苦农民翻身做主，春耕生产热火朝天。

一、延庆土改

1946 年 10 月 12 日，蒋军占领延庆川区，在延庆建立了新的统治秩序。蒋军烧杀抢掠，肆意妄为。“还乡团”反攻报复，残暴凶狠。

1947 年夏，我主力部队独 2 师奉命开进延庆川，打了几个胜仗，稳定了山区干部群众的思想，也鼓舞了川区群众的情绪。由于全国形势的好转，主力部队在川区不断打击敌人，扩大了解放区，工作能暂时到达的村已有 131 个，占川区村庄的 60%。

为了巩固来之不易的胜利果实，坚定人民的必胜信心，县委决定进行土改分浮[1]运动。由于川区敌人仍占优势，这次土改分浮只能在山区进行。虽在山外的川边地区搞过武装分浮，但效果不好。

当时，中共平北地委提出的口号是“解放战争大发展，贫苦农民大翻身”“贫雇农打天下坐天下”“平分土地，填平补齐”等。县委为更好地进行这次土改，于10月20日前后，分别在南山和北山召开农民代表大会，训练贫雇农积极分子。游击区的代表要求多训练贫雇农，人多力量大胆子大，使敌人找不到目标，无法进行报复。县委接受这个意见，先后召开6期代表会议，培训840余名积极分子。

训练结束后，县区干部和贫雇农代表组成工作团，负责领导运动，并掌握全面工作，如征收、扩军、支前、“搬石头”等。各区工作团组成三人至五人的工作小组，到各村进行工作，各村以受过训练的贫雇农为骨干，组成雇农团，掌握村里的一切大权。党的支部生活冻结，以保证“贫雇农坐天下”“贫雇农说怎么办就怎么办”。

首先，北山巩固区开始行动，工作团重点示范后，土改分浮即传遍整个山区，很快又传到川区。南山稍晚了一些，没有重点示范，而是采取“大平面”村村点火的办法，全面铺开。一天内，就将全部地富扣押起来，进行斗争。

第一步是分浮财，巩固区和游击区的119个村，进行了“分浮”斗争。办法主要有三：第一，川区接近游击区是武装“分浮”，县区干部和游击队员带着武器夜间进村，挖到地主、富农的浮财，即送到贫雇农家里；或者将贫雇农集中起来，谁拿归谁。第二，县区干部到村，找个别贫雇农，问明贫苦情况，大致分等，把浮财分给群众；或是由干部带领贫雇农到地主富农家里，挖出浮财直接分给群众，但只有少数大胆的留下，大多数人第二天又将浮财送回地主、富农家里。第三，巩固区和山边工作基础较好的村子，则组织贫雇农诉苦，挖穷根，填穷坑，分地分浮财。分浮财是缺什么补什么，自报公议；有的村分四等，有的村分三等，尽量照顾周到，有的村太穷，浮财少，自然不能完全满足贫雇农的要求。

1 分浮：即分浮财。浮财，指土地改革时期，地主和富农所拥有的金钱、粮食、衣服、什物等动产。

游击区分浮，群众顾虑最大。从地富家起出浮财，送到贫雇农家，叫不开门的就隔墙往院里扔。三区区委主要领导干部不同意在游击区搞武装分浮，县委根据察东地委副书记的指示，决定解散区委，几个主要领导干部分别给予留党察看或党内严重警告处分。

第二步是平分土地。巩固区 64 个村是打乱平分的，在山地游击区的部分村庄，则进行土地调整，即把逃亡地富的土地分给缺地而又敢耕种的贫雇农。大部分村则实行填平补齐的办法，即自己原有的土地不动，把全村的土地按户数多少，土质好坏，分上中下三等，按每个人应得数，以户为单位分地，同时也要照顾到地的远近，达到平均。因为山地住户分散，为了种地方便，将山沟、山坡土地分为三等，计算产量，不从土地好坏上绝对平均，而要求做到产量平均即可。

延庆川的情况则极为复杂。国民党中央军占领后建立了村政权，我们工作队到达后，也没有彻底摧毁，有相当部分的村政权，掌握在地主富农或他们控制的人手中。游击区几乎普遍是这种情况。这些人成为土改分浮运动中的障碍，不搬掉这些绊脚石，工作就无法进行。而我们原有干部队伍中，凡有碍运动者，也在必搬之列，而多数干部则采取回避政策。所以，运动一开就先“搬石头”，共搬起 559 人，搬掉 149 人，放了 298 人，关押 83 人，杀了 50 余人。90% 的“石头”是县区搬的，只有一、六区的部分村是群众自己动手搬的。南山搬起 400 人，搬掉 10 人，释放 255 人；北山很少，只是群众自己搬起 57 人。

由于群众运动声势极大，迅猛异常，压倒了一部分地主富农的气焰，被迫向贫雇农低头，但也出现了“左”的过激倾向。

这次土改分浮的“左”倾主要表现是：严重侵犯中农利益；对大中小地主不加区别，杀人多了一些。组织路线表现关门主义严重，一律踢开旧干部，冻结党支部生活；组织贫雇农团，男人查三代，女人查六代。

侵犯中农利益现象普遍存在，而北山比南山要好一些。“左”倾的主要原因是“解放战争大发展，贫苦农民大翻身”“贫雇农打天下坐天下”的指导思想造成的，以及“贫雇农说怎么办就怎么办”的严重尾巴主义。另外，就是阶级队伍不纯，有些基层领导里混进了坏人，乘机打击报复。从工作方法看是训练干部时间太短，政策掌握不好，认为比家底就是分家底，比光景就是为拉平。

二、贯彻《土地法大纲》

1947 年 7 月 7 日至 9 月 13 日，中共中央工委在河北省平山县西柏坡村召开党的全国土地会议，制定了《中国土地法大纲》。10月 10 日，由中共中央公布实行，从而推动了全国各解放区土地改革运动的发展，为在全国消灭封建剥削制度提供了一个战斗纲领。但是，会议对前一段土改中已经出现的“左”的倾向缺乏注意，因而使“左”倾错误进一步得到发展。12 月 25 日至 28 日，中共中央在陕北米脂县杨家沟召开会议。会议讨论并通过了毛泽东同志所作的《目前形势和我们的任务》的报告。从这次会议开始到 1948 年春，党中央用很大精力纠正党内出现的“左”的和右的、主要是“左”的错误倾向。

延庆县委根据地委指示，立即组织干部调查，迅速纠正土改中的“左”倾错误，特别是侵犯中农的错误。由于上级抓得紧，干部行动快，凡侵犯了中农利益的一律全部纠正；多分富农的东西，予以退还；对扫地出门的地主，留给土地，以维持一般生活水平。由于迅速纠正了“左”倾错误，安定了人心，1948 年，根据地的春耕生产轰轰烈烈地开展起来了。

1948 年，形势发生极大变化，延庆地区大部分解放。东北野战军星夜入关，平津战役迫在眉睫，支前、征收任务十分繁重，干部奇缺，抗战期间提拔的干部又要调往东北。伪保甲组织机构没有来得及变动，伪保甲长们又为我工作，群众莫名其妙。老区土改的影响，加上两年来地主夺地夺粮的残害，川区广大贫农积极要求土改复仇，经常到县、区询问。而中农则怕平分，有的抱有怀疑态度。地主、富农则大吃大喝，转移财产，或低价出卖土地，进行破坏。由于支前任务特别繁重，所以全面土改推到年底进行。

三、工作步骤

根据任务紧、工作多、干部少的情况，县委决定新区土改分两期进行。东三区(二区、三区、永宁区)为第一批；西五区(一区、四区、七区、康庄区、延庆区)结合支前，安定社会秩序，宣传政策，解除群众顾虑，第二批进行。

第一批的三个区，1949 年 1 月 3 日，在永宁召开 700 余人的贫雇农代表大会，宣传土改政策，三天内即划定阶级成分，张榜公布，五六天时间，即将地主富农的元宝、银圆、浮财挖出，然后登记土地，进行丈量。1 月 31 日各村分配土地，2 月 12 日前大体分毕。

2 月 13 日，县委在延庆召开西五区贫雇农 1000 余人的代表大会。县机关干部及分区党校来的干部集中使用，并抽调老区村干部 100 多人帮助突击，2 月底基本完成。

四、胜利果实

根据 1947 年土改经验，一般采取说理斗争的方式，禁止捆绑吊打，不得乱加扣押。罪大恶极须处死者，报县政府批准执行。尽管运动开始时，各村吊打扣押现象仍然不少，但很快就陆续纠正了。所以这次土改的斗争方式，总的说是符合党的政策的。

据一、二、四、延、永、康六个区统计，共分地 36390 余亩，分房 1533.5 间，分粮 5498 多石，布 2318 匹，衣被 12426 件，牲畜 373 头，猪 385 头，农具 3047 件，家具 25662 件，尚有白银 9387 两。土地归还农民，实现了“耕者有其田”，几千年的封建剥削制度被彻底摧毁，贫苦农民获得彻底翻身。

根据《中国土地法大纲》，1948 年底至 1949 年初，县委在新解放区进

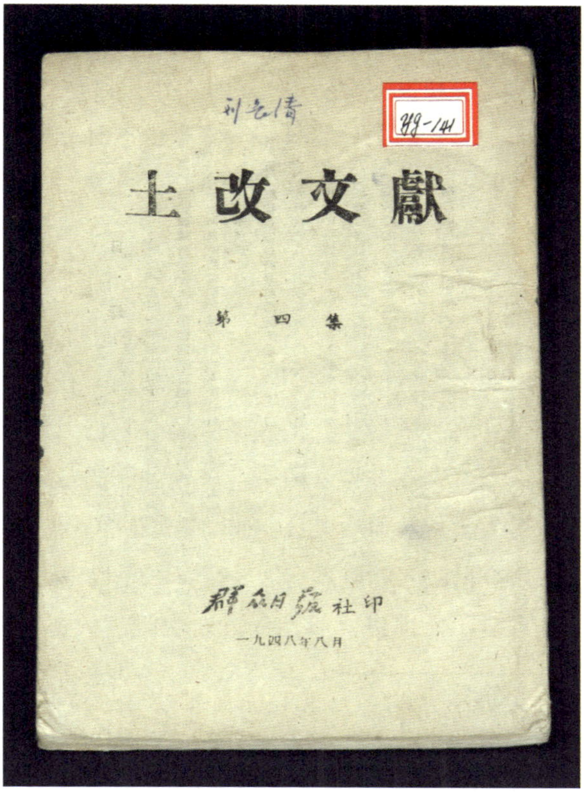

1948 年《土改文献》

行土地改革，彻底消灭了封建剥削制度。所以，这次土地改革，虽然时间短，又处在全国解放前夕的紧张时期，但政策掌握较稳，整个运动是健康的。

第四节　延庆的解放

解放战争进入第二年，冀热察独立第 2 师在四海战斗中取得胜利，使得延庆地区的斗争形势开始好转，扭转了冀东地区的战局。

一、四海战斗

冀热察独立第 2 师在延庆川沉重地打击了敌人，使敌恼羞成怒，便来进行报复。

1948 年 1 月 12 日，国民党傅作义部暂编第 3 军第 11 师同延庆 13 个伪大乡队共 3000 余人，从延庆和永宁出发向四海方向出击，企图寻找独 2 师决战。独 2 师得知敌情后，立即进行歼敌部署，5 团 (团长李洪元) 占据南湾北山和大胜岭后山；6 团 (团长梁岐) 占领南湾村南的乔玉顶等高地，布成六里长的大口袋阵势。察东分区独立团和延庆县大队在司令员钟辉琨的率领下，在延庆县城东北约 15 公里处的米粮屯至烧窑峪一带牵制延庆、康庄援敌。同时命令远在黄花城、石湖峪的 4 团 (团长刘义荣) 急行军赶至黑汉岭以东，断敌归路。5 团和 6 团刚进入阵地，即与敌接火，战斗异常激烈。

北平军分区独立团（团长黄炳南）在司令员曾威带领下，紧跟 6 团之后，并肩进入战斗。敌人遇到顽强阻击，也知是我主力，立即集中主要兵力武器，企图夺取 6 团一连阵地的制高点——乔玉顶。乔玉顶高地一线战斗最为激烈，师参谋长吴迪[1]在战斗中壮烈牺牲。5 团和 6 团的其他阵地也多次打退敌人的进攻。因等待 4 团断敌后路，所以我军没有及时发起冲锋，敌人也不能前进一步，双方处于僵持状态。黄昏时，4 团赶至黑汉岭，占

1　吴迪（1913 年—1948 年）：原名吴世禄，湖北黄安县人。1913 年出生于贫寒农家，1929 年参加革命。经过二万五千里长征。抗战时，任挺进军侦察科长，出入敌占区如入无人之境，被誉为“无敌”英雄。1940 年遂更名吴迪。1948 年在四海战斗中牺牲，解放后遗骨葬于石家庄烈士陵园。

据东大嵯、楼子坡等有利地形。此时，敌人完全陷入我军包围之中。在大量歼敌有生力量后，天亮前撤出战斗。于是，我军发起全面总攻，前后左右都开展白刃战、肉搏战，打得敌人只有招架之功，没有还手之力。打至午夜，4团2营4连2排长王谦率全排战士，冲进南湾村敌师部村民韩少发、韩少文的院子，捣毁敌指挥机关，俘敌一部，敌指挥系统顿时瘫痪，乱作一团，遂集中于大胜岭东侧和乔玉顶顽抗。

为减少伤亡，更有效地全歼敌人，我军立即撤出战斗，估计敌在天亮时要向永宁溃逃，我军即在沿途设下埋伏，再打一个伏击。果然，天刚亮残敌即向永宁方向慌忙撤退，又遇我军伏击，敌狼狈不堪，四处逃命，武器辎重，遗弃遍地，待敌逃回永宁时，一个整师溃不成军。

这次战斗，俘敌300余人，毙伤敌1500余人，缴获山炮1门，六〇炮5门，重机枪12挺，轻机枪45挺，步枪226支及许多其他军用物资，敌地方武装13个大乡队基本被消灭，以后再没有完全恢复起来。战斗结束后，王谦排被授予“南湾排”的光荣称号。

四海战斗的胜利，沉重地打击了敌人的猖狂气焰，有力地配合了我军东北及平津的冬季作战，扭转了察东地区的战局，特别是打垮了敌13个大乡队，使延庆地区的形势开始好转。四海战斗不久，独2师即转入东北作战。

四海战斗遗址

二、解放永宁城的战斗

从1946年10月延庆保卫战开始，到1948年1月四海战斗胜利历时一年零三个月的时间，整个战争形势已发生了根本变化。

1948年1月，四海战斗后，独2师奉命开往东北，编入11纵队。察

解放战争大反攻，延庆民兵喜缴敌机枪

东独立团、平北独立团和热西独立团编为冀热察独立第7师（简称“独7师”），隶属东北军区管辖，继续活跃在长城内外。

从全国形势看，各个战场的人民解放军已转入反攻。从3月23日开始，西北我军转入反攻，于4月22日收复延安。华北解放军连克石家庄、洛阳、临汾等重要城市。晋察冀和晋冀鲁豫两大解放区已连成一片。东北近99%地区已经解放，蒋军只能龟缩在几个孤立的大城市等待被歼。

延庆地区是连接东北和华北的枢纽，战略位置十分重要。解放延庆及其周边地区，率先打通这一战略枢纽，就可为即将发起的冀热察战役打下坚实基础。

1948年4月22日，冀热察辽26团[1]，在延庆、怀柔、四海县大队配合下，由平北分区司令员唐家礼统一指挥，向永宁城发起攻击。其战斗布置是：第26团第2连攻取北门后，迅速夺取街心玉皇阁；怀柔县大队随2连进北门，攻敌保警大队部；第1连进北门后，顺大街直捣南门；第4连夺取西门；第3连设伏南门外，负责围歼逃窜之敌。当时，延庆县大队两个连在北门战斗打响后，迅速歼灭西门外居民区内的“还乡团”，并以一部佯攻西门；另一个连和部分游击队埋伏在延庆和永宁之间，警戒和截击延庆增援的国民党军。部分区游击队负责护送担架、粮菜供应、押送俘虏等任务。

当时，驻守永宁的国民党武装有延庆县保警大队近400人、“还乡团”300

1　26团：即新组建的平北独立团，团长丁龙潜，政委姚秦城。

多人。黄昏时分战斗打响，解放军第26团第2连以密集火力掩护爆破组炸毁北门，全连冲进去，一番激战后占领北门，并迅速抢占街中心玉皇阁。其他各部也按预定计划攻占东、南、西三门。23日凌晨，将敌人逼至东南一隅的保警大队部内。12时，人民解放军及地方武装发起总攻。14时结束战斗，永宁城解放。

此役，毙敌65人，伤敌39人，俘虏545人，缴各种枪支515支(挺)，国民党永宁镇镇长被活捉，延庆“还乡团”被彻底消灭。战斗中，我军伤亡40余人，延庆县大队第3连连长赵本牺牲。永宁城回到人民手中，由此吹响了延庆全境解放的号角。

三、解放延庆的战斗

1948年5月，中国人民解放军华北军区根据中央军委关于向冀东地区出击，拖住华北国民党军，配合东北人民解放军作战的指示，在东北军区部队协同下，发起冀热察战役。第2兵团司令员杨得志、政治委员罗瑞卿率第3纵队、第4纵队、第2纵队第4旅，共7个旅的兵力，挺进热西、冀东，以宽大机动[1]的战术，对分散守备的国民党军集中兵力，采取远距离奔袭，大胆深入到其占领区域内予以歼灭。13日夜，部队从蔚县出发，挺进热西、冀东。16日晚，第4纵队由怀来、康庄之间越过平绥铁路。第4纵队的过路行动，引起国民党军的警觉，华北“剿总”急调暂编第3军、第94军尾随至延庆地区。

5月18日晚，冀察热辽军区独立第7师在师长陈宗坤、政治委员谢明的率领下，由第4纵队第11旅第33团及延庆、赤城县大队配合，对延庆城外围猝然发起进攻，迅速扫清阜高营、孟庄子、下阪泉、黑龙庙、小纸坊屯、石河营、下屯、南辛堡等据点，同时占领县城东关、西关和北关。5月19日凌晨2时，解放军向延庆城发起总攻，先集中火力摧毁东门外围工事，爆破组随后跟进炸开东城门，攻城部队分4路向城内纵深推进。在

1　宽大机动：即为了争取主动或形成较敌有利的态势，在一个或数个战区内有组织地迅速机动兵力。目的在于创造或寻找敌人的弱点，并抓住其弱点给以有计划的突然的袭击。见《中国军事史辞典》，湖北人民出版社，第726页。

延慶巡禮

徐攻

十九日拂曉三點多鐘，記者隨衛鋒部隊入城。全城充滿了濃烈的火藥氣味。此時我軍已佔領東城戰堡，繼續向西城推進。

延慶城四門四關，長寬各一里，由於敵怕我軍攻打，北門與西門早已堵死了。在高三丈五尺堅固的城牆外邊的護城河外，敵人滿釘上竹箭似的木簽子。全城共有大小碉堡七十三座，而城心的鐘鼓樓，爲最大與最堅固者。

戰鬥仍在激烈進行着，入城部隊的紀律檢查組在東大街巡行，鐘鼓樓的敵人不斷向他們射擊。擔架隊梭行在大街上，東關的老鄉們幫助部隊往城裡送飯送水。

南街賣燒餅的車老太太、拿出燒餅給戰士吃。一個戰士把五千元的邊幣（合蔣幣五萬元）放在桌子上匆匆就走，老太太手裡拿着票子邊走邊說：「不用給錢！」追到門口，那戰士早走得沒影兒了。她兒子逃避偽匪抓兵昨天才回來。從[illegible]年至今，敵已抓兵兩次，這次準備再抓一千五百名壯丁，但匪幫們還未及實現他們的「計劃」，自己卻作了俘虜。

車老太太的兒子說：敵人苛雜特多，除盤據此地的匪軍外，「縣政府」，「警察署」，「鎮、保公所」等機關的開支，全由延慶城裡人民負擔，差不離買賣家都關了門，僅在集日，拿出一部東西擺個小攤。他說：「咱們（指解放軍）這一回來，我們作小買賣的、又像前年（偽匪侵佔前）一樣的有活路了！」

早晨七點多鐘，太陽照着延慶城，鐘鼓樓裡的敵人經過三點五十五分鐘的頑抗，已被我軍猛烈的砲火征服，活着的全當了俘虜。勇士們扛着繳獲的武器，押着成群的俘虜，從各條街道上走向東門。除少數的「官兒」們恐懼之外，其餘的人全是歡歡喜喜的，我問他們爲什麼不早交槍？他們很多人一齊開口說：『我們早交槍，當官兒的不讓，先頭有人說「算了，不行啦，交槍吧！」當場就被當官兒的打死。我們怕死，誰也不敢說不打！』其中一個姓李的，頭上紮着解放軍的綳帶，雖然一臉血，但獲得解放的愉快心情，仍看得出來，他和很多人高興的說：「得了！這回算熬出來啦！」

民主政府的工作人員，在街上貼佈告，老鄉們打掃街道，婦女們刷掉敵人的標語，小孩子們在大街上跑來跑去，忙着看望每個心熱面不熟的解放軍戰士。

1948 年 6 月 3 日《冀热察导报》《延庆巡礼》

炮兵火力支援下，消灭了凭借碉堡、玉皇阁[1]负隅顽抗的国民党军。8 时 10 分，彻底占领延庆城。

解放延庆城的战斗，击毙国民党延庆县长兼保警团团长崔少荃，全歼热察绥保安纵队第 2 纵队、延庆县保警团和自卫队、国民党延庆县政府及乡政土顽 1883 人，其中击毙 234 人，击伤 176 人，俘虏 1473 人。缴获六〇炮 2 门、马炮 2 门、轻重机枪 17 挺、步枪 856 支、短枪 29 支、炮弹 64 发、子弹 4 万余发、手榴弹 2000 余枚，其他物资若干，人民解放军牺牲 55 人，伤 221 人。

《冀热察导报》于 5 月 24 日发布解放延庆县城的消息："自十八日，我军扫除延庆城外的据点后，于十九日晨三时向延庆城关发动进攻，三十分钟后，我即突入城内，激战至八点钟，守敌全部被歼，该城遂被解放。"至此，延庆县境内除康庄、八达岭、青龙桥一线外全部解放。

四、解放康庄的战斗

随着解放战争在华北地区的全面推进，驻守北平的傅作义急忙调兵遣将，在京张铁路沿线摆出长蛇阵，企图扼守张家口、宣化、怀来、康庄等战略要地。

1948 年 11 月 1 日，东北野战军第 4 纵队和第 11 纵队先遣队奉命入

1 延庆玉皇阁：始建于明崇祯六年（1633 年），竣工于十五年（1642 年）。1948 年 5 月 19 日凌晨，国民党军队凭借延庆城最高点玉皇阁负隅顽抗，解放军在东关架设迫击炮，将玉皇阁炸毁，解放军顺利攻进延庆城。

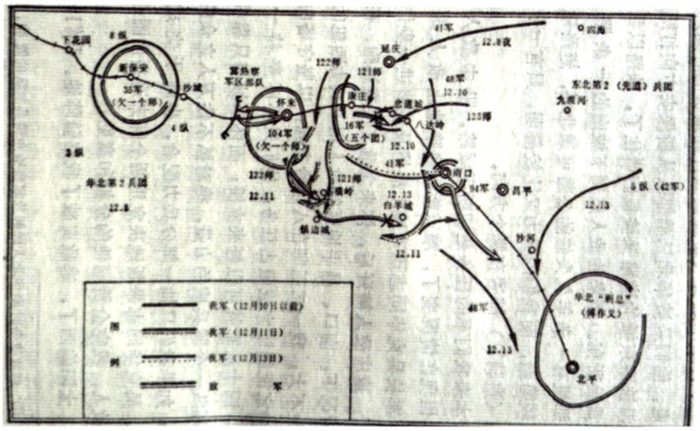

康庄、怀来追击战示意图

关，昼夜兼程，向平津进发，准备发起平津战役。其间，第 4 纵队改编为中国人民解放军第 41 军，第 11 纵队改编为中国人民解放军第 48 军。12 月 5 日，中央军委电令尚在天津蓟县地区的解放军第 41 军[1]，急行军赶往平绥线，必须于 12 月 8 日阻止国民党第 16 军西进，粉碎敌军解救被华北军区第 2 兵团包围在新保安的傅作义部第 35 军的企图。同时切断康庄与怀来、康庄与南口之间国民党军的联系，并包围康庄守敌。第 41 军远在蓟县地区，接到命令后一路急行军，经怀柔、四海、汉家川和马场川，于 9 日拂晓抵达平绥铁路八达岭、康庄一线，迅速包围驻扎康庄的国民党第 16 军。

人民解放军第 41 军第 122 师第 365 团，担任切断康庄与怀来守军联系的任务，在康庄西小王庄村，与援救新保安的国民党第 16 军第 64 团两个营遭遇。在康庄西侧铁路和公路交叉处，团参谋长刘云庭命令第 6 连抢先占领小王庄，堵住了国民党军西进的道路，国民党第 16 军被人民解放军第 121 师包围在康庄。人民解放军第 123 师已占领八达岭一带的有利地形，并堵住东来增援的国民党军。国民党军沿平绥铁路布下的长蛇，完全被解放军困住，只待挥刀将它斩断。

被包围在康庄的国民党第 16 军已成瓮中之鳖，既无心恋战，又怕被解放军歼灭。12 月 9 日午夜，第 16 军突围，企图经里、外炮向南口方向逃窜。解放军第 362 团在外炮村西北追上逃敌后尾时，解放军第 123 师已将逃敌堵击在炮儿山、羊儿岭一带。解放军各部战士插入敌群，并两侧包抄前后夹攻，第 16 军溃不成军。解放军共歼敌 6600 余人，国民党第 16 军军长带一小部乘黑夜混战逃脱。第 48 军第 142 师、第 143 师歼灭密云

1　第 41 军军长吴克华、政委莫文骅。

国民党军后，经怀柔、四海、永宁进至大泥河、康庄一线，又进至南口，在瓦窑沟地区，歼灭从怀柔逃来的国民党军一个师。12 月 10 日，人民解放军全歼康庄守敌。

按照毛泽东关于平津战役的作战方针，人民解放军采取“隔而不围”“围而不打”的办法，将傅作义摆下的一字长蛇阵切成数段，再一段一段地歼灭，康庄战斗胜利完成了斩断长蛇的任务。为全歼怀来和新保安的国民党第 35 军创造了有利条件，为平津战役的胜利做出了贡献。康庄战斗的胜利，标志着延庆县全境解放。

第五节　迎接新中国诞生

随着解放战争的胜利推进，延庆县迎来了历史性的转折。延庆县召开第一次党代表会议，凝聚了全县党员的智慧与力量，为迎接新中国的诞生做好了充分准备。随后，延庆人民满怀激动与自豪，热烈庆祝中华人民共和国的诞生，标志着延庆从此翻开了历史新篇章，步入了崭新的发展时代。

一、延庆县第一次党代表会议

延庆县土改基本结束后，县委于 1949 年 3 月 5 日在县城召开延庆县第一次党代表会议。正式代表 58 人，列席党员 43 人，代表全县 3317 名党员。会期三天，会议主要议程：（一）传达中共察哈尔省党代会精神；（二）解决干部思想问题；（三）部署 1949 年延庆县大生产任务。会上，中共延庆县委书记姜国亭传达了察哈尔省党代会精神并通报了全国形势。姜国亭强调：军事上，我们已经取得了决定性胜利；在估计美国是否可能出兵武装干涉中国内政时，省党代会指出，我们思想上有准备，我们革命力量越大，美国越不敢出兵。政治上，广大

姜国亭

群众、民主人士、国民党的左派及中间人士已经倾向于中国共产党的领导。我们的任务是：将革命进行到底，不能半途而废。

会议就干部思想问题也做了分析和要求：由于形势好转，干部队伍中滋长了松懈、麻痹和退步思想，开始出现工作不积极和追求安逸生活等状况。会议强调革命的道路还很长，革命的任务还很重，革命胜利后还有很繁重的建设任务，干部中的各种错误思想必须改正。会议要求进一步加强党的纪律性，保障革命的胜利。

会议还就 1949 年的生产任务提出了具体要求：全县要实现 47.1 万亩耕地，每亩增产 7 升的目标，总计增产粮食 3.3 万石。为更好完成各项生产任务，县委决定成立生产委员会。成员包括：姜国亭、张浩昌、王志宏、徐泽清、孙恺、马毅民、王植品、陆坦，区委书记和区长为委员。并提出了具体的增产措施，号召各区开展生产竞赛活动。

3 月 5 日，县委书记姜国亭作大会总结：(一) 做好支援战争的各项工作。各区党委要在春耕期间把战勤 (作战和后勤) 工作队伍整顿好，认真做好优抗[1]和抚恤工作，做好庆功和追悼革命烈士工作。(二) 解决土改遗留问题。对于土改中斗错中农的问题要抓紧进行赔偿，干部分好地、多分浮财的要退出，村党支部不纯的要调整，教育贫雇农彻底打倒封建势力。(三) 加强对生产工作的认识。为了全国胜利，继续支援战争，恢复战争造成的破坏，全县党员要认识发展生产的重要性。今后，要长期建设国家，要有全面性、计划性、长期性的建设思想。全年工作要以大生产为中心，一切部门的工作都要围绕生产，用生产来衡量各自的工作；一定要克服困难，加强领导。(四) 继续整党建党。总的要求是每个村都要有党支部，让党支部成为村的领导核心；要严格审查脱党的党员，根据各区的不同情况做出具体安排。

会议还对安全保卫、武装建设、妇女、青年、文教等工作提出了要求。号召各区展开竞赛，各区代表纷纷响应，拟条件、写挑战书，保证完成各项任务。

第一次党代会结束后，延庆县委撰写《延庆县党代会报告》呈交地委。这次党员代表会议，分析了当前形势，明确了工作任务，武装了干部思想，

1　优抗：指优待抗日军人家属。

鼓舞了群众的革命斗志，对于完成支前、生产、剿匪和土改扫尾等工作起到了重要作用。延庆县第一次党员代表会议，是中共延庆县委成立以后召开的第一次全县党员代表会议，在延庆党的建设史上具有里程碑式的意义。

二、延庆人民庆祝中华人民共和国诞生

1949 年 1 月 22 日，傅作义宣布接受和平改编。31 日，人民解放军第 41 军第 121 师进入北平接防，北平和平解放，平津战役结束。

4 月 1 日，中国共产党代表团与南京国民政府派出的谈判代表团在北平谈判。4 月 20 日，国民党政府拒绝中国共产党代表团提出的《国内和平协定 (最后修正案)》。4 月 20 日子夜，人民解放军百万雄师横渡长江。4 月 23 日，人民解放军占领南京，宣告了国民党的反动统治彻底覆灭。随即东南、西南相继解放。

4 月 5 日清明节，在县城东岳庙旧址空场上举行“延庆县各界公祭抗日解放战争中为国家为人民殉难诸先烈大会”，会上宣读公祭文。4 月 14 日将“祭文”勒石竖碑于县城西北隅原三清观遗址烈士陵园，1954 年随官厅水库淹没区烈士墓动迁一并移至岔道烈士陵园。

9 月 21 日至 30 日，中国人民政治协商会议第一届会议在北平举行，会议通过《中国人民政治协商会议共同纲领》，选举了中央人民政府委员会，毛泽东当选为中央人民政府主席，朱德、刘少奇、宋庆龄、李济深、张澜、高岗当选为副主席，并庄严宣告：“中国人民已经战胜了自己的敌人，改变了中国的面貌，建立了中华人民共和国。”

10 月 1 日，首都 30 万军民在天安门前集会，隆重举行开国大典。毛泽东主席亲手升起第一面五星红旗。同日，延庆人民群众举行游行集会，欢庆中央人民政府的成立，欢庆中华人民共和国的诞生。

从此，中国人民漫长的民主革命基本结束，开始进入伟大的社会主义革命和建设的新时期。中国人民的历史将翻开新的篇章！

延庆历史进入了新阶段，延庆人民开始了新生活！

第十四章　社会主义制度在延庆的基本确立

中华人民共和国成立，中共延庆县委在中共察哈尔省委和察南地委领导下，初步建设人民政权。全县人民相继开展了土地改革、镇压反革命和抗美援朝等运动，进一步巩固人民政权。1952年11月，延庆县划归河北省管辖。1953年，延庆县委深入宣传贯彻党在过渡时期的总路线，制订实施第一个五年计划。同时，在党中央和河北省委部署下，延庆全面推行对农业、手工业和资本主义工商业的社会主义改造。1956年，社会主义改造基本完成后，中国共产党领导全国人民开始了全面建设社会主义的探索与实践。在党的八大路线指引下，延庆县委带领全县人民在社会主义建设事业中艰难探索，曲折前进。

第一节　建立和巩固人民政权

新中国成立之初，为巩固新生的人民民主政权，保证各项工作顺利推进，中共延庆县委在省、地两级党委领导下，加速健全各级机构。1951年召开了延庆县第二次党员代表会议，延庆县人民政权初步建立，行政区划进行调整，各级政权组织不断完善。1949年12月至1953年11月，延庆县陆续召开了5届各界人民代表大会。在延庆县委、县政府的领导下，全县人民相继开展了土地改革、镇压反革命和抗美援朝等运动，进一步巩固人民政权。这一时期社会事业开始起步。

一、行政区划调整及组织政权完善

1949年9月，中共中央华北局做出《关于建立村、区、县三级人民代表大会或各界人民代表会议的决定》。据此精神，1949年12月至1953年11月，延庆先后召开了5届各界人民代表会议，出席会议的代表，除县、区、村干部之外，还有教育、商业、医药卫生等社会各界人士以及劳动模范和民主人士。会议经过民主协商和广泛讨论，通过建立和完善各级政权机构、加强社会管理、恢复社会秩序、搞好社会生产等一系列决议。各界人民代表会议的召开，标志着延庆县人民代表会议制度的确立。作为人民参政的一种过渡形式，各界人民代表会议围绕当时党的中心工作，传达党的政策，听取政府工作报告，反映人民意见，协助政府完成了各项建设任务，加强了党与人民的联系，为发扬人民民主、巩固新生的人民政权发挥了重要作用。

新中国成立后，延庆县仍归察哈尔省察南地区管辖，行政管理实行县、区、村制；全县设3个镇、7个区。1949年12月，全县的3个镇、7个区合并为7个区，分别为延庆区、康庄区、永宁区、八里庄区、大柏老区、马场区、黑龙庙区，各区均设区公所，下辖281个行政村。1950年4月，区公所改称区政府。1951年9月，撤销四海县，部分区域划归延庆县。1952年11月，中央人民政府委员会第十九次会议通过《关于调整省、区建制的决议》，决定撤销察哈尔省，同时将延庆县划归河北省张家口专区管辖。

这一时期，延庆县不断完善各级政权组织。1949年12月，延庆县民主政府改称延庆县人民政府。1950年12月，按照中共中央、政务院发布的《乡（行政村）人民代表会议组织通则》要求，延庆全县普遍建立和完善乡（行政村）级政权组织，在各行政村普遍设立治安保卫、文教卫生、武委会、民兵、民政、财粮和民事调解等机构或专职工作人员。与此同时，延庆县政府不断健全各类工作机构，至1952年底，人民政府先后设置了秘书室、民政科、公安局、财政科、税务局、文教科、公粮总库、实业科、工商科、供销合作社联合社、邮政局、林业局、人事局和监察委员会、卫生局和爱国卫生运动委员会、中国人民银行延庆县支行等组织机构，管理全县各项事业。1953 年 5 月，延庆各地建立乡级政权，区下设乡，乡下辖村，全县共建立 60 个乡（镇）。

二、延庆在新中国成立初期的土地改革

1949 年 4 月 27 日，延庆县委发出《关于结束新区土改简报》，宣布新区土改结束，封建土地制度被彻底废除。据一、二、四、延、永、康 6 个区统计，共分地 36390 余亩，分房 1533.5 间，分粮食 5498 石，布 2318 匹，衣被 12426 件，大牲畜 373 头，猪 385 头，农具 3047 件，家具 25662 件，白银 9387 两。12 月 12 日，县政府发出民社字第一号通知，要求各区镇公所训练颁发土地证的协理员，至 1950 年 3 月底，全县 281 个村，全部发放了土地证。

这次土改过程健康有序，符合中央和省、地委精神，取得了良好的效果。为恢复生产起到了积极作用，促进了经济发展，巩固了新生政权。

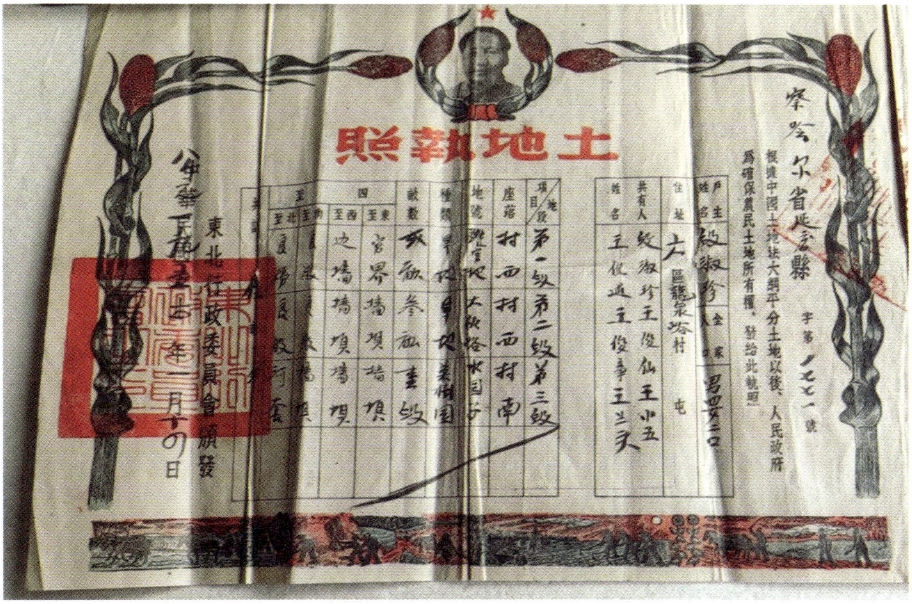

1951 年延庆县政府颁发的《土地执照》

三、镇压反革命势力

新中国成立之初，留在大陆的大批国民党特务、反动党团骨干等反革命分子，采取“长期埋伏，待机而动，重点破坏，进行暗害，武装袭扰”的策略同人民政府对抗。反革命分子暗杀党政干部，破坏生产、交通和通信设施，造谣生事，拼凑反动武装，阴谋暴动，给新生的人民政权和人民的生命财产带来了严重危害。朝鲜战争爆发后，反革命分子的活动更加猖獗，妄图与逃往台湾的国民党反动派实行里应外合，颠覆人民政权。

1950 年 10 月 10 日，中共中央发出《关于纠正镇压反革命活动的右倾偏向的指示》，指出必须坚决肃清一切危害人民的土匪、特务、恶霸及其他反革命分子，揭开了全国范围的大规模镇压反革命运动（简称“镇反”）的序幕。根据中共中央、察哈尔省委和察南地委的指示，延庆县委迅速成立镇反指挥部，部署镇反工作。县公安局发布《关于反特、肃清谣言的紧急通知》，会同有关部门对群众进行不信谣、不传谣教育。县政府加强对各类破坏分子的管制，到 12 月，全县共管制 6993 人，对其中经教育后表现良好的 6692 人取消管制。

1951 年，全县工作计划指出要健全县、区、村三级人民代表会议，继续镇压反革命，改造社会游离分子，加强人民民主专政，巩固政权。1 月 23 日，县委成立以书记罗林为主任的 5 人委员会，主抓全县“镇反”工作，下设办公室、侦捕股、侦审股和宣教股。同时，从县直属机关抽调大批干部到公安局进行短期培训，提高业务能力，配合镇反工作。3 月 10 日，全县统一行动，组织县、区干部 230 人以及民兵 380 人，开展大规模搜捕行动，仅 1 天内就抓获反革命分子 131 人、劣迹昭著的“一贯道”骨干成员 76 人，缴获了大量放火用的硫黄及反动文件。4 月 10 日第一期镇反运动结束，全县累计逮捕反革命分子 443 人。县法院分别在延庆、永宁、康庄召开公判大会，对在押的反革命分子分别判处了死刑、无期徒刑和有期徒刑，其中情节较轻、态度较好的近百人予以释放。

1951 年 12 月，延庆第二期“镇反”运动开始，重点是追捕潜逃的反革命分子。县公安局、法院、武装部等部门共捕获逃犯 14 人。各部门认真落实“坦白从宽、抗拒从严”的镇反政策，先后有 65 名逃亡分子投案自首并获得从宽处理。次年9月，第二期“镇反”结束。共逮捕嫌疑人72人，其中判处死刑15人，判处死缓3人，判处有期徒刑28人，回村管制9人，教育释放17人。

在“镇反”运动期间，延庆还进行了剿匪斗争。1950年3月，延庆县委发出《关于剿匪治安工作的指示》，成立剿匪指挥部，区、村普遍成立剿匪治安委员会，同时组织民兵加强联防。县公安局侦缉股和武装部军事股抽调骨干与察南公安处、张家口军分区共同组成专案组，会同怀来、昌平、赤城等邻县采取联合行动，进行剿匪。经过周密部署后，迅速行动，很快剿灭了活动在延庆与赤城、龙关、怀来几个县交界处的武装土匪，将恶贯满盈的匪首卢元罗、晏广斌等人抓捕归案。12月底，大规模的剿匪工作基本完成，仅有极少部分土匪在逃。

1951年11月，县剿匪指挥部召开会议，决定成立以县公安局为主的剿匪领导机关，继续追逃190余名匪、特人员。到1952年下半年，延庆县曾猖獗一时的土匪基本绝迹。

在开展剿匪斗争的同时，延庆还开展了取缔会道门的斗争。据统计，当时延庆全县13.45万人口中，会道门成员多达2万人，其中“一贯道”成员约1.5万人。延庆解放后，“一贯道”公然进行破坏活动，抵抗土改运动，甚至与国民党散兵游勇勾结，扰乱社会秩序，严重干扰了人民群众的正常生活。1949年1月22日，县委召开干部扩大会议，讨论决定逮捕“一贯道”点传师。1950年初，延庆县第一次取缔反动会道门工作基本结束，封闭了多处“一贯道”的公共坛，登记坛主以上道首167人、道徒6700人。经过教育，其中4000余人宣布退道，但仍有少量反动道首顽固抵抗，继续开展破坏活动。

1951年3月，延庆第二次取缔反动会道门工作基本结束，全县7000余名道徒宣布退道。其后，县公安局继续组织对少数漏网道首进行追捕，1952年“一贯道”重要道首全部被抓获。在历经大规模取缔、重点取缔和组织抓捕3个阶段后，延庆“一贯道”组织被彻底摧毁，全县取缔反动会道门工作取得完全胜利。

延庆县镇压反革命、剿匪与取缔反动会道门运动，是解放初期敌我矛盾突出情况下进行的尖锐的对敌斗争。这些运动有力地扫除了延庆残存的反革命势力，基本上肃清了猖狂一时的地主恶霸逃亡分子、土匪和反动会道门骨干分子，巩固了新生的人民政权。

四、支援抗美援朝

1950年6月25日，朝鲜内战爆发。不久，以美国为首的“联合国军”进行武装干涉，发动对朝鲜的全面战争。美军飞机入侵中国领空，轰炸中国东北边境城市，严重威胁中国的安全。10月，应朝鲜民主主义人民共和国请求，中国人民志愿军赴朝，与朝鲜人民军并肩作战。随即，全国人民在中国共产党的领导下掀起了轰轰烈烈的“抗美援朝、保家卫国”运动。

按照省委、地委的部署，延庆县委全面开展宣传工作，成立了抗美援朝指挥部，举办培训班宣讲国际形势，广泛开展宣传教育活动。这些活动营造了良好的政治氛围，增强了人民群众的凝聚力，全县人民对抗美援朝重要意义的认识不断提高。

1951年6月，中国人民抗美援朝总会向全国人民发出“推行爱国公约、捐献飞机大炮和优待烈军属”三项号召。6月下旬，县委召开会议，贯彻党中央和省委相关会议精神。10月，团县委发表《告全县团员及青年书》，号召青年响应祖国召唤，踊跃参军上前线。尽管当时延庆经济基础薄弱，物资匮乏，人民生活困难，但全县人民仍然积极响应国家号召，充分发扬爱国主义精神，努力生产，厉行节约，捐资捐物，踊跃参军。全县共有1400名青年自愿参军，其中100余人在朝鲜战场光荣牺牲。为解决前线将士的后顾之忧，延庆县积极开展拥军优属活动。拥军优属活动不但使前线的志愿军战士安心保卫祖国，也树立了良好的社会风气。

抗美援朝运动充分彰显了延庆人民强烈的爱国主义精神，大大增强了全县人民的民族自尊心和自信心，巩固了新生的人民民主政权。

第二节　进行社会主义改造

新中国成立后，延庆县委、县政府积极领导全县人民恢复国民经济。1953年起，延庆县委深入宣传贯彻党在过渡时期的总路线，制订实施第一个五年计划。同时，在党中央和河北省委部署下，延庆全面推行并顺利完成对农业、手工业和资本主义工商业的社会主义改造。其间，新中国成立后建设的第一座大型水库——官厅水库胜利竣工。延庆人民为这项工程的顺利实施，做出了重大的贡献。

一、“一五”计划

1953 年 9 月，党中央及时公布了总路线的基本内容。10 月，河北省委印发了《关于大张旗鼓地进行宣传党在过渡时期总路线和统购统销粮食政策宣传教育的指示》。11 月 17 日，河北省各界人民代表会议协商委员会向各界代表发出《学习宣传和贯彻国家过渡时期总路线》的号召，提出要鼓励私营工商业向国家资本主义发展，经过国家资本主义道路，逐步完成由资本主义转变到社会主义的改造。按照省委指示，延庆县开展了党在过渡时期总路线的学习和宣传工作，并于 1955 年 7 月，制订第一个五年计划，在 1955 年 9 月 7 日召开的中共延庆县第一次代表大会上通过。

延庆县第一个五年计划的基本方针和任务是：根据本县具体情况，从发展生产着眼，从群众利益和国家利益出发，在党的统一领导下有计划、有步骤地积极兴办农田水利，全面开展综合性水土保持工作，进一步加强渠道管理养护，防旱、防洪、防涝密切结合，适当兴办饮水工程，保证农业增产，支持工业化建设。第一个五年计划明确指出了延庆的经济主要是以农业为基础，重点放在农田水利发展上。

按照第一个五年计划的要求，全县人民在县委、县政府的领导下，采取以工代赈的方式开展农田水利建设。主要以开发小型水利、水土保持和防洪防汛为主，在川区（延庆平原地区）打机井，修复旧井，根据条件在沿河地区挖引水井，以扩大水浇地面积；在山区利用水泉、小溪引水灌溉，并根据条件蓄水养水浇地，同时采用引洪淤灌的方法将洪水分散，改良土壤，另外，还整修旧有渠道，做好防旱、防涝设施，保证粮食增产。到 1957 年，全县财政收入达到 130.7 万元，仅 1956 年、1957 年经济建设支出就将近 28.2 万元，圆满完成了“一五”计划。

二、“三大改造”

农业社会主义改造

农业社会主义改造即农业合作化运动，是在中国共产党领导下，将以生产资料私有制为基础的个体农业经济，改造成为以生产资料公有制为基础的农业合作经济。1950 年起，延庆县少数农民开始成立互助组。1953 年至 1956 年，全县大力开展农业合作化运动，先后成立了半社会主义性质的初级农业生产合作社（简称“初级社”）和社会主义性质的高级农业生产合作社（简称“高级社”）。

1951 年 9 月，中共中央制定了《关于农业生产互助合作的决议（草案）》，肯定了农民对个体经济和劳动互助的“两种积极性”，要求贯彻自愿和互利的原则，采取典型示范、逐步推广的方法，根据生产发展的需要和可能，大量发展劳动互助组，在条件比较成熟的地区，有重点地发展土地入股的初级农业生产合作社。

1953 年春，全国初级农业合作社经整顿后有 1.5 万多个，参加农户 27.5 万户，比上年大大增加。2 月，延庆县委提出，成立初级社要由互助组提出申请，经乡、区审核并报县委研究批准。随后，五区白草洼的李明社、四区中羊坊的王俊清社、九区珍珠泉的史桂先社等第一批 12 个初级社相继成立。3 月，中共中央针对农村工作中出现的急躁冒进现象，发出《对各大区关于缩减农业增产和互助合作发展的五年计划数字的指示》。根据中央和河北省委的指示，延庆县委做出关于“农业社停止发展新社，转为从生产中进行巩固”的决定，要求各区认真研究情况，采取妥善措施，既停止发展新社，又保护群众热情。4 月，对原有农业生产合作社进行审查整顿。整顿后新增农业初级合作社 2 个，入社户达 250 户。11 月 22 日，县委召开会议总结一年来试办农业社的经验，促进了农业合作社的发展。12 月 16 日，中共中央作出《关于发展农业生产合作社的决议》，要求把农民发展个体经济的积极性引导到互助合作的轨道上来，逐步过渡到社会主义。

1953 年全县有长年互助组 484 个，季节性互助组 484 个，组织起来的农户占总户数的 41.2%。

1954 年 1 月，张家口地委决定要在“积极领导，稳步前进”方针的指导下，在普遍深入宣传、贯彻党在过渡时期总路线的同时，有领导、有计划地发展新的和巩固老的农业合作社，大量发展互助组。

延庆县政府组织第一次集训建设骨干会议，学习有关政策，总结试办经验，坚定办社信心。3 月，初级农业社达到 111 个，入社农户 1841 户，占全县总农户的 5.1%。1954 年秋，县委将全县 244 个小社（50 户以下）、67 个中社（51—100 户）、13 个大社（100 户以上）普遍进行了整顿提高。

1955 年 1 月，全县初级农业合作社发展进入高潮，共建成农业生产合作社 337 个，有 12000 户参加，占全县总农户的 35%。12 月 18 日，延庆县试建第一个高级农业生产合作社，即八里庄区田宋营乡“明星高级农业社”。1956 年 1 月，永宁、大柏老、延庆镇、二道河、刘斌堡等 8 个高级社相继建立。全县掀起合作社的高潮，初级社普遍升级、合并。1957 年初，全县有高级农业社 72 个，入社农户 37517 户，仅有 21 户因地理上的缘故

1956 年，延庆农业合作社开展劳动竞赛，劳动现场对积极分子进行表彰

没有入社。当年，全县粮食总产4523万公斤，平均亩产89公斤，较合作化前有明显提高。

通过互助组、初级农业生产合作社、高级农业生产合作社三种形式和三个阶段，延庆县对农业的社会主义改造基本完成。

手工业的社会主义改造

延庆县委按照党在社会主义过渡时期对手工业改造的政策和河北省政府的指示，对个体手工业进行社会主义改造。

延庆县的手工业有铁、木、编织、修理等12个主要行业，从业人员419人。1952年5月，成立第一个城关工农铁业生产合作社，入社12户30人，社员的铁炉等主要生产工具折价入社，根据入社款数按比例分红（未按股）。同年底，有铁业合作社1个，社员68人；木业生产组1个，组员12人。手工业组织形式的出现使这些手工业生产者迈向了合作化的道路。

1953年3月24日，延庆县手工业生产合作社成立。1954年12月，原有和新组建发展的生产社有铁业、木业、缝纫等6个社2个组，共有社员131人。年底，召开手工业组织行业会议，14个行业36名代表参加，同时成立县手工业联社筹委会。1955年整社后，正式成立延庆县手工业生产合作社联合社。联合社生产的铁制产品有铁锹、镰刀、锄板、菜刀、铁勺、饭铲、牲畜掌等；木制产品有木锹、种地的耧、办公桌等，供应城乡生产、生活的需要。合作社里通过技术交流、劳动竞赛，使生产技术不断提高。各合作社（小组）收益分配均执行计件工资制，多劳多得。主要生产资料折价入社，由社分期偿还，不参加分红。到1956年12月，全县手工

20世纪50年代延庆某村集体编织劳动

20世纪50年代永宁农具修配厂机器打铁

业生产合作社发展到20个、合作小组3个，入社（组）537人，占全县手工业总人数的99.8%。

手工业的社会主义改造完成以后，延庆县委加强对手工业合作社社员的社会主义思想教育，广大手工业者把合作社未来、个人前途和国家的社会主义光明前景联系到一起，坚定办好合作社和发展生产的信心，不断提高劳动效率，为发展工农业生产做出了重要贡献。

资本主义工商业的社会主义改造

新中国成立后，人民政府贯彻保护民族商业繁荣经济的政策，私营商业得到迅速发展。1953年初，全县私营工商业户477户，其中坐商291户，行商30户，摊贩156户，从业人员947人。主要经营棉布、日用百货等小商品，规模都很小。党和各级政府为了稳定物价，保障人民生活，大力发展商业。1953 年底，根据过渡时期总路线、总任务和省、地委有关指示精神，县委在开展农业互助合作运动的同时，开始了对全县资本主义工商业的社会主义改造的前期工作，以便摸索经验。

从 1953 年到 1955 年，延庆县委先是把私营工商业纳入加工订货、统购包销、代购代销等初级形式的国家资本主义，从根本上改变生产资料私有制，为进行全行业的公私合营铺平道路。由于延庆县没有工业，主要是小商业户，便采取了批购、代购代销、建代销点等形式。为了总结经验，首先在延庆镇洪升布业联营和新生百货联营组成合作社代销店作为试点，营业效果良好。1954 年 9 月，开始对棉布商实行了全行业改造，同时，对百货、衣料、茶叶等部分商业进行改造。到 1955 年底，全部改造为公私合营、合伙商店、经销代销等不同形式的私营商业。另外，对粮食、油料进行统购统销，也促进了对商业的改造。

延庆早期百货商场

小商小贩的社会主义改造本着“积极领导、稳步前进”的方针，首先由财委、工商、合作社3部门组成3个工作组，从1955年3月上旬开始进行摸底和改造具体政策的宣传工作，以掌握情况、解决商贩思想顾虑。在工作方法上，首先通过有关部门进行座谈，交换意见，取得领导支持。其次是召开小商贩大会，贯彻改造政策，组织讨论，端正认识，扭转悲观情绪，提高思想觉悟。在广泛开展宣传教育的基础上，逐步进行改造。对已改造的商户加强日常监督和整顿，从进货上搭配一定数量的热货，使其加速周转，继续维持下去，以此巩固改造成果。另外，合作社开发了批发业务，商贩们从合作社进货，距离近、价格低，方便实惠，普遍比较满意。对私营工商业的社会主义改造，根据延庆县私营工商业多数是兼营农业和资金少的情况，主要是走合作化道路。

1956年2月，按照中央和省政府的指示精神，本着“统筹兼顾、全面安排、积极改造”的方针和“利用、限制、改造”的政策，对县内私营工商业进行全面的社会主义改造，最终分为三种形式：合作商店（小组）、公私合营、代购代销。同年年底，全县完成了工商业的社会主义改造。改造后，全县共有公私合营商店11户，从业人员298名，资金57457元；合作商户5户，从业人员26名，资金5410元；联购分销合作小组5个，从业人员42人。社会主义公有制经济在全县工商业中占据了绝对支配地位。

三大改造的完成，标志着延庆县基本实现了从新民主主义到社会主义的转变。但是，在改造过程中，对手工业和个体商业的改造要求过急，工作过粗，改变过快，形式上也过于简单化一，以致遗留了一些问题。

三、官厅水库建设

新中国成立后，党和政府高度重视水利建设。1949年11月，水利部召开全国各解放区水利联席会议，做出治理永定河、修建官厅水库的决定。随后，永定河官厅水库工程处（后更名“官厅水库工程局”）成立，开始进行前期勘测和选址等准备工作。1951年10月，官厅水库破土动工。1953年，水库拦洪坝建成蓄水。1954年9月，官厅水库全面竣工。工程累计投资2259亿元（旧币），完成土石方作业154.7万立方米，用工643万个工作日。水库库容22.7亿立方米，控制上游流域面积430万公顷。

官厅水库拦河坝、进水塔、溢洪道三大工程竣工后全貌

党和国家领导人高度重视并多次视察官厅水库。1954 年 4 月 12 日，毛泽东视察官厅水库，写下了“庆祝官厅水库工程胜利完成”的题词。1955 年 8 月 2 日，周恩来视察官厅水库。1950 年至 1955 年，刘少奇、朱德、董必武、陈云、邓小平等党和国家领导人先后到官厅水库视察。

在官厅水库的修建过程中，延庆县委、县政府动员全县人民以实际行动大力支援水库建设，全力配合完成艰巨的库区移民工作。根据察哈尔省关于延庆县、怀来县库区移民安置工作的要求，延庆县委一边组织人员参与官厅水库建设，一边动员淹没区的群众分批迁移。官厅水库淹没区中的延庆部分，村庄林立，土地肥沃，人口稠密，是全县的富庶地区。为了国家建设，数万村民搬迁，离开故土。1952 年 12 月，延庆县成立官厅水库移民委员会（简称“移民委”），负责移民工作。移民委首先对海拔 477 米以下的陈家岗、刘铁桥、詹家堡和后坊村实施搬迁，至 1953 年 6 月第一次迁移工作结束时，共迁出 622 户 2646 人，其中自行迁移 544 户、2332 人，大部迁往宣化、涿鹿、新保安等地；延庆县内安置 77 户 314 人，迁至永宁附近的左所屯、孔化营、里仁堡等村。其间，移民委对迁移户旧房认真评估作价并张榜公布，群众对此较为满意。7 月，移民委改名为延庆县移民办事处，又从各机关抽调 105 名干部加入，张家口专区公署移民委员会

1953 年 8 月下旬官厅水库大坝拦洪蓄水

也抽调 27 名干部予以协助。1953 年底启动第二次迁移工作，涉及 10 个村 1376 户 5756 人。到 1954 年 4 月，须搬迁的村户全部按时迁出，实现了人、房、物“三净”。延庆县委、县政府为迁移户建设新村 39 个，其中就近迁移 2365 户，建房 7011 间，购房 343 间；县内其他地方安置 1342 户，建房 3800 间，购房 239 间。同时，县政府还为迁移农户解决了土地问题。

延庆县为保证水库顺利完工，做出了许多贡献。1952 年 12 月至 1956 年底，官厅水库先后进行了 4 期移民，涉及延庆 43 个整村和 9 个村的零星户，共计 52 个村 5594 户 23055 人，占当时全县总人口的 20%。县政府共为移民分配土地 56974 亩，新建房屋 24983 间。

官厅水库是永定河最重要的控制性工程。自水库建成后，永定河名副其实安定下来。官厅水库也是新中国成立后建设的第一座大型水库，具有

官厅水库施工工地

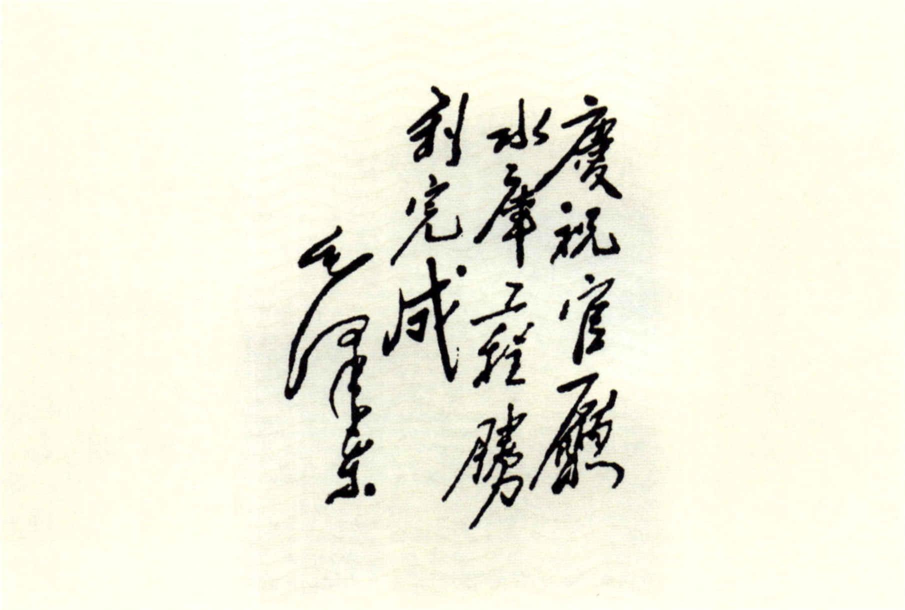

毛泽东主席为官厅水库题词

防洪、供水、发电、养鱼和改善环境等多种功能，为推动北京、河北、天津的经济社会发展起到重要推动作用，在中国水利建设史上具有里程碑意义。

第三节　全面建设社会主义的探索与实践

社会主义改造基本完成后，中国共产党领导全国人民开始了全面建设社会主义的探索与实践。在党的八大路线指引下，延庆县委带领全县人民在社会主义建设事业中艰难探索，曲折前进。其间经历了“大跃进”、人民公社化运动、反右倾斗争等一系列运动，以及 1959 年至 1961 年的三年困难时期。1960 年后，按照党中央和北京市委部署，延庆县委初步纠正了“左”倾错误，进行全面经济调整，全县农业、工商业以及各项社会事业有所发展。

一、延庆县划归北京市

1956 年 9 月 15 日至 27 日，中国共产党第八次全国代表大会在北京胜利召开。这是党在全国执政后召开的第一次全国代表大会，是显示党的团

国务院通过劳衛制条例

批准中朝鴨綠江云峯水电厂建設筹委会决議

新华社二十日訊　国务院全体会議第八十一次会議在二十日下午举行。这次会議批准了“劳动衛国体育制度条例”，批准了“中朝鴨綠江云峰水力發电厂建設筹备委員会决議”。

“劳动衛国体育制度条例”由体育运动委員会發布在全国少年和青壮年中施行后，现在推行的“劳动与衛国体育制度暫行条例草案”即行废止。体育运动委員会副主任蔡树藩在这次国务院全体会議召开以前送交国务院的“关于劳动衛国体育制度的报告”中説：“劳衛制是实现全民皆兵，發动全国少年和青壮年坚持經常鍛炼，达到身体的全面發展，以便能更好地学習、劳动和保衛国防的一种好办法。劳衛制規定的項目，都是鍛炼身体的普通項目，如跑、跳、举重、爬縄等，标准也是根据一般人的体育基础确定的。同时，根据不同性别、年龄分級分組提出不同的要求，鼓舞更多的人經常坚持鍛炼，逐步提高。它是根据我国社会主义建設事业，对人民在体育鍛炼上的基本要求而制定的。凡是十三岁以上的少年和青壮年除病弱的以外，都要求能通过劳衛制。”

会議批准的“中朝鴨綠江云峰水力發电厂建設筹备委員会决議”，規定了中朝双方按平权合股原則共同建設总容量六十万瓩的中朝鴨綠江云峰水力發电厂。这个發电厂的施工队伍现在已經进入施工現场，开始工作。决議規定建厂工程在一九六一年十二月竣工。

会議还通过了国务院关于将河北省怀柔、密云、平谷、延庆四个县划归北京市的决定；国务院关于設立上海市浦东县的决定；国务院关于撤銷山东省福山县的决定；国务院关于設立四川省壤塘县的决定；国务院关于設立内蒙古自治区赤峰市撤銷赤峰县的决定；国务院关于撤銷云南省沾益县的决定；国务院关于撤銷云南省东川矿区，設立东川市的决定；国务院关于撤銷云南省蒙自、开远两县的决定。

会議通过了任免事項。

怀柔、密云、平谷、延庆四县划归北京市

1958 年 10 月 21 日《北京日报》关于延庆县划归北京市的报道

结和党的事业兴旺发达的大会。大会指出党和人民当前的主要任务，就是要集中力量把我国尽快地从落后的农业国变成先进的工业国。

学习贯彻党的八大精神，使全县党员干部对国内形势的认识更加清楚，对党的主要任务和方针政策有了更深刻的理解。同时，根据党的八大精神，延庆县委开始把工作重点从社会改革转移到发展社会生产力的轨道上来，全县很快掀起工农业生产的社会主义建设高潮。

为了更好地推动经济社会发展，根据党的八大精神，延庆县委进一步加强了党对各项工作的领导，同时对县委原有工作机构进行了调整和完善。

1956 年 8 月至 11 月，延庆县撤销区一级建制，同时合并乡镇，将原来的 60 个乡（镇）合并为 27 个乡、3 个镇。30 个乡（镇）领导机构中，3 个镇和 8 个乡改组或新建了党委，18 个乡新建了党总支，1 个乡新建了党支部。

1958年8月，延庆成立灯塔人民公社、八达岭人民公社、东风人民公社、四海人民公社和千家店人民公社。

1958年10月，延庆、怀柔、密云、平谷四县划归北京市。

1959年，八达岭人民公社并入灯塔人民公社，并更名为延庆人民公社。县委要求，各公社均建立党委。1961年7月，县委、县人委决定将4个大公社拆分为27个小公社，各公社均成立党委。同时，县委还在延庆、永宁、四海、千家店建立了4个党的地区工作委员会，分别领导所管辖区域的公社党委。

延庆党组织机构的进一步完善，以及县委持续开展的思想政治教育和整党工作，提高了各级党组织的工作效率和党员素质，纯洁了党员队伍，发挥了党员干部在全面建设社会主义时期各项工作中的先锋模范作用。

二、“大跃进”运动

1957年，随着第一个五年计划顺利完成，全国掀起了大规模建设社会主义的高潮。把我国建设成一个社会主义工业化强国，成了全国人民迫切的愿望。

1958年1月，毛泽东同志在中央召开的南宁会议上，提出了“大跃进”运动的意见。5月，党的八大二次会议，一致通过了“鼓足干劲，力争上游，多快好省地建设社会主义”的总路线。刘少奇同志在中国工会第八次代表会上，向全国人民宣布“我国15年后，钢铁和其他重工业产品的产量，赶上或超过英国”的口号。随即发出了钢产量翻番、以钢为纲全民大炼钢铁、粮食产量增产60%—90%、深翻土地、高度密植等一系列号召，“大跃进”形势席卷了全国。

延庆县委于1958年1月，召开了各方面代表共2888人参加的全县生产“大跃进”动员会。通过组织宣传队、贴标语、写战报、办展览等形式，进行了广泛深入的宣传。全县以农业大兴水利、养猪积肥、改良土壤、宽垄密植为中心，开展起了轰轰烈烈的“大跃进”运动。2月，县委召开全县生产誓师大会，通过了《延庆县实现1958年农业生产大跃进决议》，要求各级干部“反保守、鼓干劲”。

8月，延庆县成立了人民公社。公社能够全面、统一、合理地调度与

1958 年，延庆群众在街道书写“大跃进”标语

使用劳动力，自此拉开“大跃进”的序幕，也就是拉开了“一平二调”“共产风”的序幕。

“大跃进”期间，由于广大人民群众建设社会主义的热情和积极努力，延庆的工业建设、水利建设、农田基本建设和农业生产均取得了一些实际成果。1958 年建的工厂、矿山，修的拦河闸、水库和其他部分水利设施及闸沟垫地，不少至今仍在使用。但是由于它违背了经济建设的客观规律，各个行业提出的指标严重脱离实际，虚报浮夸成风，背离了党的实事求是思想路线，造成了人力、物力、财力的巨大浪费，留下了深刻的历史教训。

三、人民公社化运动

在“大跃进”的同时，中国农村的基层政权和生产组织形式也在酝酿着一次重大变化。1958 年 8 月，党中央在北戴河召开会议，通过了《关于在农村建立人民公社问题的决议》，全国掀起人民公社化运动。

1958 年 8 月 16 日，延庆成立了第一个人民公社——灯塔人民公社。该公社下辖乡建制规模的城关、大榆树、靳家堡、张山营、二道河、沈家营及下屯 7 个大队，有耕地 22.9 万亩，5.83 万人，男女劳力 2.5 万人。

1958年，延庆靳家堡村公共食堂

20世纪60年代初的永宁幼儿园

20世纪60年代初的永宁烈军属食堂

1958年8月24日，县委召开全民大办人民公社大会，县、乡、社各级干部、解放军下放军官、张家口专区下放干部等1064人参加会议。县委书记做了“关于成立人民公社的报告”，提出了全县建立5个人民公社的初步意见。随后，陆续成立了八达岭、东风、四海、千家店4个人民公社。9月16日，农村人民公社全部实行供给制，在公社内每一个村，均设一个或几个食堂。社员凭证可免费在食堂吃饭，生活给予一定津贴。

公社化将农业社集体所有制改为乡级人民公社集体所有制，公社统一分配，并实行粮食、生活供给制。原农业社的集体财产和分给社员使用的自留地、房基地、自养牲口、自营林木统归公社所有。同时，为解放农村妇女劳动力，在办食堂的同时，其他福利事业也随之办了起来，如幼儿园、幼儿班、幼儿队、托儿所、缝纫社、俱乐部、浴池等。但是农村办这些福利事业，上级没有拨款，公社又没有底垫，方法只能是平调社员的房子、粮食、砖瓦、木料、缝纫机等，当时农村大搞“生产集体化，行动军事化，吃饭食堂化”。

人民公社仓促建立，弊端也随之表现出来。人民公社的特点是“一大、二公、政社合一”（“一大”指规模大，人多地多；“二公”指公有化，劳动不计报酬，吃饭不要钱）。反映了当时党和国家领导人希望迅速改变中国贫困落后面貌的美好愿望，但生产发展规模庞大，远远脱离了当时的农业生产力的发展水平，且违背了等价交换、按劳分配的原则，造成了社员的经济收入减少。特别是以“一平二调”为特点的“共产风”盛行，搞贫富拉平、绝对平均主义，社会无偿调用生产队的劳动力、土地和财产，甚至无偿调用社员的房屋、粮食、砖瓦、木料、缝纫机、家具等兴办食堂和社会福利事业，严重地挫伤了广大农民的生产积极性，这种“一平二调”的做法，对农业的发展、对生产发展和经济建设造成了极大的破坏。

四、三年困难时期

由于“左”倾错误的一再发展，尤其是高估产、高征购，甚至连农民的口粮和种子粮也被征走，造成极为严重的恶果。加上严重的自然灾害，农副产品产量急剧下降，人民的吃穿用全面紧张。从 1959 年到 1961 年，中国出现三年困难时期。

1960 年，全县有 117259 亩农作物遭受雹灾，有 35800 亩作物发生了虫灾。正当作物扬花灌浆时期，全县 41 天持续干旱，农作物遇到了巨大的自然灾害。严重的灾害，使农业生产和人民生活受到了极其严重的影响。面对严重的自然灾害，延庆县委、县政府不畏艰险，正视困难，积极带领各级干部、厂矿职工、学校师生和广大社员一起与自然灾害进行顽强斗争，对群众的生活进行科学的、妥善的安排，和社员们一起手拉手共渡难关。

延庆县委、县政府首先在全县范围内开展宣传动员工作，召开全县党、团员以及广大干部群众会议，使大家团结一心，不畏艰难，艰苦奋斗，共渡难关，坚定了干部群众战胜灾害的信心。为了发挥党的组织作用，加强集体领导，县委书记处曾试行了“二、五工作制”（星期一、二为开会、研究工作和学习时间；星期三至星期日五天为深入实际工作时间），采用了点面结合的工作方法，做到“行行有人抓，事事有人管”，避免出现顾此失彼或无人负责的现象。

为缓解粮食的严重不足，县委、县政府采取了许多节约粮食的措施。压缩供应指标：除高温高空、井下及10周岁以上的学生和10周岁以下的幼儿外，在原定量的基础上，每人每月压缩1.73公斤。实行代食品：将白菜帮、白菜根、玉米芯、玉米皮等加工成粉，充当粮食。据统计，1960年底全县实存代食品112.8万斤，每人平均17.5公斤。当时人们吃粮食少，吃野菜多，不少人得了浮肿病。1960年，粮食局、卫生局联合通知，为使浮肿病早日痊愈，决定从1月始，对每个浮肿病人在口粮指标外，每人供应黄豆或大豆1公斤，直到痊愈。为了能吃饱肚子，县委、县政府组织了生产自救工作。允许农民种自留地和小开荒，农村社员在自留地、小荒地及自己的院子里种上蔬菜、果树和粮食。

同时，牢抓农业生产。全县总结出了“冬抓备耕，春抓播种，夏抓管理，秋抓收获”的经验，并狠抓落实，较好地推动了生产的发展和粮食增收。1961年春，根据延庆十年九旱的特点，春季开展了以“寸土不丢，一苗不缺”为中心的抗旱保苗运动，大规模组织人力畜力，轧地保墒，将全县24万亩土地普遍轧了一遍，比较干旱的土地轧了两遍。解冻后，对41万亩土地进行耙磨，13万亩土地拉了白地。为了保全苗，春季及时组织验墒小组，摸清全县墒土情况，进行抗旱播种突击运动，基本上做到了适时播种，保证了全苗。夏季开展了“以亩定产，按棵要粮，管字上马，即战胜灾害、力争丰收”的管理运动，强化锄苗、追肥、除虫等田间管理。秋季“随熟随收，精收细打，颗粒归仓”。在积极开展生产自救的同时，也不忽略向外求援。市委和兄弟地区为延庆县提供了友好的援助。三年困难时期，市内外支援延庆县粮食858.2万公斤。

五、整风整社运动

面对严峻的经济形势，1960年11月3日，党中央发出《关于农村人民公社当前政策问题的紧急指示信》（即《十二条》）。《十二条》强调：“三级所有，队为基础”是现阶段人民公社的根本制度，要求彻底清理“一平二调”，坚决退赔，允许社员经营少量自留地和小规模家庭副业，坚持按劳分配原则，恢复农村集市。由此，以贯彻《十二条》为中心内容的整风整社运动在全国农村开展起来。11月15日，中央发出《关于彻底纠正五风问题的指示》。12 月，延庆县委召开五级干部会议，传达《十二条》精神，结合本地区的情况，认真检查和分析“五风”的根源及其危害，并对前一阶段工作进行总结。

1961 年 3 月，中共中央工作会议通过《农村人民公社工作条例（草案）》（简称《农业六十条》），总结了农村人民公社过去 3 年多的经验，对人民公社的体制和政策作了详细规定。

1962 年 4 月，延庆全县大规模整风整社工作开始。县委在两个公社进行试点，各公社也陆续在 28 个大队分别开展试点工作。随后，县委分批培训参与整风整社的领导干部，组织全县干部群众学习贯彻党的八届十中全会公报、《农业六十条》等中央文件。县委要求，此次整风整社坚持正面教育为主、斗争为辅，以“大鸣大放”为主要形式，实行开门整风。全县共“鸣放”出各类意见 18506 条，其中经营管理方面 12039 条，干部作风方面 1796 条，商业、文教、卫生方面 4671 条，县委针对所提意见推出一系列整改措施：

第一，整顿党的组织。县委对各级党组织进行整顿，处理了一些党员，其中开除党籍 5 人，留党察看 5 人，撤职 1 人，严重警告 2 人，警告 1 人，取消预备期 1 人，劝退 6 人。

第二，调整社队规模。按照《农业六十条》等文件精神，延庆县委开始对公社和延庆渔场、古城畜牧场进行调整，主要是缩小公社规模。全县共划分为 27 个公社，同时把规模较大的 29 个大队划分为 349 个生产队。至 1962 年底，全县共有 27 个公社、355 个大队、1145 个生产队。

第三，实行三级管理制度。为进一步革除生产大队所有制为基础带来的生产队之间平均主义弊端，延庆县委认真落实“三级所有，队为基础”管理体制，并在永宁公社里仁堡村进行试点，探索以村为基本核算单位，逐步实行土地、劳力、耕畜、农具的“四固定”。

第四，落实“三包一奖”和评工记分。县委成立延庆县《农业六十条》贯彻落实小组，重点落实“三包一奖”政策。政策规定，对超产部分的奖励以超产值 90%奖给生产队，10%归大队，对亏产生产队则给予 30%的惩罚；劳动报酬方面，坚持评工记分，做到按劳分配、多劳多得；允许社员有一定数量的自留地、“十边地”[1]，全面建设社会主义的探索与实践的“收入归己”；制定公私并重、私养为主的养猪政策，扭转全县养猪数量下降趋势，鼓励社员发展家庭畜牧生产。

第五，调整干部队伍和改进三类队面貌。经过整风整社，全县新选党支部和大队、生产队领导干部 6345 名，大队成立贫下中农委员会 355 个，生产队成立贫下中农小组 1053 个。全县共认定 63 个三类队，经过整顿，52 个三类队基本改变了落后面貌。

整风整社过程中推出的一些政策措施，维护了农民群众的利益，调动了农民生产积极性，使延庆农业生产得到一定程度的恢复和发展。但是，在重提阶级斗争的大背景下，这一势头并没有很好地延续下去。

1 十边地：指田边、路边、屋边等农田以外可以种植的空地。

第十五章　社会主义建设在延庆的探索和发展

1966年至1976年的“文化大革命”，给党、国家和人民带来深重灾难。在这场持续十年的内乱中，延庆县同样开展了红卫兵造反、武斗、“夺权”“清理阶级队伍”、“一打三反”、“批林批孔”等一系列政治运动，致使党政机构一度瘫痪，社会秩序极度混乱，经济建设和各项社会事业发展受到极大影响，党政干部和广大群众深受其害。但是，在全县广大党员干部和群众的抵制、抗争下，特别是经过1975年的全面整顿，延庆的经济建设在重重困难中取得了一些成绩。

第一节　水利设施建设

“文化大革命”中后期，延庆县的水利工程建设在这个时期有了较快的发展。在县委和县革命委员会的领导下，白河（堡）水库、佛峪口水库和白河南干渠先后勘查、设计，并在1970年前后开始动工兴建。

一、白河堡水库建设

白河堡水库又称燕山天池，位于延庆区东北山区白河上游，距北京市区110公里，距延庆城区30公里。明代这里曾是军事要塞“靖胡堡”，扼守白河峡谷，清代改为“靖安堡”，后更名为“白河堡”。

1969年，延庆县申报了白河堡水库（简称“白河水库”）的兴建计划，因水库拦白河而建，故名。其跨流域沟通了官厅和密云两大水系，将水资源进行了合理调配。作为重要的水利枢纽，北京市水利部门规划队特派专

白河堡水库施工现场

家来延，会同延庆工程技术人员共同开展了白河水库的勘查、设计工作。经过反复论证，规划于白河堡大队东 1.7 公里的山口处建造一座高 32.5 米的均质土坝，将 25 立方米 / 秒的水流引导到山前的平原，并沿南北山麓修建南北干渠，灌溉耕地 20 万亩。这是一项达到“百年设计、千年校核”工程标准的水利建设项目，其主要建筑物有大坝、溢洪道、输水隧洞、泄洪洞、南北干渠等。

1970 年 9 月 6 日，水库正式开工建设。首先要开凿贯通前后山的输水隧洞。按照规划，陆续开凿了 1—8 号竖井，各个竖井开凿到达底部后，再分别开始向南北两侧开挖输水隧洞。其中，6 号和 7 号竖井之间的距离长达 2513 米，是竖井间隧洞最长最艰难的地段。

开工初期，因机械设备数量稀少，几乎完全采用人工作业，条件非常艰苦。经过 7 年的不懈努力和艰苦施工，于 1976 年 5 月 16 日实现了 7090 米输水隧洞全部准时贯通。隧洞的长度为北京市水利建设工程之首。5 月 19 日，白河水库工程指挥部在工地召开庆祝大会，北京市委常委、北京市革命委员会副主任王磊，市农林组组长刘跃民出席大会并讲话。

至 1983 年，水库修建全部竣工，历经 14 年，可谓举全县之力。各个公社和大队都积极为工程输送了劳力，有力地支持了工程建设。全县总投工 7900 万个，常年在册民工近千人。施工过程中有 19 名民工和技术人员殉职。其中，辛金庚 17 岁便参加水库建设，1975 年 8 月 10 日，在最深的 6 号竖井下作业时，一块巨石落下，砸在他身上，不幸当场牺牲，年仅 19 岁。

大家在他的日记里，发现了他写下的“劈山凿洞为革命，誓为人民献青春”的誓言。指挥部党委根据他生前的要求和表现，追认他为中国共产党党员。

白河堡水库竣工剪彩

白河堡水库是延庆人自己动手修建的最大水库，被称为延庆的“红旗渠”。水库的建成，实现了延庆几辈人“引水入川”的梦想。这是延庆人民的骄傲，也是延庆人民智慧和汗水的结晶。“不畏困难、团结协作”的白河精神，影响了一代又一代人，至今仍是一笔宝贵的精神财富。

现在的白河堡水库，控制流域面积（云州水库以下）2657 平方公里，设计总库容 9060 万立方米，坝址高程海拔 560 米，是北京第五大水库，也是北京地区海拔最高的水库，其主要功能是为官厅水库、十三陵水库补水和延庆川区农业灌溉，同时兼有防洪、发电、养殖等综合功能。2003 年，被列为北京市生活用水水源，向密云水库输水以确保北京市民的正常生活用水。洁净的白河水经延庆、怀柔、密云三个区县，流经 120 公里，注入密云水库，输入京城的千家万户。

二、佛峪口水库建设

位于张山营镇佛峪口河沟口处，南临 110 国道，水库东侧公路直通松山自然保护区和河北省赤城县，距延庆城区 17 千米。以佛峪口河得名。

佛峪口水库是延庆县最早修建的小型水库。1969 年 8 月动工修建大坝，因坝址地质条件不好，将旧坝废弃，在下游 200 米处建新坝。1976 年 5 月竣工并成立佛峪口水库管理处，历时 7 年。总用工 53 万工日，总投资 325

万元，水库库容205万立方米，设计灌溉面积1.2万亩。水库包括大坝、溢洪道、输水洞、发电站。主要作用是蓄水、防洪、灌溉、供水。大坝坝型为坝顶溢流式薄拱坝，混凝土浇筑而成，高49米、长133米，坝顶高程649米，最高蓄水位644米。在坝体下部，距坝顶28米处，东、西两端分别设有1个输水管，过水0.6立方米/秒。管口处各建有闸房1间、闸阀1台。坝顶中部有溢洪道，长23米、高5.3米，可通过200年一遇的洪水，最大流量为424立方米/秒。距坝顶38米处有条流管，用以放水及排砂。出口处建有闸房1间、闸阀1台。水库两侧有东、西干渠，总长16.5千米，均为混凝土板及块石衬砌而成。小型水电站两座，装机总容量481.4千瓦，年发电10万度。

1990年9月张山营镇政府在大坝左侧立碑，以纪念修建水库时牺牲的民工。1992年水库划归水资源局管理。水库上游有北京市第二高峰海陀山和松山国家级自然保护区。水库南有（北）京张（家口）公路。

三、白河南干渠建设

白河南干渠从香营乡白河输水隧洞出口调节池，途经香营乡、刘斌堡乡、永宁镇、井庄镇、大榆树镇，到八达岭镇里炮村、外炮村之间，所经地带地形复杂，大部分为盘山渠道，沿途与众多公路交会，包括海川路、

河湾渡槽

京银路、昌赤公路、刘沙公路。因地处城区东南部，为白河水库的配套工程，故名白河南干渠。全程长 54 千米。1976 年动工，1989 年底完成。整个工程为混凝土预制板衬砌，干渠上有 17 个渡槽，包括河湾、军都山、刘斌堡三大渡槽。6 条隧洞。

河湾渡槽位于永宁镇河湾村西，距延庆城区 21 千米。河湾村西南有一条东西向沟谷，宽约 340 米，白河南干渠之水于此被阻，故建渡槽，名为河湾渡槽。由北京市水电二局勘测设计处负责设计和技术指导，由干渠工程指挥部工程安装队组织施工。1978 年 4 月动工，1983 年 10 月 1 日竣工。渡槽横跨河湾沟谷河道，呈南北走向，全长 346 米，宽 4 米，高 24.5 米。渡槽由 5 跨组成，单跨长 49.5 米。槽身为钢筋混凝土矩形槽，槽底宽 4 米，高 2.1 米，过水量 14 立方米 / 秒。渡槽的两端与两山干渠相接，衔接处的干渠均建于岩石之上。渡槽下有永宁至清泉铺的公路。

军都山渡槽位于井庄镇西二道河村西北军都山北麓，京银路从渡槽下经过，大秦铁路与之紧邻，距延庆城区 9 千米。白河南干渠傍军都山北麓西行，1986 年建至燕羽山被阻，京银路、大秦铁路以及雨季洪水，均从沟谷经过，故采用凿隧洞通水。北京市水利规划设计研究院设计了高空斜拉渡槽，由北京市水利工程基础处总队负责施工，于 1987 年竣工。军都山渡槽为半弧形薄壳结构，呈东北至西南走向，宽 3.2 米，长 276 米，最大悬跨 126 米，用钢索斜拉悬挂空中，距地面 27.4 米，系拉塔顶距地 52.4 米，通水量 5 立方米 / 秒。

其中井庄镇境内的干渠，建有分水闸、暗渠、隧洞，并由此经莲花滩、碓臼石，入昌平区德胜口沟，注入十三陵水库，每年可为十三陵水库供水 1000 万立方米。干渠截面为梯形，上口宽 8 米，底宽 2 米，高 2 米，设计流量为 16 立方米 / 秒。可灌溉农田 8666.7 公顷。

第二节　工业基础进一步夯实

20 世纪六七十年代，延庆工业基础进一步夯实。1968 年后，延庆陆续恢复和新建了一些工厂。1968 年 7 月，延庆造纸厂恢复生产，并对原有设备进行更新改造，逐步扩大了生产能力，厂领导和工人排除干扰，坚守

20 世纪 60 年代的永宁拖拉机站

工作岗位，产量和产值逐年上升。1973 年总产值达到 13.5 万元，1975 年上升到 20.25 万元，较 1973 年总产值上升了 50%。1969 年，麻绳厂改为延庆电线厂，生产裸铝线和钢芯铝线等产品，到 1970 年总产值达到 1127 万元，上缴税金 172 万元，创造了历史最高水平。1970 年 7 月，在营门铁矿重新建设炼铁厂，第二年建成并投产，炼出生铁 2765 吨；到 1976 年，炼出生铁达到 8425 吨，比 1970 年增长两倍以上，实现产值 127 万元。1970 年 8 月，延庆水泥厂在刘斌堡投入建设。1971 年产水泥 1328 吨，实现产值 127 万元。1972 年生产水泥增长了一倍以上，增加到 3285 吨，产值增加到 158 万元。

1975 年的全面整顿期间，延庆县工业领域重点解决企业领导班子“懒、散、软”的问题，陆续恢复和建立企业管理制度，提出破除右倾保守和条件论，深入开展工业学大庆运动。到 1975 年底，全县铁、裸铝线、水泥、白酒、钢圈、水泵等工业品的产量、质量都有较大幅度提高，成本有所下降。延庆铁厂贯彻增产和节约并重的原则，领导带头，以科室干部为主组成突击队，上山捡矿石，把 1958 年开采的废弃多年的矿石利用起来，为国家节约了3万多元。同时，为了提高炉温，增加产量，他们自力更生，抢修热风炉、烧石灰，将高炉用石灰改为精料石灰，当年铁的产量从600吨提高到1000吨。这一年，延庆工业基本建设提速，全县工业领域基本建设项目开复工面积达1.3万平方米，化肥厂、造纸厂建设完工，百货仓库库房建成投入使用。1975年，县财政收入592.4万元，较1974年增长13.4%。

1978年，全县有工业企业79家，职工7700人，固定资产3220万元，年工业总产值7438万元，上交利税748万元，占当时全县财政收入的四分之三左右。初步形成了以食品加工、建材、机加工、服装、铸造等为主的工业基础。

第三节　农业取得较快发展

20世纪六七十年代，历次政治运动以及一系列极左的方针、政策给农业带来了巨大损失，但由于干部、群众的抗争和抵制，与其他领域比较，农村还是相对稳定，并在曲折中前进。其中，种植、水利建设、平整土地和农业科技等方面取得较快发展。

一、农作物及果蔬种植

小麦过去在延庆种植面积很小，为了解决农村吃“细粮”的问题，60年代开始较大面积种植。到60年代末，全县种植冬、春小麦发展到两万亩。由于当时学习近郊的“小对境”种植方法，进行套种，不适应延庆的自然环境和生产条件，上下两茬相互影响，导致总产量并不高。针对这种情况，延庆革命委员会要求在全县搞科学试验，组织了县、社两级科学试验小组700多个，并在340多个生产大队都配备了一名以上的科学技术员，搞丰产田、旱涝保收田和两茬作物的套种试验。这些试验较好地解决了三个农业生产的关键问题，一是作物合理密植问题；二是套种的问题；三是子种问题。到1970年后，全县普遍推广“双畦带种”和“玉米套种”等耕作方法，解决了上下两茬作物生长的相互矛盾，小麦种植面积逐步推广并扩大，全县由60年代末的2万亩，发展到1974年的5.3万亩，亩产由原来的75公斤上升到117公斤，增产64%以上。玉米由于合理密植，改变了过去“一

20 世纪 70 年代生产劳动场面

20 世纪 70 年代先进集体先进生产者代表大会

步三棵苗”的播种密度，增加到每亩 3000 株以上，单产由原来的 200 公斤左右，上升到 400 公斤以上，亩产增长一倍以上。

1970 年到 1976 年，延庆县先后派出 180 多人到海南岛租种土地 1000 多亩，进行制种育种，并回县试验种植成功。据 1975 年统计，全县的玉米、高粱“两杂”良种的播种面积达到 35 万亩，占耕地总面积的 80%以上，获得大面积增产。当时的种子自给有余以后，开始外销。

1970 年以后，利用延庆独特的自然和气候条件进行蔬菜和果品生产。到 1975 年，全县蔬菜种植面积达到 1.2 万亩，总产量达到 5000 万斤。其中，供应北京市区的菜地面积为 0.8 万亩，总量为 3000 万斤，占蔬菜总产量的 60%。柿椒、西红柿、架豆、圆白菜、尖椒等均为供应市区的主要品种。

1975 年 2 月 21 日，延庆县政府召开“抓革命、促生产”代表大会

果品生产，由于昼夜温差大，日照充足，果品含糖量高，质地优良，很受北京市民青睐。张山营镇的苹果种植面积逐年扩大，成为供应北京市苹果的主要产地。

二、平整土地运动

1965 年，县委响应中央和市委发出的农业学大寨的号召，召开了农业学大寨的会议，动员全县开展农业学大寨运动。“文化大革命”初期，由于社会动荡，农业学大寨受到干扰。1970 年之后，延庆县农村在学大寨口号的号召下，下大力气大搞农田基本建设。

1971 年，县委、县革命委员会决定实施“以大搞平整土地为中心的农田水利基本建设”。同年秋收完成后，全县组织了 1.5 万人，大搞平整土地。经过半年多时间的努力，到 1972 年春播前的 5 月，共平整土地 3206 亩，改善了灌溉条件，当年获得好收成，从而增强了干部和群众的信心。

1972 年秋后，延庆县成立了“平整土地指挥部”，领导全县农村的土地平整工作，同时各公社也组织了相应的机构。全县的平整土地工作首先在西拨子公社和京张公路两侧的丘陵地带展开，并作为试点总结经验以解决规划、设计、施工等一系列问题。试点工作进展顺利，不仅平整了大面积的土地，而且打了一些机井，解决了灌溉问题，同时修路、开渠、挖排水沟、栽种防护林，实现了田、路、林、渠、沟配套，使大面积耕地基本实现旱涝保收。有的地段还打破了公社、大队的界线进行了调整，使平整后的土地连片成方，不但耕作管理和灌溉方便，而且增加了种植面积达 5%~10%。农民看到了平整土地的好处，从而推动了平整土地工作的开展。1973 年，全县平整土地全面展开，县拖拉机站两次购买 100 马力的推土机 21 台，同时集中了各公社、单位的 75 马力的链轨式拖拉机和推土机 60 余台，每年 10 月到次年 5 月集中统一调配使用，不但提高了使用效率，而且昼夜施工，歇人不歇车，工作进度大大加快，完成了较大面积和工程量较为繁重的土地平整。与此同时，各个大队也掀起了土地平整的高潮，动员了人力、畜力进行小面积的土地平整。

为了加强对这项工作的领导，县和公社领导分片包干，形成了社社有重点，队队有工程的大好局面。1973 年以后，全县平整土地的高峰日，除了机械作业，出勤人数达 3 万人以上。

国家和县政府加大了平整土地的投入，截止到 1976 年，国家和延庆县共为机械平整土地投入资金 186.4 万元。全县共平整土地 10 多万亩，动用土石方1100余万方，大大改善了农村生产的基本条件。

1975年的全面整顿期间，生产大队和生产队组建起新班子，同时调动各方面积极因素，进一步抓好农业学大寨运动。1975年2月21日，县委召开了“抓革命、促生产”代表大会，交流了1974年农业战线“抓革命、促生产”工作经验，表彰了在“抓革命、促生产”中做出较大贡献的13个先进单位和王文喜、单良玉等21名先进个人。

第四节　医疗卫生文教事业的发展

1965年6月26日，毛泽东发表了“把医疗卫生工作重点放到农村去”的指示（简称“六二六指示”）。之后，北京积水潭医院、北京中医医院、北京安定医院等单位向延庆派出多支医疗队，总计169名医务人员，分赴各个公社卫生院，支持农村医疗卫生工作。北京医疗队先后在城关、四海、永宁、旧县等公社举办半农半医培训班，培养农村保健员、接生员等初级医务人员。延庆县医院也抽出医疗骨干，为城关、白河堡、西二道河、大庄科等公社培训了半农半医学员40余名。到1968年底，全县大部分村庄都建起了卫生室，设1名至5名不等的保健员和接生员，保健员总数达到455人。

1969年，北京市掀起农民合作办医热潮。延庆各公社、大队把原村卫生室改为合作医疗站（室），并将村卫生员、保健员、接生员统称为“赤脚医生”。县医院派工作小组到张山营公社开展农村合作医疗试点，之后，全县364个大队全部建起合作医疗机构，“赤脚医生”总数达到1036名。“赤脚医生”不脱产、不挣工资，看病之余和社员群众一样下地干活。各村用于合作医疗的资金，除参加者缴纳一定互助金，主要由村队提取公益金。

1970年10月1日，白河堡公社白河堡村李清华、黑汉岭公社大吉祥村潘军、红旗甸公社熊洞沟村张元会等人，作为延庆县“赤脚医生”代表参加了国庆21周年集会，受到党和国家领导人接见。

1971年12月17日，市革委会文教卫生组在延庆召开郊区农村合作医疗经验交流会，延庆4个公社卫生院、3个大队的合作医疗“赤脚医生”代表介绍了经验。

1972 年，《北京日报》先后两次对千家店公社红石湾村开展合作医疗情况进行了报道。同年，北京市河北梆子剧团以白河堡村合作医疗为素材，创作了河北梆子现代戏《云岭春燕》在全市巡回演出。

延庆的合作医疗也受到国外关注，1975 年，越南民主共和国卫生代表团到永宁公社东灰岭村合作医疗站参观学习。

1976 年，东灰岭村“赤脚医生”张凤梧参加了全国赤脚医生积极分子代表大会。

1975 年，越南民主共和国卫生代表团到永宁公社东灰岭村合作医疗站参观学习

合作医疗制度的实行方便了农村社员看病就医，为推动农村地区医疗卫生事业发展、保障人民群众健康发挥了积极作用。

1959 年，延庆县档案馆成立，为延庆县文化事业的发展提供了档案管理和文化传承的支持。这一时期，延庆县有毛泽东思想文艺宣传队。宣传队主要演出样板戏选场、歌颂党和毛主席、农业学大寨等节目，有时也编排一些与延庆先进模范人物事迹相关的节目。他们走遍了延庆 300 多个村庄，深入基层为群众演出，丰富了群众的文化生活。演出一般安排在晚上或农闲时候，队员们有时还会参加附近大队的劳动，在艰苦的条件下，磨

20 世纪 70 年代延庆县群众文化工作先进集体、先进工作者代表会议

砺出了不怕苦、不怕累的品格。

“文化大革命”期间，尽管延庆广大教师在十分困难的条件下仍然坚持教学，但因受“停课闹革命”“读书无用论”等事件和社会思潮的影响，全县教育教学质量整体上大幅度下降，严重贻误了青少年的教育和成长。这一时期，教育整顿的主要任务是加强教师队伍建设、恢复教学秩序、提高教学质量。全县中小学在开门办学的同时，开始重视文化课学习，一些“靠边站”的教师重新走上讲台。

第十六章　改革开放起步与深化改革

1978 年 12 月，党的十一届三中全会在北京召开。会议全面纠正“文化大革命”及以前的“左”倾错误，确立了解放思想、实事求是的思想路线，作出了把工作重点转移到经济建设上来的战略决策。党十一届三中全会实现了新中国成立以来我党历史上具有深远意义的伟大转折，开启了我国改革开放历史新时期。延庆的发展也由此进入了全新阶段。1982 年 9 月，中国共产党第十二次全国代表大会提出了建设有中国特色的社会主义的重大命题。以此次大会为标志，中国改革开放全面展开。延庆加快经济体制改革步伐，旅游产业发展开始提速，举办龙庆峡冰灯艺术节。1985 年，县委在全县范围内组织开展了“三个重新认识”的大讨论。同期，延庆积极建设淡季蔬菜基地，并持续推进“爱我中华、修我长城”社会赞助活动，有力推动了延庆的经济发展和社会进步。为了满足延庆人民休闲需要，先后修建妫川广场和妫河森林公园，进一步丰富了旅游资源。

第一节　“冷凉”战略的制定和实施

“冷凉”战略是 20 世纪 80 年代改革开放初期延庆县提出的经济社会发展战略。它是打破延庆地区封闭、消除延庆人民自卑心理、推动延庆人民思想解放、开启延庆改革开放的催化剂和助推器。“冷凉”战略的提出，经历了一个不断探索和实践的过程。从农村改革产生的巨大影响，到全县解放思想大讨论碰撞出的火花，都为这个战略的形成提供了重要的先决条件和思想基础。

一、三个“重新认识”大讨论

改革开放之后，延庆县委领导全县人民，积极实行农村经济体制改革，推行家庭联产承包责任制，极大地促进了农村经济的发展。同时，认真贯彻党的改革开放的政策，全县各领域改革开放全面启动，一定程度上推动了经济发展和社会进步。但总体上改革开放的步子不大，“远、冷、风、沙、穷”仍是当时延庆留给外界的基本印象，经济社会仍处于较为封闭的状态。为打破封闭，消除干部群众自卑心理，推动思想解放，加快改革开放步伐，1985年下半年，县委在全县范围内组织开展了“让延庆人民重新认识自己，让延庆人民重新认识外界，让外界重新认识延庆”（简称“三个重新认识”）的大讨论。

通过广泛的讨论研究，全县上下对县情形成了普遍的共识。延庆作为北京的远郊县，由于通信、交通等条件的限制，历史上形成的与北京及近郊在经济和文化上的差异是客观存在的，人们的思想意识和全县的经济形态还处于相对封闭状态也是不争的事实。但是延庆也有其得天独厚的区位优势：延庆是北京连接河北、山西、内蒙古诸省区的北大门和交通枢纽，可以作为北京与西北流通的集散地辐射周边；延庆是农业大县，土地资源丰富，山场广大，这就为发展农、林、牧、副各业提供了丰富的资源和有利的条件，可以依托首都人口多、消费水平高的市场条件，大力发展粮、油、蔬菜和水果等产业；延庆旅游资源丰富，更有举世闻名的八达岭长城，发展旅游前景广阔；延庆处于北京上风上水，平均海拔500米，年平均气温比市区低3—4摄氏度，季节比城近郊区晚半个月，可以发展反季节蔬菜和果品等农产品，补充和丰富北京市淡季果蔬市场。

“三个重新认识”的大讨论和广泛深入的宣传教育活动，使全县干部群众充分认识到延庆的优势和劣势，打破了封闭意识，消除了自卑心理，解放了思想，也找到了发展的路径和希望。县委因势利导，经过反复论证，及时把“大讨论”后展现出的一系列新思想、新观念概括为“开拓进取、拼搏向上、不甘落后、艰苦奋斗”的延庆精神，在中共延庆县第七次代表大会正式公布，鼓舞了全县人民在改革开放的道路上奋勇前进的信心和决心。

二、“冷凉”战略的制定

“三个重新认识”大讨论，为延庆制定“冷凉”发展战略（简称“冷凉”战略）奠定了坚实的思想基础和广泛的群众基础。“冷凉”战略，就是充分利用延庆“冬冷夏凉”的气候特点，按照扬长避短、发挥优势、以己之长、克己之短的唯物主义认识论，实现将劣势转变为优势的战略思维。

1986年，县委根据延庆区位和气候特点，调整发展思路，提出了制定实施“冷凉”战略的重大决策。实施“冷凉”战略，首先是充分利用延庆土地资源丰富、气候冷凉、旅游景点较多等优势，大力发展适合本地资源和气候特点的商品经济，把旅游业和农业作为实施“冷凉”战略的突破口。延庆利用夏季凉爽和冬季寒冷的气候条件，相继开发松山、龙庆峡两个旅游区，开展夏季避暑旅游。同时，县委、县政府大力调整农业产业结构，种植反季节蔬菜，推动农业发展，西五里营、孔化营、小丰营等村农民种植的反季节蔬菜受到北京市民广泛欢迎。旅游业和农业的发展带动了商业、餐饮、建筑等众多行业，经济社会效益明显。新华社、《人民日报》、《农民日报》、《北京日报》等众多媒体，以《延庆在崛起》《塞外由“冷”变“热”，山水草木生辉》《延庆“热”起来了》等标题，对延庆实施“冷凉”战略、加快改革开放给予大量持续深入的报道。延庆的“冷凉”战略取得了初步成果。

“冷凉”战略的实施，打破了延庆县长期以来的封闭状态，扩大了对外影响，在延庆经济社会发展史上具有里程碑式的意义。

三、“冷凉”战略催生龙庆峡冰灯

冰灯，是以雕塑艺术为主体，融入建筑、园林、绘画、舞美等艺术元素，伴以灯光变化、音响烘托而形成的一种独特艺术，最早出现在中国东北的黑龙江省哈尔滨市。延庆地区冬季寒冷，加上龙庆峡山谷里日照偏少的自然环境，为开展冰灯制作和展览提供了优越条件。

1986年，延庆县委常委会经过多次讨论研究，决定把延庆冬季“冷”的气候劣势转变为发展优势，以举办龙庆峡冰灯艺术展来推动旅游业发展，提高延庆的社会知名度。当年10月，延庆县委、县政府委派县水利局、

20 世纪 80 年代的龙庆峡冰灯

文化文物局组成冰灯筹备组前往哈尔滨市考察，与哈尔滨市政府冰灯办公室（简称“哈尔滨市冰灯办”）洽谈合作，双方敲定于 1987 年初在龙庆峡合作举办首届龙庆峡冰灯游览会。稍后，北京市郊区旅游总公司（简称“北京市郊旅总公司”）决定参与。延庆县人民政府、北京市郊旅总公司和哈尔滨市政府 3 家联合主办单位商定，由哈尔滨市冰灯办负责设计和制作，延庆县政府负责协调组织以及取冰、运冰、砌冰等施工，北京市郊旅总公司则在资金上给予一定支持。

1987 年 1 月 19 日，龙庆峡冰灯游览会隆重开幕，北京、天津、河北、山西、内蒙古等地观众近万人闻讯而来，盛况空前。游览会期间，龙庆峡每晚都是车水马龙，热闹非凡。在短短两个月的展期内，龙庆峡冰灯游览会共接待中外游客 24 万人次，取得了良好社会经济效益。游览会结束后，延庆县委、县政府决定将龙庆峡冰灯展每年一届持续举办下去。

1989 年起，龙庆峡冰灯游览会更名为龙庆峡冰灯艺术节，且所有图纸

20世纪80年代的龙庆峡景区

设计和施工制作全部由延庆人民自行完成，只从哈尔滨聘请少量艺术指导，同时在冰灯整体设计、艺术表现、施工等方面进行大胆革新，逐步形成主题突出，冰灯与彩灯有机结合，形、色、声、光、动相辅相成的艺术特点。

此后，延庆每年举办冰灯艺术节就成了惯例。冰灯艺术节的举办不仅促进了延庆与外界的交流和旅游业的发展，而且带动了县域经济的发展。附近农民把吃、住、娱引进家门，痛痛快快地赚了钱。延庆的宾馆饭店常常爆满，营业收入大幅增加。冰灯的连锁效益日渐显现，人才、资金、技术也实现了合理化流动。1987年10月2日的《农民日报》这样写道："延庆克服封闭意识，敞开了大门，促进了劳力、技术和人才等生产要素的合理流动，现在，他们已有2万劳动大军，5600多个个体工商户闯出居庸关，包括86位有中、高级职称的专家、工程师跨过八达岭来延庆落户，帮助新建或联办乡镇企业750多个，产值已占全县农村总产值的63%，增长速度由北京市倒数第一跃居顺数第二。"正是在这种大变革的趋势下，以旅游促经济的思想落地生根了。

1987年至2024年，龙庆峡冰灯艺术节已经连续举办38届，成为深受中外游客欢迎的一项传统文化旅游活动，接待过多位党和国家领导人以及众多友好国家的贵宾。通过举办冰灯艺术节，主动吸引外界人来延庆观光、投资，延庆终于敞开了大门，迈开了脚步。可以说，龙庆峡冰灯已经成为延庆对外交往的一扇窗口。通过这个窗口，延庆人看到了自己的劣势、优势，看到了外界的发展变化，扩大了与外界的交流和思想的解放。尤其是一些企业和公司，通过“冰灯外交”搭起了与外界交流的桥梁。

龙庆峡冰灯是延庆“冷凉”战略结出的丰硕成果，为延庆打破封闭、进一步认识自己和让外界认识延庆、推动全县经济社会改革做出了巨大贡献。

四、建设淡季蔬菜基地

1995 年下屯乡小丰营西兰花生产基地

延庆实施“冷凉”战略的又一重要成果是成功进行淡季蔬菜生产。延庆地区海拔较高，夏季气候凉爽，昼夜温差大，蔬菜采摘期为 8 月底至 9 月上旬，要比北京近郊蔬菜种植地区晚 20 天左右，此时正值北京蔬菜供应的淡季，具有良好的市场前景。因此，利用独特的气候条件生产淡季蔬菜（又称“反季节蔬菜”），增加北京市场淡季蔬菜供应，成为延庆发展农业生产的新课题。

1983 年，延庆县农业技术推广站在北京市农业科学院蔬菜研究所帮助下，开始进行淡季蔬菜生产和高产稳产试验。当年，全县试种的 600 余亩西红柿、甜椒全部获得丰收，推向市场后广受欢迎。大榆树乡杨户庄村农民毛昌鸿在自家菜园内开展高产实验，试种龙豆角、意大利球茎茴香等 17 种瓜菜，一年收入上万元。

1985 年，县委决定扩大淡季蔬菜种植面积，推动首都“北菜园”蔬菜基地建设。1986 年后，全县淡季蔬菜种植面积逐年大幅增加。下屯乡小丰营村成为延庆的蔬菜种植专业村，全村种植各种蔬菜 1000 多亩，村内建有批发市场，吸引了大量南方及国外客商前来订货，蔬菜远销到香港及东南亚地区。

1990 年，第十一届亚运会在北京举行，延庆从国外引进部分特菜（特菜，是指从国外引进的“西菜”和我国部分地区的名、特、优、新蔬菜，如玻璃生菜、荷兰豆、紫甘蓝等，使参加亚运会的运动员在北京也能吃到家乡菜）。进行试种取得成功，得到为亚运会提供特菜的经营权。亚运会期间，延庆特菜供应量占全市特菜基地送菜总量的64%，为亚运会成功举办做出了贡献。此后，延庆陆续建起蔬菜大棚，不断扩大淡季蔬菜和特种菜种植面积，初步形成了服务首都、面向国际的产业格局。

第二节 “爱我中华、修我长城”

万里长城是人类历史上最为浩大的军事防御工程，也是人类创造的一个奇迹。长城是众多历史事件的见证，是一座历史丰碑，闪烁着中华民族文明和智慧的光芒，凸显出中华民族坚韧不屈、不折不挠的精神。

万里长城实际总长超过十万里，而雄居于居庸外镇的八达岭，因其地势险要而名声远大，被誉为长城的精华。明代《长安客话》有云：“出居庸关，北往延庆州，西往宣镇，路从此分，故名八达岭，是关山最高者。南下关城降若趋井。故议者谓居庸之险不在关城而在八达岭。”

新中国成立后，长城成为联系我国各族人民、海外侨胞、国际游人的纽带。它已不仅仅是中华民族的伟大建筑，而是人类的共同遗产。20世纪50年代至70年代，八达岭主要是在国家外交部门的安排下接待一些外国元首登临长城，属于政治接待。

1984年修缮八达岭北6楼段长城墙体

北京晚报

BEIJING WANBAO

1984年9月2日 星期日 第4509号

（甲子年八月初七）

微型核反应堆在京郊运行良好

邓小平同志为修复长城题词

“爱我中华 修我长城”纪念碑方案基本确定

邓小平同志的题词将镌刻在纪念碑正面

爱我中華修我長城 邓小平 一九八四年九月

医护人员等踊跃参加卫生知识竞赛

答卷抽样表明：答卷者需认真看注意事项

崇文区没收340户非法饲养的禽、畜

市茶叶批发交易市场开业

1984年9月2日《北京晚报》刊登邓小平同志题词

1984年7月6日《北京晚报》刊登习仲勋同志的题词

1984年6月27日，《北京晚报》头版头条对“北京地区长城失修严重，目前仅八达岭古北口慕田峪等处完好”的情况进行报道。7月5日，“北京晚报”与八达岭特区办事处、“北京日报”、“北京日报·郊区版”、“经济日报”、“工人日报”等单位发起“爱我中华　修我长城”社会赞助活动，引起社会广泛关注。次日，时任中共中央政治局委员、书记处书记的习仲勋在人民大会堂对《北京晚报》记者说：“这是一个好的活动，是个大好事。”说完，习仲勋应邀为活动题词——“爱我中华　修我长城。”活动开始后，立即得到社会各界、机关团体的积极响应，仅一周时间，就收到捐款40万元，大大超过了原计划筹集15万元的目标。

9月1日，中南海传来佳音：小平同志的题词写好了，马上来取。9月2日、9月3日，《北京晚报》和《北京日报》分别在头版刊登了小平同志题词——“爱我中华　修我长城。”爱我中华，始终是时代的最强音；修我长城，出于媒体的责任与担当。长城保护迎来了一个崭新局面。

为响应习仲勋同志和邓小平同志“爱我中华　修我长城”题词，于1984年12月成立延庆县文化文物局，下设文物科和文物管理所对县境内的长城进行统一管理。

为了鼓励单位和个人参加修复长城的活动，赞助委员会决定，个人赞助 500 元以上的，将在长城上刻名留作纪念。凡赞助 20 万元人民币以上的国内外单位或个人，可以用所赞助的款项包修一座城台，并在长城上单独树碑刻名留念。这一举措一出台，一时间，长城内外、大江南北、海内外炎黄子孙纷纷奔走相告，应者如云。这些赞助活动成为新中国成立以来规模最大、影响最大、波及范围最大、成效最好的一次活动。

据 1994 年统计，10 年来个人捐款者达 50 多万人次，单位、地区捐款达 50 万个，国内外各界人士捐款、捐物共折合人民币超过 2800 万元，修复长城 6 公里多。这项活动激发起的爱国热情更是无法估量。上万封来信来自祖国的四面八方，激起了社会各界的爱国情怀和文物保护意识。

第三节　文化娱乐公共设施的建设

随着社会经济的发展，人民生活水平的提高，建设文化娱乐公共设施势在必行，为此，延庆县政府规划并部署修建了妫川广场和妫水河森林公园，丰富了延庆的旅游资源。

始建于 1998 年的妫川广场，占地面积 5.6 公顷。广场内雕塑高 20 米，主体由三个 Y 字、三个人字和一个圆形球体组成。“Y”是“延庆”一词汉语拼音的打头字母，代表延庆；“三人”合起来代表延庆 30 万人民，也泛指所有的妫川儿女，银钢铸就三人携手并肩形象，挺立于天空大地之间，象征着妫川儿女同心同德建设家园，也寓意着他们具有坚定的信念、钢铁的意志和创造精神；一个圆形球体仿佛由地面升起，球体的一面镶嵌着八达岭长城图案，突出了延庆的区域特色，象征着延庆这个旅游卫星城正在兴起，也象征着妫川的未来与希望。同时，浑然天成的球体还具有包容的意义，标志着妫川大地正以其广泛的包容性赢得广阔的生存和发展空间，延庆正在走向开明与开放；雕塑底座上镌刻着艺术造型的“妫”字，体现雕塑及广场的纪念性主题。“妫”字为延庆专用字，是代表妫河流域悠久历史和文化的一个独特符号。雕塑脚下是广场，总面积 1.4 万平方米，用来集会、举办大型活动和市民休闲。广场地面由彩色广场砖铺设，绘就各色图案，或方或圆，别具匠心。台阶由花岗岩搭砌而成，坚实厚重，持久耐磨。雕塑下方建有一个自动喷水池，广场北侧还建有三个喷泉叠水池，并配彩色喷泉灯 190 个。广场四周绿化 4 万平方米，其中植草坪 3.4 万平方米，花卉 5000 平方米。绿草和鲜花簇拥在广场周围，使雕塑显得更加宏伟，广场更加宁静宽阔。每当夜幕降临，市民和游人不约而同地会集到这里。建成后的妫川广场是孩子们的乐园，同样也是延庆市民娱乐活动的重要场所，且成为延庆的地标性建筑。

2018 年 3 月 15 日，“服役”20 年的延庆妫川广场正式启动景观风貌改造，新广场增设了旱冰广场、音乐喷泉、座椅、照明、公厕、廊架和雕塑等，其中设冬奥、世园主题雕塑各一组。同时，垫高下沉广场 1 米，将高差从原来的 3 米减小至 2 米，保留沉降式开放广场特色，增加广场的通达性，通过对广场重新铺装、增加绿化，丰富植物层次，营造出林荫休闲场所氛围。

1998 年建成后的妫川广场

第十七章　中国特色社会主义建设

1992年，通过深入学习贯彻邓小平南方谈话精神和党的十四大精神，延庆全县党员、干部和人民群众进一步解放思想，加快了改革开放步伐。全县深化农村经济体制改革，农业结构调整成效显著；工业企业扩大自主权，改革开放取得明显进展；商业重组转制，市场经济体制框架初步形成；旅游业、建筑业的快速发展，成为全县经济新的增长点。延庆的综合经济实力和发展后劲明显增强，人民生活得到极大改善。1996年，延庆县委提出“三动”（旅游牵动、城镇带动、科教推动）发展战略，为全县经济社会发展确定了新的目标。

第一节　深化经济体制改革

1992年1月18日至2月21日，邓小平同志先后在武昌、深圳、珠海和上海等地视察并发表了对中国改革和建设具有深远意义的重要谈话（下称“南方谈话”）。

1992年10月，党的十四大召开，会议科学总结了党的十一届三中全会以后14年的实践经验，作出了抓住机遇、加快发展、集中精力把经济建设搞上去的重大决策，确立了建设有中国特色社会主义理论对中国改革开放和各项工作的指导地位，明确了我国经济体制的改革目标是建立社会主义市场经济体制。

学习贯彻邓小平南方谈话精神和党的十四大精神，进一步促进了延庆全县党员干部和广大群众的思想解放，拓宽了改革开放的领域，推动了全县改革开放持续向纵深发展。在延庆县委、县政府带领下，全县人民致力于发展市场经济，初步形成工、农、商、旅四大重点产业协调发展的局面。

1992年，全县完成社会总产值16亿元，同比增长17.9%；工农业总产值12亿元，同比增长19.1%；外贸出口供货额和旅游收入同比增长均超过80%，“三资”企业立项达到105家。1993年1月，县委成立社会经济工作领导小组，围绕经济工作调配干部力量，提出县委常委及副县级以上领导除按照分工抓好各自分管的工作外，都应关注和参与经济工作。各单位、各乡镇也成立了相应领导机构，集中力量抓改革开放和发展经济工作。

1993年10月，县委认真贯彻中央、市股份制改革的精神，在1992年基础上继续进行股份制改革，印发了《关于股份制、股份合作制企业试点实行办法的通知》。1993年底，全县35家县、乡、村三级企业转制成股份合作制企业，总股本金2650万元，其中集体股1860万元（劳动股372万元）、职工风险股550万元、社会法人股240万元。1994年，继续加大改革力度，进一步扩大改革成果，在巩固完善前两年试点企业改革的基础上，又对100家企业进行股份制改革。

在招商引资过程中，为了保护个人和私营投资者的利益，县委、县政府陆续出台了《关于个体私营经济发展的若干意见》《关于鼓励扶持新办企业和私营经济发展的实施办法》《关于鼓励扶持新办民营科技企业发展实施办法》《关于进一步鼓励外商投资的有关政策》《引进资金中介奖励政策》等政策。为了保护延庆广大农民的利益，县委、县政府又先后制定了《关于鼓励农副产品深加工企业发展的实施办法》《关于加快生态农业科技园区建设的实施办法》《富民综合开发政策》等措施。为了促进开发区的发展，县委、县政府还颁布了《开发区及工业小区相关优惠政策》等。

此外，延庆县政府通过网络媒体等方式为投资商搭建了专业的投资服务平台。全程代理服务制度的建立，为投资商提供了高效、便捷的营商环境。县各级政府部门全面推行了全程代理服务制，各有关单位都设立了“一站式”办公窗口，形成了以延庆县投资促进局、发改委、经委、农委、建委、开发区、各乡镇等单位为主的招商引资机构体系，以延庆县投资促进局、财政局、税务局、国土房管局、规划分局、环保局等单位为主的投资服务机构。在县委、县政府大力推动和各部门精心组织下，开发区和重点乡镇工业小区成立专门机构，组织了招商队伍，加大投入力度，举办多种形式、多种渠道的招商引资活动，如春季经贸洽谈会、避暑节招商会和秋季高科技企业招商会等。

第二节　“三动”战略的确立

20世纪90年代，延庆县经济社会发展仍然相对滞后。1996年是“九五”计划开局之年，在充分认识延庆自身区位优势、资源优势基础上，延庆县委、县政府审时度势，在1996年2月召开的县第十一届人代会第三次会议上提出“旅游牵动、城镇带动、科教推动”的发展战略（简称“三动”战略），并将其写入“九五”计划。旅游业是延庆的重要产业，发展潜力巨大，对于带动城市发展、扩大对外交流、提高全县文明程度、牵动各行业发展具有重大作用。

延庆县城和永宁、康庄等重点城镇，具有人力、物力和技术集聚的优势，对于带动全县经济发展有着重要意义。科学技术是第一生产力，延庆新时期经济社会发展更加依赖于科技创新的推动。教育是立国之本，能够为经济社会发展提供人力资源保障。“三动”战略，正是基于这些理性思考以及具体县情提出来的。“三动”战略确立后，延庆县委成立发展战略研究办公室，起草了《关于开展“旅游牵动”战略的现实性、科学性、可行性等问题的研究》，先后组织30多场不同形式的研讨会、座谈会，同时聘请市、县专家讲课，进行相关课题的论证，形成32篇课题报告，为战略实施提供了理论依据。1996年上半年，县委连续召开领导干部会、政治工作会、大口（农业、工业、商业、旅游业、建筑业）工作会及千人动员会，进行具体部署。县人大、政协也召开专题会议进行贯彻，努力把“三动”战略转化为全县人民的共同意志。县委还对县直机关各部门领导、乡镇党委书记、农村支部书记进行相应的培训，使全县干部群众对实施“三动”战略达成共识。

“三动”战略的提出，是延庆经济社会发展在指导思想上的又一次重大飞跃，也是“冷凉”战略的扩展与升华，将延庆县推进到更加理性的发展阶段。

第三节　旅游业进入快速发展期

1992年至1995年，延庆旅游业持续发展，经济社会效益逐年提高，初步形成八达岭、龙庆峡、康西草原“三足鼎立”的旅游格局。

1996年，延庆县委提出“三动”战略，将“旅游牵动”列为首位，旅游业进入快速发展时期。为贯彻“旅游牵动”战略，加快旅游卫星城建设，县委确定“九五”旅游发展目标为年均接待游人突破1000万人次，年旅游收入突破4亿元大关。同时，完善旅游开发和管理机制，加快旅游服务和基础设施建设，力求通过健全吃、住、行、游、购、娱等旅游要素，实现游客变“游”为“住”，以旅游业牵动相关产业发展。

八达岭、龙庆峡、康西草原等老景区得到提升改造，加大了建设力度，提高了景区质量，淡化了商业气息，改善了经营管理。1996年，八达岭特区投资600万元，在长城两侧种植松柏，铺设草坪，制作雕塑，架设彩灯，打造夜长城景观。1999年，八达岭景区被评为“全国文明旅游风景区示范点”。

加大新景区开发建设力度。新建硅化木地质公园、玉渡山风景区、八达岭野生动物世界、石京龙滑雪场以及生态特色突出的莲花山、仓米古道、九眼楼等景区景点。

玉渡山景区

增加民俗游和农业观光游。县政府决定每年拨付200万元专项资金，支持这一新兴的富民产业，乡村旅游业进入政府主导、规范发展的轨道。

加大接待服务设施建设力度。除在八达岭、龙庆峡、松山扩建宾馆、饭店，还在延庆县城建设了八达岭温泉度假村、圣世苑大酒店、华风温泉大城堡、中银酒店等一批三星级以上饭店。

举办大型文化体育活动,扩大延庆对外影响力。1996年,延庆县举办“八达岭长城杯”国际铁人三项公开赛，开启了举办大型国际体育赛事的先河。从1996年开始，延庆县委、县政府每年组织冰雪旅游节和消夏避暑节活动，相继推出中国七大古都民间艺术节、《夏都之旅·一日跨越五千年》、《万里传旗迎回归》、《中国心、长城魂》等文艺节庆活动。至2002年，举办县级以上大型文化体育活动50余次。

同时，以旅游景区、公路沿线、城乡接合部为重点，开展以“净、绿、亮、美”为中心的环境综合整治，拆除公路、铁路沿线违章建筑和广告牌，关闭县内小煤场，打造优美的旅游环境。

1999年1月，延庆县第十次党代会提出，“继续扩大旅游规模，提高旅游品位，牵动关联产业发展，建成以县城为中心的优美旅游度假基地”。2001年，县委紧紧抓住北京申奥成功的历史性机遇，确定了继续实施“旅游牵动”和“实现旅游产业化，由旅游大县向旅游强县跨越”的方针，推动旅游业由观光型向观光度假型转变。2002年3月，延庆县委、县政府在县旅游工作会上提出，建设以县城为核心的多功能旅游服务度假区、以八达岭长城为核心的多功能度假区、以北部山区为代表的自然风景休闲度假旅游区、以康西草原和阳光山谷马术俱乐部马文化为主要内容的环官厅湖休闲度假区、以硅木化地质公园为核心的东部民俗自然风光度假区等五大旅游景区新格局。至此，一个目标明确、布局合理的全县旅游产业发展规划完整地凸显出来。以旅游、商业、餐饮等为主的第三产业增长显著，成为县域经济的主要支柱产业。同时，通过旅游这个窗口，延庆引进了大量建设资金，为增加就业和农民致富开辟了新途径。

“旅游牵动”战略的实施，使旅游业真正成为延庆的综合性优势产业，特别是“依南向北、变游为住、提高综合接待能力指导思想”的确立，推动了旅游景点的开发建设，提升了延庆旅游对外吸引力，有力地促进了全县的社会进步和经济繁荣。

第四节 延庆城镇建设驶入快车道

在“城镇带动”战略指导下，延庆城镇建设驶入快车道，县城基础设施建设力度持续加大。道路交通方面，陆续建成南菜园火车站及庆园街、环湖路、滨河南路和妫水大街。城市建设方面，投资2000多万元建成占地10公顷的妫川广场，成为县城的标志性建筑，夏都大厦、燕春饭店、人民商场等一批新建筑相继竣工。绿化美化方面，形成了以妫川广场等大型公共绿地为主体、以县城街道绿化为骨架、以单位庭院和居住小区为基础的绿化体系；城区绿化覆盖率达到53.2%，人均公共绿地面积37.62平方米。城市景观方面，相继建成步行街、彩灯一条街。城市功能方面，开通了城区公交车，天然气入户，健全了水、电、气、暖、路、通信、污水处理等公用设施，基本满足了城市居民的生活需求。

1999年1月，延庆县第十次党代会提出，延庆作为首都旅游卫星城，要与首都现代化大都市相配套、相协调。县政府贯彻党代会精神，把县城

人民商场外景

江水泉公园

环境整治作为工作重点，组织机关干部、中小学生义务劳动，动员全体市民参与城市清洁，县城内大街小巷实现了垃圾管理、收费、清运、保洁四统一。县城功能完善和承载能力的提升，确立了其作为优美旅游度假基地的地位。2000 年，延庆县城被评为全国环境综合整治优秀城市。2001 年，延庆又荣获全国优秀县城和北京市花园式城市。

“城镇带动”不仅带动了延庆县城基础设施建设，也推进了全县村镇建设进程和农民生活条件的改善。1996 年至 2002 年，康庄镇利用小城镇优惠政策，新建或改扩建了银行、卫生院、学校、公园等一批关系民生的公益服务设施。旧县镇建成了缙阳广场和相应商业服务设施。永宁镇完成了中心市场建设，并启动明清古城修复工程。全县开展大规模农村改水改厕，改造和硬化了 135 个村的 528 条进村路，新修乡村和旅游公路 21.6 公里，完成了延永公路改造，实现了八达岭高速公路全线贯通。至 2002 年，以康庄、旧县、永宁镇为代表的中心镇建设取得显著成果，并且大幅提升了对周边乡村的辐射力度。

第五节　科学教育事业取得新成就

在“科教推动”战略指引下，延庆的科技事业不断向前发展，科技的进步有力促进了工农业的发展。

农业方面，种植、养殖、林果等产业不断引进新品种，蔬菜温室栽培、工厂化育苗、生物物理综合防治病虫害、小尾寒羊舍饲圈养、奶牛胚胎移植、林木优良种苗快速繁育和荒山爆破造林，以及果实套袋、地膜覆盖等一批先进技术得到普及和推广。仅 1999 年，通过农业新技术应用，就使全县增加经济收入 2000 万元。到 2002 年，有近千个新品种、近千项新技术在农业生产中得到应用，科学技术对全县经济特别是农业的贡献率不断提高，科技致富成为农民增收的有效途径之一。

工业方面，通过实施“星火计划”“火炬计划”“金桥计划”，以及建设“星火示范企业”“科技先导型企业”，延庆工业产品科技含量大幅提高。2000 年，延庆县设立技术创新基金，以贷款贴息、无偿资助、资本金投入等方式为科技型中小企业技术创新提供资金支持。同年，广昊腐植酸厂、黑汉岭修配厂获得北京市星火科技先导型示范企业称号，长城高效有机肥厂获得北京高新技术博览会发明金奖并被列为国家星火计划项目。2001 年，全县实施 8 项市级星火计划项目，有 5 项达到国内领先水平，累计创利税 1243.14 万元；国家级星火项目完成总产值 280 万元，创利税 50 万元。同年，延庆荣获全国科普示范县称号。

经过中小学布局调整，城乡教育结构不断优化，素质教育全面加强。1996 年至 2000 年，延庆全县教育改革成果显著。落实九年义务教育取得新进展，普通中学全部完成规范化学校建设验收；高中阶段教育得到普及，延庆一中被评为北京市示范性普通高中，全县高等教育入学率逐年上升。艺术教育形成以校外促校内、以县城辐射农村的格局。在北京市中小学合唱节、艺术节评比中，延庆获各种奖项 120 多个。职业教育为旅游、建筑等行业培养了大批急需人才，第一职业学校被评为国家级重点职业高中。成人教育由学历教育逐步转向岗位培训。这一时期，延庆县委、县政府采取多种措施改善办学条件，累计投入 4.95 亿元教育事业费，建成和改造了

2000 年新建的延庆县第一职业学校教学楼

延庆第一中学图书馆、永宁中学宿舍楼、赵庄中学综合楼、农民科学技术学校教学楼，以及县少年宫、成人教育中心等一批楼、场、馆；同时，为学校实验室、电化室增添仪器设备 27.6 万件。2002 年，全县小学入学率 97.7%，巩固率 100%，及格率 100%；初中入学率 100%，巩固率 97.3%，毕业合格率 100%。全县教学仪器设备累计达 184.1 万件，总价值 9054.8 万元。教育事业的健康发展，为延庆经济发展培养了大批有文化、高素质的劳动后备军。

“三动”战略的实施，推动延庆全县经济规模不断扩大，运行质量逐年提高。2002 年，全县完成国内生产总值 31.58 亿元，财政收入 2.23 亿元，农民人均纯收入 5043 元。

第十八章　生态文明战略扮靓美丽延庆

2005 年 5 月，市委、市政府制定并发布了《关于区县功能定位及评价指标的指导意见》，将延庆等五个远郊区县确定为“首都生态涵养发展区”。根据首都生态涵养发展区的功能定位，2005 年 11 月召开的延庆县委十一届三次全会首次提出“生态文明战略”，即：“立足区域功能定位，实施生态文明发展战略，涵养首都生态，造福城乡人民，走出一条延庆特色的可持续发展道路。”

第一节　生态文明战略的制定

2006 年初，延庆县第十三届人民代表大会第三次会议审议通过的《延庆县国民经济和社会发展“十一五”规划》将“实施生态文明发展战略”作为指导原则。同年 12 月，延庆县第十二次党代会再次明确提出“生态文明战略”，并对其内涵做出了系统阐述：全面实施生态文明战略，就是要倡导生态文明理念，探索具有延庆特色的可持续发展模式，建设经济与生态有机共生，人与自然和谐相处，人与人和睦相处的生态文明社会，推动延庆经济社会又好又快发展。实施生态文明战略，就要全面保护生态环境，注重城乡生态规划，加大生态保护和建设力度，扩大延庆生态优势，把宝贵的生态优势转化为现实的发展优势；就要加快发展生态经济，大力发展生态友好型产业，切实转变经济增长方式，加快培育生态经济品牌，全力打造延庆经济核心竞争力；就要精心建设生态城市，完善城乡环境基础设施，加快建设宜居新城和生态文明新村，建立生态建设和环境保护的制度体系，推动资源节约型、环境友好型社会建设；就要大力弘扬生态文化，广泛宣传环境保护的科学知识，营造有利于生态建设的舆论氛围，使生态

延庆东湖公园春色

文明理念家喻户晓，使建设生态家园成为人人参与的自觉行动。

生态文明战略以人为本，以发展为核心，以人与自然和谐为追求，符合科学发展观的要求，符合生态涵养发展区的功能定位，符合延庆的区域特点和历史积淀，是新时期加快延庆经济社会发展的行动纲领；也是继 20 世纪 80 年代“冷凉”战略和 90 年代“三动”战略之后，延庆县委在新世纪、新时期发展进程中提出的又一个具有历史意义的发展战略。它是在新形势下对“冷凉”战略和“三动”战略的继承、发展和创新，是充分利用独特优势的又一科学决策，标志着延庆发展进入了新的历史阶段。

第二节　生态文明战略取得显著成效

延庆始终坚持“生态立县”方针，在 20 世纪 90 年代就确立了生态保护优先的原则，生态文明建设一直处于全市领先地位。2000 年，延庆成为首批全国生态示范区。“十五”期间，为保护官厅水库水源，延庆将妫河流域 852 平方公里区域纳入环境治理和保护的范围。在人口稠密的平原地区划出520平方公里的控制区，实施控制农村面源污染示范工程，取得明显成果并通过阶段性验收。

生态文明发展战略提出之后，全县上下形成了生态立县的基本共识：生态是延庆的最大特色和优势，也是全县乃至全市最宝贵的旅游资源。要遵循以人为本、生态优先、尊重自然、持续发展的原则，全力打造生态精品，真正使生态成为展示延庆形象的“金名片”，切实达到治理一方水土、改善一方环境、发展一方经济、富裕一方百姓的目的。2005年6月，延庆提出了创建国家卫生县城的目标，以此作为实施生态文明战略的抓手，县委县政府把绿化、美化、污水治理、大气排放、清洁能源利用和节地、节水、节电等生态指标严格纳入城市建设管理体系，大力宣传生态理念，倡导生态文明习惯。2007年12月，通过了全国爱卫会的考核验收，延庆跨入了全国卫生县城的行列。

延庆通过实施生态文明战略，全面保护和建设优美的生态环境，实现人与自然的和谐相处，实施蓝天、碧水、绿地工程，为首都西北筑起坚实美丽的生态屏障。2007年，全县正式启动了“妫河生态休闲走廊、官厅水库生态库滨带、北山生态休闲观光带、龙庆峡下游森林走廊”四大生态景观建设工程。到2011年，工程全部完成。“四大生态走廊”建设使妫川大地初步实现了“景观园林化”，延庆县城被总长100公里、面积近10

花园城市

万亩的森林长廊环绕簇拥，为首都建起一道生态屏障，成为全市生态建设的亮点和精品。

“十一五”期间，延庆全面实施生态文明战略，以创建国家生态县为契机，全力保护生态环境、加快发展生态经济、精心建设生态城市、大力弘扬生态文化，先后完成了生态质量调控体系、生态产业建设体系、环境污染防治体系等10大体系80多项工程。2006年，市发改委确定延庆为“十一五”期间新能源和可再生能源示范县。同年，延庆县成为我国北方地区唯一的控制农村面源污染示范区。2007年，延庆县成为ISO14001环境管理体系运行国家示范区，同年被评为全国绿化模范县。2008年8月，环保部正式命名延庆为“国家生态县”，标志着全县生态环境建设与管理的整体水平跃上了新台阶。同年，除原有的松山国家级自然保护区外，硅化木国家森林公园、八达岭森林公园、野鸭湖国家湿地公园晋升为国家级自然保护区，还有玉渡山等7个县级自然保护区，保护区总面积530多平方公里，占全县总面积的五分之二，自然保护区个数和面积排在全市各区县之首。2009年，国家环保部确定延庆为第二批全国生态文明建设试点县。同年9月，《延庆县生态文明建设三年行动纲要（2010—2012）》编制完成。2010年11月，国家发展改革委、财政部、农业部授予延庆等全国108个县（市）首批“国家绿色能源示范县”称号，延庆成为北京市唯一入选的区县。

“十二五”期间，全县加强生态经济体系建设，大力发展有机循环农业、新能源环保产业、旅游休闲产业，三大主导产业各具特色、绿色环保卓有成效。到2015年末，基本形成了比较完善的生态经济体系。全县农业以“绿色、特色”为目标，大力发展绿色有机产品，广泛开展无公害、绿色、有机农产品认证工作，形成了生态品牌。2011年，国家质检总局和国家认证认可监督管理委员会（国

延庆镇金粟有机葡萄

家认监委）确定首批授予北京延庆县等 11 个县市“国家有机产品认证示范创建县 / 市”荣誉称号，延庆成为全国首批、北京市唯一的国家有机产品认证示范创建县。2012 年开始，生态农业与休闲产业、旅游经济相结合，向二、三产业延伸和渗透，逐步形成妫河生态走廊精品农业区、北山观光农业带、八达岭快速路沿线设施农业带等三大农业休闲观光带。2013 年，延庆被国家发展改革委确定为国家循环经济示范县。全县有机农产品种植面积达到 3 万亩，48 家企业和单位的 302 个产品获得有机或有机转换认证，有机农业占农业总产值比例达到 20%。2015 年，成功创建全国绿色食品原料（玉米）标准化生产基地，优级标准化“菜篮子”生产基地达到 29 个，基本形成了以有机农业、特色农业、观光农业、循环农业为特色的都市型生态观光农业体系。其间完成了平原地区造林工程、京津风沙源治理二期、彩色树种造林、公路绿化等园林绿化工程。

在生态文明战略的指引下，旅游产业向生态休闲商务旅游产业转型，全县旅游业的内涵和质量迅速提升，影响力和吸引力进一步增强。2007 年，八达岭长城被评为国家第一批 AAAAA 级景区和全国文明景区先进单位。2010 年，百里山水画廊通过国家旅游局 AAAA 级景区验收，同年延庆被国家旅游局确定为全国首批旅游标准化试点县。此期间，延庆县先后荣获“中国县域旅游品牌十强县”“中国自驾车旅游品牌十大目的地”“中国最佳生态旅游县”“中国十佳休闲旅游县”等诸多称号，成为名副其实的旅游强县。到 2011 年末，全县共有 30 余处旅游景区景点，94 家宾馆饭店（其中星级饭店 18 家），13 家旅行社，48 个乡村民俗旅游村（其中市级 23 个）。2011—2013 年，延庆高标准打造总面积 620.38 平方公里的地质公园，2013 年 9 月被联合国教科文组织世界地质公园网络执行局授予“中国延庆世界地质公园”称号。2014 年，全县形成以美丽乡村、休闲农业星级园区为主的生态休闲观光网络，同年农业部和国家旅游局认定延庆为“全国休闲农业与乡村旅游示范县”。

实施生态文明战略极大地提升了延庆的环境质量，妫河两岸一片葱绿、妫川大地美景如画，延庆山水令人心旷神怡。优美的生态环境使延庆成为大型国际会展赛事活动的首选地。2011 年至 2015 年，延庆成功承办首届“八达岭长城杯”北京国际自行车骑游大会和首届环京职业公路自行车（分

硅化木国家地质公园

段）赛、全国公路自行车冠军赛北京·延庆站比赛等10多项大型赛事活动。同期，作为全市规模最大的群众自行车骑游活动——“北京国际自行车骑游大会”，连续五届在延庆举行。2014年5月30日至6月8日，第80届世界汽车房车露营大会暨首届中国汽车房车露营大会在延庆八达岭龙湾河国际房车露营地举行。同年7月29日至8月2日，第11届世界葡萄大会在延庆辉煌国际会议度假区举行。2015年7月28日至30日，中国北京第9届世界马铃薯大会在延庆举办，第6届国际薯业博览会、第17届中国马铃薯大会以及马铃薯主食产品及产业开发国际研讨会同期举行。2019年中国北京世界园艺博览会落户延庆。2022年北京冬奥会，延庆区承办雪车、雪橇大项和滑雪大项中的高山滑雪比赛等项目。美丽延庆开始成为世界瞩目的旅游胜地。

第三节　建设绿色北京示范区的新目标

2010年5月，时任市委书记刘淇到延庆调研时提出，延庆要坚持高端一流标准，全面建设绿色北京示范区。县委常委会认真学习贯彻刘淇书记的指示精神，积极思考和探索在更高水平上推动延庆科学发展的主攻方向和主要措施，形成建设绿色北京示范区的一系列共识。2010年12月，县委召开十二届九次全会。会议提出，建设绿色北京示范区是市委赋予延庆探索绿色发展之路的崇高使命，是“人文北京、科技北京、绿色北京”发

四海花海

展战略在延庆的具体实施，也是延庆贯彻落实科学发展观、加快转变经济发展方式、实现生态涵养发展区功能定位、实现经济社会又好又快发展的战略任务。全会正式把“全面建设绿色北京示范区”作为全县“十二五”时期的总体目标和核心定位，标志着延庆实施生态文明战略进入新的历史阶段。

2011 年 12 月召开的延庆县第十三次党代会提出：全面建设环境优美、生态宜居、富裕文明、幸福和谐的绿色北京示范区，使延庆的生态文明建设始终处于北京乃至全国的前列。2013 年 1 月，县委十三届四次全会进一步提出“建设山更绿、水更净、天更蓝、空气更清新、人民更幸福的美丽延庆”。这既是市委在生态文明建设新时期赋予延庆的新任务，也是实现首都生态涵养发展区功能定位的新要求。2013 年，延庆成为全市唯一、全国首批“国家循环经济示范县”。同年，根据县委十三届四次全会精神编制的《延庆县生态文明建设规划（2013—2020 年）》，在“生态环境保护、生态经济发展、生态人居营造、生态文化培育、生态惠民推进和生态文明制度创新”等六个方面做出部署，提出到 2020 年基本建成环境优美、生态宜居、富裕文明、幸福和谐的绿色北京示范区。

第四节　城市化建设加快步伐

随着时代的步伐，延庆区踏上了城市化建设的快车道。通过优化城市布局、提升城市配套设施，不断改善居民生活环境。同时，加快建设宜居新城，推动城乡一体化发展，为延庆区的长远发展注入了强劲动力。在城市化建设的浪潮中，延庆区正逐步展现出更加繁荣、宜居、和谐的现代城市风貌。

一、全力建设宜居城市

2003 年，县委、县政府提出：“深入推进产业化，加快城市化步伐，提高人民富裕程度。”按照县人代会及县经济会议精神，确定以“三个代表”重要思想为指导，坚持以人为本，以建设国际旅游卫星城为目标，建设园林城市，带动生态经济，进一步明确城镇建设功能布局，促进城乡协调发展，建设宜居城市。

延庆县医院

在县委、县政府的努力下，重点工程建设稳步推进，城市整体功能和面貌进一步提升，百余项重点工程相继开工建设，康张路、滦赤路、大秦线扩能改造，河东路建成通车，东姜路、延永路等6条公路开工建设，完成村村通工程236.7公里，全县376个行政村实现了村村通柏油路。完成庆隆街、百泉路西延等12条市政道路，师范路等3条市政道路开工建设。三里河湿地公园、迎宾公园等4个公园竣工投入使用，城西公园、森林体育公园开工建设。南菜园幼儿园、十一中学教学楼等15项文化教育项目竣工投入使用。新建或改造中医院、沈家营卫生院等卫生设施项目9项。新建绿韵广场、亿隆商场等商业设施。儒林苑、尚书苑等住宅小区建成交付使用。

2004年，完成了新兴小区、体育场小区物业管理试点工作。以具备物业管理资质的夏都红雨、妫川物业管理公司分别进驻小区进行物业管理，理顺管理关系，从整体上规范了小区管理工作。对楼宇对讲和电视监控系统进行完善，加强保安管理。解决了居民长期反映强烈的公厕收费问题，规范清理小商小贩，解决了乱摆小摊及脏、乱、差问题，绿化、美化了小区环境。按照县政府“关于改善居民小区路灯照明问题的实施方案”，建委、市政管委、城镇办事处等单位协调配合，为县城 26 个居住小区共新安装路灯 291 盏，真正实现了居民小区的亮化，解决了老百姓夜间出行难的问题。

同年，为改善老百姓居住环境，迎接 2008 年奥运会，市政府决定自 2005 年起对全市老旧小区开始进行整治，将 272 个直管公房居住小区列入 2005 年市政府折子工程，其中包括本县新兴小区和永安小区。根据本县实际情况，将本次整治工作分为两个阶段来分步实施：2004 年，第一阶段施工任务完成了小区公共照明、封闭垃圾道、改造楼道门窗等工作，两个小区的面貌得到初步改善；第二阶段改造工程完成硬化路面 18291.58 平方米，铺设路砖、草坪砖 5450 平方米，种植草坪 11123 平方米，种植花木 4530 株，安装井盖 58 个，新建储物棚 700 平方米。通过改造使两个小区面貌有了很大的改善，得到居民的好评。

2007 年，成立延庆县住房保障领导小组。制定完成《延庆县住房基本保障试点方案》《延庆县经济适用住房管理办法》《延庆县廉租住房实物配租管理办法》等相关文件。廉租住房租金补贴全部落实到位，86 户 154 人做到了应保尽保。从 2007 年 9 月 1 日起，在县建委城建综合服务大厅及试点单位城镇办事处同时设立专门窗口，负责宣传、咨询、审核等相关工作。

在县委、县政府的科学领导下，延庆县正在向生态文明、和谐、宜居的城市建设目标大踏步迈进。

二、城市配套设施提升

2002 年，延庆县按照首都现代化国际旅游卫星城的定位，实施了一系列生态环境改造工程，相继建成妫水公园、三里河湿地公园、江水泉公园等。其中，江水泉公园地处延庆县城北部，南邻八达岭温泉度假村，北至延庆镇老仁庄水库，是继夏都公园、三里河湿地公园和妫水公园之后我县兴建的又一个大型城市公园。2003 年 3 月初动工修建，同年 6 月中旬竣工。同年，延庆县还实施了妫水公园环湖路、广兴街北延等 6 项道路工程，并推广“县城万棵树”活动。

2004年，为解决垃圾处理问题，延庆县在大榆树镇建设小张家口垃圾卫生填埋场，是延庆县第一座大型垃圾卫生填埋场。该场的建成与投入使用，解决了延庆县城及周边26平方公里的垃圾消纳问题。小张家口垃圾填埋场投入使用后，入场垃圾与日俱增，逐步形成了以场区为中心、辐射周边7个乡镇的垃圾收集、消纳体系。同年，延庆县还进一步加大了城市道路建设力度，新建改造道路10条。新建了香苑街北延、新城街北延、庆隆街，完善了县城城北的道路网络；建设了高塔路西延、百莲路北段，消除城市断头路2条；改建了妫水南街，顺畅了入城交通；实施了高塔路中段、县城南街、西环城路、菜园南街改造工程，提高了城市交通能力。

2005年，是延庆县城市建设力度最大的一年。延庆县先后建成迎宾公园与百泉公园。改善了周边环境，提高了县城入口档次，美化了延庆城市形象。同年，本着构筑框架、打通南北、消除断头路、完善路网的指导思想，延庆县还加大了城市道路建设力度。新建了西沟路南延，消除了城市断头路；开通了玉皇阁大街、百康路、益祥街，完善了县城西南、西北、东南部路网；改造了东顺城街、北顺城街、高塔路一中段、步行街，彻底

尚书苑小区

改变了延庆县医院周边交通拥堵现状，顺畅了夏都大厦周边交通秩序，使本县县城商业中心区、医疗中心区的交通问题得以解决；实施了妫水北街、新城街、香苑街等道路改造工程，使道路实现了雨污分流、管线入地，建设档次明显提高。

2007 年，延庆县紧紧围绕建设首都生态休闲商务区的工作目标，继续加大市政基础设施建设力度，完成道路新建改建 7 条，修建滨河南北路二期，改造环湖南路，完善了妫河观光保护体系；新建西下路、西丁路，为县城西扩构筑了道路框架；建设玉皇阁大街北延，连通了湖北路与庆园街，缓解了城西北纵向交通压力；改造师范路、双路街，解决了城东居民出行问题，顺畅了城区交通。

经过努力，延庆城区的基础设施更加完善，居民环境意识普遍增强。2007 年，首都文明委正式授予延庆县“首都文明县”荣誉称号。同年 12 月，国家爱卫会正式命名北京市延庆县等 9 个城（镇）为“国家卫生县城（镇）”。

三、加快建设宜居新城

为适应城市整体功能提升和多中心发展趋势，突出发展理念创新，突出产业协调配套，突出时空合理有序，加快建设现代化宜居宜业新城，打造独具特色的城市风貌，2007 年，县委、县政府规划编制《延庆新城规划（2005—2020 年）》。

延庆新城规划范围为延庆镇行政管辖范围 67.3 平方公里，并包括大榆树镇 1.6 平方公里建设用地，总规划用地约 68.9 平方公里。县城定位为：“首都国际交往中心的重要组成部分，联系北京西北地区的交通枢纽，服务北京的国际化旅游休闲区，区域物流和生态农业基地，服务于北京市民的休闲度假基地。是延庆县的行政、经济、文化中心，生态宜居新城典范。”空间布局以妫水大街为新城发展主轴，以妫水河、三里河湿地为城市生态景观带，形成“一轴两带多组团”的布局结构。新城以向南、向北和西南为主导发展方向，在满足官厅水库库区防洪要求和基本农田保护要求前提下适当发展三里河周边及西部用地。远景发展依托延康路、延琉路等县内交通联络干线，沿空间发展轴向康庄、八达岭和永宁作组团式发展。按其功能布局为两组团（妫水河两岸的南北组团）、五片重点功能区（生态共享功能区、综合旅游服务区、旧县城历史风貌区、生态科研示范区和高等教育区）的城市功能结构。

妫水河森林公园，于2009年4月全面开工建设，2011年底整体竣工。沿妫河而建，东起曹官营水库，西至康张大桥，北至三里河湿地公园，横贯延庆县城，东西全长18公里，占地面积1026公顷。是北京市11座新城滨河森林公园之一。主要依托妫水河及两岸林地建设，秉承“以水为轴、以林为体、山水相依、林城共荣、和谐发展”的理念，新建并扩建了伏象园、半山湖、月季园等10个景观节点。园内植有毛白杨、刺槐、白蜡、元宝枫、栾树、油松、云杉等乔木30余种，连翘、榆叶梅、锦带、金银木等花灌木40余种，野花组合地被遍布全园，公园内四时风光如画，很好地体现了“春花秋树纳锦绣，曲水平湖著文章”的建设主旨。人行、自行车、机动车道路系统完善。广场简洁美观。游人服务中心功能齐备、造型典雅，亭、廊、花架等园林小品若干。公园美在山、石、林、水、花、草一应俱全，雅在于清、幽、静、野四味兼具。它的建成使新城景观质量进一步提升，使“县景”合一构想成为现实，最大限度满足居民生活、休闲对环境的需求，是延庆建设“绿色北京示范区”和“生态宜居新城”的标志性成果之一。

妫河森林公园

第五节　推进和谐社会建设

延庆区在快速发展的同时，不忘深化和谐社会建设。强化社会保障职能，确保民生福祉，推动教育、医疗等各项事业协调发展，促进人的全面发展。精神文明建设亦被置于重要位置，共同构筑起和谐社会的坚固基石。延庆区以实际行动，书写着人民安居乐业、社会和谐稳定的新篇章。

一、强化社会保障职能

进入新世纪后，市场导向的就业机制初步建立。通过“保生活、续保险、促就业”，下岗职工 2002 年底全部实现再就业，提前完成三年“并轨”过渡期的任务，标志着延庆县顺利实现市场导向的就业机制。

2002 年开始，延庆县实行养老、医疗、失业、工伤、农保“五险合一”的社会保险模式，完善了五险集中办公、一厅办结的服务机制。2005 年《北京市企业职工生育保险规定》颁布实施和 2006 年《延庆县公费医疗管理暂行办法》出台并实施，有力地推进了延庆县公费医疗的改革进程，逐渐平稳向城镇职工基本医疗保险制度过渡。

2006 年，延庆县大力推进农村养老保险改革，出台了《延庆县农村社会养老保险办法（试行）》，增加了财政补贴、放宽了参保年龄、扩大了参保范围。为 2008 年《北京市新型农村社会养老保险办法》的实施奠定了基础。

2006年底，延庆县被劳动和社会保障部、发改委、财政部、农业部四部委联合确定为全国统筹城乡就业试点地区之一。县委、县政府把统筹城乡就业试点工作作为落实科学发展观的内在要求，作为构建和谐社会的重要内容，作为实施“生态文明发展战略”的重点环节，高度重视、周密部署、统筹安排、扎实推进。

2007年，延庆劳动保障局根据市“一老一小”（即城镇无医疗保障老年人和学生、儿童）文件精神及时制订了《延庆县贯彻落实城镇“一老一小”大病医疗保险制度实施方案》，稳步开展“一老一小”参保工作。

年内，延庆县实行了城乡统一的就业管理制度，即实行统一的就业登记制度、统一的就业服务制度和统一的用工管理制度；同时为城乡劳动力就业提供“送岗位”“送技能”“送政策”“送服务”“送温暖”的“套餐式”公共就业服务。2007年延庆县创业培训工作位居全市第一。

同年，通过一系列就业援助，帮助“4050人员”实现再就业，促进“零就业家庭成员”实现了再就业，帮扶“城镇低保就业服务对象”“农转非失业人员”和“残疾人”实现了就业。

12月10日，延庆县作为全国统筹城乡就业试点县之一，在成都“推动全国统筹城乡就业试点工作座谈会”上进行工作汇报和经验交流。延庆经验在全国范围内发挥了示范引领作用。

延庆县公共就业服务体系进一步完善、促进就业长效机制逐步建立、社会保险覆盖范围不断扩大，社会保障制度逐渐惠及更多群众，为保障人民基本生活、促进经济发展、维护社会稳定、构建社会主义和谐延庆发挥了重要作用。

二、各项事业协调发展

百年大计，教育为本。教育是提高国民素质，促进人的全面发展的根本途径，寄托着无数延庆家庭对美好生活的期盼。2002年以来，县教委立足现实，因地制宜，真抓实干，务求实效，促进了教育的繁荣发展。2002年到2007年，全县撤并学校60所，其中初级中学9所，中心小学2所，农村小学49所。2006年6月，将成教中心、社教中心和职业教育中心整合为2个中心，将延庆县第一职业学校和延庆县中等职业学校整合为1所职业学校。9 月，利用职成整合的资源，在原延庆县中等职业学校建成本县第一所农村寄宿制中学——第八中学，把当年撤并的 5 所初中学校的 620 名山区农村初中学生，全部撤并到县城第八中学寄宿就读。10 月，成立特教中心。从 2007 年开始，筹建延庆第七中学，将西屯中学、赵庄中学和山区一些初中学校撤并到第七中学。加大调整布局结构力度，促进了均衡教育和优质教育的同步发展。

2005 年，在全市开展百所城乡学校“手拉手”活动的基础上，本县全面启动了城乡学校“手拉手”工作。截止到 2008 年 6 月，已有 47 所中小学、幼儿园与市区 54 所优质学校、幼儿园以及民进组织“名师指导团”建立了“手拉手”帮扶关系，其中市教委组织结对 14 所；学校自己联系“手拉手”学校 44 所；康庄中学与北京 171 中学、永宁中学与人大附中实现了名校办分校；县域内 22 所优质中小学、幼儿园、教科研中心与 37 所川山区学校结成“手拉手”关系；320 名中小学市、县级骨干教师与川山区近 500 名教师结成“手拉手师徒帮带”关系。“手拉手”活动推动了城乡教育一体化进程，促进了教育均衡发展。

通过几年的努力，延庆教育事业呈现出繁荣昌盛的局面。小学入学率在 99.98% 以上，毕业率达到 100%；初中入学率达到 100%，中考升学率保持在 95% 以上，高考升学率保持在 65% 以上。2007 年，高考升学率达到 69.01%。

文化发展繁荣越来越成为民族凝聚力和创造力的重要来源和人民群众的热切愿望。2005 年，县文化部门根据县委和县政府的要求，编制了《延庆县文化事业发展“十一五”规划》。县文联组建了民间文艺协会和北京市第一个乡镇文艺协会——张山营镇文艺协会，县文委组建了长城女子大鼓队和百人旱船表演队。同年，延庆旱船入选首批市级非物质文化遗产名录。2006 年，延庆综合文化中心主体工程完工，延庆县的新编地方志《延庆县志》出版。到 2006 年底，全县有文化经营单位 241 家、158 个农村文化大院、12 个社区文化活动室、15 个文艺协会和 28 支业余文艺团队，全年开展夏日文化广场、冬季文化比赛等各类群众文化活动 1000 余场。此外，延庆县还成功举办了首届北京市端午文化节，完成了广播电视“村村通”工程，确定了 119 处市县级文物保护单位。2007 年，文化部和国家文物局授予北京市延庆县“全国文物工作先进县”称号。

医疗卫生服务体系建设步伐明显加快。延庆县政府新建了县社区卫生服务中心、华庆医院等一批医疗设施，完成县医疗急救中心综合楼、县医院门诊楼建设，改建四海、千家店等 8 个乡镇卫生院，新建或改建社区卫生服务站 61 个、村卫生室 154 个。至 2006 年底，以县急救中心为主体和乡镇社区服务中心为基础的医疗急救网络初步形成，城乡居民就医环境和医疗条件明显改善。

加强社会矛盾调处工作。这一时期，延庆在持续开展精神文明建设、巩固发展安定团结的政治局面的同时，加强政治文明和民主法治建设，加大社会矛盾调解处理力度，努力维护全县的和谐稳定。延庆认真贯彻落实国务院《信访工作条例》，加强信访和人民内部矛盾排查调处工作，信访案件办结率大幅提高。在加强社会矛盾调处工作的同时，延庆县委、县政府还广泛征集人民群众关心的热点、难点问题，结合人大代表建议和政协委员提案，每年确定一批关系群众切身利益的重要实事，作为首要任务列入政府为民办事的折子工程予以认真落实，相继解决了饮水安全、生活环境、出行、购物、就医、上学、住房等一大批与群众生活息息相关的实际问题，使城乡居民普遍受惠。

延庆加强社会矛盾调处工作以及为群众办实事的举措，有效化解了人民内部矛盾，提升了群众对各级党委和政府的满意度，促进了社会和谐稳定。

改造后的沈家营卫生院

第十九章　新时代跨越发展

2011 年以来，在党中央、国务院、市委和市政府的坚强领导下，县委、县政府认真学习贯彻习近平总书记系列重要讲话精神和中央、市委与市政府的决策部署，全面建设绿色北京示范区，构筑绿色发展新格局。

延庆县委带领全县人民依照“十二五”规划，不断完善生态经济体系，打造生态宜居新城，创建全国文明城区，加强和谐社会建设，获评首批国家生态文明建设示范区。

2015 年撤县设区以来，延庆抓住服务保障世园会和冬奥会筹备举办的重要战略机遇期和黄金发展期，顺势而为、乘势而上，努力推动延庆实现绿色发展新跨越。中共十九大以来，延庆区坚持以习近平新时代中国特色社会主义思想为指导，牢记延庆是属于未来的重要嘱托，立足首都生态涵养区功能定位，加快建设国际一流的生态文明示范区，努力打造北京美丽后花园和“两山”实践延庆样板，全面建设生态文明幸福的最美冬奥城，推动地区高质量绿色发展，在谱写全面建设社会主义现代化国家、全面推进中华民族伟大复兴的北京篇章中做出延庆贡献。

第一节　新时代奋斗目标和决策部署

2015 年底撤县设区后召开的中国共产党北京市延庆区第一次代表大会是承前启后、继往开来的一次大会。会议回顾了十三届县委过去四年推动延庆发展取得的成绩，分析了延庆发展存在“四个并存”的挑战和未来发展大有作为的重要战略机遇，明确了未来发展新目标。2021 年 12 月召开的中国共产党北京市延庆区第三次代表大会聚焦落实“延庆是属于未来的”政治嘱托、决战决胜冬奥会、建设最美冬奥城，总结了过去五年的工作，部署了未来五年的目标任务。

一、奋力开启国际一流的生态文明示范区建设新征程

2015 年 12 月召开的中国共产党北京市延庆区第一次代表大会是在延庆撤县设区之际召开的一次重要会议，会议通过了题为《紧抓重大历史机遇，乘势而上团结拼搏，奋力开启国际一流的生态文明示范区建设新征程》的工作报告，提出了建设国际一流的生态文明示范区的新目标。

密云延庆撤县设区

本报讯（记者 吴迪）日前，市政府正式下发《关于撤销密云县、延庆县设立密云区、延庆区的通知》。

经国务院批准，撤销密云县、延庆县，设立密云区、延庆区。撤县设区后，原密云县的行政区域为密云区的行政区域，密云区人民政府驻鼓楼街道鼓楼西大街3号；原延庆县的行政区域为延庆区的行政区域，延庆区人民政府驻儒林街道湖北西路1号。

《通知》要求各有关部门和单位按照国务院批复精神，密切协作配合，扎实细致做好密云、延庆撤县设区的相关工作。

2015 年 11 月 18 日《北京日报》刊发《密云延庆撤县设区》

大会确定了“十三五”时期延庆发展的指导思想：高举中国特色社会主义伟大旗帜，全面贯彻党的十八大和十八届三中、四中、五中全会精神，以马克思列宁主义、毛泽东思想、邓小平理论、“三个代表”重要思想、科学发展观为指导，深入贯彻习近平总书记系列重要讲话精神，认真落实中央和市委的决策部署，坚持“四个全面”战略布局，坚持发展是第一要务，积极适应经济发展新常态，主动融入京津冀协同发展大格局，站在落实首都城市战略定位和建设国际一流的和谐宜居之都的高度，紧抓重大历史机遇，立足京津冀“西北部生态涵养区”的功能定位，坚定不移实施生态文明发展战略，以服务保障世园会和冬奥会筹备举办、推动区域跨越发展为中心，统筹推进经济建设、政治建设、文化建设、社会建设、生态文明建设和党的建设，全面建成小康社会，奋勇争先建设国际一流的生态文明示

中国共产党北京市延庆区第一次代表大会

范区，为早日实现山更绿、水更净、天更蓝、空气更清新、人民更幸福的美丽延庆蓝图奠定坚实基础。

遵循这一指导思想，延庆区人民政府确定了今后五年全区经济社会发展的主要目标：生态环境品质大幅提升，空气质量继续保持全市领先，河湖水质基本达到Ⅲ类标准以上，年用水总量控制在 0.97 亿立方米以内。森林覆盖率达到 58.03%，林木绿化率达到 71.23%。经济发展质量效益明显提高，地区生产总值年均增长 9% 以上，超额完成到 2020 年比 2010 年翻一番任务，一般公共预算收入年均增长 10% 左右。服务业增加值占 GDP 比重超过 70%，旅游综合收入年均增长 7%，新能源和节能环保产业产值占规模以上工业总产值比重达到 40%。城市综合服务能力显著增强，城中村改造加快推进，城市基础设施承载力大幅提高，常住人口城镇化率达到 60% 左右。污水处理率达到 95% 以上，生活垃圾无害化处理率达到 100%，人均公园绿地面积达到 50 平方米以上。

人民生活水平和质量普遍提升。城乡居民收入增速高于全市平均水平，比 2010 年翻一番。低收入群体收入增速高于全区居民收入平均增速。就业更加稳定高质，城镇登记失业率控制在 4% 以内。全民素质和社会文明程度显著提高。全民思想道德素质、科学文化素质、健康素质和生态文明意识明显提高。公共文化服务体系更加健全，公共文化设施基本实现全覆盖。社会治理能力和水平有效增强。重点领域改革成效显著，依法行政水平、司法公信力不断提高。城市管理更加精细智能，农村管理更加规范有序，人口规模得到有效控制，社会环境更加稳定和谐。

为实现上述目标，确定了“十三五”时期的主要任务：奋力办好绿色大事；持续增强生态功能；着力壮大绿色经济；加快建设宜居城市；创建全国文明城区；切实增进民生福祉；全面深化改革开放；积极融入协同发展。

二、接续奋斗建设生态文明幸福最美冬奥城

2021年12月6日至9日，中国共产党北京市延庆区第三次代表大会审议通过二届区委题为《牢记政治嘱托，践行“两山”理念，全力以赴决战决胜冬奥会，接续奋斗建设最美冬奥城，奋力推动延庆绿色发展迈向未来》的工作报告，提出了全面建设生态文明幸福最美冬奥城的奋斗目标。

中共延庆区第三次代表大会召开

会议指出，延庆正处于“三期叠加”的发展阶段。未来五年是不负使命重托乘势而上的战略机遇期，是践行“两山”理念跨越发展的关键窗口期，是增强内生动力自我发展的重要考验期，全区各级党组织和全体党员要高举中国特色社会主义伟大旗帜，坚持以习近平新时代中国特色社会主义思

想为指导，全面贯彻落实党中央和市委决策部署，牢记“延庆是属于未来的”政治嘱托，立足生态涵养区功能定位，主动融入服务首都发展大局，坚定不移践行“两山”理念，以推动高质量绿色发展为主题，以深化供给侧结构性改革为主线，以改革创新为根本动力，以满足人民日益增长的美好生活需要为根本目的，坚持和加强党的全面领导，全力以赴完成冬奥会服务保障任务，加快推动延庆高质量绿色发展，全面建设生态文明幸福最美冬奥城，为建设国际一流的生态文明示范区和美丽延庆奠定坚实基础。

会议强调，实现今后五年奋斗目标，关键要全力保障冬奥会、冬残奥会成功举办，高标准做好赛前筹办工作，高质量完成赛时服务保障任务，高水平打造国际滑雪度假旅游胜地，高起点推动京张体育文化旅游带建设。要主动融入服务首都发展大局做好延庆表达，全力服务政治中心建设，扎实推进全国文化中心建设，全力服务国际交往中心建设，加快推进国际科技创新中心建设，以服务“四个中心”功能建设为延庆发展赋能。全面建设生态文明幸福最美冬奥城，推动生态本底全面提质、打造“两山”实践样板，推动产业发展全面提质、构建绿色经济体系，推动城乡功能全面提质、促进优质均衡发展，推动美丽乡村全面提质、推进乡村全面振兴，推动民生保障全面提质、夯实共同富裕基础，推动区域文明全面提质、创建文明典范城市，推动全面深化改革提质、释放发展活力动力，推动民主法治全面提质、凝聚干事创业合力。要坚持和加强党的全面领导，旗帜鲜明加强党的政治建设，推动思想理论武装走深走实，推进基层组织建设提质聚力，建设高素质专业化干部人才队伍，营造风清气正政治生态，以高质量党建引领高质量绿色发展。

第二节 圆满完成世园会服务保障任务

做好北京世园会筹备和服务保障工作，是党中央交给延庆的重大政治任务，是国家赋予延庆的神圣职责使命。在组委会、执委会领导下，延庆区委、区政府率领34万妫川儿女，坚决落实“精精益求精，万万无一失”工作要求，团结一心、倾力奉献，圆满完成了建设空间拆迁腾退、外围配套基础设施建设、环境整治和景观提升、城市精细化运行和治理、安全稳定秩序维护、宣传文化和社会动员、接待服务等综合服务保障任务，助力北京世园会实现了盛大开幕、精彩开园、平稳运行、圆满收官。

一、成功申办世园会

生态是优势、是潜力、是希望，“生态立区、绿色发展”已成为延庆历届领导班子一脉相承、始终坚持的发展理念。多年来，延庆始终保持战略定力，义无反顾地扛起涵养生态的重大政治责任，统筹山水林田湖草生态系统，强力推进环境治理，大力实施造林营林，优化生态空间布局，厚植生态优势，不仅积累了丰裕的生态资本、促进了地区经济社会发展，还聚集了世界资源，赢得了北京世园会这一千载难逢的重大历史机遇。

2012 年初，中国花卉协会会长江泽慧与国际园艺生产者协会（AIPH）时任主席杜克·法博沟通中国申办 2019 年世界园艺博览会（A1 类）的意向，随后建议北京市政府代表中国政府申办。经 5 月 29 日北京市政府专题会议研究和 5 月 30 日市委常委会研究，同意北京市代表中国政府申办 2019 年世界园艺博览会（A1 级），同意确定延庆县为举办地。会议指出“延庆县具有独特的地理环境和气候优势，申办工作扎实，独具特色，有利于促进申办成功”。

2012 年 8 月，经国务院批准，同意北京市代表中国政府申办 2019 年北京世园会。2012 年 9 月，在申办陈述和专家考察后，国际园艺生产者协会正式批准中国北京举办 2019 年世园会。2012 年 11 月，正式启动向国际展览局申请认可工作。2014 年 6 月，在《一般规章》《参展合同（范本）》等法律文件审议通过后，国际展览局第 155 次全体大会一致表决认可北京世园会，并授予中国代表团国际展览局局旗，北京世园会全面完成国际认可程序，正式纳入认可类世博会范畴，上升为国家行为。

国际展览局正式认可 2019 北京世园会

如今，“绿色生活　美丽家园”的办会主题、“让园艺融入自然　让自然感动心灵”的办会理念、“世界园艺新境界　生态文明新典范”的办会目标已经深植市民内心。这是延庆作为北京世园会最初申办者对生态的理解，也是用70年的坚守和实践凝结成的智慧和对未来的愿景。这是北京世园会对举办地多年来坚守生态保山护水、植树造林的一系列生态壮举的印证和反馈，也是对举办地依靠生态谋求发展、培育践行绿色生产生活的激励和弘扬，也更有信心让“长城之花”绽放得更加灿烂。

二、建立强有力组织领导体系

筹备举办好北京世园会责任重大，使命光荣。区委发挥总揽全局、协调各方的作用，统一思想，凝聚共识，聚焦服务保障赛会筹备举办和推动区域发展“两张答卷”，统筹谋划“办大事、促发展、惠民生”。

根据不同阶段筹备工作的任务部署和实际需要，构建集中统一指挥、整体协调推动、执行联动有力的工作体系，建立健全、调整完善不同形式的组织架构、指挥系统、执行团队，为推动工作有效落实提供强大的制度保障。2015年2月，建立了世园会延庆县筹备领导小组，成立了办事机构世园办。2016年2月，健全了领导小组下设的“一办七部二组”的工作架构，分别为世园办，规划建设指挥部、产业发展指挥部、宣传推介指挥部、资金保障指挥部、环境保障指挥部、城市运行保障指挥部、安全保障指挥部等7个专项指挥部，督查考核组、纪检监察组等2个保障组。

2018年2月，筹备工作转入工程建设和会时保障并重阶段，按照筹办工作管理运行机制，梳理出会时综合交通、旅游接待、安保维稳、环境景观、舆论宣传、参展服务、志愿服务、医疗卫生、安全应急、园艺产业保障等10项服务保障专项，并在原工作架构的基础上形成一对一对应的保障工作组。

2019年2月，根据服务保障新中国成立70周年系列庆祝活动、第二届“一带一路”国际合作高峰论坛、亚洲文明对话大会及北京世园会等实际工作需要，调整为服务保障“四场活动”延庆区服务保障工作领导小组（指挥部），即：“一部、三处、十组”架构，分别为1个总指挥部，综合处、值班调度处和督察处3个处，交通保障组、社会治安与安全保卫组、社会动员与志愿服务组、接待联络组等10个专项工作组。在领导决策层

2018 年 4 月 28 日北京世园会倒计时一周年活动现场

面始终坚持区委、区政府领导下的领导小组（总指挥部）机制，在统筹协调层面由各位区领导协调调度各工作组（分指挥部）筹办工作，在执行落实层面各工作组（分指挥部）成员单位执行推进任务，全区形成了上下贯通、左右协同、运转有序的工作格局，确保了整体筹办工作统一决策、统筹推进、高效落实。尤其进入世园会会期阶段，为把“全区保外围、外围保核心”的服务保障理念落实到位，延庆指挥部与园区运行指挥部、市各前线指挥部双向联动，建立北京市、世园局、延庆区对接联络机制，执行服务保障力量“双融入”机制，实现园区内外服务保障、常态运行与应急保障的一体化。

三、提升基础设施承载能力

筹备和服务保障世园会是一项巨大的系统工程，从时间跨度、工程强度、服务广度、保障深度等各个维度都考验着城市综合承载能力，是一场全科目“大考”。

构建多元便捷的交通体系。自 2016 年起，历经 3 年的不懈努力，京礼高速、京张高铁先后建成通车，百康路等 13 条世园会园区周边区域道路新改扩建完工通车，妫川路等 5 条主要干道的道路拓宽、路口渠化、灯控升级等交通综合整治工程完成，可提供 22000 余个停车泊位的 10 处生态停车场建成，城区新增 1100 个路侧停车位。延庆交通发展实现了质的飞跃，形成了 3 条高速、1 条高铁的对外交通网络，全面打破了交通瓶颈、融入了首都半小时交通圈，城区道路通行效率大大优化，交通指数降低 15%。

建成管理高效的市政设施体系。经过统筹规划，建成了沿百康路—延康路、贯通世园会园区内外、总长约7.1公里的综合管廊，统一纳入了燃气、给水、再生水、电力、电信等市政管线，提高了园区综合承载能力与运营可靠性。电力供应能力和保障水平同样实现“质的飞跃”，9.3公里高压输电线路迁改入地及世园电力保障中心、大路110KV变电站等建成投产，为延庆提供了真正意义上的双路电源保障，可以满足延庆未来50年的发展需求，同时也大大改善世园会园区、城南交通干道沿线、景观廊道等区域的空间景观。“陕京四线”进延，终结了延庆无管道天然气的历史。新建城西南次高压调压站不仅保障了世园会园区布展、场馆运行、商业运营的需求，还补齐了新城南部区域市政基础设施的布局分散、供给不均、承载脆弱的短板。

建设提升多层次旅游接待设施。为全面满足国内外游客的需求，凯悦、海泉湾、隆庆等9家新建酒店以及中银、辉煌国际等10余家改造提升酒店相继营业，201个“世园人家”面世，“百里乡居”等55处、230个精品民宿（酒店）陆续开门迎客，全区星级酒店、快捷酒店、精品民宿、乡村精品酒店多业态齐备，可接待住宿床位共2.4万张。国际旅游度假连锁品牌“地中海俱乐部”入驻，万达商业综合体落户延庆，首农“食中心”运营，“金百万”“麦当劳”等10余家品牌餐饮相继引进，丰富了餐饮、购物、休闲等服务业态，实现了旅游基础设施建设、扩容、提质等方面的全方位突破。

推动智慧运行技术创新。建成运行全域旅游智慧服务系统，实现星级酒店、精品民宿在线预订，餐饮、景区、公厕、停车等旅游服务资源“一键搜索”。建成并运行智慧交通管理系统，实现集中指挥、绿波控制、非现场执法、远程诱导等智能化功能。在“雪亮工程”基础上升级扩容，建设“1个

火烧营民宿——荷府·世园人家

2019 北京世园会中国馆

中控、3 个平台、9 个系统”的世园会智慧安保系统，有效防范低空危险源等危险对象进入。综合管廊智慧控制系统从管廊、管线、管道的监控、传感、中控到响应、处置、应急，全面实现了市政生命线可靠供应和安全运行的自动化、智能化。以城市管理指挥平台为核心的指挥调度系统通过接入交通、旅游、环保、市政等平台数据，依托调度中心、视频会议、单兵系统发出指令、在线会商、现场响应，构建起了“1+9+X+Y”（“1”：1 个城市管理指挥平台；“9”：智慧交通、智慧旅游等 9 大系统；“X”：区内重点领域数据；“Y”：市级及社会数据）城市管理智慧指挥平台体系，确保世园会会时常态保障与应急处置无缝衔接、高效解决。

打造一流环境景观。1.37 万亩世园周边绿化、10 条色彩斑斓的景观大道、4.84 万亩的造林绿化、31.35 万平方米的城区道路绿化景观提升、15.7 万亩的平原生态林抚育等工程的接续实施，使延庆城市绿化覆盖率达到 67.99%，人均公园绿地面积达到 46.13 平方米，道路绿化率和水岸绿化率均达到 100%。精心排查、“搜刮”出 48 万平方米的景观缺漏，精品化布置园艺景观，在交通道口、高速沿线、城市广场、桥体护栏、公园绿地等重点部位布置 9 座大型主题花坛、175 个花钵，形成了“城在园中、园绕城区、城景交融”的园林美景和“一核、一环、三带、五廊、十园、多点”的城市森林格局，人人传唱的“一城山水半城园”的“北京画廊”尽收眼底。妫河水生态治理成效显著，不仅兑现了妫河世园段及其上下游Ⅲ级水质标准的国际承诺，还打造了花美、岸绿、水清的水景观，构建了完善的清洁用水、再生水利用、污水处理、节水灌溉等水治理体系。先后开展 3 轮覆盖全区的农村人居环境大整治，不间断开展城乡环境卫生及秩序管理整治，城市环境和农村人居环境水平在全市均居前列，展现了举办地整洁、美观、有序的形象。大力实施空气污染防治攻坚战，以最严的措施、最高的标准，深入开展“一微克”行动，世园会期间 PM2.5 平均浓度 28.9 微克 / 立方米，同比下降 35.8%，实现了“世园蓝”。一个天蓝、地绿、水净的美丽家园呈现在广大市民和游客面前。

2019 北京世园会永宁阁

四、圆满完成会期服务保障任务

在世园会全过程、全方位、全要素的服务保障过程中，围绕“进得来、出得去、吃得上、住得下、玩得好”，把“精益求精”的工作要求落实在压力测试、实战演练、指挥调度、环境维护、游客服务、参展服务、应急响应、处突抢修等一个个点位、一项项任务上，将服务保障任务的要求、目标，细化、实化成可识别、可量化、可操作、可达成的标准化流程表、任务书、路线图，构建标准化的属地外围服务保障体系。

全面启动压力测试与实战演练。率先实施、自我加压，以桌面推演、“蓝军计划”对抗演练等形式，开展150余次、34个场景的全要素、多科目实兵演练。自2019年4月以来，根据组委会统一部署，先后组织5.8万名延庆乡亲参加了3次空转、半负荷、满负荷园区承载力压力测试和4次开幕式全要素实战演练。在测试演练过程中，制订《世园会开幕式实战演练流程表》，将每一项外围服务保障任务的落实标准都逐条列出，明确“八个必须，十个不能有”，制定《外围道路清扫保洁操作规程》等业务手册，编写《世园会服务保障标准化手册》系列丛书，测试和演练成果在整个会期服务保障阶段得到了充分验证。

健全交通组织与运力保障。根据市交通委《世园会交通综合保障方案》，确立了多样化的交通组织方式和运力保障方式。明确以公共交通为主，有效引导私家车，辅助配备专线公交、施画特殊时段专用道、近端接驳摆渡、出租汽车分时租赁、自行车集中停放等措施，有效保障了游客能“进得来、

2019年10月9日，30辆氢燃料电池客车保障世园会闭幕式

停得下、出得去”，同时分级别、分圈层、分时段设立交通管制区、外围引导区、远端导流区等管控措施，实施人车分流、社会车辆与勤务车辆分流，保障车辆限时作业，物流车辆规定门区和规定时段出入，有效提高了游客通行的安全性、便捷性。人性化设置5条区域交通专线，接通延庆城区、世园会园区、区域景区，在便利游客进出园区的同时，又引导和促进了游客消费的深度。

提升旅游服务和产品供给。在加大旅游服务基础设施建设力度的同时，注重服务环境、服务资源、服务产品、服务平台、服务技能的提质增效。延庆旅游App覆盖了旅游目的地查询、门票预订、交通线路及停车等功能，与“智慧世园”App、美团等知名搜索引擎及服务平台连接，与携程网、中青旅、长城内外电商平台联动，优化了旅游销售渠道，大大降低了游客游在世园、体验延庆的“搜索成本”。大力发展特色旅游，推出8个主题、22条精品旅游线路，开发观光游、避暑游、研学游、度假游、世园游等“网红”旅游产品，为发展全域旅游奠定了坚实基础。

优化参展服务和嘉宾接待。世园会参展服务和嘉宾接待是一项跨越时段长、服务内容广、保障对象多、社会影响大的工作。自2017年6月世园会第一次省区市参展者对接磋商会以来，延庆区“一对一”参展服务机制就启动运行。30余个委办局参展服务专班与各省区建立了牢固的对位服务关系。同时，整合区内的劳务、资材、建材、车辆等资源，将汇编成册的《参展服务手册》送到参展者手上，给参展者提供资材、交通、住宿等供需衔接服务。在其建设、商业、服务、保障等不同阶段，安监、公安、消防、应急、环保、建设、政务、市场等部门针对承接会时园区餐饮、零售、展览、安保、志愿、运行等功能的企业和团队寓管理于服务中，统筹资源，主动指导检查、专人专班进驻，提供一站式、保姆式的服务，共办理企业开办与注销、税务登记、准营许可、

2019年9月28日，延庆志愿者在世园会为外国游客服务

银行保险4类，381个商事手续，综合咨询848次。每周开展安全指导和培训，解决了230多个国内外参展者、696名志愿者、1540多名安保员、3790名运营员工的食宿需求，确保了企业依法合规经营、运营团队安心保障。精心、精细、精准做好会时友好城市、对口帮扶单位、兄弟区、驻区企业等方面的嘉宾接待，设计确定6条参观考察线路，开展讲解服务、接待情景演练，实地勘验、对接入园机制，圆满完成150批次、4000人次的V2\V3级的贵宾接待任务。

第三节　圆满完成冬奥会服务保障任务

举办北京2022年冬奥会和冬残奥会，是以习近平同志为核心的党中央着眼我国改革开放和现代化建设全局作出的重大决策，是我国重要历史节点的重大标志性活动。延庆作为三大赛区之一，服务保障冬奥会、冬残奥会成功举办，更是党中央和市委、市政府交给我们的光荣使命。从2013年选址申办开始，到2022年冬奥会、冬残奥会精彩开幕、圆满成功，两年选址申办，七年筹备举办，区委、区政府始终把服务保障冬奥会、冬残奥会作为首要政治任务，在市委、市政府，北京冬奥申委，北京冬奥组委的坚强领导下，全面践行绿色、共享、开放、廉洁的办奥理念，深入落实简约、安全、精彩的办赛要求，坚持一刻也不能停、一步也不能错、一天也误不起，凝聚场馆、属地、外围、业主单位及各方力量，引领34.6万延庆人民勠力同心、攻坚克难，圆满交出服务保障冬奥会和推动延庆高质量绿色发展两张优异答卷，深刻诠释了“胸怀大局、自信开放、迎难而上、追求卓越、共创未来”的北京冬奥精神，为我国奉献一届“真正无与伦比”的冬奥会贡献了延庆力量，在中华民族伟大复兴的恢宏史诗中镌刻了延庆足迹。

一、抢抓历史机遇完成冬奥申办

顶风冒雪，配合选址踏勘。2013年初，国家体育总局为申办冬奥会开始在华北地区寻找适合承办高山滑雪项目的场地，县委、县政府第一时间向市委、市政府请示，积极配合开展项目选址踏勘工作。2013年5月29日，国家体育总局组织5位专家对小海陀山进行详细考察，县委主要领导连夜开会部署，陪同登山考察。选址考察期间，服务保障团队克服山高路陡、树木丛生等困难，会同专家勘察百余次，平均每次步行 8 小时以上，累计路程 1000 余公里。张山营镇村民冒着零下 20 度的严寒，踏雪迎风开辟道路，插挂路标。半年内勘察十余条考察备选线路，初步确定 5 条线路作为高山滑雪赛道，为冬奥会最终选址奠定坚实的基础。

提前谋划，创造落地条件。踏勘考察期间，县委、县政府组织力量研究历届冬奥会举办城市必备条件，综合分析小海陀山自然山势、生态环境、气候水源、基础设施等条件，编制《延庆县承办高山滑雪项目可行性报告》，拍摄小海陀山山形地貌纪录片，邀请中国测绘院对海陀山和阪山地区进行实地勘测，收集地形地貌测绘、水文地质等全部资料，形成小海陀顶至次仲泉测量成果报告书、海陀山周边条件点测绘及坡度计算、阪山地区测量成果报告书，为前期申办和选址提供了科学依据，为项目落地创造了可行条件。

众志成城，完成冬奥申办。2014 年 4 月 1 日，成立延庆冬奥申委和运行机构，按照“一切有利于申办”的原则，全力配合北京冬奥申委，收集小海陀山山势条件、气候环境、赛事基础、场地规划、赛后利用等方面资料，服务保障交通运输、住宿专题组开展工作，接待国际奥委会、国际雪联专家实地考察，完成《申办报告》撰写和 8 个领域 23 个问题问卷答复，延庆民众支持率高达 99.7%。通过评估，小海陀山得天独厚的办赛条件和

2014 年 11 月 5 日至 7 日，国际滑雪联合会高山滑雪项目委员会主席伯恩哈德·鲁西（左二）对小海陀山高山滑雪场地进行踏勘

区位优势，得到国际奥委会、国际雪联专家充分肯定。2015 年 7 月 31 日，国际奥委会第 128 次全会正式宣布北京获得 2022 年冬奥会举办权，高山滑雪、雪车雪橇比赛项目落户延庆，延庆成为北京 2022 年冬奥会和冬残奥会三大赛区之一。

二、冬奥延庆赛区建成

攻坚克难，建设精品工程。统筹把握赛事需求和可持续发展，编制延庆赛区核心区总体规划，成立区重大项目协调服务中心、征拆工作小组，超前完成涉奥工程的 7 个乡镇 93 个村 1.72 万亩征拆任务，其中核心区 5606 亩。针对核心区建设周期短、施工难度大、技术壁垒多等特点，坚持服务和监管并重，克服疫情导致用工短缺等问题，打响工程建设“百日攻坚战”。逢年过节不停工，打破国外人工赛道建造技术垄断，创新发明专利 133 项。历时 4 年，国家高山滑雪中心、国家雪车雪橇中心 2 个竞赛场馆如期建成，一次性通过国际奥委会、国际单项组织考察认证，延庆冬奥（冬残奥）村等 46 项冬奥工程如期交付投用，京张高铁、京礼高速建成通车，延庆赛区从无路、无水、无电、无通信的“四无”山区变成国际一流的奥运场馆群，“雪飞燕”“雪游龙”精彩亮相。

生态优先，建设绿色工程。坚持“山林场馆、生态冬奥”理念，对照生态保护要求，严格落实延庆赛区规划环评 54 项措施，因地制宜实施生态修复，聘请“两院”院士组建专家顾问团全程指导，高标准完成生态修

2022 国家雪车雪橇中心

2022 北京冬奥会延庆赛区全景图

复 216.3 万平方米，剥离表土 8.1 万立方米，营造和抚育林地 10 万公顷，一树一档建立“树履历”，迁地移植乔木 2.4 万株，沟道整治 12.9 公里，67 处地灾点位完成治理，成功创建国家森林城市，建成延庆冬奥森林公园、5 个就地保护小区、11 座动物通道，修建两栖类爬行动物栖息地，安装人工鸟巢，最大限度减少对生态环境的扰动。严格落实低碳减排措施，研发应用地形气候保护系统，降低场馆运行能源消耗，6 个场馆全部达到三星级绿色建筑标准，核心区电力全部使用张北柔性直流绿电，兑现了“绿色办奥、碳中和办赛”的承诺。

廉洁简约，建设阳光工程。贯彻落实习近平总书记关于把北京冬奥会办得像冰雪一样纯洁无瑕的重要指示精神，落实属地监督责任，配合国家、市审计部门对工程建设、招投标等领域进行审计监督。制订“廉洁办奥”实施方案和专项资金审计意见，出台赛会筹办“十严禁”纪律要求，与张家口赛区联动制定延张监督协同办法，编制工程建设法规、监督、纪律三大类 34 项制度，深化“4+6”监督模式，全程跟踪督察涉奥工程建设项目，发现问题 130 余个，约谈提醒 15 人，下发监察建议 4 个、督察问题反馈单 3 份。坚持节俭建设，完善财政支出决策机制，畅通市区沟通渠道，严格预算审核，规范专项资金使用管理，实现冬奥区级资金审计全覆盖，累计审计区级重大工程 15 个，审核资金 87.1 亿元，审减 8.4 亿元，审减率 9.64%，确保冬奥会、冬残奥会像冰雪一样纯洁干净。

三、全面统筹推进赛事筹办

狠抓体系建设，构建系统完备指挥机制。根据冬奥会筹备进展，动态调整、优化指挥协调机制，统筹场馆、城市、外围和业主单位，成立延庆赛区筹办工作领导小组、延庆赛区运行服务保障指挥部（领导小组），先后搭建“一办十组”“三处十二组一团队”指挥架构，区四套班子领导牵头重点任务，有序推进服务保障工作落实。累计召开指挥部、领导小组各类会议 321 次，先后研究解决工程建设、医疗防疫、生态环境治理、景观环境塑造、赛后发展利用等问题事项 1197 个。对照北京冬奥组委 104 项筹办任务，分年度制订落实方案，根据市运行保障指挥部决战决胜 58 项重点任务分解形成 142 项清单，统筹全区力量推动筹办任务落实。

注重培育，储备业务精湛的人才队伍。坚持引育并举，搭建冬奥人才储备库，围绕医疗、电力、安全、网络通信 7 大领域，引进赛事直接服务保障人才 3 名、博士后 33 名，统筹全区 79 个行政事业单位、群团组织、

2021 年 2 月 23 日，延庆供电公司国家雪车雪橇中心场馆保障团队开展雪后巡视检查

2021 年 9 月 19 日，冬奥雪车雪橇中心供餐服务试运行

27 家企业，储备各领域服务保障人才 1935 人。落实“双进入”机制，向北京冬奥组委及各场馆运行团队选派 P 类人员 340 人（P1 类 62 人、P2 类 278 人），为赛事运行提供强有力的人才支持。实施五年 10 万人次大培训和全民学外语行动，申报浇冰师、压雪车驾驶员等 3 个新职业工种，并纳入《国家职业分类大典》，累计培训各类人员 10.16 万人次，7322 人取得滑雪指导员、社会体育指导员（滑雪）等从业资格证书，其中延庆本地 34 名国内技术官员直接参与赛时服务。组建 13 支特色冰雪运动队和 1 支冬奥滑雪战队，培育“外语 + 滑雪”“医疗 + 滑雪”复合型人才 337 名，锻造了一支强有力的赛会保障队伍。

建强基础，推动城市保障全面提质。建成公交停保中心，完成 11 条涉奥道路改造，形成布局完善的冬奥交通体系。建设 23 套自动气象站、1 部 S 波段天气雷达、6 部激光测风雷达等气象探测设备，构建了“三维、秒级、多要素”的冬奥气象综合监测系统，实现“百米级、分钟级”精准气象预报。造雪引水、应急水源、河水生态廊道等 4 项水务保障工程投入使用，玉渡、海陀输变电站等 6 项电力工程和 3 项通信管道、通信基站保障工程如期完工，37.1公里涉奥主要道路架空线全部入地，供电可靠性达到99.99%，赛区实现5G网络全覆盖。冬奥医疗保障中心建成使用，区医院晋升三级医院，成为“中国冰雪医疗卫生保障定点医院”。15家冬奥签约酒店新建、改造完成，三星级以上酒店达到14家，3家本地企业成为冬奥食材供应基地，升级改造无障碍设施点位1982处，城市综合服务保障全面就绪。

广泛动员，营造全民参与冬奥氛围。实施冬奥会环境建设项目一期、二期工程，开展“两个百日”环境秩序整治行动，建成景观廊道7条、口袋公园34个，183个村庄成为美丽乡村，110条背街小巷得到全面治理，鸿川北路等两条街巷被评为“北京市最美街巷”，40余个冬奥景观小品全面亮相，奥运五环“海陀塔”及赛区火炬台成为网红地标。完善冬奥会筹办动员机制，建成1个冬奥文化广场、8个冬奥社区，建设冬奥主题新时代文明实践示范区，广泛开展“争当文明东道主、建设最美冬奥城”等“我爱我家”主题活动，常态化组织“冬奥有我”文明实践主题活动，成立冬奥百姓宣讲团，开办冬奥夜校，推动冬奥知识进校园、进社区。

全面测试，积累务实管用举办经验。把测试发现问题、查漏补缺作为服务保障正赛的关键环节，对照赛时要求，坚持冬奥标准，一赛一总结、一测一评估，举办“十四冬”高山滑雪比赛，通过雪车和钢架雪车、雪橇国际训练周、计时赛、世界杯等10场“相约北京”测试活动服务保障，全面复盘总结经验。通过测试，优化了指挥机制，强化了闭环管理，锻炼了服务保障团队，测试了观众组织流程，检验了城市综合保障水平，为冬奥会、冬残奥会成功举办积累了丰富经验。

四、冬奥举办简约安全精彩

高位指挥，强化战时组织领导。坚持重心下移、力量下沉，区委主要领导、场馆群主任下沉场馆、靠前指挥，区政府主要领导统筹指挥城市运行和外围保障，区人大常委会主任协调延庆冬（残）奥村服务保障，区政协主席牵头综合服务保障；场馆主任带头进入闭环，调动28个业务领域保障场馆运行、赛事组织；带班区领导根据气象变化、防疫形势、每日运行要点，加密调度频次，调动各方资源，协调解决推进难题；分管区领导亲自带队，四套班子全面压上，督战指挥抓落实，各场馆团队、各处组内外联动、无缝衔接，一盘棋办大事、保赛会。

闫文港夺得中国运动员在冬奥会历史上的首枚钢架雪车奖牌

精益求精，保障场馆顺畅运行。国家高山滑雪中心严把雪质关、湿度关、安全关，总造雪 80 万平方米、储雪 23.2 万立方米，安装 A 网 24 千米、B 网 35.5 千米，如期完成电力、计时记分、成绩处理、电视转播等线缆敷设和调试，打造出符合世界顶级赛事、备受运动员称赞的冰状雪赛道。国家雪车雪橇中心 24 小时不间断，两班倒开展赛道洒水制冰、修冰补冰等工作，场馆设施、冰面质量得到各参赛队及国际单项组织高度评价。延庆冬（残）奥村坚持全员在岗责任制，24 小时全天候运转，运行 53 天，打造了宾至如归的“运动员之家”。

阪泉综合服务中心聚焦交通调度、安检、囤车 3 项职能，实现大客流安检、交通抵离平稳运行。延庆冬残奥颁奖广场统筹赛前准备与赛时运行，高质量完成 27 场颁奖。制服和注册分中心如期完成证件注册和制服装备发放，赢得各类客户群广泛赞誉。

严谨专业，确保赛事精彩纷呈。坚持以竞赛为核心，建立场馆与国际单项组织、体育领域与各代表团领队官员分类分层沟通机制，全力以赴服务保障 86 个国家和地区的 626 名冬奥运动员、37 个国家和地区的 180 名冬残奥运动员参训参赛。抓住难得的气象窗口期，延庆赛区顺利举办冬奥会、冬残奥会竞赛项目 51 个，组织官方训练 37 场、非官方训练 75 场，产生金牌51枚，其中冬奥会金牌21枚，冬残奥会金牌30枚，奖台、奖牌、吉祥物、国旗、国歌等颁奖全流程实现6分钟内完成，运动员在“雪飞燕”“雪游龙”创造了3次出发纪录和6次赛道纪录，刷新了2项世界纪录和17项冬奥会纪录，闫文港夺得中国运动员在冬奥会历史上的首枚钢架雪车奖牌，中国冬残奥代表团获得高山滑雪项目3金9银7铜的好成绩。

科技赋能，展示智慧冬奥魅力。落实科技冬奥计划，18个科技冬奥项目落地实施，其中国家级7项，市级3项。自主研发搭建科技应用场景，地质灾害“侦察卫士”平台上线，63套微芯传感系统提供场馆运行实时数据，“百米级、分钟级”气象预报体系和智慧环保大数据云平台实现精准预报，无人机与200辆氢能大巴“空地联合”保驾护航，智能运动感知技术与辅助训练系统帮助指导运动员训练，5G+8K技术提供优质的非现场观赛体验，5G信号助力实现无人混合采访，气溶胶病毒监测、多体征感知设备及安防巡检、送餐送物、环境消杀等机器人全面应用，智能哨点实现住宿点位全覆盖，提高疫情防控质效，数字人民币支付系统方便外籍人员消费购物，让全世界运动员和观众领略到“科技冬奥”的独特魅力。

热情周到，传递延庆服务温度。坚持以运动员为中心，组建语言服务团队和30支驻店保障小组，延庆冬奥（冬残奥）村编制《入住手册》，34个住宿点统一放置服务联系卡，畅通沟通渠道，主动征集需求。建立接诉即办回应诉求和分类解决问题机制，服务马来西亚代表团慈善捐赠，主动看望慰问受伤运动员，关怀无症状感染者，最大限度提供优质服务，实现住宿人员“零投诉”。针对残疾运动员特点，增设、改造无障碍客房、FOP医疗点位，配备14辆福祉中巴，安排28名交通志愿者随车服务，温暖服务残疾人。针对赛时可能出现的极端天气，餐饮原材料、预包装食品按照一周用量储备，“四个最严”保障食品安全，实现餐饮食材“零断供”、食品安全“零事故”、冷链食品“零风险”。全面对接抵离信息，落实“好来快走”要求，实现场馆交通“零延误”、外籍人员“零滞留”。针对高山滑雪和雪车雪橇项目难度大、受伤概率高的特点，选优配强一线医疗救治力量，冬奥医疗保障中心累计诊疗522人，其中外籍68人，运动员24人，开展手术16例，愈后良好，救治速度、质量赢得赞誉，医疗团队被誉为“金牌医疗团队”。

内外一体，统筹城市平稳运行。坚持全区保外围、外围保核心，建立内外衔接、应急支援等机制，智慧城市平台建设项目全部上线，12 支 1400 人的应急抢险队伍 24 小时在岗在位，动态整改城市基础设施和重点场所水电气热隐患，全力保障城市生命线平稳运行。根据响应等级合理部署外围保障力量，3 街 5 镇 100 个涉奥点位、58 个哨卡 24 小时不间断巡查，“延庆乡亲”每天 1.2 万人次值守看护。快速高效开展扫雪铲冰，坚持随下随扫、随扫随清，建立赛区内外“手拉手、双报告”机制，创造了扫雪铲冰“延庆速度”。采取最严措施保障空气质量，冬奥会期间 PM2.5 平均浓度 15 微克 / 立方米，冬残奥会期间平均浓度 32 微克 / 立方米，实现“冬奥蓝”。

交流推广，讲好延庆冬奥故事。健全媒体管理服务机制，设计制作媒体手册，开办《冬奥来了》《主播说冬奥》《冬奥之家》《最美冬奥城》等专题专栏，开播《一周新闻综述》手语节目，梳理编制延庆赛区新闻素

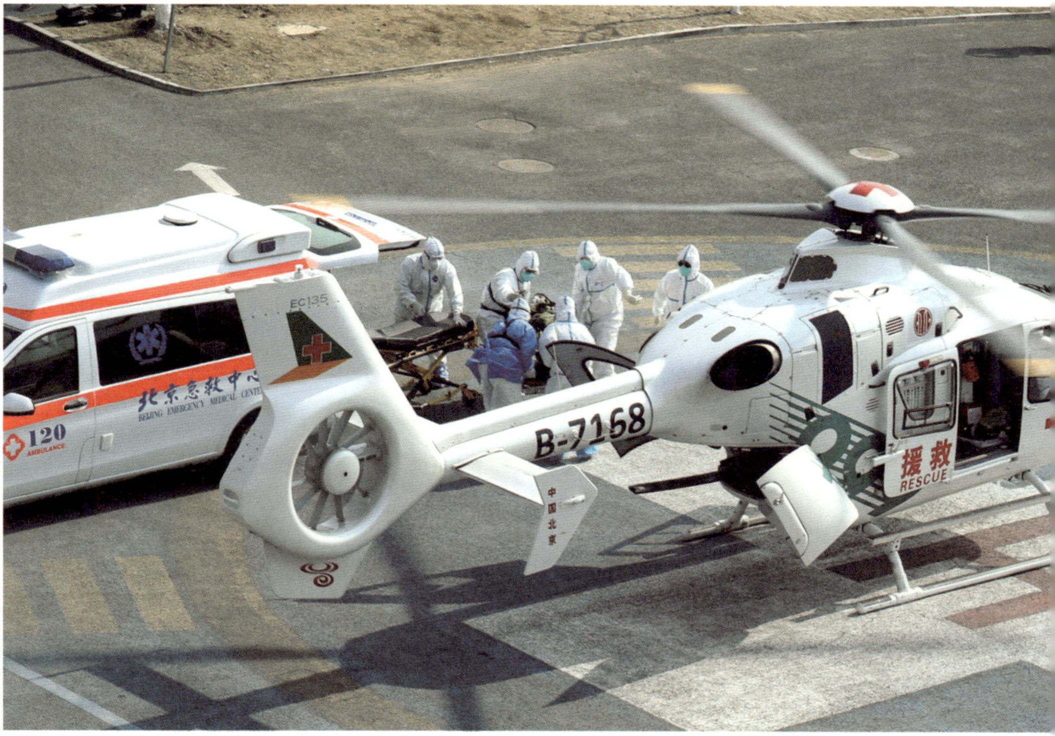

2022 年 2 月 10 日，冬奥定点医院接诊延庆赛区首例直升机转运运动员

2022 年 3 月 2 日，冬残奥会火炬在八达岭古长城点燃

材库、典型人物库、媒体备答口径等近 12 万字文字材料，组织 9 场新闻通气会和境内外媒体“长城脚下过大年”等集体采访活动，主动为媒体采访报道提供精准素材，累计在中央、市级媒体刊发报道 8000 余条次，展现最美延庆赛区形象。高质量举办火炬传递、火炬台点燃仪式，精心遴选延庆籍火炬手 11 名（冬奥会 9 名、冬残奥会 2 名），圆满完成 4 个点位 240 名火炬手火炬传递保障。注重融入延庆元素，展现长城文化、中国文化，打造冬奥文化 + 节庆民俗 + 延庆元素城市景观，充分体现中国传统文化魅力。

第四节　打造“两山”实践延庆样板

作为全国“两山”理念实践创新基地，延庆成功举办首届生态产品价值实现国际研讨会，连续两年举办“两山”实践创新研讨会，发布全国首个区县级生态产品价值实现白皮书，在 GEP 核算与结果运用方面实现“六个率先”，成为全国首批生态产品价值实现机制试点，作出从“绿水青山”到“金山银山”的深入探索与生动实践。

一、率先创建全国“两山”理念实践创新基地

在2018年12月15日至16日召开的中国生态文明论坛年会上，延庆被生态环境部授予第二批16个“绿水青山就是金山银山”实践创新基地，成为北京市唯一一个获得“生态文明建设示范区”和“绿水青山就是金山银山”实践创新基地两项殊荣的辖区，也标志着延庆成为探索实践“绿水青山”向“金山银山”转化的实践者和排头兵。

2020年6月，为推进全国“两山”理念实践创新基地建设，在全国率先开展“两山”理念实践创新基地“两山指数”测算工作，构建完整评估体系推进生态环境保护。“两山指数”是量化反映“两山”建设水平，表征区域自然生态优势和“两山”理念转化程度，服务“两山”理念基地管理的综合性指数。以衔接国家要求、体现延庆特色为原则，围绕“构筑绿水青山、推动‘两山’转化、实现绿色发展、建立长效机制”四大板块，制定制度创新、环境质量、生态状况、民生福祉、生态经济、生态补偿、社会效益、资源节约利用、产业循环发展、资金保障10方面22项指标，规定了指标内涵及参考值，并提出了具体的评估方法。将“两山指数”考评结果划分为优、良、中、一般、差5个等级，经试算延庆区得分90分，

野鸭湖景区

结果为优。延庆“两山指数”试算为全国“两山”理念实践创新基地开展评估提供了“延庆样板”和“延庆经验”，量化“两山”理念实践创新基地建设成效，为进一步夯实生态本底，探索多元、多方转化路径提供了基础保障，更为国家后续出台全国“两山”评估指标体系提供了先行先试的基础，为国家《“两山指数”评估技术导则》的编制提供技术支持与借鉴。

二十大以来，作为全国“两山”理念实践创新基地，延庆区成功举办首届生态产品价值实现国际研讨会，连续两年举办“两山”理念实践创新研讨会，发布全国首个区县级生态产品价值实现领域的白皮书，在 GEP（生态系统生产总值）核算与结果运用方面实现“六个率先”，成为全国首批生态产品价值实现机制试点，做出从“绿水青山”到“金山银山”的深入探索与生动实践。

二、坚持以 GEP 引领绿色发展

党的二十大明确要求建立生态产品价值实现机制。延庆区高度重视生态产品价值实现工作，在 GEP（生态产品价值）核算、应用、提升方面进行积极探索，形成了 GEP 管理的“延庆经验”。

积极探索，破解生态产品价值度量难问题。延庆区是全国最早开展 GEP 核算的地区之一，自 2016 年起在全市范围内率先开展 GEP 核算，累计形成 2014—2022 年连续 9 年全区及分乡镇 GEP 核算数据，摸清了全区的生态家底，为绿水青山打上了“价值标签”，实现生态产品从看不见的价值向看得见的价值转变。并搭建了北京市首个生态产品核算和展示平台，动态绘制出全域生态价值“一张图”。

科学管理，促进生态产品总值提升。出台《延庆区生态产品总值（GEP）提升工作方案（2023—2025 年）》，以调节服务功能不降低为前提，分年设定三年 GEP 增长目标，深入研究与 GEP 提升相关的 120 项指标与各部门业务工作的对应关系，梳理形成了 25 项可用的管理工作抓手。从物资供给、调节服务、文化服务、基础保障四个方面，对 26 项提升目标进行分解，制定 29 项具体措施和 62 个支撑项目。

创新应用，实现生态产品价值“三进”。实现 GEP 进补偿，切实让“保护者受益”。制定《延庆区生态产品总值（GEP）核算考核奖励办法（试行）》，设立总规模为 5000 万元 / 年的奖励资金，按均值和增量排名分配资金，让保护生态环境的不吃亏能受益。实现 GEP 进考核，引导树牢绿色发展理念。将 GEP 纳入政府绩效考核体系，按照不低于 5% 设定 GEP 绩效考核分值，根据各乡镇 GEP 增量进行排名打分，并将考核结果在一定范围内公开。推动 GEP 进规划，实现“两山”理念实践创新。将 GEP 写入《延庆区生态文明建设规划（2021—2025 年）》，对常态化 GEP 核算、多元化结果应用、建立专家咨询机制和依托现有机构成立生态产品价值实现研究智库等进行部署。

强化统筹，建立 GEP 提升推进机制。出台《延庆区生态产品总值（GEP）推进工作小组工作方案》，成立由区长任组长，分管发展改革和生态环境的副区长任副组长的 GEP 推进工作小组，以更实更细的工作机制推动形成更大统筹合力。

自 2016 年我区将 GEP 核算列入改革任务以来，始终坚持在 GEP 核算与结果应用方面积极探索，先进做法被收录进国家发展改革委组织编写的《〈关于建立健全生态产品价值实现机制的意见〉辅导读本》，荣获全市唯一的国务院生态文明建设成效突出的督查激励表彰。2024 年 5 月，获批全国生态产品价值实现机制首批试点，全市唯一。在全国范围内实现“六个率先”，形成“延庆范式”，即率先将 GEP 核算至乡镇级，率先在全国出台 GEP 提升方案，率先建立像抓 GDP 一样抓 GEP 的管理模式，率先建立 GEP 与生态保护补偿联动挂钩机制，率先搭建 GEP 国际交流合作平台，率先提出提升干部 GEP 素养。

三、成功创建全国水生态文明城市

2014 年 5 月，北京市延庆县入选水利部第二批全国水生态文明城市建设试点。延庆县紧紧围绕国家关于生态文明建设战略部署，精心组织编制了《延庆县水生态文明城市建设试点实施方案》，开启了延庆区为期 3 年（2015—2017）的水生态文明城市建设。

通过试点建设，延庆区建立了“全域联控、多源互补、高效节约”的水资源配置利用格局，全区用水总量得到有效控制，水资源配置更趋完善，各行业节水减排工作深入推进，以年均减少 3.1% 的用水总量，支撑了万

白河堡水库

元地区生产总值9.4%的年均增长率，实现了用水总量控制和国民经济持续增长的协调统一。构建了“城乡统筹、源头控制、点面结合”的水生态保护修复格局，水环境质量的明显改善，水生态环境良性循环，实现了“山青、水净、河畅、岸绿、景美”，主要河流水功能区水质达标率提高到100%，白河堡水库、妫水河、白河、大庄科河先后获评北京市优美河湖，公众对水环境的满意率达到96.9%。水生态文明制度体系加快形成，治水保水责任逐级压实，水资源利用的生态补偿机制逐步完善。全社会参与的强大合力初步形成，水生态文明建设理念深入人心，公众对“水生态文明市”创建的认知度达到97.6%。

2019年5月23日水利部印发了《关于印发第二批通过全国水生态文明建设试点验收城市名单的通知》（水资管函〔2019〕100号），公布了第二批通过全国水生态文明建设试点验收的58个城市名单，延庆区是其中之一。

四、成功创建国家森林城市

为进一步提升延庆生态建设水平及品牌影响力，延庆区于2016年作出了倾全区之力创建国家森林城市的重大决策。

延庆高度重视创建工作，成立了由区委书记、区长为组长的创森工作领导小组，形成了区、街道乡镇、社区（村）三级上下联动，各部门密切配合、市民广泛参与的创建国家森林城市的强大合力。召开了全区创森动员大会、创森推进会、创森调度会等会议20余次，先后制发了创森实施方案、宣传方案、考核管理办法等6个文件，并将创森工作纳入全区年底考核，形成有力的工作落实机制。

为有效增加绿量，延庆区高标准实施了人居绿色空间建设与提升、森林廊道体系建设、森林生态屏障建设与质量提升、生物多样性保护、国际盛会绿化与美化等一系列工程建设，促进生态环境质量不断提升。3年来，共完成新造林3200公顷，改造提升3800公顷，营林3.65万公顷。

本着500米见公园的原则，在城乡新建、改造提升公园广场14个，满足人们休闲、游憩、赏景等需求；通过拆违、清脏、增绿、治乱，让森

阪泉体育公园

林走进城市和乡村、让绿色走进单位和庭院，把城市融入森林，让绿色拥抱建筑，形成“城在林中、路在绿中、房在园中、人在景中”的城市森林格局，既优化了人居环境，又满足了市民亲水近绿、融入自然的需求。

2019 年，延庆区荣膺“国家森林城市”称号。延庆森林覆盖率达到61.8%，位居全市前列；人均公园绿地面积达到45.78 平方米，全市排名第一，全市首个实现公园绿地 500 米服务半径全覆盖；道路绿化率和水岸绿化率均达到 100%；“一核、一环、三带、五廊、十园、多点”的森林空间格局基本形成。“京畿夏都宜居地、长城脚下森林城”的规划愿景初步实现，“大地植绿，心中播绿”的理念深入人心，生态文明意识明显提升。

第五节　经济高质量绿色发展迈上新台阶

在物质文明建设方面，延庆积极当好京张体育文化旅游带建设的组织者、推动者、引领者，推进全景全时全业全域旅游发展；创建中关村（延庆）低空经济产业园，推进低空安全研究院建设，建好中关村领航科技园、飞鸿无人系统基地等平台，不断夯实新质生产力发展基础。作为第一批国家农业绿色发展先行区和首都重要的“菜篮子”，成功创建国家休闲农业

2020 年 12 月，京张高铁延庆站正式通车

重点区，建立了全市首个农产品区域公用品牌“妫水农耕”，高质量的农产品为首都市民提供了“舌尖上”的安全保障。

一、实施全域旅游发展

延庆区自 2016 年 2 月启动国家全域旅游示范区创建工作以来，成立了全域旅游发展领导小组，构建起联席会议、综合管理等高效工作机制，科学编制全域空间布局规划，实现了城市、土地与旅游的协同发展。同时聚焦交通、住宿、产业等多功能升级，开通兴延高速、京张高铁，打造国际一线品牌酒店聚集区域及“延庆人家”民宿品牌，推出世园花灯艺术节、龙庆峡冰灯冰雪嘉年华、长城文化节、世园音乐节、民宿过大年、北方民宿大会等品牌活动，举办滑雪、越野、自行车等体育赛事，升级改造旅游基础设施，建成全域旅游智慧服务系统，开发“美丽延庆”小程序，实现“一部手机游延庆”。经过三年多的不懈奋斗，2019 年 9 月 20 日正式荣获“国家全域旅游示范区”的殊荣，标志着延庆区在全域旅游发展道路上迈出了坚实的一步。

2024 年，以联动三张“金名片”为关键着力点，聚焦冰雪经济蓬勃发展与乡村旅游品质跃升两大核心任务，全力推动文化事业彰显特色、旅游

2023 年 1 月 15 日，首届北京世园花灯艺术节开幕

发展实现突破。举办2023—2024赛季国际雪联高山滑雪远东杯延庆站比赛、第十四届全国冬季运动会高山滑雪项目比赛、2023—2024赛季全国雪车和钢架雪车锦标赛等6场国际国内高级别冰雪赛事。举办世园公园冰雪嘉年华、飞龙峪冰雪嘉年华等六大板块百余项活动，连续六年荣膺“中国冰雪旅游十佳城市”。举办北京长城音乐会、北京长城文化节等具有全国影响力的长城主题活动；八达岭长城景区被纳入世界级景区培育名单；深推“长城人家”民宿建设，截至2024年底，延庆区“长城人家”民宿数量位居全市首位，国家甲乙级民宿数量全市第一。2024年延庆区实现旅游收入135亿元，接待净游客量2455万人次，分别同比增长21.0%和10.8%，位居生态涵养区第一。

二、率先抢占低空经济新赛道

延庆区长期致力于无人机产业发展，将无人机作为区域重点培育的四大产业之一。2020年10月，延庆区获批中国民航局首批、北京市唯一“民用无人驾驶航空试验区”，拥有374平方公里独立空域，真高1098米。随后的几年间，延庆区已集聚了航天时代飞鸿、远度互联、清航装备等一

八达岭机场低空旅游项目

批优质企业，净高达 1000 米的常态空域，为各类无人机试飞提供便利。同时配套的无人机检测中心，拥有 CNAS 认证资格，为无人机产品满足客户环境适应性要求提供保障。园区提供完备的生产厂房和配套设施，让批量化生产在京成为可能。

为抢抓低空经济发展新机遇，2024 年 3 月，北京市科学技术委员会、中关村科技园区管理委员会联合延庆区人民政府正式印发《关于促进中关村延庆园无人机产业创新发展行动方案（2024—2026 年）》，着力在关键技术攻关、应用场景搭建、创新要素聚集、产业集群发展等五方面部署重点任务，加快打造北京市无人驾驶航空示范区，进一步加快推动中关村延庆园以无人机为重点的低空经济高质量发展，有力支撑北京国际科技创新中心和中关村世界领先科技园区建设。8 月，位于中关村延庆园内的北京市无人驾驶航空示范区核心区正式命名为“中关村（延庆）低空经济产业园”，这是全市首个低空经济产业园，也是延庆推进北京市无人驾驶航空示范区建设的有力举措。中关村（延庆）低空经济产业园占地 55.2 万平方米，建筑面积达 28.7 万平方米。目前，园区已经集聚无人机企业近百家，其中不乏行业领军企业、独角兽企业和专精特新企业，形成了涵盖研发、生产、

2023 年 9 月 28 日，“独山夜月”中秋文化节活动在旧县镇举办

应用等多个环节的完整产业链。

中关村（延庆）低空经济产业园设立后，园区依托北京市无人驾驶航空示范区政策和资源优势，用好延庆“民用无人驾驶航空试验区”空域，在创新服务管理、开放应用场景、打造产业链条等方面先行先试，探索无人驾驶航空产业新监管、新场景、新技术，打造集无人机研发智造、硬科技孵化、产业创新加速、绿色技术创新、系统检测以及起降测试服务于一体的综合园区，构筑“研发—孵化—加速—转化—服务”的全链条产业功能空间。

三、加快发展现代农业

成功创建国家休闲农业重点区。延庆区自 2021 年获批“全国休闲农业重点县”以来，先后投入市对区转移支付资金一亿余元，实施休闲农业“十百千万”畅游行动项目，建设休闲农业重点区，提升休闲农业精品线路，打造特色突出的美丽休闲乡村，提质休闲农业园区，改造提升民俗接待示范户，把休闲农业作为推进乡村振兴的重要支撑，深入挖掘区内特色农业产业和农业资源，推进休闲农业重点区建设。至目前，全区已创建中国美丽休闲乡村 4 个、北京市美丽休闲乡村 7 个；全国“一村一品”示范村 11 个，北京市特色专业示范村 7 个；星级休闲农业园区 42 家；共生社区示范村 6

设在石景山区的妫水农耕产品实体店

个。作为北京居民休闲的“后花园”，利用延庆区优质的生态优势、区位优势和文化优势，构建了“农业＋旅游”“农业＋服务”的农旅融合发展模式。

创立全市首个农产品公用品牌“妫水农耕”。“妫水农耕”是2019年创立的全市首个农产品区域公用品牌。延庆区根据区域农业种植结构的特点，将蔬菜、干鲜果品、高档花卉园艺、精品优质粮、健康特色养殖五大类延庆有机土特产“抱团”纳入区域公共品牌，将绿色、有机作为品牌认定标准，严格准入23家企业及合作社，2021年被收录到“北京优农”品牌目录，先后获得“金奖农产品”“葡萄金奖”“番茄优秀奖”“茶菊生产技术规程银奖”等国家级、市级奖项。“妫水农耕”不断探索新的增长点，按照“政府主导＋企业管理＋市场化运营”的规范化管理方式，发布官方线上直销平台，全方位建立北京24小时即达物流体系。延庆紧紧围绕“土”，从延庆这一方水土中寻找乡土资源；围绕“特”，打造特色、具有独特竞争优势的产品；围绕“产”，尊重产业发展规律来建产业，打通产业链条，推进“妫水农耕”区域品牌建设，推动延庆的生态农业发展和农民增收，聚焦产业促进乡村发展。

四、打造冰雪文旅新高地

延庆一直是北京市探索冰雪旅游、冰雪休闲和冰雪生活的先行先试者。1987年，第一届龙庆峡冰灯艺术节开幕，填补了北京冬季旅游活动的空白，也开启了北京冰雪旅游的先河。2022年冬奥会成功举办，延庆区秉承“冰天雪地也是金山银山”的理念，传承北京冬奥精神，大力发展冰雪经济，让“冷资源”释放“热效应”。

聚焦文化传承，开启冰雪旅游新篇章。围绕“三亿人参与冰雪运动”的目标，大力发展“冰雪、冰灯、冰场”三块冰，启动冰雪旅游、冰雪文化、冰雪赛事、冰雪培训四大类百余项活动，建立青少年冰雪运动队、海陀农民滑雪队，创建全国校园冰雪运动试点区，宣传推广冰雪文化，2024年累计带动25万余人次上冰上雪。截至2024年底，冬日节假日来延的游客人数已经占到北京市乡村旅游总接待量的四成以上，冰雪欢乐季每年的接待人次稳定在400万左右。

雪飞燕（冬奥会国家高山滑雪中心）

聚焦产业发展，构建冰雪旅游全域格局。制定《延庆区促进文旅产业高质量发展奖励办法》《北京市延庆区全域旅游提质升级行动计划（2024—2028年）》等文件，举办国际雪车联合会钢架雪车世界杯（延庆站）、国际雪联单板高山滑雪世界杯（延庆站）等多场国际国内高级别冰雪赛事，探索"赛事+"模式。构建"一轴两翼"冰雪产业布局，成立中关村（延庆）体育科技前沿技术创新中心，吸引北京国际奥林匹克学院落户延庆、400余家数字体育产业链上下游企业入驻，构建冰雪运动全产业链。延庆有1家国家级滑雪旅游度假地、两大滑雪场，有被称为"冬奥最高雪"的高山滑雪雪道，亚洲第三条、中国首条国家雪车雪橇赛道，"亚洲最大冰"北京市冰上项目训练基地，有合计130万平方米的三大滑雪场、10万平方米可供群众戏雪的雪场面积、30万平方米室外冰场面积，冰雪旅游发展后劲十足。

聚焦热度延续，打造后冬奥场馆利用典范。无缝对接冬奥闭幕，36天实现从"冬奥赛区"到"冬奥园区"的转型蜕变，成为2022年冬奥会后首个实现商业化运营的赛区，截至2024年底，累计接待游客70万人次。包装京张体育文化旅游带延庆奥林匹克园区及周边旅游基础设施改造提升工程项目，纳入国家发展改革委"专精特新"工程项目储备库。加快延庆奥林匹克园区运营改造，新增雪山汤泉、亲子滑雪公寓、VIP雪具大厅等服务形态，打造全国首家5G智慧雪场，推出"免费入园""免费观赛"

系列优惠举措，吸引客流。打造户外运动、文化体验、亲子研学等四季特色活动，举办会议会展1100余场，承接团队活动1400余个，开展研学活动，吸引青少年近4万人次，园区现已成为北京市体育旅游十佳目的地之一，国际滑雪度假旅游胜地影响力不断扩大。

高山滑雪比赛

聚焦品牌升级，擦亮冰雪旅游新名片。整合冰雪运动、冰雪嘉年华、美食住宿、景区景点等资源，推出龙庆峡冰灯冰雪嘉年华、世园花灯艺术节、野鸭湖冰雪乐园等全域消费新场景，希尔顿逸林等高星级酒店与景区雪场联动，推出滑雪、泡汤、游园等多种“住宿+”产品，冰雪旅游产品体系不断完善，其中“最美冬奥城之旅”等线路产品均在市级以上评选活动中榜上有名。开发冰雪民俗产品和服务，利用延庆非物质文化遗产资源，举办“非遗过大年”品牌活动，积极促进冬季旅游和节日消费，“最美冬奥城”的品牌影响力不断扩大。推出北京首条“双层巴士”滑雪接驳线路，为广大游客打造一站式服务新体验。联动携程和去哪儿平台，发放200万元冰雪文旅消费券，助力游客畅享冰雪魅力。统筹各单位、企业，推出滑雪场开辟优先通道和专业教练一对一指导，坚持住宿退费承诺和快速退赔等45条“宠客”举措，营造浓厚的宠客氛围。

第六节　当好北京长城文化带建设“领头雁”

2024年5月14日，习近平总书记给八达岭镇石峡村的乡亲们作出重要回信，为保护传承好长城这一历史文化遗产指明了方向、提供了遵循。延庆深入贯彻落实习近平总书记重要回信精神，积极争当北京长城文化带建设“领头雁”，强化长城本体保护，突出活化利用，深挖长城的文化、景观和精神价值，“长城文物保护、长城文化发展、长城文旅惠民”的格局逐步形成。

一、贯彻落实习近平总书记重要回信精神

2024年5月14日，习近平总书记给石峡村的乡亲们回信，向他们致以诚挚的问候并提出殷切希望，要像守护家园一样守护好长城，传承好长城文化。5月15日，延庆区委常委会召开会议，传达学习习近平总书记给北京市八达岭镇石峡村的乡亲们的重要回信精神及市委常委会会议精神。

会议指出，习近平总书记重要回信精神，既是认可肯定，也是激励鞭策，更是期望要求，要把学习宣传贯彻习近平总书记重要回信精神作为重大政治任务，深入学习、深刻领会、深化落实。会议强调，要深学细悟、准确把握。上下联动、全区动员，用好理论学习中心组学习、干部培训轮训、支部学习等方式，组织全区党员干部群众深刻领会蕴含其中的精神实质和实践要求，形成贯彻落实的具体思路和实践路径。全方位、多层次、大力度开展专题宣传，积极挖掘推广干部群众的落实动态、热烈反响和典

延庆区委常委会传达学习习近平总书记给北京市八达岭长城脚下的乡亲们的重要回信精神

型做法，持续掀起学习宣传热潮，切实把广大延庆乡亲的思想和行动，统一到习近平总书记重要回信精神上来。会议强调，要笃行实干、全面落实。持续擦亮长城这一世界级历史文化遗产“金名片”，努力展现北京长城文化带建设的“头雁”作为。当好长城遗产的守护者，牢固树立“像守护家园一样守护好长城”的理念，统筹抓好长城本体保护修缮和文物资源梳理，争当长城保护利用的示范、标杆。当好长城文化的传承者，精心筹办2024年长城文化节、八达岭长城文化论坛和系列长城主题周年庆活动，推动长城资源赋能生态环境优化、文旅产业升级、乡村振兴提质，持续增强长城文化影响力、地区发展驱动力。当好长城精神的赓续者，加强长城故事的挖掘阐释，深化长城精神的弘扬赓续，从中汲取养分、凝聚力量，进一步转化为全面建设最美冬奥城、推动地区高质量绿色发展的强大动能和实际成效。

二、统筹推进北京长城文化带建设

党的十八大以来，延庆区以打造全域长城国家文化公园、努力争当北京长城文化带建设“领头雁”为目标，以延庆区长城沿线主题鲜明、内涵丰富、影响突出的文化遗产为依托，深入发掘长城精神内涵与历史、文化和景观价值，以长城遗产为本、以长城文化为魂，持续擦亮长城“金名片”，讲好长城故事，推动延庆区成为传播长城文化、促进国际交流的高地，不断在长城遗产保护、文化传承发展方面凝心聚力，奋楫笃行。

立足本体保护。始终将长城遗产保护作为核心工作，先后开展长城抢险保护项目50余项，修缮城堡19座、墙体22247.96延米；敌台106座；烽火台10座；实施安技防项目19项，涉及46座敌台、10989延米墙体及109008平方米城堡，砖石长城抢险修缮率达到88%，长城重要点段险情得到有效控制，为长城遗产的保护利用奠定坚实基础。强化科技应用，开展“无人机数字化保护管理综合应用示范区”项目，已完成18条无人机巡查航线的规划，巡查范围覆盖八达岭长城遗产核心区域。

科学规划推进。以3年为周期衔接制订《北京市延庆区长城保护发展三年行动计划》，深度配合北京市文物局编制《长城国家文化公园（北京段）建设保护规划》，完成居庸路、黄花路重点组团（延庆片区）详细规划、八达岭—十三陵风景名胜区总体规划及详细规划，制定八达岭长城保护规

2024 北京长城音乐会演出现场

划，在全国率先出台国家级长城保护重要点段规划，形成“规划 + 行动计划”的规划引领与实施体系，为延庆区有效推进落实北京市长城文化带和长城国家文化公园建设提供规划保障。

打造外交窗口。八达岭长城 1952 年向游人开放，1954 年开始接待国家元首、政府首脑，1958 年正式开辟其为游览区，是我国现有长城景区中开放时间最早、保存最完整、规模最大、接待游人最多、景观最雄伟的长城段落，截至 2024 年底，已累计接待中外游客逾 2 亿人次，累计接待世界各国元首、政府首脑 536 位，部长级以上官员 8000 多位。八达岭长城作为新中国对外交往的舞台，经由这里将一曲曲和平友谊的赞歌传向世界，这在全世界的文物单位中也是绝无仅有的。2019 年接待游客 1035 万人次，首次突破 1000 万。2024 年接待游客 1269.1 万人次，接待游客量再创高峰。

深耕文化交流。完善长城文化的整体阐释体系，以重要长城资源为核心，辐射带动长城沿线共同提高长城文化价值发掘与阐释能力。加快推进中国长城博物馆建设，成立“八达岭长城传说”非遗研究中心，编创国家级非遗项目《八达岭长城传说》，拍摄《外国领导人登长城》《洞见长城》专题片，制作长篇评书《延庆长城演义》，出版《万里长城》《长城踞北 · 延庆卷》《八达岭长城传说》《寒凝紫塞卫京华——延庆长城文化概览》等

2024 年 6 月 7 日，北京长城文化节开幕式在八达岭长城举办

系列丛书，推动长城文化传播交流达到新高度。

引领文旅发展。充分利用长城保护修缮成果，以八达岭长城世界遗产核心展示区建设为核心，联通扩展八达岭、水关、古长城三大景区，以 AAAAA 级标准统一打造世界级长城大景区，形成“一轴三线四区”格局。持续举办北京长城文化节、八达岭长城文化论坛、“好汉杯”长城文创大赛等主题活动，持续打造“长城+”系列文旅品牌，开展户外徒步、探险穿越、长城研学、旅拍等活动，八达岭夜长城成为体验长城文化的新宠，提升长城文化与旅游、科技、教育、体育、生态等的融合水平，建设长城文化支撑下的宜居、宜业、宜游美好家园。

附录

妫川述往

新发现出土文献所见延庆古代建制沿革

杨程斌

延庆古代历史饱满而丰富，但因现存史料较少，直到现在也无法梳理出完整的古代建制沿革，特别是元代以前的建制沿革，文献记载出入较大，而建制沿革又是历史研究无法回避的基本问题。近年来，随着工程建设的不断推进，延庆开展了多次大规模的考古发掘工作，出土了许多带有文字的文物，为研究延庆的建制沿革提供了更丰富的资料。笔者利用自新中国成立以来延庆地区的出土文献资料结合史料，对延庆古代建制沿革进行了重新考证、梳理，通过出土文献，补充了很多史料未载的行政、军事建制。

一、秦　代

《汉书》记:“上谷郡,秦置。”证明秦代设有上谷郡。汉代仍设有上谷郡。2007年，延庆南菜园汉墓中曾出土刻有“上谷王文勝铭”的铭文砖，证明延庆在汉代属上谷郡，据此推测，延庆在秦代很可能也属上谷郡。《汉书》记：“上谷郡，秦置。莽曰朔调。属幽州。……县十五：……居庸，有关。……夷與，莽曰朔调亭。”证明汉代上谷郡属有夷與县。西安曾出土秦代封泥“夷與丞

西安出土的秦代封泥『夷與丞印』（现藏于西安中国书法艺术博物馆，图片取自《秦封泥入藏西安中国书法艺术博物

印”，证明在秦代已有“夷與县”这一建制，设有夷與县丞。那么，“夷與县城”在哪里？徐建中先生在《西汉夷與县地望考略》一文中通过辨析史料，证《辽史》记载有误，夷與城不在今河北怀安，又通过研究《水经注》对夷與城的记述，结合考古发现，证明夷與城即今延庆古城村的古城遗址。清代乾隆《延庆州志》记："夷與故城，在州东北。汉县，后汉省。按《水经注》，谷水与浮图沟水出夷與县故城西。”浮图沟水即今延庆古城河，根据方位推测，夷與县故城在今古城河下游，今古城河下游仅存一座城址，城墙尚存，在今延庆古城村，且位于“州城”（今延庆城区）东北，这应该就是夷與县城遗址。考古调查结果也推断“夷與县治”在今延庆古城村。

夷與县之名，似与“异族”有关。冯括、朱安祥认为一种铸有“寺□”铭文的燕国方足布币应写为“夷與”，如此观点成立，推测至少在东周时期就已经出现了“夷與”这一地名或部族。今延庆古城村的夷與故城附近曾发现葫芦沟、西梁垙、龙庆峡等东周时期北方部族墓地，这些北方部族极有可能就生活在夷與县城内。推测秦汉夷與县设置的目的是为了管理这些“部族”。“夷”指其他部族，“與”字外形好像车的周围有四只手合力造车，原指造车的工匠。后多指车厢，泛指车，转喻疆域。“夷與”直译为“其他部族的疆域”“其他部族的车”，意指“异族的地方”“使车的部族”。今延庆地区的玉皇庙、葫芦沟等东周墓地出土了大量的“车”。今河北北部地区也发现了与玉皇庙文化类型相似的墓地，证明这个部族广泛活动于冀北地区。这个部族可能是春秋时期“病燕”的“山戎人”，但“山戎”为族群的泛指，东周、秦汉时期生活在延庆北部山区的部族很可能是山戎人的几个部落或后裔，燕国人称之为“夷與”，指异族的地方，其真正部落名不得而知。又如《汉书・地理志》记上谷郡除有夷與县外，还有雊瞀、茹、女祁、下落等县，名称与中原地区县名有很大不同，很可能是以山戎人的不同部落取名。通过地表踏查发现，夷與故城内有战国至两汉的遗物，而玉皇庙、葫芦沟、西梁垙等墓地多为春秋时期，少部分是战国早期，证明夷與人在春秋时期较为活跃，夷與城可能设立于战国时期，目的是管理被燕国征服的夷與人，这与史书所记燕国北击东胡后设上谷郡相吻合。根据地表踏查采集文物推测，夷與城在东汉时期废弃。

根据冯括、朱安祥《“夷與”布币考》所记，燕国方足布币皆出土于今辽宁省，那么，是不是可以推测一下，夷舆人先居于辽西、辽东，后迁居燕山南北？这是值得思考的问题。

据此部分研究，延庆在秦代属上谷郡，设夷舆县。

二、两汉时期

前文已述，汉代仍设上谷郡。基本可以确定，延庆在西汉时期属幽州上谷郡，设有夷舆县。目前为止，延庆暂未出土带有“居庸”二字的汉代文物，难以确定西汉上谷郡居庸县在延庆，但延庆一座晋武帝司马炎泰始二年（266 年）的墓中曾出土带有“居庸”二字的砖志，遂推测延庆在西汉也设有居庸县。另外，有些史料记延庆在汉代属于“广宁县”“潘县”“宁县”。如《辽史》记延庆“本汉广宁县地”。明代嘉靖《隆庆志》记延庆“汉置潘县，东汉为广宁县”。万历《永宁县志》记延庆“西汉高帝分关北上谷郡，置广宁县。至武帝分天下为十三部，本县仍属幽州部，称宁县”。乾隆《延庆州志》记“汉为潘县，为广宁县”。“广宁县”“宁县”“潘县”在今张家口、涿鹿，已是学界共识。因唐代妫州的东迁，妫汭、妫水、怀戎等名随之东渐，不仅让后人认错了“舜乡”的位置，还“张冠李戴”地将今河北张家口、涿鹿的地名“挪移”到了延庆，认为延庆在汉代设有广宁县、宁县、潘县，这是错误的。

《汉书》记上谷郡时云：“莽曰朔调。属幽州。”又记：“夷舆，莽曰朔调亭。”北魏郦道元《水经注》记清夷水“西南流，谷水与浮图沟水注之。水出夷舆故城西南，王莽以为朔调亭也”。证明上谷郡在新莽时期改为朔调郡，设有朔调亭。根据前文研究，“夷舆县治”在今延庆东北的古城村。郦道元记朔调亭在夷舆故城，证明今延庆古城村还是新莽时期朔调亭所在地，亦是朔调郡治所所在地。延庆在新莽时期也可能设有居庸县。

《后汉书》记：“上谷郡秦置。……居庸……”此证东汉仍有居庸县这一建制，隶属上谷郡。《后汉书·刘虞传》记：“虞遂大败，与官属北奔居庸县。瓒追攻之，三日城陷……”文中瓒即东汉末年的公孙瓒，证明在东汉晚期仍有居庸县这一建制。那么，汉代居庸县的方位在哪？《水经注》载：“清夷水又西北径阴莫亭，在居庸县南十里。……沧河又西径居庸县故城南，魏上谷郡治。昔刘虞攻公孙瓒不克，北保此城，为瓒所擒。有粟水入焉，水出县下，城西枕水，又屈径其县南，南注沧河。”《水经注》中记载了居庸县，又记载了居庸故城，证明二者方位不同。《水经注》所记沧河即今延庆妫水河，粟水即今延庆城北三里河之水。《水经注》所记“居庸故城”即今延庆城区。东汉、曹魏时期的居庸县治所在今延庆城区，今延庆城区还是曹魏的上谷郡治所。嘉靖《宣府镇志》记东汉光武帝建武二十六年（50年）上谷郡“泉上、夷舆、茹、女祁并省”。自此，夷舆县撤废。夷舆城始设于战国时期，为燕国所建，最晚在秦代已设置夷舆县，至东汉初期终止，前后共设置300年左右。夷舆这一名称正式退出了历史舞台。

据此部分研究，延庆在西汉属幽州上谷郡，设夷舆县、居庸县。新莽时期属幽州朔调郡，设居庸县、朔调亭。东汉属幽州上谷郡，设居庸县、夷舆县。

三、魏晋时期

2016年，北京世界园艺博览会（下简称“世园会”，今世园公园，在延庆城区西南）规划园区内魏晋墓出土的封门砖写有“上谷”二字，证明延庆在魏晋时期属上谷郡。《晋书》记：“幽州……上谷郡秦置，郡在谷之上头，故因名焉。统县二，户四千七十。沮阳、居庸。”证明魏晋时期延庆为幽州上谷郡。嘉靖《隆庆志》记延庆“晋属广宁郡”，万历《永宁县志》记延庆属晋“广宁郡”，乾隆《延庆州志》亦记“晋属广宁郡”。前文已述，此皆为“张冠李戴”之果，皆误。

根据《晋书》所记，上谷郡至少在西晋时期属有沮阳、居庸二县。沮阳故城在今河北怀来大古城村，沮阳县治所不在今延庆，但管辖范围有可能涉及今延庆西南部。

前述《水经注》记曹魏居庸县是“上谷郡治”，居庸县城同时又是上谷郡城，曹魏居庸县在今延庆城区，证明上谷郡治也在今延庆城区，也证明延庆在曹魏时期设有居庸县。延庆张山营西晋墓出土的砖志刻有“居庸……泰始二年……”，“泰始”是晋武帝司马炎的年号，确切证明延庆在西晋时期属上谷郡居庸县。万历《永宁县志》记延庆属西晋“广宁”，误也。

据此部分研究，延庆在魏晋时期属幽州上谷郡，设居庸县。

四、北魏时期

延庆西屯北魏墓曾出土一方砖志，刻有“神龟元年……燕州上谷郡居庸县……”。“神龟”是北魏孝明帝的年号。查阅《魏书》，有很多关于“燕州上谷”的记载，如神龟元年（518 年）八月“燕州上言上谷郡木连理”。武泰元年（528 年）“冬十月……丁酉，以冀州之长乐、相州之南赵、定州之博陵、沧州之浮阳、平州之辽西、燕州之上谷、幽州之渔阳七郡，各万户，增封太原王尔朱荣为太原国”。但仅有一处关于东燕州的记载：“东燕州太和中分桓州东部置燕州，孝昌中陷，天平中领流民置。寄治幽州宣都城。领郡三……上谷郡天平中置。领县二……居庸孝昌中陷，天平中置。”此“东燕州”应该是指东部的燕州，可能设于燕州陷落之后，但未有出土文物做依据，史料稀少，暂难判定。暂只能确定延庆在北魏除末期的大部分时间属燕州上谷郡。关于“燕州”与“东燕州”之异同，清末学者麻兆庆已经考证得十分清楚。

北魏郦道元《水经注》记：“清夷水又西北径阴莫亭，在居庸县南十里。”阴莫亭方位大概在今延庆金牛山东的吴坊营村一带，其地北十里是今旧县，旧县村今仍遗有古城墙，推测北魏居庸县治在今延庆旧县村。

据此部分研究，延庆在北魏属燕州上谷郡，设居庸县。居庸县自西汉始设，北魏以后不见史册，前后历 700 年左右，是延庆历史上设置时间最长的县级行政建制。

五、唐　　代

儒州为“燕云十六州”之一，最早记有“燕云十六州”之“儒州”的是《为幽州长史薛楚玉破契丹露布》（下简称《露布》）。记载了开元二十一年（733 年）幽州长史薛楚玉率领唐军与契丹人的一次战事：“节度副使右羽林军大将军乌知义，即令都护裴旻理兵述职，大阅于松林……并里水扶余如者违未卢东胡杂种君长之郡……经略军副使左卫率府右郎将李永定，咸宁府军李车蒙领马步五千……奚王李诗，与内供奉长上折冲归州刺使韩仙松，衙官段志忠等统其部属知虏掠，北郡长上折冲兼儒州都督乌承恩，与供奉将军恩卢庭宾，平卢军摄副使遂城县折冲桓善珍，经略军副使政和府果毅杨元亨，军前讨击副使果毅路顺，清夷军子将英乐，府右果毅樊怀璧等四面云合，烟尘俱起，两翼掩进，前后夹攻。”《露布》所记幽州、经略军、咸宁府、归州（即归义州）、平卢、清夷军皆在唐朝东北地区，扶余、东胡、奚也是唐朝东北之民族。乌承恩之父乌知义在任幽州节度副使前曾任“平卢节度、营州都督”，乌承恩在开元中期又曾为平卢先锋，乌氏父子曾长期供职唐朝东北地区。《露布》中所记乌承恩任职的北郡、儒州很有可能在唐朝东北地区。乌承恩任“北郡长上折冲兼儒州都督”，证明乌承恩既是北郡官员又是儒州都督，北郡和儒州应在相邻的地方。

除《新唐书》记天宝四载（745 年）安禄山“起军击契丹，还奏：‘梦李靖、李勣求食于臣，乃祠北郡，芝生于梁’”，《旧唐书》《新唐书》再未有北郡的记载。《大唐六典·尚书工部·屯田郎中》在记唐河北道军屯时云“北郡六屯”。《唐开府仪同三司行太子宾客国君（希仙）墓志铭并序》记希仙“祖守乙，金紫光禄大夫、太常卿、北郡守捉使、上柱国”。但以上史料皆未说明北郡之方位。幸 2003 年出土于延庆南菜园湖南小区的唐代刘日用墓志有关于“北郡”方位的记述，其记：“迁厝于北郡城南三里……”湖南小区北三里即今延庆城区，证明北郡城在延庆城区，儒州也应在今延庆城区附近。延庆近年发掘的墓葬中发现了记有“儒价州”“儒城”“儒价城”的墓、砖志。按墓主人下葬时间顺序排列如下，2007 年，在延庆南菜园二区建设工地北侧，编号 M79 的唐墓中出土一方砖志，记：“大唐开元廿八年……郑州荥泽县人逯运……寄葬儒价州城东南一里坎上。”这是目前为止关于“儒价州”最早的记述，证明最晚在开元二十八年（740 年）已有儒价州城的建制。前述刘日用墓志记刘日用季弟刘日政曾任“北郡使兼儒价州刺史……永□二年五月日”（应为永泰二年）。2016 年年底，延庆世园会发掘了唐末白贵夫妇合葬墓，出土了《南阳郡白氏夫人墓志》，其记女墓主人高氏卒于“中和二年”，“悲风傍□于儒城……中和三年十月一日，遂迁葬于儒价城西南七里西横渠村”。此处儒城当为儒价城的简称。儒价城（儒城）应为儒价州的治所，儒价州很可能就是前文所述的儒州。

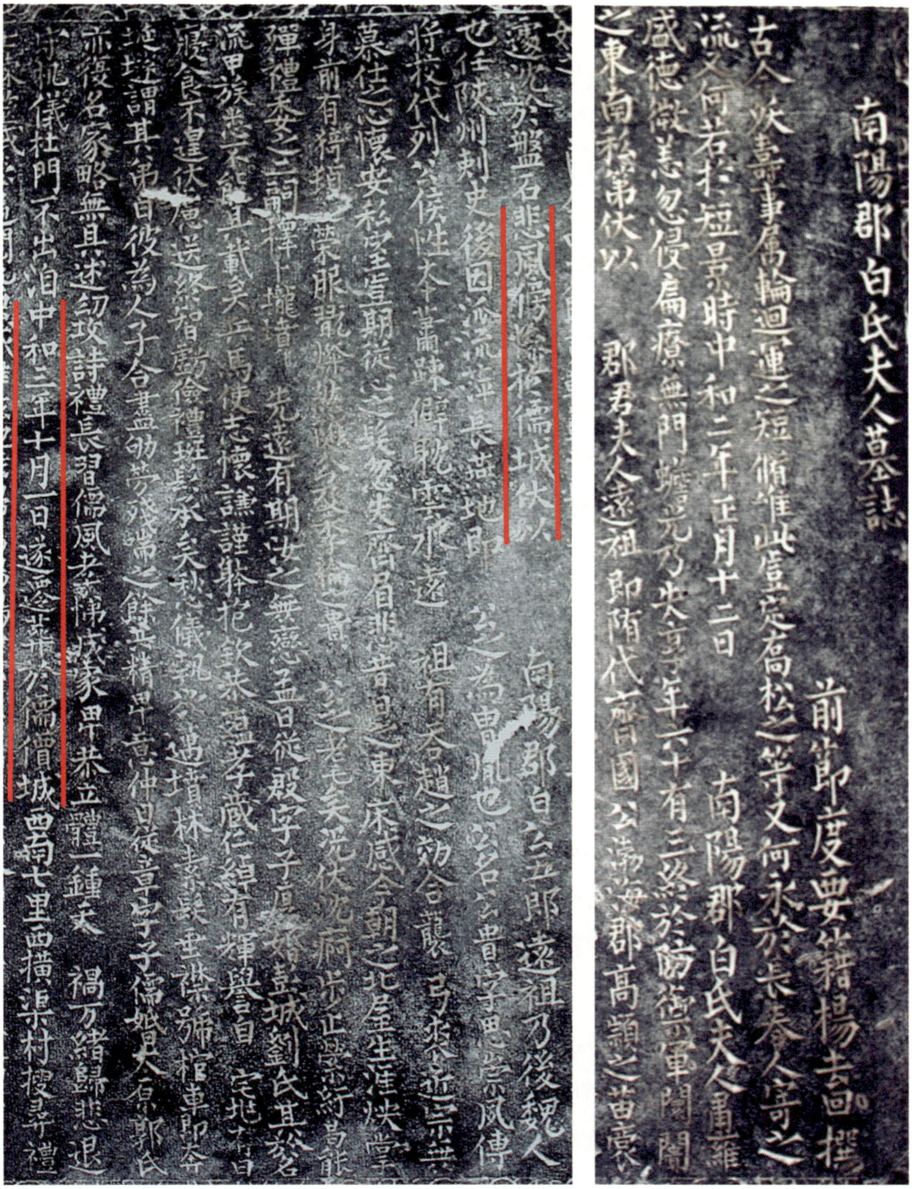

延庆世园会唐白贵夫妇合葬墓出土的《南阳郡白氏夫人墓志》部分拓片

唐朝在今延庆设有儒州和北郡。嘉靖《隆庆志》记："唐末，析置儒州。"万历《永宁县志》记："武宗置儒州。"乾隆《延庆州志》记："武宗析置儒州。"皆误，儒州在唐代中期已经设置。乌承恩曾任"北郡长上折冲兼儒州都督"，刘日政曾任"北郡使兼儒价州刺史"，二人都同时兼任北郡和儒（价）州官职，这应是唐代为官的一个定制，此证，北郡和儒价州官员驻地可能相同。《南阳郡白氏夫人墓志》记墓主人葬于"儒价城西南七里"，《刘日用墓志》记墓主人葬于"北郡城南三里"，今延庆城即在白贵夫妇墓的东北方向，在刘日用墓的正北方向，儒价城与北郡城都在今延庆城区。白贵夫妇合葬墓出土的《唐故高道南阳白公夫人高氏盖祔墓志》记男女墓主人合葬于"郡之西南七里……大郡之郊"，此处"郡"应为"北郡"。证明白贵夫妇墓既在"儒价城西南七里"，又在"北郡城西南七里"，儒价城和北郡城是同一座城，在今延庆城区。唐朝在延庆设有儒州和北郡，儒州是儒价州的简称，儒州治所在儒价城，儒价城同时又是北郡城，北郡的治所与儒州相同。

那么，为什么要在同一个地方设置了北郡和儒州两个行政建制呢？唐朝在边疆地区设有大量侨置羁縻州，幽州是唐代侨置羁縻州比较集中的地区。有的侨置羁縻州是将设置在边疆民族地区的州迁移并设置在内地已有之行政建制内，原州名不变，即"入内侨置"，这会导致一个地方出现两个行政建制。前述北郡和儒州设置在同一地方，且乌承恩、刘日政身兼北郡、儒州官职，儒州很可能是侨置在北郡的羁縻州。

1975 年，在世园会规划园区内发掘的白贵夫妇墓东侧几百米的延庆原谷家营村曾发现唐代张乾曜墓，出土了一合较为珍贵的墓志。志文记张乾曜生前曾任"云麾将军、守右金吾卫大将军、试太常卿、防御军防城副使"，"迁祔于军之西南五里古原"。据此可知，张乾曜墓在防御军西南五里，白贵夫妇墓在"儒价城西南七里"，白贵夫妇墓在张乾曜墓的西侧几百米，推测防御军在儒价城的西侧，即今妫水河北岸的延庆城区西南。另外，《南阳郡白氏夫人墓志》记女墓主人"终于防御军阛阓之东南私第"，也提到了防御军。唐代在今延庆城区附近设有防御军。嘉靖《宣府镇志》记唐"武宗会昌年置山北八军……儒州曰缙阳……"，唐朝在延庆还设有缙阳军。

《唐故高道南阳白公夫人高氏盖祔墓志铭》记男墓主人白贵是"妫州

缙阳人”，光启三年（887年）卒于“新妫州”。此证唐代晚期延庆属新妫州，但《旧唐书》只记有“妫州”未记“新妫州”，强调“新妫州”应是为了区别老妫州。嘉靖《宣府镇志》载：“妫州治怀戎……贞观间伐突厥得怀戎已西地，则未置州……初唐时，妫州尽统其西北地，而武、新二州置在垂拱后也，二州置则妫不得有前地矣。”依此可知，在原妫州西北地界上又析置了武州和新州。如嘉靖《宣府镇志》云穆宗长庆二年（822年）：“改涿鹿为新州。”《旧唐书·地理志》妫州条下记：“长安二年，移治旧清夷军城。”旧清夷军城方位学界已有定论，在怀来老城（今官厅水库下旧怀来城）。可能是武州、新州从妫州析置后，妫州不再管辖西北地界，所以将州治东移。《南阳郡白氏夫人墓志》记女墓主人卒于“儒城”，合葬于“儒价城西南七里”，据此可知，白贵夫人去世的中和三年（883年），儒州（儒价州）称儒城、儒价城，证明此时儒州已不是独立一州。前述白贵于光启三年（887年）卒于“新妫州”，证明此时的“儒州”属妫州。推测，为区别于“老妫州”，遂时人将析出武州和新州、州治迁至旧清夷军城，后又管辖儒州地界的妫州称为“新妫州”。嘉靖《宣府镇志》记唐“武宗会昌年置山北八军……儒州曰缙阳……”。证明最晚在会昌年间（841年—846年）仍有儒州这一建制，所以新妫州肯定设于会昌六年（846年）以后，白贵去世的光启三年（887年）之前。以上都是假设唐代早中期儒州不属妫州作出的推测，现存史料均未记载儒州属妫州，但也存在漏记的可能，假设儒州一直属于妫州，而记载妫州建制的史料漏记了儒州，也不是没有可能。例如，辽代的刺史州儒州即属节度州奉圣州统领。

《唐故高道南阳白公夫人高氏盖祔墓志铭》记男墓主人是“妫州缙阳人”，生于唐元和二年（807年），卒于光启三年（887年），证明可能在此期间已设缙阳县。辽《秦德昌墓志》记秦德昌“曾祖美，左拾遗，知缙阳县事”。秦德昌生于辽统和十五年（997年），其曾祖可能出生于后晋天福二年（937年）左右。推测自唐元和二年（807年）至后晋天福二年（937年）的130年时间里，都存有缙阳县这一建制，在今延庆。唐后期，延庆还称缙山县，嘉靖《宣府镇志》记“改广宁为儒州，领县一，缙山”。

乾隆《延庆州志》载：“韩梦殷，幽州安次人也。……乾宁元年，李克用即陷武、新。又使李嗣源、嗣昭并出飞狐、定山。后取妫、儒州，遂以梦殷为妫、儒州刺史。”《辽史·韩延徽传》亦载：“韩延徽，字藏明，幽州安次人。父梦殷，累官蓟、儒、顺三州刺史。”据此可知，可能在唐乾宁元年（894 年）以后，儒州又从妫州分离出来，成为单独一州。推测，乾宁元年（894 年）至唐朝灭亡（907 年）期间，延庆复名“儒州”。

此外，2002 年，在延庆永宁西关村征集到了唐代刘海云墓志，现藏于延庆区文物管理所，残损严重，墓志云：“会昌六年丙寅岁归合于敕防御军东石堆栅之私第。”证明防御军东有石堆栅。《唐故高道南阳白公夫人高氏盖祔墓志铭》记“合葬于所居郡之西南七里白马村之原”，前述《南阳郡白氏夫人墓志》记其“迁葬于儒价城西南七里西横渠村”。证明白马村与西横渠村方位相同，西横渠应是白马村的俗称。延庆在唐代建有白马村（西横渠村）。

据此部分研究，延庆在唐代中期属幽州大都督府，设儒州（儒价州）、北郡、防御军、缙阳军，防御军东有石堆栅。唐代晚期属新妫州，设缙阳县（缙山县），属有白马村，又名西横渠村。唐末复属儒州。

六、元　代

根据出土文物可以确定延庆在元代是缙山县。1986 年延庆南菜园元代“杨祐之”墓出土的覆面瓦上写有“大元国至元二十二年二月廿八日故，缙山县杨祐之”以及“延祐四年”等字，确证延庆在元代设有缙山县，延续了辽金时的称谓。

《元史·地理志》记：“上都路……保安州，下。唐新州。辽改奉圣州。金为德兴府。元初因之。旧领永兴、缙山、怀来、矾山四县。至元二年，省矾山入永兴。三年，省缙山入怀来，仍改为奉圣州，隶宣德府。五年，复置缙山。”证明从金贞祐三年（1215 年）蒙古人彻底占领缙山，到元世祖至元三年（1266 年），延庆属上都路德兴府，设缙山县。元世祖至元三年（1266 年）到至元五年（1268 年），延庆短期隶属上都路宣德府奉圣州怀来县。《元史·地理志》又记：“大都路……龙庆州，唐为妫川县。金为缙山县。元至元三年，省入怀来县，五年复置，本属上都路宣德府奉圣州。……延祐三年，割缙山、怀来来隶大都，升缙山为龙庆州。”证明从至元五年（1268 年）到延祐三年（1316 年），延庆属上都路宣德府奉圣州，设缙山县。延祐三年（1316 年）以后，延庆属大都路龙庆州。但是，史料还记载了“龙庆路”。《元史·泰定帝》记泰定元年（1324 年）五月“龙庆、延安、吉安、杭州、大都诸路属县水，民饥，赈粮有差”。《元史·五行志》亦记泰定元年（1324 年）五月“龙庆路雨水伤稼”。《元史·泰定帝》记泰定三年（1326 年）八月“龙庆路雨雹一尺，大风损稼”。此外，《元史·五行志》记泰定元年（1324 年）“七月，龙庆路雨雹，大如鸡卵，平地深三尺余”；“八月，龙庆路雨雹一尺，大风损稼”。《元史·泰定帝》也记当年七月“龙庆州雨雹，大如鸡子，平地深三尺”。龙庆路和龙庆州都在泰定元年（1324 年）七月雨雹，平地深三尺，此龙庆路极有可能就是龙庆州。根据上述记载可知，泰定元年（1324 年）至泰定三年（1326 年）元廷肯定设有龙庆路。《元史》又记至顺元年（1330 年）三月“分龙庆州隶大都路”，证明在至顺元年（1330 年）以前，仍存有龙庆路这一建制。自泰定元年（1324 年）至至顺元年（1330 年），龙庆路至少存在了 6 年。也就是延祐三年（1316 年）至泰定元年（1324 年），延庆从上都路宣德府奉圣州缙山县转隶大都路龙庆州，最晚泰定元年（1324 年）至至顺元年（1330 年）延庆属龙庆路龙庆州，至顺元年（1330 年）至元末延庆属大都路龙庆州。龙庆路很可能是在龙庆州基础上设置的，以一州为基础设一个路，这在元代是十分罕见的，也证明了龙庆州在元代的重要地位。

“龙庆”是延庆历史上唯一和“皇帝”有关的建制名称。那么，龙庆之名是怎么来的呢？龙庆州是崇尚儒学的元仁宗诞生地，顾名思义，龙庆州就是天子降生、喜庆祥和的地方。不仅如此，龙庆州的名称还可以追溯到更早。《旧唐书》记：“玄宗龙潜之时，宅在隆庆坊。”又记：“南内曰兴庆宫，在东内之南隆庆坊，本玄宗在藩时宅也。”据此可知，唐玄宗的太子府、潜龙邸叫隆庆坊。《旧唐书》又记：“上所居里名隆庆，时人语讹以‘隆’为‘龙’。”据此可知，“隆庆坊”又俗名“龙庆坊”。这是史料记载的第一个以“龙庆（隆庆）”为名的太子府，“龙庆坊”暗喻真龙天子的潜居处。金代的太子府也以“隆庆”为名。如《金史》记：“明昌五年复以隆庆宫为东宫，慈训殿为承华殿，承华殿者，皇太子所居之东宫也。”应有承袭唐制之意。据此可知，在历史上就有太子府名龙庆（隆庆）

之传统。元仁宗仰慕中原文化，且其本人在武宗时期（1308 年—1311 年）即为皇太子，这是其在登基即位几年后的延祐三年（1316 年）将其出生地缙山县改升龙庆州的原因，意其“潜龙邸”。还有一个原因是元仁宗贵为天子，没有出生在宫中，反而出生在等级较低的县城，这在重视出身的皇族中是不可接受的，遂《元史》有云：“帝生是县，特命改焉。”

嘉靖《宣府镇志》记：“龙庆治缙山。”证明二者治所为同一处。但查阅其他史料，发现关于龙庆州和缙山县的治所，史料中有两种截然不同的观点。一种认为缙山县在今延庆东部的永宁附近，如《大明一统志》记：“永宁县在州城东三十里，本辽缙山县地，金元因之。”嘉靖《隆庆志》载：“永宁县在州城东四十里，本唐儒州地，辽以缙云氏故都，立缙山县。金因之。元升龙庆州……”嘉靖《宣府镇志》记：“文皇帝永乐……十一年置隆庆州，即元龙庆，及永宁县，即缙山……”又记：“永宁知县。……县元名缙山……”《长安客话》：“永宁本缙山地。”乾隆《宣化府志》：“永宁，永乐十三年分缙山县地置。”光绪《延庆州志》：“永宁县，明史稿，永乐十三年分缙山县地置，属隆庆州。”根据以上记述可知，元代缙山县在今延庆永宁附近。《金史》载完颜纲曾“行省于缙山”，万历《永宁县志》记邑人筑墙时曾发现完颜纲兵败缙山时遗失的官印，再次佐证缙山在永宁。《延庆州乡土志要略》记：“永宁在缙山县故城东南十五里。”延庆州城在永宁县的西侧，此处所记缙山县故城肯定不是延庆州城。又记：“缙山县即今旧县。”今延庆旧县镇旧县村仍遗留城墙，又在永宁西北，旧县地在明代属永宁县，这很可能就是缙山县治所。

还有一种观点认为龙庆州和缙山县治所在今延庆城区。《大明一统志》记：“缙山废县，在州城内。”嘉靖《隆庆志》亦记：“缙山废县，在州城内。”《读史方舆纪要》记：“缙山废县今州治。”但辽金时已有缙山县，此处缙山废县也有可能是辽金废县。有些史料明确说缙山县是“元废”。如《嘉庆重修一统志》记：“缙山废县，今延庆州治，唐末置为儒州治，元废。”光绪《延庆州志》亦记：“缙山废县，今州治，唐末置，为儒州治，元废。”根据以上史料可知，缙山县在元代废弃，方位在今延庆城区。另有一些史料认为明代延庆州城是在元代城墙基础上建造的。明人林廷举《隆庆州城记》认为延庆州城“相传建自金元”，嘉靖《隆庆志》记延庆“州城因元之旧”，《宣大山西三镇图说·宣府镇》亦记其为“金元旧治，昔名龙庆”。从侧面佐证元代龙庆州治所可能在今延庆城区。另外，康熙《延庆州志》载《重修观音阁》记“观音阁，古刹也，在郡城中央稍南迤东，元至正年间建”。侧面反映了今延庆城区在元代有城。

假设龙庆州和缙山县的治所在今延庆旧县，此地未免离龙庆州管辖的怀来县太远，不便就近管理。如果治所在今延庆城区，距离缙山县和怀来县都不算太远，且位于二者之间，更便于管理。所以，笔者更倾向于延祐三年（1316年）升缙山县为龙庆州以后，龙庆州治所在今延庆城区。

龙庆州辖有神峰乡、花园村、荆子村，均在今延庆界内。嘉靖《隆庆志》记道观：“天成观，在永宁城东北二十里……”证明天成观在今延庆界内。嘉靖《隆庆志》收录的元代《天成观碑》碑文最早记载了神峰村，其记：“山有仙髻之奇，村号‘神峰’之异。”明清志书都记其为神峰乡，而不是神峰村。神峰乡很可能在金代已经存在。如万历《永宁县志》记：“旧治团山下，无城池。金为州之神峰乡。”《延庆文化文物志·文物卷》记有一口出土地点不详的铁钟，上有铸文：“怀来县龙山水峪真大道太玄宫下院缙山花园村水碾龙泉观谨记。”真大道教兴盛于金元时期，今河北省怀来县在辽代、元代称“怀来县”，金代称“妫川县”，可以确定这是一口元代的铁钟，证明延庆在元代设有花园村，隶属缙山县。《天成观碑》记：“复于荆子村修泰庙三楹，青绿妆饬，搭栖众道室，以为本观下院。”证明延庆在元代还设有荆子村。花园村和荆子村应该隶属神峰乡。

据此部分研究，延庆在蒙元初期属上都路德兴府，设缙山县，后短期隶属上都路宣德府奉圣州怀来县，后属上都路宣德府奉圣州，设缙山县，中期以后属大都路，设龙庆州、神峰乡。随后短期隶属龙庆路，复属大都路，所属州、乡不变。神峰乡属有花园村、荆子村。

七、结　语

综上所述，笔者通过现存的墓志、砖志等出土文献结合史料，对延庆秦汉、魏晋、北魏、唐代、元代的建制沿革进行了通考，用出土文献补充、纠正了史料未记、误记的建制，还论及了重要建制的治所方位、名称由来、建撤时间等，基本理清了上述历史时期延庆的建制沿革，构建起了延庆古代建制沿革的基本框架。因地理环境影响，延庆在历史上战乱频仍，建制更迭频繁，即使是正史也鲜有关于其建制沿革的记载，且有讹误。因历史上延庆及周边曾发生建制和人口的迁移，再因受正史讹误的影响，现在延庆方志在记载建制沿革方面产生了很多错误，并且以讹传讹，纠正这些错误是开展延庆历史研究的基础。本文基本理清延庆古代时期建制沿革，特别是唐代，利用大量出土文献构建起了延庆唐代建制沿革的基本框架，这是史料未记也是前人未做之事。总而言之，理清延庆古代建制沿革，对于科学、严谨开展延庆古代历史研究是十分有益和必要的。

除本文已考证的历史时期，其他时期或因出土文物和史料缺失，或因史料较多出土文物较少，或因史料和出土文物都较为丰富，建制沿革较为清晰，未被收录在本文范围内。

（作者杨程斌为历史学博士、中国国家博物馆副研究馆员。原文发表于 2023 年《北京文博文丛》。）

山西“飘”来的妫水河

杨程斌

舜是传说时代的“三皇五帝”之一，妫姓，号有虞氏，史称虞舜。舜建有虞国，定都于蒲阪（蒲坂），在今山西永济，舜所居之妫水、妫汭也在此地。可是现在山西查不到妫水、妫汭之名，而千里之外的北京延庆却有妫水河，保留了很多和妫有关的名称。那么，山西永济的妫水是怎么“飘”到千里之外的延庆的呢？

延庆妫川广场

舜居妫水在山西永济

妫水河畔妫水女塑像

中国上古时期有“尧舜禹”三位杰出的部落联盟首领。尧主政期间，派大羿射日，禹在未主政前就成功治理水患，流传着大禹治水的故事。那么，舜流传下什么故事呢？最出名的莫过于尧在认可舜的德行后，将两个女儿娥皇、女英嫁给了舜，从此他们在“妫汭”，也就是妫水河湾过着夫唱妇随的幸福生活。

根据史料记载，舜居住之妫水、妫汭在今山西永济。《史记》载：“舜，冀州之人也……舜居妫汭，内行弥谨。”又记：“尧妻之二女，观其德于二女。舜饬下二女于妫汭……”《史记全本新注》记“妫汭”就是“妫水河湾”。唐代《尚书正义》记：“妫水在河东虞乡县历山西，西流蒲坂县南，入于河，舜居其旁。”蒲坂县即今山西永济县。除妫汭外，还流传着黄帝与翠妫水（川），尧与翠妫之渊的故事，或许妫水正是名于此。

妫水“迁移”到河北

最晚到北魏时期，今河北涿鹿地区出现了纪念舜的舜庙、舜祠，舜都也在此地。因舜居“妫汭”，所以妫汭、妫水也被移植到了涿鹿。北魏建立之前是北方民族南迁中原时期，战乱频仍，历十六国，妫汭、妫水自发源地山西北移涿鹿可能与此有关。唐代初期，舜之妫水仍在涿鹿。唐初《括地志》记：“妫州有妫水，源出城中。”耆旧传云，此地为“妫汭之所”。因妫水之名，唐代在今涿鹿建有妫州。

武周圣历元年（698 年），后突厥默啜可汗领兵十万攻妫州和清夷军城。突厥劫掠对妫州城破坏很大，所以在武周长安二年（702 年）朝廷将妫州治所东迁到了今河北怀来老城官厅水库附近的清夷军城。

妫沩湖和妫沩剧场

清夷军城原有清夷水，《水经注·瀔水》载："瀔水又东南，左会清夷水，亦谓之沧河也。"清夷水即今延庆妫水河，又名沧河。《唐会要》记"清夷军，垂拱二年"置。清夷军即得名于清夷水。妫州治所迁到此处后，清夷水更名"妫水"。除妫州外，唐代在怀来老城地区还曾设有妫川郡、妫川县两个建制，妫川就是妫水的意思。妫川之名今天仍在使用。

妫水之名自今山西永济北移到了河北涿鹿后，又在唐代（武周时期）东移到了河北怀来，这次"迁移"是妫水发展历史上的一次重要转移。因今延庆区紧邻怀来老城，且妫水的上游在今延庆，所以，从唐代中期开始，妫水之名逐步东渐。出土于延庆的唐末白贵墓志记"妫沩因官"，"妫沩"，意为妫水隈曲之处，北京世界园艺博览会园区中心彩蝶造型剧场，即名"妫沩"。白贵墓志所记证明唐代在今延庆地区已出现"妫沩"。白贵墓志中提到，墓主人白贵是"妫州缙阳"人，病死在"新妫州"，说明延庆在唐代曾隶属妫州。

妫水之名落地生根

辽代无妫州、妫川建制，但妫水之名仍然保留。金代在怀来老城复设"妫川县"，显然是对唐代妫川县的继承，说明金代妫水仍在怀来老城附近。唐辽金三代，我们在史料中没有找到关于今天延庆城区附近出现妫水的明确记载，但这一时期妫水之名应该是逐渐东渐，为延庆在元代正式出现妫川之名奠定了基础。

元代撤销妫川县，复名怀来县。这时，曾在怀来老城首设妫州、妫川郡、妫川县建制的唐朝已经灭亡300年，扈从元帝巡幸行经怀来的文臣半信半疑地认为怀来老城就是唐代妫州、妫川郡、妫川县，并且认为怀来老城“舜庙尚存，有伏羲初度之宫，轩辕涿鹿之坂”。显然，300年过去，人们已经不清楚唐代妫州自涿鹿东迁怀来的历史。辽金两代，妫水之名不断东渐，元人已经认为舜居住的妫水之滨就在怀来，并且将涿鹿与舜无关的伏羲和涿鹿之战也移植到了怀来，在此基础上进一步演绎。因将舜移植到怀来，元人认为妫汭就在怀来老城，并认为元代怀来城内有妫水。自上都南归的元帝会在怀来祖妫纳钵“张大宴，庆北还”。元学者陈孚《怀来县》云：“石桥百尺横，其下跨妫水。”周伯琦《扈从诗后序》云：“至怀来县……市有长桥，水名妫川……”都说怀来老城地区河流在元代仍名妫水、妫川。

元代时，不仅怀来有妫川之名，今延庆城区南部也开始出现了“妫川”这一名称。根据《经世大典》所记，元廷在今延庆南部设有“妫川急递铺”，说明经过数百年的附会东渐，妫川（妫水）之名已经在延庆地区生根。

到了明代，延庆地区开始广泛使用妫川（妫水）这一名称。因元仁宗诞生在延庆，所以在延庆设龙庆州，下辖怀来县。查阅史料，明初，在山后设有妫川州，隶北平府，此妫川州应该就是龙庆州，龙庆州名改成了妫川州。延庆在明初叫妫川州，说明“妫川”一词正式在延庆广泛使用了。明代延庆志书《隆庆志》记，今延庆境内主河道在明代正式叫妫川（水）。其记：“妫川：一名‘溪河’，在州城南百余步。源自大海陀山中……”又记：“有妫水以为之带……”“龙王庙，有三处：一在州城南，妫水之阳……”因明代前中期延庆已经正式使用妫川之名，以至于明末直接将传说黄帝到达的“翠妫川”认为是延庆的妫川。明末周游《开辟演义》云，翠妫川“在北直延庆州”。

《隆庆志》还记有“妫川八景”，“妫川”还是当时隆庆（延庆）的别称。《隆庆志》中大量出现妫水、妫川之名，证明今延庆妫水河在明代正式定名妫水，并以妫川自称。反观同时期涿鹿和怀来，少有以“妫”为名的地名，怀来老城地区残留妫水这一名称，但显然不如延庆使用得广泛。明代延庆还留有妫汭之名，如于大节《挽聂宪副友良》：“妫汭水声鸣白昼……”

清代延续明代的叫法，并一直延续至今。怀来老城地区也继续使用妫水这一名称。至少在明清两代，妫水这一名称是被延庆、怀来共同使用的，这条美丽的河流上游、中游在今延庆，下游在怀来。

延庆成为“妫文化”继承者

时至今日，延庆仍保留妫水这一名称，称妫水河。山西永济以及河北涿鹿、怀来没有河流保留妫水之名，怀来现在有一些新命名的与妫水有关的名称，如妫水河生态旅游区等。延庆不是舜之妫汭文化的最初诞生地，境内也无舜居之妫水，今妫水之名为历史上自怀来东传。但无论怎样，延庆是全国保留“妫文化”名称最多的地方，是妫水自山西永济—河北涿鹿—河北怀来—北京延庆有序演进的结果，是历史事实，延庆是“妫文化”的直接继承者。除妫水河，今延庆地区还有很多与妫水有关的地名，如妫水湖、妫水公园、妫水北街与南街、妫水河桥、妫川广场等。世园公园内还有妫汭湖、妫汭剧场等与妫汭有关的名称。

值得注意的是，新中国成立初期，怀来老城地区仍有“妫水河火车站”，说明直到新中国成立前后怀来境内的妫水下游仍叫“妫水河”。修建官厅水库后，怀来境内作为河流的妫水河消失，怀来境内再无妫水河。

自辽代以来，随着妫水之名转到怀来，不仅与舜相关的历山等名称逐渐自涿鹿移植到了怀来，涿鹿历史上流传的黄帝陵之所在乔山、炎黄阪泉之战之阪泉也被移植到了怀来。明代，随着延庆对妫水之名的继承，上一个妫水所在地怀来与舜和炎黄阪泉大战有关的历史名称也被移植到了延庆。《隆庆志》记：“历山：在州城西北二十里，形似覆釜。相传为舜所耕之历山。”“阪山：在州城北十五里。轩辕与炎帝战于阪泉之野，即此。其下有阪泉。”“阪泉：在州城西北十三里，阪山之阳。”历山、阪山之名今已不存，唯阪泉之名流传至今，有上阪泉村、下阪泉村等。阪泉之战具体方位现在仍有争议，但和妫水一样，延庆是现在全国范围内唯一一个保留“阪泉”历史名称的地方。

（作者杨程斌为历史学博士、中国国家博物馆副研究馆员。原文于2023年12月7日发表在《北京日报》。）

延庆明代初期的妫川州

杨程斌

元朝至正二十八年（1368 年），为避明军锋芒，元顺帝出大都（今北京城区）度居庸关北逃。此后，徐达率领明军进入大都，大都以北的地区逐渐被明朝占领。千家店河南村曾出土铸文“至正二十七年”的铜范，这证明直到元朝灭亡，今延庆地区应仍属元廷控制。因延庆地处居庸塞外，明军占领元大都后，难免鞭长莫及，明初今延庆地区的建制沿革仍不甚清晰。

明初延庆出现妫川之名

先来看一下延庆在元代的建制。延庆在元代初期叫缙山县，属上都路德兴府，后属上都路宣德府奉圣州，因元仁宗诞生缙山县，其即位后，取唐玄宗潜龙邸隆（龙）庆坊之意，将缙山县升为龙庆州，转隶大都路。根据《元史》所记，龙庆州设立的第二年（延祐四年，即 1317 年），“割怀来县隶龙庆州”[1]。此怀来县即今河北怀来县。但根据《元史》《经世大典》等史料，又多将龙庆州和怀来县分开记述，莫非怀来县此后又脱离龙庆州？暂未查到确切证据，仍以《元史》怀来县隶属龙庆州为信。根据《旧唐书》《新唐书》所记，唐代在今老怀来城（今卧牛山东侧的官厅水库淹没区）设有妫州、妫川郡、妫川县，史思明曾被封为“妫川郡王”。今延庆地区曾归属过妫州、妫川郡。这是“妫川”这一名称第一次开始在今延庆地区出现。“川”就是水的意思，妫川之名得于老怀来城的“妫水”，此妫水就是今妫水河，主体在今延庆，当时延庆的妫水应该也叫妫川。到了金代晚期，

1　《元史》卷二十六《仁宗纪》，中华书局，2000 年，第 392 页。

老怀来城地区再次设立妫川县。金卫绍王大安三年（1211 年），金将胡沙虎曾屯兵妫川。妫川县管辖范围很可能涉及今延庆西部地区。到了元代，妫川县虽然复名怀来县，但文人墨客都认为怀来县是“古妫川”，河仍名“妫川”。根据《经世大典》所记，元代在今外炮村东设有一“妫川急递铺”[1]，此妫川急递铺在今延庆地界，但在元代应属怀来县。推测到了明代初期，今延庆西部川区和老怀来城地区以“妫川”之名代指。

延庆在明初设立妫川州

《明太祖实录》记洪武五年（1372 年）“革妫川、宜兴、兴、云四州，徙其民于北平附近州县屯田”[2]。此“妫川州”应该就是指元代的“龙庆州”，很多学者已经注意到了二者的紧密关系。尹钧科认为：“这里的妫川州是龙庆州废后而新置的呢，还是以旧名而称龙庆州呢？愚以为此处的妫川州即龙庆州。”[3]《中国行政区划通史·明代卷》记：“妫川在河北怀来县东南怀来，明初有龙庆州怀来县，且他史在记载明初历史时均未提及‘妫川州’，应是《太祖实录》误记，这里应指龙庆州，州和所属怀来县在洪武五年七月与兴、云等州同时废除。”[4]孙冬虎认为：“以境内河流或从前所设州县‘妫川’指代‘龙庆州’也未可知。”[5]《京华通览·北京建置概说》记：“按妫川即指龙庆州。”[6]这些学者多认为妫川州就是龙庆州。

再看看正史对延庆明初建制的记载。《明史·地理志》记：“延庆州，元龙庆州，属大都路。洪武初，属永平府。三年三月属北平府，寻废。永乐十二年三月置隆庆州，属北京行部。十八年十一月直隶京师。隆庆元年

1 ［明］解缙、姚广孝等编纂:《永乐大典》卷一万四千五百七十五《经世大典·急递铺》，明写本。

2 李国祥、杨昶主编：《明实录类纂·经济史料卷》，武汉出版社，1993 年，第 609 页。

3 尹钧科：《北京历代建置沿革》，北京出版社，1994 年，第 160 页。

4 郭红、靳润成:《中国行政区划通史·明代卷》，复旦大学出版社，2007，第 31 页。

5 孙冬虎：《北京地名发展史》，北京燕山出版社，2010 年，第 314 页。

6 于虹：《京华通览·北京建置概说》，北京出版社，2018 年，第 114 页。

改曰延庆州。”[1]洪武四年（1371 年）永平府由平滦府更改而来，而平滦府是洪武二年（1369 年）由永平路改置而来。永平路为元代始置，治所在临川县（今河北卢龙）。辖境相当今河北省长城以南陡河以东。下辖卢龙县、滦州义丰县、乐亭县、昌黎县、抚宁县、迁安县等州县。这些地方距离延庆很远，延庆不可能在明代初期隶属永平路、平滦府。洪武二年（1369 年），常遇春率军攻克元上都开平城（今内蒙古正蓝旗），将元上都降为开平府，延庆很可能在此时隶属开平府。然后在洪武三年（1370 年）改属北平府。《明太祖实录》记洪武三年（1370 年）三月甲午，“以永平府所属宜兴、龙庆二州及怀来县俱隶北平府”[2]，此条记载证明元代的龙庆州之名在明初仍存。另外，根据前述《明史》的记载，龙庆州在洪武三年（1370 年）隶属北平府后“寻废”。《明史》记洪武四年（1371 年）三月“徙山后民万七千户屯北平”。同时徐达奏：“山后顺宁等州之民，密迩虏境，虽已招集来归，未见安土乐生，恐其久而离散。已令都指挥使潘敬左传高显徙顺宁、宜、兴州沿边之民，皆入北平州县屯戍。仍以其旧部将校抚绥安辑之，计户万七千二百七十四，口九万三千八百七十八。”同年六月徐达“以沙漠既平，徙北平山后之民三万五千八百户，一十九万七千二十七口散处卫府”。延庆属“山后”，证明当时的龙庆州很可能没完全撤废。《明太祖实录》记洪武五年（1372 年）七月“革妫川、宜兴、兴、云四州，徙其民于北平附近州县屯田”[3]。前面提到，今延庆、怀来在元代别称妫川，而延庆、怀来在元代为龙庆州，明初“山后”人反复迁出，最后妫川州撤废，而延庆、怀来就是山后地区，种种迹象表明，龙庆州在明初改为妫川州。

目前未在明代正史中查到“妫川州”建制，即使设置时间较短，正史也应该记录，莫非有什么隐情？让我们看看方志中关于妫川州的记载。（隆庆）《宝庆府志》记：“王友，妫川州人，洪武初，授百户。”[4]（光绪）

1　《明史》卷四十《地理志》，中华书局，2000 年，第 607 页。

2　李国祥、杨昶主编：《明实录类纂·北京史料卷》，武汉出版社，1992 年，第 2 页。

3　李国祥、杨昶主编：《明实录类纂·经济史料卷》，武汉出版社，1993 年，第 609 页。

4　（隆庆）《宝庆府志》卷四，明隆庆元年刻本。

《邵阳县志》记王友为“妫川州百户”[1]。（道光）《宝庆府志》记：“百户王氏妫州人，凡三世，交（笔者注：即王友），初授妫川州百户，调宝庆，洪武十四年卒。”[2]［民国］《鄞县通志》记：“周成，中所百户，山后妫川州人，父三，洪武六年充彭城卫后所军，三老，病子成代。”[3]证明妫川州存在于明洪武初年，这和明初龙庆州的存续时间重合。（道光）《宝庆府志》记王友是“北平府王氏”[4]。又记其为“北平府妫川州人”[5]。和龙庆州一样，妫川州也隶属北平府。

（光绪）《鄞县志》记：“聂兴，山后妫川州人。”[6]又记：“周成，山后妫川州人。”[7]和龙庆州一样，妫川州也在山后。（光绪）《鄞县志》直接记：“周广，祖籍妫川州。案曰在今直隶延庆州。”[8]也就是妫川州就是现在的延庆，延庆在元代是龙庆州，妫川州就是龙庆州。

那么，如果是朝廷将龙庆州更名妫川州，至少正史有载，但现存明代正史皆未记“妫川州”，这是为什么呢？只有一种可能，和“龙庆州”名字的特殊性有关。前文已述，因元仁宗诞生缙山县，他即位后将缙山县升为龙庆州，意喻真龙天子降生之地。龙庆州在元代是诞生“龙”，即帝王、天子的地方。这在以“驱逐胡虏”为己任的朱元璋看来是绝对不能容忍的。而且朱元璋本身就是“龙”，他怎么能容忍前朝的“龙”出现呢？即使是名称也不行。很可能是出于铲断元朝龙脉的考虑，明廷于洪武三年（1370年）后将龙庆州改为了妫川州。改完后，明廷就反复将妫川州民南迁，并于洪武五年（1372年）彻底撤废妫川州。很可能是因为设置时间短，再加上州民逐渐迁出，建制名存实亡，所以，正史就没有记载妫川州。

（永乐）《顺天府志》记载了迁移到固安县的民屯：“妫川州归附民屯：

1　（光绪）《邵阳县志》卷八，清光绪二年刊本。

2　（道光）《宝庆府志》卷十一《世职表》，民国二十三年重印本。

3　［民国］《鄞县通志》卷四《文献志（附图）》，民国二十四年排印本。

4　（道光）《宝庆府志》卷三十三《氏族表二》，民国二十三年重印本。

5　（道光）《宝庆府志》卷三十三《氏族表二》，民国二十三年重印本。

6　（光绪）《鄞县志》卷二十四《武卫表》，清光绪三年刻本。

7　（光绪）《鄞县志》卷二十四《武卫表》，清光绪三年刻本。

8　（光绪）《鄞县志》卷二十四《武卫表》，清光绪三年刻本。

柳泉屯、魏村屯、黄垡屯、沙垡屯、贾家庄屯、中公由屯、西辛庄屯、马村屯、官庄屯、唐阳屯、东徐屯、丁村屯、马庆屯。”[1]这是明初迁民撤废妫川州的实证。巧合的是，一个固安的明朝官员还曾到延庆寻祖。苏志皋《寒村集》有云：“隆庆州访先茔。国初，徙州人隶畿内，予家占籍固安，亦有附昌平、三河者。嘉靖癸卯夏，予至州首询茔墓所在，漫不可得，乃作诗以寄哀思云。家世相传在此州，不知何处是松楸。临风一掬潸然泪，洒向黄云万古愁。”[2]隆庆州即今延庆。证明当时妫川州迁到固安的人是比较多的。苏志皋（1488年—？）曾任分守宣府右参议，都察院右佥都御史，巡抚辽东，兼襄助军务，右副都御史等职，身后入祀固安乡贤祠，算是祖籍妫川州官职较高的名人了。

明代以后妫川之名在延庆的流传

妫川州撤废几十年后，明廷又移民至原妫川州地，设隆庆州、永宁县。妫川州建制虽不在，但妫川之名却一直流传下去。（嘉靖）《隆庆志》是今延庆明代最早的志书，有很多关于妫川的记载。记今延庆的妫水河叫妫川，名景称为“妫川八景”，妫川是明代隆（延）庆州的别称。这些也是延庆是明初妫川州的佐证。

妫川州更名自龙庆州，延续龙庆州的建制，治所在今延庆，属县为怀来。因明初妫川州治所在今延庆，又因妫水主体在延庆，从明朝前中期以后，妫川逐渐成为延庆的别称，怀来妫川之名逐渐减少。到了清代，除妫水下游外，怀来很少出现妫川之名。新中国成立后，在怀来妫水河下游修建了官厅水库，怀来境内不再有妫水河，妫川之名逐渐消失。上世纪70—90年代，怀来官厅水库附近还有一个名为“妫水河火车站”的车站，后来撤废。此后，妫川之名在怀来基本消失。自明代到现代，妫川之名从曾设有妫川郡、妫川县的怀来，彻底东移到了延庆。延庆是目前全国存有妫川之名最多的地方，如延庆妫川广场、妫川路等。

---

1 （永乐）《顺天府志》卷十二《固安县》，清光绪十二年江阴缪氏艺风堂抄永乐大典本。

2 ［明］苏志皋：《寒村集》卷二，明嘉靖三十六年许应元刻隆庆增修本。

妫川州是一个延庆人既熟悉又陌生的历史建制，延庆别称妫川大地，但却很少有人知道妫川州。伴随着600年前元末明初的战火，诞生了前朝真龙天子的龙庆州以及后来短暂存在的妫川州都淹没在了历史长河之中。我们不能忘记妫川州，正是有了妫川州，延庆才被正式称为妫川。希望有人再问起延庆为什么叫妫川大地的时候，我们可以自豪地说，延庆在大明初年曾叫妫川州。

（作者杨程斌为历史学博士、中国国家博物馆副研究馆员。本文为首次发表。）

全真教秋阳观史实考略

杨程斌

提　要： 史料记载，全真七子之一、全真教掌教、长春真人丘处机曾于蒙古太祖十九年（1224 年）在缙山秋阳观“打醮”，丘处机的高徒、继任掌教尹志平随后也来到“秋阳观”，并在此留下了许多诗作，于此可见，秋阳观是全真教的一个比较重要的道观，但史料对其鲜有记载，今已不明其方位。笔者通过查阅诗集、碑刻、地方志材料，结合现场调查，考证出了秋阳观的部分史实。

主题词： 秋阳观　丘处机　尹志平　缙山　汤泉观

一、长春真人丘处机与秋阳观

丘处机（1148年—1227年），字通密，道号长春子，登州栖霞（今山东栖霞）人，是道教全真道创始人之一。他与马钰（丹阳子）、谭处端（长真子）、刘处玄（长生子）、王处一（玉阳子）、郝大通（广宁子）和孙不二（清静散人）并称“全真七子”。全真教在金末元初逐渐发展壮大，宋、金、蒙古等政权均希望全真教支持自己的统治，最终，丘处机选择了蒸蒸日上的蒙古帝国。

（一）丘处机与秋阳观的创建

笔者翻阅史料，发现关于秋阳观的记述极少，《元史》及地方志书均未有关于“秋阳观”的记载。幸全真道士李道谦编集的《甘水仙源录》收录了《德兴府秋阳观碑》碑文。据碑文所记，秋阳观创建之前，丘处机曾亲自登山访水、卜定观位，并委派道士韩志久修建道观。《德兴府秋阳观碑》（下简称《秋阳观碑》）是目前为止所见专记“秋阳观”的唯一一则史料。

原文厘定如下：

德兴府秋阳观碑

澶渊张本 撰

大朝庚辰岁，长春真人丘公卧云海上，以真风玄行闻于辇毂。天子赐近臣金虎符，□手诏来聘，仍命使轺所历听便宜行事。太守郊迎，县令前驱，驲驰数万里，以甲骑五百拥卫其行。既蒙入见，扈从日久，从容赐还，卫送之制，一如初命。将抵燕山，驻车于德兴，且宽跋涉之役也。怀来之野，积岁连兵，遗骨暴露，大翮山之羽士韩志久殓而□之，方修黄箓之杞，再拜恳公来尸其事。灵应之征，青鸾寻仪，山市为见。既竟，杖登乎大翮之阳，览山川之胜，南望晋山，下瞰沃壤，极目砥平，仰见居庸，乱峰仞耸，蒸岚□黛，如云軿千乘，旌影磨空，将会蓬瀛。而东背视大翮一带诸山，烟霏林樾，苍翠间错，如张百幅锦屏于葛稚川之居。左右两峰，葱翠峭出，如碧幢对侍，肃肃然听有所止。作山半一泉，佶曲而下如玉龙收雨，蜿蜿蜒蜒，而自容与也。公乃停览倚杖而叹曰："岩壑之僻如此，林泉之佳如彼，市朝腾沸而莫能干，轮蹄旁午而不相及，此非洞天之杳杳乎。"时暑方收，秋露甫降，千英舍实，万叶翻光，炎曦再丽于西成之隙，此非秋阳之杲杲乎。吾将以仙居构此山，以秋阳名此居。来汝志久，其为我成之。羽士既诺而退曰："秋阳之见于书者，曾子尝言之矣，苏子亦赋之矣。吾师复以此名吾观者，岂非其意欲令我辈内行肃肃如秋之清，外貌融融如阳之和，二理相涵，庶乎道家者流之能事毕矣。"羽士既服厥命，以虚接物，以严律己，披榛伐木，陶□购工，亲历艰险，虽顷刻之间不敢优游胁沾于席。既盈十霜，起三清正殿、七真殿，两庑，东西方丈，中外二门，翚飞焕然，至于宾馆、云庵、泉厨蔬圃，凡所区处，莫不适宜。玄鹤朝来，白云夜集，楝宇幽敞，花木秀阴，小有洞中之一天也。居徒尝至七百余指，岁种白粮，奉御膳一车入贡以为常。观其规模创制，章章悉备，羽士志尚，亦可见于兹矣。以币走燕京谒文于仆曰："惟先师之志，惟小子罔克自度以承之，数载于此，若履春冰，若奉□水，惴惴然惟恐荒坠厥命。今其克保厥终，惟师之精□在天，无遗其羞。先生盖尝侍翰林，必世之善为辞令者，所言足以传世，幸赐之文，以庇我后人，图惟兹不朽也。”仆亦佳羽士出自燕山韩氏，韩实闻族，能遽释于胶，以履百艰，成其师之志，亦可尚也。系之以辞曰：

蓬壶匪遥，或寓于尘，有发其潜，须偶至人。
大翮之墟，万山鳞鳞，朝挹清泉，夜宿白云。
云何代邈，寂尔无闻，岂彼开泰，亦有其辰。
谁知秋阳，□俟长春，一入品题，倍出精神。
烟岚改色，花木生薰，殿宇崛起，丈庑区分。
居能倡玄，静可安仁，尺材心计，块石手亲。
非彼羽衣，自乐百勤，师所志之，亦我其伸。
惟久则弊，匪增莫新，尚告将来，视此刻文。

碑文主要记述了秋阳观的创建：道士韩志久请求丘处机为蒙金怀来（今河北怀来）战争时死去的士兵进行超度，丘处机登上大翮山南麓，见景色不凡，遂决定在此创建道观，并取“秋阳杲杲”之意，赐名“秋阳观”。随后委派韩志久修建道观，韩志久率师徒经过 10 年的修建，才建成了秋阳观，观内道侣曾达 70 人。根据元人周伯琦《怀来县》诗所记，怀来在秋天是一个阳光较为浓烈的地方，其云：“山风日多寒，近燕苦秋阳。怀来虽小县，肇置自李唐。”

根据《玄风庆会图》所记，丘处机曾应金卫绍王之请，前往金中都（今北京城区），其载：“初大安辛未，天兵入塞，师诣阙进诗，将拯百六之运，值纥石烈乱，不果其志。”《七真传》明确记丘处机游至德兴府（今河北省怀来、涿鹿、赤城及北京延庆），“辛未，长春真人年六十四。是年东海召至燕都及游德兴琅山……”“大安辛未”即金卫绍王大安三年。根据以上记述可知，大安三年（1211 年）丘处机曾游于“德兴琅山”。《怀来县志》载：“琅山，城西十五里，旧志原名狼山，明永乐驻跸改今名。”“狼山”名今仍存。据此可知，《七真传》所云“琅山”在今河北怀来境内。《秋阳观碑》记丘处机在“德兴怀来之野”为死去的士兵超度，并选定此地的大翮山之阳创建秋阳观。《七真传》与《秋阳观碑》相互印证，证明丘处机是在大安三年（1211 年）亲自登山访水、卜定方位后决定创建秋阳观的，可知，秋阳观最早始建于金大安三年（1211 年）。根据碑文所记，秋阳观历 10 年始建成，遂秋阳观最早应建成于蒙古太祖十六年（1221 年）。

（二）丘处机打醮缙山秋阳观

丘处机在秋阳观建成的当年（1221 年）再次来到德兴府地区，《长春真人西游记》载蒙古太祖十六年（1221 年）五月，丘处机动身前往西域面见成吉思汗之前到“德兴龙阳观度夏……”据《长春真人西游记》所记，丘处机在德兴府龙阳观居住了 3 个月之久。现存史料未有关于丘处机此期间前往秋阳观的记载，但“秋阳观”亦在德兴府，此期间丘处机也有可能前往刚刚建成的秋阳观。

蒙古太祖十七年（1222 年），丘处机在大雪山（今阿富汗兴都库什山）面见成吉思汗后，返回东土，据《长春真人西游记》所记，“甲申之春二月朔，醮于缙山之秋阳观”。甲申即蒙古太祖十九年（1224 年）。《七真传》亦记“甲申，长春真人年七十七。春二月，居缙山秋阳观”。金代缙山县属德兴府，《金史·地理志》载：“德兴府，晋新州，辽奉圣州武定军节度，国初因之。大安元年升为府，名德兴。……缙山辽儒州缙阳军县故名，皇统元年废州来属，崇庆元年升为镇州。”与《德兴府秋阳观碑》名相互印证。依此可知，时年 77 岁的丘处机曾在缙山“秋阳观”打醮，此后没过几年，丘处机就“羽化登仙”了。丘处机在秋阳观留下了两首诗，其一：“秋阳观后碧岩深，万顷烟霞插翠岑。一径桃花春水急，弯环流出洞天心。”其二：“群山一带碧嵯峨，上有群仙日夜过。洞府深沈人不到，时闻岩壁洞仙歌。”

二、清和真人尹志平与秋阳观

尹志平（1169 年—1251 年），字太和，道号清和真人，莱州（今山东莱州）人。丘处机的高徒，金末主玉清观二十年，曾随丘处机远赴西域面见成吉思汗。丘处机登仙后，继掌教事，是全真教的第六任掌教。曾觐见太宗窝阔台。蒙古定宗四年（1249 年），赐封尹志平为“清和演道玄德真人”。中统二年（1261 年），赠其“清和妙道广化真人”。至大三年（1310 年），加赠其为“清和妙道广化崇教大真人”。

（一）尹志平入居秋阳观

清和真人尹志平曾在德兴府龙阳观、秋阳观居住、修行几年，其在秋阳观留下的足迹远多于其师丘处机。李志全撰《清和演道玄德真人仙迹之碑》记尹志平随丘处机东归后，居于“缙云秋阳观，授以清和大师号，未几迁居龙阳”。王恽《大元故清和妙道广化真人玄门掌教大宗师尹公道行碑铭并序》亦记：“岁癸未，长春还燕，主太极宫，师雅志闲适，退居缙云秋阳观……”缙云即缙山。但李道谦《终南山祖庭仙真内传》却记：“甲申岁，敕令长春住太极宫，即今之长春宫也。师在席下最为入室，四方尊礼者云合。师曰：我无功德，敢与享此供奉乎。遂辞退，住德兴之龙阳观。”只云尹志平居于龙阳观，未记其居住秋阳观。弋彀《清和妙道广化真人尹宗师碑铭并序》亦记：“乙酉岁，敕令长春真人住太极宫，即今长春宫也。师在席下，四方尊礼者云合，师曰：我无功德，敢与享此供奉乎！遂辞退住德兴之龙阳观。”贾餸《大元清和大宗师尹真人道行碑》亦有相同记述。根据以上记述可知，李志全、王恽记尹志平先住秋阳观，后去龙阳观，李道谦、弋彀、贾餸只云其居住于龙阳观。且在丘处机、尹志平回燕京（今北京城区）时间上有“癸未”“甲申”“乙酉”三种说法，这些问题可以在尹志平诗作中找到答案。

（二）尹志平的秋阳观诗作

尹志平曾作有大量诗词，合为《葆光集》，记有《苦辞真人往缙山》及《甲申年十一月二十四日辞师，会刘便宜留数日，以数骑送之缙山道院三首》等诗作，前文已述，缙山有全真教道观“秋阳观”，尹志平应是前往了秋阳观。“甲申年十一月二十四日”是其离开燕京的日子，且又被“留数日”，其到达“秋阳观”的时间很可能已经是乙酉年（1225 年）年初了。这在尹志平的诗作《秋阳观作》中得到了佐证，其云：“名山曾度无穷数，不似秋阳一景幽。去岁真仙曾此过，今冬闲客也来游。”前文已述，丘处机曾于甲申年（1224 年）在秋阳观打醮，所以尹志平才会说“去岁”真仙曾此过，证明尹志平到达秋阳观的时间是乙酉年（1225 年）。尹志平离开燕京赴缙山途中作诗：“三九严凝雪满山，东风送我过庸关。”“庸关”即居庸关，“三九”即为冬至后的第 19—27 天，秋阳观在居庸关北，证明尹志平到达秋阳观的时间肯定是乙酉年（1225 年）1 月初。前述碑刻有记“甲申”“乙酉”者，甲申（1224 年）是丘处机和尹志平到达燕京的时间，乙酉（1225 年）是尹志平到达缙山秋阳观的时间。“癸未”不知所云。

尹志平在秋阳观作诗：“去岁真仙曾此过，今冬闲客也来游。”又有诗作《缙山秋阳观乙酉正月上元木凌降》，又有《秋阳观作答宣德州道友请》：“深谢将书来请，才到西岩春令。”又有《春日》：“秋阳地僻远皇州，未觉东君造化幽。莫讶春光来觉晚，和风咫尺到岩头。”此证乙酉年冬至次年春（1 月至 3 月），尹志平一直居住在秋阳观。其又有诗作《自乙酉六月至丙戌四月八日尚无雨，时在山后龙阳观，因有是诗》，又有诗作《龙阳观清明日述》，此证至少在乙酉年清明节时，尹志平已经离开秋阳观，到达龙阳观。此后再未有尹志平回住秋阳观的记载。自蒙古太祖二十年（1225 年，乙酉年）1 月至 3 月，尹志平在秋阳观居住了 3 个月。

关于尹志平为什么要离开丘处机退隐缙山，史料未明确说明，不能妄加揣测，但缙山秋阳观是尹志平退隐后的福地，3 年后，尹志平就接任了全真教掌教。清和真人尹志平一生创有大量诗作，他在缙山秋阳观的短暂时间里创作了许多诗词，笔者整理《葆光集》，尹志平现留传的 169 首诗作中与“秋阳观”有关的就有 41 首，这 41 首诗作中又有 29 首是在秋阳观创作的，足见秋阳观在尹志平心目中的地位。退隐秋阳观期间是尹志平诗词创作的高峰期，也从侧面反映了尹志平十分享受这种“归隐生活”。从尹志平的诗作中能感觉到他对秋阳观的喜爱，其诗云：“我爱秋阳地僻，松岩来往人稀。不劳打坐自忘机，兀兀陶陶似醉。坐上有山有水，心间无是无非。朝朝常见白云飞，可以留连适意。”又云：“我爱秋阳道众，人人谦让温和。终朝豁畅恣高歌，日用不分彼我。福地安居自在，松间闲步烟萝。先人后己行功多，永没非灾横祸。”又云：“我爱秋阳天气，一指云路无迷。何劳身外觅曹溪，了见三身四智。莫问天机深远，休寻大道无为。目前认得这些儿，便是全真苗裔。”依此可知，在秋阳观的 3 个月，是尹志平一生中乐以忘忧、悠然自得的一段时期，从诗作中能深切感觉到尹志平的清净平和，说明他当时已有较高的“道行”。

三、翰林学士张本与秋阳观碑的撰写

（一）秋阳观碑的撰写时间

根据《秋阳观碑》可知，碑刻的撰写者是张本。张本原是金国翰林学士，还是全真教第七任掌教李志常的同乡和好朋友，曾客居燕京长春宫 10 年，与全真教渊源颇深。元好问《中州集》卷七《张内翰本》记载了张本的生平事迹：“正大九年。以翰林学士从曹王质，客居燕京长春宫将十年。后游济南，病卒。”《归潜志》亦记正大九年“三月……朝议封皇兄荆王守纯子肃国公某为曹王，命尚书右丞李蹊等奉以为质子于军前，擢应奉翰林文字张本为翰林侍讲学士从以北。北兵留曹王营中，李蹊等回……”据此可知，金正大九年（1232 年），张本以翰林侍讲学士（从三品）的身份与“曹王”北上燕京做人质，这与《秋阳观碑》韩志久“以币走燕京谒文于”张本相互印证。《秋阳观碑》又记韩志久对张本说“先生盖尝侍翰林……”，证明韩志久向张本“谒文”的时候，张本已经不是翰林，并且已经抵达燕京。“谒文之时”一定在张本北上做人质的正大九年以后。遂推测《秋阳观碑》的撰写时间在金正大九年（1232 年）以后。

因与真常真人李志常是同乡和朋友，张本和全真教产生了千丝万缕的联系。张本北上“入质”元廷后，李志常对张本一如往昔，让其在李志常主持的燕京长春宫居住，“兄事如昔，并其属给养之”。推测，此期间张本应结识了很多全真教道侣，这也应该是全真道士韩志久向其“谒文”的原因之一。

另外，学者刘晓认为秋阳观始建于蒙古太祖十九年（1224 年），建成于蒙古太宗六年（1234 年），可能有误。刘晓的观点可能来自《秋阳观碑》所记“大朝庚辰岁”，庚辰年即 1220 年，丘处机在蒙古太祖十六年（1221 年）由山东抵达燕京，并前往西域，蒙古太祖十九年（1224 年），丘处机东归途中在缙山秋阳观“打醮”，遂刘晓认为秋阳观建于蒙古太祖十九年（1224 年）丘处机打醮之时，建成于蒙古太宗六年（1234 年）。笔者认为，丘处机在蒙古太祖十九年（1224 年）于秋阳观打醮，证明此时秋阳观已经建成，要不然丘处机也没法作法，且蒙古太祖二十年（1225 年）尹志平在秋阳观居住了 3 个月。按刘晓秋阳观建于蒙古太祖十九年（1224 年）之说法，此时秋阳观刚开建一年，尹志平肯定无法居住。秋阳观不可能建于蒙古太祖十九年（1224 年）。

《秋阳观碑》的撰写者张本是金国派往蒙古的人质，撰写碑文时寄居燕京长春宫，他即使知道大安三年（1211 年）金卫绍王曾将丘处机请至燕京，游览德兴，但也没法写明，所以只能将丘处机第三次进驻德兴府的 1224 年作为秋阳观的创建时间，因为作为金国人质的张本如果“如实写明”，可能将招致祸端。且蒙古太祖十九年（1224 年）丘处机已经 77 岁高龄，登大翮山的可能性极小。遂笔者认为秋阳观应建于丘处机第一次进驻德兴府的金大安三年（1211 年），而不是蒙古太祖十九年（1224 年）。

（二）张本与缙山县

《元史》载：“以金曹王来，见帝于官山。”证明张本是与曹王在“官山”面见当时的蒙古大汗窝阔台的。《元史・太宗纪》载：“帝还，留速不台守河南。夏四月，出居庸，避暑官山。”窝阔台的弟弟拖雷也于“四月，由半渡入真定，过中都，出北口，住夏于官山”。中都即今北京，北口即居庸关北口。据此可知，官山在居庸关北，居庸关北即当时的缙山县（今北京延庆）。延庆地方志书清光绪《延庆州志》记南红门村：“南至官山洼五里……东南至官山三里。”今延庆南红门村还有“官山洼”这一地名，在村庄东南 4 里，官山很可能是今官山洼东北的小山。依此推测，张本曾到达缙山地界，他大致了解缙山的山水地貌，所以才会在《秋阳观碑》中细致描绘出秋阳观周围的自然环境。

四、秋阳观的衰败

丘处机与尹志平在秋阳观的活动时期（1224 年—1225 年）是缙山秋阳观发展最为鼎盛的时期。据《秋阳观碑》所记，秋阳观有三清正殿、七真殿，还有宾馆、云庵、泉厨蔬圃等，兴盛时，居士曾有 70 人。但自尹志平离开秋阳观以后，史料鲜有关于秋阳观的记载。蒙古宪宗（蒙哥汗）时期，曾发生了著名的“佛道之争”，秋阳观的衰败可能与此有关。道教的颓势在蒙哥汗早期已初见端倪，宪宗四年（1254 年）夏，蒙古宫廷组织了一次由基督教、伊斯兰教和道教三方共同参加的宗教辩论大会，结果以道教一方的失败而告终。宪宗五年（1255 年），蒙哥汗亲自主持佛道辩论，佛教代表福裕指责：“道侣欺谩朝廷辽远，倚着钱财壮盛，广买臣下，取媚人情，恃方凶愎，占夺佛寺，损毁佛像，打碎石塔……占植寺家园梨栗、水土田地，大略言之，知其名者可有五百余处。”这使道教代表李志常辞屈，无奈之下，被迫答应退还侵地。在随后的“开平之辩”中道教再次败北。这几次佛道辩论代表道教一方的均为全真教。“开平之辩”的失败，标志着全真教的正式衰落，全真教不再是蒙古帝国的第一国教。至元十八年（1281年）忽必烈亲自主持的佛道辩论会中，道教再次失败，全真教彻底走向衰落。推测，正是由于全真教的衰落，道观建设由“扩张”变为“缩减”，秋阳观也逐渐衰败，这可能是其之后不见史册的原因。

五、秋阳观地望考辨

因秋阳观今已不存，且遗址尚未发现，史料又未记其具体方位，遂不明秋阳观的方位。笔者查阅尚未引起重视的诗集、地方志材料，结合现场调查，考证出了秋阳观的具体方位。

（一）秋阳观与缙山县

前文已述，秋阳观属金之德兴府缙山县，《元史·地理志》载：“龙庆州，唐为妫川县。金为缙山县。……升缙山为龙庆州。”据此可知，元代缙山县地即为金代缙山县地。1986年，北京延庆（下简称延庆）南菜园元代杨佐墓出土的一块瓦上写有“大元至元二十二年二月廿八日故，缙山县杨佐之□”等字，此证今延庆就是金元时期的缙山县，秋阳观极有可能在今延庆。前文已述，丘处机是在“怀来之野”为秋阳观卜定方位的，此怀来即今河北怀来，依此可知，秋阳观可能在延庆和怀来的交界地区。

（二）秋阳观与大翮山

前述《秋阳观碑》记丘处机为建观寻地登“大翮之阳，览山川之胜，南望晋山，下瞰沃壤，极目砥平，仰见居庸”“而东背视大翮一带诸山”。《长春真人西游记》亦记秋阳观在“大翮山之阳”。依此可知，秋阳观建在“大翮山”之南。《大明一统志》记：“大翮山在州城北二十五里。”明代隆（延）庆州城即今延庆城区。今延庆城区西北有大海陀山、小海陀山、松山。光绪《延庆州志》引《畿辅通志》记：“大海陀山在大翮山西北。”今大海陀山在小海陀山北侧的延庆和河北赤城交界处，大翮山一定在今延庆地界。根据乾隆《延庆州志》地图所示，大翮山在海陀山之东，经佛峪口可达大翮山，光绪《延庆州志》又记：“佛峪山在州城西北三十里，下有温泉，盖即大翮山也。……”佛峪山名今已不存，但佛峪口沟、佛峪口村名仍存。今延庆佛峪口沟内、松山国家级自然保护区西南仍有一温泉，远近闻名，且周围未有其他大型温泉，此“温泉”附近之山极有可能就是“大翮山”，秋阳观可能就在此温泉附近。

（三）秋阳观与西岩山

尹志平在秋阳观所作诗歌中常提及“岩头”“松岩”“岩下”“岩上”，如“神仙亲到此岩头”“几人再得到岩头”“和风咫尺到岩头”“松岩来往人稀”“松岩一觉和衣睡”“不如岩下成修炼”“岩上春光将欲暮”，由此可知，秋阳观建在一个有“岩石”的地方。“岩”的本义为“高峻的山崖”，又指“山中洞穴”，据此可知，秋阳观附近应有很多岩洞。

尹志平在秋阳观所作的诗作有“我爱西岩秀丽”“才到西岩春令”“与西岩张闲话”，证明秋阳观在“西岩”。《隆庆志》记：“大海陀山，在州城西北三十里。……又名西岩山，山下有西岩寺。……”成书于明嘉靖年间的《隆庆志》记述未必正确，大海陀山不一定就是西岩山，但据此可知，延庆古有西岩山，秋阳观极有可能建在西岩山附近。前文推测，秋阳观可能在佛峪口沟内，笔者现场调查，今延庆佛峪口水库西侧有大型裸露、陡峭的山崖，可能就是西岩山。西岩山还建有西岩寺，确定西岩寺的位置就可大致确定秋阳观的方位了。延庆地方学者撰写的《北山八大寺》记西岩寺“又称龙成寺。位于海陀山下，佛峪口西侧”。秋阳观极有可能在今延庆佛峪口沟附近。

（四）秋阳观的具体方位

沿着延庆佛峪口沟向北，即可到达前文所述之“温泉”，根据史料所记，此地在清代有一名为“汤泉观”的道观。此地距佛峪口水库很近，古代可能也是西岩山的一部分，因其在“山里”，可能就是尹志平所云的“岩头”。

光绪《延庆州志》记载了汤泉观，其载：“汤泉观在州城西北三十里佛峪山，嘉庆二十二年重修殿宇，洁道院，幽雅有温泉池，建屋其上浴之可以疗疾。”光绪《延庆州志》还记载了嘉庆二十二年（1817 年）的《重修佛峪口汤泉观碑记》（下简称《汤泉观碑》），其记汤泉观建在“两峰屹立”的地方，这与《秋阳观碑》“左右两峰，葱翠峭出，如碧幢对待……”

汤泉观照片（摘自1938年《延庆县志》）

相吻合；《汤泉观碑》又记“中有温泉，源出东山”，这与《秋阳观碑》“山半一泉……市朝腾沸而莫能干……”相吻合。据此推测，汤泉观与秋阳观方位相同，汤泉观极有可能是在秋阳观的基础上修建的。因地处山林，清代重修的汤泉观主体建筑得以完好保存至20世纪80年代，后对其进行整体重建，今所见汤泉观的主要房舍为现代建筑。前述之《汤泉观碑》今仍立于“新汤泉观”庭院之内。此“汤泉观”的具体方位在今延庆佛峪口沟内松山国家级自然保护区西南“松山塘子浴温泉宾馆”南侧，此地就是“秋阳观”的具体方位。

《汤泉观碑》又记汤泉观“后靠八仙洞……”，《隆庆志》记：“八仙洞，在州城西北三十里，佛峪口内。”证明秋阳观附近有“八仙洞”，现场调查，此八仙洞即在“秋阳观”北侧，这与丘处机在秋阳观所作诗“群山一带碧嵯峨，上有群仙日夜过。洞府深沈人不到，时闻岩壁洞仙歌”相互印证。根据《游八仙洞记》所记，清代八仙洞仍有道士居住。此外，今延庆佛峪

延庆松山八仙洞遗址

口村佛峪口水库西山腰崖壁上留有17处岩洞，也与丘处机所云诗作相印证。这些“岩洞”遗址佐证了秋阳观方位在今延庆“汤泉观”。

《隆庆志》记：“温泉：在州城西北三十五里，佛峪山中。其泉如汤，冬夏可浴。浴池三口，俱甃以白石。相传，辽萧后尝建殿宇，废址尚存。”此“废址”有可能就是“秋阳观”遗址。《水经注》引《魏土地记》：“沮阳城东北六十里有大翮、小翮山，山上神名大翮神，山屋东有温汤水口。其山在县西北二十里，峰举四十里，上庙则次仲庙也。”此处“温汤”即上文“温泉”“汤泉”。传说秦代书法家王次仲曾在山中成仙并落下一根羽毛，大翮山即因此得名。据此可知，今延庆松山国家级自然保护区西南（大翮山南麓）在很早以前就是一个充满仙道色彩的地方，历史上先后建有王次仲庙、秋阳观、汤泉观等庙观。于此可见，丘处机选定此处创建秋阳观，是有一定的仙道缘由的，而且，温泉也会给道士生活带来便利，为道观增添神秘色彩，此地北有八仙洞，南有“七孔洞”，十分适合道侣修行。

六、余　论

道侣自古以来就有在“岩洞”中修炼的传统。据《长春真人西游记》所记，德兴府龙阳观“居禅房山之阳，其山多洞府，常有学道修真之士栖焉”，又记丘处机在龙阳观作诗云：“蓬莱未到神仙境，洞府先观道士家。”尹志平在德兴府（今河北省怀来、涿鹿、赤城及北京延庆）道观修行、布道时曾“退居岩穴”，其《龙阳观道众索》记：“岂在幽居岩壑。”此外，其在西山通仙观曾作诗：“碧洞高眠，清岩稳坐。”其《入西山路》记：“土洞安眠稳坐，松岩耳静心清。”

现存最大的元代道教石窟——山西太原龙山石窟就是在原有“石洞”的基础上建造的。《玄通弘教披云真人道行之碑》记披云真人宋德芳在蒙古太宗六年（1234年）“率门徒游太原之西山，得古昊天观故址，榛莽无人迹，中有二石洞，圣像俨存。壁间有宋童二字。真人葺之三年，恍然一洞天也。昊天落成之秋，胡公再设大醮于平阳，真人继主之”。其第2窟题记云："凿千寻碧玉之岩，幻数洞黄金之像。"证明龙山石窟是在"岩"上凿洞而建。今与延庆交界的河北赤城地区仍留存了元代道教石窟，如赤城灵真观石窟。

除佛峪口七孔洞遗址、松山八仙洞遗址，今延庆地区还有古崖居、烂角朝阳洞、烂角焦家洞、姚家营洞穴、狐狈沟洞穴、富余洞等6处"岩洞"遗址。与延庆交界的怀来迄今已发现17处石窟，位置、名称如下：北辛堡镇方家冲村"天皇山石窟"（1处）、西八里镇梁庄村北"九重洞天石窟"（1处）、存瑞镇石盘口村东"云台寺石窟"（1处）、北辛堡镇黄家冲村北山"黄家冲老沟石窟"（2处）、东八里乡永丰堡村北山"前坡台石窟"（1处）、北辛堡镇北辛堡村东沟"小寺冲石窟"（1处）、北辛堡镇北辛堡村北山"洞沟石窟"（3处）、北辛堡镇小寺冲村北"清泉寺石窟"（1处）、北辛堡镇北辛堡村东沟"五间房石窟"（1处）、北辛堡镇北辛堡村东沟"北辛堡东沟石窟"（1处）、北辛堡镇北辛堡村西沟"北辛堡西沟石窟"（1处）、北辛堡镇方家冲村北"方家冲卧佛寺石窟"（1处）、新保安镇枣口村北山"枣口北山石窟"（1处）、新保安镇枣口村东北"枣口佛爷洞"（1处）。前文已述，丘处机、尹志平均曾在今延庆、怀来修行、布道，并留有描写岩洞的诗作，这些"岩洞"在当时极有可能是全真道侣修行的地方。这在《隆庆志》中得到了佐证，其载："全真洞，在州城西北黄家山中。其洞有四，皆人力所为，凿痕具在。各有石床、石凳。今全真道人沈始阳居焉。"

笔者推测，以上岩洞均为前代开凿，全真教道侣续凿、使用。如延庆古崖居（在秋阳观西南6公里），学界一般认为其为唐末五代时期"奚人"居住之所，奚人抑或其他族群弃住之后，古崖居很可能成为了道侣修行、居住的场所。

七、结　论

综上所述，本文利用诗集、碑刻、地方志等史料整理、叙述了全真教秋阳观的史实，得出一些新成果，以补全真教之历史。首先，秋阳观是在长春真人丘处机的委派下，由通真大师韩志久带领道侣创建的，丘处机亲自为秋阳观卜地、赐名；其次，清和真人尹志平曾在秋阳观居住、修行3个月左右，并在秋阳观创作了29首诗词；再次，秋阳观地望在今北京延庆佛峪口沟内松山国家级自然保护区西南“松山塘子浴温泉宾馆”南侧的“汤泉观”；最后，秋阳观附近有多处“岩洞”，可能是当时全真道侣修行之地。道士有在岩洞中修行的传统，今北京延庆、河北怀来地区曾有很多古人开凿的岩洞，这应是金末、元初全真道士选择此地传教、修行的重要原因之一。

（作者杨程斌为历史学博士、中国国家博物馆副研究馆员。原文发表于《宗教学研究》2023年第7期。）

出土文物所见唐代儒州历史地理问题研究

杨程斌

提　要：“燕云十六州”是唐代北部边陲的重要区域，也是学术研究中的重要历史地理问题。“儒州”是“燕云十六州”的其中一州，但史料对其记述极少，关于其历史地理、建制沿革，学界一直未有定论。幸北京延庆近年来出土的墓志、砖志记有儒州的相关信息，为解决儒州问题带来了契机。本文将研究墓志、砖志中对儒州的记述，结合史料，试析唐代儒州的地理方位、建制沿革。

关键词：儒州；儒价州；儒价城；北郡；缙阳县；延庆

自后晋石敬瑭将燕云十六州献给辽朝始，至元朝退出中原的400多年时间里，燕云十六州大部分时间都属北方民族政权，远离了中原文化区，在许多方面都与中原渐趋不同，尤其值得研究。儒州是燕云十六州之一，但关于儒州的建制、方位，学界一直难有定论。史料对儒州的记述极少，且前后矛盾，甚至在明清时期，古人已不知晓儒州的地理方位、建制沿革了。若想解决儒州之问题，只能寄希望于出土文物。幸近年来北京延庆出土的唐代墓（砖）志为解决这一问题提供了线索。结合史料，基本可以推断出唐代儒州的建制沿革。儒州始设于唐代，唐朝覆灭后不久，儒州归属辽朝，解决了唐代儒州问题，后代的儒州建制问题会更好解决。

一、唐代儒州方位试析

1. 乌承恩任职“儒州都督”之儒州方位

《旧唐书》《新唐书》未有关于“燕云十六州”之儒州的记载，《新唐书》

只记有安化州都督府之儒州[1]，此儒州治今甘肃环县芦家湾乡，定非“燕云十六州”的儒州。翻阅唐代史料，发现最早记有“燕云十六州”之“儒州”的是《为幽州长史薛楚玉破契丹露布》（下简称《露布》），记载了开元二十一年（733 年）[2] 幽州长史薛楚玉率领唐军与契丹人的一次战事：

> 节度副使右羽林军大将军乌知义，即令都护裴旻理兵述职，大阅于松林……并里水扶余如者违未卢东胡杂种君长之郡……经略军副使左卫率府右郎将李永定，咸宁府军李车蒙领马步五千……奚王李诗，与内供奉长上折冲归州刺使韩仙松，衙官段志忠等统其部属知虏掠，北郡长上折冲兼儒州都督乌承恩，与供奉将军恩卢庭宾，平卢军摄副使遂城县折冲桓善珍，经略军副使政和府果毅杨元亨，军前讨击副使果毅路顺，清夷军子将英乐府右果毅樊怀壁等，四面云合，烟尘俱起；两翼掩进，前后夹攻。[3]

1　《新唐书·地理志》记关内道党项州：“安化州都督府，领州七：永和州、威州、旭州、莫州、西沧州、贞观六年置，八年更名台州，后复故名。琮州、儒州。本西盐州，贞观五年以拓拔部置，治故后魏洪和郡之蓝川县地，八年更名。开元中废，后为羁縻。”见《新唐书》卷 43 下《地理七下》，（长春）吉林人民出版社，1995 年，第 661 页。

2　《资治通鉴》载开元二十一年闰三月“幽州道副总管郭英杰与契丹战于都山，败死。时节度薛楚玉遣英杰将精骑一万及降奚击契丹，屯于榆关之外……”见《资治通鉴》卷 213，开元二十一年，（北京）中华书局，1956 年，第 6801—6802 页。《旧唐书·郭知运传》载：“英杰官至左卫将军。开元二十一年，幽州长史薛楚玉遣英杰及裨将克吴勤、乌知义、罗守忠等率精骑万人及降奚之众以讨契丹，屯兵于榆关之外；契丹首领可突干引突厥之众拒战于都山之下。官军不利，知义、守忠率麾下便道遁归。英杰与克勤逢贼力战，皆没于阵。其下精锐六千余人仍与贼苦战，贼以英杰之首示之，竟不降，尽为贼所杀。”见《旧唐书》卷 103《郭知运传》，（长春）吉林人民出版社，1995 年，第 2027 页。二者所记事件相同。据此可知，开元二十一年（733 年）幽州长史薛楚玉曾与契丹人发生战争，根据《旧唐书》所记，这次失利后不久，薛楚玉即被张守珪取代，这是《旧唐书》《新唐书》所记薛楚玉任幽州长史时参与的唯一一场战斗。推测此次战斗即《露布》所记之战斗，发生于开元二十一年（733 年）。但《旧唐书》记此次战斗唐军惨败，《露布》却记大胜，不知何故。

3　周绍良：《全唐文新编》，长春：吉林文史出版社，2000 年，第 4024—4025 页。

薛楚玉任长史的幽州即在唐朝河北道东北部地区，地近契丹传统聚居地，扶余、东胡皆为东北之古代民族，经略军属幽州，咸宁府是幽州所辖14个府之一，奚人亦活动于唐朝东北地区，归州即归义州[1]，地在幽州附近，平卢亦在唐朝东北边陲，清夷军也在河北道东北，据此可知，参加此次战斗的大部分将领皆为唐河北道东北边地官员，“北郡长上折冲兼儒州都督乌承恩”也有可能是。

乌承恩的父亲乌知义以“幽州节度副使”的身份参加了《露布》所记的战斗，据《敕平卢使乌知义书》所记，乌知义后来任“平卢节度、营州都督”[2]，平卢节度使是唐代东北地区权力最大的将领，“镇抚室韦、靺鞨，统平卢、卢龙二军，榆关守捉、安东都护府”[3]，开元二十八年（740年），朝廷又下诏规定，平卢节度使兼领松漠、饶乐、渤海、黑水都督府等“两蕃四府”[4]。平卢节度使驻营州，即今辽宁朝阳。《新唐书·李光弼传》又记：“乌承玼，字德润，张掖人。开元中，与族兄承恩皆为平卢先锋……”[5]《露布》所记战斗即发生在开元中期。根据以上记述可知，乌承恩的父亲乌知义曾在唐朝东北边陲任平卢节度使，乌承恩在开元中期又曾为平卢先锋，乌氏父子曾长期供职唐代东北地区。开元二十一年（733年）乌承恩所任“儒州都督”之儒州很可能在唐代东北边地。

《露布》记“北郡长上折冲兼儒州都督乌承恩”。证明乌承恩既是北郡官员又是儒州都督，北郡和儒州应在相邻的地方。除《新唐书》记天宝四年（745年）安禄山“起军击契丹，还奏‘梦李靖、李勣求食于臣，乃

---

1 《旧唐书》记开元二十年“信安王祎奉诏讨叛奚。奚酋长李诗、琐高等以其部落五千帐来降。诏封李诗为归义王、兼特进、左羽林军大将军同正。仍充归义州都督，赐物十万段，移其部落于幽州界安置。”见《旧唐书》卷199下《北狄传》，第3415页。

2 周绍良：《全唐文新编》，第3232页。

3 《旧唐书》卷38《地理一》，第870页。

4 朱诚如：《辽宁通史》第1卷，沈阳：辽宁民族出版社，2009年，第254页。

5 《新唐书》卷136《李光弼传》，第3436页。

祠北郡，芝生于梁’”[1]外，《旧唐书》《新唐书》再未有北郡的记载。《大唐六典·尚书工部·屯田郎中》在记唐河北道军屯时云“北郡六屯”[2]。《唐开府仪同三司行太子宾客国君（希仙）墓志铭并序》记希仙“祖守乙，金紫光禄大夫、太常卿、北郡守捉使、上柱国”[3]。但以上史料皆未说明北郡之方位。幸2003年出土于北京延庆（下简称延庆）南菜园湖南小区的唐代刘日用墓志有关于“北郡”方位的记述，其记：“迁厝于北郡城南三里……永□二年五月日。”[4]湖南小区北3里即今延庆城区，证明北郡城在延庆城区，儒州与北郡相邻，推测儒州也在今延庆城区附近。

根据以上研究可知，乌承恩所任“儒州都督”之儒州极有可能在今北京延庆城区。此处儒州不是唐朝西部、治所在今甘肃之儒州。

2. 根据后代史料反推唐代儒州方位

根据《辽史》的记载可反推唐代儒州在延庆。明代嘉靖《宣府镇志》记唐“武宗会昌年置山北八军……儒州曰缙阳……”[5]《辽史·兵卫志》载神册元年（916年）耶律阿保机：

> 亲征突厥、吐浑、项、小蕃、沙陀诸部，俘户一万五千六百；攻振武，乘胜而东，攻蔚、新、武、妫、儒五州，俘获不可胜纪，斩不从命者万四千七百级。尽有代北、河曲、阴山之众，遂取山北八军。[6]

据以上记述可知，唐后期置有“儒州缙阳军”等山北八军，辽攻取儒

1 ［唐］姚汝能：《安禄山事迹》，上海：上海古籍出版社，1983年，第57页。

2 ［唐］张九龄等原著，袁文兴、潘寅生主编：《唐六典全译》，兰州：甘肃人民出版社，1997年，第238页。

3 吴钢：《全唐文补遗》第7辑，（西安）三秦出版社，2000年，第399页。

4 因墓志“永”字后面漫漶不清，遂难以确定纪年。学者王伯轩认为是“永泰”，笔者赞同此观点。见王伯轩：《延庆三方唐代墓志考释》，中央民族大学，2014年硕士毕业论文。

5 ［明］孙世芳：（嘉靖）《宣府镇志》卷1《制置考》，台湾：成文出版社，1970年，第12页。

6 《辽史》卷34《兵卫志上》，上海：汉语大词典出版社，2004年，第278页。

州等地的同时也取得了山北八军，证明唐后期儒州很有可能就是辽代儒州所在地。《辽史・地理志》载："儒州，缙阳军。中，刺史。唐置。后唐同光二年隶新州。太宗改奉圣州，仍属。有南溪河、沽河、宋王峪、桃峪口。统县一：缙山县。"[1] 此证辽代儒州设有缙山县。辽代缙山县这一建制被金元承继。《金史・地理志》载德兴府："缙山，辽儒州缙阳军，县故名，皇统元年废州来属……"[2]《元史・地理志》载："龙庆州……金为缙山县……延祐三年，割缙山、怀来来隶大都，升缙山为龙庆州。"[3]1986 年，延庆南菜园元代杨佐墓出土的一块瓦上写有"大元至元二十二年二月廿八日故，缙山县杨佐之□"[4] 等字，此证今延庆即为元代缙山县，亦为辽代缙山县，而辽代缙山县属儒州，遂延庆为辽代儒州，辽代儒州地即唐后期儒州地，所以，唐后期之儒州很有可能就在今延庆。

2016 年年底，延庆世界园艺博览会（下简称世园会）园区内发掘了唐代白贵及高氏夫妇合葬墓，出土的《唐故高道南阳白公夫人高氏盖祔墓志》（下简称合祔墓志）记男墓主人白贵"七代祖通，驾部员外，谪官于蓟，因为……缙阳人"。前述唐后期设有儒州缙阳军，墓志内容佐证了今延庆即为唐后期儒州所在地。

二、儒州与儒价州

1. 儒州寄治儒价城

通过以上论述，证明延庆很有可能就是唐代儒州所在地，但仍没有出土文献为证，难以确凿。目前为止，延庆没有发现任何带有"儒州"二字的出土文物。庆幸的是，延庆近年发掘的墓葬中发现了记有"儒价州""儒城""儒价城"的墓（砖）志。按墓主人下葬时间顺序排列如下，2007 年，在延庆南菜园二区建设工地北侧，编号 M79 的唐墓中出土一方砖志，记："大

1 《辽史》卷 41《地理志五》，第 346 页。

2 《金史》卷 24《地理上》，上海：汉语大词典出版社，2004 年，第 423 页。

3 《元史》卷 58《地理一》，长沙：岳麓书社，1998 年，第 760—761 页。

4 盛会莲：《北京考古志・延庆卷》，上海：上海古籍出版社，2012 年，第 150 页。

唐开元廿八年……郑州荥泽县人逯运……寄葬儒价州城东南一里坎上。”这是目前为止关于“儒价州”最早的记述。前述刘日用墓志记刘日用季弟刘日政曾任“北郡使兼儒价州刺史……永泰二年五月日”。唐代白贵及高氏夫妇合葬墓出土的另一合《南阳郡白氏夫人墓志》记女墓主人高氏卒于“中和二年”，“悲风傍□于儒城……中和三年十月一日，遂迁葬于儒价城西南七里西横渠村”[1]。以上是目前为止发现的仅有3件记述“儒价”的出土文物，史料暂未发现任何关于“儒价”的记述。同一个地区，为什么辽代称为儒州，唐代却称儒价州呢？

《宣府镇志》记穆宗长庆二年（822年）“改广宁为儒州”[2]，疑广宁是儒州前身。广宁郡始设于西晋，治所在今河北涿鹿[3]，《晋书》记：“广宁郡故属上谷，太康中置郡，都尉居。统县三，户三千九百五十。下洛。潘。涿鹿。”[4]《宣府镇志》又记北魏广宁郡治“宁城”，唐代儒州也治“宁城”[5]，此宁城即在今河北张家口[6]附近。根据以上记载可知，儒州是由“广宁”演变而来的。可是“广宁”距离今延庆超过60公里，如果《宣府镇志》记载无误，那么，为什么辽代的儒州会出现在遥远的延庆？

前文已述，开元二十一年（733年），乌承恩已任“儒州”都督，但在开元二十八年（740年）却出现“儒价州”“儒价城”这一名称，这是为什么？乌承恩曾任“北郡长上折冲兼儒州都督”，刘日政曾任“北郡使兼儒价州刺史”，二人都同时兼任北郡和儒（价）州官职，这应是唐代为官的一个定制，此证，北郡官员和儒价州官员驻地可能相同。现存史料未

1　白贵夫人先卒，葬于“合葬墓”的原址，附有一合墓志。后白贵又去世，埋入其夫人墓中，为“合葬墓”，又附了一合《合祔墓志》。遂合葬墓中有两合墓志。

2　（嘉靖）《宣府镇志》卷1《制置考》，第12页。前文已述，开元二十一年（733年）已经出现儒州这一建置，且开元二十八年（740年）在延庆已经设置了儒价州，不知为何《宣府镇志》记长庆二年（822年）“改广宁为儒州”，但《宣府镇志》的记述告诉了我们儒州曾置在广宁。

3　《河北省地名志·张家口分册》，（石家庄）河北省地名委员会办公室，1985年，第437页。

4　《晋书》卷14《地理上》，（长春）吉林人民出版社，1995年，第239页。

5　（嘉靖）《宣府镇志》卷7《疆域考》，第54—55页。

6　《河北省地名志·张家口分册》，第437页。

有关于“北郡”建制变化的记载，而儒州建制有更迭，很有可能是儒州将治所寄治在“北郡”，寄治在北郡后的儒州称“儒价州”。前文已述，延庆世园会出土的《白贵夫人墓志》记其葬于“儒价城西南七里”，延庆南菜园出土的《刘日用墓志》记其葬于“北郡城南三里”，今延庆城即在白贵夫妇墓的东北方向，在刘日用墓的正北方向，儒价城与北郡城都在今延庆城区。《合祔墓志》记男女墓主人合葬于“郡之西南七里……大郡之郊”。证明白贵夫妇墓既在“儒价城西南七里”，又在“北郡城西南七里”，儒价城和北郡城是同一座城。很有可能是唐朝不控儒州地（广宁）之后，将儒州治所寄治在“北郡城”，遂北郡城又称“儒价城”，儒州改称“儒价州”。

2. 延庆不是广宁

《宣府镇志》又记：“广宁，今隆庆州。”[1] 延庆在明代称隆庆州。《宣府镇志》作者虽然知道广宁是唐前期儒州地，也知道明代隆庆州就是唐中后期儒州地，但他却不知道唐代前期儒州治所在宁城（今河北张家口），所以才会出现这样的误记。其他史料也发生了类似的错误，如《辽史》记：“儒州……统县一：缙山县。本汉广宁县地。”[2] 明代嘉靖《隆庆志》记延庆“东汉为广宁县”[3]。明代万历《永宁县志》记今延庆东部“西汉高帝分关北上谷郡，置广宁县。至武帝分天下为十三部，本县仍属幽州部，称宁县……晋武帝分郡地，复置广宁郡，本县属广宁”[4]。清代乾隆《延庆州志》记：“汉为潘县，为广宁县，属上谷郡。晋属广宁郡。”[5] 皆误也。以上关于延庆建制沿革的记述已被近年来的考古发现推翻。根据北京市文物研究所的考古调查结果，延庆在汉代设有夷舆县[6]。2017 年，在延庆世园会园区内

1 （嘉靖）《宣府镇志》卷 1《制置考》，第 10 页。

2 《辽史》卷 41《地理志五》，第 346 页。

3 ［明］谢庭桂编，［明］苏乾续编：（嘉靖）《隆庆志》卷 1《建置》，上海：上海古籍书店据宁波天一阁藏明嘉靖刻本影印，1962 年。

4 ［明］李体严等纂修：（万历）《永宁县志》卷 1《舆地志》沿革，影印明万历三十年刻本。

5 ［清］李钟俾、穆元肇、方世熙：（乾隆）《延庆州志》卷 1《建置》，影印清乾隆七年刻本。

6 《北京考古志·延庆卷》，第 8 页。

的魏晋墓中出土了写有“上谷”的铭文砖。确证延庆在魏晋时期属上谷郡，不属广宁郡。20 世纪 80 年代，延庆张山营西晋墓出土的晋武帝司马炎泰始二年（266 年）砖志刻有“居庸”二字。确证延庆在西晋时期属上谷郡居庸县。延庆在汉代未设广宁县，西晋时期未设广宁郡。

根据以上论述可知，唐前期儒州治所在广宁，不在今延庆，随后可能是因为战争等其他原因，唐朝不再控制儒州地（广宁），所以只能将州治寄治在北郡，遂北郡又称儒价城，儒州又称儒价州。因此建制更迭，至后人误以为延庆在汉晋时期即为广宁，明清延庆志书多按此误记，为今人研究延庆建置沿革带来了麻烦，引起了很多混乱。此为勘正。

三、儒州设置的时间

如若儒州是因为战乱才寄治在延庆的，那么，很可能在唐代初期，已经出现了儒州这一建制。

根据出土墓志，可确定儒州的确切建制、更制时间。前文已述，根据史料，至少在开元二十一年（733 年），儒州已经设置，前述逯运砖志记其“大唐开元廿八年……妫州身亡。夫人太原王氏，寄葬儒价州城东南一里坎上”。据此可知，开元二十八年（740 年）时，仍有儒（价）州这一建制。且墓主人在妫州身亡，儒州安葬，证明此时儒州不属妫州，为单独一州。《宣府镇志》记唐武宗会昌年（841 年—846 年）“置山北八军……妫州曰清平，儒州曰缙阳……”[1]。据此可知，自开元二十一年（733 年）至会昌年（841 年—846 年）的 113 年间设有儒州这一建制，且不属妫州。《合祔墓志》记男墓主人“七代祖通，驾部员外，谪官于蓟，因为妫州缙阳人”，“属纩于新妫州之私弟”，又记男女墓主人合葬于“龙纪元年”。据此可知，他们合葬的龙纪元年（889 年）以前，延庆已属妫州。《南阳郡白氏夫人墓志》记女墓主人“悲风傍□于儒城……中和三年……遂迁葬于儒价城西南七里西横渠村”。证明中和三年（883 年）儒州曾经的治所儒价城还在使用，只不过此时已经没有了儒价州这一建制，原儒价州地界属妫州。《合祔墓志》

1　（嘉靖）《宣府镇志》卷 1《制置考》，第 12 页。

记男墓主人卒于“新妫州”，为什么增加了“新”？《宣府镇志》载：“妫州治怀戎……贞观间伐突厥得怀戎已西地，则未置州……初唐时，妫州尽统其西北地，而武、新二州置在垂拱后也，二州置则妫不得有前地矣。”[1]据此可知，垂拱年（685年—688年）以后，妫州西部又设置了武、新二州。《旧唐书·地理志》妫州条下记：“长安二年，移治旧清夷军城。”[2]旧清夷军城在今官厅水库下旧怀来城[3]。可能是武州、新州从妫州析置后，妫州不再管辖西北地界，所以将州治东移。为区别于“老妫州”，遂将析出武州、新州，州治东迁旧清夷军城的妫州称为“新妫州”。《读史方舆纪要》记唐“乾宁元年，李克用击幽州，拔武州、新州，进攻妫州。李匡筹发兵驰救，出居庸关，为克用所败，幽州遂入于河东”[4]。乾隆《延庆州志》亦载：“韩梦殷，幽州安次人……乾宁元年，李克用即陷武、新。又使李嗣源、嗣昭等并出飞狐、定山。后取妫、儒州。遂以梦殷为妫、儒州刺史。”[5]《辽史·韩延徽传》亦载：“韩延徽，字藏明，幽州安次人。父梦殷，累官蓟、儒、顺三州刺史。”[6]据此可知，可能在乾宁元年（894年）以后，儒州又从妫州分离出来，成为单独一州。《辽史·兵卫志》载神册元年（916年）耶律阿保机“攻蔚、新、武、妫、儒五州……尽有代北、河曲、阴山之众，遂取山北八军”[7]。证明在唐朝灭亡（907年）后不足10年，儒州即由辽朝控制，仍称“儒州”。此证乾宁元年（894年）至唐朝灭亡（907年）期间，仍名“儒州”。

据以上论述，可大致整理出唐代儒州建制沿革的时间：开元二十一年（733年）至开元二十八年（740年）单独为一州，称儒州；开元二十八年（740年）至会昌年间（841年—846年）单独为一州，称儒价州；至少中和三年（883

1 （嘉靖）《宣府镇志》卷7《疆域考》，第55页。
2 《旧唐书》卷39《地理二》，第947页。
3 曹子西：《北京史志文化备要》，北京：中国文史出版社，2008年，第80页。
4 ［明］顾祖禹撰，陆岩司等选译：《读史方舆纪要》选译，（太原）山西人民出版社，1978年，第436页。
5 （乾隆）《延庆州志》卷1《名宦》。
6 《辽史》卷74《韩延徽传》，第674页。
7 《辽史》卷34《兵卫志上》，第278页。

年）以后属妫州；乾宁元年（894 年）以后单独为一州，称儒州[1]。

延庆地方志书《隆庆志》记："唐末，析置儒州。"[2]《永宁县志》记："唐玄宗改广宁为儒州，领县一，曰：缙山……至武宗置儒州，曰：晋阳。"[3]乾隆《延庆州志》记："武宗析置儒州。"[4]皆误也，唐代中期已确定出现儒州这一建制。

此外，《辽史·兵卫志》的记述证明神册元年（916 年）辽朝已经占据了"儒州"，这比学界普遍认为的后晋天福三年（938 年）石敬瑭将燕云十六州献给辽朝早了 20 多年。

四、儒州缙阳县与缙山县

《合祔墓志》记男墓主人白贵"七代祖通，驾部员外，谪官于蓟，因为妫州缙阳人"。合葬时间是龙纪元年。据此可知，龙纪元年（889 年）前后，延庆称缙阳。《宣府镇志》记："武宗会昌年置山北八军……儒州曰缙阳……"[5]《永宁县志》亦记："武宗置儒州，曰：晋阳。"[6]据此推测，乾宁元年（894 年）儒州从妫州分离出去单独为一州以后，可能辖有"缙阳"。这在辽代《秦德昌墓志》中得到了确证，志文记其"曾祖美，左拾遗，知缙阳县事"[7]。根据志文所记，秦德昌生于辽统和十五年（997 年），其曾祖可能活动于辽穆宗应历年间（951 年—969 年）。此时距唐朝灭亡不过几十年。推测在唐代晚期延庆已有"缙阳县"之称谓，先属妫州，后属儒州。

《资治通鉴》胡三省注曰："唐末于妫州东置儒州，领晋山一县。"[8]《建

1　因史料有限，暂不能完全整理出儒州的建置沿革。中有空置，不能尽述。

2　（嘉靖）《隆庆志》卷 1《建置》。

3　（万历）《永宁县志》卷 1《舆地志》沿革。

4　（乾隆）《延庆州志》卷 1《建置》。

5　（嘉靖）《宣府镇志》卷 1《制置考》。

6　（万历）《永宁县志》卷 1《舆地志》。

7　王晶辰：《辽宁碑志》，沈阳：辽宁人民出版社，2002 年，第 335 页。

8　［宋］司马光编，［元］胡三省音注：《资治通鉴》卷 268《后梁纪三》均王乾化三年（913 年），第 8770 页。

炎以来朝野杂记》亦记："鞑兵至晋山县，距燕京百八十里。"[1]《舆地广记》记"缙山县"[2]。《宣府镇志》记"改广宁为儒州，领县一，缙山"[3]。《辽史》亦记儒州统县一"缙山"[4]。《元丰九域志》记儒州"领晋德一县"[5]。据以上记载可知，延庆在唐末置有缙（晋）山县，与前述唐末延庆置缙阳县矛盾。根据《辽史》所记，延庆辽代以后称缙山县无疑，这一称谓一直延续至明初。那么，在唐末、辽初，儒州到底辖有缙阳县还是缙山县？

延庆在辽代仍有"缙阳"这一称谓，如《隆庆志》记延庆"辽为儒州缙阳军，治缙阳县"[6]。延庆辽代的缙阳寺[7]、缙阳山[8]、缙阳泉[9]等皆带有"缙阳"这一称谓。推测，在唐末、辽初之际，缙阳、缙山两个称呼并用，直至辽代中期才正式将"缙阳县"称为了"缙山县"。

此外，有多处史料记延庆在唐代曾设有"妫川县"。笔者翻阅史料，推测关于延庆设有"妫川县"的记载可能源自《旧唐书》，其妫州条下记妫川"天宝后析怀戎县置，今所"[10]。《辽史》根据《旧唐书》的此处记述，进一步阐发："缙山县。本汉广宁县地。唐天宝中割妫川县置。户五千。"[11]认为延庆曾属妫川县，《辽史》的观点对延庆地方志书产生了较大影响。《隆庆志》明确记延庆"天宝末，置妫川县"[12]。《永宁县志》亦记："天

1 ［宋］李心传：《建炎以来朝野杂记》卷19，（北京）中华书局，2000年，第842页。

2 ［清］厉鹗：《辽史拾遗》卷15，（北京）中华书局，1985年，第308页。

3 （嘉靖）《宣府镇志》卷1《制置考》，第12页。

4 《辽史》卷41《地理志五》，第346页。

5 张修桂、赖青寿：《辽史地理志汇释》，合肥：安徽教育出版社，2001年，第205页。仅《元丰九域志》一处记"晋德"，可能为笔误。

6 （嘉靖）《隆庆志》卷1《建置》。

7 《添修缙阳寺功德碑记》，佟洵主编，孙勐编著：《北京佛教石刻》，北京：宗教文化出版社，2012年，第56页。

8 （嘉靖）《隆庆志》卷1《山川》。

9 （嘉靖）《隆庆志》卷1《山川》。

10 《旧唐书》卷39《地理二》，第947页。

11 《辽史》卷41《地理志五》，第346页。

12 （嘉靖）《隆庆志》卷1《建置》。

宝末，改妫川县。”[1]延庆暂未发现任何带有“妫川”二字的出土文物，不能确定延庆在唐代是否设有妫川县。但至少在唐晚期，延庆只设有缙阳（缙山）县，未设妫川县。

五、儒州名称的由来

《汉书》记：“上谷郡，秦置。莽曰朔调。属幽州。户三万六千八，口十一万七千七百六十二。县十五：沮阳，莽曰沮阴……茹，莽曰穀武……”[2]据此可知，汉代上谷郡辖有“茹县”。但在东汉建武二十六年（50年）时撤废了茹县这一建制[3]。茹县治所在今河北涿鹿[4]，而西晋广宁郡治所也在涿鹿[5]，茹县和广宁郡可能有承继关系。前文已述，唐代儒州更名自广宁，且“儒”与“茹”发音相同，遂推测唐代的“儒州”很可能和汉代的“茹县”有渊源关系，发展脉络为：茹县—广宁—儒州。汉代茹县的设置不知是否与茹茹（蠕蠕）人有关。

六、结　论

关于唐代儒州的建制沿革、地理方位问题，因史料的匮乏，长期以来，学界一直未能形成定论。近年来北京延庆出土的唐代墓（砖）志为研究儒州带来了可能。本文利用出土文物，辅以史料文献，论证了唐代儒州的地理方位、建制沿革问题，得出以下新结论：第一，唐代儒州又称儒价州，设有缙阳军，为山北八军之一，辖有缙阳县，又称缙山县；第二，唐代初期儒州地在广宁，即今河北张家口，唐代中期以后儒州寄治在北郡（儒价城），即今北京延庆，称儒价州，唐代晚期称儒州，一直延续至辽代；第三，

1　（万历）《永宁县志》卷1《舆地志》沿革。

2　［汉］班固撰，［唐］颜师古注：《汉书》卷28下《地理志第八下》，（北京）中华书局，第1298页。

3　（嘉靖）《宣府镇志》卷1《制置考》，第11页。

4　《河北省地名志·张家口分册》，第438页。

5　《河北省地名志·张家口分册》，第438页。

开元二十一年（733 年）至二十八年（740 年）儒州为单独一州，称儒州，开元二十八年（740 年）至会昌年间（841 年—846 年）单独为一州，称儒价州，至少中和三年（883 年）以后属妫州，乾宁元年（894 年）以后单独为一州，称儒州；第四，任职北郡者必兼任儒州，乌承恩曾任儒州都督，刘日政曾任儒价州刺史；第五，今北京延庆既不是汉代广宁县地，也不是西晋广宁郡地。

（作者杨程斌为历史学博士、中国国家博物馆副研究馆员。）

英雄不问身后名

——缅怀昌延联合县首任书记县长双英烈

刘继臣

坐落在八达岭岔道村西花楼子山的烈士陵园，原名“延庆县革命烈士陵园”，已历将近七十载，时为纪念在抗日战争和解放战争中牺牲于延庆地区的本地籍和非本地籍革命烈士而建，是延庆干部群众和学生祭奠先烈的重要场所。陵园内西侧亭“革命先烈英灵”碑阳，首行大楷竖刻“徐庆惠、胡英、赵维琪、徐亮、李成忠”五位烈士英名。其中，第一位“徐庆惠”乃抗战时期“昌（平）延（庆）联合县”首任书记徐智甫；第二位“胡英”即为抗战时期“昌延联合县”首任县长胡瑛。回顾英雄事迹、期颐发展前景，于今广大社会“铭记历史、缅怀先烈、珍爱和平、开创未来”具有长远积极意义。

一、平北“昌延联合县”由来

抗日战争时期，共产党领导八路军深入敌后，广泛开辟抗日民主根据地，曾组织抗日力量“三进平北”。平北，是指北平以北的河北、察哈尔、热河三省交界地带，即以北平、张家口、承德主要城市为连线的三角区域；日军侵华期间，处于伪“满洲国”、伪“蒙疆”和伪“华北”3个伪行政区接合部。全面抗战前夕，这里没有中共党的组织和红色政权，靠从外部派军队和干部开辟敌后抗日根据地，敌强我弱，举步维艰。

1938年春，冀东人民发起抗日武装大起义（史称“冀东暴动”），中共中央派八路军部队前往支援，即从115师和120师，各抽出一支部队，合编扩建为晋察冀军区第四纵队（简称“四纵”，又称宋邓支队）；四纵司令员宋时轮、政委邓华、参谋长李钟奇、政治部主任伍晋南，辖第11支队（邓华支队）、第12支队（宋时轮支队）和独立营、骑兵大队，共5000余人。四纵在平西斋堂河边集结，并迅速挺进冀东；为缩短路程，争取有利战机，四纵选择途经“从未走过的”平北（察南）延庆到达冀东的路线。1938年5月底6月初，八路军四纵首次从平西到达平北，消灭敌伪地方武装，摧毁当地反动政权，为连接平西和冀东抗日根据地打通道路。

5月31日，四纵政委邓华率领第11支队31、33大队，经康庄、延庆、永宁、四海一线进入怀柔；沿途击溃康庄守敌后，于6月1日攻克延庆县城，而后通过永宁，强袭四海日伪据点，渐次进入怀柔、兴隆，奔向冀东。四纵司令员宋时轮率领第12支队34大队，过居庸关经昌平、延庆、怀柔、密云一线向冀东开进；第34大队于6月5日袭击大庄科之伪警分驻所，通过阵前攻心战，晓以民族大义，感化30多名伪警察倒戈，打死3名日本兵后向八路军投诚。

宋邓支队主力部队挺进冀东，为防止敌人阻断刚刚打通的“平西—冀东走廊”，于是在平北地区留下部分队伍继续活动；随同部队东进的地方工作委员会，进入延庆东南山区开展活动，一面策应冀东暴动，一面就地征粮扩军、宣传抗日救国主张，扩大共产党八路军的影响；6月中旬在大庄科的东三岔村庙墙上张贴布告，宣布成立滦（平）昌（平）密（云）联合县（临时）抗日政府，布告落款“滦（平）昌（平）密（云）联合县政府县长张书彦”；稍后，转移至怀柔的秋场、大地一带，与第12支队独立营和骑兵大队会师，发动群众、宣传抗日，共同肩负起保卫“平西—冀东走廊”的艰巨任务。至10月，支援冀东暴动的四纵和冀东抗联总队，相继撤回平西整训。

四纵所过之地，沿途一路播下抗日斗争的革命火种。1939年2月，八路军晋察冀军区冀热察挺进军成立，萧克任司令员。入夏，挺进军第34大队和一个游击队再次进入平北，但因敌我力量悬殊、执行对土匪政策有误，再加之气候恶劣、暴雨连绵，挺进队伍难以立足，两个月后返回平西。两次挺进平北，虽未能坚持下去，但却给以后的平北抗日根据地开辟工作，打下了一定的群众基础和组织建制基础。

1939年11月，为创建“巩固的”平北抗日根据地，中共冀热察区委员会和冀热察挺进军军政委员会，提出“巩固平西，坚持冀东，开辟平北”三位一体的战略任务。根据上级指示，在总结经验教训基础上，决定采取“巩固地向前发展”方针，以“小部兵力梯次进入”战略战术逐渐增兵，在敌人点线之间进行小规模游击活动；从小到大，从少到多，从隐蔽到公开；在站稳脚跟基础上，巩固一步、前进一步。

1939年底，中共冀热察区委员会决定设立中共平北工作委员会（简称“平北工委”），王伍（徐德）为首任工委主任（书记）；同时确定在挺进军两度往返的“昌平—延庆”交界地区，设立昌（平）延（庆）抗日民主联合县。

1940年1月5日，八路军“三进平北”。在明皇陵北山后七村的霹破石，宣告成立平北地区第一个抗日民主政权——昌延联合县政府，胡瑛任县长；1940年3月底4月初，苏梅接任中共平北工委（当年7月改为地委）书记，带领平北工委委员、昌延联合县工委书记（对外称抗联主任）徐智甫，以及部分党政干部，由挺进军军部警卫连（特务连）武装护送进入平北。平北工委驻地在延庆北山大海陀，昌延联合县驻地延庆东南山一带，且为平北抗日根据地中心区。

“昌延联合县”是共产党领导开创“平北抗日根据地”县级建制区划，位于北平以北、京包铁路以东、平古铁路以西，包括昌平、延庆两县接界的山区、半山区和部分平原区；面积约1500平方公里，人口8万余；隶属于晋察冀边区冀热察区平北分区，是平北地区首个巩固的抗日民主根据地。

二、浅析伪满《盛京时报》一则消息

昌延联合县成立后，首先组建抗日武装昌延游击大队，胡瑛兼任大队长，起初有30多人，联合县设总部，后来建立3支区游击队：中心区游击队，利用过去“伙会”组成；台自沟区游击队，由祁秉元土匪队伍改编；南山根游击队，队员多是参加过冀东暴动成员。游击大队配合挺进军主力部队消灭汉奸土匪，曾拔掉大观头、莲花滩敌伪据点，先后建立各村自卫军组织，协同部队开展游击斗争。

徐智甫到任后，联合县党政机关驻地暂不固定；在平北工委直接领导下，他同县长胡瑛和县委其他同志一起，健全了昌延联合县县委和县政府机构，紧紧依靠当地群众老百姓，以后七村为基地，逐步向十三陵地区和龙（关）赤（城）方向开辟根据地，组织各界救国会，发动群众抗日，建立区、村政权，培养抗日积极分子，开办党员训练班，并发展了百余名党员，抗日烽火终于在八达岭周围地区点燃起来。

昌延联合县军民，执行抗日民族统一战线政策，在当地团结知名人士，广泛开展游击战争，巩固了平北根据地中心区抗日斗争成果。昌延联合县的建立，及其随后卓有成效的抗日活动，引起日本侵略者和伪满“军、警、协”的恐慌。

1940 年 5 月 28 日，白乙化率八路军 10 团 1 营挺进平北，创建“丰、滦、密”根据地途经后七村；次日，闻讯而来的日伪军 5000 余人对 10 团主力围追堵截，在“沙塘沟”爆发激烈战斗，昌延联合县公署被日伪军破坏。联合县机关遭创、10 团主力挺进丰滦密后，昌延县干部们不得不分散行动。徐智甫等县委负责同志，转移到燕羽山下果树园、口子里、大石房、小金房等抗战堡垒村，继续在山中坚持领导联合县的抗日斗争。

据《延庆革命史》等党史资料记述：1940 年 8 月下旬，中共平北工委委员史克宁（曾任四纵民运科长）奉命撤离昌延联合县。8 月 27 日晚，徐智甫应胡瑛之邀，到窑湾东南黄土梁一堡垒户王金喜家里，研究县领导机关在日伪“大扫荡”中遭破坏、特别是联合县中心区主力部队转移外围后的对敌斗争安排，直至天将拂晓方才休息。8 月 28 日清晨，伪“满洲军”35 团 3 营“扫荡”至黄土梁。通讯员程永忠发现己方被敌包围后即刻报警，徐、胡等三人分向突围：胡瑛从屋里冲出，由程永忠掩护向西北山垭撤退，伪“满洲军”乱枪射击，胡瑛当场牺牲；程永忠腿被打断，趴在地上还击，也被伪军打死。当时，徐智甫从屋里冲出后，向东南方向沿着小溪撤退，不幸中弹负伤，在敌众我寡形势下，意识到自己不能突围，便撑着身体同敌人对射，剩下最后一粒子弹时，举枪自殉，壮烈牺牲。伪“满洲军”从胡瑛身上搜出文件和县长印章，认定他们是昌延联合县人员，其中还有带着印章的县长，于是将他们的头颅割下，用箩筐带走。

徐智甫和胡瑛牺牲后，日伪方面炫耀“取得极大的胜利”，认为已经摧毁我昌延联合县政府，以“击毙县长胡瑛”大肆宣传。伪“满洲国”《盛京时报》第一万零九百廿七号第二版：

> 【承德專電】自今春以來，侵入西南國境設立昌延聯合偽縣政府，賦課重稅、剝削住民，代替張書元而自為偽縣長，益複明目張膽、擅行無忌，更頒佈自製憲法、組織軍隊之共產匪首胡瑛，於五月二十二日經⊙⊙軍、將〖把石〗偽縣公署推翻以來，乃不時出沒於國境線。滿軍⊙⊙部隊探知此項消息後，乃於八月廿八日討伐之，由三方面攻擊予以潰滅大打擊，胡瑛及其他匪當場擊斃。治安部大臣對此赫赫之戰果大為嘉賞，乃授與賞金一千圓以資鼓勵云。

这则伪满洲国《盛京时报》专电称：“五月二十二日经⊙⊙军、将〔把石〕伪县公署推翻”，说的是我昌延联合县政府机关遭受严重破坏，时间在 1940 年 5 月 22 日。所谓“把石”即今大庄科乡霹破石村，因“霹破石”常被外乡人称作“枇杷石”，伪满洲国《盛京时报》作时事报道，可能听谐音“枇杷石”误记为“把石”，当时伪满报刊又拿不准“霹破石”地名用字，故用方括号加以引之。

笔者曾两次到烈士牺牲地做过调研。从地形看，黄土梁在窑湾东侧山沟里；北面隔着蚂蚁窝山梁，与果树园小金房村相通；往东翻过山梁，就是沙塘沟、霹破石方向。所谓“由三方面攻击”说，符合当时当地的特殊环境；伪“满洲军”基于“探知此项消息”即“由三方面攻击予以溃灭大打击”，或许是敌人早就有了察觉。由此可见，“黄土梁事件”是日伪蓄谋已久的围捕行动。

另据有关延庆党史文献记载，曾任昌延联合县委宣传部部长王毅回忆说“黄土梁事件”是伪满洲军沿“延永公路”寻找未能如期归家的“阎充（伪满洲军 35 团团长）之子”的报复行动；原昌延联合县政府秘书张子丰回忆、并向徐智甫烈士后人讲：“当时县委一班人听到‘胡县长带信儿让徐书记到黄土梁商量事’这个消息，都劝徐书记，说：‘天这么晚了，明天再去吧。’徐说：‘胡县长让我过去，肯定有急事商量。’于是连夜前往，次晨遇难。”

“青山处处埋忠骨，何须马革裹尸还。”徐智甫、胡瑛牺牲后，中共平北地委立即重新组建昌延县领导班子，史克宁代理书记、高镇平代理县长、苏建国代理游击大队长，迅速恢复昌延地区工作。9 月 16 日，平北军分区 7 团供给处主任郝沛霖调任县长；9 月下旬，继任县委书记史克宁、县长郝沛霖，带领新任联合县负责同志等一班人，在小金房村（今属井庄镇果树园自然村，现已无人居住）为徐智甫和胡瑛开追悼会。大家感慨地谈到徐智甫、胡瑛同志在昌延地区，以“树叶充饥、草窝为炕、冰雪止渴、树底为房”仍坚持抗战，在艰苦的环境中始终与中心区人民一同转山头，抱着同山河共存亡的决心与敌人作殊死的斗争，表现了共产党员大无畏的革命气概；同志们要化悲痛为力量，勇敢担负起他们未完成的事业。

三、敬读碑文见名录“字异心同”

1949 年清明节，延庆县党政军民各界举行“公祭抗日解放战争中为国家为人民殉难诸先烈”大会，会上宣读公祭文，缅怀革命先烈，追思英雄功绩。公祭文于当年 4 月 14 日，勒石铭刻“英烈碑”立在延庆县城西北隅的原三清观旧址内；1954 年 8 月，随着官厅水库移民工作告结，将水库淹没区规划范围内 323 位“在抗日战争和解放战争中牺牲”烈士的遗骨，与英烈碑一并迁至八达岭岔道村西南——延庆县革命烈士陵园内再行安立。

敬读——

《延慶縣黨政軍民各界公祭革命烈士修建英烈碑記》

為中國人民革命而死的先烈們：你們是中華民族優秀的子孫，你們痛恨中國的衰弱，痛恨中國的黑暗，痛恨中國的落後；你們挺身而起，站在全體人民的前列，和侵略者戰鬥，和暴君戰鬥，和吃人制度戰鬥，用了你們的心，盡了你們的力，流了你們的血！任何反革命的殘暴武力，挫折不了你們為民族、為人民解放而戰鬥的意志；任何反革命的利祿誘惑，打動不了你們為人民服務的心！你們冒著槍林彈雨、鞭撲屠殺、前仆後繼，喚起人民的自我覺醒，引導中國歷史走向光明。你們做了殺身成仁與勞瘁喪身的民眾英雄，你們的光輝是永垂不朽的。

革命先烈們：由於敵人無比殘暴野蠻，你們在長期的中國革命戰鬥中，所受的苦難是人類歷史上空古未有的；你們的苦難是集中地表現了中國人民的苦難；你們在極端苦難中的戰鬥英雄主義，同樣是人類歷史上所罕有的；你們的英雄事蹟，是集中地表現了中國人民的英雄主義。由於你們前仆後繼、殺身成仁，創造了、開闊了新中國誕生的條件與全國人民解放的道路。沒有這樣的人民前驅，中國就將不能免於滅亡；四萬萬七千萬人民，就將永遠成為奴隸。你們雖然犧牲了，但經過你們的手、經過你們的智慧，卻已鍛煉出了一支更壯大、更有力的革命隊伍。（你們）已盡了你們偉大的責任，你們未竟事業，就是要由我們生者來繼承。

我們在這裡告慰先烈們：中國人民偉大的解放事業，在我們偉大的舵手毛澤東同志領導下，經過全體共產黨員和一切革命民主主義者的努力，已創造了百年來未有過的新局面，革命即將達到全國性的澈底勝利。

先烈們：安息吧！延慶黨政軍民各界和全國人民，定會不屈不撓的繼承你們的鋼鐵意志，完成你們未竟事業，把革命進行到底，使獨立、自由、民主、統一與富強的新中國的解放大旗飄揚在全國土地上。

八达岭烈士陵园，正门匾额“延庆县革命烈士墓”；陵园中部是墓葬区，向北地势抬升，花墙围靠纪念碑区；三座碑亭呈品字形排列，高岗正中碑亭较大，两侧碑亭东西对称；三座亭内均立大理石纪念碑。

中间碑亭内，正面碑首“万古流芳”4字，碑身竖刻3行大字：右书“为解放事业牺牲烈士纪念”，中书“英勇献身为祖国增光”，落款“延庆县人民政府、中共延庆县委会、延庆县各届人民团体”“公元一九五四年八月”；碑阴首书“光荣之典”4字，下方竖刻3行：中书“革命烈士丰功伟绩永垂不朽”，右书“为解放事业牺牲烈士纪念”，左边落款“署名、日期”

皆如正面样式。

东亭纪念碑最为高大，正面碑首横书“英灵永存”，其下竖排“延庆县党政军民各界公祭革命烈士修建英烈碑记”共 18 列 720 余字，落款日期“中华民国三十八年四月十四日”；碑阴上首横书“碑记”2 字，碑文“烈士芳名记”共铭刻 466 位烈士英名。

西亭正面碑首“革命先烈英灵”6 字，碑身刻烈士名录，首行大楷“徐庆惠、胡英、赵维琪、徐亮、李成忠”5 位革命烈士芳名，其下 5 行小楷刻名 54 位，左书日期“中华民国三十八年四月十四日”；碑阴之首横书“流芳千古”，碑身亦为烈士英名录，计有 12 行 264 名。西侧亭内纪念碑，共镌刻 323 人名字。

2017 年，由延庆民政部门主持，在陵园北端新建一座烈士纪念墙，镌刻在抗日战争、解放战争、抗美援朝、社会主义革命和建设各个时期牺牲的 2166 名本地籍在当地异地牺牲，以及非本地籍在延庆牺牲的烈士英名。2022 年春夏，延庆区退役军人事务局会同区文物主管单位，对此烈士陵园又做修葺，重新翻建碑亭并描摹碑文，以利到访者参拜景仰。

转述文字刻录，不及眼见为实。由此探析“八达岭烈士陵园”内“革命先烈英灵”碑镌刻烈士芳名之异：

1. 烈士第一名：徐庆惠，应是——徐智甫（姓徐名睿字智甫，“智”被有人写作“志”）。经向徐智甫之子徐振田老先生求证，其父从未用过“徐庆惠”之名。

再向延庆区档案史志馆查询，搜索所有案卷均未发现“徐庆惠”这一名字；笔者与有关党史、抗战史研究人员讨论认为：可能当时纸质底稿书写墨迹渲染漫漶、刻工辨识不清被误认而为。另外，1984 年 4 月“中共延庆县委、县人民政府”在原二道河乡修建“窑湾烈士纪念碑”，刻名“徐志甫、胡英、程永忠”3 位烈士有两字出异。

2. 烈士第二名：胡英，其实就是“胡瑛”名字误写！这已成为今日延庆各界的公众共识。

3. 碑刻转行小号字体“刘景理”：此处“景理”别处“敬礼”“景礼”亦是一名多写。刘景礼，果树园小金房人；1939 年经史克宁介绍入党，曾任昌延联合县五区、六区、九区负责人，后任一区（中心区）书记。1942

年 4 月，被敌伪追逐而吐血病死在八路军 10 团果庄卫生所。

八达岭延庆革命烈士陵园里，我们已知碑刻有名烈士两千多；而在祖国大地不同时期，无名烈士万万千。从这个意义上说，“英雄不问有无名！”他们当中有名的，此后定然名垂青史；他们当中无名的，永远铭记在人民心中！

昌延联合县首任书记县长双英烈，英名已然镌刻在冰冷坚硬的石牌上，且随着时代变迁辗转归安；今天瞻仰烈士碑刻名录，抚摸碑刻凿痕，依然能感受到先烈们无声热血的历史温度！以他们为代表的无数先烈们的英雄事迹，正在潜入生生不息后辈人的心底。

昌延联合县首任书记县长，都在远离各自家乡的平北大地上，双双壮烈牺牲了。他们曾是热血青年，亦曾有亲情温馨的家庭；但是为着民族解放大业，为着共同抗击外来侵略者，他们抛家舍业，舍生忘死，为国捐躯。正是有这样的革命先烈，在民族危亡时刻挺身而出，一腔热血洒疆场，终究换来他们盼望的后世和平安定时代。

2020 年 9 月 2 日，《第三批著名抗日英烈名录》由退役军人事务部公告发布。这些“著名抗日英烈”在艰苦卓绝的抗日战争历程中，为挽救民族危亡、实现民族独立和人民解放，为争取世界和平的伟大事业，做出过彪炳史册的贡献；他们抗战事迹突出、牺牲情节壮烈，都是堪为楷模的英烈。全国评选 185 位著名抗日英烈，“徐智甫”名列其中；可遗憾的是，胡瑛烈士“基本信息、生前事迹”情况，直至今天未能讲清楚。

学党史强信念，缅怀革命先烈。今看“革命先烈英灵”碑刻名字有异，但却不难理解，因为一代代敬仰先烈的人，其感恩之心与先烈们勇敢的心，是有着共同属性和相通意念的。寻访遗迹，注重考辨；今作史事探真，奈因档案缺失、当事人多已作古，求真路途颇费辛苦；直若信而有征，仍须深入探讨。愈是敬畏历史，愈发诚惶诚恐。有道是“我辈虔诚敬先烈”，却原来“英雄不问身后名”。

（作者刘继臣为延庆县史志办公室原调研员。）

四海战斗始末

夏 霖

四海镇，位于现延庆区东南方向，南与怀柔区接壤，是一个拥有深厚红色文化的革命老区。解放战争时期，国民党占领延庆县城后，中共延庆县党政领导机关撤往北山，继续领导革命工作。1946 年 12 月，中共冀热察区党委根据当时军事斗争需要，决定在延庆、赤城、滦平、怀柔、密云等县的边缘地区新建一个县，作为后方根据地。新建县以延庆的四海为中心，名为四海县。

1948 年 1 月 12 日，在四海南湾发生了四海战斗，解放军冀热察军区独立第 2 师（以下简称“独 2 师”）消灭了国民党暂 3 军一个主力师，扭转了解放战争时期延庆地区敌强我弱的局面，有力地配合了人民解放军在东北及平津地区的冬季作战。

一、四海战斗发生的背景

（一）国民党进攻解放区

抗战胜利后，延庆成为中国共产党领导下的解放区。1946 年 6 月下旬，蓄谋已久的国民党统治集团在美国的支持和帮助下，在完成发动全面内战的准备和部署后，以围攻中原解放区为起点，向中国共产党领导的各解放区展开大规模进攻。

依据当时国际国内的形势，中共中央及时地确定了以自卫战争粉碎国民党反动派的进攻，以战争的胜利去争取国内和平的方针。随后，经过战争初期的实践，针对国民党反动派一意孤行，确定以战争手段消灭中国共产党及其领导的革命力量的情况，中共中央决定把自卫战争转变为全国解放战争。

1946 年 7 月 20 日，中共中央发出《以自卫战争粉碎蒋介石的进攻》的党内指示，明确指出：“只有在自卫战争中彻底粉碎蒋介石的进攻之后，中国人民才能恢复和平。”中共中央制定一系列方针、原则，号召全党同志和全解放区军民团结一致，艰苦奋斗，克服困难，赢得战争的胜利，从思想上和理论上武装了解放区军民，极大地增强了解放区军民同国民党反动派进行斗争的信心和勇气。

（二）延庆保卫战

按照中央的指示，驻扎在延庆的解放军晋冀鲁豫第 1 纵队（司令员杨得志、政委苏振华）和冀察军区独立第 5 旅以及地方游击队在康庄、延庆等地休整训练，为粉碎国民党军事进攻做准备。

1946 年 9 月 29 日，国民党暂编第 16 军分两个梯队，沿平绥铁路西进，企图配合国民党孙兰峰部占领华北军事要地——张家口。驻扎在康庄、延庆一带的解放军晋冀鲁豫第 1 纵队和冀察军区独立第 5 旅奉命阻击该部。

9 月 30 日，国民党第 16 军第 94 师向康庄猛攻，激战至下午 6 时，解放军主动撤出战斗，国民党军占领康庄。同日，国民党第 16 军第 22 师扑向延庆川区，与冀察军区独立第 5 旅第 24 团第 3 营在大泥河村一带交火，副团长梁岐率领部队顽强阻击，边打边退，最后撤至延庆城外与团主力会合。团长吴迪命令第 2 营担任守城任务，第 1 营守卫城西，第 3 营守卫城东，阻击国民党军。此时，独立第 5 旅第 22 团的两个营也紧急从怀柔黄花城赶至延庆增援，在曹官营一带布防。10 月 1 日，国民党军第 22 师在数十门大炮和几十辆坦克的掩护下，向解放军各个阵地发起猛攻。独立第 5 旅第 24 团第 3 营于城南百眼泉一带依托防御工事击退国民党军队数十次冲锋，连续坚守了三昼夜，击毙国民党军 70 余人。独立第 5 旅第 22 团则在曹官营一带牵制国民党军，有力地配合了第 24 团的正面阻击。

10 月 11 日，国民党军队孙兰峰部占领张家口，晋察冀军区撤出张家口市，驻扎延庆的解放军主力部队奉命撤出战斗。延庆保卫战经过 13 天的激烈战斗，胜利完成阻击任务，毙伤敌 800 余人，掩护了地方政府和物资转移。冀察军区独立第 5 旅继续在平北地区作战。著名战斗英雄董存瑞当时就在独立第 5 旅中参军，延庆保卫战是他参军后打的第一次大仗，并荣立大功一次，获得勇敢奖章一枚。

10月12日，国民党部队占领延庆县城，延庆县党政机关撤往北山。当时延庆7个区241个村，国民党占领了5个区198个村。国民党部队的烧杀抢掠，残害革命干部，地主“还乡团”的残酷报复，企图使共产党及其部队、政府失去群众，无立足之地。延庆处于极端混乱之中，人民群众重新陷入了地主反动派的残暴统治之下。

（三）独立第2师在延庆的战斗

抗日战争即将胜利时，为了适应对日全面反攻，晋察冀军区于1945年8—11月组建了8个野战纵队。冀察军区第12军分区（即平北军分区）第10团（团长李荣顺、政委吴迪）、新4团（团长白开和、政委邱皐）、新6团（团长刘义荣、政委王志廉）改编为冀察（刘道生）纵队第8旅，分别为22、23、24团。第8旅旅长詹大南，政治委员刘国梁。

1946年夏，冀察纵队第8旅第22团、24团编成冀察军区独立第5旅，旅长詹大南，政委刘国梁，参谋长周志飞。22团改编为第13团；24团改编为第15团。1946年10月23日，中央军委发出《张垣失守后组织机构变更问题》的电报，指出：“张垣失守，晋察冀形势有很大变化，为适应斗争形势需要，特决定如下：……平绥路北（含）所辖地区及热西为冀热察军区。曾思玉为司令，段苏权为政委。”1946年10—11月，晋察冀军区对所属军区进行了调整，其所辖冀热辽军区下辖冀东军区和冀热察军区。冀热察军区由原冀察军区平绥路以东部分和原热河军区组成，含察东、察北（军分区司令员陈宗坤）、热西、平北军分区，辖独立第5旅（旅长詹大南，历任政委刘国梁、李光辉，副旅长黎光，副政委刘禄长，政治部主任王启刚）、第13旅。军区司令员段苏权，政委刘道生。

1947年3月底，冀热辽军区归东北民主联军建制，并改称冀察热辽军区。

1947年10月上旬，活跃在平北的独立第5旅奉命改编为冀热察军区独立第2师，下辖4团（由第13团改编）、5团（由4团、6团及师直警卫营各抽出一个步兵连为基础，补入平北军分区地方武装及补充新兵一部分组成）、6团（由第15团改编）三个团，师长詹大南，政委李光辉，参谋长吴迪、副政委兼政治部主任刘禄长。4团团长刘义荣，政委周南，政治处主任王亚夫，5团团长李洪元，6团团长吴迪，政委李振军。

冀热察军区独立第 2 师主要转战平北地区，曾多次进入延庆境域，是延庆地区的主力作战部队。

1947 年 10 月，冀热察军区独立第 2 师在四海一带展开“三查三整”运动，进一步提高了政治素质和战斗意志。

10 月 8 日，部队开进途中，到达旧县附近。旧县守军——国民党暂编第 3 军（军长袁庆荣）三个营急忙集结兵力，企图在后所屯地区伏击。独 2 师获悉情报后，迅速派前卫营进至后所屯，向敌左翼迂回，6 团 2 营迅速向敌右翼和侧后迂回，将敌四面包围，变被动为主动。激战约一小时，除跑掉十几个，敌整个营全部被歼。这是国民党军占领延庆后，遭受我军主力部队的第一个歼灭性打击。

后所屯反伏击战后，估计敌人会来报复，独 2 师转移到旧县以南的南老君堂、东龙湾、石河一带有利地形，待机歼灭来犯之敌。10 月 9 日，国民党暂编第 3 军第 11 师（师长王子修）一个团从怀来出发，伺机报复独 2 师。独 2 师第 6 团和第 4 团迅速将其包围，经过 4 小时激战，独 2 师全歼国民党军的两个营。

12 月上旬，为配合解放军在平津地区的冬季攻势，独 2 师决定拔掉高山寺据点，打通川区与南山根据地的通道。高山寺据点靠近南山的长城隘口，有国民党军 90 余人驻守。12 月 8 日，独 2 师第 6 团 1 个营包围了高山寺，第 4 团、第 5 团和第 6 团另外两个营分别部署于永宁以西的南老君堂、二司一线。独 2 师以优势兵力，很快将高山寺守军全歼，拔掉了这个据点。次日，独 2 师在南老君堂截击赶来增援的国民党军暂 3 军第 11 师（缺 1 个营），全歼其两个营，缴获轻重机枪 4 挺、迫击炮 2 门、步枪 100 余支。此次战斗后，独 2 师转移至四海地区休整。

独 2 师在延庆打的这几场胜仗，稳定了干部群众的思想，也鼓舞了大家的情绪。

二、四海战斗经过

（一）战前部署

在延庆川区多次遭到解放军沉重打击后，国民党暂 3 军第 11 师伙同延庆 13 个“还乡团”共 3000 余人，于 1948 年 1 月 11 日，分别从延庆、永宁向四海进发，企图与独2师进行决战。

当天，独2师全师营以上干部都集中在师部开展整风运动，获悉敌人进犯的情报后，师部立即进行歼敌部署。因部队常年活动于此地，每个指战员都熟悉地形，因此很快就布置停当。因第6团团长梁岐（1947年11月，吴迪升任独2旅参谋长，师长由原副团长梁岐接任）已回到第6团团部，师指挥部打电话命令活动在黄花城的第6团立即集结到四海，抢占四海南湾乔玉顶主峰，正面阻击歼灭敌人；命令第5团团长李洪元部抢占南湾北山和大胜岭后山，在大胜岭北一线疲劳敌人，诱敌深入，从而在南湾东西3公里长的峡谷形成一个口袋阵；命令尚在怀柔黄花城、石湖峪一带活动的第4团火速转移，赶往黑汉岭以东地区，插入敌后，把敌人后路堵住，并作为师预备队，配合5团、6团部队在四海南湾一带将敌全歼，阻止国民党军东逃。

与此同时，察东军分区独立团和延庆县大队则在军分区司令员钟辉琨率领下，于米粮屯和烧窑峪一带牵制延庆和康庄的国民党援军；平北军分区独立团也在平北军分区司令员曾威、独立团团长黄炳南率领下赶来参战。

（二）鏖战乔玉顶

11日黄昏时候，第6团到达指定位置，开始突击构筑野战工事，并进行政治动员和战斗部署：1营布防在四海西沟乔玉顶上；3营布防在乔玉顶西侧；2营则在3营左侧，团部居2、3营中间。第6团团长梁岐在3营，独2师参谋长吴迪和团直在1营。12日天明的时候，敌人开始进攻，第5团首先与其接火。战斗开始之前，因根据地方政府汇报，以为敌人只有两个团兵力。这时交火，才得知敌实际上的兵力是一整个加强师带一个炮兵营。

敌集中主要兵力、火器，向我军制高点——独2师第6团阵地——乔玉顶发起进攻。部署于乔玉顶的部队待敌接近乔玉顶约50米处时才猛烈开火，一次次将敌人击退。敌人当时也没有野战工事，只有简单的工事，第6团战士居高临下打击敌人。敌人伤亡很多。

国民党军指挥官使用银圆收买士兵组成敢死队，发起一次又一次猛烈冲锋，用炮火攻击6团阵地，6团伤亡较大。但战士们顽强抗敌，子弹打光了，就用石头砸敌人，坚守阵地。同时，5团方面及6团左翼也连续打退敌人的多次冲锋。为等4团到达指定位置，因而没有发起进攻。因与敌终日冲杀，部队伤亡很大，5团团长李洪元负伤。

不久，平北独立团赶来乔玉顶阵地与第6团接防，正在交班时，敌人向乔玉顶压来，结果因与接防部队交接脱节，给了敌人抢占制高点的机会。当时，独2旅参谋长吴迪计划支援乔玉顶，阻止敌人占领制高点。敌人炮火封锁，阻止我军支援。在吴参谋长组织的部队还未到半山腰时，敌人已占领了乔玉顶一线制高点，并集中火力向6团1营阵地侧射，下面敌人也向1营阵地冲击，1营伤亡很大。

敌人在侧射火力的掩护下，又从正面冲上来。师参谋长吴迪在带领大家坚守阵地时，不幸被东北方向射来的冷枪击中，英勇牺牲。当时，1营副指导员赵庆、6团副政委李振军都目睹吴迪牺牲过程。吴迪烈士是延庆地区牺牲的军籍最高的将领。

此后，在吴迪参谋长不畏牺牲的精神鼓舞下，1营将所有剩下的人组织起来，将攻占其阵地的敌人一气反击下去，一直追到了南湾村。

（三）围攻南湾

鏖战整天，黄昏时，敌人建制已乱。天黑以后，敌炮兵也派不上用场。此时，独2师第4团也已赶至黑汉岭并占据了东大嶂、楼子坡等处有利地点，5团也从北山上打了下来。三个团将国民党军严密包围，敌我双方很快展开白刃战。4团1连与敌人一个连相遇，1连2排以刺刀、手榴弹将敌一个连大部歼灭，1连2排大部伤亡，8班长刘满山壮烈牺牲。

入夜时分，独2师发起总攻。4团2营4连奉命攻打南湾村敌师指挥所。敌师指挥所设在南湾村一个大院儿内，四周有围墙，驻有敌特务连、警卫连和机关人员。4连2排在排长王谦率领下，迅速接近敌指挥所大院。

王谦排长率领全排一齐向院内投手榴弹，可狡猾的敌人又把手榴弹甩出来。因院外是开阔地，无法遮蔽，而我军对院内敌情不明，不敢贸然行动。于是，王谦指挥各班迅速登上东、西、北三面瓦房房顶，居高临下，全排机枪、步枪、手榴弹向院内敌人猛袭，打得敌人晕头转向，乱作一团。

战斗从半夜开始一直到天亮，4连2排以少胜多，以神勇的动作捣毁敌师指挥机关，全歼院内守敌，致其指挥系统瘫痪，并击毙敌副师长，俘敌200多人，缴获山炮1门。

此后，国民党军只能集中于大胜岭东侧和乔玉顶一线负隅顽抗。次日拂晓，残敌向永宁方向溃逃。

当时由于独 2 师三个团和师指挥部失去了联系，而师副政委刘禄长同志和 4 团在一起，于是，经过三个团的党委委员研究商议，刘禄长副政委同意，独 2 师开始追击敌人，将敌暂 11 师击溃。追至永宁不远，部队接到命令撤回。

（四）战果

四海战斗，解放军独 2 师共计毙伤敌 1500 人，俘敌 337 人，缴获山炮 1 门、六〇炮 5 门、重机枪 12 挺、轻机枪 45 挺、掷弹筒 17 支、冲锋枪 33 支、马步枪 226 支、自动步枪 3 支、各种炮弹 128 发、马步枪弹 57210 发、手榴弹 707 枚、电台 1 部、望远镜 10 架。击溃敌暂 11 师主力，歼敌一个团。敌 13 个“还乡团”基本被全歼。

战后，王谦所率 4 团 4 连 2 排被师部授予“南湾排”光荣称号，并奖励“南湾排”奖旗一面。师宣传队还专门编了文艺节目“南湾排”在部队宣传演出。董存瑞当时任 6 团 2 营 6 连 6 班班长，在此次战斗中，他荣立大功一次，获得勇敢奖章一枚。

《晋察冀日报》在 1948 年 1 月 20 日第一版名为《边区北线我军大破击》的报道中写道：十一日，平绥路解放军于永宁东约四十里之大石（胜）岭至南湾一线全歼傅匪暂 3 军暂 11 师一个团。

三、四海战斗的影响

（一）战后分析

四海战斗击溃国民党暂 11 师主力，歼敌一个团，敌 13 个“还乡团”基本被全歼，但独 2 师副政委刘禄长对未能全歼敌人的原因作出分析如下：（1）对敌情掌握的（得）不准确。战斗之前，误认为敌人战斗力不强，是新编的 101 师，因此有轻敌情绪，战斗打响后，从俘虏供认中，才知道是暂 3 军第 11 师；（2）我兵力部署上，口子张的（得）大；（3）担任迂回部队战斗打响晚了些；（4）对北上之路没有布置阻击力量。

第 6 团团长梁岐总结此次战斗的经验教训，认为平北独立团是新组编的，没有打过这样的大仗。交班的要待接班的过去，敌情、地形都交代清楚了，才能撤离阵地。交接部队受到敌人进攻时，应共同对敌，击退后再进行交接，不能让敌人钻了交接班的空子。

战后及时总结经验、分析问题，让独 2 师能够吸取教训，提升部队的战斗力、凝聚力，为其奔赴东北战场取得更大的胜利奠定了基础。

（二）四海战斗的影响

1. 鼓舞根据地军民士气

从 1946 年 10 月国民党占领延庆县，到 1948 年 1 月四海战斗胜利，历时一年零三个月，延庆地区整个形势都发生了根本变化。在军事上，由被动转为主动，群众的情绪也由低落转为高涨。在军事胜利的同时，中国共产党在广大解放区的巩固区，领导军民进行了土地改革，消灭了封建剥削制度，取得了群众的广泛拥护。1948 年，根据地的春耕生产轰轰烈烈地开展了起来。

四海战斗结束后，在当地政府的配合下，群众协助部队掩埋了牺牲的烈士。因部队伤亡较大，政府又动员许多青年参军，补充部队。不久后，独 2 师奉命转入东北作战。独 2 师走后，民兵、游击队在当地党和政府的组织带领下，积极活动，打击敌人。例如四海海字口村小队长白玉花就带领 12 名女游击队员在交通要道埋地雷，阻止敌人的“扫荡”，取得了不小的成绩。

四海战斗结束一个月后，国民党军到四海一带进行报复，将周四沟、南湾、黑汉岭、珍珠泉等地 22 个村的民房全部烧毁，总计烧毁 450 余间。但国民党部队的报复并没有让延庆人民气馁，反而更坚定了延庆人民战胜国民党反动派的决心。在与国民党反动派的斗争中，延庆更是涌现出像贾桂珍、韩桂芝这样的英雄。

2. 为战略反攻做准备

四海战斗，是扭转延庆乃至平北军分区政治局势的一战。四海战斗的胜利，给予国民党军队沉重打击，有力配合了人民解放军在东北及平津地区的冬季作战，同时扭转了察东地区的战局，特别是打垮了敌人的 13 个“还乡团”，使得延庆地区的形势开始好转。四海战斗成为延庆地区政治、军事形势转折的起点。

因延庆地区是连接东北和华北的枢纽，战略地位十分重要。1948年1月，在四海战斗后，独2师虽然奉命开往东北，但以平北军分区直属队、独立团和热西、察东地方武装为基础，组建了冀热察辽军区独立第7师，继续活跃在长城内外。1948年3月起，华北军区和东北军区协同作战，发起冀热察战役，解放延庆及其周边地区，打通了延庆这一枢纽。

随着1948年4月23日永宁城的解放，延庆全境吹响了解放的号角。在平津战役前夕，5月19日，延庆解放（除康庄、八达岭、青龙桥等铁路沿线几个村庄），延庆人民又承担起了重要的支前任务。1948年12月10日，解放军第41军完全占领平绥铁路康庄至青龙桥一段，斩断了傅作义的“长蛇”，为全歼怀来新保安的国民党第35军，以及推动北平和平解放创造了有利条件。

四海战斗扭转了解放战争时期延庆地区敌强我弱的局面，是延庆地区解放战争走向胜利的开局一战。为纪念在革命战争年代牺牲在四海一带的烈士和在四海战斗中牺牲的吴迪等革命烈士，原四海县委、县政府于1949年4月28日，修建四海革命烈士纪念碑。纪念碑位于四海镇中学校园西山坡上，坐西面东，一大一小，均为青色大理石质。碑阳首额均刻有楷体阴文“烈士英名，万古留芳”。1993年2月1日，纪念碑被公布为延庆县第二批县级文物保护单位，是延庆重要的爱国主义教育场所。每年都有烈士子女以及大批中小学生、党员干部前去祭奠。2008年，四海镇政府又为在四海战斗中牺牲的无名烈士在南湾村南坡立碑纪念，让大家永记那些为延庆人民解放而牺牲的战士。

四海战斗已经过去近80年，但那激烈的战斗过程仍被深深印刻在当地百姓的心中。而当年那些解放军战士英勇战斗的故事，也在老一辈人的口口相传中，像一颗种子，种在了新一代延庆人民的心中。这些故事，就如同一座座纪念烈士的丰碑一样，流芳百世。

参考文献：

1.《中国人民解放军军史》编写组：《中国人民解放军军史》（第三卷），军事科学院出版，2010年8月版。

2. 中共张家口地委党史办公室:《张家口地区党史资料选编》(第三集),1986 年 10 月版。

3. 段苏权:《故文辑存》,中国文史出版社,1998 年 4 月。

4. 延庆县志编纂委员会:《延庆县志》,北京出版社,2006 年 4 月版。

5. 韦显文、支绍曾、耿成宽、李惠:《国民革命军发展序列》,解放军出版社,1987 年 12 月版。

6. 中国人民政治协商会议江西省新建县委员会文史资料研究委员会:《新建县文史资料》(第 3 辑),1990 年版。

7. 北京市延庆区档案史志馆:《中国共产党北京市延庆区历史》,中国党史出版社,2021 年 6 月版。

8. 何军:《张家口人不曾忘却的红色记忆》,新华出版社,2021 年 4 月。

9. 中共北京市委党史研究室、中共延庆县党史办公室:《延庆革命史》,北京出版社,1991 年 6 月。

10. 中国人民政治协商会议北京市延庆县委员会文史委员会:《延庆文史资料》(第二集),1988 年 2 月。

11. 中共延庆县委党史办公室:《延庆人民革命史》,1988 年 3 月版。

12. 中共北京市延庆县委组织部、中共北京市延庆县委党史资料征集办公室、北京市延庆县档案局:《中国共产党北京市延庆县组织史资料》1989 年 10 月版。

13. 北京市延庆县军事志编纂委员会:《北京市延庆县军事志》,北京出版集团公司北京出版社,2013 年 12 月版。

14. 平北抗日烈士纪念园所藏詹大南、李振军相关回忆资料。

(作者夏霖为北京市延庆区平北抗日烈士纪念园服务中心副主任。)

延庆为国家修建水库的两次移民

武　光　刘继臣　赵宏柱

北京市延庆区与河北省张家口市，同处一个地理区块，人文历史源远流长。战国始同属燕国北疆上谷郡，相沿秦、汉、魏、晋及至北齐；隋、唐、辽、金、元、明、清，所有史事发生，均显休戚相关。民国时设察哈尔省，首府在张家口市，延庆县属之；新中国成立后，延庆县仍隶察哈尔省；1952年裁撤察哈尔省，延庆县为河北省张家口地区管辖；1958年10月，延庆县划归北京市。古往今来，这里地缘相近、人文相亲，因山水相依，处京师要地，共同参与构成畿辅文化圈。说起北京“长城”“西山”“运河”三个文化带，话题无论长短，总是离不开与水有关的“移民文化”。

新中国成立以来，为保障首都用水、防洪及发展需要，国家开展大规模水利水电工程建设；在地处北京上风上水的延庆县，相继兴建官厅水库、白河水库等大型水利工程，对首都经济社会发展起到重要支撑、保障作用。为了国家修建水库，延庆两度进行大量移民搬迁；广大库区居民支援水库建设，不光出工尽力，而且抛家舍业，离开祖辈居住的家园，异地安家落户；水库移民“抛家舍业”壮举，依然保持先民“甘于奉献”遗风。

拨开尘封岁月，今天有必要再去体味历史的温度。这段建设往事，已经载入史册；当年库区移民做出的牺牲和贡献，后人不能忘记。

一、官厅水库移民溯往

官厅水库，是中国海河水系永定河上第一座大型水库。永定河流经的山峡，古代有条隘路，为方便赶路人休息，在山峡建有“官亭”并设“把水官”，后来成村称“官亭村”，又演为“官厅村”。官厅水库也就以官厅村来命名，位于河北省怀来县和北京市延庆区交界处，距北京105公里。流经此地的永定河，属海河水系；而发源于延庆境内的妫水河，又属于永定河水系的支流。

永定河，古称浑河，曾俗名无定河，因河流经常泛滥成灾，京、津两市和京津间10余县深受其害；因其流经地多为黄土地区、含沙量大，便有“小黄河”之称。由于洪水肆虐，下游受泥沙淤积，河床抬高，河道时有漫溢。据历史文献记载，从金代太祖初年（1115年）开始至1949年的834年间，永定河共决口81次，漫溢159次，河道改道9次；仅清代就漫溢78次，平均每四年即出一次洪灾。清嘉庆六年（1801年）七月，石景山和卢沟桥一带决堤20余处，右安门大桥被冲断，永定门外灾民两万余人，“人多避树上巢居”。城内“宫门水深数尺，屋宅倾圮者不可数计”。清康熙七年（1668年）和1939年永定河洪水造成之灾，文献亦有记载。永定河“无定”，而“永定”徒有其名。

从封建王朝到国民党统治时期，多次有人提出修建官厅水库，或出台种种计划，囿于各种原因，最终未能实现。中华人民共和国成立后仅一个月，即1949年11月，中央水利部召开全国各解放区水利联席会议，决定修建官厅水库，旨在根治永定河；随后1950年成立永定河官厅水库工程处，进行测量、勘探、选择坝址、确定坝型等一系列设计和相应筹备工作，1951年初，官厅水库工程处迁至官厅现场，10月份改称官厅水库工程局，官厅水库启动兴建。延庆县从上到下积极配合、支持修建官厅水库，其中做出最大牺牲的当然是官厅水库淹没区域的移民。

官厅水库淹没区当时属于延庆县最富庶的地区，土地肥沃，村落稠密，人口集中，交通方便，是燕山山麓得天独厚的富饶山川，到处可以看到满山坡的花果树，成排的葡萄园，遍野的庄稼，被誉为“塞北江南”“粮果之乡”。生活在这里的人民，难以舍得离开祖居地。此外，许多移民村在抗日战争和解放战争中做出了巨大贡献，新中国成立不久，百姓刚刚过上太平日子，又要进行移民，让他们搬出这世代生活居住的地方，到陌生的土地重建家园，真是故土难离。如何做通老百姓的思想工作，确是当时社会建设的一项重要任务。

1. 广泛动员，组织有序

面对国家水库建设这样一项重大工程，搬迁移民首当其冲，并且非常重要。因为涉及移民，便需要动员水库区域内各村搬迁；因为是重大工程项目，各级政府各级组织均在运筹帷幄。当初计划动迁，涉及全县三分之一的人口，这是多么大的工程，该有多么大的动静?

1951年初，察哈尔省政府专门召开全省县委书记、县长会议，研究部署延庆县、怀来县库区移民安置工作。延庆县委、县政府一边组织人员参与官厅水库的修建，一边动员淹没区村民群众迁移。1952年5月，在察哈尔省官厅水库移民委员会领导下，成立张家口专署移民办公室，负责日常移民工作。1952年11月，察哈尔省撤销，延庆、怀来隶属河北省张家口地区，河北省成立官厅水库移民办事处，张家口专区成立移民委员会。12月，延庆县成立官厅水库移民委员会（简称“县移民委”，1953年7月改称“延庆县官厅水库移民办事处”），从全县各机关抽调干部105名，张家口专署移民委员会从所辖各县抽调27名干部，共同组织延庆县的移民安置。

移民登记从1951年12月开始，至1952年6月基本结束。为掌握情况，摸索经验，指导全面移民工作，县移民办做过典型调查，了解各种数字和干部、群众的思想状况，反复宣传移民政策；同时有计划、有目的地召开移民任务村党代会，发挥党员领导干部的先锋模范作用，在移民区进行深入的、多种形式的移民政策宣讲，形成轰轰烈烈的宣传热潮，把移民工作的意义、方针、政策传达到千家万户。

移民搬迁得到群众广泛理解和支持，党员干部起带头作用，深入各家各户做工作，响应国家号召，按时搬离故土。但部分群众也有情绪，房屋比较好的人家担心搬迁后的房屋不如现在的好，原有的生活受到影响；家具多的家庭担心政府不管运输，自己运输困难较多；半商户和养大车的，希望把房地都折价赔偿，有了资金，可以扩大经营；个别“懒汉二流子”则希望从此“享受”供给制；孤寡老人常常发愁、苦闷，毕竟就要离开故土，情感上接受不了，而且担心迁移后家庭生活没出路，到了人生地不熟的地方，生活水平降低难以承受；个别当小学老师的，则担心一旦搬迁就失业了，等等。

针对群众的顾虑和离乡情绪，移民委员会除耐心做思想工作之外，还及时研究合理配套政策，迅速贯彻实施。比如搬运，几乎全部由政府承担费用，所用泥工、瓦工都做了细致规定；对当小学教师的则由政府重新安排，就连搬迁后农具使用都做出相应安排。

移民搬迁期间，如何保证农业生产？移民委员会提出“移民、生产两不误”的号召，协助群众在做好搬迁的同时，抓好生产，减少因搬迁带来的损失。为不误农时，采用互助协作方式解决生产中出现的问题，针对一些移民不劳动乘机大吃大喝的问题，则给予批评教育。在一些村庄，基层组织还采取代耕和摊派义务工的方式，尽量解除群众的后顾之忧。

各接收地也在积极响应政府号召，把移民搬迁作为重要任务来完成。房屋建设、施工，都有明细的建房合同。为保障库区附近未搬迁村庄的安全，政府组织实施一系列措施，比如把陡坡一律改成45度缓坡，防止经水浸泡一旦坍陷殃及群众；同时采取植被护坡的办法，改善环境并增加安全系数。

在移民区深入开展爱国主义教育，通过典型引路，讲清个人利益服从全局的需要；宣传已经搬迁移民们深明大义、为国家牺牲小家的精神，因势利导，教育其他人；通过党组织展开层层教育，争取群众支持；针对群众的种种“怀疑”、部分人的“造谣惑众”、少数干部的消极对抗、个别地方的请愿闹事等情况，县政府和移民委区别对待，对造谣者依法严肃处理，对群众以教育为主，理解并帮助他们解决困难。经过一系列工作，终于化解了移民中出现的社会问题。群众认为政府对移民照顾无微不至，把方方面面都考虑到了，于是乐意配合搬迁，移民工作如期进展。

2. 明细规定，周密安排

察哈尔省人民政府确定移民原则：根据本县土地面积、经济条件等承受能力，尽量在本县安置；本县安排不下者到邻县安置。移民方向：就地后靠建新村；迁本县其他乡建新村；在本县分散安置；迁外县建新村或分散安置；根据自愿投亲靠友。

官厅水库移民初期，时逢裁撤察哈尔省改属河北省的行政区划调整。延庆县执行政策规定保持延续、稳定；并且对移民搬迁做了“划定搬迁范围、认定财产登记、确定搬迁方式”的安排。

划定搬迁范围：按照水库设计标准，海拔高程479米以下为淹没区；海拔高程482米以下为浸没区。482米高程以下的房屋必须拆除，坟墓必须迁出；477米高程以下的树木，必须移植或砍伐；479米高程以下的菜窖一律净土填充、水井一律净土填充（深井分两次填充）、废木料一律清理、木桥一律拆除；搬迁区域的垃圾粪便全部清运、粪坑用净土掩埋填埋；所有文物古迹，一概由有关部门处理。

认定财产登记：包括房屋、土地、水井、牲口棚、果树林木、坟墓等。其中房屋按照结构用料样式分 10 个等级作价，库区没有一级房屋，二级房屋零星存在，大部分房屋在第三级到第十级之间；土地按亩数及好与差作价，财产作价采取自报公议方式；对运输和盖房用工也做出相应规定。

确定搬迁方式：第一类“自行搬迁，投亲奔友”，这部分人利用社会关系到亲友居住地买房购地，原定按人补助每人 150 万元（旧币），后改为 180 万元，旧房建筑材料归移民自行处理；第二类“就近后靠，划地建屋”，在库区之外，政府给予 4 个标准亩的土地，按每人一间房给予买房料，旧房料归自己；第三类“异地建村，重新规划”，整村搬迁由政府在新地统一盖房，实行统一设计，一排房间隔一个胡同。

国家对库区移民财产损失，也都做出赔偿规定。移民搬迁赔偿是对海拔 479 米以下（包括 479 米线）淹没区耕地，实行全部赔偿；对 482 米高程以下（包括 482 米线）浸没区耕地，进行补偿。在迁移工作中，起初按每人 150 万元至 180 万元的待遇发给本人。这种不管家庭人口及财产多少的做法，曾引起中农户的不满。随后，张家口专区及时制定出移民财产补偿细则，规定将安置费从群众原有财产中扣除，群众其余财产折价发给被迁移者本人。这样，实际发放的补偿费，后靠户(就近迁移)人均 215 万元（旧币），外县安置及自行迁移户人均 221 万元（旧币）。对无产户和少产户根据最低限度需要，由评议委员会评出应建房的间数，进行安置。其中，在本县安置及后靠(就近迁移)中的少产户 1655 户，无产户 14 户，共发建房、购地费 46.8 万元（新币，1953 年发行第二套人民币时，银行兑换新老纸币按 10000∶1 比例，即相当于 1953 年的 1 元）。在整个过程中，掌握“移民不吃亏，国家不浪费”的原则。移民迁到新定居地后，县人民政府颁发土地证和房产证。

3. 目标落实，逐步搬迁

1952 年，官厅水库工程局测出三条淹没线（海拔高程 472 米、479 米、482 米），提出官厅水库移民搬迁建议：1953 年秋以前移清 472 米以下村庄，1954 年移清 479 米以下村庄，1955 年底移清 482 米以下村庄，1956 年清理扫尾。

起初移民动员时，根据官厅水库工程规划和设计方案，对水库移民开始测算，凡在水库区域内海拔 472 米以下的村庄和住户都要进行迁移，妫水河两岸延庆县移民搬迁涉及几十个村庄，拟动迁 47211 人，占全县 145311 人的 32.5%；搬迁村大致分为三类：第一类属于淹没村，计 36 个村，5165 户，涉及 21336 人；第二类属于局部淹没村，计 23 个，3714 户，涉及 14259 人；第三类属于淹没少量土地但不浸没房屋的村庄，计 24 个，2882 户，涉及 11616 人。

移民搬迁从 1952 年至 1956 年分 4 次行动，搬迁所有一类村、部分二类村，涉及 52 个建制村。为尽量缩小搬迁规模，县移民委经多次调查研究，最终实施时，确定全县移民 43 个整建制村，另有 9 个村的零星户。实际上，接连四年在"人口动态"中搬迁，官厅水库移民累计 5594 户 23055 人，由原计划占全县总人口近三分之一，减至实际占比五分之一。

淹没土地测算时，初算面积为 206211.5 亩，其中"472"高程线之内的土地 13539 亩，"482"高程线内土地 102900 亩；淹没区土地总数 116439 亩，共计占全县土地总面积的 17%。到 1956 年搬迁结束时，实际占用土地减至 56974 亩。

水库移民实行"逐步搬迁，分期安置"的办法。这样做的好处是，可以先急后缓地展开搬迁工作。根据工程建设需要，延庆县的水库移民搬迁分为 4 期：第一期搬迁时间为 1952 年至 1953 年汛期之前（至 8 月 31 日），搬迁村 6 个，分别是：刘铁桥、詹家堡、解庄子、于家堡、陈家岗、前平房。首先对 472 米高程以下的陈家岗、刘铁桥、詹家堡等几个村进行搬迁。1953 年 6 月底搬迁完毕，迁出 622 户 2646 人。其中，自行迁移的 544 户 2332 人，这些人主要迁到宣化、涿鹿、新保安等地；剩下 78 户 314 人在本县安置，迁到永宁附近左所屯、孔化营、里仁堡。被迁村的旧房由评议委员会做价评估，张榜公布，直到群众认可为止。第二期搬迁时间为 1953 年 12 月至 1954 年 4 月，这是移民搬迁的较大规模阶段，涉及 10 个村 1376 户 5756 人；到 1954 年 4 月全部移民按时迁出淹没区，拆除陈旧房屋（大小）24688 间。第三期是 1954 年 7 月至 1955 年春节前，属于后续阶段；第四期是 1955 年 3 月至 1956 年，清理零星村居和收尾阶段。此次水库移民，是延庆自明朝复置州县后“最大一次”有组织的人口流动。

4. 去向明确，安置到位

官厅水库移民搬迁，迁往外县的村庄有10个，分别是解家庄（移怀来县）、陈家岗（移怀来县）、詹家堡（移宣化县）、于家堡（移尚义县）、刘铁桥（移尚义县）、大纸坊屯（移尚义县、张北县）、小纸坊屯（移涿鹿县）、贾家堡（移尚义县）、大柳树（移张北县）、后平坊（旧名后集贤屯，迁张北县大部分）。

安置在本县的村庄13个（含2村迁后合为1个）。分别是：前平坊（旧名前集贤屯，迁永宁镇，与后平坊另部分合一）、常里营（迁大柏老村附近）、小胡家营（大部分村民迁柳沟村附近）、狮子营（迁永宁东北姚官岭旁）、王化营（迁沈家营，分为东、西王化营）、小河屯（迁张山营村东和延庆城西，分为北、东小河屯）、耿家营（迁旧县村北）、刘家堡（迁大榆树村南）、小王家堡（迁康庄附近）、程家营（迁军营村东南）、宗家营（迁大榆树村西南）、大曹家营（大部分迁八达岭岔道村西，改称东曹家营）、卓家营（原址妫河北岸距水半里，一半迁延庆城东米家堡村北，为今延庆镇卓家营）。

就近后靠（指向库区外围附近高地势搬迁）的村庄20个（含搬迁后1村分为2个、有1村迁后并入他村），分别是：后黑龙庙（就近后靠在今张山营镇域）、前黑龙庙（就近后靠在今张山营镇域）、谢官屯（后靠与下营村合一）、上芦风营（后靠张山营村东南隅）、下芦风营（后靠至张山营村公路南）、大曹家营（后靠至康庄北，分成南、北曹家营）、小曹家营（后靠至康庄北）、小王庄（后靠至康庄西北）、许家营（后靠至康庄北）、张老营（后靠至康庄北）、刘浩营（后靠附近建村在康庄镇北部）、苗家堡（原址妫河以南，后靠附近建村，即今康庄镇苗家堡村）、大丰营（初迁西红寺村西后又回现址）、郎庄（后靠至延庆城西北）、下板泉（后靠至上板泉村东）、张庄（后靠至延庆城西北）、付余屯（后靠至延庆城西）、西辛庄（后靠至延庆城西北）、卓家营（一半就近后靠在张山营镇域，为西卓家营；一半迁延庆城东米家堡村北，为东卓家营）、西白庙（滨河部分后靠至延庆城西、东屯村北，名为新白庙；原址保留部分改村名为老白庙）。

搬迁结果要求达到：人、东西和房子“三净”，全部移民按时迁出后，确实实现了“三净”。属集体迁移到张北县、涿鹿县、宣化县安置的移民，共 598 户 2707 人；属自选迁移地的移民，共 885 户 3342 人；属集体迁移到本县其他地区建村的移民，共 1236 户 5300 人；属就近迁移建村（后靠）的，共 2783 户 11706 人。总计库区迁移整建制村 43 个，搬迁移民新村建房 7011 间，买房 343 间。其中在本县域安置 1342 户，建房 3800 间，买房 239 间，买地 21670 亩，人均 3.82 亩。

官厅水库汇集妫河、洋河、桑干河，坝址在河北省怀来县，库区四分之一水面在延庆境内，水库管理处一直属北京市。官厅水库初建时，延庆县、怀来县隶属察哈尔省察南专区；1952 年撤销察哈尔省建制，延庆县和怀来县同属河北省张家口专区。河北省怀来县在官厅水库移民期间涉及村庄 80 个，搬迁移民 58 个村 7931 户 31898 人。怀来县城原在怀来县东部，北托卧牛山，南临妫水河，因修官厅水库，1951 年迁至沙城堡。当时怀来县与延庆县同属河北张家口专区，搬迁移民政策大同小异，在此不予赘述。

官厅水库自 1949 年 11 月决定修建，1951 年 10 月开工，到 1954 年 5 月 5 日全部竣工，其间经历移民安置、施工建设、蓄水测试。1953 年秋，实验拦洪坝，水位达 467 米，各项指标均符合设计理想；当时《新华社》曾做报道：“今后即使发生千年一遇的大洪水，也会驯服地接受水库的控制。永定河上游洪水，千百年来对北京、天津和永定河下游人民的威胁将解除。”官厅水库建设历时两年半，累计完成土石方 154.7 万立方米，用工 643 万个工日，投资 2259 亿元（旧币）；水库大坝高程 486.2 米，总库容 22.7 亿（20 世纪 80 年代扩容至 41.6 亿）立方米，防洪库容 10.7 亿立方米，控制着上游流域面积 4.34 万平方公里；多年平均径流量 13.7 亿立方米，设计洪水频率为千年一遇，最大洪峰 8800 秒 / 立方米，最高水位 482.8 米，正常蓄水位不超过 479 米。

官厅水库，中华人民共和国成立后建设的第一座大型水库，有“开国治水第一库”之称。它的建成，根治了无定河水患，使北京“永定河”名副其实；对保障北京城市用水、根治永定河水患、涵养生态具有重要意义，堪称中国水利史上的重要里程碑。

二、白河堡水库移民回顾

白河堡水库（简称“白河水库”）位于延庆区香营乡后山白河干流中段，居群山环抱当中，坝址高程海拔560米，是北京地区海拔最高的水库，故有“燕山天池”之称。白河，属潮白河水系。白河堡原名靖安堡，为明代要塞，明嘉靖二十七年（1548年）在此筑城，属军事屯堡；因靖安堡扼守白河峡谷，乃称白河堡，距延庆城30公里，水库据此得名。

白河水库是延庆人民自力更生建设的最大水库，具有补水、灌溉、防洪、发电和水库养殖等多种综合效益。它可连接京畿潮白河、永定河、北运河三水系，沟通密云水库、官厅水库、十三陵水库和张家口市赤城云州水库进行资源再分配，是北京市唯一实现五库联调的跨流域调水枢纽工程。它平均每年向密云水库输水8500万立方米，今已成为北京市重要的战略水源，北京城区用水九分之一来自白河堡水库，更是补给京城的重要绿色水源地和生态水源涵养地。

1969年，延庆县申报白河水库兴建计划，北京市水利部门派规划专家来延庆，会同延庆工程技术人员开展白河水库选址、勘查、规划和设计。经过反复论证，提出白河水库可行性建设方案，即在白河堡村东1.7公里的山口处建造一座高32.5米的均质土坝，将“25立方米/每秒”的水流引导到佛爷顶山前平原，并沿南北山麓修建南北干渠，可灌溉耕地20万亩。白河水库从1970年9月6日开工建设，至1983年全部竣工。工程标准为百年设计、千年校核。主要建筑物有大坝、溢洪道、输水隧洞、泄洪洞、南北干渠等，控制流域面积（云州水库以下）2657平方公里，设计总库容9060万立方米。

根据修建白河水库的规划和设计方案，位于水库周边的浸没区有10个村需要搬迁。白河水库移民与水库修建同时进行，1981年11月，成立白河引水工程指挥部移民委员会，组织库区移民。因为有官厅水库移民搬迁经验可以借鉴，白河堡水库移民较为顺利。

1. 划出范围，底数清楚

白河水库修建起于1970年9月，搬迁移民工作则在水库开工建设后缓慢进行。1981年11月，搬迁工作启动。1982年率先搬迁的是机关、学校和企事业单位，一共7个。除延庆县域内10个村庄之外，还有河北省赤城县后城公社（乡）河东大队（村），因处于海拔600米以下浸没区，也在搬迁之列，并且由延庆县政府予以安置。浸没区这些村庄（含自然村）计有10个。同期提前在延庆川区新建5个移民村落，准备安置移民；新建村按照能合并的就合并，不能合并安置的整体新建，同时确定村名。

白河水库移民分为三期，先后有10个整村搬迁，共迁出566户2273人。1982年春到1984年底，搬迁安置全部完毕。

第一期：1982年春，搬迁海拔600米以下的住户及公社机关、企事业单位。其中白河堡大队（村），一村搬迁后分为两部分：大部分搬到沈家营公社（乡）前吕庄大队（村）南新建村安置，村名为兴安堡；小部分搬到旧县公社（乡）阎庄大队（村）东北的三角地新建村安置，村名不变仍叫白河堡。在沈家营公社（乡）冯庄大队（村）西新建村名“新合营”，容纳原马家店、水碾、东湾、石塘沟4个自然村的移民住户。

第二期：1983年底至1984年底，西嵯、鸽子嵯、苇子坑、四方墩4村搬到永宁公社（乡）东北新建村安置，村名为永新堡。在沈家营公社（乡）双营大队（村）东建河东村，安排赤城县后城公社河东村移民住户，村名不变。

第三期：1984年3月，水库上游原属赤城县的河东村，搬到沈家营乡双营村东新建村安置，村名仍为河东村。

2. 政策宽松，补偿到位

白河水库移民先后搬迁10个村566户2273人，建房屋2673间。其中，在延庆川区新建村落5个，建民房1954间，安置560户2059人；自行迁移6户14人。移民总投资8237231元。

白河水库移民实行集体统一建村安置，所有移民村按照原房屋结构、墙体、基础等情况分5个等级进行补偿；属于自行迁移的，一等房补偿700元，二等600元，三等500元，四等400元，五等300元。空闲房和小棚也按质给予一定补偿。另外，每间房再加等级数额的10%作为旧料运输费。在库区周围建房（后靠）的，加5%运输费。其他补助还有耕地安置费、搬家运输费等，其中耕地安置费为村集体使用。新村住户面积一律为南北18米，住户一律开南门，一排一街，并保持有南北大街一条。各新建村相邻的村庄则被征用土地，用于新建村房屋建设和农业生产。如沈家营公社临河、魏家营村均有土地被征用。

移民工作完成后，按照不同村队的情况（含耕地情况）实行口粮补助。1982 年、1983 年，每人每年补助口粮款 380 元至 500 元不等。

3. 同心勠力，共谋发展

1982 年，白河堡公社机关迁址到水库南侧三道沟村边，随同迁址的还有中小学校、信用社、修配厂、粮库、供销社。为了保证迁址用地，共征用三道沟、下栅子耕地 44 亩，建房 280 间。

为发展生产，保证移民村人口增加收入，在沈家营公社河东村建小型化工厂，定名为“长城化工厂”，生产“长城牌”洗涤膏剂、润滑剂脂和涂料等，年产500吨左右，产值在40万元至50万元之间，属白河堡、兴安堡、新合营、永新堡、河东村联办，性质为乡镇企业。

维护搬迁村社会稳定，延庆县公安局、白河引水工程指挥部、白河堡公社联合印发了《关于维护白河堡水库库区和新建村社会秩序的通告》，通告列举 5 条内容，在库区周边村庄张贴广播，以保障搬迁移民工作不出现社会问题。

与官厅水库移民不同，白河移民主要为县内移民，相对规模较小，同时借鉴官厅水库移民搬迁经验，调查准备比较充分，搬迁地与原村气候、生产生活方式差别不大，同时各项政策、措施比较完善，因此，无论在搬迁过程中还是其后，整个搬迁移民工作进展顺利。

近年来，由于连年干旱，北京成为世界上严重缺水的城市。因白河水源穿行于群山之间，水质清澈无污染，是北京地区不可多得的一处洁净水源，水质常年维持在地表二类水平，符合饮用水源标准。2003 年，白河水库被列为北京市生活用水水源库，从此担负向密云水库输水的重要任务，至今 17 年以来共向密云水库输水 32 次，每年平均 8500 万立方米，相当于北京城区常年用水量的九分之一。白河堡水库的优质水源不仅润泽妫川大地，更加福及首都百姓，同时也为延庆地表水的水质改善发挥重要作用，是世园会、冬奥会产业供水和生态供水的重要水源。

如今，白河水库经实施水源保护林工程，景色极佳。“高峡出平湖”之静美，早已名声遐迩；“平湖碧碧，大坝巍巍，泻玉流银，膏腴万顷”，曾有人这样形容白河水库。“战白河，修水库，敢教日月换新天”，是在激情燃烧的岁月，延庆英雄儿女立志改变家乡面貌战天斗地的精神凝结。其核心理念即“自力更生，艰苦奋斗”，纯真地寄托着那一代人的理想。十三年劈山引水，许多热血青年出大力、流大汗，甚至流血牺牲，没有谁去计较个人得失，因而建成白河水库，辅以配套南北引水干渠，合誉延庆“红旗渠”。因其承载时代人美好梦想，寄望解除川区半山区“十年九旱”困扰，整体水利工程告竣，县民额手相庆；及至后来功能转移，游人雅称“燕山天池”；同时作为北京市战略水源，一池承担官厅、密云、十三陵等几个水库的调剂补给功能。

三、水库移民工作的思考

在延庆历史上，明清时代有据可查的大规模移民曾经历六次，但每次移民均与老百姓背井离乡、流离失所相伴。经济社会要发展，就少不了兴建工程；兴建工程则少不了移民。移民问题是客观存在、关系重大的社会问题。而只有社会主义新中国成立后，延庆移民才真正得到老百姓的支持和拥护，亦被历史证明最为成功。移民从法规政策到组织机构与具体实施，都与国家政治和经济状况密切相关。让世代居住祖地的人们自动离开故乡，进行一次“大搬家”，在当时物质补偿极低的历史条件下，移民的不情愿搬迁可想而知，他们的牺牲与奉献确实是巨大的。官厅、白河水库移民工作的成功，得益于党和政府对移民工作的高度重视，得益于广大库区人民群众的自我牺牲与积极配合，凸显延庆人民舍小家为大家的高尚情怀，也显示了在中国共产党领导下，社会各界团结一心办大事的绝对优势。各级政府了解民意，出台很多符合实际的好政策，努力把利国利民的事情办好，抓住了思想教育和合理补偿这个核心，消解了群众的疑虑，使得群众深明大义之后，甘于做出奉献和牺牲，这些闪耀的光辉在一个地区乃至新中国的社会主义建设史上，都具有非凡的理想与现实意义。

时至今日，党和政府没有忘记这些移民。2007 年 4 月 19 日，延庆县大中型水库移民后期扶持政策落实工作会召开。根据国务院和市政府有关规定，延庆境内享受扶持政策的水库移民是官厅水库和白河堡水库的农村移民。规定自 2006 年 7 月 1 日起，政府对纳入扶持范围的移民，每人每年补助 600 元，扶持期限 20 年。此次扶持政策人口核定登记范围为 2006 年 6 月 30 日前，因修建官厅水库和白河堡水库占地确定搬迁且具有农业户口的移民及其后代。根据相关规定，在界定范围内以户为单位，由乡镇政府、村委会完成移民人口核定登记。据统计，因修建官厅水库和白河堡水库的延庆原迁移民 2.7 万人，移民现状人口为 3.1 万。其中，官厅水库移民现状人口 2.8 万，白河堡水库移民现状人口为 0.3 万，分布在延庆全区域有 11 个乡镇 100 多个建制村。

六十多年风雨历程，两座水库为首都北京发展带来巨大经济和社会效益，为地区经济社会发展做出历史性贡献；延庆作为首都北京的主要战略水源基地和生态涵养发展区，当年水库建设中这些“舍小家、顾大家”的奉献精神，需要我们永远铭记，库区移民做出的巨大牺牲，值得后世纪念。两座水库的兴建，都是在为北京城市供水；两次移民虽然已经成为过往，但当我们身临峡谷平湖，静看山岚水碧，仍可以依稀想到那些为了今朝风光秀美、生活幸福的人们，是以怎样的胸怀面对国家利益与个人利益的选择的。留下一份乡愁，让我们记住他们、记住那个激情燃烧的岁月。

时间如白驹过隙，当代延庆两次较大规模的水库移民，或许在人们的视野渐行渐远；但拂去岁月尘埃，依然发现有许多场景、许多故事、许多风尚、许多可贵的东西让人留恋；尤其是那些难忘的岁月、那些没有留下名字的人，为了国家和集体利益，宁可牺牲自己的利益也要支持国家建设的感天动地的情怀，足以让人动容！真的，他们没有令人震惊的豪壮语言，但却做出了让人刮目相看的讲大局行动！不管他们是领导者、组织者、行动者、当事者，他们朴素的感情都是与共和国连在一起的，我们不能忘记他们！倘若没有他们当初的付出和奉献，我们面前的景色不会是今天这样的绚丽优美。从这个意义上说，历史的星光依然闪烁！

参考文献：

1.《河北省张家口专区移民委员会档案》（全宗）。

2. 延庆县志编纂委员会编《延庆县志》2006 年 4 月第 1 版。

3. 延庆县史志办公室编《延庆建设史》2009年2月第1版。

4.《光绪延庆州志》《延庆州乡土志要略》（含图册）温延军、郗志群，点校本。

5.《北京市延庆县地名志》1993年4月第1版。

6. 官厅水库管理处：《官厅水库五十年》。

7. 怀来县档案馆：《怀来县移民工作概述》。

8. 延庆县水利志编委会：《延庆县水利志》。

（作者武光为中国长城学会会员、北京作家协会会员、北京写作学会理事、八达岭长城文学艺术协会常务理事。刘继臣为原延庆县史志办公室副主任、调研员，北京市延庆区史志办专职调研员。赵宏柱原为延庆区委研究室主任，现任政协北京市延庆区委员会办公室主任。）

参考文献

1. [元]熊梦祥著，北京图书馆善本组辑：《析津志辑佚》，北京：北京古籍出版社，1983年。

2. [元]孛兰肹等著，赵万里校辑：《元一统志》，北京：中华书局，1966年。

3. [明]李贤等撰：《大明一统志》，西安：三秦出版社，1990年。

4. [明]谢庭桂纂修，[明]苏乾续纂修：（嘉靖）《隆庆志》，北京：国家图书馆出版社，2021年。

5. [明]栾尚约修，[明]孙世芳纂：（嘉靖）《宣府镇志》，台北：成文出版社，1970年。

6. [明]李体严修，[明]张士科纂：（万历）《永宁县志》，北京：国家图书馆出版社，2021年。

7. [明]史国典修，[明]周仲士纂：（万历）《怀柔县志》，明万历三十二年刻三十四年增刻本，影印本。

8. [清]迟日豫修，[清]程光祖纂，[清]于嘉桢等续补：（顺治）《延庆州志》，北京：国家图书馆出版社，2021年。

9. [清]李钟俾修，[清]穆元肇、方世熙纂：（乾隆）《延庆州志》，北京：国家图书馆出版社，2021年。

10. [清]王者辅修，[清]吴廷华纂，[清]张志奇续修，[清]黄可润续纂：（乾隆）《宣化府志》，台北：成文出版社，1968年。

11. [清]金志节原本，[清]黄可润增修：（乾隆）《口北三厅志》，台北：成文出版社，1968年。

12. [清]何道增重修，[清]张惇德纂：（光绪）《延庆州志》，台北：成文出版社，1968年。

13.《延庆州乡土志要略》，北京：国家图书馆出版社，2021 年。

14. 怀柔县地方志编纂委员会编：《怀柔县志》，北京：北京出版社，1999 年。

15. [元] 王恽：《秋涧先生大全集》，上海：上海书店，1989 年。

16. [元] 虞集：《道园学古录》，上海：商务印书馆，1937 年。

17. [西汉] 司马迁：《史记》，北京：中华书局，2000 年。

18. [东汉] 班固：《汉书》，北京：中华书局，2000 年。

19. [南朝宋] 范晔：《后汉书》，北京：中华书局，2000 年。

20. [晋] 陈寿：《三国志》，北京：中华书局，2000 年。

21. [唐] 房玄龄等：《晋书》，北京：中华书局，2000 年。

22. [北朝] 魏收：《魏书》，北京：中华书局，2000 年。

23. [唐] 令狐德棻：《周书》，北京：中华书局，2000 年。

24. [梁] 沈约：《宋书》，北京：中华书局，2000 年。

25. [唐] 姚思廉：《梁书》，北京：中华书局。

26. [唐] 李延寿：《北史》，北京：中华书局，2000 年。

27. [后晋] 刘昫：《旧唐书》，北京：中华书局，2000 年。

28. [宋] 欧阳修、宋祁：《新唐书》，北京：中华书局，2000 年。

29. [宋] 司马光：《资治通鉴》，长春：吉林摄影出版社，2004 年。

30. [元] 脱脱等撰：《辽史》，北京：中华书局，2000 年。

31. [元] 脱脱、阿鲁图等纂修：《金史》，北京：中华书局，2000 年。

32. [明] 宋濂等撰：《元史》，北京：中华书局，2000 年。

33. 柯劭忞：《新元史》，北京：中国书店，1988 年。

34. [明] 解缙等：《永乐大典》，北京：大众文艺出版社，2009 年。

35. [朝鲜] 郑麟趾编纂：《高丽史》，首尔大学奎章阁藏本。

36. [西晋] 葛洪：《神仙传》，赵声磊编，《古代趣文百篇》，杭州：浙江人民出版社，1983 年。

37. [北魏] 郦道元著，陈桥驿注：《水经注》卷十三《 瀔水》，杭州：浙江古籍出版社，2013 年。

38. [唐] 张九龄等原著，袁文兴、潘寅生主编：《唐六典全译》，兰州：甘肃人民出版社，1997 年。

39.［唐］高适原著，何怀远、贾歆、孙梦魁主编：《四库精华 高适诗集》，呼和浩特：远方出版社，2006年。

40.［唐］白居易著，朱金城笺校：《白居易集笺校》，上海：上海古籍出版社，2023年。

41.［北宋］李昉等编，华飞等校点：《太平广记》，北京：团结出版社，1994年。

42.［北宋］李昉编纂，夏剑钦、王巽斋校点：《太平御览》，石家庄：河北教育出版社，1994年。

43.［元］李志常述：《长春真人西游记》，北京：中华书局，1985年。

44.［英］道森：《出使蒙古记》，吕浦译，北京：中国社会科学出版社，1983年。

45.［明］《道藏》，北京：文物出版社；上海：上海书店；天津：天津古籍出版社，1988年。

46.［明］许论：《九边图论》，薄音湖编辑点校，《明代蒙古汉籍史料汇编》，呼和浩特：内蒙古大学出版社。

47.［明］杨时宁：《宣大山西三镇图说》，《玄览堂丛书初辑》，台北：国立中央图书馆，1981年。

48.［清］顾祖禹：《读史方舆纪要》，北京：团结出版社，2022年。

49.陈垣：《南宋初河北新道教考》，台湾：辅仁大学出版社，1941年。

50.唐圭璋编：《全金元词》，中华书局，1979年。

51.谭其骧主编：《中国历史地图集》（精装本 第7册 元 明时期），北京：中国地图出版社，1982年。

52.陈垣编纂：《道家金石略》，陈智超、曾庆瑛校补，北京：文物出版社，1988年。

53.北京市文物研究所编：《北京考古四十年》，北京：北京燕山出版社，1990年。

54.赵超：《汉魏南北朝墓志汇编》，天津：天津古籍出版社，1992年。

55.薛瑞兆、郭明志编：《全金诗》，天津：南开大学出版社，1995年。

56.苏天钧主编：《北京考古集成》，北京：北京出版社，2000年。

57.吴钢：《全唐文补遗》（第7辑），西安：三秦出版社，2000年。

58. 周绍良：《全唐文新编》，长春：吉林文史出版社，2000 年。

59. 傅嘉仪编著：《新出土秦代封泥印集》，杭州：西泠印社，2002 年。

60. 贾敬颜：《周伯琦〈扈从诗前后序〉疏证稿》，贾敬颜著，《五代宋金元人边疆行记十三种疏证稿》，北京：中华书局，2004 年。

61. 北京市文物局编：《北京文物地图集》，北京：科学出版社，2009 年。

62. 宋大川主编：《北京考古发现与研究》，北京：科学出版社，2009 年。

63.《延庆文化文物志》编委会、延庆县文化委员会编：《延庆文化文物志・文物卷》，北京：北京出版社，2010 年。

64. 段柄仁主编，张夙起编著：《北京地方志・古镇图志丛书・永宁》，北京：北京出版社，2010 年。

65. 韩理洲等辑校编年：《全北魏东魏西魏文补遗》，西安：三秦出版社，2010 年。

66. 佟洵主编：《北京佛教石刻》，北京：宗教文化出版社，2012 年。

67. 盛会莲著，宋大川主编：《北京考古志・延庆卷》上海：上海古籍出版社，2012 年。

68. 延庆县文化委员会编：《妫川记忆 北京延庆县历史文化遗存集锦》，北京：新华出版社，2012 年。

69. 宋大川主编，胡传耸著：《北京考古史・汉代卷》，上海：上海古籍出版社，2012 年。

70. 宋大川主编，于璞著：《北京考古史・辽代卷》，上海：上海古籍出版社，2012 年。

71. 宋大川主编，丁利娜著：《北京考古史・金代卷》，上海：上海古籍出版社，2012 年。

72. 宋大川主编，孙勐著：《北京考古史・元代卷》，上海：上海古籍出版社，2012 年。

73. 佟洵主编：《北京佛教石刻》，北京：宗教文化出版社，2012 年。

74. 刘宏英：《元代上京纪行诗研究》，北京：中国经济出版社，2016 年。

75. 陈高华：《元大都元上都研究》，北京：中国社会科学出版社，2018 年。

76. 安志敏：《河北怀来大古城村古城址调查记》，《考古通讯》，1955 年第 3 期。

77. 史卫民：《元代的军队》，《文史知识》，1985 年第 7 期。

78. 陈智超：《金元真大道教史补》，《历史研究》，1986 年第 6 期。

79. 杨志玖：《元史曲枢传补正》，《宁夏社会科学》，1989 年第 1 期。

80. 赵光林：《北京市发现一批古遗址和窖藏文物》，《考古》1989 年第 2 期。

81. 史卫民：《元代军队的兵员体制与编制系统》，《蒙古史研究》，1989 年。

82. 尹钧科：《延庆县——历史文化宝地》，《北京社会科学》，1992 年第 4 期。

83. 毕奥南:《元朝的军事戍防体系与版图维系》,《中国边疆史地研究》, 2002 年第 2 期。

84. 李军:《论元代的上京纪行诗》,《民族文学研究》, 2005 年第 2 期。

85. 苏卫国：《新莽县名改署“亭”称琐议》，《鞍山师范学院学报》，2007 年第 3 期。

86. 刘宏英、吴小婷：《元代上京纪行诗的研究状况及意义》，《河北北方学院学报》，2008 年第 4 期。

87. 刘乃涛:《北京延庆辽代矿冶遗址群》,《大众考古》, 2015 年第 1 期。

88. 陈晓伟：《释“答兰不剌”》，《历史研究》，2015 年第 1 期。

89. 杨程斌：《风雨香水园》，《京郊日报》，2016 年 8 月 18 日。

90. 杨程斌：《穿越延庆的大元军事秘道》，《京郊日报》，2016 年 12 月 22 日。

91. 杨程斌:《延庆发现一处大型金元时期聚落遗址》,《北京文物报》, 2017 年 1 月。

92. 杨程斌：《世园考古——探索园区地下的奥秘》，《延庆报》，2017 年 9 月 18 日。

93. 杨程斌：《延庆元代四海冶路初探》，北京市文物局编，《北京文博文丛》第 1 辑，北京：北京燕山出版社，2018 年。

94. 杨程斌、戢征：《新出土唐代白贵夫妇墓志考疏》，《文物鉴定与鉴赏》，2018 年第 3 期。

95. 杨程斌：《大石窑 元代军事秘道上的村落》，《延庆报》，2018

年9月10日。

96.杨程斌：《元代真大道教天成观碑考释》，《中国道教》，2019年第1期。

97.杨程斌：《北京世界园艺博览会园区考古发掘成果概述》，中国园林博物馆主编，《中国园林博物馆学刊5》，北京：中国建材工业出版社，2019年。

98.杨程斌、范学新、徐佳伟：《延庆元代流杯池行殿考》，北京市文物局编，《北京文博文丛》第1辑，北京：北京燕山出版社，2019年。

99.杨程斌：《世园会冬奥会让延庆进入考古繁忙期》，《中国文物报》，2019年5月10日。

100.杨程斌：《回忆2016年北京延庆金元时期古文化遗址盗掘大案》，《中国文物报》，2019年8月13日。

101.杨程斌：《〈水经注〉所记北京延庆山水地名研究》，《中国地名》，2020年第3期。

102.杨程斌：《北京世园公园：皇家园囿基因的千年传承》，《北京日报》，2020年5月14日。

103.丁利娜、张中华、朱志刚等：《北京市延庆区西屯墓地东汉墓M100发掘简报》，《文物春秋》，2021年第2期。

104.杨程斌：《香水园八百年前的皇家恩仇》，《北京日报》，2021年7月29日。

105.杨程斌、范学新：《辽代高僧郎思孝与延庆缙阳寺》，北京市文物局编，《北京文博文丛》第1辑，北京：北京燕山出版社，2021年。

106.丁利娜、李冬楠：《北京延庆区西屯墓地汉代木椁墓发掘简报》，《北方文物》，2023年第1期。

107.杨程斌：《全真教秋阳观史实考略》，《宗教学研究》，2023年第4期。

108.杨程斌：《新发现出土文献所见延庆古代建置沿革》，北京市文物局编，《北京文博文丛》，北京：北京燕山出版社，2023年。

109.杨程斌：《山西“飘”来的妫水河》，《北京日报》，2023年12月7日。

110. 丁利娜、吕鹏、张中华:《北京延庆西屯墓地北魏家族墓发掘简报》,《文物》，2024 年第 2 期。

111. 北京市延庆区档案史志馆：《中国共产党北京市延庆区历史》（1922—2025），北京：中国党史出版社，2021 年。

112. 陈仲华、刘振峰等编:《延庆建设史》,北京: 北京出版社,2009 年。

113. 杨国柱等编：《延庆区史概要》，北京：新华出版社，2021 年。

114. 吕思勉等撰：《中国通史》，北京：中华书局，2019 年。

115. 北京市延庆区档案馆撰：《延庆发展史》，北京：延庆区档案馆，2019 年。

116.《2019 北京世园会志》编纂委员会撰:《2019 北京世园会志》,北京: 经济日报出版社，2020 年。

117. 中共北京市档案局撰：《中国共产党北京市组织史资料》，北京：中央文献出版社，2011 年。

118. 北京市延庆区史志办公室编:《北京延庆年鉴》,北京: 方志出版社，2017 年。

后　记

为滋养延庆城乡规划、推进文旅深度融合发展，让来延庆的游客更加了解延庆，让延庆人更加热爱自己的家乡，坚定延庆人文化自信，建设社会主义文化强国，延庆区委、区政府提出了编写一部涵盖古今、通俗易懂的延庆历史文化图书的构想。经过一年多的艰苦努力，《延庆简史》编写工作终于圆满收官，正式付梓出版。

延庆历史文化底蕴深厚，自明代开始就有修志修史的传统。早在明成化十一年（1475年），知州李瓛就请谢庭桂创修《隆庆志》，开启了延庆修志的先河。此后，先后编写了明（嘉靖）《隆庆志》、明（万历）《永宁县志》、清（康熙）《延庆州志》、清（乾隆）《延庆州志》、清（光绪）《延庆州志》、清（光绪）《延庆州乡土志》等多部志书，为延庆保留下了大量珍贵的历史文献。新中国成立后，延庆人继承前人的传统，继续编写了《延庆县志》等多部志书。早在20世纪80年代，延庆历史学者徐红年就开始编写《延庆史话》，第一次以章回体的形式讲述了延庆历史文化。延庆地方学者宋国熹先生耗尽毕生精力撰写了《延庆五千年》和《中国长城史》，对延庆历史和长城文化进行了深入研究，其成果一直影响着后学者。这些延庆先贤的辛勤付出，为延庆历史文化的研究奠定了坚实的基础。

为了更好地完成《延庆简史》的编写工作，延庆区文化和旅游局、延庆区文物局责成专人负责此项工作，聘请北京史研究会会长孙冬虎研究员、北京市考古研究院（北京市文化遗产研究院）靳枫毅研究员、原延庆县史志办公室调研员刘继臣为专家顾问，成立了由延庆区文物局研究馆员范学新、中国国家博物馆副研究馆员杨程斌、北京市考古研究院（北京市文化遗产研究院）馆员孙浩然、北京市考古研究院（北京市文化遗产研究院）副研究馆员王佳音、延庆区文物局文物安全科科长张鹏、延庆区教育科学研究中心高级教师温廷军、延庆区教育科学研究中心高级教师牛英琴、北京市延庆区自然保护地管理处馆员鲁战乾、延庆区文物局馆员刘美芳、延庆区第五中学一级教师韩笑、中华全国集邮联合会会员国家级邮展评审员孟宪利为成员的编写组。

编写组广泛搜集延庆古代史和近现代史资料，搜集近二十年延庆地区考古发现的新成果，搜集专家学者关于延庆历史文化研究的新论著，在博采众长的基础上编写了这部《延庆简史》。

与以往研究成果相比，《延庆简史》主要具有以下几方面特点。一是历史跨度长。《延庆简史》记述了从约 18.5 亿至 8 亿年的中新元古代，到 1.5 亿年前的晚侏罗世，到 5 万、6 万年前的旧石器中晚期，一直到 21 世纪服务保障 2022 北京冬奥会、冬残奥会，跨越历史时期长，记述的内容丰富。二是吸收了最新的考古研究成果。此次《延庆简史》编写，汇集了近二十年来延庆地区考古发现的新成果，比如关于世园会出土的偏将军印和关中侯印的研究，大庄科辽代矿冶遗址的考古研究等，这些都是第一次在延庆历史研究的专著中出现。三是引用了最新的文献研究成果。通过更广泛的文献搜集工作，新发现了很多鲜活的史料，丰富了延庆历史文化研究的内容。比如辽代帝师郎思孝住持缙阳寺、全真教秋阳观等内容，都是第一次在延庆历史文化图书中出现。四是得到了北京市的文博单位和文史专家的全程指导。在《延庆简史》大纲确立和编写过程中得到了北京市考古研究院专家和北京史研究会专家的悉心指导。北京史研究会会长孙冬虎研究员在百忙之中对《延庆简史》的大纲和内容都提出了具体的指导意见。五是编写队伍的专业化程度高。参加《延庆简史》编写工作的范学新为延庆区文物局研究员，杨程斌副研究员为首都师范大学考古学博士，温廷军、刘美芳为首都师范大学历史学硕士，韩笑为哈尔滨师范大学历史学硕士，牛英琴为首都师范大学历史学专业毕业，鲁战乾为中国地质大学（北京）地质工程专业硕士。

《延庆简史》全书共十九章，分上下两册。《延庆简史》上册：第一章沧海桑田由鲁战乾负责撰写。第二章文明初始由王佳音、孙浩然、刘美芳共同撰写。第三章戎祀春秋由刘美芳负责撰写。第四章千年居庸、第五章燕州将侯、第六章幽北要塞、第七章王朝腹里（其中第八节由刘美芳撰写）、第八章两都枢纽由杨程斌负责撰写。第九章陵京后扆由温廷军负责撰写。

第十章八旗庄园由杨程斌、温廷军负责撰写。《延庆简史》下册：第十一章民众自发反抗与革命火种的播撒、第十二章延庆在抗战时期的重要贡献、第十三章解放战争时期延庆的艰苦斗争由温廷军负责撰写。第十四章社会主义制度在延庆的基本确立、第十五章社会主义建设在延庆的探索和发展、第十六章改革开放起步与深化改革、第十七章中国特色社会主义建设由牛英琴负责撰写。第十八章生态文明战略扮靓美丽延庆由王新华、韩笑负责撰写。第十九章新时代跨越发展由张鹏负责撰写。此外，附录部分还收录了杨程斌、刘继臣、武光、夏霖、赵宏柱有关延庆历史研究的专题论文8篇。《延庆简史》上册由杨程斌负责统稿，下册由范学新、杨程斌、刘美芳、温廷军负责统稿。全书由刘满利、刘继臣、王新华、刘美芳、辛慧霞、郭永进行校核，由范学新负责最终统稿。

《延庆简史》在编写的过程中得到了北京史研究会会长孙冬虎研究员、北京市考古研究院（北京市文化遗产研究院）郭京宁院长、靳枫毅、丁利娜研究馆员，戢征、魏然、王佳音副研究馆员、孙浩然馆员，延庆史志办原二级调研员刘继臣的帮助和指导。《延庆简史》插图得到了段学锋、司达、赵墩等延庆摄影家的无私帮助。在此，谨对在《延庆简史》编写过程中给予我们关心、帮助的各位老师表示由衷的感谢。

因时间仓促、编写组水平所限，《延庆简史》一定还存在着各种各样的缺点和不足之处，望各位读者能够及时给予批评和指正，共同推进延庆地区历史文化研究向更高水平发展。

时光如水，岁月如流，历史在不经意间为延庆留下了一笔宝贵的精神财富。我们将牢记习近平总书记“延庆是属于未来的”殷切嘱托，认真贯彻落实2024年5月14日习近平总书记给八达岭长城脚下乡亲们的回信精神，不断挖掘、丰富延庆历史文化内涵，擦亮延庆“长城、世园、冬奥”三张金名片，为实现文化强国不断努力。希望《延庆简史》能带给您一个鲜活的延庆历史画卷，同时也希望这本书能成为社会各界了解延庆、热爱延庆、建设延庆的工具书，为推动京张体育文化旅游带、长城国家文化公园建设做出更多贡献。

编　者
2025年5月

图书在版编目(CIP)数据

延庆简史 ：上下册 /《延庆简史》编委会编. 北京 ：中国文史出版社，2025. 5. -- ISBN 978-7-5205-5223-3

Ⅰ. K291. 3

中国国家版本馆 CIP 数据核字第 20258KK087 号

责任编辑：卢祥秋

出版发行：**中国文史出版社**
社　　址：北京市海淀区西八里庄路 69 号院　邮编：100142
电　　话：010-81136606　81136602　81136603（发行部）
传　　真：010-81136655
印　　装：北京新华印刷有限公司
经　　销：全国新华书店
开　　本：720×1020　1/16
印　　张：37. 5　　　字数：556 千字
版　　次：2025 年 5 月第 1 版
印　　次：2025 年 5 月第 1 次印刷
定　　价：188. 00 元（上下册）